YINGYONGXING SHANGKE CHAN NGHE
RENCAI PEIYANG GAIGE YU SHIJIA

应用型商科产教融合人才培养改革与实践

林波 张娜 关建波 马俊博 主编

东北财经大学出版社
Dongbei University of Finance & Economics Press
大连

图书在版编目（CIP）数据

应用型商科产教融合人才培养改革与实践 / 林波等主编—大连 ：东北财经大学出版社，2025.5.—ISBN 978-7-5654-5658-9

Ⅰ. F7-40

中国国家版本馆CIP数据核字第2025PE8156号

应用型商科产教融合人才培养改革与实践

YINGYONGXING SHANGKE CHANJIAO RONGHE RENCAI PEIYANG GAIGE YU SHIJIAN

东北财经大学出版社出版

（大连市黑石礁尖山街217号　邮政编码　116025）

网　　址：http://www.dufep.cn

读者信箱：dufep@dufe.edu.cn

大连图腾彩色印刷有限公司印刷　东北财经大学出版社发行

幅面尺寸：170mm×240mm　字数：491千字　印张：24　插页：1

2025年5月第1版　2025年5月第1次印刷

责任编辑：孙　平　王　丽　张晓鹏　惠恩乐　责任校对：那　欣

封面设计：原　皓　版式设计：原　皓

书号：ISBN 978-7-5654-5658-9　定价：99.00元

教学支持　售后服务　联系电话：（0411）84710309

如有印装质量问题，请联系营销部：（0411）84710711

前言

在知识经济时代，高校作为人才培养与科技创新的摇篮，肩负着服务社会、推动经济发展的历史使命。商科教育，作为培育未来商业领袖与管理精英的重要阵地，其发展模式与质量直接关系到国家经济竞争力的提升。然而，在21世纪经济全球化与信息技术飞速发展的浪潮中，商科教育正面临着前所未有的挑战与机遇。一方面，市场对商科人才的需求日益增长，对人才的综合素质与创新能力提出了更高要求；另一方面，传统的商科教育模式在一定程度上滞后于产业发展，理论与实践脱节、校企合作不深等问题日益凸显，严重制约了其服务社会发展的能力。产教融合，作为一种将产业需求深度融入人才培养全过程的教育理念与模式，为破解这一难题提供了有效路径。在这样的背景下，探索商科教育的新路径，深化产教融合，成为推动商科教育高质量发展的必然选择。《应用型商科产教融合人才培养改革与实践》的出版，正是对这一时代需求的积极响应，它汇聚了广州工商学院商学院教师和管理者的智慧，通过他们的理论探索与实践经验的分享，为商科教育改革提供新的思路与解决方案。

本书紧扣“应用型商科产教融合人才培养”这一主题，精心汇编了关于专业人才培养改革、课程建设与教学改革、创新创业教育教学改革、教学资源建设四个核心领域的论文。这些论文从不同维度切入，深入探讨了商科教育改革的热点与难点问题，形成了对商科产教融合人才培养的多层次、全方位的研究。在专业人才培养改革部分，本书聚焦于人才培养模式的创新，提出了专业建设、学科建设与人才培养模式改革与创新的具体路径，旨在构建更加符合市场需求的应用型商科人才培养体系。

本书的学术价值在于，它展现了一线教师和教学管理者对商科产教融合培养模式的多维度、深层次探索与实践经验，丰富了产教融合教育教学改革理论成果。在专业人才培养改革部分，本书从不同视角切入，提出了多样化的改革路径，如校企合作模式创新、跨学科人才培养、数字经济背景、AI赋能、新文科背景等，这些研究不仅丰富了商科教育理论，也为解决人才培养与市场需求脱节的问题提供了多元化解决方案。本书课程建设与教学改革章节则深入探讨了课程体系优化、教学方法创新等议题，部分研究成果已在实际教学中得到验证，其理论价值与实践有效性相互印证，增强了研究的学术深度。此外，在创新创业教育教学改革领域，本书紧跟时代步伐，将创新创业教育融入商科人才培养体系，为商科教育创新提供了新方向。最后在教学资源方面，本书围绕实验实训资源建设与共享、商科教师数字素养提升、校企共建校外实践教学基地等方面，为实践教学与产教融合的进一步深化提供了丰富的理论指导。

从实用价值的角度来看，本书所汇编的论文紧密贴合商科教育发展的实际需求，为同类院校及相关企业提供了丰富的实践参考。专业人才培养改革部分的论文，为高校制订人才培养方案、学科与专业建设和改革提供了具体案例和可借鉴的经验；课程建设与教学改革部分的论文，则直接指向教学一线，高校工作者可从论文中获得课程开发、教学设计等方面的实用技巧；创新创业教育教学改革部分的论文，为高校开展创新创业教育提供了操作框架；教学资源建设部分的论文，则聚焦于数字化教学资源的开发与应用、校企合作新模式、实践教学基地开发新路径，为提升商科教学质量、扩大教育覆盖面提供了技术路径。

《应用型商科产教融合人才培养改革与实践》一书的出版，不仅为商科教育领域的研究者提供丰富的理论滋养，也为教育工作者、政策制定者以及企业界人士提供了宝贵的参考。我们期待，通过本书的出版与传播，能够进一步推动商科教育改革的深化，促进产教融合模式的创新，为培养更多具有创新精神与实践能力的应用型商科人才贡献力量。同时，我们也期待，本书能够成为商科教育领域的一部经典之作，为商科教育的发展留下深刻的印记。

广州工商学院商学院

2025年3月

目录

第一部分　专业人才培养改革

第二部分 课程建设与教学改革

第四部分 教学资源建设

第一部分　专业人才培养改革

创新应用型国际经贸人才育人模式改革探索①

李勤昌　林　波　张晓英

【摘要】服务国家战略，建设贸易强国，培育应用型数字贸易人才是关键。国际经济与贸易专业为适应粤港澳大湾区对外贸易高质量发展需求，结合学校办学定位和专业人才培养目标，针对教学中的痛点问题，以省级特色重点学科国际贸易学建设为契机，深入改革实践，构建"党建引领、产教融合、数智提能"应用型国际数字经济与贸易人才培养模式，围绕"强师资、优人培、深融合、提能力"，在专业中进行教学改革，实践证明效果良好。

【关键词】模式创新；师资建设；产教融合；能力培养

一、人才培养模式改革的背景与目标

（一）教学改革的背景

服务国家战略，建设贸易强国，培育应用型数字贸易人才是关键。党中央、国务院颁布的《教育强国建设规划纲要（2024—2035年）》要求，全面把握教育的政治属性、人民属性、战略属性，落实立德树人根本任务，为党育人、为国育才，全面服务中国式现代化建设，扎根中国大地办教育，加快建设高质量教育体系，培养德智体美劳全面发展的社会主义建设者和接班人。这些重要论述为高校的教学改革指明了方向。

---

① 基金项目：广东省哲学社会科学规划2024年度一般项目"教育数字化促进广东乡村教育资源优化配置研究"，批准号：GD24CJY44。

（二）人才培养中存在的主要问题

一是课程体系与国贸新业态衔接度不够。课程设置、课程知识体系等未能实时对接数字国贸新业态，新知识、新理论、新技术、新方法吸纳不足，导致毕业生难以适应快速变化的外贸企业数字化转型。

二是教学资源与国贸新场景适应度不够。纸质教材、数字化教学资源、实验室软件等偏离真实国贸新场景，导致学生所学、所能适应性不足。

三是能力培养与国贸新岗位匹配度不够。产教融合不足，教学手段和方法落后，导致学生能力无法完全适应新岗位。

（三）教学改革的主要目标

一是提升师资队伍质量。通过党员教师引领，带动教师提升课程思政意识和能力；培育“头雁领壮雁，壮雁带新雁、团结友爱、齐心拼搏，争创一流”的雁阵文化，打牢育人师资基础；建设虚拟教研室，提升教师育人能力。

二是优化人才培养方案，建设新型课程体系。聚焦粤港澳大湾区国际数字贸易转型发展需求，按照“学生成长—岗位需求—课程优化”育人规律，融入数智要素，持续迭代优化人才培养方案，优化新时期人才培养课程体系，解决了课程体系与国贸新业态衔接度不够的问题。

三是深化产教融合。将数贸、科教、双创、学岗、产教深度融合，通过“八共”机制实现协同育人。突出教学资源和实践基地建设，解决了教学资源与国贸新场景适应度不够的问题。

四是提高学生社会实践能力。构建情感线、情景线、活动线、评价线、全员、全过程、全方位的“三全四线”思政育人模式；增设跨文化沟通、国际贸易前沿、国际贸易资源检索等课程，打造国际数字贸易真实场景，开阔学生国际视野；运用数智赋能，实施理论课堂、实训课堂和实践课堂联动，增强学生实践能力；增设双创课程，在“学、训、赛、创、岗”上培养双创能力，解决能力培养与国贸新岗位匹配度不够的问题。

二、人才培养模式改革的实现路径

针对以上痛点问题，为适应区域对外贸易高质量发展需求，结合学校办学定位和专业人才培养目标，以省级特色重点学科国际贸易学建设为契机，深入改革实践，构建“党建引领、产教融合、数智提能”应用型国际数字经济与贸易人才培养模式，围绕“强师资、优人培、深融合、提能力”进行应用型人才育人模式创新探索。

（一）多措并举提素质，筑牢人才培养根基

1. 首抓党建引领，保障铸魂方向与能力

以获批省级党建项目为契机，党支部建在专业上，实施“567”引领模式，执行

支部专业联席会议制度；通过教师党员带动，支部成员与专业管理团队“双肩挑”，支部会议“双议程”，解决了党建专建两层皮的问题；党员教师带动，开展思政磨课、示范公开课、课程思政示范项目申报等活动，教师教学和课程思政能力明显提高。

2.“雁阵文化”聚精神，师徒结对同成长

在雁阵文化的熏陶下，结成“师徒”对子，老中青传帮带，凝心聚力思课改、做教改、创平台，为申硕、教学改革凝聚了精神力量。

3. 以虚拟教研室为平台，教改科研出成果

加快教育部虚拟教研室共建单位、建设基地和校级虚拟教研室建设，健全专业虚拟教研室功能，交流教学改革经验，参加国际会议，培育了教师教学改革能力和国际前沿知识，产出一流课程、教改项目等优秀成果。

（二）动态调整人才培养方案，持续迭代优化课程体系

锚定地区外贸企业数智化转型和跨境电商领域的需求，跟踪岗位能力需求，持续迭代优化了课程体系，重构国际贸易、国际贸易实务、外贸函电等核心课程知识体系，增设数字经济、国际数字贸易、国际贸易大数据分析、国际贸易智能、跨境电商平台运营等通识课程、数字贸易通关实务、智能供应链管理、跨境电商创业孵化等产教融合新课程和大学生创新创业等双创能力培养课程平台，突出数智能力、实践能力和创新能力培养，解决课程体系与国贸新业态衔接度不够的问题。

（三）创新产教融合机制，夯实教学资源与实践基地

创新导师共担、人培共优、课程共讲、教材共编、基地共建“五共”产教融合新机制。主编体现外贸企业场景的教材22部，其中1部获评省级优秀教材，被推荐“十四五”普通高等教育本科国家级规划教材，5部双语教材，11部为实训和案例教学型教材，提升应用型教材质量；建设3个大学生实践平台，23个实践基地，聘请50多名校外导师，赋能学生实践能力培养真场景，解决教学资源与国贸新场景适应度不够的问题。

（四）数智赋能建设“金课”，培养岗位与双创能力

1. 强化“三课堂”培养方式，培养岗位实践能力

坚持“第一课堂夯基础，第二课堂重内化，第三课堂提能力，三类课堂互反思”的应用型人才培养模式。

2. 以数智技术为支撑，打造智慧教学课堂

数智赋能混合式教学三阶段，创设沉浸式、交互式教学环境，AI智助教学，教师减负；智助学习，学生增能，形成“个性-体验-前沿”的教学新生态。

积极运用现代信息技术，实施线上教学资源建设。本专业全部课程在“超星”平台建设线上课堂，三门课程在粤港澳大湾区高校在线开放课程联盟上线，配备全套教学资源，社会影响广泛。

3. 推行“三平台三支撑”机制，培育学生双创能力

注重双创教育，开设通识课程，培养双创意识；开设实训课程，培养双创思维；规划实习实践，培养双创能力与素养，形成了“三平台三支撑”大学生创新创业教育实施机制。

三、改革的主要创新点

（一）创新“567”党建引领模式，提升塑魂思政水平

以专业党支部获批省级党建项目为契机，创新“五个到位”“六个引领”“七个有力”的“567”党建引领模式。实行支部、专业联席会议制度，支部成员与专业管理人员“双肩挑”，支部会议“双议程”，推动了党建、专业建设双融合，解决了党建专建两层皮的问题；党员教师带动，开展思政磨课、示范公开课、课程思政示范项目申报等活动，显著提升教师教学和课程思政能力。

（二）培育“思政引领、多方融合、数智提能”应用型国际数字经贸人才培养新模式

该模式坚持思政引领首要任务，坚持多方融合育人路径，坚持数智提能根本目标，围绕新时期“塑灵魂、强师资、优人培、拓视野、深融合、提能力、善双创”的新任务，贯彻OBE教育理念，通过思政引领、数智提能、建基筑场、多方融合、迭代改进，有效解决课程体系与国贸新业态衔接度不够、教学资源与国贸新场景适应度不够、能力培养与国贸新岗位匹配度不够的痛点问题，明显提高人才培养质量。

（三）开辟“五共”产教融合新路径

经过不断探索实践，形成导师共担、人培共商、课程共设、教材共编、基地共建的“五共”产教融合新路径，通过该路径获取新理念、新知识、新技术、新方法、新需求，融入课程体系，解决了教学资源与国贸新场景适应度不够的问题。

四、成果的推广应用效果

（一）总体效果

本成果历经6年实践，获批省级一流本科专业建设点、省级一流课程3门、省级课程教研室2个；获批省级特色重点学科——国际贸易学、省级普通高校人文社科重点研究基地、省级实验教学示范中心、2个省级研究创新团队共5个省级科研平台；出版教材22部，其中1部获省级优秀教材，被推荐“十四五”普通高等教育本科国家

级规划教材；建设产教融合平台3个、实践基地23个；教师获省市级及以上奖项22项、获批省级质量工程项目10项；学生成长效果明显，学习内驱力形成，课堂参与率、课业成绩双提升，自学能力增强，获专业资格证书和发表论文数量逐年增加，专业赛事和社会服务表现出色，就业率、社会满意度明显提升。

（二）人才培养成效

近3年本专业毕业生平均就业率为98%，用人单位对毕业生的综合满意度高达99%。2017—2024年，获国家奖学金的学生有12人、获国家励志奖学金的有196人；参加各类专业竞赛获得国家级奖项253项、省级奖项104项，其中，中国国际“互联网+”大学生创新创业大赛国家级铜奖1次、省级金奖1次、省级银奖1次、省级铜奖13次、省级优胜奖3次；全国大学生挑战杯大赛省级一等奖1次、省级二等奖10次、省级三等奖16次；全国外贸从业能力大赛国家级团体特等奖7次、国家级团体一等奖3次、国家级团体三等奖1次、国家级个人一等奖26次、国家级个人二等奖27次、国家级个人三等奖34次；学生团队参加省级创新创业训练计划项目9项，部分毕业生注册公司自主创业。本专业学生培养质量得到社会认可，招生数量近三年逐年增加，远高于公办院校同类专业招生数，也高于本学院其他专业。

（三）改革成果的创新性和示范性显著

多所高校借鉴了成果经验，起到良好的示范效果，专家对成果给予很高评价。改革实践成果多次在全国性学术会议上介绍，多次受邀到兄弟院校介绍经验；10门课程课程思政优秀，入选上线“新华思政全国课程思政教学资源服务平台”，3门课程上线粤港澳大湾区高校在线课程联盟平台，社会影响广泛；多份咨政报告获得采用批复，多人担任地方政府、国家级、省级学会理事，受聘公立大学硕士生导师，多人在校内外开展专题讲座、讲授公开课等，分享专业建设成果，受到社会各界高度肯定。

参考文献

［1］丁玉梅．国际贸易专业应用型人才培养模式的改进［J］．长春理工大学学报，2010（5）：102-103.

［2］吴建功，万雅兰．应用型国际贸易人才的实践能力结构探究［J］．金融经济，2013（2）：116-118.

［3］唐文菊．高职院校国际贸易专业人才培养模式改革的思考［J］．西昌学院学报（社会科学版），2012，24（1）：114-117.

［4］李画画．基于企业需求的国际贸易专业人才培养模式［J］．合作经济与科技，2011（8）：90-91.

［5］刘珉，刘晖．国际贸易“双能力”人才培养模式初探［J］．教育教学论坛，2013（35）：221-222.

产教融合视域下AI赋能投资学专业商科人才培养探索与实践

曾素梅　高　桦　王一琳　杨海伟　夏晓晓

【摘要】随着人工智能（AI）技术在教育领域的全面应用，投资学专业的教学模式面临着新的契机。专业现有的教学体系存在诸多挑战，如理论知识与实践脱节、师资队伍建设滞后、校企合作不稳定、技术设备与场地缺乏、教学评价体系存在局限性等问题。本文探讨了如何利用人工智能为投资学专业实施产教融合提供新的实践路径，包括搭建智慧协同平台、联合开发课程内容、建设数字化评价系统、设立智创空间、加强师资队伍建设，建立“双导师制”队伍等。人工智能为投资学专业的培养应用型人才提供了新的思路。

【关键词】产教融合；AI赋能；教学模式设计；改革探索与实践

一、专业简介

投资学专业主要研究投资的基本理论和实务，涵盖证券投资、基金管理、风险控制、资产配置、金融理财、量化投资等方面的内容。该专业旨在培养具备扎实的金融理论基础和实际操作能力的应用型人才，能够在金融机构、投资公司、企业财务部门等领域从事投资分析、风险评估、资产管理等工作。

投资学专业于2004年招收首届专科生；2012年获批广东省高职重点培育专业；2017年升为本科专业；2021年获批广东省高等学校教学管理学会金融学课程思政建设项目立项；2022年“金融学”“计量经济学”获批校级一流课程；2023年“金融学”获批省级一流课程；2024年“证券投资学”“投资银行学”立项校级一流课程，粤港澳大湾区高校在线开放课程联盟金融学课程及校级金融学课程教研室项目获批立项，省级“金融学”教学改革项目立项，校级计量经济学投资教研室立项（如图1所示）。

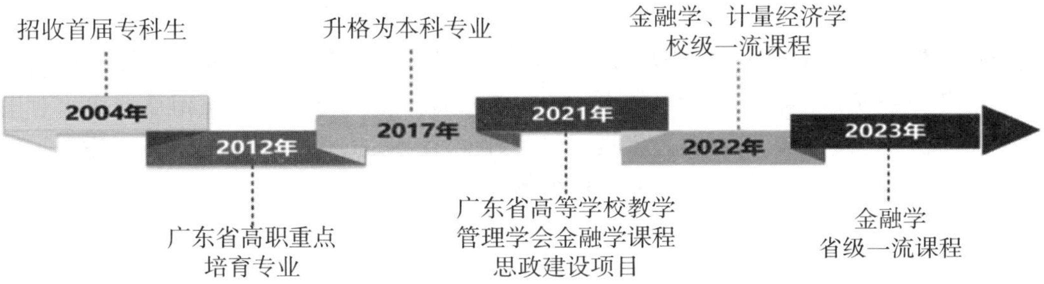

图1 投资学专业的发展历程

二、改革背景

近年来人工智能（artificial intelligence）的迅速发展，给传统的教学模式带来了巨大的冲击，教育者和投资者逐渐意识到，仅依靠传统的教学思维和投资手段已经无法满足当前投资行业对人才的需求。同时，国内各大本科院校、职业院校都在积极响应产教融合政策，旨在缩短理论教学与行业实际需求之间的差距。在这一背景下，人工智能作为一种创新技术，能够为投资学专业教学提供多元化的平台与智能化的投资工具，减少不必要的重复劳动，提升学习与工作的效率，帮助学生迅速与投资行业需求接轨，满足应用型高校的人才培养需求。

2023 年 10 月，中央金融工作会议首次提出建设金融强国战略，亟需大批支撑产业创新升级的卓越投资金融科技人才，为满足时代对高校应用型人才实践创新能力培养需求的不断提高，提出“校企合作、强化实践、产教融合”多维度实践创新理念，随着人工智能、大数据等新技术的快速发展，传统的投资学教育模式已无法满足市场对复合型人才的需求。金融市场的复杂性和不确定性要求投资学专业的学生不仅具备扎实的理论基础，还需掌握先进的技术手段，能够灵活应对各种投资挑战。因此，投资学专业亟需进行产教融合改革，以适应新时代的要求。

专业目标：第一，理论与实践结合。培养学生掌握投资学的基本理论、原则与方法，并能将其应用于实际投资决策中。第二，技术技能提升。使学生熟悉现代投资工具和技术，特别是人工智能和数据分析在投资决策中的应用。第三，综合素质发展。培养学生的团队合作能力、沟通能力以及创新思维，以适应快速变化的金融市场环境。第四，行业认知与适应。增强学生对金融市场的认知，使学生了解行业发展动态及职业要求，提高学生的就业竞争力。

三、产教融合背景下投资学专业教学现状与困境

产教融合的核心在于打通教育与产业之间的壁垒，使教育成果直接服务于产业需求。利用 AI 技术，能够实现教学与企业需求的深度对接。学校可以通过企业了解最

新的投资行业需求和技术趋势，从而帮助专业制订人才培养方案，调整教学内容。企业能够提供真实的设计项目，学生通过实际项目训练，积累实操经验，为进入社会打下良好的专业基础知识。同时，利用 AI 技术能够更好地与其他专业相互合作，有助于学生掌握更加广泛的知识体系，提升学生在复杂多变的产业环境中的适应能力，促进学校和企业之间的合作，共同开发面向未来的创新产品。

（一）理论知识与实践脱节

在投资学专业的教学工作中，教学重心仍旧放在理论教学上，实践教学相对薄弱，这使得学生设计实践能力未得到有效提高。目前各大高校也开展了相关的虚拟仿真实践课程，但是课程内的实训项目大多局限于教师的个人资源，缺少企业中实际项目的训练。传统教学模式中理论学习与实践能力培养分离的问题，会导致学生具备一定的理论知识，但是无法及时学以致用，缺乏实际项目操作的经验，难以迅速适应投资行业的工作需求。

（二）师资队伍建设滞后

目前多数民办高校存在师资队伍结构不合理的现象，职称结构从低到高呈金字塔状。这要求应用型本科高校的师资结构进一步改善，应用型本科高校既要形成适应高等教育的教师队伍，也要形成适应企业需求的教师队伍。由于教师长期在学校从事教学工作，缺乏对新的投资技术及行业市场需求趋势的了解，导致在指导学生进行项目实践时会受限于自身的实践经验。在信息技术更新迅速的当下，教师也需要持续学习，这样才能够在投资行业与时俱进，为学生提供更好的指导与建议。

（三）校企合作的不稳定性

高校不了解产业需求，企业不熟悉教学规律，学生不熟悉国产化平台和技术，产教融合的“最后一公里”难以打通，校企协同不深入，教学资源难以均等化和充分利用。校企合作是实现产教融合最直接的一种形式，校企合作能够将教育资源与企业资源进行整合，达到共同培养、共同发展的效果。然而在实践中，诸多高校的校企合作项目往往难以长期保持，许多企业与学校的合作方式也仅流于形式，并没有参与到投资学专业的人才培养中。

（四）缺乏技术设备与场地

投资学专业是一门实践性较强的学科，对计算机等设备具有操作性的要求，设计软件的更新意味着所需要适配的计算机等硬件也需要提升。当前许多高校由于资金限制，难以及时更新设备和技术工具，学生在校期间使用的技术和设备滞后于行业标准。同时，也存在缺少设计实验场地的问题，如虚拟仿真实验室、金融大数据实验室等，需要经过模拟实操来提升学生操作设备和软件的能力，从而提升投资技能。我国金融强国战略亟需大批支撑产业创新升级的卓越金融科技人才，通过产教融合、科教融合培养卓越金融科技人才已日渐成为共识，自2018年起，经投资学专业全体教师思想大讨论，立足粤港澳、新视野和新发展提出了“校企合作、强化实践、产教融合”的实践教学创新理念。

（五）教学评价体系的局限性

投资学专业的实训课程考核成果一般以实训报告或投资方案的方式呈现，在目前的课堂评价中，对投资方案的评价过于单一，忽视了方案中的客户需求与在市场的可行性。这类的评价体系与企业需求的实际标准存在差距，企业更关注投资方案能否解决实际问题以及投资活动对用户的影响力。因此，产教融合的背景下，评价体系应当更注重投资方案的实用性和市场反馈，将市场化元素纳入评价标准。

四、AI赋能下投资学专业教学举措及整体设计

（一）搭建智慧协同平台，促进教—学—产一体化

校企合作的不稳定性是产教融合的一大难点。利用人工智能技术，搭建更加智能的校企协同平台，能够帮助学校与企业之间建立更加稳定的合作关系，实现长远的协同发展。针对投资学专业，利用平台学生能够直接与企业建立联系，根据学生在课程中的表现，AI能够判断出学生更加擅长哪一种方向（保险、证券或银行理财）投资方案，从而与同类的项目及企业相匹配，通过线上远程协作，共同参与项目设计。在项目设计过程中，能够通过平台及时沟通，获得在校教师与企业导师的双向指导与反馈，增强校企合作的灵活性和持续性。投资学专业的课程设置更加注重将理论运用到实际案例当中，企业提供真实的投资项目能够鼓励学生积极参与，这些项目可以是与当地社区、政府或企业的合作，旨在解决实际的投资问题，比如银行理财投资或证券行业投资等。这种形式能够使学生在实践中获得宝贵的经验，增强创造力及对行业需求的理解和适应能力，学校也能够通过平台获取企业的最新设计需求，推动学生的投资实践与企业生产接轨。

（二）联合开发、资源共享，促进投资专业教学与新技术接轨

利用AI对投资市场进行数据收集、智能学习等，能够分析出目前投资学专业的整体发展趋势与市场需求，进而及时调整教学计划和课程内容，能够实现教学内容的动态更新。联合制定课程大纲，将最新的技术动态融入教学中。比如在计算机辅助证券投资课程中增加AI工具的应用，利用计算机辅助设计（量化投资课程）软件中的AI功能进行客户数据分析等。此外，学生还能够使用虚拟现实（VR）、增强现实（AR）技术进行投资方案的直观展示和用户体验测试，增加方案的可

行性。

（三）建设数字化评价系统，提升人才培养质量

在传统的投资教学中，评价体系主要由教师评价、学生评价两个方面组成，其中学生评价又包括自主评价及学生互评，整个评价体系过于主观、单一，无法有效衡量学生的综合设计能力。利用AI技术能够实现数据可视化，建立更加完善的评价体系。例如在进行投资方案评价时，利用AI技术能够从客观的投资效率、功能实用性、用户体验、材料环保等多个维度进行评价，再针对投资效果、投资设计创意、实践能力等方面进行评分，及时将评价结果反馈给学生，帮助学生发现问题，从而进一步优化设计方案，提升设计质量。这样不仅能够提高评价的客观性，还能够帮助学生更好地了解其方案的可行性，帮助学生总结经验教训，为其他项目的方案设计奠定经验基础。

（四）共建智创空间，供校企合作研发

人工智能与虚拟仿真实验室、大数据金融分析实验室的结合，能够为投资专业的学生提供更加沉浸式的学习场所。建设以AI驱动的实验室和创新空间，能够使校企双方进行协同设计、项目讨论，进一步加强学校与企业、学生与企业导师之间的联系。虚拟仿真实验室主要是利用VR技术，学生佩戴相关设备进入虚拟环境中，真实地感受到虚拟仿真空间、模拟炒股场景，通过电脑或平板，将虚拟的场景、地板、灯具、软装等物品置于三维空间中，呈现最终的投资方案效果。利用虚拟投资技术，能够提升学生的实践能力，还能节省企业和学校的资源，使更多学生参与投资项目。

（五）加强师资队伍建设

目前学校青年教师占比较大，他们缺乏在企业中历练和项目实践的相关经验。因此利用AI驱动的线上教学平台，能够促进教师与企业保持联系与交流，通过实习或参与行业会议的方式，帮助教师掌握投资行业的新技术与市场动态，及时更新教学内容与方法，最终在课堂上与学生分享。同时与企业设计师共同完成设计项目，能够为在校教师提供最新的实战训练，积累项目实践经验。学院还应当邀请行业专家为学生和教师举办讲座，分享AI在投资中的实际应用案例，增强学生和教师对AI的理解，最终达到培养高素质技能人才的目的。

五、AI在投资学专业领域的应用案例

AI在投资学专业领域的应用案例非常广泛，涵盖了从资产管理到智能投顾等多个方面。以下是一些具体的应用案例：

（一）资产管理

在资产管理领域，AI被用于实时分析海量的市场数据，包括股票价格波动、宏观经济指标和行业动态等。通过AI算法，可以快速筛选和分析这些数据，识别潜在的投资机会和风险。例如，AI可以预测股票在特定市场环境下的价格走势，为投资决策提供支持。

（二）智能投顾

智能投顾结合了人工智能、大数据和算法，旨在提供自动化、个性化的投资建议和管理服务。与传统投资顾问相比，智能投顾具有低费用、低门槛、易操作和高透明度等特点。例如，大模型在投顾领域主要用于客户的营销、运营以及产品推介等环节，通过提高信息处理效率，更加精准地洞察用户需求偏好，为客户匹配符合需求的金融产品服务。

（三）AI Agent的应用

AI Agent，即人工智能代理，是一种集成了深度学习模型、插件工具与执行流程的智能实体。在金融领域，AI Agent能够自主分析情境、作出决策并执行任务，例如在智能投资与量化交易中的应用。

（四）生成式AI的应用

生成式AI在金融领域也有广泛应用，如摩根士丹利等机构已引入ChatGPT等生成式AI工具，用于协助财务顾问、软件开发和信息分析等方面。

这些案例表明，AI在投资学领域的应用正变得越来越广泛，不仅提高了决策效率，增强了风险管理能力，还实现了个性化服务，为投资行业带来了巨大的潜力和变革力量，降低投资风险。

六、改革成效

（一）学生创新能力和就业竞争力大幅提升

经过改革，学生的AI技术能力、实践能力和综合素质显著提高，毕业生的就业率和就业质量有了明显提升，近5年就业率高达90%。“大创”项目立项38项，其中国家级大创项目5项、省级15项；涌现出一批拔尖学生，近5年，郑丹娜、龙丹妮、何洁汝等20名学生获国家奖学金，34名学生获国家励志奖学金，李子琪等毕业生进入华为公司工作，近3年荣获各类创新创业省级以上赛事奖项共200余项，6名学生成功创业，在校生创业月均流水超10万元。

1.企业满意度提高

用人单位对毕业生的反馈积极，认为其具备较强的实战能力和创新意识，能够快速适应工作需求。2020级郑和平同学得到南方财经媒体报道。

2.产教融合基地建设反馈良好

创建实验实训中心和实践教学改革经验得到同行的认可，产生良好的辐射作用，负责实践教学的中心主任和专业负责人多次在产教融合教学研讨会上分享经验。2024年，与南方财经集团共同牵头开设投资专业私募基金人才实验班，成立博士专业群专家委员会和教学协作委员会，组织开展投资专业及实验教学中心的校际交流合作，每年召开建设研讨会，共享资源，推动了投资专业及实验教学中心建设水平的整体提升。

（二）教学质量提升

教师的教学水平和研究能力得到提升，课程内容更加贴近市场需求

1.教师教学热情和学科专业建设水平全面提升

团队教师获南粤优秀教师，广东省民办优秀教师，主讲的“金融学”课程在新华思政平台上线了，学习点击量近5 000人次。5年来立项建设省级一流课程1门、校级一流课程4门，广东省高等教育管理学会思政课题1项，粤港澳大湾区高校在线开放课程联盟“金融学”课程2门。荣获省级或校级创新大赛、青年教学大赛奖项共11项，其中省级二等奖1项，省级三等奖3项，校级奖7项，涉及团队教师30人次，获第十四届“三创赛”国家级优秀指导老师3人，青年校级教学名师1人，完成省、市级及校级教科研项目18项，团队获得知识产权20余项，授权发明专利3项，发表论文50余篇。获得校级及以上教育教学改革成果3项，入选校级一流专业1项，金融科技专业正在申报中，学生的学习积极性明显增强。

2.多元主体协同合作成效卓著

与“经传多赢”“南方财经”“创必承”“东莞证券”“红树科技”等多家校外企业建立实践教学基地，构建多元化的育人平台。通过金融大数据实验室和实践基地、产学研合作项目，搭建校内外一体化教学实践平台，强化实践教学软件建设和硬件建设，以项目合作、社会调查等多样化形式拓展实习基地，以协同育人提高学生实践技能，保证行业特色的人才培养质量。参与建设省部级虚拟仿真实验教学中心1个、建设项目全生命周期BIM应用协同教学云平台1个，与企业共建实践基地20个，并聘请10余位行业专家担任校外导师，获批教育部产学合作协同育人项目5项。

（三）行业影响力增强，示范引领作用加大

学校在行业内的影响力逐渐提升，成为企业和社会认可的人才培养基地。

1.教育改革引领示范作用显著

团队发展和人才培养的协同效应逐渐显现，获广州市经济法学会学术成果二等

奖1项，校级第五届教学成果二等奖2项，“金融学”课程上线新华思政平台，入选广东对外贸易高质量发展研究团队，立项“黄埔军校旧址纪念馆大学生社会实践教学基地”，教学水平显著提升。专业教师评教优秀率平均达到 85%。在评优评先、教学竞赛等活动中获各级各类奖项 23 项，获“南粤优秀教师”“广东省民办教育优秀教师”“我最喜爱的老师”等荣誉称号8人次。在同行中起到了引领示范作用。

2. 优质生源吸引能力显著增强

高质量本科生教育提升了投资学专业的生源吸引力，本科生录取比率持续提高到90%；随着国家经济形式好转，每年仍有30%以上学生读研继续深造。

3. 社会影响不断扩大

近5年，“红色浪鳗”金融公益团队先后在茂名电白、河源下屯、惠州墨园、湛江徐闻等多个乡村开展投资理财宣讲活动达500余次，开展支教助学、助农帮农等实践活动，服务企业、合作社达1 280余家，涉及产值超20万元，受到广东电白等各级各类媒体报道14次。2020年“红色浪鳗”社会实践队参加《关于开展2020年“携手奔小康，共筑中国梦”大学生暑期社会实践活动》产生了良好的社会影响，接受光明网和人民网的报道，得到了地方政府与群众的广泛好评。

七、总结

目前部分院校投资学专业已开展校企合作，在教学中进行实际项目设计、实习实践等环节。但是整体上产教融合的深度与广度仍然不足，部分校企合作停留在表面，未能有效将产业需求与教学目标紧密结合。同时，企业对人才的需求不断变化，而教学内容的更新速度较慢，导致培养的人才与市场需求存在脱节现象。随着数智时代的发展，通过搭建智慧协同平台、联合开发课程、建设数字化评价系统、设立智创空间、加强师资队伍建设、建立“双导师制”队伍等创新路径，能够推动产教融合进一步深化，促进投资学专业教学更加多元与创新，培养学生的自主学习能力和创造力，最终将人才培养目标转到增强学生就业创业能力上来，真正服务于地方社会。

参考文献

［1］彭梦娇. 应用型本科高校产教融合的研究——以重庆科技学院为例［D］. 重庆：重庆师范大学，2016.

［2］苏小红，苗启广，陈文宇. 基于 AI 赋能和产教融合提升程序设计能力的个性教学模式［J］. 中国大学教学，2023（6）：4-9.

［3］熊文辉. 基于人工智能技术背景下环境艺术设计的实践与探究［J］. 鞋类工艺与设计，2024，4（17）：69-71.

AI赋能电子商务专业人才培养的教改研究[①]

梅思阳　张晓英　刘　鑫

【摘要】随着人工智能（AI）技术的迅猛发展，其在电子商务领域的应用日益广泛，深刻改变了行业的运营模式和人才需求结构。本文聚焦于AI赋能背景下电子商务专业人才培养的教学改革，深入剖析当前人才培养面临的挑战，提出具有针对性的教改策略，旨在为培养适应AI时代需求的复合型电子商务专业人才提供理论支持与实践指导。

【关键词】AI赋能；电子商务；人才培养；教学改革

在当今数字化时代，AI技术已成为推动各行业变革的核心力量，电子商务领域亦不例外。AI在智能客服、精准营销、供应链优化、物流配送等环节的深度应用，极大提升了行业的运营效率和服务质量。据统计，2023年我国电子商务领域由AI技术应用带来的效率提升，使得行业整体成本降低约15%，销售额增长约20%。在这一背景下，电子商务专业人才不仅需要掌握传统的商务知识和技能，还需具备AI相关的技术能力和创新思维，以适应行业的智能化发展趋势（谭小燕，2023）。因此，探索AI赋能下电子商务专业人才培养的教学改革路径，具有重要的现实意义。

一、AI赋能背景下电子商务专业人才培养现状分析

（一）电子商务专业人才培养模式现状

目前，多数高校电子商务专业在人才培养模式上，仍以传统的学科知识体系为基础，设置商业管理、市场营销、信息技术等相关课程。尽管部分高校已意识到AI技术对电子商务的影响，开始尝试开设一些与AI相关的课程，但这些课程往往处于边缘地位，尚未深度融入专业核心课程体系。例如，在一些高校，AI课程仅作为选修

---

① 2024年广州工商学院教育教学改革项目（JXGG202434）。

课程，课时较少，且内容多为基础理论知识，缺乏与电子商务实际应用场景的紧密结合。此外，不同高校由于在师资力量、学科优势上存在差异，在AI相关课程的设置和教学重点上存在较大分歧，学生对AI技术在电子商务领域应用的理解和掌握程度参差不齐。

（二）电子商务专业人才培养存在的问题

当前，电子商务专业人才培养存在诸多亟待解决的问题。在课程体系方面，AI相关知识更新滞后，教材内容陈旧，未能及时融入如基于深度学习的个性化推荐算法、智能图像识别在商品搜索中的应用等最新案例，导致学生所学与企业对AI驱动的电商岗位需求脱节（胡建锋，2021）。在教学方法方面，传统讲授式教学难以激发学生对AI技术这类实践性和创新性知识的学习兴趣与主动性，且实践环节薄弱，部分学校实验室设备和软件更新不及时，无法模拟真实AI应用场景，学生缺乏完整的AI项目实践体验，实践和创新能力不足。在师资队伍方面，多数教师专业背景集中在传统商务或信息技术领域，对AI技术的掌握和实践经验有限，难以深入讲解AI在电商中的应用原理与技巧，影响教学质量和人才培养效果（贺东航，2025）。跨学科培养机制也存在缺陷，AI技术涉及多学科领域，但电商专业跨学科课程设置不足，学科融合度低，学生难以形成跨学科思维，无法有效运用多学科知识解决复杂电商问题，限制了综合素养和创新能力提升。此外，“电子商务法律与法规”这门课程也面临整改问题，课程内容未能紧密结合当下电商行业新兴业务模式（如跨境电商、直播带货等）产生的法律问题进行更新，使得学生在面对实际法律纠纷时，难以运用所学知识准确应对。

二、课程资源建设与支持

（一）AI相关课程资源的整合

为了让学生全面深入地了解AI技术在电子商务中的应用，学校应整合丰富的AI相关课程资源。广泛收集国内外优质的教材、学术论文、行业报告以及实际案例，涵盖机器学习、自然语言处理、计算机视觉等AI核心技术领域，以及这些技术在电子商务营销、客服、供应链管理等方面的应用实例。同时，建立课程资源更新机制，定期跟踪行业动态，及时将最新的研究成果和实践案例纳入教学资源库，确保教学内容与行业发展保持同步。通过对这些资源的筛选和整合，编写具有针对性的校本教材和教学案例集，引导学生从不同角度深入理解AI技术在电子商务领域的应用原理和实践方法（邓炜辉和何金海，2025）。

（二）电子商务与AI融合的实验室与实践基地建设

为提升电子商务专业学生的实践能力与专业素养，我们要大力加强实践教学环节建设。一方面，加大对电子商务与AI融合实验室的投入，配备高性能计算机集群、数据采集设备等先进硬件设施，以及机器学习开发平台、数据分析软件等专业软件工具，在实验室中搭建智能电商平台、智能物流配送系统等模拟真实商业环境的实验场景，让学生借助这些资源，利用机器学习算法分析电商平台用户数据，构建个性化推荐模型，切实体验AI技术在电子商务各环节的应用。另一方面，积极与电商企业、AI技术企业合作建立校外实践基地，让学生参与企业实际项目的开发和运营，在实践中应用所学知识，接触行业前沿技术与应用，熟悉企业实际需求和运作流程。在此过程中，学校和企业共同制定实践教学计划和考核标准，保障实践教学的质量和效果。

三、优化教学模式的策略探索

（一）教师角色的转变与培训

在AI赋能的教学环境下，教师应从传统的知识传授者转变为学习引导者和创新推动者。教师不仅要传授专业知识，更要培养学生的自主学习能力和创新思维。为此，学校应加强对教师的培训，提升教师的AI素养和教学能力。定期组织教师参加AI技术培训课程和学术研讨会，邀请行业专家举办讲座和指导，让教师了解AI技术的最新发展动态和在电子商务领域的应用趋势。鼓励教师开展教学研究和实践探索，将AI技术融入教学过程中，创新教学方法和手段，如采用项目式教学、案例教学等方法，引导学生主动参与学习，培养学生的创新能力和实践能力。

（二）理论与实践相结合的教学模式

为了提高电子商务专业学生的综合能力，应积极推进教学模式创新。在教学过程中，引入企业实际项目开展项目驱动教学，教师将项目细化为多个任务，组织学生分组协作完成。比如在电商智能营销项目里，学生要运用数据分析技术剖析用户行为，借助AI算法制定个性化营销策略，综合运用电子商务和AI知识解决实际问题，锻炼实践与团队协作能力。同时，鼓励学生参与各类电子商务与AI相关竞赛，例如全国大学生电子商务“创新、创意及创业”挑战赛、人工智能算法大赛等。通过竞赛，充分激发学生的学习兴趣与创新精神，培养实践和创新能力，竞赛中遇到的问题及解决方案还会被转化为教学案例，反馈到课堂教学，推动教学实践的改进与创新。方案还会被转化为教学案例，反馈到课堂教学，推动教学实践的改进与创新。可通过强化实践导向优化课程建设，将企业真实法务流程嵌入案例教学，通过模拟法庭、法务岗位实训等方式，引导学生在实操场景中实现理论知识向法律应用能力的转化（刘佳霖等，2024）。

（三）线上线下融合的教学方式

为了给学生提供更全面、高效的学习体验，我们采用线上线下融合的教学方式。线下教学聚焦于电子商务和AI基础知识的讲解与实践操作指导，教师运用课堂讲授、小组讨论、实验操作等多种教学方法，助力学生掌握相关基本概念、原理和技能，培养学生的动手能力与团队协作能力，通过实际案例分析和项目实践，加深学生对知识应用场景的理解。深化实践教学与校企协同合作，构建“学用一体”育人模式。

四、加强实践教学与校企合作

（一）实习与实训的重要性

实习与实训在电子商务专业人才培养中占据关键地位，是理论知识转化为实践能力、学生洞悉行业实际需求的重要桥梁。在“真场景”下，学生参与实习，深入企业真实的工作环境，沉浸式感受企业文化，全面熟悉业务流程和工作规范，在实践中培养职业素养与团队协作能力。而实训环节同样依托真实的电商业务场景，让学生将所学AI技术深度融入电子商务实践。例如，借助机器学习算法优化客户关系管理，运用自然语言处理技术开发智能客服系统，切实提高实践操作和解决实际问题的能力。秉持“敞开式”理念，我们积极拓展实习实训渠道，与众多电商企业、AI技术企业建立广泛合作。学生不仅能参与校内的实训项目，还能走出校园，进入各类企业参与实际工作。这种敞开式的模式，使学生接触到多元的行业资源和前沿的技术应用，拓宽视野。强调“深耦合”，就是在实习与实训中，将学校教学内容与企业实际需求紧密结合。学校与企业共同制订实习与实训计划，企业的技术骨干和学校教师共同指导学生，确保学生所学与企业所需无缝对接。通过这种深耦合的方式，实习与实训能更精准地帮助学生把握行业发展趋势，为其未来的职业规划提供有力参考，培养出符合行业需求的电子商务专业人才。

（二）开发校企合作实践项目

深化校企合作，开发更多具有针对性的实践项目。学校与企业共同制订实践项目方案，根据企业的实际需求和学生的学习进度，设计涵盖电子商务和AI技术应用的实践项目。例如，企业提出开发一个基于AI的电商智能选品系统的需求，学校组织学生参与项目开发。在项目实施过程中，企业为学生提供数据支持和技术指导，学生在实践中运用所学知识完成系统的设计、开发和测试工作。通过这样的实践项目，学生能够深入了解企业的实际需求，提高实践能力和创新能力，同时也为企业创造价值，实现校企成果共享。

五、促进就业导向与职业规划建设

（一）建立综合的就业指导体系

以就业为导向，建立全面综合的就业指导体系。在指导内容上，除了传统的简历撰写、面试技巧培训外，还应增加AI技术在电子商务领域的就业前景分析、职业技能要求解读等内容。帮助学生了解不同就业岗位对AI技术和电子商务知识的需求，引导学生有针对性地提升自己的专业技能。同时，注重培养学生的职业素养，如沟通能力、团队协作能力、创新能力等，提高学生的就业竞争力。在指导方式上，采用线上线下相结合的方式，通过开展就业讲座、线上课程、一对一咨询等活动，为学生提供全方位的就业指导服务。

（二）加强职业规划辅导

加强对学生的职业规划辅导，帮助学生制定合理的职业规划。定期开展职业规划讲座和研讨会，邀请行业专家和校友分享职业发展经验，引导学生树立正确的职业观和就业观。在职业规划辅导过程中，运用职业测评工具，帮助学生了解自己的兴趣、能力和价值观，结合电子商务行业的发展趋势和就业市场需求，制定个性化的职业规划。同时，为学生提供职业规划跟踪服务，定期与学生沟通，了解学生的职业规划实施情况，根据实际情况对职业规划进行调整和优化，确保学生能够顺利实现职业目标。

六、结束语

AI赋能给电子商务专业人才培养带来机遇与挑战。当下，专业人才培养在课程体系、教学方法等方面问题突出，难以满足行业对AI驱动的电商人才需求。为此，我们整合AI课程资源、优化教学模式、强化实践教学与校企合作、完善就业指导体系，提升人才培养质量，以培育适应AI时代的复合型人才，为行业智能化发展提供支撑。在改革中，我们还将持续关注行业动态，优化教学。例如，在“电子商务法律与法规”课程中融入AI技术，利用AI进行法律案例智能分析、风险预警，帮助学生更好地理解和应用相关法律知识。同时，我们秉持粤商敢为人先、务实创新、诚信经营的文化理念，深化校企合作，实现成果共享，推动学校、企业共同发展，为电子商务专业教育注入新活力，确保人才培养始终契合行业需求，促进专业教育持续进步。

参考文献

[1] 谭小燕. 基于人工智能的电子商务信息化变革和产业机遇——评《5G+AI智能商业：商业变革和产业机遇》[J]. 中国科技论文，2023，18（6）：711.

[2] 胡建锋. 应用型人才培养的现实困境与逻辑路径——兼论“项目教学法”的适用性 [J]. 中国职业技术教育，2021（26）：24-29.

[3] 贺东航. 人工智能与中国式现代化研究——基于现状、挑战及对策的考察 [J]. 社会科学辑刊，2025（2）：67-80.

[4] 邓炜辉，何金海. 数据流通赋能新质生产力：理论逻辑与法治保障 [J]. 西南金融，2025（2）：31-43.

[5] 刘佳霖，闫景升，许瑾. 基于OBE理念的大型仪器双向融合培训体系建设 [J]. 实验室研究与探索，2024，43（12）：229-234；240.

AI赋能电子商务教学模式改革与应用型人才培养策略探析①

刘　鑫　梅思阳

【摘要】本文聚焦于AI技术赋能电子商务教学模式改革，探讨如何通过“真场景、敞开式、深耦合”教学模式以及粤商文化融入，培养适应市场需求的应用型电商人才。本文从教材共编、教案设计、校企合作等多维度出发，通过“八共”协同育人策略、“真场景、敞开式、深耦合”教学模式等提升教学效果，推动电子商务专业教育的创新发展。

【关键词】AI；电子商务；应用型人才；粤商文化；校企合作

一、引言

随着互联网技术的飞速发展，电子商务行业正经历着前所未有的变革与机遇。近年来，电子商务市场规模持续扩大，交易模式不断创新，从传统的B2C、C2C到新兴的社交电商、直播带货等，行业格局日益多元化，市场对具备数据分析、人工智能、用户体验等跨学科知识的复合型人才需求激增。在这一背景下，AI的兴起为电子商务领域带来了新的突破。AI在精准营销、智能客服、个性化推荐、库存管理等环节的应用，极大地提升了电商企业的运营效率和用户体验。然而，尽管AI在电商领域的应用前景广阔，但仍面临诸多挑战，如数据隐私保护、算法偏见、技术人才短缺等问题。与此同时，高校电子商务教学也面临着前所未有的挑战。传统的教学模式和课程体系已难以满足行业快速发展的需求，如何将AI技术融入电子商务教学，培养出既懂电商又掌握AI技术的复合型人才，成为高校亟待解决的问题。本文聚焦于电子商务行业与AI技术融合背景下的高校教学改革，旨在丰富电子商务教学模式改革的理论研究，并为高校电商专业应用型人才培养提供实践指导，助力高校培养出适应行业发展需求的高素质人才。

①　2024年广州工商学院教育教学改革项目（JXGG202434）。

二、电子商务教学现状与问题分析

（一）传统教学模式的局限性

电子商务作为一门实践性和应用性极强的学科，传统教学模式在培养高素质应用型人才方面逐渐暴露出诸多问题，亟待改革与优化。

理论与实践脱节。传统电子商务教学往往侧重于理论知识的传授，课程设计以课堂讲授为主，缺乏与实际商业环境的紧密联系。学生在课堂上学习了大量理论知识，但在实际操作中却难以应用，导致理论与实践严重脱节。例如，电商运营课程中，学生虽然掌握了营销理论，但在实际运营时，却无法有效运用所学知识解决店铺引流、客户转化等问题。这种脱节现象不仅削弱了学生的学习积极性，也使得毕业生难以满足企业对实践能力的要求。

教学内容滞后于行业发展。电子商务行业更新迭代迅速，新的商业模式、技术应用不断涌现，如直播带货、社交电商、跨境电商等。然而，高校的教学内容更新速度相对滞后，课程体系未能及时纳入这些新兴内容。例如，部分高校的电商课程仍然停留在传统的B2C、C2C模式，对新兴的短视频营销、AI驱动的精准营销等前沿知识涉及较少。这种滞后性使得学生在毕业后进入企业时，需要花费大量时间重新学习行业知识，降低了人才培养的效率。

缺乏真实商业场景的模拟与实践。电子商务教学中，实践环节的缺失是一个突出问题。传统教学模式下，学生参与的实践多为校内模拟实验，缺乏真实商业场景的锻炼机会。例如，电商实训课程多以虚拟平台操作为主，学生无法接触到真实的市场环境、客户群体和竞争压力。这种单一的实践模式无法有效培养学生的商业敏感度和问题解决能力。此外，校企合作的深度和广度不足，企业参与教学积极性不高，进一步限制了学生接触真实商业场景的机会。

（二）电商法律法规教学的不足

电子商务领域的法律法规更新频繁，如《中华人民共和国电子商务法》及相关政策法规不断修订和完善，这对教学内容的及时更新提出了巨大挑战。然而，高校在课程设计和教材编写上往往滞后于行业最新发展，导致教学内容无法全面覆盖最新的法律法规和合规要求。例如，一些新兴的电商模式（如直播带货、跨境电商）涉及的法律问题尚未充分纳入教学体系中，学生对这些领域的法律知识掌握不足。此外，学生对法律法规的理解与应用能力不足。学生在学习电子商务法律法规时，往往停留在理论层面，对法律条文的理解不够深入，更难以将其应用到实际问题中。教学过程中缺乏案例分析和实践环节，导致学生在面对复杂的电商法律问题时缺乏应变能力。此外，课程设计中对法律思维和合规意识的培养不足，学生难以将法律法规与电商运营实践相结合。

在课程定位与协同方面，“电子商务法律与法规”课程在专业体系中的定位不够明确，部分高校将其作为拓展课程或创新创业教育课程，导致教学目标不清晰。同时，课程建设中“政、产、学、研、用”协同不足，缺乏高水平师资和行业实践的深度参与。这种协同不足不仅影响了教学内容的实用性，也限制了学生对行业实际需求的了解。

（三）粤商文化在教学中的缺失

粤商文化作为广东地区独特的商业文化，蕴含着深厚的历史传统和商业智慧，是培养高素质电商人才的重要文化资源。例如，粤商文化中的诚信理念能引导学生在电商运营中坚守商业道德，而创新精神则有助于学生在快速变化的电商市场中保持竞争力。通过融入粤商文化，电商人才能够更好地理解商业伦理的重要性，并将其应用于工作中，以提升综合素质。

目前，粤商文化在教学中的缺失主要体现在以下几个方面。首先，粤商文化作为岭南地区独特的商业文化，蕴含着丰富的历史传统和商业智慧，但在实际教学中，其融入程度较低，尚未形成系统化的教学体系。其次，教学内容多以理论讲授为主，缺乏与粤商文化相关的实践教学环节，导致学生难以深入理解和体会粤商文化的精髓。此外，部分教师对粤商文化的内涵和价值认知不足，难以有效将其融入课程教学中。最后，粤商文化在创新创业教育中的应用不足，未能充分发挥其激励青年创新创业的作用。这些问题不仅影响了粤商文化的传承，也限制了学生综合素养的提升。

将粤商文化融入电商教学具有重要的现实意义。一方面，粤商文化能够为电商教学提供丰富的实践案例和文化内涵，帮助学生更好地理解商业运作的逻辑和规律。另一方面，粤商文化所倡导的开放精神和创新意识，能够激发学生的学习兴趣和创新思维。

三、AI赋能电子商务教学模式改革的理论基础

（一）“真场景、敞开式、深耦合”教学模式的内涵与优势

“真场景、敞开式、深耦合”教学模式是一种创新的教学理念，旨在打破传统教学的局限性，通过模拟真实商业场景、开放教学时空、深度融合教学与行业需求，提升学生的实践能力和综合素质。在教学中，真场景教学可以通过引入真实电商项目、模拟电商平台运营等方式实现，让学生在实践中学习和成长。敞开式教学则利用AI技术搭建线上线下混合式教学平台，打破时间和空间的限制，促进师生互动和资源共享。深耦合教学强调教学内容与行业需求、技术发展的紧密结合，确保学生所学知识与技能能够适应市场需求。

（二）粤商文化融入教学的理论依据

粤商文化的核心价值观与电商人才素质要求的契合。诚信为本，粤商文化强调诚信经营，这与电商人才的职业道德要求高度一致。在电子商务领域，诚信是企业立足市场的基石，也是电商人才必须具备的基本素质。创新精神，粤商文化具有“敢为天下先”的创新精神，这与电商行业快速变化、需要不断创新的特性相契合。电商人才需要具备创新思维，以适应市场变化和推动业务发展。务实高效，粤商文化注重务实和效率，强调脚踏实地和高效执行。以应对激烈的市场竞争。开放包容，粤商文化形成于开放的岭南地区，具有包容多元文化的特点。这有助于培养电商人才的跨文化沟通能力和国际视野，适应全球化背景下的电商发展。在电子商务教学中融入粤商文化，有助于将地方文化的精髓传递给学生，使其在专业学习中感受粤商文化的魅力，增强对本土文化的认同感和传承意识。

四、AI赋能电子商务教学模式改革的实践探索

（一）教材共编，打造适应AI时代的电商教材

教材是教学的基础，传统电商教材往往存在内容滞后、与实际应用脱节等问题。在AI赋能的教学模式下，教材共编成为一种重要的改革方向。通过校企合作，引入行业专家和企业案例，共同编写教材，能够确保教材内容的前沿性和实用性。同时，基于AI技术的动态更新机制，可以及时将电商法律法规的最新变化、粤商文化的内涵以及AI技术在电商领域的应用纳入教材，为学生提供最新的学习资源。例如，《数智电商AI+RPA实战教程》通过结合AI和RPA技术，为学生提供了从理论到实践的全方位学习体验。这种教材不仅涵盖了电商运营的各个环节，还通过真实案例和实战操作帮助学生掌握AI技术在电商中的应用。这种合作模式不仅确保了教材内容的前沿性和实用性，还通过配套的教学资源（如教学视频、开发工具、案例源代码等）增强了教学效果。

（二）模式共享，打造“真场景、敞开式、深耦合”的教学模式

真场景教案设计。以电商企业真实项目为蓝本，设计实践教学环节，选取电商企业的真实项目作为教学案例，确保教学内容与实际工作场景高度契合。通过模拟真实项目流程，让学生在实践中掌握电商运营的核心技能。场景模拟：利用虚拟仿真技术，构建与真实电商运营环境相似的虚拟场景，帮助学生更好地理解和应用知识。任务驱动，将真实项目分解为多个任务，引导学生分步骤完成，培养其解决实际问题的能力。

敞开式教案实施。利用AI平台开展线上线下混合式教学。第一，线上资源与自主学习。借助AI平台，提供丰富的线上学习资源，包括视频教程、案例分析和在线

测试，支持学生自主学习。第二，线下互动与实践。在线下课堂中，通过小组讨论、项目实践和教师指导，增强学生的互动性和实践能力。利用智能辅导功能，跟踪学习进度，提供个性化的学习建议。

深耦合教案评估。结合行业标准与企业需求，评估教学效果。构建涵盖知识掌握、实践能力、团队协作和创新能力的多元评估体系，全面评价学生的学习成果。将行业标准和企业需求融入评估指标，确保教学成果与市场需求相匹配。根据评估结果，动态调整教学内容和方法，实现教学设计的持续优化。

（三）校企合作，构建“八共”协同育人机制

校企合作是应用型人才培养的关键环节。通过构建“八共”协同育人机制，学校与企业可以在人才培养的各个环节深度合作。例如，企业与学校共同制订人才培养方案（共商），共同建设实践教学基地（共建），企业专家与学校教师共同授课（共教），共同管理学生实习项目（共管），共同评价学生学习成果（共评），共享教学资源与企业案例（共享），共同开展科研项目（共研），企业优先录用毕业生，学校为企业输送人才，促进学校与企业的共同发展。

五、电商法律法规与粤商文化融入教学的策略

（一）结合真实案例，增强学生法律意识

在电商法律法规教学中，引入真实案例，通过案例分析帮助学生理解法律条文在实际场景中的应用，增强其法律意识和问题解决的能力。采用“一日一案”的形式，让学生参与案例讲述、分析和总结，并形成案例材料分享，潜移默化地提升其法律素养。

（二）利用AI技术，开展模拟法律实践

借助AI工具和虚拟仿真平台，开展模拟法律实践教学。通过模拟法庭、法律文书撰写等环节，让学生在实践中掌握法律知识，提升法治思维。利用AI技术辅助教学，例如通过智能法律问答系统，帮助学生更好地理解复杂的法律问题。

（三）引入行业专家，解读最新法律法规

定期邀请电商行业专家和法律专业人士进入课堂，解读最新的电商法律法规和政策动态，帮助学生了解行业前沿信息。通过行业专家的分享，结合实际案例，让学生更好地理解法律法规在电商行业的具体应用。

（四）开设粤商文化专题课程

设计粤商文化专题课程，系统介绍粤商文化的起源、发展及其核心价值观，如敢为人先、务实开放、崇信守法等，弘扬粤商精神。通过专题课程，引导学生感受粤商文化的魅力，培养其职业素养和创新创业精神。

（五）在专业课程中融入粤商文化元素

将粤商文化的核心价值观和商业智慧融入电商专业课程，如在电商运营、营销等课程中，结合粤商的成功案例进行教学。通过课程思政的方式，将粤商文化中的诚信、创新、社会责任等元素与电商法律法规教学相结合，实现知识传授与价值引领的统一。

六、结论与展望

本文聚焦于电商法律法规与粤商文化融入教学的策略，通过结合真实案例、利用AI技术、引入行业专家、开设粤商文化专题课程以及在专业课程中融入粤商文化元素，成功构建了一套多元化的教学模式。实践证明，这些策略有效提升了学生的法律意识和职业素养，增强了其对电商法律法规的理解与应用能力，同时培养了学生的创新创业能力。通过课程思政的融入，实现了知识传授与价值引领的有机结合，为电商专业教育提供了新的思路和方法。

未来，随着电商行业的快速发展和法律法规的不断更新，电子商务教学内容需持续优化以适应行业需求。深化粤商文化与电商法律法规的融合，探索更多创新教学方法，如虚拟仿真技术的深度应用和跨学科教学模式的探索，以适应电商行业的发展。

参考文献

［1］蒋良骏，张炫，闫铭，等. 人工智能时代高职电子商务专业人才培养——基于就业岗位的视角［J］. 河北职业教育，2020，4（3）：40-43.

［2］杨韵. 人工智能在电子商务行业引发的职业替代风险分析和高职教育对策［J］. 产业与科技论坛，2023，22（22）：266-268.

［3］袁年英. 粤商文化促进粤港澳青年创新创业能力培养探析［J］. 文化创新比较研究，2022，6（7）：187-190.

［4］施思，张晓芹. 传统文化视域下粤商文化特质研究［J］. 教育现代化，2015（15）：28-29.

［5］黄华. “粤商”企业文化创新研究［J］. 广东商学院学报，2007（3）：24-27.

［6］杨阁，何兴旺．生成式人工智能时代电子商务类课程改革研究［J］．科教文汇，2023（18）：72-76.

［7］刘曼璐，王佳．人工智能技术与跨境电子商务人才培养融合路径探究［J］．商场现代化，2019（7）：65-66.

民办本科院校校企合作与应用型人才培养

潘银坪

【摘要】本文探讨了校企合作在应用型本科院校中的现状，指出了当前合作模式存在的问题，并提出了改进建议。文章分析了应用型本科院校与高职院校在校企合作上的差异，强调了建立专业建设指导委员会、采用订单式培养、共建实训基地等合作方式的重要性。同时，文章指出了民办本科院校在校企合作中面临的挑战，如合作深度不足、学生流动性高、企业参与积极性低等问题，并提出了加强资金来源、引入第三方中介、培养“双师”型教师等解决策略。

【关键词】校企合作；应用型本科；人才培养；民办院校

一、校企合作发展的现状

校企合作是建立在职业教育的基础之上的，本科院校的校企合作并没有高职院校做得深入，而高职院校的科研优势又没有本科院校明显。

应用型本科形成了对自己学校、学科建设以及专业建设有利的专业建设指导委员会，委员会的成员主要由与学校紧密合作的行业及企业代表、其他科研院所或学校的学科专家以及本校教授所组成，主要探讨本校、本学科以及本专业的专业岗位定位、人才培养方案、教学计划、教学课程体系构建、校内外实训基地建设等方面的问题，并给予一定的指导。

很多高校都采用了订单式培养的校企合作。比如，上海第二工业大学与宝钢、贝尔阿尔卡特、通用汽车、农工商超市、中国工商银行上海分行等之间的“订单式”合作，大连东软信息学院的“惠普定制班”，广州工商学院的“京东班”等，都是按照企业的发展规模，来预测人才需求量，这是一种直接为行业、企业量身定制的合作模式。被录取的学生先在校学习基础知识和专业知识，再由行业、企业提供实训、顶岗实习的机会，设置一定的淘汰率之后，考核合格的学生就会正式被这些行业、企业所录取。

共建校内实训基地，模拟企业生产现场环境开展实践训练与技术培训。比如，上海科学技术职业学院商务流通系电子商务专业与上海云核网络科技有限公司共建的“零零狸网拍上海嘉定摄影基地”，大连东软信息学院与惠普公司共建的“联合实验室”以及“呼叫中心实验室”，广州工商学院与爱尚美合作开发的“菲卡丹校园创业中心”等。学生在实训基地带薪实践，由合作方实践经验丰富的领军人才组成的兼职教师队伍，为学生提供免费的岗位培训，既解决了部分经济困难学生的勤工俭学问题，又丰富了专业的实践教学内容，同时对学校其他专业也具有辐射作用。

积极开发校外实习基地，实施“双指导教师制”，从而加强与行业、企业的联系。具体来讲就是，由具有“双师”素质的在校教师担任校内实习指导教师，由与学生并肩工作的实践经验丰富的兼职教师进行校外指导。

为了体现工学交替的思想，学生会有两次进入企业实习的机会，第一次由学校进入企业为不定期的顶岗实习，第二次由学校进入企业为毕业之前的毕业实习，这样交替进行的课堂教学和企业实习，可以让学生在毕业时获得本专业的学历证书和相应的职业资格证书。

二、民办本科院校在校企合作与应用型人才培养方面面临的问题

由于校企合作最先起源于高职高专院校联合企业对技术型人才培养的教育，因此，高职高专院校在校企合作方面具有优势，它们更多地侧重于根据岗位设置专业、人才培养方案、培养方向、课程等，为企业提供技术型人才；而研究型高校在校企合作方面更侧重于科学研究成果的转化。应用型本科人才培养的目标是培养应用型人才，处于高职高专和研究型本科之间，应用型人才能将专业知识和技能应用于所从事的专业社会实践中，这就要求应用型本科院校在校企合作方面，既要注重学生理论知识的积累，又要强调他们发现问题、解决问题并创造问题的能力。这种理论与实践对接的要求，决定了民办本科院校在校企合作与应用型人才培养方面面临以下问题：

校企深度合作还有待加强。虽然订单式培养、校企共建实训基地和实习基地这些方式让学生更多地接触到了企业的一线工作，但这些方式更多地是为了解决学生实习、提高毕业生就业率的问题。学生实习期间的流动性相对来讲是非常高的，学生能机械性地解决一些问题，但让他们融入合作单位开展深度实践，往往会比较困难。

校企合作、产学结合对应用型本科院校而言，既是一种教学形式，也是一种教学思想，就是要将生产与教学有机地结合起来，那就要发挥行业、企业以及学校各自的优势，因此，企业、学校以及学生要形成一种联动机制。但由于校企合作深度不够，加上利益的驱使，三者之间的联动性不足，往往学生实习期间已经跳槽，学校本着尊重学生选择的原则没有给予相应的约束，听之任之，而企业也认为这种流动性是合理的，这又使得校企之间无法实现真正的深度合作。

与民办本科院校进行校企合作的单位是一些中小企业，企业更多地考虑自己的收益，他们希望通过校企合作扩充自己的廉价劳动力队伍。刚刚进入企业的学生是缺乏

一线工作经验和工作技能的，必须先从培养他们的一线操作能力开始，当他们能独立完成工作之后，他们就跳槽了，这就使得一段时间之后，企业发现自己是为别的企业培育了一批流动的一线操作技术人员，因此，企业逐渐失去了参与校企合作的积极性。

于学校而言，民办本科院校在专业设置、人才培养方案、课程设置、课堂教学等方面还是沿用传统的教育方法，虽然采用订单式培养模式，但课堂教学与实践还是有区别的，两者之间的对接是突兀的、粗浅的。

于学生而言，学生在学校学习得再好，去企业实习之后发现，自己仍然从事的是比较辛苦、繁重或者琐碎的一线工作，难以将自己在学校获得的理论知识应用于实践，也难以向上进入合作企业的管理岗位及其他核心技术岗位。因此，大多数参与校企合作的学生会用脚投票，通过跳槽来寻找更好的提升机会，学生在实习结束时参与校企合作的比例不高，参与的积极性也在下降。

三、问题突破

对比国外高校的校企合作，诸如英国的“工读交替”、美国的“合作教育”、德国的“双元制职业教育”、澳大利亚以政府主导的“技术与继续教育学院”等，虽然国外的校企合作模式各有千秋，但合作资金来源渠道的多元化、规范化特征是非常明显的。要解决应用型人才培养存在的问题，我们就必须加强校企之间的深度合作，而要加强校企深度合作，可以从拓宽资金来源的同时引入第三方中介来着手。

我国校企合作人才培养主要靠国家财政和学费支持，缺少全方位资金投入链。虽然近年国家不断重视校企合作，财政投入明显增加，但这只是一种直接作用于学校的补贴措施，缺乏相应的激励政策来鞭策企业参与深度合作。具有传递信息与资源、协调沟通功能的第三方机构是解决校企合作缺乏监管的有效途径，比如韩国的产学合作教育协议会、美国的技术准备项目合作委员会等，都充分发挥了校企合作的桥梁、沟通和监管的作用。现阶段国内的校企合作单位，尤其是民办本科院校的校企合作单位，多半是中小型企业，学校通过教师或学生的个人资源与企业进行自由联系沟通，因此，信息不对称以及短期行为会影响校企之间的深度合作。美国学者James提出，国家有义务运用制度、政策来培养校企之间长久、合适的缔结关系。

民办学校与企业在互惠、自愿的状态下进行校企合作时，要政府在政策和资金方面给予支持，不需要政府将资金直接补贴给学校，而应该为参与校企合作的企业创建更宽松的生产、经营环境，诸如税收优惠、项目共建时的间接补贴等方式，既减轻政府财政压力，又提高企业参与校企深度合作的积极性。

学生在实习期间跳槽严重的主要原因是他们对自己企业的文化不熟悉，无法形成企业认同感与忠诚度，仅仅依靠学校简单的文字介绍以及学生在企业一线实战工作的经历，是无法达到预期效果的。引入学生职业发展中心这样的第三方机构，来协助学生认识自己、认识企业，通过提供高质量的服务和资源，进一步提高学生职业生涯成功发展所需的职业素质和技能，学生有了自己明确的职业发展方向之后，在职场上的竞争力也随之增强。学生职业发展中心可以通过职业咨询、职业培训、邀请合作企业嘉宾参加职业主题沙龙等方式，积极加强学生与企业之间的联系，淡化他们之间冷淡、松散的雇员和雇主关系，给予学生一定感性思考的空间，从而增强他们的企业认同感和忠诚度。

要实现"产、学、研、教"一体化的教学模式，还需要积极培养学校自身的"双师型"教师。本校培养出的"双师型"教师具有丰富的理论知识和教学经验，但实践经验不够，而企业的兼职教师具有丰富的实践经验，但教育理论知识和教学经验的缺乏是短板，再加上学校薪酬远低于企业等原因，要让企业优秀的人才来学校教学是有一定困难的。因此，学校需强化"双师型"教师的实践与理论能力。

民办本科院校既有职业教育背景的优势，又有培养应用型人才的社会职能，这就决定了校企合作是民办应用型本科院校人才培养的有效路径。民办本科院校资金来源比单独依靠政府财政支持的公办院校更具灵活性，应积极发挥自身优势，不断创新，不断探索，努力适应瞬息万变的市场需求，深化校企合作。

参考文献

［1］张玉霞，周民杰，侯朝辉，等．基于校企合作育人视角下地方本科院校应用型人才培养策略［J］．教育信息化论坛，2018，2（3）：25-26.

［2］姚婷，闭乐华．地方应用型本科院校校企合作人才培养模式探索——以财会专业为例［J］．时代金融，2018（2）：320；324.

［3］孙文君，高俊明，宋兴海，等．应用型本科院校深化校企合作人才培养的建议［J］．内江科技，2017，38（10）：103；126.

数字经济背景下应用型高校“数字化”人才培养[①]

孙水鹅　王　超

【摘要】随着数字经济时代的蓬勃发展，应用型高校面临着培养与数字经济发展需求相匹配的高素质人才的崭新挑战。本文针对应用型高校在培养数字化人才方面的现状和挑战进行了探讨，并从制订符合数字经济时代的人才培养方案，构建多元化、实践性、创新性课程体系，强化产教融合与实习实践，逐步递进培养职业能力，完善质量保障体系等方面提出完善数字化人才培养思路，以期为应用型高等教育改革和数字化人才的培养提供参考。

【关键词】应用型高校；数字化人才；人才培养

一、引言

全球数字互联互通的大趋势下，数字化人才的结构性短缺成为制约数字经济发展的关键因素。数字经济的发展促进了我国产业结构的升级，但同时也暴露了人才供给不足的问题（高京平和孙丽娜，2022）。为了应对这一挑战，国家层面已经出台了一系列政策，如人力资源和社会保障部等九部门联合印发的《加快数字人才培育支撑数字经济发展行动方案（2024—2026年）》，旨在深化数字领域教育和实践，培养符合数字经济发展需求的高素质人才。从人才需求角度来看，数字化人才不仅需要专业知识，还需要创新思维、团队协作和跨界融合能力（Kolberg和Zühlke，2015），具有知识面广、技能综合的特点（张洪波等，2024）。从教育培养角度来看，高校应以产业需求为导向，优化专业设置，加强校企合作，培养学生动手实践能力（于妍和刘小雪，2024），加强数字经济相关课程建设，注重跨学科培养（张洪波等，2024）。同时建立适应数字经济发展的人才评价标准，兼顾知识、技能和综合素质（徐玲和母小

---

① 本文系2023年度广东省本科高校教学质量与教学改革工程建设项目：空港产业融合视域下国贸数字化人才“3G”培养模式研究、2023年度广东省教育厅教育科学规划项目（项目编号：2023GXJK596）、2023—2024年广州工商学院质量工程项目（项目编号：JXGG20231042、XJ202313714114）的研究成果。

作者简介：孙水鹅（1991—），女，江西省九江人，博士，广州工商学院讲师，主要研究方向为数字经济、服务经济与创新、复杂决策。

勇，2022），注重持续培养和动态评估（杨航和李丹彤，2024）。

在数字经济迅速发展的大背景下，应用型高校在培养数字经济领域所需的高素质人才方面扮演着关键角色。应用型高校紧密对接区域经济发展需求，致力于培养满足经济和社会迫切需求的应用型人才（张江涛，2021），可以在各行各业中直接应用所学知识和技能的高素质人才，特别是在技术、管理、服务等领域，能够缩短人才从学校到职场的过渡时间，提高人才的就业竞争力。应用型高校的教育模式具有灵活性和实践性特点，强调跨学科知识的整合与应用，通过校企合作、实习实训等方式，使学生能够在真实的工作环境中学习和应用知识，培养学生的实际操作能力和创新能力，注重将课程内容与行业实际需求相结合，以提升学生的动手实践能力（徐克明，2011；翟安英和成建平，2010）。然而，我国应用型高校在教育实践中仍面临一些挑战，如教学理念相对滞后，课程设置与实际需求脱节等问题（郭建如和邓峰，2023）。为应对这些挑战，高校应深化校企合作，促进产教融合，构建“工学结合”的育人模式，以更好地服务于社会发展（李志义和潘超，2024）。为实现这一目标，高校应积极了解行业企业的实际需求，与企业共同制订人才培养方案，确保理论学习与实际应用的有效结合（蔡敬民等，2019）。在此基础上，通过引入项目驱动、任务驱动等教学模式，鼓励人才深入参与实际工程实践，从而全面提高人才的职业技能和创新能力（杨宝成，2020）。

基于以上背景，本文研究数字经济背景下应用型高校数字化人才的培养模式，探索应用型高校对数字化人才的培养思路，迅速适应并满足数字经济对人才需求的快速变化，以期为应用型高等教育改革和数字化人才的培养提供参考。

二、数字经济人才供给与需求现状

《“十四五”数字经济发展规划》显示，我国的数字经济核心产业增加值占国内生产总值（GDP）的比重达7.8%，推算到2025年将达到10%。《2022中国数字经济人才发展蓝皮书》显示，2016年我国数字经济规模约为22.6万亿元，2022年达到了50.2万亿元，已连续11年显著高于同期GDP名义增速。到2025年，中国数字经济产业规模将达到60万亿元。2022年，中国数字经济人才从业数量接近3 000万人，带动就业人数2.74亿人，数字经济人才需求约4 500万人，数字经济人才缺口约1 800万人。推算到2025年，中国数字经济将吸纳就业人数达3.79亿人，中国数字经济人才从业数量约为4 500万人，中国数字经济人才需求总数将接近7 000万人。从总体供需来看，数字经济人才供不应求，到2025年数字经济人才缺口将超过2 500万人。

与此同时，数字化人才存在多种结构失衡问题，当前数字化人才集中在第三产业，在第一、第二产业中占比较小；数字化人才集中在国内一线城市，在二、三线城市数字化人才较少；领域专精型数字化人才占比高，而同时具备制造业知识和掌握数字化信息技术的复合型人才较少。波士顿咨询公司（BCG）发布的《迈向2035：攻克数字经济下的人才战》中表明，数字经济的持续深入发展正在显著重构传统行业的商业逻辑，尤其对能够在垂直领域中深度应用数字化技术并掌握“互联网+”运作机制的跨界人才提出了更高要求。此类人才不仅需要具备系统化的数字化思维与专业技能，还需对行业的业务模式及其运行流程具有深入的理解与把握。例如，银行业数字化转型产生了大量的数字化内容、用户体验设计、社交媒体管理、移动界面、数字化支付的跨界人才需求。而在数字技术的驱动下，线上线下零售渠道的融合则使企业对理解全渠道运作模式的零售人才更加青睐。首席数字官就是各大企业迫切争夺的一类跨界人才。目前在中国就业市场求职需求量最大的十大行业中，互联网/电子商务、计算机软件、IT 服务（系统/数据/维护）等与数字经济强相关的行业占了三席地位。

三、关于应用型高校数字化人才培养的思路

应用型高校数字化人才的培养，是时代赋予的重要使命，也是推动我国数字经济蓬勃发展的核心动力。在数字经济快速发展的背景下，应用型高校需要制订符合数字经济时代的人才培养方案，构建多元化、实践性、创新性课程体系，强化产教融合与实习实践，逐步递进培养职业能力，完善质量保障体系，以强化数字化人才培养，为全国数字经济的长远发展注入新的活力。

（一）优化数字化人才培养方案

数字化人才需要具备数字经济思维、数据分析能力、数据应用能力、数据素养、应变创新能力和国际视野。应用型高校针对数字化人才的培养目标在于服务区域经济和社会发展，培养德智体美劳全面发展，掌握扎实的数字经济基础理论知识和基本方法，熟悉大数据、人工智能、区块链等现代信息技术，具备数字经济背景下的经济大数据分析与运用技能，能在政府部门、企事业单位、金融机构及其他新业态从事数字经济分析、数字化转型与建设和数字化管理等工作的高素质应用型人才。具体而言，数字化人才需对数字经济的基本概念、特点、发展历程及其对社会经济结构的影响有深入的理解与掌握。同时，应熟练掌握数字技术的实际应用，包括各类数字工具和软件的使用，并能将这些技术应用于对实际问题的解决，以提升工作效率和生活品质。此外，数字化人才还应具备出色的数据分析能力，涵盖数据收集、处理、分析和解读等技能，这对现代社会中的明智决策至关重要。最后，数字化人才应提高自身的数字素养，包括数字信息的识别、评估与利用能力，以及在使用数字技术时需遵循的伦理和法律规范。同时，注重培养数字化人才的综合素质和跨学科能力，成为具有创新精神和实践能力的数字化人才。

（二）构建多元化、实践性、创新性的数字化人才培养课程体系

课程体系是实现培养目标的核心。首先，依据多元化原则、实践性原则、创新性

原则和国际化原则，建立一个符合数字经济发展趋势的课程体系，培养出更多具备多元化职业能力的人才。例如在传统课程的基础上，新增数字贸易英语、跨境电子商务英语、商务沟通、跨文化交流等课程以培养学生数字贸易沟通谈判能力，新增跨境电子商务、数字贸易通关实务、跨境电商综合实训、数字贸易企业平台实操等课程以培养学生数字贸易流程操作能力，新增创新创业基础与训练、跨境电商创业孵化等课程以培养学生应变创新能力，新增数据分析与可视化基础、国际贸易大数据分析、跨境电商数据分析、跨境电商用户调研等课程培养学生数据应用与分析能力，新增数字经济和国际数字贸易课程培养学生的数字素养。其次，推行“双学位”制度，鼓励学生选修不同学科的课程，培养复合型人才。

（三）强化产教融合与实习实践

通过实践教学内容与项目，提升数字化人才实践技能。首先，与知名企业合作开展产教融合，创办产教融合实验室，强化学生实践能力并服务于社会各行业企业。其次，通过产学研结合，培养学生数字素养，和必要的数据分析能力、数据应用能力、创新能力和分析问题与解决问题的能力，建立实践教学基地，加强与国内外企业、研究机构的合作，为学生提供实习实践机会。最后，推广“以赛促学”模式，组织学生参加国际性比赛和项目，培养学生实际操作能力和团队合作精神。

（四）逐步递进培养职业能力

在职业能力标准设定阶段，深入研究数字经济的最新发展趋势和需求，结合现有的教育资源，为数字化人才培养提供明确的目标和方向。在职业能力培育阶段，通过优化课程设置、加强实践教学和校企合作等方式，全面提升学生的专业素养和实际操作能力。同时，重视对数字化人才跨文化沟通能力的培养，以增强他们在国际环境中的适应能力和竞争力。在职业能力强化阶段，通过多元化的教学方式，如案例分析、角色扮演、小组讨论等，加深学生对专业知识的理解和运用能力。此外，还将开设一些具有挑战性的课程，如国际贸易实务、商务英语等，以进一步提高学生的专业水平。在职业能力拓展阶段，通过举办学术讲座、组织社会实践、开展国际交流等方式，开阔学生的视野，激发人才的创新精神。

（五）完善数字化人才培养质量保障体系

完善数字经济人才培养的质量保障体系是一个系统工程，需要从教学质量评估体系、人才职业发展、数字化人才质量反馈等多方面入手，确保数字化人才队伍的素质和能力满足行业发展的需求。首先，建立教学质量评估体系，定期对教学质量进行评估和反馈，不断完善教学内容和方法；加强对学生学习效果的评估，包括考试、论文、项目报告等方式，全面了解学生的学习状况和综合能力。其次，建立学生职业发展档案。从学生入学开始，为每个学生建立职业发展档案，记录学生的个人信息、教育背景、兴趣爱好、职业规划等信息。再次，定期收集学生的实习经历、参加的培训课程、获得的证书和奖项等，及时更新。最后，定期追踪和反馈。定期对毕业学生的职业发展情况进行追踪调查，了解学生的职业规划执行情况、遇到的问题和需求。根据追踪结果，及时调整培养模式和方案。

四、结论

应用型高校在数字经济背景下培养数字化人才方面发挥着关键作用。其灵活性、实践性以及跨学科的特点，能够适应数字经济对人才需求的快速变化。针对现有培养模式中存在的教学理念滞后、课程设置与实际需求脱节等问题，应用型高校需要优化人才培养方案，构建多元化、实践性、创新性的课程体系。通过校企合作、项目实践等方式，提升人才的数字技能应用、数据分析能力、创新能力等，培养具备国际视野和跨文化交流能力的复合型人才，并有针对性地提升人才的职业能力，并建立完善的质量保障体系，以确保人才培养质量。

参考文献

［1］高京平，孙丽娜. 数字经济发展促进我国产业结构升级的机理与路径［J］. 企业经济，2022，41（2）：17-25.

［2］KOLBERG D，ZÜHLKE D.Lean automation enabled by industry 4.0 technologies［J］. IFAC-Papers On Line，2015，48（3）：1870-1875.

［3］杨航，李丹彤. 数字经济时代高校复合型创新人才培养探究［J］. 对外经贸，2024（6）：76-79.

［4］张洪波，徐久财，刘爽，等. 跨学科和产教“双融合”育人的人才培养模式研究——以建筑类专业为例［J/OL］. 高等建筑教育，2024（A）. http：//kns.cnki.net/kcms/detail/50.1025.G4.20240709.1242.002.html.

［5］李俊梅，古再努尔·艾尼. 数字化变革、市场需求与教师数字素养［J］. 甘肃教育研究，2024（9）：4-6.

［6］于妍，刘小雪. 基于产业需求导向的高校学科建设及其路径优化［J］. 学位与研究生教育，2024（2）：63-70.

［7］徐玲，母小勇. 研究生拔尖创新人才的学术素养：内涵、结构与作用机理——基于扎根理论的分析［J］. 研究生教育研究，2022，（2）：24-31.

［8］张江涛. 应用型本科高校服务地方经济社会发展的有效性研究［J］. 财富时代，2021（12）：177-178.

［9］徐克明. 地方应用型本科院校人才培养路径探析［J］. 国家教育行政学院学报，2011（11）：7-10.

［10］翟安英，成建平．应用型高校服务地方经济和社会发展的思考［J］．宁夏大学学报（人文社会科学版），2010（1）：219-222.

［11］李志义，潘超．面向工业4.0的高等工程教育横贯能力培养［J］．高等工程教育研究，2024（2）：12-17.

［12］郭建如，邓峰．高等教育学科结构与产业结构的适配性研究——基于高校毕业生学用匹配及就业质量的视角［J］．河北大学学报（哲学社会科学版），2023，48（1）：112-122.

［13］杨保成．数字化转型背景下地方应用型本科高校的教育创新与实践［J］．高等教育研究，2020，41（4）：45-55.

［14］蔡敬民，夏琍，余国江．应用型高校的产教融合：内涵认知与机制创新［J］．中国高校科技，2019（4）：4-7.

数字经济背景下高校国际贸易人才培养模式优化探索

田雨晴

【摘要】数字经济背景下，云计算、大数据和物联网等技术蓬勃发展，带动着传统贸易向数字化方向转变，数字贸易成为拉动经济发展的新引擎，社会对国际贸易人才的需求出现了新变化，当下人才培养模式已难以适应时代需求。本文立足数字经济背景，分析社会对复合型、创新型、综合型国贸人才的需求，从人才培养适应性、学科交叉性、师资专业性、校企协同性入手，分析高校国际贸易人才培养存在的问题，并围绕协同制定培养方案、优化专业课程体系、组建数贸师资团队、推进产教深度融合，探讨高校国际贸易人才培养模式的优化策略。

【关键词】数字经济；高校；国际贸易人才；培养模式

一、引言

党的二十大报告提出，要持续深化货物贸易升级，大力发展数字贸易，创新服务贸易机制，建设贸易强国。商务部在2024年4月发布了《数字商务三年行动计划（2024—2026年）》，致力于建立数字化贸易全链条，依托上海“丝路电商”合作先行区、自由贸易试验区、粤港澳大湾区全球贸易数字化领航区等，推进电子贸易单据应用和跨境互操作，为外贸增长注入新动能，提高贸易数字化水平。伴随数字技术的兴起和广泛应用，传统产业贸易迎来数字化转型契机，我国越来越重视数字经济发展，与各国的商贸投资往来日益密切，加快推进数字贸易发展，为社会创造了大量就业机会和岗位。

二、数字经济时代国际贸易人才需求分析

（一）急需复合型国贸人才

商务部在《全球服务贸易发展指数报告2023》中指出，在数字技术与信息网络的支

持下，数字贸易在跨境、消费、生产、研发和交易活动中产生，以数字交互或数字订购的方式，实现跨境数据流动、服务贸易和货物贸易。在数字经济时代，贸易数字化转型发展冲击着传统知识体系，国际贸易人才培养需要紧跟数字贸易发展趋势，国贸人才应正确认识数字技术，了解区块链、人工智能、大数据、云计算等跨学科知识，熟悉数字贸易法律法规、跨境电商业务内容，一定程度上了解主要数字贸易平台。因此，除了系统地学习国际贸易专业理论知识，专业人才还需要了解和掌握数字技术，掌握数字贸易相关学科知识，能熟练运用网络技术手段，数字贸易语言规则和数字贸易软硬件，把握市场需求，开展市场调查和推广工作，成为适应社会需求的复合型人才。

（二）急需创新型国贸人才

在贸易数字化转型进程中，数据是关键生产要素与基础战略资源，数据资源催生了数字经济发展的新模式、新业态、新产业，在国际贸易往来和竞争中发挥着关键性作用。在数字经济时代，国际贸易人才不仅要熟悉外贸业务流程和模式，具备传统贸易要求的专业能力，如跨文化交流、国际商务谈判、市场开拓能力，还要具备创新运用跨学科知识的意识和跨界能力，如跨境物流方案选择能力，跨境电商运营与管理能力，文案策划与视觉设计能力，数据分析与挖掘能力等。因此，仅掌握传统国际贸易专业知识和业务技能的人才，已难以适应数字经济时代的需求，国际贸易专业的学生要具备较强的创新意识和解决问题的能力，成为创新型国贸人才。

（三）急需综合型国贸人才

我国高度重视外贸高质量发展，在《关于推进对外文化贸易高质量发展的意见》中强调，高校应加强文化贸易交叉学科专业建设和人才培养，加强对外文化贸易骨干人才培训和创新型、应用型、国际化人才培养，加快培育一批数字文化产业贸易创新人才，促进国际文化贸易事业高质量发展。在数字经济和数字技术蓬勃发展的时代，国际贸易形态出现了新变化，跨境贸易增长速度不断加快，其中B2C、C2C交易模式受广大消费者青睐。再加上支付方式、交易模式和获单方式的改变，国际贸易中出现了大量中小微企业主体。同时，在数字技术的支持下，多元思想文化和价值观念冲击着青年学生的理想信念。因此，国际贸易人才需要拥有坚定的思想政治立场，树立正确价值观和远大理想，具备学习、合作、沟通和社交方面的创业素质，能在中小微企业国际贸易业务中发光发热，成为综合型国贸人才。

三、数字经济背景下高校国际贸易专业人才培养存在的问题

（一）人才培养难以适配市场需求

高校国际贸易专业人才培养难以适应社会市场需求。在数字经济背景下，互联网

与信息技术的广泛应用，带动着传统产业向数字化方向转型发展，产业贸易与数字技术相结合，对数字贸易人才需求不断增加，市场出现较大的人才缺口。但是，大数据、人工智能相关产业尚处在发展初期，部分高校尚未设置数字贸易方向的专业，再加上数字贸易人才涉及学科领域广泛，如计算机科学、经济学、管理学，具有极强的前沿性和综合性，而传统国际贸易人才培养方案与数字经济联系较少，人才培养目标与新兴产业需求不匹配。在国际贸易人才培养上，部分高校尚未认识到数字经济的重要性，未能密切关注企业、产业数字化转型需求，人才培养方案和模式相对滞后，导致培养的人才难以适应数字经济时代的需求。

（二）课程体系学科交叉性不足

高校国际贸易专业课程体系学科交叉性不足。在数字经济时代，跨境电商展现出广阔发展前景，服务贸易不断增加，国际贸易数字化进程加快，这就需要高校结合数字贸易的特点，注重学科建设的层次性、多学科交叉性，补充大数据分析、行业管理、人工智能等课程，优化专业课程体系。但是，在当下国际贸易专业中，部分高校仍将视野限定在传统贸易范围，主要设置货物贸易类课程，尚未深入分析数字贸易和服务贸易的内容，设计的课程体系缺乏合理性、前沿性和系统性，专业课程体系与数字贸易关联性不强。在国际贸易专业课程体系中，部分高校较少设置数字经济方面的交叉类学科，未能及时更新跨境电商运营方面的知识体系，课程教学理论性强，与产业需求衔接不足。

（三）教师数贸实践能力薄弱

高校国际贸易专业教师数字贸易实践指导能力不强。在数字平台、5G网络、人工智能被广泛应用的时代背景下，数字贸易和数字经济蓬勃发展，这就需要国际贸易人才具备数字化分析、数据思维、数字化运用等跨界整合能力。但是，在国贸专业人才培养中，部分高校教师对数字贸易业务了解不足。由于长期处在教学与教研岗位，部分教师企业工作经验较少，鲜少接触数字化贸易业务，数字贸易实践指导能力不足。受限于师资力量，部分高校未能建立起完善的实践教学体系，实践教学内容相对滞后，很难充分锻炼学生的数字化实践技能，无法使学生满足企业转型发展的需求。

（四）产教融合协同育人有待深化

高校国际贸易专业产教融合与协同育人模式不够深入。数字贸易涵盖多方面内容，如数字交付、数字订购贸易，对人才实践能力要求高，这就需要高校深化与企业的合作关系，促进国贸专业理论与实践教学相结合。在实际国贸人才培养中，部分高校与企业的联系不够深入，数字贸易方向的实训平台较少，更多地借助跨境电商模拟软件开展校内实训活动，但是由于软件更新不及时，难以跟上数字贸易政策和规则的变化，实践教学效果不理想。同时，在协同育人方面，部分高校与跨境电商企业沟通不足，未能建立密切的产学研互动关系，校外实践机会较少，在国贸专业教材编写、案例开发、课程建设上，校企双方合作不足，难以让学生接触到核心外贸业务。

四、数字经济背景下高校国际贸易人才培养模式优化

（一）立足数字经济视角，协同制订培养方案

在数字经济背景下，传统贸易业务与数字技术相互融合，社会对国际贸易人才的创新创业素质、数字化应用能力和数字贸易知识提出了要求，知识融合与学科交叉成为人才培养改革趋势。高校应从数字经济视角入手，坚持OBE教育理念，密切关注社会需求，根据贸易数字化转型发展趋势，细化人才培养方案，要求专业人才掌握数字贸易、跨境电商业务知识、技能和素质，培养复合型、创新型、综合型的人才。在实施层面，高校应秉持“开门办学”的思路，与外贸行业、企业合作，加强协同育人顶层设计，按照产业导向持续改进理念，调整国际贸易人才培养方案，确保人才培养目标贴合数字贸易岗位需求，提高人才需求与供给侧的匹配度。数字贸易要求人才掌握综合性、全面性的专业技能，校企双方从长远角度出发，增设跨学科的数字信息化课程教学模块，并根据数字贸易市场和政策变化，动态更新贸易信息化实践课程，促进专业理论教育、实践教育与双创教育融合，利用实践和创新平台促进学生专业发展，提高人才创业和就业竞争力。

（二）优化专业课程体系，推进学科交叉融合

在数字经济背景下，高校应打破传统国贸人才培养模式，关注贸易数字化转型发展需求，注重多学科课程交叉融合。首先，高校应落实以学生为中心的教育理念，结合贸易数字化转型升级与全新人才培养模式，建设专业核心理论课程体系。在国际贸易理论与经济学基本原理的基础上，学校应增设云计算、区块链、大数据等学科，构建学科交叉融合的课程体系。在专业理论课程体系中，为让学生掌握数字贸易相关理论，学校可根据实际情况，设置专业核心课或选修课，设置大数据分析、数字贸易国际规则、跨境电商平台运用、数字贸易等课程。在现有专业课程体系的基础上，学校可结合数字贸易、贸易金融业务需求，更新课程内容体系，增加区块链、智能海关、电子单据应用等内容，保持课程内容的前沿性。其次，学校应根据数字贸易理论课程建设情况，构建对应实践实训体系，加强数字贸易、外贸仿真、跨境电商操作实践课程建设，让学生将理论运用在实践中，提高实践操作能力。此外，学校应配置多层次、跨专业、跨学科教学资源，结合国贸人才培养方案，调整教学大纲、考核方案，开发优质教学资源，向学生提供数字贸易实务方面的素材，使其充分了解外贸企业进出口业务数字化转型情况，培养其国际化视野和综合能力。

（三）打造数贸师资团队，提高实践指导能力

在数字经济背景下，要培养合格的数字贸易人才，高校需要组建一支专业性、高水平的教师团队，教师要了解贸易数字化发展趋势，及时更新知识结构，能根据贸易业务场景运用数字技术，开展数字贸易课程建设与教学改革工作。首先，高校应结合数字贸易人才培养需求，制订双师型教师、教学团队培训计划。高校教务部应从教师专业发展与教学团队建设出发，面向教师个人和教学团队，制订数字贸易专题培训、研讨计划，鼓励专职教师参与数字贸易会议，学习前沿理论知识，多参加学生竞赛、教研、科研活动，更新其知识结构，强化网络技术、数字信息化平台的应用能力，完善能力结构，促进专职教师与师资团队向双师型方向发展。其次，高校应改革国贸专业师资培养机制，加强与国内一流高校、知名企业联系，推荐教师进入其他高校和企业研修学习，激发其专业发展和教学改革热情，充分借鉴先进教育经验，挖掘优质教育资源，提高教师理论研修水平与实践教学能力，也可推荐教师参与国外交流访学，培养国际化视野。此外，高校可与知名企业合作搭建优质师资流动平台，重视优秀专职教师与校外兼职教师流动和配合，优化国际贸易专业师资结构，弥补当前教师实践经历不足，建立起适应数字贸易的师资队伍，提高实践教学指导水平。

（四）推进产教深度融合，搭建创新实践平台

高校应充分对接行业标准，联合数字化企业，探索产教深度融合育人模式，共同建设数字经济教学资源，搭建校外实践基地，向国际贸易专业提供外贸业务数字化深度应用场景，为学生搭建技能训练与实战训练平台。为培养高素质、综合型国贸人才，高校应与企业统一育人共识，协同构建从专业到产业，从产业到创业的创新实践育人模式，着重培养实践能力、创新创业能力强的人才。首先，高校可与海关、外贸企业合作，建设认知性实践基地，让学生走出校门，在真实环境中了解外贸业务流程。其次，高校应与数字贸易企业展开深度合作，注重业务平台、运营平台资源共享，运用企业贸易平台为学生跨境电商实训提供条件，拉近实践教学与实际工作的距离，并联合企业建立校中企，向国际贸易专业师生开放运营与创业平台，共同开发数字贸易理论、实践案例资源，打造优质课程。此外，校企双方制定创新创业培训项目，结合对外贸易、数字经济发展动态，制定创业引领指南，让学生认识数字经济给国际贸易带来的机遇，引导和帮助学生自主创业，使其创新运用数据分析、数字化技术，提高创新能力与实践能力。在创新实践平台中，高校邀请行业精英、标杆企业、优质师资参与实践教学，将数字贸易前沿理论融入专业教学中，构建实践+竞赛教学体系，利用竞赛促进创新能力发展。

综上所述，数字经济时代的到来，促使国际贸易朝着数字化方向发展，数字订购、数字交付备受关注，传统贸易与数字技术融合日渐深入，线上贸易场景不断增加，社交电商、直播电商和跨境电商规模不断扩大。高校应紧跟贸易数字化发展趋

势，通过协同优化培养方案、推进学科交叉融合、组建数贸师资团队、推进产教深度融合，重构国贸人才培养体系，衔接数字贸易需求侧与人才培养供给侧，培养出复合型、创新型、综合型国贸人才。

参考文献

［1］李方静．国际经济与贸易人才培养体系改革探究——数字贸易背景下［J］．北方经贸，2023（9）：140-143.

［2］薛平平．数字经济背景下应用型本科国贸人才培养路径研究［J］．江苏科技信息，2023，40（18）：21-23.

［3］张建华，陈金源，温可仪．数字经济时代“互联网+”国际贸易人才培养问题与对策［J］．中国市场，2023（18）：193-196.

市场营销专业人才培养创新驱动机制研究综述①

张艳霞　高　翔

【摘要】我国市场营销专业人才培养随着经济社会的发展，一直在探索中前进，以知网平台为基础，纵观人才培养发展与研究历程，营销专业人才培养相关研究成果不断增多，涉及的方面也越来越广泛与具体化，总体研究成果呈逐年增多的趋势，特别是2019年已经达到了新的高点。从目前研究成果来看，不同办学定位下的多样性发展是当前致力追求的目标，营销专业人才培养研究内容更具体务实，也开始涉及大数据等前端营销热点的研究，但对市场营销专业人才培养创新驱动机制研究的成果还非常欠缺。

【关键词】市场营销专业人才培养；创新驱动机制；研究综述

我国计划经济时代，物质匮乏，为满足人们日常基本生活消费需要，保障人们基本物质获取的公平性，人们获得各种物资需国家统筹，凭票供应，消费的满足需要行政统筹行为来完成。随着社会生产力的逐步回升，为了克服凭票供应的经济惰性，促进经济活力，我国开始市场经济的尝试与变革，1978年到2000年期间，大学营销专业人才供给上呈现供不应求状态，人才培养主要以市场营销学、推销技巧、演讲、公共关系、广告等软科学为主，基本能够满足市场对人才的素质要求，各类岗位需求旺盛，社会并没有对营销专业学生的核心竞争力有特别要求。改革开放40多年，我国市场营销人才需求随着经济社会的发展不断发展变迁，市场营销人才培养与专业建设也不断在创新中变革，但早期发展并不尽如人意，或者说变革动力并不够。随着改革开放促进经济发展与消费结构发生根本性变化，各领域面对竞争，通过对市场的分析

---

① 基金项目：广东省高等职业技术教育研究会2016年一般课题“供给侧改革下广东高职院校营销人才培养创新驱动机制研究”（GDGZ16Y149）；广东省特色重点学科：国际贸易学；广州工商学院特色专业建设项目——市场营销，项目编号：TS201901。

第一作者：张艳霞（1974—），女，法学硕士，副教授，广州工商学院商学院，研究方向：品牌营销与商事规范。

通讯作者：高翔（1978—），男，管理学博士，副教授，广州医科大学卫生管理学院，研究方向：品牌管理与消费心理。

着力从供给侧寻求创新突破口，各高校、研究领域也对市场营销人才培养作出了积极的探讨与研究。

一、营销专业人才培养相关研究成果不断增多

从相关平台搜索有关营销人才培养的细分研究涉及广泛。

（一）按主题搜索的结果

在知网系统内按照主题搜索营销专业人才培养，找到1 269条结果，分别为市场营销专业780、市场营销436、人才培养模式295、人才培养234、人才管理213、高职院校169、市场营销人才151、高等职业院校131、企业管理123、营销专业112、培养模式98、营销人才84、高职市场营销专业84、专业人才培养58、课程体系53、实践教学52、校企合作51、人才培养方案51、人才培养模式改革37、毕业生36、应用型34、工学结合34、教学改革32、创新创业32、应用型人才32、汽车技术服务与营销30、应用型本科30、高职营销专业29、教育改革27、专业人才26、医药营销25、专业建设25、汽车营销专业25、人才培养目标24、高职高专24、应用型本科院校24，如图1所示。

（二）按发表年度搜索的结果

按发表年度搜索，知网平台的研究成果呈现逐年增多的趋势，特别是2019年已经达到了新的高点。按发表年度搜索的结果如图2所示。

（三）按研究层次搜索的结果

按研究层次搜索的结果如图3所示。

（四）数据显示结果分析

从以上分类数据可看出涉及的关键主题词包含了36类，涉及的类别相对广泛，其中涉及最多的是市场营销专业本身，占到21.95%。而从发表年度来看，研究成果从1998年至今基本逐年增多，其中偶有波动（2002年、2005年、2016年、2017年、2018年五个年份略有下降），但2019年已经达到了一个新的高点，说明参与研究和关注市场营销人才培养的队伍在逐年壮大。从研究层次来看，基础研究（社科）占比最大，行业指导（社科）紧随其后，这两类研究成果占主导，其他11类仅为补充。市场营销是应用性较强的学科，人才基础研究（社科）与行业指导（社科）数据上的主导性也印证着这种学科研究的状态与需要。

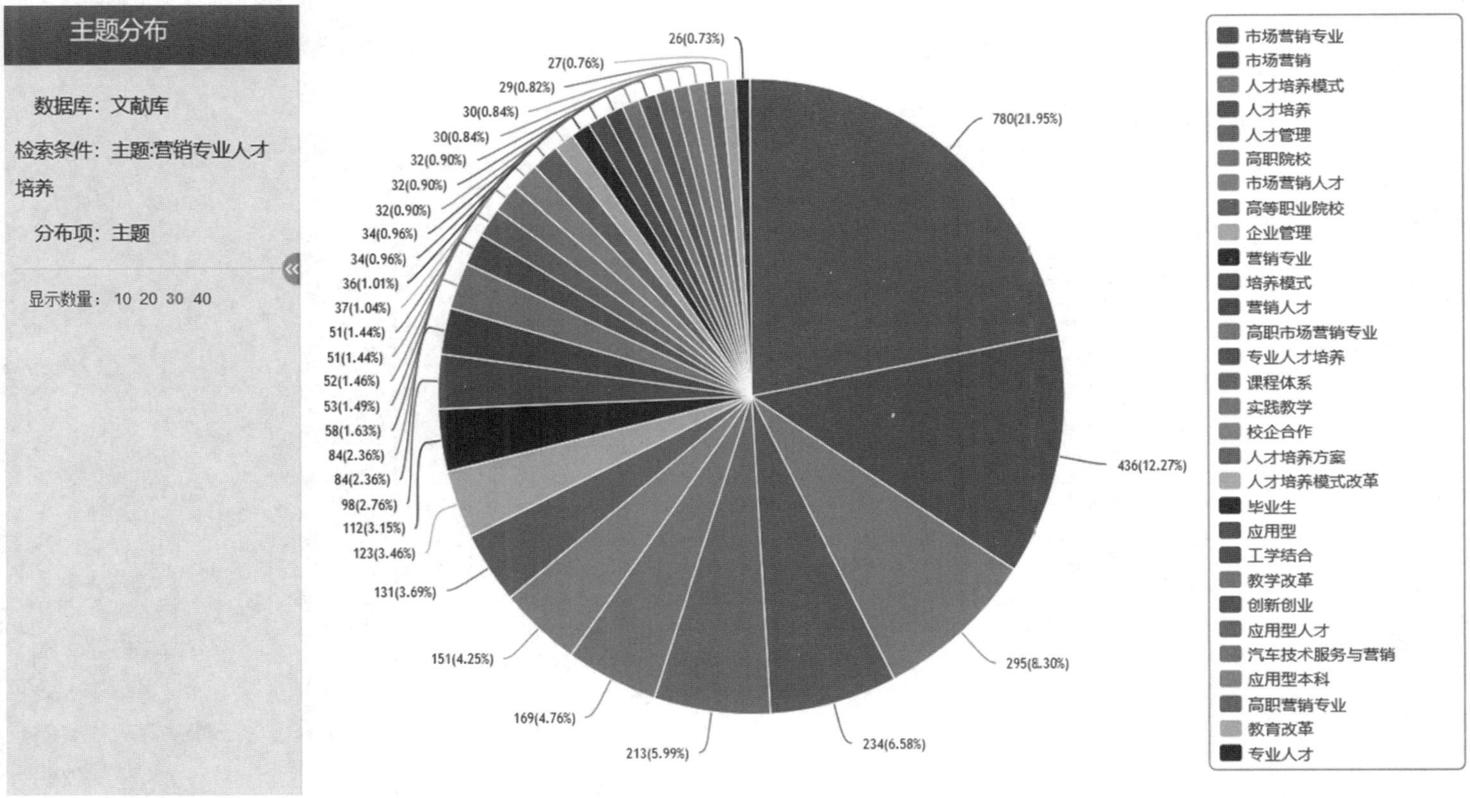

图1　知网系统内按照主题搜索营销专业人才培养

数据来源：中国知网，http：//sso.gzlib.gov.cn/interlibSSO/goto/75/=jmr9bmjh9mds/kns/brief/default _result.aspx，2019-04-23.

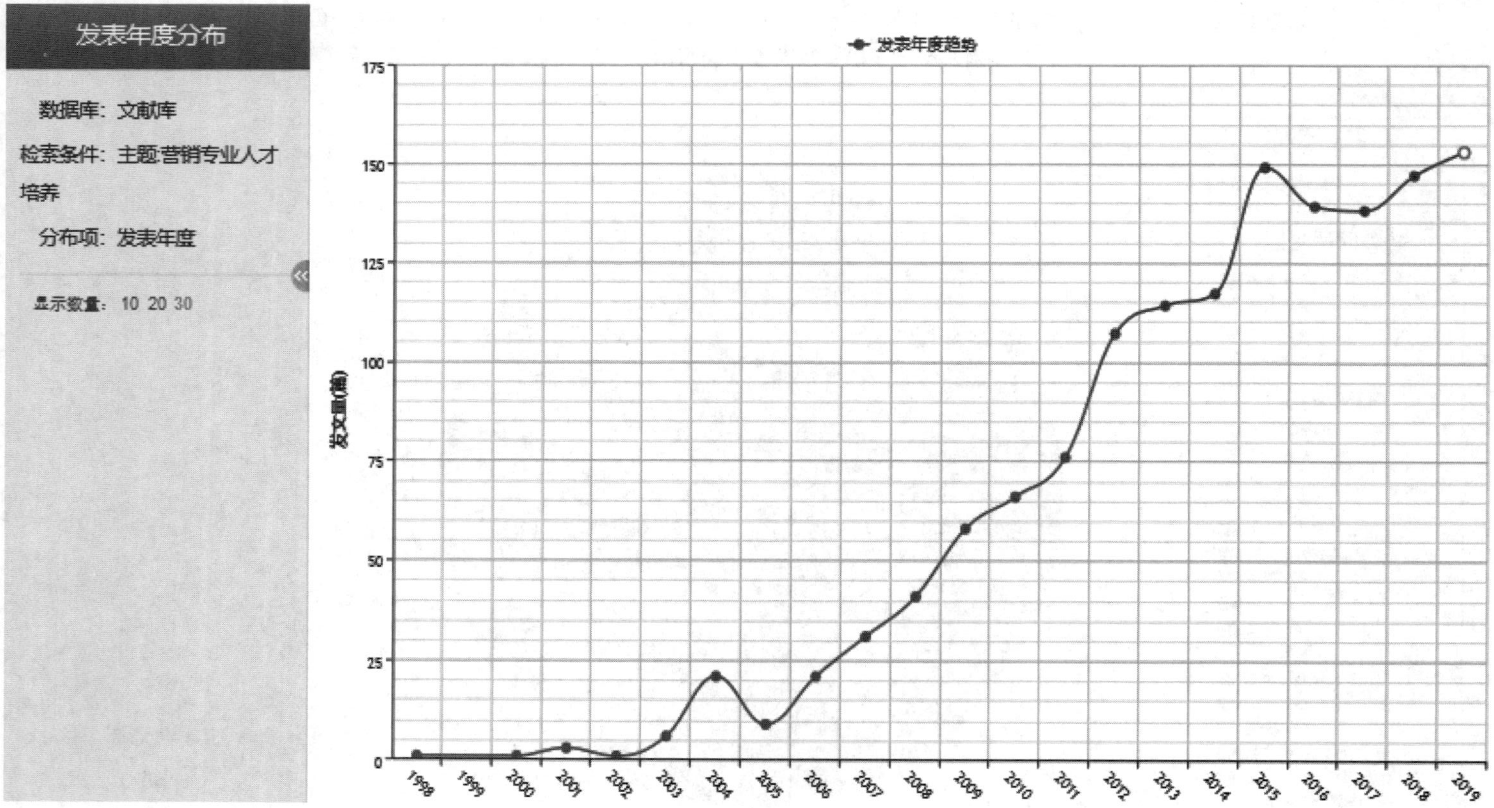

图2 知网系统内按照发表年度搜索营销专业人才培养

数据来源：中国知网，http：//sso.gzlib.gov.cn/interlibSSO/goto/75/=jmr9bmjh9mds/kns /brief/default_ result.aspx，2019-04-23.

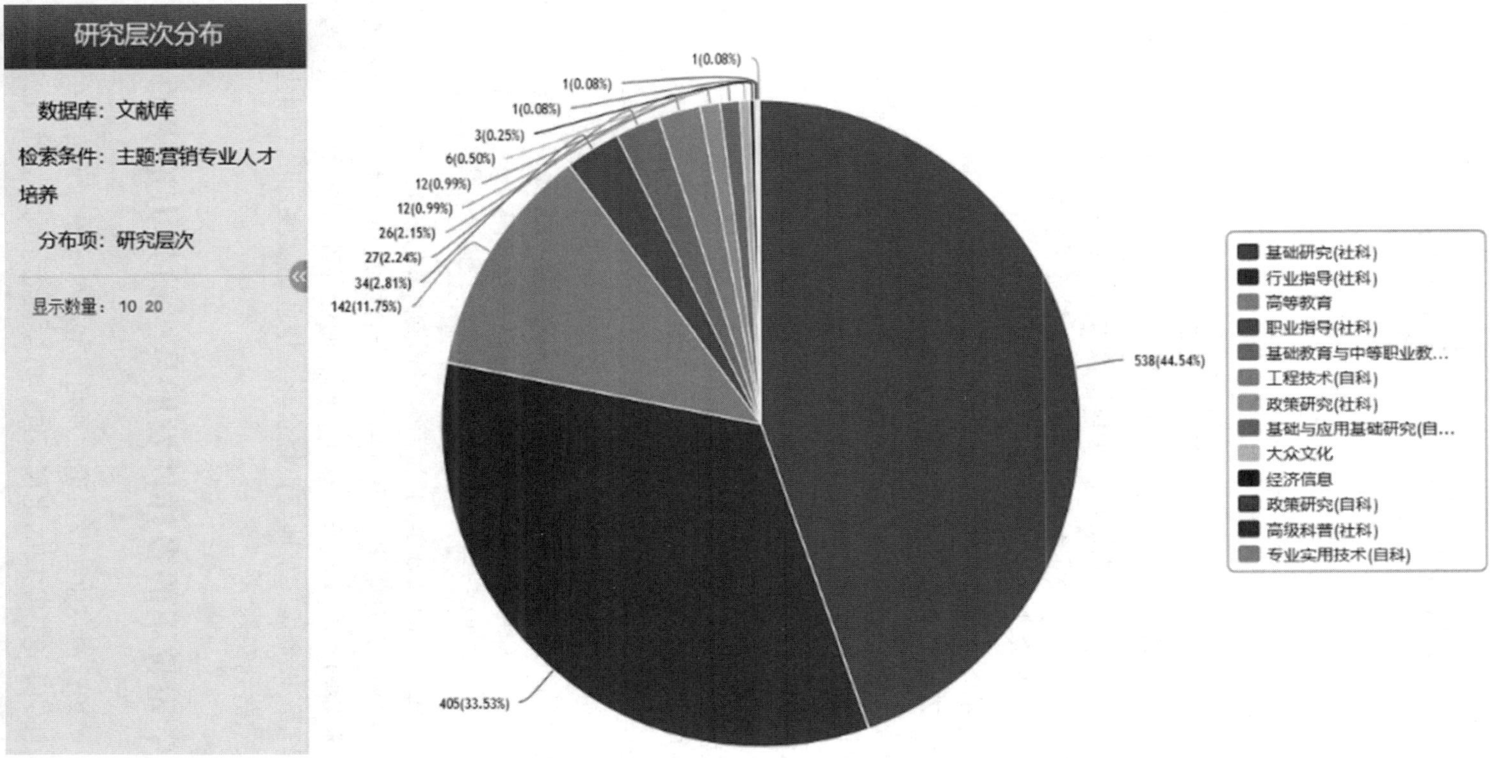

图3　知网系统内按照研究层次搜索营销专业人才培养

数据来源：中国知网，http：//sso.gzlib.gov.cn/interlibSSO/goto/75/=jmr9bmjh9mds/kns/brief/default _result.aspx，2019-04-23.

二、营销专业人才培养研究内容更具体务实

对营销人才的培养研究从开始大而化之，到目前越来越具体化，提出和讨论的问题也越来越尖锐，但也越来越接近真正的问题。

（一）高职院校研究成果

王薇、林小兰（2018）以北京信息职业技术学院为研究对象论证了“三环渐进下的岗课赛证融通”创新模式，并提出了高职市场营销专业开设新媒体营销方向人才培养模式的创新思路。屈武江、霍艳飞（2018）认为高等职业教育人才培养的目标是培养高素质技能型应用人才，校企合作、产教融合、校企协同育人机制培养以职业化为导向创新市场营销专业人才。邹晓（2018）提出精准对接重点规划产业，并从典型个案入手，对市场营销专业建设的目标、思路、内容与措施及取得的成效进行了系统阐述和分析。李炬（2018）认为目前高职院校的市场营销专业存在实践教学环节薄弱，并认为可构建课堂实验、教学实习、专业实训、顶岗实习“一个中心，四个环节”的实践教学体系来提高学生职业素质。

（二）本科院校研究成果

王兆惠（2014）认为在学习过程中应当注重培养学生的创新能力和实践能力。林汪洋（2018）从电子商务营销分析论述了全面利用网络平台节省交易双方时间。张珊珊、谢长青、庞文聪等（2018）提出基于产教融合的市场营销专业系统化实践教学体系的设计方法，分析了各个设计模块之间的关联性。杜春晶（2018）认为信息时代给予了教学改革更多的可能性，市场营销学课程从教和学两方面，构建和实施在课前、课中、课后三个阶段的翻转课堂项目式教学，提高教学效果。黄曼、洪诗佳、杜子杰（2018）认为高校在市场营销专业人才培养方案制订上普遍存在目标相近、特色定位无差异、课程体系相互复制、教学内容与市场需求脱节的情况，急需与市场对接。卢友东、李左声（2018）认为深化产教融合、校企合作是地方本科院校发展的必由之路，提出实行企业导师、思政导师、专业导师、职业导师“四导师”制，按照人才培养协同化、课程开发校企化、基地建设综合化、毕业论文项目化“四化”要求，确保校企协同育人成效落到实处。

三、不同办学定位下的多样性发展是当前致力追求的目标

对高等职业市场营销专业建设讨论的视角已经非常丰富，但专业的建设与发展依然不能给出一般性的定论，学校的定位不同，办学理念不同，思路自然不同。社会发

展丰富多彩，我们应允许这些多样性的存在，追求各自领域的特色。当下各院校都在各自可行的范围内放开思路，开始一步一步地探索。营销人才在各行各业中均有需求，需求的层次也呈现多样性，包括政府部门，如我国当下的政务部门，在互联网技术的支持与监督下，在当前复杂的国际竞争环境中，政务部门和企事业单位均有与相关领域相关联的营销人员的需求。专业的发展与建设依然需要不断地与时俱进，积极探索。社会需求的多样性，决定了人才培养定位的多样性，这种多样性不是简单的模仿与复制，别人的成功模式，未必完全适合自己，应根据各自院校的办学定位，调整人才培养方案，在探索中创新。

四、开展涉及大数据营销的研究

随着电子商务的发展，互联网+的飞速进步、物联网的逐渐成熟，精准营销在技术上能够实现，数据挖掘成为更多行业企业关注的热点甚至是焦点。经济社会的发展进一步倒逼高校的营销人才培养，无论从教学还是科研上都要更加紧密地联系实际，与行业企业协同培养高素质人才。

从知网以“营销专业人才培养、大数据、大数据挖掘”为关键词，搜索得到的数据显示（如图4所示），从2016年开始有相关研究成果，至今知网能查到的也仅有5项成果，分别为陈硕的《大数据时代下的中国建设银行内蒙古分行客户营销策略研究》（内蒙古财经大学，2016年3月），杨群的《大数据下的智慧旅游发展思路探讨》（特区经济，2016年3月），张晓的《“互联网＋大数据”背景下市场营销专业人才培养模式研究》（商场现代化，2017年6月），刘平山、文益民的《面向大数据应用复合型人才培养的信管专业课程群构建》（高教论坛，2018年4月），卢敏、张极、李静的《大数据环境下市场营销专业建设探讨》（现代营销（经营版），2019年4月）。很显然营销在大数据方面的研究是有限的，关注度和科研成果还很少，但社会经济发展进程中其实早有强烈的需求，得到合适的人才是企业所期盼的。

五、“市场营销专业人才培养创新驱动机制研究”搜索结果几乎为零

截至研究将进入尾声的2019年，团队成员在知网键入“市场营销专业人才培养创新驱动机制研究”进行搜索时，显示结果依然只有关于大数据方面的几个信息，没有专门针对驱动机制研究的文献。这从某种程度上可以证明，专门针对机制性的研究相对较少，同时要撬动的力量也较多，涉及的层面较广，本身的研究难度较大，研究起来可能会比较困难，成果受非议的可能性会比较大，难有建树性成果出现。

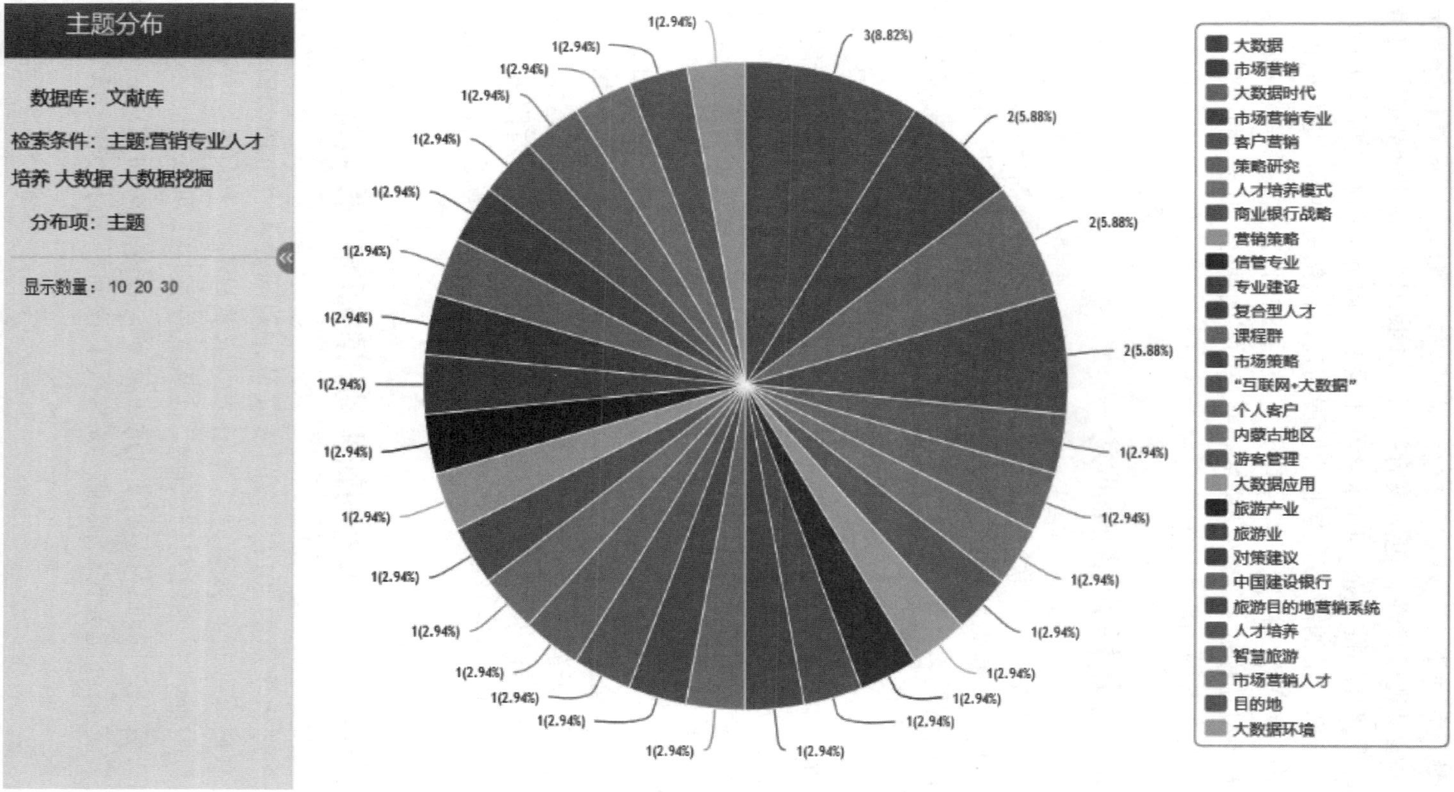

图4　知网系统内按照“营销专业人才培养、大数据、大数据挖掘”搜索营销专业人才培养

数据来源：中国知网，http//sso.gzlib.gov.cn/interlibSSO/goto/75/=jmr9bmjh9mds/kns/brief/default_ result.aspx，2019-04-23

参考文献

［1］屈武江，霍艳飞.以职业化为导向创新市场营销专业人才培养模式［J］. 大连大学学报，2018（4），128-131.

［2］邹晓.基于校企精准对接的营销人才精准培育思考——广东省经济贸易职业技术学校市场营销专业建设实践与探究 ［J］. 中国市场，2018（17），125-129.

［3］李炬.在高职院校市场营销专业实践教学体系构建研究［J］. 现代商贸工业，2018（12），173-174.

［4］王兆惠.论高等院校市场营销专业创新人才培养模式［J］. 现代营销（学苑版），2014（11），63.

［5］林汪洋.电子商务环境下企业市场营销新思路［J］. 经营管理者，2018（12），68-69.

［6］张珊珊，谢长青，庞文聪.基于产教融合的市场营销专业系统化实践教学体系探索［J］. 教育教学论坛，2018（50），108-109.

［7］杜春晶.基于翻转课堂的项目式教学实践与探索——以市场营销学课程为例［J］. 黑龙江科学，2018，9（23）44-45.

［8］黄曼，洪诗佳，杜子杰.省属高校市场营销专业人才培养方案修订路径研究［J］. 法制博览，2018（34），285.

［9］卢友东，李左声.广东白云学院市场营销专业校企协同育人模式探析［J］. 经济研究导刊，2018（32），78-79.

跨境电商人才培养产教融合机制研究
——以应用型本科院校广州工商学院为例

邓江华

【摘要】跨境电商行业发展迅猛，企业岗位与技能发生巨大变化，导致跨境电商行业企业人才需求出现巨大缺口。广州工商学院深入开展本科教育思想大讨论，全面提升应用型本科教学质量，根据学院“十四五”规划，结合商学院电子商务专业与国际经济与贸易专业针对跨境电商人才培养状况及模式的探索，共同建设符合企业真实工作要求的课程体系、师资队伍、实践教学条件，提高产业学院的社会服务能力。产教融合的校企合作机制，有力地践行了发展产业与教育的时代使命，着力打造高水平的应用型本科大学。

【关键词】教育思想；跨境电商；产业学院；产教融合；机制研究

一、研究背景和目的

2021年学院上下正着力于教育教学整改阶段，本科教育思想大讨论成为学院整改的一个很重要的组成部分。学院评估后原来的经济贸易系顺利升格为二级学院商学院。作为学院发展最快，发展潜力及基础均较好的二级学院，2021年需要在广州工商学院“十四五”规划的战略设计下新增专业，因此发展一流专业、一流课程及积极申报与构建产业学院成为整个商学院“十四五”规划的重要目标。

2020年年底，国际经济与贸易专业成为广东省一流专业建设点；2021年3月，电子商务专业通过了学位评估。作为电子商务专业和国际经济与贸易专业的共同课程方向，跨境电商的培养成为未来建设的重点，构建跨境电商产业学院成为两个专业“十四五”规划的主要内容。构建跨境电商产业学院，以此为基础再申报跨境电商专业，服务于粤港澳大湾区就显得更为突出。

二、跨境电商人才培养现状及问题

（一）人才培养方案和课程体系

跨境电商人才培养模式，首先，包括经济管理类院系开办的电子商务专业，侧重于跨境电商相关产业链的应用和管理。其次，是由国际贸易专业专门培养，侧重于国际贸易，把跨境电商作为传统外贸的新转型。最后，也包括外语类商务英语专业及物流管理专业跨境电商人才能力培养模式。广州工商学院电子商务、国际经济与贸易专业在制定2016级、2017级、2018级、2019级与2020级跨境电商人才培养课程模块时严格按照新国标的要求，设定跨境电商理论与实践课程，但课程体系还不够完善。

（二）教学方法和教学资源

教师在教学上仍然采用传统的面授法，知识灌输多，学生主动思考和动手的机会较少，更缺乏实际的账号运营和项目操作。真正有魄力彻底改革旧的育人模式，推行学生“工学交替”体制的高校除了潮汕职业技术学院、广东工商职业学院、浙江万里学院之外可以说少之又少。跨境电商的教学资源不足，虽然很多高校纷纷购买跨境电商实训软件，也建立了实验室，但是模拟实操仍然缺乏实战性，与企业的实际要求相差较远。

（三）教师队伍质量存在问题

跨境电商人才培养工作需要一支高素质的教师队伍，就目前情况来看，跨境电商师资队伍特别是“双师型”师资团队严重不足。为了解决这一问题，有院校聘请企业人员兼职授课，但他们缺乏教学经验和教学方法，同时因为企业人员学历问题，课酬经费等方面的沟通协调也存在一定障碍。而由校内教师授课，在教学过程中容易脱离企业实践，导致学生难以提高实操技能，达不到良好的教学效果。

三、广州工商学院跨境电商人才培养模式的探索

（一）以实践基地为依托

广州工商学院地处广州市花都区，始建于1995年，是一所以经济管理为主的应用型本科院校，2018年6月经济贸易系联合美东电子商务管理有限公司建设美东电子商务产业园内外实践基地。2020年6月与广州喜和喜智能设备有限公司、广州新思路教育科技有限公司建立喜和喜校内外实践教学基地、新思路校内外实践基地，在跨境

电商专业人才培养模式上进行了有效的改革和探索。基地建设的思路是以提高学生的综合素质和电商综合运营能力为主，满足企业的用人要求，培养新型实用的跨境电商人才。实践基地包括在校内实训室建设的300平方米的跨境电商实习基地，及在企业建立的约1 000平方米的校外实习基地。

（二）完善跨境电子商务综合实训室教学环境

根据广州工商学院相关专业2016级、2017级、2018级、2019级、2020级等近5 000名学生跨境电商实践类课程的教学需求，于2019年9月申报并建成了实验楼405跨境电子商务综合实训室，开展实验楼403智创客室的软件采购、安装与运行等工作，采购了阿里巴巴、亚马逊、速卖通和wish模拟仿真平台等，可随时满足跨境电商实践教学环境的要求。

（三）以电商创业协会为引领

为了强化学生电子商务的实践和实战能力，2018年5月电子商务专业成立了电商创业班孵化电商创业团队，培育实战人才，先后开展了清远博光数据有限公司软文写作项目，广州汉宋镜业有限公司智能镜的策划、运营与推广项目等，形成了团队，培育了团队管理人员，并于2020年9月申报成立了电商创业协会及相应的管理部门，并就跨境电商运营项目管理进行团队化运营，加强了对项目的管理力度，达到了良好的运营效果。

（四）引入虾皮与ebay平台实战运营项目探索

基地成立后，学院与共建企业将2018级的一共6名电商专业本科在校生组成跨境电商实战团队，进行虾皮平台和开设公司账号的实际运营。

目前在职的学生也能够在公司展现一定的专业能力，如其中一名2018级电子商务班的学生郑宗荣的业绩特别突出，在2020年6月到2020年11月近5个月的时间里一共产生200万元的流水，一个人管理13个店铺，这个学生也成了公司的电商骨干，其他学生的业绩也呈现出进步的趋势，总体上表现较好。

四、广州工商学院跨境电商人才培养模式的经验

（一）学院领导高度重视

2020年1月我院王院长、张副院长等深入企业考察并牵头与广州喜和喜智能设备有限公司展开合作座谈会，签订了《校外实践基地合作协议》，校企共同磨合，形成了一致的人才培养理念和价值观。

（二）企业积极配合，技术骨干指导项目运营

聘请广州喜和喜智能设备有限公司管理人员、技术骨干为我院实践导师，直接参与跨境电商网店运营指导，企业技术老师与我院电子商务专业教师共同组建专业建设指导委员会，定时就依据企业对人才需求的变化调整培养计划进行座谈和研讨，在专业发展上形成良性互动，在项目运营上制订计划，分析问题并解决问题。

（三）校内教师深入企业顶岗提升实践技术能力

每学年寒假或者暑假，基地负责人都会组织校内教师和学生到广州喜和喜智能设备有限公司实践基地顶岗实践，通过在企业的项目运营训练，提升校内教师的实践与实战水平，同时经常召开座谈会深入交流实践教学与人才培养力量，以及培养过程中遇到的问题，互相探讨问题的根源与解决问题的方法及对策，达到校企协同育人的良好效果。

（四）校企双导师指导项目，协同实践教学

学校带班指导教师全程参与，弥补企业讲师的不足，形成合力。同时教师身体力行，自己也不断熟悉操作平台和运营店铺，从体验中发现和总结存在的问题，对学生进行有的放矢的指导和解惑，这更有利于教学研究和校企协同开展跨境电商专业课程建设。

（五）项目团队管理、组织严密

项目运营过程中强调纪律，完善了考核机制。账号到人，责任到人，每人每天都有最低的任务指标，超额完成的采取奖励的办法。对出单进行集体奖励，实施上下班签到制度，完全模拟企业工作的场景，非常逼真，学生的适应能力也较强。

五、校企共建跨境电商产业学院内容及机制

校企共建跨境电商产业学院主要解决跨境电商企业人才紧缺的问题，首先设计好学院的机制，才能更好地落实后续的建设内容。机制是一个系统的概念，是指各子系统及要素相互作用的结果，是各不同实体间相互作用的一种制度安排。产业学院机制建设的目标是实现校企融合的长效性，建立一种长效机制，这个长效机制包括政府、企业、行业、高校等各方实体的协同效应。在此机制下，建设好产业学院重点要从跨境电商人才培养体系、师资队伍、课程体系、组织管理体系、社会服务水平等方面展开。设计符合政府、社会、企业、高校融合发展的跨境电商人才培养运行机制，应着重从以下几个方面加以建设：

（一）加快培养专业师资队伍

面对新形势、新发展，必须从师资队伍培养入手，采取引进跨境电商相关专业人才和加大现有师资进修培训力度相结合的办法，引入竞争机制，着力提高教师的应用型素质及社会服务和科研创新能力，鼓励青年教师通过挂职锻炼、合作交流等方法，积极与跨境电商企业沟通合作，在实践中丰富实战经验，成长为双师型人才，进而提升跨境电商实训实践教学水平。同时，要充分利用企业现有的技术骨干，提升他们的理论水平，让他们成为跨境电子商务产业学院有力的师资团队。

（二）完善课程体系及配套实训环境

根据职业岗位的特点和需要，与企业共同开发跨境电商人才培养的课程。以学院现有实验环境为基础，充分利用广州美东电商产业园区实践环境，广州喜和喜智能设备有限公司基地环境以及花都区狮岭皮革城、广州圣地环贸中心等区位资源，不断完善课程配套实验环境。

（三）着力打造社会服务能力建设

广州工商学院跨境电商产业学院建设，要想立足于粤港澳大湾区，首先要深入融合企业，服务于花都区甚至广州市的跨境电商行业企业，从企业岗位能力、技术能力、项目运营能力、团队构建能力、课程实战能力等多方面满足企业岗位实际需求，服务企业人才配备。培养的人才一定能够充分体现企业管理水平与商业运作能力要求，同时还要实现商业项目研究成果向产业转化，校企共同开发选题并研究，解决跨境电商企业生产与经营的实际问题。

（四）校企共建跨境电商产业学院运行机制

跨境电商产业学院的组织建设，需要政府、企业、学院相关部门领导及权威专家组成跨境电商教学指导委员会的协同组织机制；实行“分级管理、责任到人、专家把关”，确保建设项目顺利实施的管理机制；充分利用广州喜和喜智能设备有限公司、广州美东电子商务产业园及广州新思路教育技术有限公司等校外实践基地企业的资源、场地等产教融合的运行机制。多渠道、多途径筹措项目建设经费，切实保障经费及时足额到位的经费保障、共同发展的利益机制。

六、总结

综上所述，跨境电商人才培养质量反映了广州工商学院应用型本科办学水平和发展要求，是商学院未来“十四五”规划要重点落实的一项艰巨任务。在深入开展本科教育思想大讨论，全面执行合格评估整改的关键时期，从学院发展的战略高度，在建设一流专业、一流课程、一流学科的大环境下，从跨境电商人才需求、培养状况、存在问题等方面入手，再对本学院相关专业在跨境电商人才培养方面的模式、探索及经验加以总结，最后立足于未来构建跨境电商产业学院运行机制及建设内容研究，是深化本科教育思想的有力践行。

参考文献

[1] 李和滨，曾三军. 跨境电商示范学院产教融合机制研究与实践［J］. 中国市场，2020（24）：169-174

[2] 王东波，包文夏. 基于目标导向的跨境电商人才培养模式的探究［J］. 现代商业，2020（19）：52-53

[3] 郭烨. 创新驱动发展战略下跨国电商人才培养貘式研究［J］. 电子商务，2016（5）：73-74.

[4] 标榕宝，赵鹤芹. "国际化"背景下跨境电商人才培养模式探讨［J］. 中国商论，2017（34）：185-186.

民办应用型本科产教融合与校企合作机制研究

——以广州工商学院电子商务专业为例

张华杰　李　琳　张　娜　邓任锋　叶作龙

【摘要】产教融合与校企合作是推动高校教育与产业深度融合的重要模式。本文通过探讨民办应用型本科教育中产教融合与校企合作机制，以广州工商学院电子商务专业为例，分析其实践模式、成效与挑战，以及面临的合作机制与制度保障、合作内容与深度、资源整合与创新能力、市场需求与人才培养的衔接力度等方面的困境，并提出相应的优化策略：第一，优化合作机制与制度保障；第二，深化合作内容与层次；第三，加大资源整合与创新能力培养力度；第四，加强市场需求与人才培养的衔接。以期推动广州工商学院电子商务专业产教融合与校企合作向更高水平发展，为民办应用型本科院校在产教融合与校企合作领域提供理论支持与实践指导。

【关键词】民办应用型本科；产教融合；校企合作；电子商务

一、引言

近年来，国家越来越重视产教融合与校企合作在人才培养中的重要作用。2019年，教育部等六部门联合发布的《国家产教融合建设试点实施方案》明确了产教融合建设的总体要求、重点任务和保障措施，旨在通过试点示范探索产教融合、校企合作的新模式和新机制，目的在于实现人才培养与产业需求的有效衔接。随后，在2023年，国家发展改革委等八部门又印发了《职业教育产教融合赋能提升行动实施方案（2023—2025年）》，该方案进一步提出优化职业教育布局结构、深化教育教学改革、强化师资队伍建设、加强产教融合平台建设等一系列具体措施，旨在提升职业教育产教融合的质量和效益。2024年，国务院印发的《关于促进服务消费高质量发展的意见》中再次强调，为了强化人才队伍的支撑作用，必须不断完善相关学科的专业设置及培养计划，并着力促进产业与教育融合、学校与企业合作、工作与学习结合，采用“订单式”培养方式以满足服务业对紧缺人才的需求。同时，该意见还鼓励普通高校、职业院校与企业合作共建开放型区域产教融合实践中心，共同培育复合型、应用型、技能型的服务业人才。在此背景下，本文以广州工商学院电子商务专业为例，深入探讨民办应用型本科在产教融合与校企合作机制方面的实践与探索。

二、产教融合与校企合作融合的重要意义

产教融合与校企合作，作为推动教育与产业深度结合的关键模式，其核心价值在于双方的紧密融合与相互支持。这一模式不仅强调教育与产业的同步发展与一体化进程，更致力于通过资源共享、优势互补，实现教育与产业之间的无缝对接与高效互动。高校与企业之间构建紧密的合作关系，共同培育出既具备深厚理论知识，又拥有丰富实践经验的高素质应用型人才，为社会的全面发展增添新动力。

（一）显著提升人才培养质量

产教融合与校企合作使学校能够紧跟产业需求和市场变化，针对企业的具体需求，灵活地对专业设置和课程内容进行调整，以培育出贴合市场需求的优质人才。这种紧密对接不仅大大增强了学生的就业竞争力，同时也向企业输送了更多专业性人才。校企合作使得学生有机会直接参与到企业的实际生产环境中，把理论知识与实践操作技能紧密结合，从而全面增强学生的实际动手操作能力和问题解决的能力。这种“边学边做、边做边学”的教学方式，有助于学生培养工匠精神和职业素养，为将来的职业生涯打下牢固的基础。

（二）有力推动产业结构优化升级

学校与企业的合作，为共同开展技术研发和创新活动提供了广阔平台。通过充分利用学校的科研力量和企业的市场洞察力，双方可以携手推动新技术、新产品的研发和应用，进而加速科技成果向现实生产力转化的进程，提升整个产业的技术层次。此外，产教融合与校企合作还有助于推动产业结构的优化升级，通过共同培养高素质技能型人才和开展技术创新活动，在一定程度上为企业的转型和升级提供坚实的人才和技术支撑，促进产业朝向高端化、智能化方向不断前进。

（三）积极促进区域经济发展

产教融合与校企合作在增加就业岗位和创业机会方面发挥着重要作用。学校与企业合作开展实习实训、就业指导和创业孵化等活动，有助于学生更好地适应职场环境，成功实现就业或创业。这不仅有助于缓解就业压力，还能为区域经济注入新的活力。学校可以依托地方产业优势开展特色专业建设和科研活动，为地区经济的繁荣发展贡献智慧力量和技术后盾。而企业能够借助学校的科研成果以及人才资源储备，推动自身发展，实现双方的互利共赢。

（四）全面促进社会整体进步

产教融合与校企合作在培养学生的社会责任感方面发挥着积极作用。通过参与企业的社会公益活动和社会责任项目等实践活动，学生可以深入了解社会问题和需求，并积极参与解决过程。这样的体验有利于学生形成公民意识并增强社会责任感，使他们成为有担当、有责任感的社会成员。此外，在国际化背景下，产教融合与校企合作还促进了不同文化之间的交流与合作。通过与国际院校和企业的合作交流项目等，学生可以拓宽国际视野，了解不同文化背景下的教育理念和产业发展趋势，进而培育跨文化交流能力，为成为具有国际竞争力的人才奠定基础。

三、广州工商学院电子商务专业产教融合与校企合作融合实践

（一）具体实践

1. 机制创新与政策引领

广州工商学院为深化产教融合，出台了一系列政策文件，如《广州工商学院“十三五”学科建设发展规划》及《关于加强产学研合作教育的实施意见》等，旨在构建科研与教学并重、学科与专业协同发展的新机制。这些政策为校企合作提供了坚实的制度保障，促进合作向更深的层次和更广泛的领域发展。

2. 共建高水平实习实训基地

广州工商学院电子商务专业与业界领军企业合作如与京东集团合作建立了“广工商·京东校园实训中心”、与花都皮革协会成立校内“直播实训基地”等实习实训基地。这些基地不仅装备先进，而且紧密贴合行业实际，企业专家的实操指导让学生能够在真实工作活动中磨炼技能，从而显著提升了他们的实践能力和就业市场的竞争力。

3. 融入企业真实项目教学

为增强教学的实用性和针对性，广州工商学院电子商务专业将企业的真实项目融入课堂教学，比如，在新媒体营销实训课程中把“智玩谷”品牌作为教学案例进行深入剖析。这些项目覆盖电子商务的最新趋势和技术，使学生在学习理论知识的同时，能够了解企业运营的实际问题和挑战，在一定程度上培养了他们的思考和解决问题的能力以及团队之间的协作精神。

4. 搭建产教融合交流平台

广州工商学院电子商务专业定期举办产教融合座谈会和招聘会，通过邀请相关行业权威专家和企业代表到学校进行交流，分享行业动态和人才需求信息。这些活动不仅为学生提供了与企业直接对话的机会，也促进了学院与企业的深度合作，共同探索人才培养的新模式。

5.深化校企合作项目

广州工商学院电子商务专业与阿里巴巴集团等知名企业开展深度合作，通过“访企拓岗”等活动深入了解企业需求，共同设计人才培养方案，实施产学研一体化项目。这些合作不仅提升了学生的实践能力，也为企业的技术创新和人才培养提供了有力支持。

（二）取得的显著成效

通过一系列产教融合与校企合作融合的实践探索，广州工商学院电子商务专业取得了显著成效。目前广州工商学院电子商务专业与多家知名企业建立了稳固的合作关系，建立了多个校外实践教学基地和产学研育人平台。同时与行业协会、企业共同发起组建了粤港澳大湾区智慧冷链产业学院等新型教育机构，培养了大量高素质应用型人才。通过校企合作，学院不仅提升了自身的教育质量和科研水平，同时也为当地的经济增长和产业结构升级提供了基础保证。展望未来，广州工商学院电子商务专业将继续深化产教融合与校企合作，积极探索更多创新模式和实践路径。通过加强与企业、行业协会、科研机构等多方面的合作与交流，共同推动电子商务领域的人才培养与产业发展迈向新的高度。

四、广州工商学院电子商务专业产教融合与校企合作融合实践面临的问题

（一）合作机制与制度保障层面

尽管广州工商学院电子商务专业已出台了一系列旨在推动产教融合的政策措施，但在实际操作层面，合作机制仍显得不够灵活和高效。这主要体现在对市场需求变化的响应速度上，当前机制难以迅速适应行业发展的新趋势。此外，现有制度框架虽已初具规模，但仍缺乏细致入微的实施细则和有效的保障措施，这导致在合作过程中，出现权责划分不明确、执行力度不够等问题，从而影响了合作的深度和广度。

（二）合作内容与深度的局限性

目前，广州工商学院电子商务专业的产教融合与校企合作实践主要聚焦于实习实训、项目合作等较为基础的领域。然而，在课程开发、教材编写以及师资共培等更为核心和深层次的合作方面，仍有待进一步加强。部分校企合作项目仍停留在表面层次，缺乏实质性的深度融合和互动。同时，企业在参与人才培养中的资源共享机制也尚需完善。

（三）资源整合与创新能力培养的不足

随着电子商务行业的迅猛发展，广州工商学院电子商务专业虽已建立了多个实习实训基地，但在资源整合方面仍存在明显不足。这主要体现在教学资源的更新滞后、新产业实训设备的短缺以及学生实践机会和实践质量的限制上。此外，电子商务行业对创新能力的要求日益提高，而学院在培养学生的创新思维和创新能力方面仍有待加强。当前师资队伍中，缺乏既具备丰富理论知识又拥有实战经验的"双师型"教师。

（四）市场需求与人才培养的衔接力度有待提升

电子商务行业市场变化迅速，新技术、新模式层出不穷。然而，专业在人才培养过程中，可能难以完全匹配市场需求的变化步伐。这导致人才培养与市场需求之间存在一定的偏差现象。同时，由于合作机制不够灵活和高效，学院在调整人才培养方案时可能存在一定的滞后性，在快速响应市场需求的变化方面需要进一步提升。因此，如何促进企业市场需求与人才培养的无缝衔接，成为当前亟待解决的问题之一。

五、广州工商学院电子商务专业产教融合与校企合作优化策略

（一）优化合作机制与制度保障

广州工商学院电子商务专业提升产教融合与校企合作，必须优化合作机制和制度保障。首先，可以成立专项协调小组。成立由二级学院领导、企业代表及行业专家组成的产教融合与校企合作协调小组，负责全面统筹和协调各项合作事宜，确保合作机制的灵活性和高效性。协调小组应定期召开会议，就合作过程中的重大问题、难点及瓶颈进行深入讨论，及时调整合作策略和方向，确保合作项目的顺利推进。其次，制订详细合作方案。在合作实施方案中，明确合作双方的权利、责任和义务，以及合作的具体内容、目标、期限和成果要求，确保合作过程中的权责清晰，避免产生纠纷。方案应包含合作项目的具体实施步骤、时间表、责任分配、资源投入等关键要素，以便双方能够按照方案有序开展合作。最后，建立合作监督评估机制，定期对合作项目进行监督和评估，包括项目进度、质量、成果等方面，确保合作项目的有效实施和成果达成。评估结果应及时反馈给合作双方，对于存在的问题和不足，应提出改进意见和建议，以便双方及时调整合作策略和方向。

（二）深化合作内容与层次

广州工商学院电子商务专业在原来实习实训、项目合作的基础上，进一步拓展到课程开发、教材编写、师资共培等更深层次的合作领域，实现产学研用的深度融合。积极鼓励和支持企业参与学院的教学计划和课程设置，联合开发贴近企业实际需要的

课程内容和教材资料，推动校企双方在技术研发、产品创新等方面的深度合作，共同开展科研项目和技术攻关，实现资源共享和优势互补。设立校企联合实验室或研究机构，搭建科研合作桥梁，共同研究并解决行业内普遍存在的问题和攻克关键技术难题，提升学生的创新能力和实践水平。

（三）加大资源整合与创新能力培养力度

加大投入，及时更新电子商务专业教学资源和实训设备，引入先进的电子商务技术和实践场景，确保教学条件的先进性和实用性。与企业合作，共同开发教学资源和实训案例，丰富教学内容和形式。在师资方面，深入实施“双师互聘”计划。鼓励和支持教师到企业实践锻炼，提升教师的实战经验和教学能力，同时聘请企业中具有杰出技术的人才或者相关的管理人员兼任校外教师，增强师资队伍的整体实力。通过“双师互聘”计划，促进学院与企业之间的人员交流和知识共享，提高人才培养的质量和水平。此外，在电子商务专业中开设创新创业课程和实践项目，激发学生的创新创业意识，注重学生的创新思维以及创业能力的培养，并鼓励学生积极参与各类多样化的创新创业竞赛和相关的实践性活动，如电子商务创新创业创意大赛、创业计划大赛等，同时为企业输送优秀的创新型人才。

（四）加强市场需求与人才培养的衔接

应及时完善并建立以市场为导向的人才培养体系，着重关注电子商务相关行业的发展动态，根据实际情况适时调整人才培养方案和教学内容计划，以保障人才培养与市场需求的高度契合。与行业协会、企业等市场主体保持密切沟通和合作，共同制订与企业市场需求相契合的人才培养计划，以增强人才培养的实效性。在课程方面，推行模块化课程体系和学分制管理制度，允许学生根据个人兴趣和职业规划选择课程和学习路径，促进学生自主学习能力的提升，激发潜在的创新创业意识。通过模块化课程体系，实现课程内容的灵活组合和更新，以迎合各类学生的学习需要和职业发展规划的要求。此外，还应该增强学生职业规划和就业指导的服务，协助学生清晰界定自身的职业目标和成长路径，提升学生的就业市场竞争力以及职业发展潜力，通过组织各种职业规划研讨和就业指导培训等相关活动，引导学生树立正确的就业观念，强化学生的职业素养与综合能力。

六、总结

总之，民办应用型本科产教融合与校企合作机制的发展是一个既长期又充满挑战的过程，它对于提升教育质量、促进学生就业以及增强社会服务能力具有至关重要的作用。在这一背景下，广州工商学院电子商务专业凭借其在校企合作与产教融合方面的积极探索与成功实践，取得了显著成效。展望未来，民办应用型本科产教融合与校企合作机制的发展将迎来更多的机遇与挑战。深化合作、创新模式、加强师资、强化市场导向以及推动科研成果转化等关键措施的实施，能够进一步推动民办应用型本科产教融合与校企合作机制的发展与完善，为提升教育质量、促进学生就业以及增强社会服务能力贡献更大的力量。

参考文献

［1］王寿斌.《国家产教融合建设试点实施方案》的三大创新［J］. 河南教育(职成教)，2020（1）：13-14.

［2］中华人民共和国国家发展和改革委员会，等. 职业教育产教融合赋能提升行动实施方案（2023—2025年）［J］. 职业技术教育，2024，45（3）：66-67.

［3］中华人民共和国国务院. 国务院关于促进服务消费高质量发展的意见［R］. 中华人民共和国国务院公报，2024（23）：21-24.

［4］周献，梁烨，左可，等. 产教融合背景下校企合作育人模式研究［J］. 创新创业理论研究与实践，2024，7（16）：193-195.

［5］孙唯. 发力产教融合，广州工商学院探索校企合作新模式［N/OL］. 羊城晚报，2020-09-23，https：//6nis.ycwb.com/app/template/displayTemplate/news/newsDetail/1178831.html？ isShare=true.

［6］关宏，周德慧. 产教融合视域下基于校企合作的金融科技人才培养模式研究——以应用型本科高校为例［J］. 中外企业文化，2023（8）：178-180.

［7］邵科隆，马泽正. 应用型民办高校产教融合、校企合作协同创新发展模式探究［J］. 科技经济市场，2021（6）：144-145.

［8］魏强. 应用型民办本科院校校企合作人才培养政策优化研究［D］. 福州：福建师范大学，2022.

［9］陈建录. 做好产业资源转化，深入推进产教融合、校企合作［J］. 职业教育研究，2024（8）：1.

互联网+时代高校电子商务专业人才培养模式创新研究

张兰玉

【摘要】随着我国互联网产业的飞速发展，电子商务已经成为推动经济发展的重要引擎。高校电子商务专业人才培养模式的创新，对适应我国互联网+时代的发展需求，提升我国电子商务产业的核心竞争力具有重要意义。本文通过对互联网+背景下高校电子商务专业人才培养现状的分析，提出了创新人才培养模式的策略，为我国电子商务产业的发展提供有力的人才支持。

【关键词】互联网+；电子商务；人才培养；模式创新

一、引言

互联网+时代的到来，为我国经济发展注入了新的活力，特别是在电子商务领域，市场规模不断扩大，产业地位不断提升。然而，当前高校电子商务专业人才培养模式尚不能完全满足互联网+时代的发展需求，存在一定程度的脱节。因此，研究互联网+时代高校电子商务专业人才培养模式的创新，对推动我国电子商务产业的持续发展具有重要的现实意义。

二、互联网+时代对电子商务行业的影响

（一）电子商务行业的发展现状

随着互联网技术的飞速发展和普及，电子商务行业在我国经济领域中异军突起，成为最具活力和潜力的行业之一。从最初的电子邮件、浏览器购物，到如今的移动支付、社交电商，电子商务已经渗透到了人们生活的方方面面。近年来，我国电子商务市场规模持续扩大，交易额不断攀升，不仅推动了传统产业的转型升级，还催生了许多新兴业态。然而，电子商务行业的发展并非一帆风顺，假货、物流、支付安全等问题仍然亟待解决。

（二）互联网+对电子商务的推动作用

1.政策扶持助力电子商务发展

近年来，我国政府高度重视电子商务行业的发展，出台了一系列政策措施加以扶持。如《关于加快电子商务发展的若干意见》《电子商务发展规划（2016—2020年）》等，为电子商务行业创造了良好的发展环境。政策扶持不仅激发了市场主体的活力，还有助于规范行业发展，提高电子商务在整个经济体系中的地位。

2.互联网+带动传统产业转型升级

互联网+时代的到来，为电子商务行业带来了更广泛的应用场景和更多元的商业模式。一方面，电子商务为传统产业提供了新的销售渠道，降低了企业运营成本；另一方面，通过大数据、云计算等技术的应用，企业可以更加精准地了解消费者需求，优化产品和服务，实现产业升级。如家电、服装、食品等众多行业纷纷借助电商平台，实现了线上线下融合发展，带动了整个产业链的转型升级。

3.跨界融合创新不断涌现

在互联网+的大背景下，电子商务行业与金融、物流、文化、旅游等多个领域实现跨界融合，不断涌现出新的商业模式和业态。如电商金融、物流快递、直播带货等新兴业态，不仅丰富了消费者的购物体验，还为从业者带来了更多盈利渠道。同时，电子商务平台也在不断拓展海外市场，推动我国商品和品牌走向世界。

4.消费升级引领电子商务发展趋势

随着我国居民消费水平的不断提高，消费者对品质、服务、个性化的需求日益凸显。电子商务平台纷纷加大对品质保障、售后服务等方面的投入，以满足消费者日益升级的需求。此外，社交电商、内容电商等新兴业态的崛起，也为消费者提供了更加丰富和个性化的购物体验。

5.电商扶贫助力脱贫攻坚

互联网+时代，电子商务成为助力脱贫攻坚的重要手段。通过电商平台，贫困地区的农特产品可以走出大山，实现优质优价，帮助贫困群众增收致富。同时，电子商务还可以为贫困地区提供就业机会，推动基础设施建设，实现可持续发展。

总之，互联网+使电子商务行业迎来了新的发展机遇，也对传统产业、消费市场、社会经济等方面产生了深远影响。然而，伴随着竞争加剧、监管趋严等挑战，电子商务行业也需要不断创新、提升自身核心竞争力，以适应不断变化的市场环境。

三、高校电子商务专业人才培养的现状及问题

（一）高校电子商务专业人才培养的现状

在我国，电子商务行业近年来得到了迅猛发展，高校电子商务专业人才培养也取

得了一定的成果。当前，大部分高校已经设置了电子商务专业，课程涵盖了电子商务理论、营销、物流、编程等多个领域。许多高校还与企事业单位合作，开展实践教学，让学生在实际工作中锻炼能力。此外，高校电子商务专业人才培养注重综合素质，除了专业技能外，还注重学生的沟通能力、团队协作能力等综合素质的培养。

（二）目前人才培养中存在的问题

尽管高校电子商务专业人才培养取得了一定的成果，但当前的人才培养过程中仍然存在一些问题。

1. 课程设置与实际需求脱节

部分高校电子商务专业的课程设置较为陈旧，不能及时跟上行业发展的步伐。此外，课程内容与企业实际需求存在一定程度的脱节，导致学生在毕业后难以迅速适应工作。

2. 实践教学环节不足

虽然许多高校已经开始重视实践教学，但实践环节仍然存在一定程度的不足。部分高校的实践教学基地建设不完善，导致学生实习机会有限，实践能力得不到充分锻炼。

3. 师资队伍结构不合理

部分高校电子商务专业的师资队伍结构不够合理，教师的专业水平和实践经验不足。这导致学生在理论学习中难以深入理解电子商务的相关知识，影响了教学质量。

4. 综合素质培养不足

在当前的人才培养过程中，部分高校过于注重专业技能的培养，忽视了学生的综合素质培养。这使得学生在面对复杂的工作环境时，缺乏足够的沟通能力和团队协作精神。

5. 产学研结合不紧密

高校、企业和研究机构在电子商务专业人才培养方面的合作不够紧密，导致人才培养与产业发展脱节。这种现象削弱了高校电子商务专业毕业生的竞争力，使其在就业市场中难以脱颖而出。

针对以上问题，我国高校应积极进行教育教学改革，加强与企业、研究机构的产学研合作，提高电子商务专业人才培养质量，以更好地服务于我国电子商务行业的发展。

四、高校电子商务专业人才培养模式的创新研究

随着互联网技术的飞速发展和我国电子商务产业的蓬勃兴起，高校电子商务专业人才培养成为当前教育领域关注的焦点。为了更好地满足社会对高素质电子商务人才的需求，高校必须创新人才培养模式，提高人才培养质量。本文将从创新培养理念、

改革教学方法与手段、加强实践教学环节和构建多元化的评价体系四个方面探讨高校电子商务专业人才培养模式的创新。

（一）创新培养理念

坚持以人为本：在电子商务专业人才的培养过程中，我们将始终以学生为核心，关注每个学生的个体差异，尊重他们的兴趣和个性化发展需求。通过因材施教，激发学生的创新精神，培养他们具备实践能力，使他们在电子商务领域的竞争中脱颖而出。推进融合发展：我们紧密结合产业发展趋势，优化课程设置，整合校内外优质教育资源，以实现产学研一体化。通过与企业、研究机构等开展合作，为学生提供更宽广的发展空间，助力他们在电子商务行业取得优异成绩。拓宽国际化视野：为适应全球化发展的需要，我们加强对国际电子商务知识的传授，提升学生的国际竞争力。通过开展国际交流与合作，培养学生具备全球视野，为我国电子商务产业走向世界提供有力的人才支持。提升创新能力：在教学过程中，我们注重培养学生的创新思维，鼓励他们参与各类实践活动，以提高创新能力和实践技能。通过举办创新创业大赛、实践课程等方式，锻炼学生解决实际问题的能力，为电子商务行业注入新的活力。强化职业道德：我们重视学生的职业道德教育，培养他们具备高尚的职业操守和责任感。通过课程教学、实践活动等方式，引导学生树立正确的价值观，为电子商务行业的健康发展贡献力量。完善就业指导：为帮助学生顺利走上工作岗位，我们将加强就业指导服务，为学生提供职业规划、求职技巧等方面的培训和支持。通过与企业建立紧密的联系，拓宽就业渠道，提高电子商务专业人才的就业质量和满意度。注重终身学习：我们将教育引导学生树立终身学习的理念，培养他们具备持续学习和自我提升的能力。通过丰富的学术讲座、线上课程等资源，助力学生在电子商务领域不断拓展知识体系，适应行业的快速发展。

综上所述，我们将以人为本，注重学生个体差异，培养具有创新精神和实践能力的电子商务专业人才。通过融合发展、国际化视野、创新能力、职业道德、就业指导等多方面的努力，为我国电子商务产业的发展贡献力量。

（二）改革教学方法与手段

在现代教育理念的指导下，我们积极探索并实践了以下三种教学方法，以提高学生的学习能力、培养学生的创新意识、提升教学效果。

案例教学法：这是一种极具实践性的教学方法，通过引用真实的案例，将学生置于实际问题的情境之中。这种方法有助于培养学生分析问题、解决问题的能力。在实施案例教学时，教师应精心挑选贴近生活、具有时代特色的案例，引导学生深入了解案例背景，学会运用所学知识解决实际问题。此外，教师还需注重案例教学的互动性，鼓励学生积极参与讨论，分享自己的见解和经验，从而提高学生的沟通能力和团队协作能力。翻转课堂教学模式：这种教学模式颠覆了传统课堂的教学方式，将课堂重心从教师传授知识转向学生自主学习和合作学习。在翻转课堂中，教师不再是知识的传递者，而是学生学习的引导者和助手。学生可以在课前通过网络教学平台、教材或其他资源自主学习课程内容，课堂时间则用于讨论和解决问题。这种教学模式有助于提高学生的主动学习意识，培养学生的独立思考能力和创新能力。在实施翻转课堂教学模式时，教师需要精心设计课堂讨论话题和问题，确保学生在讨论中有充分的思考和发言机会。网络教学平台的使用：网络教学平台为学生提供了丰富的学习资源和便捷的沟通工具，有助于拓展教学时空，实现线上线下相结合。教师可以利用网络教学平台发布课程通知、布置作业、开展在线答疑等活动，学生则可以随时随地参与学习，提高学习效率。同时，网络教学平台还可以实现师生之间的实时互动，有助于提高教学效果。在运用网络教学平台时，教师应注意保护学生的个人信息和隐私，确保网络环境的安全和健康。

总之，通过实践案例教学法、翻转课堂教学模式和利用网络教学平台，我们旨在为学生创造一个更加生动活泼、富有挑战的学习环境，培养学生的实践能力、创新精神和自主学习能力，为我国教育事业的发展贡献力量。

（三）加强实践教学环节

建立实践教学基地：为了让学生在理论学习的基础上，更好地理解和应用所学知识，我们与企业合作，建立了实践教学基地。在这里，学生可以亲身体验电子商务的实际操作，了解和掌握企业所需的技能和素质。这不仅有助于提高学生的实践能力，也有利于他们更好地适应未来的工作环境。增设实验课程：为了提高学生对电子商务相关技术的掌握程度，我们在课程设置中增加了实验课程。这些课程旨在让学生通过实际操作，深入了解和掌握电子商务的技术原理和实践应用。通过不断地实验和探索，学生可以更好地将理论知识转化为实际操作能力，为将来的职业生涯打下坚实的基础。鼓励学生参加各类竞赛：我们积极鼓励学生参加各类电子商务相关竞赛，如全国大学生电子商务创新与创业大赛、互联网+大学生创新创业大赛等。这些竞赛不仅可以帮助学生提升自身的专业素养，还可以锻炼他们的创新能力和团队协作精神。在竞赛过程中，学生需要充分发挥自己的专业优势，结合实际情况解决问题，从而提高自己的实践能力和综合素质。加强师资队伍建设：为了提高教学质量，我们注重加强师资队伍建设，引进了一批具有丰富实践经验和专业知识的教师。他们在教学过程中，可以为学生提供有针对性的指导，帮助学生更好地理解和掌握电子商务的相关知识和技能。开展产学研合作：我们与多家企业建立了紧密的产学研合作关系，为学生提供了一系列实践和实习机会。这些合作项目不仅有助于学生将所学知识应用于实际工作中，还可以让他们在实践中不断学习和成长，为将来的就业和发展奠定基础。优化教学资源：我们不断优化教学资源，为学生提供丰富的学习资料和实践案例。这些资源可以帮助学生更好地了解电子商务的最新发展动态和技术应用，提高他们的专业素养和实际操作能力。

综上所述，通过建立实践教学基地、增设实验课程、鼓励学生参加竞赛等措施，我们可以有效提高学生的电子商务实践能力和综合素质，为我国电子商务行业培养更多优秀人才。同时，我们还将不断加强师资队伍建设、开展产学研合作和优化教学资源，为学生创造更好的学习和成长环境。

（四）构建多元化的评价体系

在当今社会，电子商务产业正以前所未有的速度发展，成为我国经济增长的重要引擎。因此，高校电子商务专业人才培养模式的改革与创新显得尤为重要。原文中提到的“过程性与终结性评价相结合、定量与定性评价相结合、自我评价与他人评价相结合”这三个方面的创新研究，是对我国高校电子商务专业人才培养模式的重要改革举措。

首先，过程性与终结性评价相结合关注学生学习过程，充分体现学生在课程中的表现。这种评价方式有利于激发学生的学习积极性，让他们在学习过程中不断调整自己的学习方法，提高学习效果。同时，也有助于教师及时发现学生在学习过程中的问题，给予针对性的指导，提升教学质量。

其次，定量与定性评价相结合可以全面评估学生的知识、技能和素质。定量评价能够准确地衡量学生的知识掌握程度，而定性评价则深入分析学生的综合素质，如创新能力、团队合作精神等。这两种评价方式的结合使得评价结果更加全面、客观，有助于引导学生全面发展。

最后，自我评价与他人评价相结合可以激发学生的自我发展动力，提高学生综合素质。自我评价帮助学生认识自己的优点和不足，为改进自己的学习和发展提供依据。他人评价则让学生了解自己在他人眼中的形象，从而发现自己的潜在价值。这两种评价方式的结合有助于培养学生自信、自省的品质，提高他们的综合素质。

通过以上三个方面的创新研究，我国高校电子商务专业人才培养模式将更加符合社会需求，为我国电子商务产业的发展提供有力支持。同时，这种模式也为学生提供更加丰富、宽广的发展途径，助力他们实现人生价值。

五、结论

总之，电子商务专业人才培养模式的改革与创新是适应时代发展和产业需求的重要举措。我们应该紧紧围绕过程性与终结性评价相结合、定量与定性评价相结合、自我评价与他人评价相结合这三个方面，不断探索和完善高校电子商务专业人才培养模式，为我国电子商务产业的繁荣作出贡献。同时，也要关注学生的个体差异，激发他们的内在潜能，培养出一批批具有创新精神、实践能力和责任感的电子商务专业人才，为我国社会经济的持续发展提供有力支持。

参考文献

［1］刘文静，付传雄．互联网+乡村振兴背景下高职院校电子商务专业人才培养路径优化研究——以广东科贸职业学院为例［J］．农业与技术，2024，44（2）：178-180.

［2］李赫轩，熊万伟．电子商务专业企业新型学徒制技能人才培养模式的探究——以佛山市技师学院小冰火人订单班为例［J］．商场现代化，2024（3）：14-16；20.

［3］陆日婕．新商科电子商务专业人才需求及培养现状分析［J］．科技风，2024（1）：38-40.

新文科背景下经管类专业人才培养策略研究

陶　梅　张瑛

【摘要】当前，在经济全球化与社会现代化曲折前行的过程中，经管类专业人才的培养与社会需求之间的矛盾日益凸显，社会发展对经管类人才基础理论素养和综合应用能力的要求不断提升。本文通过对现代学科与知识体系划分历史渊源的追溯，在对新文科基本内涵进行阐述的同时，尝试摒弃“门户之见”，创造性地提出学科整合的思路，在此基础上结合社会需求重新思考经管类专业人才的基本特征与培养目标，从而对培养策略的优化与调整提出对策建议。

【关键词】新文科；新学科整合；经管类；人才培养

一、现代学科与知识体系划分的历史渊源

在当今高校教学体系与专业序列框架中，一直以来都有文科、理工科的传统划分。文科是“人文社会科学”（或称“哲学社会科学”）的简称，是人文科学和社会科学的统称。其中，人文科学主要研究人的观念、精神、情感和价值；社会科学主要研究各种社会现象及其发展规律。按照我国《普通高等学校本科专业目录（2012年）》，除了理学、工学、农学和医学外，哲学、经济学、法学、教育学、文学、历史学、管理学、艺术学等学科门类都可纳入“文科”范畴。

回顾百年人文社科门类的发展，中国历史悠久的教育体系本土传统，不断受到现代教育研究体系的影响。

西方思想与知识体系的基本源起与宗教的关系密不可分，直到其在大学教育体系中逐渐被哲学所取代。十八世纪末，自然科学与人文科学开始在大学出现分离。西方知识体系源于此，其教育体系亦源于此，而在此基础上不断演化发展，在现代大学中逐渐形成理工与文科的基本划分，社会与人文学科被划分进入文科范畴。需要注意的是，近现代以来，其划分方式显示出西方所谓现代性的根本矛盾，即自然科学技术的兴起和形而上学与人文学科的衰落，殊不知，自然科学的解释作用如果缺乏人文学科的基础阐释则会孤掌难鸣。

中国的教育体系于古则为书院体系与科举制度，书院即为传承儒家经典的重要场所，科举制度则较为公正系统地为国取士。

无论师从英美、德日还是苏联，其结果是中国在相对较短的时间里建立了自己的高校教育体系，其间基本未经历现代高等教育的递进变迁之路，传统教育体系日渐式微，就像“大学”这个词汇，当今所指主要为教育机构，而《礼记·大学篇》中的“大学之道，在明明德……”所指则为立德修身与博学之道了。时至今日，国家经济社会的不断发展与建设工作对人才培养提出了新要求，原有学科划分已逐渐不再适应所需，应予斟酌，再行调整。

二、新文科的基本内涵及其延伸——新学科整合

（一）新文科的基本内涵

目前为止，学界对于新文科尚没有统一、明确的概念认定。一般情况下，认为其至少应涵盖以下基本内涵。

其一，应在现有文科专业的基础上赋予人才培养新内容。新内容首先来源于经济社会发展进步的人力资源需求。在人才培养的过程中，既要注重其核心能力与知识体系的培养，也要注意综合素质的提升。其二，应打破常规，重视符合发展需要的较大宽度与深度的学科专业交叉融合，从而进一步加强学生的综合能力培养力度。其三，重要的是，在世界百年未有之大变局的态势下，要更加突出文科教育领域的创新性，形成中国特色，构建中国学派，批判地学习，创造性地吸收，真正形成有效的哲学社会科学教育体系。

（二）新文科内涵的延伸——新学科整合

在上述理解的基础上进一步思考，在新文科体系构建的过程中，不应再以文理之别为桎梏，而应该打破专业限制，更加明确地进行新学科整合的尝试，以重新定位原有专业的人才培养目标、教学组织形式与课程体系建设。通过教学改革，敏锐把握社会需求，实现“工+文”、“理+文”、“农+文”直至“医+文”以及文科内部各专业等各个方向在学科整合上的尝试，弱化原有的关于文理之别的固有观念，在新文科理念指导下为人才培养模式创新探索新途。

三、经管类专业人才基本特征的重塑与培养目标的再思考

（一）经管类专业人才基本特征的重塑

经管类专业人才在当前经济社会发展人才体系中占据重要地位，属于中坚力量。

在新的社会需要及新学科整合的背景下，其基本特征得以进一步重塑。

其一，理论基础知识扎实稳固。梳理当前部分院校的经管类专业人才培养方案，发现部分存在着“为求综合基础失稳”的现象。其实在新学科整合的背景下，人才培养的理论基础在深度和广度上均应加以拓展，在实用性与导向性的要求下，在知识结构的分析过程中要重视其宽度，在“跨领域、跨专业”理念的指导下，全面夯实其理论基础。

其二，实践技能适应社会需求。当前，人才市场的竞争压力越来越大，用人单位对人才的要求除了扎实的基础理论功底以外，还需要能尽快完成角色转换实现收益的实践能力。在相关行业不断变化进步的运营管理模式下，经管类人才应具备关键岗位的操作技能与相关的业务知识，在真实的业务环境中可以独立、自如、高效地进行基础运营管理，同时具备管理能力提升的潜力。

其三，综合素养全面提升。综合素养首先是职业道德素养，经管类人才应具备“德才兼备、家国情怀”的素质特征，德为行先，确立正确的世界观、人生观、价值观。其次在日常工作中，能拥有较佳的心理健康水平、良好的沟通与团队融合能力以及稳定的自我管理和控制能力。

（二）经管类专业人才培养目标的再思考

在经管类专业人才基本特征重塑的基础上，提炼凝结如下新时代经管类专业人才培养目标。

针对经济社会发展（尤其是区域经济社会发展）的经管类人才需求，在较宽的领域上培养具备扎实理论基础框架，能够解决基层运营管理问题的务实实践能力，具有较好的管理及综合知识与技能储备及开发潜力，拥有严谨、辩证、创新的科学思维方法，形成经世济民的人文素养、创新精神和商业伦理观的经管类综合应用型人才。

四、经管类专业人才培养策略的优化与调整

（一）全面转变人才培养观念

新学科整合理念中的重要内涵，即运用全新思路全面构建经管类专业人才的培养体系，其工作过程将给教师的教学工作直至学生的学习方式带来全新的改变。既要强调所学知识与技能的全面性、系统性以及应用实践能力，也要逐渐接受跨专业、跨领域知识技能的融入；既要重视学生工作技能的培养，也要重点贯彻职业道德与素养的培养目标。

（二）创新专业课程体系

新学科整合思路突出的特点在于根据所需实现各个专业、学科之间的融合与交叉，其实现路径主要是专业课程体系构建上的创新。从社会管理与发展的角度看，经管类人才将会在各个行业的不同层级与领域发挥经营或运作管理作用，在人才培养的过程中应该打破专业界限实现按需融合，而且应该允许不断尝试增减以找寻最佳的课程体系架构，同时，应该在课程教学过程中不断引入新技术与新方法，不断思考前沿信息技术在课程教学中的应用。

（三）务实打造实践教学体系

近年来，高校教育在校企合作、产教融合的教育教学改革上做了大量有益尝试，但在应对社会对学生实践能力日益提高的要求时，其效果尚不显著。在具体运作中究其根本原因：站在院校主体的角度思考时，缺乏收益或成本考量，而且难以真切体会用人单位对学生实践能力的要求。因此，单纯依靠模拟、仿真之类的实训课程以及阶段式的企业实习无法完全解决问题，要从院校—社会顺畅衔接的角度打造学生的实践能力，尝试通过产业学院等平台实现与企业等用人单位的真实联合，可以让学生在真实运营压力下学习以掌握真正的实践知识与技能。

（四）突出创新创业能力培养

在实践教学的基础上突出对学生创新创业能力的培养，经管类人才由于专业特点更加适于在创新创业的工作方向上加以培养。应在巩固其经济管理基础知识的同时，着重培养其创新意识、创新技能以及创业的基本工作程序，删除空洞说教，引导学生直接进入横向科研项目或企业的真实运营管理项目，要具备绩效目标与相关考核，让其感受真实的工作压力，形成真实的技能提升，同时要注意“双创”教学工作的资源保障，并构建其专有的教学评价体系。

（五）加强区域经济、全球化、国际化的人才培养视角

经管类专业人才培养体系较为容易陷入相互抄袭同质化严重的道路，在人才培养视角上，一方面，要注意研究地方的经济社会发展具体问题，在人才培养中加以倾向性地布局，从而更好地体现其人才培养的针对性和特殊性；另一方面，在当前国际政治经济形势复杂多变的局面下，更应该培养经管类专业人才的全球化路径认知和国际化视野，以帮助其更好地适应未来工作岗位。

参考文献

［1］江艺康．地方本科院校经管类专业应用型人才培养模式创新研究［J］．商

讯，2020（32）：193-194.

［2］谢芹．“新文科”专业多元融合式人才培养策略研究［J］．中国石油大学胜利学院学报，2019，33（3）：46-50.

“双一流”建设背景下市场营销应用型人才培养模式的优化[①]

张晓英

【摘要】本文探讨了“双一流”建设背景下市场营销应用型人才培养模式的优化策略。随着“双一流”建设的推进，地方应用型本科院校面临新的发展机遇与挑战。文章首先分析了优化人才培养模式的必要性，包括服务区域经济发展、适应《国标》要求以及提升学科专业竞争力。接着，提出了具体的优化策略：一是以需求为导向，明确专业定位，结合区域经济需求和时代发展趋势，培养高素质应用型营销人才；二是强化校企协同，构建实践教学体系，提升学生实践能力；三是突出创新创业教育，将“双创”教育融入课程体系与第二课堂；四是加强师资队伍建设，注重“双师型”教师培养，提升教师综合素质；五是增强社会服务能力，促进产学研结合。通过这些策略，地方应用型本科院校可提升市场营销专业人才培养质量，更好地服务区域经济发展，推动学科建设与专业发展。

【关键词】市场营销；“双一流”建设；应用型营销人才；应用型人才培养模式；市场营销专业

自2015年10月国务院印发《统筹推进世界一流大学和一流学科建设总体方案》之后，教育部等多个部门先后印发了世界一流大学和一流学科建设实施办法，这是新时代我国高等教育改革的重要举措，对提升我国高校的国际竞争力具有深远影响。2017年9月20日，教育部、财政部、国家发展改革委公布了“双一流”名单，进入世界一流大学名单的有42所大学，进入一流学科建设名单的有95所大学，这些入选的院校大多数还是原来的“985”“211”大学。

从综合实力来讲，地方应用型本科院校很难与“985”“211”大学相比，但并不能说其所有学科和专业都没有优势，所以地方应用型本科院校要抓住“双一流”建设的良好机遇，根据其办学定位，以人才需求为导向，以服务区域经济发展为目标，明确学科专业定位，凝练学科专业特色，提升学科专业竞争力。

---

① 基金项目：广州工商学院高等教育教学改革项目“‘双一流’建设背景下市场营销应用型人才培养模式研究”（ZL20171127）。

一、“双一流”建设背景下市场营销应用型人才培养模式优化的必要性

（一）服务区域经济发展和社会经济转型升级的需要

随着新一轮工业革命的加速发展，我国进入了加快转变经济发展方式的关键时期，经济发展进入了新常态。实施创新驱动发展、中国制造2025、“互联网+”、大众创业万众创新、粤港澳大湾区建设等国家重大战略，加快产业发展的转型升级和提质增效，对高校人才培养提出了更高的要求，培养满足经济发展需要的高素质应用型人才是社会赋予应用型本科院校的历史使命。

（二）《国标》规范本科教育发展的需要

2018年1月，教育部发布的《普通高等学校本科专业类教学质量国家标准》（以下简称《国标》）指出，本科教育要紧紧把握世界高等教育发展的最先进理念，把握三大基本原则，即做到“三个突出”：一是突出学生中心；二是突出产出导向；三是突出持续改进。也就是说，本科教育要以经济社会发展需求为导向，科学合理地设置人才培养目标，优化人才培养方案，完善课程设置，更新教学内容，创新教学教法，增强实践教学，推动人才培养质量的不断提升，实现高校人才培养和企业人才需求的无缝对接。

（三）学科专业建设和应用型人才培养的需要

潘懋元提出，应用型本科院校作为高等教育体系的重要组成部分，其人才培养要以专业应用为导向、以专业知识为基础、以专业能力为核心、以专业精神为灵魂，培养知识、能力、素质全面发展的应用型本科人才。人才培养的定位要求应用型大学要不断改进硬件、软件条件，重点培养学生的应用能力；要求其有效解决学校专业设置与当地经济社会发展需要的适应性问题，将学科专业建设、人才培养标准、课程设置、教学过程、师资建设等融入产业链，有效促进学校的学科建设、专业建设，打造学科、专业特色。

二、“双一流”建设背景下市场营销应用型人才培养模式优化的策略

（一）以需求为导向，明确专业定位

“双一流”建设以服务区域经济发展为目标。市场营销专业要以“双一流”建设的理念和宗旨为指导，结合学校办学定位、区域经济发展需要和时代发展趋势，明确

专业定位和人才培养目标，实现人才培养与经济发展、产业升级的无缝对接。市场营销专业的人才培养要以培养适应区域经济社会发展需要、具有良好人文素质以及较强实践能力和较好创新创业能力的高素质应用型营销人才为目标，根据市场营销专业的就业岗位和职业能力需求，结合行业、产业发展趋势和职业能力需求，不断创新和改革人才培养模式。

一流的专业建设首先取决于是否具备明确的专业办学方向和建设定位。这一目标的达成，必须考虑学校总体发展战略与现有发展基础、国内外的经济和产业生态及其未来变动趋势对营销类高级人才的需求等诸多影响因素。目前，国内开设市场营销专业的高校众多，与办学历史长、师资和资源雄厚的“985”“211”高校相比，地方应用型高校应力争发挥后发优势，打造出市场营销专业的办学特色和竞争力，逐步积累起办学水平和学生质量的社会美誉度。走面向市场需求的应用型高素质营销人才培养之路，应当是专业办学方向和建设定位的正确选择。

（二）校企协同，强化实践教学

应用型营销人才的培养需要从校内和校外两个层面入手，大力度、多手段地推进专业人才培养的基础条件和优势、特色资源的建设和积累，为学生提供日益丰富、优质、完善的人才培养与成长土壤和条件，高效率地打通从理论到实践的通道，从而为毕业生顺利迈向职场、提升就业竞争力打好基础。地方应用型高校要以应用型营销人才培养为核心，以区域经济发展、产业转型升级对营销人才的需求为导向，构建校企合作平台，创新校企合作模式，推进产学合作协同育人，提高人才培养质量。一方面，深化校企合作与交流，完善校内外实践教学条件，建设不同行业、不同业态、不同类型企业的校内外实训基地；另一方面，推动校企合作育人机制改革，完善教学质量评价体系，促进教学效果和人才培养质量的提高。

（三）突出创新创业教育

落实教育部关于创新创业教育课程“面向全体大学生，纳入教学主渠道”的要求，不但要开设创新创业方面的通识课，还要将“双创”教育与专业教育相结合，一方面在课程教学中加强学生创新创业能力的培养，另一方面开设创新创业实践类课程；还要在第二课堂中融入创新创业教育，可以通过创新创业、技术技能、社会实践、知识拓展等项目锻炼和培养学生的创新创业能力。贯彻落实创新创业教育，还需要不断深化教学模式与教学方法改革，可以通过任务驱动、项目导向等教学做一体的教学模式改革，推动专业实践与创业实践的有效衔接，在专业实践教学中锻炼和培养学生的创业实践技能。

（四）加强师资队伍建设

师资力量是专业办学能力的重要影响要素，打造一支高水平的师资队伍是专业建设的基本保障。地方应用型高校需要进一步提升目前市场营销专业的教学团队水平，力争建设成一支数量、质量和结构都能满足“新国标”要求，具备良好师德和强烈服务精神，能适应应用型营销人才培养需求，专业理论功底强且具有较高教学水平、科研素质和实务能力的教学团队。

（1）注重“双师”教师队伍建设。以“更新理念、完善技能、学会创新”为重点，以专业负责人和专业带头人为领头羊，以培养理论基础扎实、应用能力强、综合素质高的师资团队为目标，全面推进“双师型”师资队伍建设，构建一支满足应用型营销人才培养需求，具有前沿视野的高素质、专业化“双师型”师资队伍。

（2）“引进来、走出去”多方面建设师资团队。建设数量充足、素质优良、结构合理的高素质师资团队，是一流专业建设的重中之重。通过“走出去、引进来”的方式，着重培养青年教师，为他们提供多种学习、进修渠道，拓宽视野、增长见识、全面发展，进而使得师资团队的素质不断提高，师资数量、专业化水平等完全满足应用型营销人才培养的需要。

（五）增强社会服务的能力

国外一流大学都将服务社会经济发展作为使命，“双一流”的建设也要以服务社会为己任。地方应用型大学要抓住我国经济发展进入新时期的机遇，迎接产业转型、技术变革对应用型人才培养提出的挑战，以增强市场营销专业自我发展能力为目标，促进产学研的密切结合，加速成果转化，扩展社会服务，不断增强主动为经济社会发展服务的意识和能力，进而推动区域经济发展，提升学校的社会声誉和办学效益。

参考文献

［1］鲁汇，陈子清，刘梦玮. 市场营销专业协同育人人才培养模式的改革探索［J］. 中外企业家，2018（34）：202-203.

［2］娄琦琳. 应用型本科高校市场营销专业创新创业人才培养模式研究［J］. 知识经济，2018（19）：108-109.

［3］谭娟，龙桂杰. 基于市场营销应用型人才培养的项目化教学模式研究［J］. 学术论坛，2015，38（4）：177-180.

产教融合背景下跨境电商专业教学改革探究

吴嘉慧

【摘要】本文主要从产教融合背景下跨境电商专业教学的概况角度出发，阐述了相关的教学背景，论述了跨境电商专业教学的有关改革策略，主要从教学理念、课程体系的构建和优化、课程内容的细化和明确等方面进行叙述，并从不同角度进行详细分析，从而为产教融合背景下跨境电商专业教学改革的研究提供有效参考。

【关键词】产教融合；跨境电商；教学改革

跨境电商专业是依照《普通高等学校高等职业教育专业设置管理办法》增补设立的，从而适应当下的跨境电商发展状况，以此来对相关的人才缺口问题进行有效解决。对此，相关部门也出台了有关改革的文件和政策，确保能够将产业发展和职业教育进行有效的融合。与此同时，在跨境电商人才培养过程中，相关的专业教学尤为重要，需要积极依照跨境电商的发展现状来不断地进行改革，从而能够基于市场发展情况来提供适合的、专业的人才，能够基于现代化科学技术和大数据技术来进行相关专业技术人才的培养，并且能够基于产教融合的有关要求，深化教学模式和育人方式改革，从而为整个跨境电商专业教学改革的创新性探索提供有效保障。

一、产教融合背景下跨境电商专业教学概况

首先，跨境电商专业教学的主要目的是能够让学生基于跨境电商相关知识和实际操作的学习，全方位地掌握跨境电子商务相关操作规则、基本政策以及有关概念，以此来确保其能够具备管理跨境店铺以及相关操作的专业能力，使其在不断学习中逐渐培养大数据思维和互联网思维。

其次，为有效地促进产教融合，在跨境电商专业教学过程中，要以实际的工作作为指导方向，以此来促进学校和企业的全方位合作，进而为跨境电商业务流程的有效梳理提供保障，引导学生正确认识未来从事的职业，使其能够全方位地了解和学习不

同国家的市场特征以及地理特点，依照跨境电商的市场发展状况，结合所学知识，深入探究跨境电商的相关技术内容。

二、跨境电商专业教学背景

首先，跨境电商专业的教学要依照数字化贸易新业态的发展要求来实施，并严格遵循跨境电商岗位的具体工作要求来确定教学内容，严格依照国家相关部门发布的关于跨境电子商务人才培养的指南以及有关职业技能标准，制定全方位、系列化的人才培养制度，并依照相关的课程标准来有效分解具体的岗位要求，将三维教学目标作为有效的指导方向，实现相关人才的培养和专业技能的提升。

其次，跨境电商的教学要遵循对应的标准，尤其是“七分靠选品，三分靠运营”，以市场发展现状为前提，准确地、科学地分析市场。同时，要对地区物流的特点进行全方位了解，并准确展现相关的商品信息。因此，在教学过程中，要明确以下几个重点，分别为商品上架的操作、物流及企划方案的制订、目标国家市场的有效分析。

最后，在跨境电商专业教学过程中，其主要对象为学生。因此，要全方位了解学生的起始能力和学习风格，并确定适合其学习的教学方法，进行不断的实践和反思。同时，针对学生在学习跨境电商知识时的相关问题，要进行全方位了解，基于学生的实际能力来进行分析。比如部分学生信息处理能力弱、数据分析能力差，而跨境电商作为一种数据类型复杂程度比较高的行业，需要学生具备专业的分析能力，因此，也要以此来确定教学的相关重点和难点。

三、产教融合背景下跨境电商专业教学改革策略

（一）优化教学理念，促进课堂教学改革的进一步深化

基于产教融合背景，在跨境电商专业教学过程中，首先要对教学理念进行优化和改革，才能够从根本上指导相关的教学方法和教学理论，进一步实现专业化、高素质跨境电商人才的培养。对此，要基于产业学院来与相关的职业技能证书进行有效对接，明确跨境电商人才的核心素养。比如，要加强“三三四四”高校课堂的设计与建设，通过劳动精神、思政元素以及专业技能的进一步融合，实现明德课堂的有效打造。同时，积极进行“三真式”教学场景的设计，包括真实的过程、真实的场景以及真实的任务，以此来集合不同的教学方式，包括有爱、有趣、有用、有创，为整个课堂的活力注入新的能量。同时，教师要积极发挥教学评价的优势，真正地实现满意度、获得度、参与度以及帮助度的渗透，从而为有效课堂的打造提供保障。

(二)加强教学策略和教学过程的优化

首先，要积极引入多级学习任务来对学生的学习动力不断进行激发，比如要对工作流程进行明确，从而以此为导向，实现不同学习任务的设计，包括市场的分析和物流的选择，并且要对商品进行企划，从而最终呈现有效的方案。整个过程要从简单的角度来不断地渗透，从而将复杂的问题简单化，同时能够以分步的方式来逐级递进，进而帮助学生提升自我效能感。

其次，积极地加强学习圈理论的创新，并在教学流程当中引入“三螺旋两递进”方式。对此，要依照学生的经验型学习风格来进行不断的优化，包括整个教学阶段的渗透。比如，可以将问题探究与初级体验进行结合，将疑点共析与升学体验进行结合，将难点突破和深度体验进行融合。让学生不断地体验和反思，使其能够在“三层螺旋”的基础上不断地进行学习、分析、总结、归纳，然后在实践当中不断地进行递进，以此来促进其工作体验感的提升。

最后，要加强教学手段的科技化和现代化，积极引入可视化的教学模式，以此来帮助学生加强知识的技能内化。对此，在实际教学过程中，要以各种跨境电商模拟平台、全球速卖通店铺作为基础，基于各种视频、微课、动画等相关的资源，积极地引入数据纵横速卖通平台、生意参谋大数据分析工具，同时要将各类可视化工具引入其中，包括腾讯协作文档、XMind 思维导图、交互式电子屏、BI 可视化平台等，以此来帮助学生不断提升学习的效果。

(三)积极加强跨境电商课程体系的构建和优化

首先，在实际调研过程中，粤港澳大湾区对跨境电商人才的需求主要包括以下几类：首先是跨境电商美工，其次是运营专员和采购专员，最后是B2C和B2B销售专员以及物流专员。因此，基于产教融合背景，在跨境电商专业课程改革过程中，要基于实际人才的需求以及岗位需求，对教学改革的方向进行确定。

其次，要积极加强对岗位典型工作任务和职业能力的进一步提炼，从而以此为基础，在实际教学过程中，能够基于市场的实际需求，对校企融合的方式进行改革和调整，基于典型的工作任务，对学生的职业能力进行有效的分析和归纳，以此来积极地加强相关课程体系的进一步优化。

最后，要对课程的具体设置方式进行优化和确定，对此，要基于岗位的实际需求，明确学生的实际学习能力和学习特点，以此为基础来对其核心技能进行有效的培养，从而在构建专业课程体系过程中能够达到产教融合的目的，并且可以通过订单培养模式和校企合作的方式来针对性地开设相关必修课程和选修课程，从而对学生的职业能力规划进行有效的培养。

（四）跨境电商课程的进一步细化和明确

在实际教学过程中，要对跨境电商课程的内容进行细化，对以下几个板块进行优化：

首先是公共基础课程，该类课程的主要目的是对学生的人生观、世界观、价值观以及思想道德进行有效的培养，从而为其学习能力和职业素养的培养奠定基础。相关的课程包括心理健康教育、商务英语、计算机应用基础、就业指导以及德育课程。

其次是专业基础课程，该类课程的主要目的是有效培养学生的专业基础能力和创新创业意识，使其能够快速适应相关岗位而具备相应的能力，从而为其专业技能水平的提升提供保障。相关的课程包括跨境电商专业英语、国际商务文化与礼仪、跨境电商法律法规、跨境电商电子商务基础、商品拍摄与PS处理、市场营销以及应用统计。

再次是专业的核心课程，该类课程以跨境电商职业岗位需求作为主要导向，基于相关的跨境电商实践平台和校企合作项目，促进学生实践能力和职业能力的进一步培养。相关的课程包括跨境电商B2C运营、跨境电商B2B运营、跨境电子商务物流、跨境电商客户服务、跨境电商网络营销、跨境电商选品、外贸单证处理、国际贸易实务以及跨境电商网店设计等。

最后是综合性的实践课程，该类课程的主要目的是帮助学生在后期从业过程中，能够基于自己的专业来对整个行业情况进行有效的分析，从而做到进一步的适应，使其可以在未来发展过程中逐渐朝着大众创新、万众创业的方向发展，因此，可以促进学生创业能力、实践能力以及创新精神的培养。相关的课程包括网络创业实践、移动跨境电商运营等。

四、结论

综上所述，在新时期，随着跨境电子商务行业的快速发展，对跨境电子商务相关人才的需求越来越大，而在产教融合背景下，人才培养创新已经成为重要的趋势之一。因此，在跨境电商人才培养过程中，对相关专业的教学要求越来越高，对此，要积极依照跨境电商的发展现状，基于产教融合的背景，针对跨境电商专业的教学不断进行优化和改革。要明确跨境电商专业相关课程体系的现状，从而针对性地进行设计和优化，依照对应的岗位实际需求来对人才缺口进行明确，从而在相关教学改革过程中能够不断地进行协同创新，基于校企合作来对整个教学课程的体系进行有效的构建和规划。与此同时，要积极依照行业的发展现状和整个经济的发展环境来不断进行教学方法、教学模式、教学内容、教学体系的改革，从而为跨境电商专业人才的培养提供有效保障，促进跨境电商行业的进一步发展。

参考文献

［1］金玉芳，朱桥艳．跨境电商高端人才教育教学改革探索与实践［J］．才智，2022（22）：150-153.

［2］李坤梅．跨境电商背景下应用型高校东盟非通用语专业实践课程体系构建——以广西外国语学院为例［J］．理财，2022（7）：47-49.

［3］房朔杨．产教融合背景下跨境电商专业教学改革研究——以“跨境电商实务”课程为例［J］．中外企业文化，2022（6）：165-168.

［4］王昂．高校跨境电商师徒制实操教学课程体系构建研究［J］．投资与合作，2022（6）：181-183.

［5］张剑．“1+X”证书制度下跨境电商专业教学标准和职业标准融合路径探究——以宁波某职业技术学院跨境电商专业为例［J］．教育观察，2022，11（16）：35-38.

［6］金贵朝，林菡密，朱丽娜．新文科背景下跨境电商专业深化产教融合的实践探索［J］．中国商论，2022（9）：156-159.

［7］吴文平，林美池．产教融合背景下应用型本科高校国贸专业跨境电商人才培养研究［J］．科技创新与生产力，2021（12）：148-149；153.

［8］吴思乐．跨境电商背景下“深度产教融合”的校内经营性实习模式探讨——以高职涉外经贸类专业为例［J］．南通职业大学学报，2016，30（4）：27-32.

跨境电商“产教融合”SUPER模式的构建与实践

周栋涎

【摘要】近年来，我国的跨境电商行业发展迅猛，人才缺口巨大，培养出相当数量的优秀跨境电商人才成为政府、高校、行业和企业急需探讨和解决的问题。本文通过调研高校跨境电商专业“产教融合”痛点，结合校企合作相关工作经验，提出了“产教融合”SUPER模式，从学生团队（S）、高校（U）、项目（P）、企业（E）和结果（R）五个方面的“产教融合”联合培养模式，助力跨境电商人才培养。同时，在项目SUPER模式的校企合作实践中，笔者发现该模式在人才培养中能发挥较显著的作用，应用SUPER模式的项目比以往的校企合作项目效益好，学生、企业、高校等实现多方共赢。当然，本研究也存在样本不大、操作平台不够丰富等较多不足，希望能抛砖引玉，为跨境电商人才培养提供一点思路，也希望获得更多同行的指导。

【关键词】跨境电商；产教融合；SUPER模式；高校

一、引言

近年来，我国的跨境电商行业发展迅猛，网经社电子商务研究中心发布的《2022年度中国电子商务市场数据报告》显示，2022年中国跨境电商市场规模达15.7万亿元，较2021年的14.2万亿元同比增长10.56%。同时，自我国提出“丝绸之路经济带”和“21世纪海上丝绸之路”以来，我国已与150多个国家、30多个国际组织签署了200多份共建“一带一路”合作文件。小批量、碎片化的跨境电商在中国进出口贸易中的影响力正与日俱增，成为全球买卖的“新引擎”。

然而，伴随着我国跨境电商高速发展的是跨境电商人才的紧缺。《“十四五”电子商务发展规划》显示，至2025年我国电子商务领域相关从业人数将达到7 000万，预计我国电商人才缺口达985万。其中跨境电商人才缺口接近450万，并每年递增。如何培养出优秀的跨境电商从业人员，成为政府、企业和高校等各界关注的问题。

笔者有幸在高校从事跨境电子商务专业的教学工作，深感培养跨境电商行业人才的紧迫性，也深知毕业生的实战能力对用人单位的重要性，所以也在不断探索适用的培养模式。笔者发现采用校企合作、“产教融合”的方式，可以有效地提高高校跨境电子商务专业毕业生的综合素质，提高就业和创业竞争力。

二、高校跨境电商专业“产教融合”的痛点

结合多年的实践教学和校企合作实践，笔者查阅了部分“产教融合”的研究资料，发现目前高校“产教融合”存在不少痛点。

（一）高校实战环境不够完善

当前，高校主要通过开设跨境电子商务专业，或在电子商务、国际贸易和外语等专业设置跨境电子商务方向来培养跨境电商人才。但由于跨境电商的平台和技术发展迅速，高校教育存在一定的滞后性，主要体现在“软件”和“硬件”两方面。“软件”方面，多数高校师资队伍建设中存在重学历、轻能力的现象；部分教师缺少跨境电商从业经验；师资队伍实践能力培养机制不健全；教学中缺乏企业实战的实践教学大纲和教材体系。“硬件”方面，多数高校为跨境电商专业配备的是计算机实验室和虚拟仿真操作系统，流程式的模拟操作与现实中瞬息万变的跨境电商环境相去甚远。

通过“产教融合”、校企合作的方式，让“项目进校”“资源进校”，学生在校内参与实战项目，则可修补高校培养条件的短板，也可更好地优化资源的配置。

（二）学生实战时间难保障，缺乏长效机制

在校大学生的主要任务是学习，学生除了需要按时上课外，还要完成各种作业和各类考试，一到寒暑假还要离校；而有些实践项目需要投入较多的连续时间，这给项目团队的管理带来不少难题。再长远一点，学生在高校学习几年后都会毕业离校，这对项目的持久性也会造成较大影响。

为了应对这些困难，笔者和企业负责人多次研讨，最后找到了解决方案：选择在对回复时效性要求不高的跨境电商平台开店，且在学生的自用电脑配置好店铺环境，学生利用碎片化时间也能操作，解决了实战时间难保障的问题。同时，采取“以老带新”“传帮带”方式，让老员工带新员工，一届一届传承，可很好地解决缺乏长效机制的问题。

（三）学生团队缺乏管理和指导

管理，是用最少的资源实现最大的价值。在实战项目中需要对学生团队进行科学的管理，才能获得良好的效果。而在大多数校企合作项目中，高校只是简单地提供场地，企业只是简单地提供货源和店铺等基础硬件，而忽视团队的管理，企业没配备专门的指导老师，校内老师也因忙于教学和科研而指导较少，从而导致项目效益不好，最后只能草草收场。

我们的实践充分考虑了这些教训，采用了“阿米巴”的小组制管理模式，实行团队“联产承包责任制”，企业提供资源和专职导师，同学们按运营、美工、客服等角色组队，定期考核，效益好的团队分成多，效益不好的团队拆散重组，充分地发挥了项目小组的积极性，让他们自发地学习和研究，遇到难题主动找企业和校内老师请教。

（四）激励措施不足，师生参与度不高

许多高校的“产教融合”项目作为实训课程的一部分，学生参与程度不高，课程结束后老师的指导也慢慢变少。为了解决这个问题，在我们的实践中，企业把学生团队作为“合伙人”，店铺的运营成本由企业承担，再配备专业的指导老师驻场，利润部分与学生对半分配，提供了极具吸引力的激励措施，同学们的积极性较高。

而老师方面，成果与竞赛、科研挂钩，指导老师可带领学生团队参加各类行业竞赛，获得的成果可作为老师晋升职称时的佐证材料。加之老师在指导项目过程中，也可了解跨境电商的行业情况，或利用假期到企业参加顶岗实践，所以也表现出较高的积极性。

三、跨境电商专业“产教融合”SUPER模式教学实践

（一）“产教融合”SUPER模式

2020年9月，一家校企合作基地企业带来了一个跨境电商项目。企业进行了一段时间的跨境电商平台开店和运营测试，店群进入到稳定上升期。随着业务量的增长，企业很快就出现了人才短缺的问题，但面对新业务，公司也不敢贸然大批量招聘新员工。于是，企业负责人积极联系学院，希望借助校企合作基地的实习学生，一起扩大跨境电商业务板块的规模，恰好学院也高度重视跨境电商毕业生的培养，双方一拍即合，进行了3年多跨境电商实战的“产教融合”项目实践。

具体的“产教融合”模式如图1所示，主要包括学生团队（S）、项目（P）、高校（U）、企业（E）和结果（R）几个因素。

学生团队（S）方面，以生为本，充分发挥学生的主观能动性，指导学生团队运营店铺，卖出产品后，按月与企业进行利润五五分成。参与的学生团队须发挥带头作用，积极参与各类学科竞赛，并把知识分享给学弟学妹。借助完全真实的实战项目，提前让学生掌握企业真正需要的工作技能，提高就业和创业竞争力。

项目（P）和企业（E）方面，由企业提供跨境电商实战项目、资金、企业导师等资源，项目成本由企业承担，学生团队只需安心地学习和努力运营即可获得收益。只有项目盈利了，企业才有利润，学生才能获得分成，此时各方的目标高度一致，大大地提高了团队的执行力。

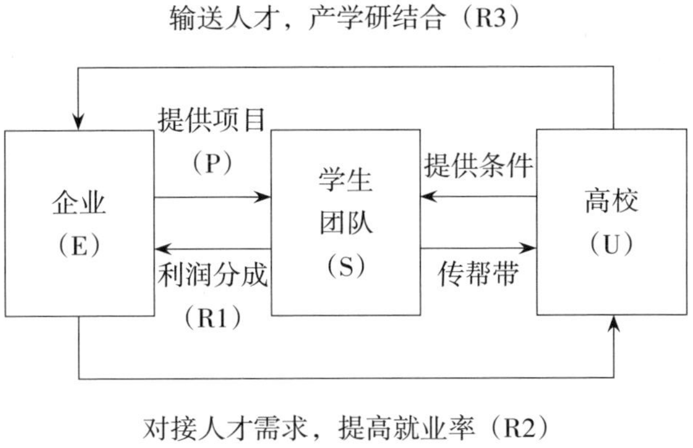

图1 “产教融合”SUPER模式示意图

高校（U）方面，高校负责提供校内的场地和校内指导老师，由校内指导老师和企业指导老师共同指导学生团队。同时，高校也可根据企业的需求调整人才培养方案，让老师们的教学和科研与企业接轨。企业则可提前培养和筛选适合的人才，并与高校进行进一步的产学研合作。

结果（R）方面，实战项目以结果为导向，对项目进行科学管理，科学地激励项目团队，可有效地杜绝资源的浪费，促进项目获得正向结果，包括但不限于学生和企业获得利润分成、企业获得对口人才、高校毕业生综合素质提升、促进产学研合作等。

（二）项目实践

第一步，根据项目组建学生团队。正如Chandler和Hanks（1993）首次提出“创业胜任力”概念时所说，“创业胜任力是创业者必备的核心能力之一，随着创业市场的不断成熟和竞争的加剧，他们的创新创业素养也会不断提升”，创业团队的选择对创业项目的成败至关重要。在项目初始成员筛选上，宁缺毋滥，我们的实践是先广发通知吸引真正有意向、愿意静下心来钻研的同学，然后设置了项目策划能力考核、校内导师考核、企业导师面试等环节。对挑选出来的初始成员还要进行严格的运营实操培训，考核通过后开始运营跨境电商店铺。

第二步，裂变。始初团队运营效果上来后，开启“阿米巴”小组裂变。我们加大对项目的宣传，招聘新同学加入，老员工则升级为小组长，按“阿米巴”的管理理念管理自己的小组。

因为我们的实践采用了“项目进校”的方式，较容易招聘到感兴趣的同学，从项目开展的第3个月开始，小组数量开始快速增长，管理的店铺也越来越多。

第三步，迭代与重组。采用“赛马机制”，对各小组进行定期评估，运营效果显著的给予嘉奖，把有用的经验分享给其他团队，并给优秀的团队匹配更多资源，帮助其快速成长。而对于表现不好的小组，先预警并给予优化指导，若下一次评估仍表现不好则把该小组拆散重组。

（三）项目实施的成效

1.学生的综合素质显著提高

在项目运行了3年后，前期参与项目的同学也即将毕业和步入职场。笔者在与用人单位沟通中发现，面试过参与项目同学的企业负责人普遍比较满意，面试通过的比率非常高。笔者在与参与项目的同学接触过程中，也明显感觉到他们的综合素质比没参与过项目的同学高。

2.项目盈利，学生、企业、高校等多方共赢

得益于跨境电商市场规模的快速扩大、企业的运营经验和校内老师的耐心指导，项目在启动半年后实现了盈利。项目前后操作店铺100个左右，既为参与的同学提供了良好的实战机会，也让同学获得不错的分成收入；企业项目成功，获得了相应的利润；高校则借助“产教融合”、以老带新、“以赛促学”等途径，提高了毕业生的竞争力和就业率，可谓多方共赢。

3.助力学科竞赛出成果

经过长时间的实战锻炼，参与项目的学生团队的运营技能普遍得到较大提升。指导老师们积极响应“以赛促学、以赛促练、以赛促教”的号召，带领学生团队参加了“Shopee杯”跨境电商创新创业公益大赛、全国“博导前程杯”电子商务运营技能竞赛、全国大学生广告艺术大赛等各类竞赛，均有不错的成绩。其中一个团队更是获得了第十届全国“博导前程杯”电子商务运营技能竞赛本科组的全国特等奖。

四、结语

随着跨境电商市场规模的不断扩大，越来越多的企业涌入跨境电商赛道掘金，跨境电商的人才缺口短期内仍难以填补，跨境电商人才已成为影响跨境电商行业发展的关键因素。笔者在校企合作实践中，接触过很多校企合作失败的案例，也了解到高校的“产教融合”存在“实战环境不够完善”“学生实战时间难保障，缺乏长效机制”“学生团队缺乏管理和指导”“激励措施不足，师生参与度不高”等痛点。令人欣慰的是，笔者发现了部分提高校企合作成功率的因素，于是参考相关文献，构建了“产教融合”SPUER模式，并且在本单位进行了实践，实践结果表明，SUPER模式在跨境电商人才培养上有一定的积极作用。参与的同学的综合素质明显高出没参与的同学，在学科竞赛中参与的同学获奖率也高于没参与的同学。在项目效益方面，应用SUPER模式的项目比以往的校企合作项目效益好，学生、企业、高校等实现多方共赢。当然，囿于知识和经验，难免挂一漏万，希望能借此抛砖引玉，为跨境电商人才的培养提供一点思路，更希望能获得更多同行的指点。

参考文献

[1] 网经社. 2022年度中国电子商务市场数据报告［EB/OL］.［2023-05-04］. http：//www.100ec.cn/detail--6627094.html.

[2] 新华每日电讯. 我国已与152个国家、32个国际组织签署共建“一带一路”合作文件［EB/OL］.［2023-08-25］.http：//www.xinhuanet.com/mrdx/2023-08/25/c_1310738375.htm.

[3] 王婕佳. 基于创业胜任力的跨境电商人才培养文献综述［J］. 北方经贸，2022（8）：123-125.

[4] 黄川，李雅静. 产教融合背景下应用型本科院校跨境电商师资队伍建设研究［J］. 创新创业理论研究与实践，2023（18）：102-105.

基于产教融合视域的跨境电商实战型人才培养模式研究

余晓勤

【摘要】当前的教育愈发看重实战型人才的培养，这类人才是未来各产业可持续发展的推动力量，也关系到社会宏观经济的发展。在产教融合背景下，高校可与企业达成协作来提高人才培养的质量水平，使人才的专业能力更能符合企业岗位需求。本文通过分析产教融合与协调理论的内涵，进一步探究了产教融合视域下高校跨境电商实战型人才培养的有力举措。

【关键词】实战型人才；教师队伍；跨境电商

社会快速发展之后，各行各业的发展都开始需要先进人才，因而各地区本科院校也开始培养实战型人才，使人才日后进入岗位后能够创造更高的经营效益。本文以跨境电商专业人才培养为例，探讨了产教融合模式下跨境电商实战型人才培养的做法。

一、概念及理论基础

（一）产教融合的概念

产教融合是我国学者根据国外“产学合作”理念提出的一种新概念，其融合了合作教育的内涵，在工科人才培养方面的运用十分常见。不同学者对于产教融合的理解存在一定差异。比如有人认为产教融合可以从宏观、微观两个角度来进行解读，宏观层面上，其是指产业和教育两个学科主体之间进行互动，微观层面上，则是指生产活动与教育活动之间进行对接，将生产内容带入到教育机制当中。产教融合的关键在于双方主体的完全参与，院校会与企业达成合作，使办学体制更为完善，持续创新教育教学模式。产教融合的特点包括长期性、层次性以及灵活性等，长期性是指产教融合机制会长时间运转，以支持培养高质量人才；层次性是指产教融合可以从多个角度、层次进行融合，发挥出更大的效力；灵活性指的是产教融合中企业与学校之间是双向选择的过程，学校可以在一定范围内灵活选择合作对象，融合的方向也可依据实际情况来灵活调整。

（二）协同理论的内涵

协同理论最早出现于企业管理领域，其是指组织系统之间的合作配合、深入互动，各项要素实现交互耦合，协同的目的在于创造更高效益。协同理论的核心要素包括序参量、协同效应以及自组织等，目前该理论在许多领域都得到了运用，包括政治、教育、经济以及自然科学研究方面，因而也出现了多种协同机制，比如外部协同、内部协同、衍生协同等，其中教育领域多会运用内部协同或外部协同，内部协同会进行不同学科、专业间的合作，外部协同则是指学校与其他组织间的合作。

二、高校跨境电商实战型人才培养的重要意义

（一）有利于推动人力资源的供给侧结构性改革发展

在新时代，各行各业都开始进入转型发展的关键时期，跨境电商行业也不例外，其对于人才的需求出现变化，现阶段人力资源的缺口是实战型、复合型高素质人才，其是指具备良好实践操作能力、创新能力且能够为企业发展创造实用价值的一类人才。而高校将重心放在跨境电商实战型人才培养方面，对于推动宏观层面上人力资源的供给侧结构性改革发展极为有利。比如高校跨境电商专业培养实战型运营人才，更能弥补外贸企业的一些核心岗位缺口。通过对智联招聘软件的外贸企业招聘岗位情况调查发现，八种外贸核心岗位的招聘在2021年同比增长率达到了190.9%，其中跨境电商运营岗位在核心岗位中的占比较高，约为14.3%，这些岗位要求人员在工作实践操作方面掌握基础技能，有些甚至要求能力达到娴熟水平，同时也要求学历不低于本科，因此，高校也开始围绕着产业需求设计人才培养的实战项目，同时为人才提供更多实训机会。

（二）有利于提高地域经济的发展水平

人才是企业发展的根基，也是行业整体发展中的支撑力量，人力质量水平甚至直接影响到企业的经营收益，因此，越来越多的企业开始招聘实战型人才。高校开展跨境电商实战型人才培养工作后，更有利于提高对应企业的盈利能力，从而带动地域经济发展水平的进一步提高。比如不少领域都处于数字化转型发展的关键时期，而实战型人才的输入可以改变传统运营模式，将上下游运营的供应链全面打通，使产业的经营获利更加容易，进而为地域经济发展带来动能。地方院校在人才培养过程中也会深入分析区域经济结构，了解其经济发展趋势，挖掘人才需求，进而有针对性地改进人才培养目标，使相关产业在人才的助力下不断提高盈利水平。

（三）有利于高校人才的职业化发展

高校开展跨境电商实战型人才的培养，对于助力人才职业化发展也有着积极影响，人才在毕业后都会到企业岗位中就职，因此需要在学校锻炼职业素养，以保证日后对岗位工作的适应能力更强。比如在跨境电商行业的人才培养方面，基于新的要求，学生不仅要学习专业理论知识，更要联系实际运用知识，需为其提供电商营销环境，积累一定的实操经验，在真实项目中磨炼学生的精神品质，避免其今后的成长遇到无法应对的挑战，使职业素养显著提升。

三、产教融合视域下高校跨境电商实战型人才培养的现状分析

基于产教融合要求培养跨境电商实战型人才的工作目前在许多地区高校中推广展开，但从实施现状来看，尚且存在一些不足之处。第一，师资队伍的建设较为薄弱，许多高校还是以原有专业课程教师为主，指导人才进行理论学习和实践训练，但无法真正锻炼其实战技能，加上不少院校的教师队伍采用传统聘用模式，虽然都是学历较高的教育工作者，但其并未在企业中锻炼学习过，专业技能的岗位工作经验较少，在教学时只能着重于理论知识的讲解，且实例分析不够深入、准确，虽然学校也从合作企业中邀请了一些专家，但多是进行短期项目的指导，或是简单举办几场讲座，导致育人质量很难提高。第二，与产业之间的对接不够紧密，应用型本科院校在开展实战型人才培养过程中，需要与对应产业、企业达成合作，充分了解产业需求，要做好调研工作，摸索改进人才培养方向，然而一些学校没有紧密对接产业，对学生未来职业发展的规划不够清晰，甚至浪费了教育资源，还导致人才培养成效欠佳。第三，对学生的综合素质培养不到位，许多高校针对实战型人才培养要求会设计理论教育模块、技能训练模块以及岗位实习模块，但各模块之间并未有机结合，在衔接方面较为生硬。比如，直接安排学校老师教授学生理论知识，而校内实训依托于一些仿真软件，在实习时也只是简单认识企业的对应岗位，并没有真正参与到重要工作项目当中，导致实战型人才培养的目标无法达成。另外，高校学生本身也缺乏对专业岗位的认同，对于成长为实战型人才的积极性不高，在学习技能时也出现效率偏低状况。

四、产教融合视域下高校实战型人才培养的有力举措——以跨境电商专业为例

在先进科技不断进步发展的背景下，我国的跨境电子商务也迎来了蓬勃发展阶段，现今资本市场十分看好该领域的发展前景，从相关数据统计结果来看，在2021年，我国跨境电商的总交易规模就已超过5.4万亿元，同比增长率高达28.6%。近些年，国际贸易条件愈发复杂，出口贸易的增速出现减缓趋势，因而国家也开始大力推

进跨境电子商务的发展，其中以支持B2B交易模式为主，使其实际交易占比在2021年接近88.5%，剩余11.5%的部分以B2C交易模式为主。2021年，跨境电商交易的实际金额占我国进出口贸易金额的比例约为20%，可见其重要性。在这种情况下，许多本科院校也将重心放在了跨境电子商务专业人才的培养方面，基于产教融合的要求，搭建起学校与企业双主体、实现专业教育与产业链发展对接、融会贯通优势教育资源的协同育人工作模式，其基本布局架构如图1所示。同时，现阶段不少院校也尝试并提出了高校跨境电商实战型人才培养的举措，具体情况如下：

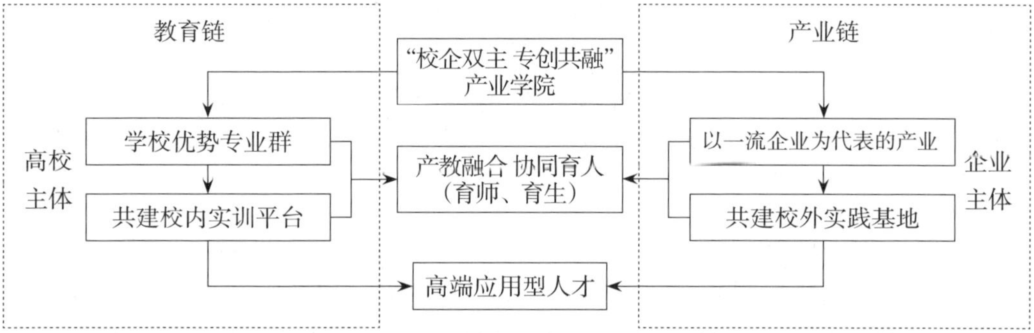

图1　产教融合要求下实现专创融合的校企协同育人模式架构

（一）明确实战型人才培养的目标

高校是跨境电商专业实战型人才培养的主要机构，在产教融合视域下，其需要先明确实战型人才培养的目标，对此，要对未来跨境电商产业发展的人才需求深刻洞察，以保证目标的制定更为科学，人才培养的方向更加正确。对当前跨境电商领域发展的动态分析可知，其正处于快速发展时期，市场的经营销售模式呈现出多元化，因而未来对贸易人才的要求也将不断攀高，尤其是实践实战能力较强的人才缺口较大，人才需求也具有迫切特性。跨境电子商务本身属于不同知识交叉的一门学科，其涵盖了最基础的电子商务知识，同时也融入了国际贸易的一些内涵，因此，相关人才不仅要掌握贸易往来的运营技能，还要对国外的交易市场、交易手段、人们消费习惯以及汇率等情况熟知，掌握一定的英语交流技能、计算机操作技能等，以保证满足跨境电商企业岗位工作的现实需求。基于此，实战型人才培养的目标可以设定为几点：①跨文化素养；②商务知识与技能；③英语知识与技能；④网络营销能力；⑤交际协作能力；⑥创新能力。目标的详细要求见表1。

表1　**跨境电商实战型人才培养的目标**

育人目标	详细要求
跨文化素养	要求人才熟悉中国传统文化，学习世界各地的文化精髓，做到弘扬本国文化、了解各国家的风俗习惯，以便支持跨文化领域的交流

续表

育人目标	详细要求
商务知识与技能	人才要具有相对广阔的商务知识面，包括管理学、经济学、国际贸易等知识，同时掌握专业的跨境电子商务交易运营技能
英语知识与技能	人才应掌握商务英语的知识与技能，包括读、说、写、听以及译的技能，可以在商务运营中综合运用英语
网络营销能力	人才应掌握先进的网络营销理念，掌握基本营销的方法、技能，具有良好的网络营销职业道德，熟知营销法律
交际协作能力	人才要具备良好的交际素养和协作能力，了解国际礼仪，可以处理跨境电商运营中的各项事务，部分贸易项目开展需要与他人协作，故而应保证人才掌握协作运营技能
创新能力	为应对跨境电子商务逐渐复杂的工作要求，人才应具有创新思维和创新能力，针对商务中的各种问题能够提出创新应对方法，同时具备一定的创业能力

（二）搭建校内人才实训基地

基于产教融合视域，在高校跨境电商人才培养过程中，应当采用校企合作搭建校内人才实训基地的方法，使高校的育人模式实现深度转型，与产业发展进行有效对接，不断提高育人质量。对此，高校可以选择一些知名的跨境电子商务企业进行合作，也可以与地区跨境电商的协会机构进行沟通，了解行业发展的趋势，使搭建的实训基地更为可靠，培养满足岗位需求的高素质人才。高校可以与合作企业共同商议实训任务的布置，同时按照合作中约定的比例来分配利润，使基地作为一种校内跨境电商经营实体，创造实质效益。实训基地在教学方面可以设计综合性项目，最大化利用已有的教育资源，比方说开发营销服务、技术研发、产品生产以及社会实践等多类项目，融通跨境电商领域的各项工作，同时，校企合作要凸显基地的职业化特征，开展实训场景的仿真模拟，营造企业真实生产与工作环境的氛围，使学习者能全身心地投入到项目中，进行体验式学习，也能充分了解跨境电商职业的标准，不断增强实战能力。

例如，某高校在校内基地设计了以东南亚大型电商平台Shopee为基础的专项实训项目，主要教授人才该平台上不同类型店铺站点的运营技巧，讲解内容时依托于PPT项目设计规划，参与实训的人才则是由学校和企业共同选拔，学生可自主报名，再由校企双方确定，每个实训班的人数不超过25人，可以班级为单位组成项目运营团队，所有店铺的账号和ERP管理系统都是真实的，由合作的企业方直接提供，学校则为学生的学习提供场地，也负责协调管理。依据项目推进的特点，人才培养可以按照学情来划分两个实训阶段：第一阶段可以先让个人学习基本知识与技能，比如练习Shopee平台电商店铺的选品操作、修图操作以及撰写宣传标题和文案等技能，使其对跨境电商运营模式充分熟悉，同时也要着重培养人才的职业道德品质，如开展思想政治教育，让人才了解跨境电商运营的法律法规，坚守底线，勿要因为个人利益而泄露商业机密，也应锻炼人才的吃苦耐劳精神、爱岗敬业精神，为其今后参与实际工作奠定良好基础。第二阶段则是以运营合作的人才团队为主体进行实训学习，着重于铺货运营技能的训练，比如可以让团队在平台上明确对马来西亚、新加坡、泰国等地区的铺货方向，针对相关地区的市场开展需求挖掘分析、精准选品、推广营销，使人才学习到跨境电商从策划到最终运营的整体模式，有效提高实战能力、协作能力等。店铺经营上新运营期间，学生还可随时查看访客人数、浏览量，对订单进行处理，在情况较好时学生也会受到鼓舞，从体验中收获成就感，在情况较差时则可以锻炼其抗压素质，最终在教师的专业指导下完成整个项目的实训学习。

（三）协同开展教学改革

跨境电商实战型人才的培养也不能忽视基础教学部分，在产教融合视域下，可以协同开展教学改革工作，主要从以下几个方面入手：首先，应针对跨境电商专业课程进行科学改革，融合国际贸易、电子商务以及国际法等专业的课程内容，再结合企业方的资源，充分了解地区经济发展态势与跨境电商企业的岗位分布状况，依托于产业的人才需求，深入分析岗位工作的能力要求，在教学目标当中也要融入岗位技能、创新创业能力以及职业素养等内容。校企合作能够进一步明确课程教学的标准，使课程中的内容与企业工作要求相衔接，在产业升级的基础上也要贯彻教育联动原则，积极依据形势引入新的课程内容，包括跨境电商营运的管理等，还可以结合OBE教育的先进理念，即以成果为重要导向，基于制定的人才培养目标来设计课程体系，凸显出课程的特殊性，其中应包含跨境电商的基础课程、实践应用课程等，比如跨境贸易实务、跨境电商理论基础、国际商法、跨境电商多平台运营、跨境电商采购管理、跨境电商新媒体运营等，做到学做结合、学创融合、学用整合，切实发挥出课程教学的作用。其次，要完善跨境电商专业的教材建设，尽管跨境电商专业人才培养近些年愈发得到重视，但在产教融合理念下，适用于校企协同的教材内容还有待完善，主要是教材建设方面与实际需求仍然存在一定差距。现阶段，高校要充分了解企业需求，深入分析跨境电商岗位群的工作实际任务，融合岗位标准，在导向下补充教材内容，比如某高校打造了《新媒体营销》的校企协作育人教材，其中不仅有新媒体营销的理论知识，还涵盖了企业方提出的营销原则、营销方式等，借助材料开展教学工作，更能够提高人才培养的质量。最后，要深化跨境电商专业教学方法的创新改革，高校要改变以往的教学理念，在教学方法的设计制定过程中，先要明晰人才培养目标，再整理培养规格和课程设计的要求、目标，最后确定课题目标，理清不同目标之间的联系，制定量化的培养指标，方便后续进行测评，使人才培养的教学手段更为科学合理。比如不少院校的跨境电商专业推广了线上结合线下的混合式教学方法，线上教学依托于开放型平台，由企业提供建议设计优质在线课程，使学生接触到校园外的学习资源，更能提高专业水平，还有利于激发学生积极参与学习的热情。

(四) 打造出“双师型”的教学工作队伍

在产教融合理念下，高校要培养出实战型的高素质跨境电商人才，必然需要优秀教师作为支撑，教师是人才学习与发展的指引者，在校企合作的机制下，有必要打造出“双师型”的教学工作队伍，即配置学校教师和企业专业人员全面指导人才培养，对此，教学队伍的搭建要遵循四项基本要求。第一，确保教师都具有端正的思想和积极态度，企业教师要保证坚守职业道德，在人才培养过程中充分贯彻“立德树人”目标，使其在掌握实战技能的同时也能提高综合素养，校企可合作制定教师管理与评价制度，尤其重视师德的评价，约束教师的教学行为，搭建长效管理教师的机制，始终保持良好师风，定期对教师队伍开展思想教育，使其具备奉献、敬业等精神。第二，要保证教师队伍的带头人素质较高，遵循“头雁领航”的原则，整个队伍教学的基调也受到带头人影响，需确保其具备校企资源的融合能力，跨境电商专业知识水平较高，也要熟悉实际企业运营发展的机制，因此，最好是从合作企业中聘任技术型专家作为团队带头负责人，使“双师型”教学队伍的工作执行更为可靠。第三，推动教师队伍的专兼结合发展，学校与企业之间可以进行人才的相互聘任，使人才流动起来，既能够保障学校人才培养工作的落实，又能为企业注入活力，比如说学校可以从企业聘请专业人才，作为跨境电商实训项目实施的指导教师，还可以聘请一些企业管理人才兼任学校专业教师，企业则可以让学校教师到企业内部开展顶岗学习，在实际岗位上锻炼，避免学校教师在讲解理论知识时出现脱离实际情况，提高实战型人才培养的质量。第四，要保证教师人员的分工明确，学校原有的教师以及从合作企业聘用的教师需要在实战型人才培养中明确分工，比如上述提到的东南亚电商运营项目，基于实训场地的构建，可以让从企业聘请的专业讲师向学生讲解Shopee、eBay、Amazon等电商平台运营的实践操作经验，同时其也要参与理论教学内容的科学设计，而学校则可以从外语、国际贸易、电子商务等专业选拔优秀教师，确保其具有挂职实习经历、先进思想，负责进行基础理论内容的讲授，在双师共同努力下，产教融合人才培养的目标就能够快速达成。

五、结论

综上所述，在产教融合背景下，高校对于人才培养的机制也做出调整，现阶段致力于培养出实战型、复合型的人才，实现教育与产业的良好对接。由本文分析可知，产教融合视域下高校实战型人才培养的有力举措包括：明确实战型人才培养的目标、搭建校内人才实训基地、协同开展教学改革、打造出“双师型”的教学工作队伍等。

参考文献

［1］李水球．高职商科类专业产教融合教学改革的探索与实践——以广西工商职业技术学院为例［J］．公关世界，2024（17）：160-162.

［2］艾军勇，周启刚，崔中山，等．产教融合背景下应用型高校新工科校企协同育人改革与实践——以重庆财经学院讯飞人工智能学院为例［J］．西部素质教育，2024，10（15）：1-5.

［3］宋云峰．关于产教融合型城市推动产教融合工作的思考与建议［J］．现代职业教育，2024（23）：118-120.

［4］李丽田．产教融合视域下建筑工程技术教学模式的实践分析［N］．山西科技报，2024-08-08 .

［5］桂文龙，郑义，朱其志．产教融合背景下企业在“三全育人”中的作用研究［J］．职业技术，2024，23（8）：13-18.

数字时代跨境电子商务专业人才培养模式分析

余晓勤

【摘要】随着经济全球化和科学技术的进步，企业的数字化转型不再是可选项，而是生存与发展的必选项。在数字经济背景下，跨境电商的发展呈现新趋势，仅仅提供商品信息展示和交易支付服务的平台已无法满足数字经济时代的发展需求，同时，对跨境电商专业人才的需求量也日益扩大。基于此，本文从数字时代背景出发，结合广州工商学院与合作企业，从当地跨境电商发展现状出发探讨培养跨境电子商务专业人才的必要性，并深入分析数字时代下跨境电子商务专业人才的培养模式，具体包括：校企双主，协同育人；对标市场，课程改革；教材优化，教法创新；双师团队，专兼结合；搭建平台，优化服务。通过该培养模式，以期强化跨境电商行业人才输送效率，在提高办学水平的同时，支持地区跨境电商行业进一步发展。

【关键词】校企合作；人才培养；数字时代；跨境电子商务专业

数字化跨境电商主要受到经济全球化和科技进步的推动，使得跨境电商的发展呈现新趋势，为适应这种新变化，跨境电商平台需要利用大数据等数字化技术，为客户提供集产品营销、数据信息、支付、物流、通关为一体的服务，从而实现跨境电商行业的进一步发展。人力资源作为开展跨境电商各项工作的主体，人才需求主要集中在具备跨境电商网络营销、平台运营能力，掌握数据分析、店铺诊断、视觉营销等技能的复合型应用人才。所以，为满足市场人才需求，促使高校学生顺利就业，需深入分析数字时代跨境电子商务专业人才培养模式，从而推动教育事业与跨境电商协同发展。

一、数字时代背景

现阶段，数字经济已经成为全球产业变革和经济增长的重要引领。所谓数字时代，指的是个体信息存在方式越来越趋向于数字形式，以数字技术为运作规则的时代。在该发展环境下，信息高速便捷传输，数字化技术融入社会的各个领域。《数字中国发展报告（2023年）》指出，我国数字经济持续高速增长，数字经济核心产业增加值占GDP比重10%左右。其中，“丝路电商”伙伴国增加到30个，跨境电商进出口额2.38万亿元，同比增长15.6%。跨境电商主体已超10万家，建设独立站已超20万个，参与跨境电商进口的消费者人数达到1.63亿。

随着人工智能、大数据、云计算等新一代数字技术的飞速发展，跨境电商行业对人才的需求日益增长，其中，具备跨境电商网络营销、平台运营等能力，以及掌握跨境电商平台运营及数据分析、店铺诊断、视觉营销等技能的复合型应用人才成为行业的急需人才。商务部等9部门联合印发的《关于拓展跨境电商出口推进海外仓建设的意见》中，特别强调了加强跨境电商人才培养的重要性，鼓励有条件的地方出台跨境电商行业高层次人才认定标准，并将相关领域人才纳入人才需求目录和高层次人才目录，以支持行业发展。跨境电商行业对人才的需求可以总结为“四轮驱动”，包括外贸型人才、外语人才、制造型或产品的专业技术人才、信息专业人才，此外，跨境电商的迅速发展带来了运营人才需求的增加，其中运营岗位的数量占到了总招聘岗位的30%以上。在数字化背景下，跨境电商企业对运营人才的专业技能要求越来越高，除了基本的电子商务知识，还需要具备良好的数据分析能力、营销策划能力、供应链管理能力等多方面的技能。同时，对语言能力的要求也日益提高，特别是小语种人才的需求逐渐升温。总的来说，数字化跨境电商背景下的人才需求主要集中在具备跨学科、跨领域能力的复合型人才，这些人才需要具备国际贸易、市场营销、物流管理等多方面的知识，以及良好的数据分析、营销策划、供应链管理能力等，以适应行业的快速发展和全球市场的需求。

二、探讨跨境电子商务专业人才培养的必要性

随着全球化的深入发展，跨境电商行业迅速崛起，对专业人才的需求日益增加。尤其是广州，作为中国重要的经济中心之一，跨境电商的发展尤为迅速。2023年，广州的跨境电商进出口额超过了2 000亿元，同比增长达到了45%。这一增长得益于广州国际化营商环境的不断优化，吸引了众多高端资源的聚集。目前，广州聚集了345家世界500强企业、超4万家外商投资企业。可以说，广东省作为中国跨境电商发展的重要地区，其跨境电商进出口总额在全国占据重要位置。2023年，广东省跨境电商进出口总额达到了8 433亿元，占全国比重超过1/3，增长速度达到25.2%，高出全国近10个百分点。具体到2024年上半年，广东省跨境电商进出口达到了4 273.4亿元，这一数字再次证明了广州及广东省跨境电商的强劲增长势头。面对发展稳定、前景广阔的行业现状，当地教育事业也随之交融发展。其中，中国对外贸易经济合作企业协会主办、跨境电子商务工作委员会承办的第五届全国跨境电商专业能力大赛

中，广东省展示较强能力，具体如表1所示。

表1　全国跨境电商专业能力大赛结果（以第五届为例）

项目	内容	全国		广东省	
		人数	占比	人数	占比
分数范围	100分	479人	6.18%	80人	5.75%
	90～99分	1 478人	19.06%	292人	20.99%
	80～89分	909人	11.72%	196人	14.09%
	60～79分	6 756人	48.43%	676人	48.60%
	60分以下	1 133人	14.61%	147人	10.57%
奖项	一等奖	1 294人	16.69%	237人	17.04%
	二等奖	2 585人	33.33%	522人	37.53%
	三等奖	3 876人	49.98%	632人	45.43%

广州工商学院作为广东地区的一所重要高校，其开设的跨境电子商务专业旨在培养具备国际视野和互联网思维，掌握国际贸易、跨文化管理、数据分析、品牌营销及跨境电子商务应用与实践能力的高素质人才。这些人才能够适应经济全球化及数字化和跨境电商发展趋势，从事数字贸易、跨国经营、跨文化传播、商务数据分析等工作，为各级政府经济管理部门、商品流通企业、市场中介组织及其他各类产业等领域提供综合管理、跨境电商运营、市场调研、经济活动分析等服务。因此，培养跨境电子商务专业人才对于推动中国经济增长、促进国际贸易、提高国家在全球经济中的竞争力具有重要意义。除此之外，跨境电子商务专业人才培养还注重跨文化交际能力的培养，旨在避免与消费者在价值观、文化、语言等方面的障碍，减少文化冲突带来的负面影响，促进双方有效沟通，从而提高产品的转化率和客户黏性。通过优化人才培养方案，加强对学生语言能力、认知能力、商务能力、策略能力的培养，可以培养出符合人才竞争需求的高层次技术技能人才，为跨境电商行业的可持续发展提供有力支持。

总的来说，跨境电子商务专业人才培养的必要性体现在满足市场需求、促进经济发展、提高国际竞争力以及培养具有国际视野和专业技能的高素质人才等方面，对于推动跨境电商行业的健康发展具有重要意义。

三、分析数字时代下跨境电子商务专业人才的培养模式

（一）校企双主，协同育人

广州工商学院在发展过程中，坚持贯彻党的教育方针，扎根南粤大地办教育，紧

密围绕区域经济社会和跨境电商产业发展及粤港澳大湾区建设，以学生发展为中心整合校内外人才培养资源，根据当地跨境电商产业链布局打造“校企双主 专创共融”的校企协同育人格局，具体如图1所示。

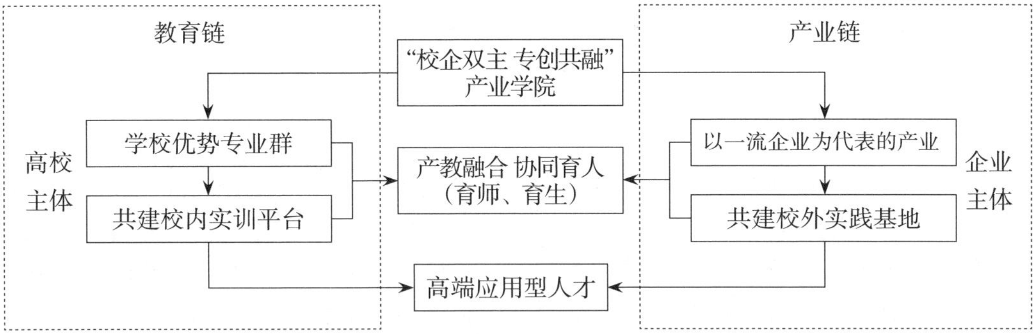

图1　校企协同育人格局

为切实有效地培养数字时代下跨境电子商务专业人才，高校需充分发挥广州地区跨境电商发展实力，以经济发展和产业需求为导向，积极融通学校优势专业群与以一流企业为代表的产业，比如广州匠捷电子商务有限公司等，从而面向专业学生提供校内实训平台与校外实训平台。通过这种方式强化学生实践能力和创新精神的培养，引导学生主动实践，使学生在校期间就能接触到实际的工作环境和项目，以此培养国际化、复合型、创新型、实战型的跨境电商人才。在协同育人过程中，可继续发挥“互联网+跨境电子商务WISH仿真系统”和“互联网+跨境电子商务速卖通虚拟仿真系统”两个实践平台的功能作用，根据学生学习与发展需求制定开放性实验实训项目教学大纲和实训指导书，通过线上交流、线上实战等形式指导学生在家积极参与实训操作，打破时空地域界限。

除此之外，关于实践教学的设计，应由高校和企业共同完成，如学徒制项目、人才孵化项目等，促进教育资源与企业资源的整合，让学生在实际操作中学习和成长，提高他们在岗位中的实战能力。在条件允许的情况下，积极创新育训平台，联合行业协会与企业，构建多元化的跨境电商创新育训平台，为学生提供更为丰富的教育实践资源与实践创业机会。

（二）对标市场，课程改革

为加快跨境电子商务人才培养，高校还需从数字化环境出发，注重“数智赋能”和外语能力提升，构建以实战为导向的课程体系。针对广州地区跨境电子商务行业发展现状，高校可针对跨境电子商务、电子商务、国际贸易等专业，依托企业资源，结合粤港澳大湾区企业岗位分布情况，在产业需求的基础上，对相关岗位的工作能力要求进行全面化、系统化的分析，在跨境电商专业教学目标体系中融入职业素养、技能与创新创业能力，即：结合数字经济时代的需求，构建包含国际贸易、电子商务、跨文化交流等核心课程的课程体系。这些课程应涵盖跨境电子商务的基本理论、实践技能以及跨文化沟通技巧，以培养具备国际视野和跨文化能力的复合型人才。同时，高校可从合作企业的角度着手，通过合作交流优化课程标准，以“产业升级、教育联动”理念为核心，对标跨境电商产业链的岗位需求落实教学改革，将课内的理论内容与相关企业的管理规范相融合，落实成果导向型教育，从而逐渐推动传统课程体系转型发展为“跨境电商基础+就业方向特色+实践应用”特色课程体系，做到学用、学做、学创结合。

除此之外，根据跨境电商行业发展需求，高校还需强化与计算机科学以及管理科学与工程等学科的深度交叉融合，打破学科壁垒。比如，增设各类数据分析课程及数智课程，提升学生数字思维、数字素养与智算技能；同时，增加外语素养课程，开设多语种选修课，提升学生跨文化商务交流能力，围绕电商行业的实际需求，构建以实战为导向的课程体系。通过举行实战化项目教学汇报会，将项目化教学与卓越工匠班“优生优培、追求卓越”的理念深度融合，以项目为导向、任务为驱动，以工作流程为主线，培养学生的实际操作能力和问题解决能力。

另外，满足数字时代对跨境电商人才在专业技术、职业岗位能力方面的要求，在革新课程体系时，高校还可以按照“企业调研得到跨境电子商务专业岗位群及工作任务—教育专家选择典型工作并归纳整合职业行动能力—企业专家确认典型工作和职业行动能力—教师对典型工作和职业行动能力进行教学论加工—校企专家共同确认课程体系”的开发模式进行构建。课程体系以职业岗位能力为主线，根据“双线三段、双元五融合”专业人才培养模式，融合企业标准、技能大赛要求、职业资格标准、职业技能等级标准等，纳入新技术、新工艺、新规范，采用融“教、学、做、评”于一体的教学模式。这种模块化课程体系旨在培养具备外贸、电商、跨文化等方面知识与技能的复合型人才，满足数字时代对跨境电商人才的需求。

总的来说，要创设更新符合电子商务行业特征和要求的阶梯渐进式电子商务人才培养课程体系。围绕跨境电子商务专业较为突出的实践性，高校可以高等技术应用型人才的培育为导向，考虑技能竞赛内容和企业需求岗位，明确专业技能竞赛与产教融合及赛创协同课程的相关性，从而通过一一对标的课程内容培养学生的创新创业能力。

（三）教材优化，教法创新

1.优化教材建设，丰富知识内容

为做到跨境电商专业人才培养的与时俱进，在数字时代背景下，高校需更新教材内容，确保教材内容与当前跨境电商行业的最新发展趋势和需求相匹配。这包括但不限于国际贸易政策、电子商务法律法规、跨境电商平台运营、数据分析与挖掘技术等方面的更新，以反映行业的最新变化和实践需求。同时，还需涵盖国际商务文化、国际市场营销策略等，结合数字化教学资源，如在线课程、虚拟仿真实验，一方面帮助学生适应跨境电商的国际化特点，另一方面帮助学生更好地理解和应用理论知识，适应数字化时代的学习方式。在实际建设过程中，要以校企协同、产教融合为主线，以岗位群工作任务为导向，根据前期分析的岗位人才需求、能力要求等，开发融入职业标准与生产过程的校企教材，如《新媒体营销》《跨境电子商务》等，从而培养出更多符合行业需求的高素质跨境电商人才，为跨境电商行业的发展提供有力的人才支持。

2. 改革教学方法，强化技术赋能

在数字时代下创新、改革教学方法时，高校应积极响应数字时代新形势、新要求，推动智能技术与教育教学的深度融合，充分利用现代信息技术手段，如在线课程、虚拟仿真实验等，提升教学效果和学习体验。对于广州工商学院，可按照“培养目标—培养规格—课程与培养规格—课程目标—课堂目标”进行改革，根据社会人才需求合理、动态调整教学目标，实现培养目标的量化、评估和测评。此外，基于翻转课堂、企业实训、虚拟现实技术平台等载体引入企业的真实工作项目，强化项目驱动，为学生提供良好的学习、实践环境，逐渐开展成熟的“线上+线下”混合教学模式，及时整合线上优质开放教育资源，满足学生学习、发展需要。尤其是虚拟现实技术，高校可面向跨境电子商务专业的学生，提供模拟真实的跨境电子商务场景，如国际贸易谈判、跨境电商平台操作等，使学生在虚拟环境中进行实践操作，提升实际操作能力和问题解决能力。

在教学评价方面，将学生创新创业成果、创业项目及获得的资格证书作为学生考核、评价的重要依据，同时，建立多元化的评价体系，包括课程考核、实践项目评价、企业评价等，以确保对学生的能力和素质进行全面、客观的评价。搭配制定相关激励制度，对学生开展创新实验、获得专利和自主创业等情况折算为学分，实施弹性学制，放宽学生修业年限。

在条件允许的情况下，高校可尝试实施“六维融通”教学方法，根据不同岗位人才要求，灵活调整育训重点。这包括制定课程标准和培训方案，实现“岗课赛证”融通，以及在校内外开展实战项目，实现从职能匹配到能职结合的无缝对接。同时，结合相关专业发展前景和其他相关学科建设情况，提出“交叉融合、数字赋能、突出特色”的人才培养总体发展思路，通过教学课程改革和融合课程思政与专业思政，形成“同向同行”育人新格局新突破，不断探索新文科背景下跨境电商社会服务路径以及校企协同育人创新模式。

（四）双师团队，专兼结合

教师作为人才培养的开展主体，其职业素养、专业能力至关重要，直接关系到人才的培育效果。在数字化时代背景下，一些不良的网络信息难免对此项育人工作造成影响，所以，在培养、建设双师团队时，高校要坚持思想引领，完善师德师风管理和评价制度，建立教师思想政治素质和师德师风建设长效运行机制。同时，通过校企互聘模式，推动教师岗位专兼结合、双向流动，比如邀请合作的企业的青年骨干兼任校内教师或是“产业导师”，或是定期派遣院内教师进行顶岗锻炼，从而提高师资队伍的整体育人水平。

此外，为强化高校对跨境电子商务专业人才的培养，在数字时代下，高校可致力于打破时间、空间限制，充分利用线上信息平台，邀请行业专家远程剖析跨境电商行业发展现状、面临的机遇以及人才培养面临的挑战，同时聘请企业专家运用真实平台进行实操，锻造兼具理论与实践经验的双师。与此同时，通过举办高级研修班等形式，提升教师的专业能力和实践教学水平，打造具备校企融合能力的带头人和企业学科带头人，掌握最新的教学方法和技术，更好地指导学生开展学习实践活动。

（五）搭建平台，优化服务

为在数字时代下有效培养国际型、应用复合型、双创型跨境电商拔尖人才，锻炼他们的跨境电商网络营销、平台运营、数据分析、店铺诊断、视觉营销等技术能力，高校可与企业协同搭建产学研服务平台与跨境电子商务专业技术技能平台，从而深化产教融合、专创融合，持续提升跨境电商育人质效，努力培养符合现代产业需要、适应国际竞争环境的创新型人才，提升跨境电商专业学生的实际操作能力和职业技能。

具体而言，在搭建产学研服务平台时，将大数据、云计算、区块链等技术与产教融合模式相结合，整合高校优质的教学资源和跨境电商企业的优势平台及供应链资源，然后结合广州地区的跨境电商行业发展现状与需求，打造智能零售、数智服务等服务地方产学研合作平台，利用技术平台赋能不断拓展、深化校地、校企合作与对接机制，打造服务地方特色产业的行业共性技术研发中心，从而顺利促进科技成果转化和产业化，优化产学研服务，提升学校服务地方经济社会发展的能力。在打造专业技术技能平台时，可结合工作室等创新创业机制，为学生提供跨境电商技能技术与成果的展示交流平台，促进高质量大学生创新创业项目的增多，做到紧跟地方跨境电商产业转型升级的步伐，提升人才培养的质量和效率，满足行业发展的需求。

四、结论

综上所述，在数字时代下，为实现有效培养跨境电子商务专业人才，应结合市场需求，加强与电子商务企业的合作与交流，明确人才市场缺口，确定教育实训目标。同时，丰富课程内容、创新教材与教学方法，加强双师团队的建设，积极搭设产学研服务与技术技能平台，以此扩大专业学生学习、实训空间，提高人才培养质量。

参考文献

［1］周刘波，张梦瑶，张成豪. 数字化转型背景下教师数字素养培育：时代价

值，现实困境与突破路径［J］. 中国电化教育，2023（10）：98-105.

［2］王昕，林晓桐，刘军. 数字经济变革下新商科人才培养的创新性探索——以国际商务硕士人才培养为例［J］. 教育教学论坛，2023（38）：177-180.

［3］张伟坤. 数字时代教师协同培养的理论基础及实践转向——以粤港澳大湾区为例［J］. 教育科学研究，2023（7）：12-18.

［4］覃海宁，原容莲. 数字经济背景下高职电子商务专业群人才培养路径研究——以广西经贸职业技术学院为例［J］. 广西教育 C（职业与高等教育版），2022（7）：96-99.

［5］石琳，董洪杰，姚成雨. 澜湄合作国“中文+职业技能”数字化教育发展研究——基于高质量共建“一带一路”视角［J］. 比较教育研究，2024，46（5）：13-22；33.

［6］张孝静，宋子瑛. 数字经济背景下跨境电商人才培养模式探究 ——以青岛理工大学（临沂）为例［J］. 商业经济，2021（7）：107-109.

［7］肖真，刘雅昫，李婉琦.“新商科”背景下数字化人才培养的路径研究——以电子商务专业为例［J］. 黑龙江人力资源和社会保障，2022（10）：103-105.

第二部分　课程建设与教学改革

OBE理念融合课程思政实施翻转课堂的教学改革研究
——以“新媒体营销”课程为例①

曹明香

【摘要】在新媒体营销课程教学中，传统教学模式难以充分满足新时代学生综合素质培养的需求。基于成果导向教育（OBE）理念，结合课程思政的要求，探索翻转课堂模式在新媒体营销教学中的应用，有助于实现学生知识、能力和价值观的综合培养。本文围绕OBE理念与课程思政相结合的理论框架，分析了新媒体营销课程教学中存在的问题，设计并实施了基于翻转课堂的教学改革方案，最终通过实证研究验证了其教学效果。研究表明，OBE理念下的翻转课堂能够有效提升学生的学习参与度、实践能力和思政素养，为其他课程的教学改革提供参考。

【关键词】OBE理念；课程思政；翻转课堂；教学改革；新媒体营销

近年来，随着高等教育改革的不断深化和国家对课程思政建设的重视，如何在专业课程中融入课程思政，成为高校教育改革的重要方向。基于成果导向教育（Outcome-Based Education，OBE）的理念，教学设计应以学生的学习成效为导向，关注学生知识、能力和素质的全面发展。OBE强调明确教学目标，围绕学生需要达成的具体成果进行教学设计与实施，确保学生能够胜任未来的职业挑战。这一理念与课程思政的目标具有内在一致性，为课程思政与专业课程的融合提供了理论支持。同时，信息技术的迅猛发展为课堂教学方式的创新提供了技术支撑，翻转课堂作为一种以学生为中心的教学模式，通过将学习资源与课堂活动相结合，有效提升了学生的自主学

---

① 基金项目：广州工商学院2023—2024学年校级质量工程高等教育教学改革项目（项目编号：JXGG20231040）；2023—2024学年广州工商学院质量工程项目——线上线下混合式一流课程“新媒体营销”（项目编号：YLKC202320）。

习能力和课堂参与度，为课程思政的实施提供了新的路径。以新媒体营销课程为例，该课程具有实践性强、内容前沿和学生参与度高的特点，非常适合融入课程思政。新媒体营销课程不仅关注学生对数字营销技术和策略的掌握，还需要引导学生认识到新媒体对社会的深刻影响，培养其社会责任感与职业道德。然而，当前教学中存在的问题主要包括：课程思政与专业知识融合度不够、学生学习的主动性较弱、课堂互动形式单一等。因此，将OBE理念与翻转课堂相结合，在新媒体营销课程中实施课程思政改革，不仅能够提升课程教学效果，还能够实现知识传授与价值引领的统一，为高校课程思政改革提供实践样本和参考经验。

一、新媒体营销课程教学现状分析

新媒体营销课程作为高校市场营销及相关专业的核心课程之一，近年来受到广泛关注。这门课程旨在培养学生掌握新媒体环境下的营销理论、工具与策略，能够将所学知识灵活应用于实践，为未来从事数字营销、品牌管理及相关工作奠定基础。然而，随着新媒体行业的飞速发展和教育改革的不断推进，该课程在教学内容、教学模式和教学效果等方面仍存在诸多问题，亟须改进。

首先，从教学内容来看，新媒体营销课程需要紧跟行业前沿，但目前许多高校课程设置仍存在滞后性。一些课程教学内容偏重理论讲解，对实际案例和新媒体技术的运用讲解不足。同时，教学内容中对社会责任感、职业道德以及新媒体负面效应的关注较少，难以体现课程思政的育人目标。此外，新媒体行业发展日新月异，教学内容更新速度难以跟上行业需求，导致学生的知识体系相对陈旧，缺乏应对实际工作的能力。

其次，从教学模式来看，目前新媒体营销课程多采用传统的讲授式教学模式，教学过程以教师为中心，学生处于被动接受知识的状态。这种教学模式限制了学生的主动性和创造力，难以适应当代学生对个性化学习和实践能力提升的需求。同时，教学活动中缺乏师生互动和团队协作，学生的学习体验较为单一，不利于培养其解决复杂问题的能力。

最后，从教学效果来看，学生对新媒体营销课程的学习兴趣较高，但学习成果参差不齐。由于缺乏明确的学习目标和系统的评价机制，学生在课程中往往只关注成绩，忽视了学习的深度和广度。一些学生仅停留在对工具和技巧的机械操作层面，缺乏对营销战略和消费者行为的系统理解。课程思政的育人目标在教学实施中难以有效落实，导致学生在学习过程中对社会责任感和职业道德的认知不足。

综上所述，新媒体营销课程在教学内容的行业契合度、教学模式的创新性以及教学效果的综合提升方面存在一定的改进空间。为了应对上述问题，亟须在课程设计中融入OBE理念和课程思政要求，并通过翻转课堂等创新教学模式激发学生的学习兴趣和潜力，从而实现知识传授与价值引领的有机结合，为培养具备社会责任感和专业能力的高素质人才提供保障。

二、基于OBE理念的课程思政翻转课堂设计

（一）教学目标设计

根据OBE理念，教学目标的设定应以学生的学习成效为中心，明确学生在知识、能力和素质三个层面的具体发展方向。结合新媒体营销课程特点及课程思政要求，本课程的教学目标如下：

1. 知识目标

掌握新媒体营销的基本概念、理论框架及实施方法，包括新媒体平台的特点、用户行为分析及内容营销策略等核心知识，为后续职业发展奠定扎实理论基础。

2. 能力目标

培养学生设计和执行基于新媒体平台的营销方案的能力，具体包括数据分析能力、创意策划能力及项目执行能力。同时，增强学生的沟通协作和问题解决能力，使其能够在真实工作场景中应对复杂的营销挑战。

3. 思政目标

在专业学习过程中，培养学生的职业道德和社会责任感，使其认识到新媒体在传播社会正能量中的重要作用，树立正确的价值观。同时，引导学生增强对中国文化的认同感，探索中国元素在新媒体营销中的应用实践。

（二）教学内容设计

教学内容设计不仅要涵盖专业核心知识，还需融入课程思政元素，使知识传授与价值引领有机结合。本课程的教学内容设计包括以下重点模块：

1. 新媒体平台策略模块

引导学生学习不同新媒体平台的特点及适用的营销策略。在此基础上，通过讨论和案例分析，探讨如何利用短视频、社交媒体等平台传播正能量内容，例如弘扬传统文化、倡导环保理念等，使学生认识到新媒体在社会价值传播中的重要性。

2. 案例分析模块

选用国内企业成功践行社会责任的案例，例如阿里巴巴在扶贫项目中的创新营销策略、字节跳动利用短视频助力传统文化传播等，帮助学生理解企业在社会责任和商业利益之间的平衡点，并以此为切入点引导价值观讨论。

3. 团队项目模块

组织学生以团队为单位，设计关注社会问题的新媒体营销方案。例如，策划针对公益主题的短视频营销活动，或制定文化推广的数字传播策略，鼓励学生通过项目实

践，将专业知识与社会责任感相结合。

（三）教学模式设计

基于翻转课堂的教学模式，强调学生的主动学习和课堂参与，通过课前、课堂和课后三个环节实现教学目标：

1.课前准备

制作短视频课程资源：教师录制内容精炼的短视频课程，涵盖新媒体营销的核心知识点，帮助学生高效掌握基础理论。

提供扩展阅读材料：结合热点案例和行业动态，推荐学生阅读相关文献和行业报告，鼓励其自主学习并形成初步见解。

发布引导性问题：设计与课程相关的问题，引导学生在课前思考新媒体营销的实际应用和社会影响。

2.课堂实施

案例讨论：课堂上组织学生分组讨论课前提供的企业案例，分析其营销策略与社会责任实践，通过互动提升学生的批判性思维和表达能力。

情境模拟：设置新媒体营销实际场景，如品牌危机公关或公益活动策划，学生以小组为单位进行模拟演练，并通过角色扮演深化对营销策略和团队协作的理解。

成果展示与反馈：每组学生展示讨论成果，教师结合思政目标和行业需求进行点评，并引导学生反思营销方案的社会价值和文化内涵。

3.课后延伸

线上论坛讨论：建立课程专属线上论坛，学生可以在平台上分享学习心得、交流案例见解，深化对课堂内容的理解。

反思性作业：布置开放性作业，例如撰写一篇反思报告，探讨所学知识与社会责任感的联系，促使学生形成价值导向的专业认知。

（四）评价机制设计

为了全面衡量学生的学习成效，我们设计了多元化评价机制，结合形成性评价和终结性评价，关注知识、能力和思政目标的综合达成情况：

1.形成性评价

通过课堂参与、小组讨论、案例分析和课后作业完成情况等，评估学生在学习过程中的表现和参与度。课堂表现：根据学生在分组讨论和模拟场景中的表现，评价其知识应用能力和团队协作能力。课后作业：根据学生完成的反思报告，考查其对新媒体营销与社会责任联系的理解程度。

2.终结性评价

团队项目汇报：评估团队策划的营销方案的专业性、创新性和社会价值体现，特别关注学生是否能够在方案中融入思政元素。个人反思总结：通过学生提交的个人总结，考查其对所学知识的全面掌握情况以及价值观的转变。

3.思政目标评价

设计问卷或访谈，考查学生在课程学习后的职业伦理意识、社会责任感和文化认同感变化情况。以定量与定性相结合的方式，评估课程思政目标的达成效果。

三、基于OBE理念的课程思政翻转课堂教学改革实施与实证研究

（一）研究对象与方法

本研究选取广州工商学院市场营销专业的大二、大三学生作为研究对象，以“新媒体营销”课程为实践载体，探讨基于OBE理念融合课程思政的翻转课堂教学模式对学生学习成效的影响。学生被分为实验班和对照班，其中实验班采用翻转课堂教学模式，对照班延续传统教学模式。

在研究过程中，通过以下方法收集数据并评估教学效果：

（1）问卷调查：设计包含知识掌握、能力提升及思政素养三个维度的问卷，对学生在课程学习中的整体表现进行量化评价。

（2）课堂观察：观察两班学生在课堂上的参与度、互动情况及问题解决能力，记录两种教学模式在课堂实施中的差异表现。

（3）学生访谈：通过个别访谈深入了解学生对课程内容、教学模式及思政融入的感受，挖掘教学模式改进的具体方向。

通过综合分析以上数据，评估翻转课堂教学模式在知识传授、能力培养和思政目标达成上的有效性，并与传统教学模式进行比较。

（二）教学效果分析

1.知识掌握度

在期末测试中，实验班学生的平均成绩显著高于对照班，表明翻转课堂教学模式在知识传授效果上具有明显优势。实验班通过课前自主学习核心知识点，在课堂上进行案例讨论和问题解决，帮助学生更好地掌握课程内容。而对照班以传统讲授为主，学生多以记忆知识为主，缺乏知识点之间的深度联结和应用训练。

2.能力提升

翻转课堂模式注重学生的实践能力培养，实验班学生在实践案例分析和团队协作中的表现更加突出。在案例讨论中，实验班学生能够结合所学知识提出创新性解决方案，并通过团队协作完善方案设计。相比之下，对照班学生在案例分析中表现相对单一，缺乏对问题的多角度思考。课堂观察显示，翻转课堂模式有效提升了学生的问题解决能力和团队协作能力，使其在模拟实际工作场景中表现出较高的专业素养。

（三）学生反馈

通过问卷与访谈收集的学生反馈显示，翻转课堂教学模式和课程思政的结合受到学生的广泛认可和积极评价：

1.思政素养

思政目标的达成是课程改革的重要评价维度。通过问卷调查发现，实验班学生在社会责任感和职业伦理意识方面的得分显著高于对照班。例如，在设计基于社会问题的营销方案时，实验班学生能够从社会价值出发，将正能量传播融入方案设计中。同时，学生的访谈反馈显示，通过分析企业社会责任案例和探讨新媒体内容传播的伦理问题，课程使他们更加关注专业知识在社会实践中的责任与意义。相比之下，对照班因缺乏课程思政元素的融入，学生的思政素养培养效果较为有限。

2.增强学习趣味性

实验班学生普遍认为翻转课堂模式改变了以往单向讲授的枯燥形式，通过观看课前视频、参与案例讨论和完成团队项目，使学习过程更加生动有趣。例如，学生在设计公益营销方案的团队项目中，不仅激发了学习兴趣，还加深了对课程知识的理解。

3.提高学习参与感

翻转课堂模式注重学生的主体地位，鼓励学生在课堂上积极发言和互动。实验班学生表示，课堂讨论与小组展示的环节帮助他们克服了以往在课堂中参与感不足的问题，增强了团队协作和表达能力。一位学生在访谈中反映说："参与团队讨论让我感到自己是课堂的一部分，而不仅仅是听众。"

4.深化对课程应用价值的理解

课程中的思政元素使学生对专业知识的应用价值有了更深刻的认识。例如，在短视频传播策略的案例讨论中，学生体会到新媒体营销不仅仅是商业活动的一部分，更是传播正能量、塑造社会文化的重要工具。一位学生反馈道："课程让我明白，新媒体营销并非简单的营利手段，更是一种影响社会的力量。"

5.促进职业发展意识

实验班学生认为，课程中融入的职业伦理和社会责任教育帮助他们更加明确未来职业发展的方向。本研究通过实施基于OBE理念的翻转课堂教学改革，显著提升了学生的知识掌握能力、实践创新能力和思政素养。实验班学生在期末测试、案例分析和团队协作中的表现优于对照班，并对课程的趣味性和参与感给予高度评价。同时，课程中的思政元素使学生更加关注社会责任和职业伦理，深化了对专业知识的应用价值的理解。

研究结果表明，翻转课堂教学模式与课程思政的有机融合，不仅能够实现知识传授与价值引领的双重目标，还能够满足学生在新媒体营销课程中的学习需求。未来，可以进一步优化教学内容和评价机制，推广这一模式至其他课程，为高校课程思政改革提供更多实践参考和创新路径。

四、结论

基于OBE理念融合课程思政的翻转课堂教学改革，对新媒体营销课程教学效果的提升具有重要意义。本研究以广州工商学院市场营销专业的学生为对象，通过实验班与对照班的对比，实证研究了这种教学模式的实施效果。研究表明，翻转课堂模式有效提升了学生在知识掌握、能力培养和价值观塑造方面的学习成效。在知识层面，实验班学生通过课前自主学习和课堂互动讨论，能够更深入地理解新媒体营销的理论和方法，期末测试成绩显著高于对照班；在能力层面，翻转课堂强调案例分析与团队合作，培养了学生的实践应用能力和创新思维，特别是在真实案例模拟中的表现更具创造性；在价值观层面，课程融入的思政元素引导学生关注社会责任和职业伦理，使其在社会责任感和职业道德认知方面得分更高。这一改革探索实现了知识传授与价值引领的统一，为课程教学改革提供了创新范例。

（一）实践启示

1.以学生为中心的成果导向教学设计

OBE理念的核心在于以学生为中心，教学目标需明确具体并以成果为导向。教师应结合课程特点和学生需求，设定涵盖知识、能力和素质三维度的教学目标，并通过灵活的教学模式帮助学生达成这些目标。本研究中，实验班的成功实施表明，只有以学生的学习效果为衡量标准，才能真正实现教学质量的提升。

2.翻转课堂与课程思政的深度融合

翻转课堂模式为课程思政的实施提供了有效载体。通过课前视频资源传授基础知识，课堂上开展案例讨论和团队协作，学生不仅能够加深对课程内容的理解，还能够在分析企业社会责任案例或设计公益营销方案时内化思政目标。这种教学模式强调知识应用与价值引领的结合，是未来课程改革的重要方向。

3.因材施教的教学资源与环节优化

在教学过程中，教师需要根据学生的学习特点和反馈，动态调整教学资源和环节设计。例如，为“数字原住民”一代学生设计更具吸引力的短视频课程资源，增加实践性强的案例讨论，并通过线上线下结合的方式支持学生的自主学习和互动。这种灵活的资源配置与环节优化能够更好地满足学生个性化的学习需求，提高教学效果。

（二）研究展望

尽管本研究验证了OBE理念融合课程思政的翻转课堂教学模式在新媒体营销课程中的有效性，但在推广应用和深度研究方面仍有许多值得探索的方向：

1. 翻转课堂对长期学习效果的影响

翻转课堂模式的短期效果已经在本研究中得到证实，但其对学生长期学习效果的影响仍需进一步研究。例如，通过纵向跟踪研究学生在毕业后是否能够将新媒体营销的知识与思政理念应用于工作实践，并评价其职业成长中的综合素质变化。

2. 技术支持与教学模式创新

随着人工智能、大数据等技术的发展，未来翻转课堂教学模式可以借助更智能的学习分析工具、沉浸式虚拟现实场景等新技术，提高课程资源的交互性和趣味性。同时，可以探索更加多样化的教学模式，如线上线下混合教学或基于游戏化设计的学习活动，进一步增强学生的学习体验和效果。

本研究发现了基于OBE理念融合课程思政的翻转课堂教学模式在提升新媒体营销课程教学质量上的显著作用。它不仅帮助学生掌握专业知识和技能，还在潜移默化中实现了社会责任感和职业道德的塑造。研究也表明，未来的课程改革应更加注重教学目标的成果导向设计、教学模式与思政元素的有机结合，以及对学生个性化需求的满足。

参考文献

［1］刘晓妮．基于课程思政和OBE理念的经管类专业课程教学改革研究——以数据库管理课程为例［J］．吉林技术工程技术师范学院学报，2022（12）：49-52.

［2］张静，魏卉，吴春贤．基于OBE导向的翻转课堂教学模式创新——以经济法课程为例［J］．科教文汇，2022（13）：58-61.

［3］孟丽丽，刘伟民，谢世满．基于PBL和翻转课堂融合课程思政的教学设计［J］．对外经贸，2023（4）：111-114.

产教融合应用型商科人才培养改革探索与实践
——以“计量经济学”课程为例

程　飞

【摘要】本文围绕“计量经济学”课程，深入探讨了产教融合背景下应用型商科人才培养的改革路径与实践成果。针对产业需求侧的快速变革与教育供给侧存在的矛盾，秉承“理论融合实践，培育应用与创新并重的复合型人才”的改革核心理念。通过全面重构课程内容体系、创新教学场景与模式、改革评价机制以及完善配套措施等一系列整体设计，实施了计量经济学课程的教学改革。改革实践取得了显著成效，学生的实际操作技能、问题解决能力和团队协作能力均得到显著提升，教学质量实现质的飞跃，师资队伍结构不断优化壮大，校企合作也迈上了新的台阶，形成了深度融合的发展格局。

【关键词】产教融合；应用型商科人才；计量经济学；教学改革

一、引言

在当今社会经济发展的新态势下，产教融合已成为推动高等教育改革与产业创新发展的重要路径。应用型商科人才的培养，更是需要紧密贴合市场需求，实现教育链、人才链与产业链、创新链的有效对接。计量经济学，作为商科教育中的一门核心课程，不仅承载着传授理论知识的重任，更是连接理论与实践、培养学生应用能力的关键桥梁。

产教融合背景下，计量经济学课程的教学改革显得尤为重要。传统的计量经济学教学往往偏重理论讲解和模型推导，而忽视了学生在实际应用中的能力培养。然而，随着大数据、人工智能等技术的迅猛发展，商科领域对具备数据分析、模型构建及决策支持能力的人才需求日益迫切。

因此，探索计量经济学课程的产教融合改革路径，成为培养应用型商科人才的重要课题。本文旨在通过计量经济学课程的改革实践，探讨如何将产业需求融入教学内容，如何创新教学方法和手段，以提升学生的实践能力和创新能力。本文聚焦于课程体系的重构、实践教学平台的搭建、师资队伍的建设等方面，力求构建一套适应产教融合要求、符合应用型商科人才培养规律的计量经济学课程体系。通过本文的研究与实践，期望能为商科教育的产教融合改革提供有益的探索和经验借鉴。

二、改革背景与动因分析

（一）产业需求侧变革

1.数字经济催生新兴岗位需求

随着数字经济的蓬勃发展，各行各业正经历着前所未有的变革，其中最为显著的是新型岗位需求的涌现。数据，作为数字经济的核心要素，其重要性日益凸显，直接催生了数据分析师、数据科学家等一系列与数据处理、分析相关的新职业。据统计，近年来数据分析师的需求量增长了300%，这一数据不仅反映了市场对数据分析能力的迫切需求，也预示着数字经济时代对人才技能结构的全新要求。

2.企业用人标准演变

以往SPSS等统计软件是数据分析领域的主流工具，但随着大数据技术的兴起和数据处理规模的扩大，Python凭借其强大的数据处理能力和丰富的库资源，逐渐成为数据分析师的新宠。不仅如此，随着人工智能技术的快速发展，机器学习全栈能力也成为企业招聘时的重要考量因素。这意味着，未来的数据分析师不仅需要掌握数据处理和分析的基本技能，还需要具备机器学习模型的构建、优化和部署等高级能力，以适应更加复杂多变的数据环境。

3.典型行业痛点

在数字化转型的浪潮中，并非所有企业都能顺利过渡。以某商业银行为例，其在数字化转型过程中，计量人才的缺口高达47%。这一痛点不仅暴露了传统金融行业在数字化转型面前的准备不足，也反映了整个市场对具备计量经济学知识和数据分析能力的复合型人才的需求缺口。对于商业银行而言，计量人才的缺失可能导致风险评估不准确、信贷决策失误等一系列问题，严重影响其业务发展和市场竞争力。

（二）教育供给侧矛盾

面对产业需求侧的快速变革，教育供给侧却显得相对滞后，存在一系列矛盾和问题。

1.传统教学案例陈旧

传统教学案例陈旧，无法反映当前数字经济时代的最新实践和发展趋势。学生在课堂上学习到的知识和技能，往往与实际应用存在较大差距，导致毕业后难以迅速适应职场环境。

2. 实验数据与现实脱节

实验数据与现实脱节也是教育供给侧的一大问题。在计量经济学等课程中，学生通常需要进行大量的数据分析和模型构建练习。然而，由于实验数据的获取和更新存在困难，学生往往只能使用过时或模拟的数据进行练习，这严重影响了学生处理真实数据的能力和经验积累。

3. 考核方式单一

考核方式单一也是教育供给侧需要改进的地方。传统的考试和作业评价方式，往往只注重学生对知识点的记忆和理解，而忽视了学生在实际应用中的创新能力和问题解决能力。这种考核方式难以全面反映学生的真实水平，也无法有效培养学生的实践能力和创新思维。

（三）政策驱动因素

1.《国家产教融合建设试点实施方案》具体要求

为了缓解教育供给侧与产业需求侧之间的矛盾，国家出台了一系列政策文件，推动产教融合和教育改革。其中，《国家产教融合建设试点实施方案》明确提出，要通过产教融合的方式，促进教育链、人才链与产业链、创新链的有机衔接，形成协同育人的新格局。

2. 教育部“金课”建设双万计划指标要求

教育部“金课”建设双万计划也是推动教育改革的重要举措之一。该计划旨在通过建设一批高质量、有特色的在线开放课程，提升高等教育的教学质量和水平。对于计量经济学等课程而言，这意味着需要更加注重课程的实用性和创新性，结合产业需求进行课程设计和教学内容更新，以培养学生的实践能力和创新思维。

3. 地方高校转型发展考核评价体系

地方高校转型发展考核评价体系也是推动产教融合和教育改革的重要驱动力。该体系通过设立一系列考核指标，引导地方高校根据区域经济发展和产业需求调整专业设置和人才培养方案，提高人才培养的针对性和实效性。对于计量经济学等学科而言，这意味着需要更加紧密地与地方产业和企业合作，共同开展人才培养和科研创新活动，为地方经济发展提供有力的人才支撑和智力支持。

三、改革理念与整体设计

（一）改革理念

计量经济学作为经济学领域的重要分支，其教育改革的核心理念在于“理论与实践相结合，培养应用与创新型人才”。随着数字经济的蓬勃发展和产业需求的快速变化，计量经济学教育必须紧跟时代步伐，不断创新教学模式和内容，以满足社会对高素质计量经济学人才的需求。

计量经济学是一门实践性很强的学科，其理论知识必须与实践应用紧密结合。因此，改革理念强调通过实训、案例分析、企业实习等多种方式，让学生在实践中掌握计量经济学的基本技能和方法，提高解决实际问题的能力。同时，注重跨学科融合，因为计量经济学涉及经济学、统计学、数学、计算机科学等多个学科领域，为了培养具备跨学科融合能力的复合型人才，要加强不同学科之间的交叉与融合，拓宽学生的知识视野，培养其创新思维和综合能力。

此外，在数字经济时代，创新创业能力成为衡量人才素质的重要指标，改革理念也强调通过创新创业工坊、科研论文撰写、学术竞赛等方式，激发学生的创新创业热情，培养其创新创业能力，为未来的职业发展奠定坚实基础。最后，密切关注产业动态和市场需求，及时调整课程内容和教学模式，确保教育供给与产业需求的有效对接，以适应数字经济的不断发展。

（二）整体设计

1. 课程内容重构

采用模块化知识体系，将课程内容精心分为基础模块、实践模块和创新拓展模块，三者形成“40%-40%-20%”的科学结构比例。基础模块着重于理论知识的传授，夯实学生的学科基础；实践模块则强调实践应用能力的培养，使学生能够将所学知识应用于实际工作中；创新拓展模块则侧重于跨学科融合和创新能力的培养，拓宽学生的知识视野，激发其创新思维。同时，还建设了包含最新经济数据、企业案例、研究成果等的动态数据库，为教师和学生提供了丰富的教学资源和实践素材，以支持课程内容的实施和学生的学习需求。

2. 教学场景创新

采用四阶递进式实训模式，通过虚拟仿真、企业云端数据、专业实习和创新创业等四个阶段，逐步提升学生的实践能力、创新思维和职业素养。首先，在虚拟仿真阶段，利用专业的投资模拟软件，再现真实的投资决策环境，帮助学生掌握数据收集、处理、投资模型构建及收益风险评估等基本技能。其次，通过企业云端数据，为学生提供访问真实市场数据的机会，使学生能够进行深度的数据挖掘、分析和投资策略建模等实践操作。再次，在专业实习阶段，学生深入金融投资部门，在企业导师的悉心指导下参与实际投资项目，全面了解企业的投资决策流程、市场运作机制及风险管理策略，进一步提升解决实际投资问题的能力。最后，通过创新创业大赛，为有志于投资创业的学生提供专业的创业指导、资源对接和项目孵化服务，全面激发学生的创新创业激情，为培养未来的投资领域创新型人才奠定坚实基础。

3. 评价机制改革

采用多元化评价体系，全面从知识掌握、技能应用、创新思维和职业素养等多个维度对学生的表现进行综合评价。具体而言，通过考试和测验来评估学生对计量经济学基本原理和模型构建等核心知识的掌握程度；通过实训项目和案例分析来检验学生将理论知识应用于解决实际问题的能力；同时，借助创新创业项目、科研论文撰写和学术竞赛等方式，进一步评估学生的创新思维和拓展能力；最后，通过职业道德教育和职业规划指导，对学生的职业素养和职业道德水平进行全面考量，确保培养出既具备扎实专业知识，又拥有良好职业道德和创新精神的复合型人才。

4.配套措施完善

加强师资队伍建设，提高教师的专业素养和教学能力，鼓励教师积极参与企业实践和学术研究，以丰富其教学经验和增强行业洞察力。同时，不断完善教学设施与资源，投入更多资金用于教学设施的建设和维护，并积极引进先进的教学软件和工具，努力为学生创造一个良好的学习环境和实践条件。此外，积极推动校企合作与产教融合，与企业建立紧密的合作关系，共同开展人才培养、科研创新和社会服务等活动，力求实现教育与产业的深度融合，为培养适应市场需求的高素质人才提供有力支撑。

四、改革成效

（一）学生能力显著提升

1.实际操作能力增强

通过强化实践教学环节和开设实训课程，学生的实际操作能力得到了显著提升。在计量经济学课程中，学生不仅熟练掌握了Eviews、Stata等计量经济学软件的操作方法，还能运用所学知识进行实际经济问题的分析和解决。应用计量经济学方法完成的毕业论文比例大幅提升，且多篇获得优秀毕业论文称号。

2.解决问题能力提高

问题式教学和案例教学等方法的广泛应用，有效提高了学生解决问题的能力。面对实际经济问题，学生能够运用所学知识进行深入分析和准确判断，并提出切实可行的解决方案。例如，学生成功分析了期货数据，并建立了套利模型。

3.团队协作能力增强

通过积极参与学科竞赛和实训项目等多元化活动，学生的团队协作能力得到了全面而深入的锻炼与提升。在实训项目中，学生们能够迅速明确各自职责，实现高效分工，并保持密切的沟通与协作，共同攻克难关，圆满完成任务。在各类高水平的竞赛中，学生更是凭借出色的团队协作和卓越的表现，赢得了优异的成绩，充分展示了团队精神和实战能力。

（二）教学质量明显提高

1.教学效果显著

通过采用启发式教学、问题式教学、案例教学等多种教学方法，以及推广在线开放课程和翻转课堂等新型教学模式，教学效果得到了显著提升。学生的学习兴趣和主动性被充分激发，知识掌握程度和应用能力也得到了明显提高。

2.课程评价优化

建立了多元化的评价体系，并引入行业专家参与评价工作，使课程评价工作更加客观、准确。评价结果不仅反映了学生的学习成效，也为课程内容和教学方法的改进提供了有力依据。

（三）师资队伍不断壮大

1.教师素质提高

通过加强教师的培训和交流，引进具有产业背景的教师等措施，教师的专业素养和教学能力得到了显著提高。目前，专业新引进12名博士，博士占比达到40%，其中6名博士具有企业经验。教师能够更好地掌握行业前沿技术和方法，并将其融入教学过程中，指导学生进行实践和创新活动。

2.团队结构优化

加强教师之间的交流与合作，优化团队结构，使团队成员的学科背景更加多元化。同时，与教育机构合作培养计量经济学骨干师资，考取Python大数据分析师、人工智能算法应用师等工信部颁发的高级证书，共同推动教学改革与创新发展。

（四）校企合作深入发展

1.实训基地建设完善

通过与企业合作和建立校外实训基地等措施，实训基地建设得到了完善和改进。学生能够更好地了解企业的实际运作流程和需求，将所学知识应用于实际工作中，并得到锻炼和提高。目前，已成功构建并正不断拓展包含17家实践基地的合作网络，联合培养模式极大地提升了学生的专业素养和实践能力。

2.合作项目不断拓展

进一步加强了与企业的紧密合作与交流，共同推进科研项目和人才培养工作的深入开展。合作项目的数量不断增多，领域也更加广泛。在资源共享、优势互补的原则下，双方实现了互利共赢，共同为产教融合和应用型商科人才培养工作注入了新的活力。特别是金融大数据综合实验室的建立，为与企业合作提供了更加坚实的平台，助力在金融大数据领域取得更多突破和成果。

五、总结与展望

在计量经济学教学改革中取得的成效是显著的，这不仅体现在学生能力的提升、教学质量的提高和校企合作的深化上，更体现在社会认可度的提升上。这些成效的取得离不开商学院对教学改革的高度重视和不断创新的精神。

展望未来，我们将继续深化计量经济学教学改革，进一步完善课程体系、创新教学方法、强化实践教学环节、加强师资队伍建设和完善评价体系。同时，还将继续加强与企业的合作与交流，推动产教融合向更深层次发展，为培养更多优秀的经济学应用型人才做出更大的贡献。

参考文献

［1］沈斯文，李文禹，赵铭．产教融合背景下“计量经济学”课程改革与实践［J］．老字号品牌营销，2024（11）：212-214.

［2］于淼．产教融合背景下地方本科院校产业经济学教学改革路径探索［J］．科技经济市场，2022（6）：149-151.

［3］陈永强，朱一飞，吕璐．新文科背景下高校知识产权人才培养模式的实践与创新——以中国计量大学为例［J］．南宁师范大学学报（哲学社会科学版），2022，43（1）：50-63.

［4］吴源．基于文献计量的国内产教融合研究综述［J］．职业技术，2022，21（1）：62-69.

［5］多淑杰．中国产教融合研究的演化路径与展望［J］．广西财经学院学报，2021，34（4）：94-102.

［6］田敏．基于文献统计的产教融合人才培养评价研究［J］．吉林省教育学院学报，2021，37（1）：158-161.

产教融合应用型商科人才培养改革探索与实践
——以“证券投资学”课程为例

师堂明

【摘要】随着经济全球化和金融市场的快速发展，社会对应用型商科人才的需求日益增长。本文以“证券投资学”课程为切入点，探讨产教融合在应用型商科人才培养中的重要作用和实践路径。通过与多家校外实践基地和校企合作单位的紧密合作，我们构建了“理论教学+实践教学+企业实训”三位一体的人才培养模式，有效提升了学生的实践能力和职业素养。本文详细介绍了课程教学改革的背景、产教融合的实施路径以及教学改革的成效，旨在为商科教育的产教融合提供有益的参考和借鉴。

【关键词】产教融合；应用型商科人才；证券投资学；人才培养模式

一、引言

在当今竞争激烈的金融市场环境下，企业对商科人才的需求不再局限于理论知识的掌握，更注重实践能力和职业素养的培养。传统的商科教育模式往往偏重理论教学，与实际市场需求脱节，导致学生在毕业后难以迅速适应职场要求。因此，如何通过产教融合，培养具有实践能力和创新精神的应用型商科人才，成为高校商科教育改革的重要课题。“证券投资学”作为商科教育中的核心课程之一，具有较强的实践性和应用性，为产教融合提供了良好的实践平台。

二、产教融合应用型商科人才培养的背景与意义

（一）背景

随着我国经济的快速发展和金融市场的不断深化，金融行业对专业人才的需求呈现出多样化和专业化的特点。然而，传统的商科教育模式存在以下问题：一是课程设置与市场需求脱节，教学内容更新滞后；二是实践教学环节薄弱，学生缺乏实际操作

经验；三是师资队伍结构不合理，缺乏具有实践经验的“双师型”教师。这些问题导致学生在毕业后难以满足企业对应用型人才的需求，就业竞争力不足。

（二）意义

产教融合是解决上述问题的有效途径，通过将学校教育与企业实践相结合，能够实现以下目标：一是优化课程设置，使教学内容更加贴近市场需求；二是强化实践教学，提高学生的实际操作能力和解决问题的能力；三是促进师资队伍的“双师化”，提升教师的教学水平和实践能力；四是增强学生的就业竞争力，提高学生的就业率和就业质量。

三、“证券投资学”课程产教融合的实施路径

（一）构建“理论教学 + 实践教学 + 企业实训”三位一体的人才培养模式

1. 理论教学

在理论教学环节，注重将最新的金融市场理论和实践知识融入课程内容。例如，在介绍证券市场发展历史时，讲述中国证券市场从无到有、从小到大的发展历程，展现我国经济体制改革的成就，激发学生的民族自豪感。同时，强调证券市场对国家经济发展的重要性，培养学生的家国情怀和社会责任感。在教学方法环节，采用案例教学、问题导向教学等方法，激发学生的学习兴趣和创新思维。例如，在讲解证券估值时，提出“如何准确评估证券价值”等问题，引导学生思考和讨论。同时，注重引导学生思考问题背后的社会责任和价值观，培养学生的思政素养。另外，邀请企业专家参与课程教学，分享行业经验和前沿动态。例如，邀请私募基金管理有限公司的专家来校讲学，介绍私募基金的运作模式和投资策略。通过企业专家的参与，学生能够了解金融市场的最新发展，增强学生的实践能力和职业素养。

2. 实践教学

实践教学分为校内和校外实践教学两部分。校内实践教学主要是利用校内模拟实验室，开展模拟交易、案例分析、项目实践等教学活动。通过模拟交易软件，让学生在虚拟环境中进行证券投资操作，提高学生的实践能力和风险意识。同时，组织学生参加证券投资分析大赛、实地调研证券市场等活动，增强学生的团队协作能力和创新精神。校外实践教学则是与广州经传多赢投资咨询有限公司、东莞证券股份有限公司等校外实践基地合作，为学生提供企业实训机会。学生在企业实训期间，参与企业的实际业务操作，了解企业的运作流程和业务需求，提高学生的实践能力和职业素养。

3. 企业实训

首先，学生在企业实训期间，参与企业的实际业务操作，包括证券投资分析、投

资组合管理、金融衍生品交易等。通过实际操作，学生能够了解企业的运作流程和业务需求，提高学生的实践能力和职业素养。

其次，企业为学生提供专业的实训指导，包括业务培训、项目指导、职业规划等。通过企业的指导，学生能够更好地适应企业的工作环境和业务需求，提高学生的就业竞争力。

最后，企业对学生的实训成果进行评估，包括业务能力、团队协作能力、职业素养等。通过评估，学生能够了解自己的优势和不足，为今后的学习和职业发展提供参考。

（二）优化课程设置，融入企业实际需求

1. 课程内容更新

根据金融市场的发展和企业的需求，及时更新课程内容。例如，增加对量化投资、智能投顾等新兴领域的介绍，使学生能够了解和掌握金融市场的最新动态。另外，结合企业的实际需求，调整课程内容。例如，增加对私募基金、投资咨询等领域的介绍，使学生能够了解企业的运作模式和业务需求。

2. 课程模块设计

“证券投资学”课程包括基础知识、核心知识、拓展知识三大模块的内容。基础知识模块包括证券市场的基本概念、证券投资工具。通过基础知识模块的学习，学生能够了解证券市场的基本运作机制和法律法规，为后续的学习打下坚实的基础。核心知识模块包括证券投资基本面分析、技术分析、投资组合管理等。通过核心知识模块的学习，学生能够掌握证券投资的基本理论和方法，具备较强的证券投资分析能力。拓展知识模块包括量化投资、智能投顾、风险管理等前沿领域。通过拓展知识模块的学习，学生能够了解金融市场的最新发展，具备较强的创新能力和实践能力。

（三）强化实践教学，提升学生的实践能力

1. 校内实践教学

首先是通过模拟证券交易软件，让学生在虚拟环境中进行证券投资操作。模拟交易能够提高学生的实践能力和风险意识，使学生在实际操作中掌握证券投资的基本方法和技巧。

其次是案例分析，选取具有代表性的案例，组织学生进行分析和讨论。案例分析能够培养学生的批判性思维和解决问题的能力，使学生在实际操作中提高分析能力和决策能力。

最后是项目实践，将课程内容分解为若干个项目，组织学生进行项目实践。项目实践能够培养学生的团队协作能力和创新精神，使学生在实际操作中提高团队协作能力和创新精神。

2. 校外实践教学

我校与广州金豆子私募基金管理有限公司、广州经传多赢投资咨询有限公司、东莞证券股份有限公司等校外实践基地合作，为学生提供企业实训机会。企业实训能够提高和培育学生的实践能力和职业素养，使学生在实际操作中了解企业的运作流程和业务需求。另外，通过组织学生实地调研证券市场，了解证券市场的运作机制和投资者行为，提高学生的实践能力和创新精神，使学生在实际操作中了解证券市场的运作机制和投资者行为。

（四）促进师资队伍的“双师化”，提升教师的教学水平和实践能力

我们定期组织教师参加企业培训和实践，使教师能够了解金融市场的最新发展和企业的需求。企业培训能够提高教师的实践能力和教学水平，使教师在实际操作中掌握金融市场的最新动态和企业的需求。另外，我们还邀请企业专家来校讲学和交流，使教师能够了解金融市场的最新发展和企业的需求。

我们建立了“双师型”教师评价体系，将教师的实践经验和教学效果纳入评价指标。评价指标能够激励教师不断提升自身的实践能力和教学水平，使教师在实际操作中提高教学效果。通过学生评价、同行评价、企业评价等方式，对教师的教学效果进行评价。

通过构建“理论教学 + 实践教学 + 企业实训”三位一体的人才培养模式，优化课程设置，强化实践教学，促进师资队伍的“双师化”，“证券投资学”课程的产教融合实施路径得到了有效落实，为培养具有实践能力和创新精神的应用型商科人才提供了有力保障。

四、产教融合应用型商科人才培养的成效与经验

（一）成效

1. 学生能力显著提升

（1）实践能力增强。通过产教融合，学生获得了大量参与实际业务操作的机会，实践能力得到了显著提升。在校内模拟实验室中，学生利用模拟交易软件进行证券投资操作，熟悉了证券交易流程，掌握了投资分析方法，提高了风险意识。在校外实践基地，学生参与企业的实际业务操作，了解了企业的运作流程和业务需求，进一步提升了实践能力。例如，通过参与国元证券公司校园模拟炒股大赛，学生经历了投资项目的调研、分析和决策过程，实际操作了投资组合的构建和管理，积累了宝贵的实践经验。

（2）职业素养提高。产教融合培养了学生的职业素养，使学生具备了适应职场要求的专业素质。在企业实训期间，学生遵守企业的规章制度，严格要求自己，培养了良好的职业操守。同时，学生通过与企业员工的交流和合作，了解了职场文化和职业

规范，提高了沟通能力和团队协作能力。例如，在广州经传多赢投资咨询有限公司的实训中，学生参与了客户服务和市场调研工作，与企业员工共同完成了多个项目，培养了团队协作精神和客户服务意识。此外，学生在企业实训中还接受了企业导师的指导和培训，学习了职场礼仪和职业规划知识，进一步提高了职业素养。

（3）就业竞争力提升。产教融合有效提升了学生的就业竞争力，学生的就业率和就业质量均有所提高。由于学生在学习过程中积累了丰富的实践经验，具备了较强的实践能力和职业素养，能够迅速适应企业的工作环境和业务需求，受到了企业的青睐。许多学生在毕业后顺利进入了知名企业和金融机构工作，实现了高质量就业。例如，东莞证券股份有限公司与学校建立了长期稳定的合作关系，每年为学生提供实习和就业岗位，多名学生在实习期间表现优异，毕业后直接被录用为正式员工。此外，学校还通过校企合作，为学生提供更多的就业信息和推荐机会，拓宽了学生的就业渠道。

2. 企业满意度大幅提高

（1）企业对学生高度评价。企业对产教融合培养的学生给予了高度评价，认为学生具备了扎实的专业知识和较强的实践能力，能够迅速适应企业的工作环境和业务需求。企业表示，学生在实习和工作中表现出了良好的职业素养和团队协作精神，为企业的发展做出了积极贡献。多家校外实践基地企业负责人表示，公司的实习生在投资分析和项目管理方面表现出了较高的专业水平，为公司的投资决策提供了有价值的建议和参考。

（2）企业与学校的合作更加紧密。产教融合促进了企业与学校的合作，双方建立了长期稳定的合作关系，实现了资源共享和优势互补。企业为学校提供了实践基地和实训机会，学校为企业输送了优秀的人才资源，双方共同培养应用型商科人才。例如，东莞证券股份有限公司与学校建立了长期稳定的合作关系，每年为学生提供实习和就业岗位，同时为学校的教学改革和课程建设提供了支持和帮助。

（3）企业参与人才培养的积极性提高。产教融合激发了企业参与人才培养的积极性，企业更加主动地参与到学校的人才培养过程中。企业通过参与学校的教学改革和课程建设，为学校提供了行业前沿知识和实践经验，促进了学校教育教学水平的提升。例如，格林顿资本管理有限公司、广州创必承信息科技有限公司等企业与学校合作，讨论开发课程内容，提供教学资源，为学生提供了更加贴近市场需求的教学内容。此外，企业还通过举办讲座、培训和竞赛等活动，为学生提供了更多的学习和交流机会，促进了学生的全面发展。

3. 社会认可度显著提升

（1）学校声誉和影响力提升。产教融合提升了学校的声誉和影响力，学校的商科教育得到了社会的广泛认可。投资学专业被评为校级一流专业，学校的商科教育改革经验被多家媒体报道和推广。

（2）社会对学校人才培养的肯定。社会对学校培养的应用型商科人才给予了充分肯定，认为学校的人才培养模式符合市场需求，为社会培养了大量优秀的商科人才。

许多企业表示，愿意与学校建立长期稳定的合作关系，共同培养应用型商科人才。例如，东莞证券股份有限公司表示，公司的许多优秀员工都毕业于广州工商学院，学校培养的学生具备了扎实的专业知识和较强的实践能力，能够迅速适应企业的工作环境和业务需求。此外，社会对学校人才培养的肯定还体现在学生的就业情况和社会评价上，学校的毕业生在就业市场上表现优异，受到了用人单位的广泛好评。

（3）学校对社会经济发展的贡献增加。产教融合培养的应用型商科人才为社会经济发展做出了积极贡献，学校在社会经济发展中的作用日益凸显。学校通过与企业的紧密合作，为社会培养了大量优秀的商科人才，这些人才在金融、投资、咨询等领域发挥了重要作用，推动了社会经济的发展。例如，学校培养的许多毕业生在东莞证券股份有限公司、广州经传多赢投资咨询有限公司等企业担任重要职务，为企业的创新发展做出了积极贡献。此外，学校还通过科研合作、技术咨询等方式，为社会经济发展提供了智力支持和技术保障。

（二）经验

1.深化校企合作

（1）建立长期稳定的合作关系。学校与企业建立了长期稳定的合作关系，实现了资源共享和优势互补。学校为企业提供了优秀的人才资源，企业为学校提供了实践基地和实训机会，双方共同培养应用型商科人才。

（2）共同制订人才培养方案。学校与企业共同制定人才培养方案，根据市场需求和企业需求，优化课程设置，更新教学内容。企业参与学校的教学改革和课程建设，为学校提供了行业前沿知识和实践经验，促进了学校教育教学水平的提升。

（3）开展合作项目和活动。学校与企业开展了多种形式的合作项目和活动，如联合举办讲座、培训、竞赛等，为学生提供更多的学习和交流机会。企业通过这些活动，为学生提供了行业前沿知识和实践经验，促进了学生的全面发展。

2.优化课程设置

首先，及时更新课程内容。根据金融市场的发展和企业的需求，及时更新课程内容，将最新的金融工具、投资策略和风险管理方法纳入教学内容。例如，增加对量化投资、智能投顾等新兴领域的介绍，使学生能够了解和掌握金融市场的最新动态。学校还邀请企业专家参与课程教学，分享行业经验和前沿动态，使学生能够了解金融市场的最新发展。

其次，模块化设计课程内容。将课程内容分为基础知识模块、核心知识模块和拓展知识模块。通过模块化设计，课程内容更加系统和全面。

最后，要引入行业前沿知识和实践经验。在课程教学中，引入行业前沿知识和实践经验，使学生能够了解和掌握金融市场的最新动态。学校邀请企业专家参与课程教学，分享行业经验和前沿动态，使学生能够了解金融市场的最新发展。例如，学校邀请了东莞证券股份有限公司的专家，为学生讲解投资组合管理的最新方法和技巧。

3. 强化实践教学

首先，利用校内模拟实验室，开展模拟交易、案例分析、项目实践等教学活动。通过模拟交易软件，让学生在虚拟环境中进行证券投资操作，提高学生的实践能力和风险意识。同时，组织学生参加证券投资分析大赛、实地调研证券市场等活动，增强学生的团队协作能力和创新精神。

其次，与广州金豆子私募基金管理有限公司、广州经传多赢投资咨询有限公司、东莞证券股份有限公司等校外实践基地合作，为学生提供企业实训机会。学生在企业实训期间，参与企业的实际业务操作，了解企业的运作流程和业务需求，提高了自身的实践能力和职业素养。

最后，将实践教学与理论教学相结合，使学生在实践中巩固理论知识，提高实践能力。例如，在理论教学中，讲解证券投资分析的方法和技巧，然后在实践教学中，让学生利用模拟交易软件进行实际操作，巩固所学知识。

4. 促进师资队伍的“双师化”

定期组织教师参加企业培训和实践，邀请企业专家来校讲学和交流，使教师能够了解金融市场的最新发展和企业的需求。同时，鼓励教师参与企业的实际项目，提高教师的实践能力和教学水平。另外，建立“双师型”教师评价体系，将教师的实践经验和教学效果纳入评价指标，激励教师不断提升自身的实践能力和教学水平。学校还通过教师评价，选拔和培养了一批“双师型”教师，为学校的教育教学改革提供了人才支持。最后，鼓励教师参与企业的实际项目，提高教师的实践能力和教学水平。例如，学校与广东弈鸣私募基金管理有限公司合作，组织教师到公司学习和交流投资组合管理项目，使教师在实践中积累了丰富的经验，提高了教学水平。

五、结论

产教融合是培养应用型商科人才的重要途径，通过与企业的紧密合作，能够实现资源共享、优势互补，共同培养具有实践能力和创新精神的应用型商科人才。“证券投资学”课程的产教融合实践，为商科教育的改革提供了有益的参考和借鉴。未来，学校应继续深化产教融合，加强校企合作，完善评价体系，为社会培养更多高素质的应用型商科人才。

参考文献

［1］刘洁，郑丽．数字经济时代应用型大学产教融合的新商科人才培养模式研究［J］．北京联合大学学报，2022（2）：7-12.

［2］肖真，刘雅昫，李婉琦．“新商科”背景下数字化人才培养的路径研究——以电子商务专业为例［J］．黑龙江人力资源和社会保障，2022（10）：103-105.

［3］张阳．高职院校新商科人才培养的困境、定位与实现路径［J］．无锡商业职业技术学院学报，2021（4）：19-24.

［4］周茜，吕淼虹．产教深度融合的三类型新商科人才培养模式研究［J］．现代交际，2021（7）：8-10.

［5］肖陆嘉．新商科高职教育产教融合实践模式的调查研究［J］．中国多媒体与网络教学学报（中旬刊），2022（2）：98-101.

［6］王昕，石伟平．数字经济时代高职新商科专业群建设：目标、挑战与路径［J］．职业技术教育，2022（11）：11-16.

［7］张小辉．校企携手 人才共育——经济与贸易学院与东莞证券股份有限公司共建校外实践教学基地［EB/OL］．［2025-04-10］.https：//jmxy.xhsysu.edu.cn/info/1003/3938.htm.

产教融合背景下应用型本科高校“投资学导论”课程教学改革研究

钟嘉毅

【摘要】本文以产教融合为背景，探讨应用型本科高校投资学导论课程的教学改革路径。本研究基于新时代对高素质应用型投资人才的需求，针对传统课程教学模式中理论与实践脱节、教学内容滞后、评价体系单一等问题，提出了以产业需求为导向、以学生能力培养为核心的教学改革方案。通过重构课程目标体系、优化教学内容、创新教学方法、完善评价体系等措施，实现了课程教学与产业需求的深度融合。实践表明，改革有效提升了学生的实践能力、创新思维和职业素养，为培养符合市场需求的复合型投资人才提供了有益参考。

【关键词】产教融合；投资学导论；教学改革；应用型人才

一、引言

随着我国经济结构的转型升级和金融市场的快速发展，社会对高素质应用型投资人才的需求日益迫切。作为连接金融市场与人才培养的重要纽带，应用型本科高校在投资学专业人才培养中扮演着关键角色。然而，传统的投资学导论课程教学模式已难以满足新时代对应用型人才培养的要求，课程教学与产业需求脱节、理论与实践分离等问题日益凸显。在此背景下，深化产教融合、推进课程教学模式改革成为应用型本科高校面临的紧迫任务。

产教融合是近年来我国高等教育改革的重要方向，其核心在于促进教育链、人才链与产业链、创新链的有机衔接。对于投资学导论课程而言，产教融合不仅能够有效解决理论与实践脱节的问题，还能为学生提供真实的行业环境和实践机会，从而培养出符合市场需求的复合型、应用型投资人才。然而，当前应用型本科高校在推进产教融合过程中仍面临诸多挑战，如校企合作机制不完善、课程内容与行业需求脱节、实践教学体系不健全等，这些问题严重制约了投资学导论课程教学质量的提升和人才培养目标的实现。

“投资学导论”作为投资学专业的入门课程，在培养学生专业兴趣、奠定理论基础、引导职业规划等方面具有重要作用。然而，传统的课程教学模式往往偏重理论灌输，忽视实践能力培养，导致学生难以将所学知识应用于实际投资场景。此外，课程内容更新滞后于金融市场发展，教学方法单一，评价体系不完善等问题也制约了课程教学效果的提升。因此，基于产教融合理念推进投资学导论课程教学改革，对于提高课程教学质量、培养应用型投资人才具有重要意义。

本文以产教融合为背景，以应用型本科高校投资学导论课程为研究对象，旨在探索适应新时代需求的教学改革路径。本研究围绕课程目标设定、教学内容重构、评价体系完善、改革成效等方面展开，重点解决课程教学与产业需求脱节、理论与实践分离等问题。通过深入分析当前课程教学中存在的问题，结合产教融合的理念和要求，提出切实可行的改革方案，为应用型本科高校投资学导论课程教学改革提供理论指导和实践参考。

二、课程简介

（一）课程开设的目的和意义

本课程注重探讨投资的理论基础和研究方法，要求掌握投资体制、投资结构、项目融资、证券融资、项目投资、证券投资等专业基础知识。通过本课程的学习，能够了解投资学专业的课程体系和理论知识，为后续专业课程的学习打下坚实的基础，掌握实际投资决策的技巧和方法，提高投资决策能力。

（二）课程主要内容

本课程以产教融合为导向，分析国内外经济形势、政策环境、市场状况等因素对投资活动的影响，讲授投资学的基本概念、研究对象、研究方法和应用领域，介绍各类投资工具，如股票、债券、期货、期权、基金等，以及如何运用技术分析和基本面分析等方法分析各类金融工具的特点和投资策略，帮助学生建立对投资学的整体认识。

（三）教学与考核方式

本课程以线下教学为主、线上教学为辅的方式开展教学，课程注重过程性考核，平时成绩占比为40%，包括课堂表现（在线学习平台以及课堂中案例讨论）、作业、出勤；期末考试成绩占比为60%，形式为闭卷考试。

（四）思政元素融入教学

本课程以立德树人为思政目标，按照“定目标—挖元素—促融合—重评价”四流程，开展“润物细无声”的课程思政教育。通过课程学习，学生能够掌握、熟悉与金融行业和金融投资职业相关的各项法律法规规定与监管政策规定，培养学生法治观念和遵纪守法意识及自觉维护、模范执行各项社规民约、管理规章制度与监管法律法规规定的理念和观念；培养学生诚实守信、与人友善的道德品质和爱岗敬业、忠于职守的职业精神。

三、教学目标设定

基于产教融合人才培养理念，投资学导论课程的教学目标应从思政目标、知识目标、能力目标和素质目标四个层次进行系统设计，以培养德才兼备、全面发展的高素质应用型投资人才。

（一）思政目标

1. 树立正确的价值观

通过课程学习，能够认知、恪守、自觉践行社会主义核心价值观，具备用马克思主义的立场、观点、方法正确认识、理解、执行党和国家经济金融工作的各项方针政策的能力，增强“四个意识”、坚定“四个自信”、做到“两个维护”。

2. 培养家国情怀

通过课程内容融入国家金融发展战略、资本市场改革等主题，增强对国家金融安全和经济发展的使命感。

3. 强化风险意识

认识到金融市场的复杂性和风险性，树立合规意识和风险防范意识，培养理性投资行为。

（二）知识目标

1. 掌握投资学基础知识

系统掌握投资学的基本概念、理论框架和核心内容，包括投资工具、投资市场、投资组合理论等。

2. 了解金融市场运作机制

理解金融市场的结构、功能及在经济中的作用，熟悉股票、债券、基金等金融产品的特点与运作方式。

3. 熟悉投资分析方法

掌握基本面分析、技术分析、量化分析等投资分析方法，能够运用相关工具进行投资决策。

4. 了解行业前沿动态

通过引入行业案例和最新研究成果，了解金融科技、绿色金融、ESG投资等前沿领域的发展趋势。

（三）能力目标

1.具备一定的投资分析能力

具备运用投资理论和方法分析金融市场和投资产品的能力，能够独立完成投资研究报告。

2.具备一定的风险控制能力

掌握风险评估和管理的基本方法，能够在投资决策中识别、评估和控制风险。

3.具备一定的实践操作能力

通过模拟投资、案例分析等实践环节，提升实际操作能力，能够将理论知识应用于真实投资场景。

4.具备一定的团队协作与沟通能力

通过小组讨论、项目合作等形式，培养团队协作能力和沟通表达能力，能够在团队中有效发挥作用。

（四）素质目标

1.职业道德与职业素养

通过课程教学和实践活动，培养职业道德和职业素养，具备诚信、合规、责任意识等职业品质。

2.自主学习能力

养成自主学习的习惯，掌握获取和更新金融知识的能力，适应金融市场的快速变化。熟练使用专业数据库，应用财务分析、数据处理、风险管理等基本工具和方法，能够对国内外的投资信息进行加工和整理。

四、教学内容重构的整体思路

基于产教融合人才培养理念，投资学导论课程教学内容的重构应以产业需求为导向，以学生能力培养为核心，注重理论与实践的结合，突出应用性和前沿性。

（一）以社会需求为主导对课程内容体系进行重构

在学习本课程之前，学生已系统学习微观经济学、宏观经济学、金融学等专业基础知识。因此，在投资学导论的教学过程中，可适当缩减偏宏观经济理论内容的讲授学时，腾出更多学时讲解投资组合管理、证券投资分析、衍生品市场、行为金融学等与专业技能密切相关的知识点，突出应用导向，为后续专业课程学习打下前期基础。

（二）与时俱进，引导学生多关注行业前沿动态

1.理论更新

课程组应定期审查和更新课程大纲，确保课程涵盖最新的投资理论、模型和方法。同时，在课堂上引入最新的学术研究成果，让学生了解投资学领域的最新进展。

2.案例更新

选取最新的行业案例（如加密货币市场波动、ESG基金表现、金融科技公司上市等），引导学生分析和讨论，增强课程的时效性和实用性。

3.项目驱动

设计基于真实数据的投资分析项目，要求学生运用所学知识完成研究报告或投资策略设计，培养其解决实际问题的能力。

4.专题研讨

围绕金融科技、ESG投资、量化投资等前沿领域，设计专题研讨任务，要求学生分组研究并展示成果。

（三）加强课程资源库建设

在课程资源选择方面，应充分考虑不同能力水平的学生可以“学有所得”“学有提升”“学有突破”，以学生需求和实际应用为出发点，同时确保课程资源呈现难度梯度，可以按基础性课程资源库、拓展性课程资源库、高阶性课程资源库进行建设。

1.基础性课程资源库建设

利用超星学习平台，上传基础教学视频、PPT、电子教材、教学大纲、教学进度表、教案等基础教学资料，确保学生可以随时随地访问这些资源，进行自主学习。

2.拓展性课程资源库建设

教师在线提供与课程相关的专题研究报告，如量化投资策略、金融衍生品分析等，定期更新投资行业的最新资讯、市场动态和政策变化。鼓励学生阅读并思考这些报告，满足学有余力的同学开拓视野、丰富专业知识、提升专业素养的需要。

3.高阶性课程资源库建设

高阶性课程资源库主要面向具有较高学习能力和兴趣的学生，提供深入学习和研究的机会。教师可以引入现代资产组合理论、证券的估值等高级投资学理论，提供这些理论的详细讲解、数学模型和实际应用案例。同时，组织学生参与投资学相关的创新项目和学科竞赛，提供项目指导和竞赛辅导，培养学生的创新能力和团队协作能力。

综上所述，投资学导论的课程资源库建设需要涵盖基础性、拓展性和高阶性课程资源，通过不断更新和完善这些资源，为学生提供丰富、多样、实用的学习资源，促进他们的全面发展和提高。

五、完善教学评价体系

在产教融合背景下，投资学导论课程的教学评价体系需要突破传统的单一考核模式，注重过程性评价、能力导向评价和行业参与评价，以全面反映学生的学习成果和综合能力。

（一）建立多元化的评价主体

1. 教师评价

教师根据学生的课堂表现、作业完成情况、实践项目成果等进行评价。

2. 学生自评与互评

通过学生自评和小组互评，培养学生的自我反思能力和团队协作意识。

3. 行业专家评价

邀请金融机构的行业专家参与课程评价，从行业视角评估学生的知识掌握情况和实践能力。

（二）强化过程性评价

过程性考核可以从课堂参与度、平时作业与项目、阶段性测试等几个方面进行。课堂参与度主要记录学生的课堂发言、讨论参与情况，评估其学习积极性和思维能力。平时作业与项目通过布置案例分析、投资报告等作业，评估学生的学习过程和实践能力。阶段性测试可以设置在线答题或小论文，及时反馈学生的学习效果，帮助其查漏补缺。

（三）创新评价方式与工具

一方面，可以利用在线学习平台记录学生的学习行为和数据，通过数据分析评估其学习效果；另一方面，通过投资模拟系统记录学生的投资操作和绩效，评估其投资分析能力和风险控制能力。整合教师评价、学生自评、行业专家评价等多维度评价结果，生成全面的评价报告。

（四）建立评价反馈与改进机制

定期收集学生对课程评价体系的意见和建议，及时调整评价内容和方式。通过教师座谈会或教学研讨会，总结评价体系的实施效果和改进方向。根据评价结果和反馈意见，持续优化评价体系，确保其科学性和有效性。

在产教融合背景下，投资学导论课程的教学评价体系应以学生能力培养为核心，注重过程性评价、能力导向评价和行业参与评价。通过建立多元化的评价主体、设计多维度的评价内容、强化过程性评价、引入能力导向评价、增加行业参与评价、创新评价方式与工具、设计激励机制和建立评价反馈与改进机制，可以全面反映学生的学习成果和综合能力，为培养高素质应用型投资人才提供有力支撑。

六、改革成效

（一）理论与实践结合更加紧密

产教融合强调将产业与教育紧密结合，这促使应用型本科高校在投资学导论课程教学中更加注重理论与实践的结合。通过建设仿真实验室、加强实验教学，以及与企业合作建立实习实训基地等方式，学生能够更深入地理解投资学理论，并将其应用于实际情境中。这种教学模式的转变，不仅提高了学生的理论素养，还增强了他们的实践能力和解决问题的能力。

（二）人才培养质量显著提升

产教融合背景下的教学改革，使教学改革能够更准确地把握市场对人才的需求，从而调整课程设置和教学内容，培养出更符合市场需求的高素质人才。学生不仅具备扎实的理论基础，还拥有丰富的实践经验和良好的职业素养，能够更好地适应投资行业的发展需求。

（三）推动教学模式的创新与发展

本课程通过引入案例教学、项目教学等新型教学模式，以及利用互联网、大数据等现代信息技术手段改进教学方法和手段，能够为学生提供更加多样化、个性化的学习体验。这种教学模式的创新，不仅提高了学生的学习兴趣和积极性，还促进了教学质量的全面提升。

（四）师生社会服务能力不断加强

在产教融合理念的指引下，教学团队成员近两年开展金融相关公益讲座数十场，对接社会项目150多个，多名学生积极参与金融知识宣讲等社会实践活动，在校内外具有一定的知名度和影响力。

参考文献

［1］梁亮．新文科建设背景下投资学教学改革探索［J］．新课程研究，2023（33）：66-68.

［2］张海永，董春丽．创新创业教育驱动下“投资学”教学方法改革研究［J］．榆林学院学报，2020，30（4）：122-124.

［3］董莹．金融深化改革下的“投资学”教学资源整合优化［J］．高教学刊，2019（12）：73-75.

AI赋能“金融学”课程在产教融合实践教学改革中的探索与实践[①]

曾素梅　朱彦秋　张　豪　高　桦　陈兰江

【摘要】秉持“科教融汇、产教融合、协同育人”理念，融合人工智能（AI）与金融学实践改革教学研究。本文探讨了AI技术在金融学课程产教融合实践教学改革中的应用，构建了与投资学专业相关的教学案例——AI助力产教融合校企合作功能效应，从校企合作、协同育人、教学内容设计、竞赛助力课赛融通、教学组织实施及效果评价等方面，阐述了AI赋能教学的典型案例设计与实施，培养学生的多学科交叉融合学习思维。

【关键词】金融学；案例教学；产教融合；功能效应；人工智能

一、引言

金融学是从经济学中分化出来的应用经济学科，是以融通货币和货币资金的经济活动为研究对象，具体研究个人、机构、政府如何获取、支出以及管理资金及其他金融资产的学科，是一门涵盖经济学、货币银行学、国际金融等学科的综合性课程，旨在帮助学生理解金融学与经济学的关系，掌握货币制度、结构、信用功能及货币政策机制。作为投资学专业的必修课，金融学课程重点培养学生的科研能力与跨学科应用能力。然而，传统教学方法单一，学生参与度低，未能有效激发学习兴趣，影响了课程目标的实现。随着人工智能（AI）技术的迅速发展，AI已成为推动教育改革的关键力量，尤其在提升教学效果与激发学生实践能力方面展现出巨大潜力。本课程围绕“AI赋能金融学课程教学研究——新文科背景下‘金融学’课程内容建设与教学模式改革研究”课题，结合AI技术与金融学课堂教学，创新教学模式，提升学生的实践能力和创新思维。本课程总学时为48学时，其中AI应用部分计划为8学时，面向具

① 基金项目：2024年度广东省本科高校教学质量与教学改革工程建设项目——新文科背景下“金融学”课程内容建设与教学模式改革研究。

有一定金融学基础的本科三年级学生。

二、具体改革措施

AI赋能“金融学”课程产教融合，是指将人工智能技术与金融学课程教学相结合，以提高教学质量、培养适应新时代金融行业需求的人才。以下是一些具体措施：

（一）案例引入

课程内容更新：整合AI相关内容，在金融学课程中增加人工智能、大数据、区块链等新技术在金融领域的应用案例。引入最新的金融科技发展案例，使教学内容与时俱进。以东莞证券公司实践教学基地为例，解析股票对投资人和证券公司作用与功能的影响，探讨科创融汇、协同育人策略，增强学生对实践能力应用问题的理解。

（二）问题驱动教学

课程设计了一系列由浅入深的问题，从“理论与实践融合”到“如何用AI预测校企协同的效应”，再到“如何验证AI预测”。这不仅帮助学生掌握基础知识，还教会他们使用AI工具进行实践训练并模拟虚拟实验室，理解预测与验证的关系。这样的教学帮助学生构建完整的知识体系，实现概念与AI应用的自然衔接。

（三）多模态教学资源整合

整合视频、文献与AI工具（如AlphaMissense和DeepSequence等），展示AI在实践过程研究中的应用，提升学生的实践操作能力和学习兴趣。

（四）课前引导与课后拓展结合

通过课前自主学习、课堂讨论与课后拓展，促进学生跨学科知识的融合与创新思维。通过课前引导、课堂讨论与课后拓展的有机结合，培养学生的自主学习能力、实习实践能力与教赛融合创新能力，促进跨学科知识的融合与应用。

三、教学内容设计

（一）整合AI相关内容

在金融学课程中增加关于人工智能、大数据和区块链等新技术在金融领域的应用案例，可以丰富教学内容，提高学生的学习兴趣和实际应用能力。以下是一些具体的应用案例，使教学内容与时俱进。

1. 人工智能在金融领域的应用

智能投顾与个性化理财：AI技术可以根据投资者的风险偏好和投资目标，提供个性化的投资建议和理财方案。

智能风控与反欺诈：利用AI进行风险评估，快速准确地识别潜在的欺诈行为和贷款风险。

智能催收与语音机器人：AI催收系统能够提高催收效率，而语音机器人则可以提供24小时客户服务。

2. 大数据在金融领域的应用

信用评估：通过分析大量数据，更准确地评估借款人的信用状况，优化信贷决策过程。

市场分析：利用大数据技术分析市场趋势和消费者行为，帮助金融机构制定更有效的市场策略。

（二）智能化教学平台

利用AI教学平台，实现个性化学习路径推荐、智能问答、在线评测等功能。开展混合式教学，结合线上AI教学资源和线下互动教学，提高教学效果。

金融学产教融合智能化教学平台是一个结合了金融学教育与产业需求的教学系统，旨在通过融合产业和学术资源，培养适应现代金融行业需求的高素质人才。以下是一些具体的实施案例和平台特点：

1. 区块链金融实验平台

学院建立了以FISCO BCOS开源联盟链为核心的区块链金融实验平台。这个平台提供了区块链编程环境、多种Dapp应用及行业应用场景仿真。它覆盖了从区块链基础知识、数字货币到智能合约编程及行业解决方案设计等多个知识领域。通过这个平台，学生可以快速掌握区块链应用的基本方法和技能，并加深对区块链在主要行业应用的理解。此外，学院还基于BCW搭建了“行业实训课（区块链金融方向）”等课程，邀请行业专家主讲，将区块链知识融入教学体系。

2. 金融科技应用教学训创一体化平台

这个平台包含多个功能模块，如互联网银行、互联网保险、第三方支付、互联网基金销售、互联网消费金融、互联网征信、大数据金融、系统性金融风险仿真、反金融诈骗等。它旨在通过结合行业实际需求，提供全面的教学资源和服务，以培养适应金融科技发展的人才。平台还包括教学资源库建设、人才培养调研分析、实训软件、实验中心硬件配置等服务。

这些平台的特点在于它们不仅提供传统的金融学教育，还结合最新的金融科技发展趋势，通过实践操作和案例学习，帮助学生更好地理解和掌握现代金融行业所需的技能和知识。这样的产教融合模式有助于提高学生的就业竞争力，同时满足行业对高素质人才的需求。

（三）实践能力培养

搭建金融科技实验室：为学生提供实际操作AI金融软件、工具的平台，增强实践能力。项目驱动学习：通过校企合作，引入真实金融项目，让学生在解决实际问题中学习。

1. 数据分析与处理

数据挖掘：利用AI算法从大量金融数据中提取有用信息，帮助学生更好地理解市场趋势和客户行为。

预测模型：使用机器学习技术建立预测模型，例如股票价格预测、信用评分等。

2. 项目管理

自动化规划：AI可以帮助规划项目进度，自动分配资源和任务，提高项目管理的效率。

风险评估：通过AI进行风险评估，识别项目潜在的风险点，并提出预警。

3. 教学辅助

个性化学习：AI可以根据学生的学习进度和能力，提供个性化的学习资源和指导。

智能辅导：AI辅导系统可以解答学生的问题，提供即时反馈，辅助教师进行教学。

4. 实践操作

模拟交易：利用AI驱动的模拟交易平台，让学生在无风险的环境中练习交易策略。

虚拟助手：在项目中嵌入AI虚拟助手，帮助学生进行市场调研、数据收集和分析。

5. 评估与反馈

自动评估：AI可以自动评估学生的项目报告和成果，提供即时反馈。

表现分析：通过分析学生的互动和成果，AI可以提供关于团队合作、问题解决能力等方面的洞察。

（四）产学研合作

与金融企业合作：建立校外实习基地，让学生在企业中体验AI在金融领域的应用。联合研发项目：学校与企业共同开展金融科技项目研发，促进科研成果转化。

让学生在企业中体验AI在金融领域的应用，并通过联合研发项目促进科研成果转化，是一项多方共赢的举措。以下是实现这一目标的步骤和策略：

资源共享：学校和企业共享资源，包括数据、技术、实验室等，以支持项目研发。

能力培养：企业提供实践平台，帮助学生提升技术能力和行业认知。

产学研结合：将学术研究与企业实际需求相结合，促进科研成果的商业化。

持续对话：建立长效沟通机制，确保项目进展与市场需求的同步。

知识产权保护：明确知识产权归属，保护双方的利益。

通过这样的联合研发项目，学生不仅能够获得宝贵的实践经验，还能更好地理解AI在金融领域的应用。同时，企业可以通过项目发现和培养潜在的人才，学校则能提升其科研能力和教育质量，实现科研成果的实际应用和社会价值。

（五）学生创新能力培养

开展创新竞赛：鼓励学生参加金融科技类竞赛，激发创新思维。支持学生创业：为有创业意向的学生提供AI金融方向的指导和支持。

为学生提供创业指导服务、技术和资源支持（提供AI、机器学习、大数据分析等相关技术培训），确保学生具备创业所需的技术能力。提升教赛融合、科创融汇的能力，支持大学生毕业后真实创业。

（六）评价体系创新

引入个性化评价：利用AI技术跟踪学生的学习过程，进行个性化评价。创新考核方式：结合线上数据分析与线下表现，全面评估学生的学习成果。

总的来说，金融学产教融合AI评价体系的创新举措主要集中在提升学生的实践能力、应用AI技术于教学和考核中，以及在金融科技人才培养上的新尝试。这些举措旨在培养适应现代金融行业需求的高素质人才。

四、教学研讨

教学研讨是深化学生对课程内容理解的关键环节，旨在通过多维度的讨论与观点交流，培养学生的团队协作与学术表达能力，激发创新思维。在“AI赋能产教融合功能效应研究”的框架下，研讨围绕“人工智能预测与实验验证的关系”以及“AI在产教融合功能预测中的研发应用”等核心问题展开。研讨采用小组讨论与全班分享相结合的形式。学生在小组内分工合作，完成资料收集、数据分析和成果汇报。每个小组需综合理论与实际案例，从不同角度审视问题并提出解决方案。在全班分享环节，小组汇报成果后，接受其他小组与教师的提问与反馈，从而进一步完善研究视角和分析方法。此形式鼓励学生在学术讨论中表达独立见解，并从团队合作中获得多元化的观点。研讨的核心目标是通过理论探讨和案例分析，引导学生从多角度思考问题，深入理解AI技术的潜力与局限。学生在研讨过程中，不仅加深了对金融学课程内容的理解，还通过学术交流发现自身的知识空白，从而改进学习方法和研究策略。教学研讨通过构建开放的学术交流平台，激发学生对复杂科研问题的思考能力，为后续的研究实践奠定坚实基础。

五、教学效果与评价

随着人工智能技术和教育方法的快速发展，传统的“学-研-辩-践-悟”教学模式已无法满足跨学科知识整合与快速更新的需求。因此，本研究提出基于智能化与跨学科融合的创新教学模式，即跨学科智能融合创新教学模式。该模式以培养学生创新思维和解决复杂科研问题的能力为核心，融合AI技术与多学科知识，构建了系统化且实践性强的教学框架。该教学模式的核心创新点在于“智-联-创-解-新”模式的实施，涵盖从知识获取到能力提升的完整链条。

（一）智（智能学习）

在课程初期，通过智能推荐系统和AI助手，根据学生的学习进度、兴趣及认知水平，动态提供个性化学习资源与路径。借助AlphaMissense和DeepSequence等AI工具，学生能够精确掌握产教融合功能效应的核心概念和研究方法。智能分析系统实时收集反馈，自动调整学习计划，以提高学习效率。

（二）联（跨学科联动）

课程中强调跨学科知识的深度融合，特别是在金融前沿理论研究中，学生结合计算机科学、区块链、金融科技和大数据等领域的前沿技术，进行协作式学习。通过虚拟实验室和数据共享平台，学生与专家共同探讨科研问题，在多学科环境中进行互动合作，培养解决复杂问题的能力。

（三）创（创新思维驱动）

通过问题驱动与挑战导向的方式，激发学生的创新思维。例如，在探讨“人工智能如何优化E链农村贷款”时，学生利用AI技术和大数据分析工具，提出原创性研究思路并设计解决方案。小组合作与头脑风暴环节进一步激发学生的创造力，强化自主创新能力。

（四）解（智能解题与实践）

教学任务紧密结合真实科研情境，学生不仅运用传统实验技能，还需结合AI模型预测并验证功能效应。通过AI分析虚拟实验室功能的影响，设计实验流程并优化数据分析，学生在实践中深化对复杂问题的理解，锻炼解决科研难题的能力。

（五）新（成果反思与自我超越）

课程结束后，学生通过智能学习平台进行个性化自评与互评，系统记录学习过程中的问题与不足。AI辅助分析帮助学生制定改进策略，通过“学习—反思—提升”

的闭环机制，促进自我超越，持续提升科研能力与实践水平。

六、总结

秉持“科教融汇、产教融合、协同育人”的理念，本课程以AI技术赋能“金融学”教学研究，围绕产教融合实践教学功能效应预测构建了与投资学专业高度关联的智能投顾与个性化理财的教学案例，充分展现了前沿科技与多学科融合在教学改革中的独特价值。通过将AI技术与传统金融学理论和实验方法相结合，学生在课程中不仅加深了对产教融合及其对校企协同与课赛融通影响的理解，还通过实践实验培养了分析与解决问题的能力，显著提升了创新思维与实践应用能力。在教学过程中，AI工具（如AlphaFold3和AlphaMissense）的引入，使学生能够直观体验金融科技与区块链相关知识在实际应用中的价值，从而激发对学科前沿研究的浓厚兴趣。课程设计通过智能化学习工具和跨学科协作的模式，不仅增强了学生对金融学教学内容的掌握，还有效培养了多学科交叉融合的科学思维。该课程模式从教学案例实施背景、教学内容设计到教学组织与效果评价，构建了一套系统的教学模式，通过AI赋能的教学创新，课程培养了能够应对世界科技前沿挑战的复合型拔尖创新人才，为金融学及相关学科教学改革树立了典范。

参考文献

［1］彭梦娇．应用型本科高校产教融合的研究［D］．重庆：重庆师范大学，2016.

［2］苏小红，苗启广，陈文宇．基于AI赋能和产教融合提升程序设计能力的个性教学模式［J］．中国大学教学，2023（6）：4-9.

［3］熊文辉.基于人工智能技术背景下环境艺术设计的实践与探究［J］．鞋类工艺与设计，2024，4（17）：69-71.

［4］王佑镁，王海洁，王旦，等．ChatGPT赋能职业教育数字化转型的多重角色与实践路径［J］．电化教育研究，2024（1）：76-83.

［5］谢德新，单雪荣．人工智能时代职业教育的生存挑战、自我适应及实现路径［J］．职教论坛，2024（11）：108-114.

［6］薛维忠，张春明，佀姮．人工智能时代职业教育发展研究［J］．教育与职业，2020（6）：39-43.

［7］丁晨．从适应到引领：人工智能时代职业教育发展的机遇、挑战与出路［J］．中国职业技术教育，2019（13）：53- 59.

产教融合应用型商科人才培养改革探索与实践
——以“国际货运代理实务”课程为例

施继华

【摘要】在教育改革趋势上，当下产教融合已成为教育发展的重要方向，本文聚焦“国际货运代理实务”课程，为应用型商科人才培养改革提供具体且具针对性的实践案例。本文介绍了“国际货运代理实务”课程在产教融合背景下的改革与实践，课程依托与中远航运集团的合作，探索产教融合的创新路径，结合行业需求和教育政策，旨在培养适应国际货运代理行业发展的高素质应用型人才。

【关键词】国际货运代理实务；产教融合；课程改革

2017年12月5日《国务院办公厅关于深化产教融合的若干意见》中明确指出“深化产教融合，促进教育链、人才链与产业链、创新链有机衔接”。教育部高教司于2023年3月正式公布了2023年度的重点工作计划，强调全面深化“四新”建设，即新工科、新医科、新农科、新文科，为进一步强化高等教育体系与经济社会发展的紧密契合，亟须推动高校在学科交叉融合、产教融合等方面加强建设。在此背景下，我们对“国际货运代理实务”课程积极开展产教融合的探索。

一、课程简介

“国际货运代理实务”是国际经济与贸易专业的选修课程，其课程地位表现在：该课程是一门职业知识课程，为学生从事国际货运、国际物流以及货运代理岗位的工作提供了必要基础。课程以国际货物运输的海、陆、空运输为主线，以国际货物运输服务活动为研究对象，对运输、集装、储存、搬运、配送、报关等服务进行计划、执行、控制、组织的管理科学。本课程具有实践性、综合性、复杂性强的特点，课程以国际货运代理从业人员的销售、操作、客户服务等岗位展开，每个环节都具有极强的操作性，需要将行业操作规范与业务经验告知，学生加以强化训练。该课程综合了国际贸易、海关实务、外贸单证、国际商法等课程，国际货运代理行业的特点决定了从业人员需要与货主、承运人、海关、场站人员等各类人员和组织交往，需要学生具有复杂事务的处理与应变能力。

在教学实践中，课程凭借丰富案例研讨、模拟业务操作、企业实地调研等多元化教学手段，强化学生对理论知识的理解与实际应用转化能力。依托与中远航运集团的深度产教融合，引入企业真实业务场景与前沿行业经验，使课程内容紧密贴合市场需求与行业发展趋势，全方位塑造学生成为契合国际货运代理行业需求的高素质应用型人才。

作为产教融合试点课程，“国际货运代理实务”不仅注重知识传授，更强调职业素养与行业适应力的培养。通过校企协同育人机制，学生能够直接接触国际货运代理行业的前沿动态，掌握中远航运集团等头部企业的操作标准与管理模式，为未来从事国际物流、供应链管理、货运代理等岗位奠定坚实基础。

二、课程目标

（一）知识目标

学生能了解国际货运代理的基本概念、业务范畴及在国际物流中的作用；掌握国际货运代理中各种不同的运输方式、国际货运代理的操作程序；能记住从揽货订舱到交付货物的整个货运程序、集装箱运输进出口业务货运流程；掌握货物运输的运作流程、单证制作和运费计算方法；归纳国际货运代理与其他物流环节之间的关系，如航空公司、海关等；能记住海运保险的种类及主要条款，会计算国际航空运费。

（二）能力目标

学生能够分析和解决国际货运代理实际业务中遇到的问题，包括货物装载、单证准备、费用结算等方面的挑战；能够根据不同情况选择合适的运输方案，包括航班选择、货物包装等；能够制作货物运输所需的相关单证，如空运货物托运单、航空运输单据等；能够与客户、供应商、航空公司等进行有效的沟通和协调，确保货物的顺利运输。

（三）思政育人目标

通过学习本课程，学生能够具备较强的语言表达和沟通能力，能够清晰地向他人介绍和解释国际货运代理的相关概念和流程；具备独立学习和自主获取信息的能力，能够利用各种工具和渠道获取行业动态和前沿信息；具备创新思维，能够在实际业务中提出创新性的解决方案，提高工作效率和质量；具备团队合作精神，能够与团队成员协作，共同完成任务，实现共同目标；具备较强的职业素养和责任感，能够遵守法律法规，保障客户利益，维护行业声誉。

三、改革背景

（一）行业变革驱动

经济全球化与贸易自由化的持续深化促使国际货运代理行业加速转型升级。在“一带一路”倡议、跨境电商蓬勃发展、全球供应链重构等宏观背景下，国际货运市场规模持续扩大，运输需求日趋多元复杂，对国际货运代理人才的专业素养、创新能力与综合服务水平提出严苛要求。行业技术创新浪潮汹涌，大数据、人工智能、物联网、区块链等新兴技术深度渗透物流运输各环节，推动业务流程智能化、数字化、可视化变革，传统货运代理操作模式面临颠覆性重塑。绿色物流理念深入人心，环保法规日益严苛，促使企业加速节能减排、优化运输结构、推广新能源应用，催生国际货运代理行业绿色转型新契机与新挑战。行业竞争格局深度调整，市场集中度逐步提升，头部企业凭借规模优势、技术创新与综合服务能力强化市场主导地位，中小货代企业则在专业化、特色化、差异化服务路径上寻求突破，加剧行业人才竞争与结构优化需求，倒逼高校国际货运代理实务课程改革创新，紧密对接行业动态与前沿技术，培育契合产业升级需求的创新型、复合型人才。

（二）人才供需失衡

当前国际货运代理行业人才市场呈现结构性失衡困境。一方面，传统货代业务人才趋近饱和，但精通新兴技术应用、国际供应链管理、跨境电商物流协同、国际商法与贸易合规等领域的高端专业人才稀缺，难以满足企业数字化转型、国际化拓展与综合服务升级的战略诉求；另一方面，高校人才培养体系与行业实践需求存在一定程度脱节，课程教学重理论轻实践、知识更新滞后、实践教学资源匮乏、教学方法单一等问题突出，导致毕业生进入职场后适应期长、实操能力薄弱、创新意识不足，无法迅速融入企业创新发展进程。企业内部人才培养体系尚不完善，人才培训成本高、周期长、效果参差不齐，进一步加剧行业人才供需矛盾，凸显高校课程改革紧迫性与必要性，亟须构建深度产教融合人才培养模式，优化课程体系与教学内容，提升学生实践创新能力与职业竞争力，精准填补行业人才缺口。

（三）教育政策导向

国家教育政策积极倡导深化产教融合、校企合作，推动高校应用型人才培养模式改革。系列政策文件明确要求高校紧密对接产业需求，优化专业布局与课程体系，强化实践教学环节，共建实习实训基地，打造“双师型”教师队伍，促进教育链、人才链与产业链、创新链有机衔接。在商科教育领域，鼓励高校引入企业真实项目与案例，推行基于工作过程的教学模式改革，培养学生解决实际问题能力与职业素养，提升商科人才对经济社会发展的适配度与贡献率。国际货运代理实务课程顺势而为推进产教融合改革，既是贯彻教育政策方针的必然要求，也是提升课程建设质量、彰显专业特色优势、服务地方经济与行业发展的重要举措，有助于探索形成可复制、可推广的应用型商科人才培养范式，助力高校商科教育内涵式发展与教育现代化建设。

四、改革理念与整体设计

（一）OBE 导向与 CDIO 模式融合

秉持成果导向教育（OBE）理念，以国际货运代理行业职业能力需求为核心，反向设计课程目标、教学内容与评价体系，确保学生通过课程学习达成预期学习成果，有效提升就业竞争力与职业发展能力。借鉴 CDIO 工程教育模式，构建“构思（Conceive）—设计（Design）—实施（Implement）—运行（Operate）”一体化教学框架，将国际货运代理业务流程有机融入教学各环节。从业务项目构思策划出发，引导学生系统设计运输方案、组织实施业务操作、持续优化运营管理，全面培养学生工程实践能力、系统思维与团队协作精神，实现知识、能力与素质协调发展，使学生毕业后能够迅速适应并胜任国际货运代理岗位工作，成长为行业创新发展的中坚力量。

（二）“双元协同、双能递进”育人机制

构建“学校-企业”双元协同育人共同体，充分发挥学校教育主体作用、企业实践主导作用。学校与中远航运集团紧密协作，共同制定教学大纲、开发课程教材、建设师资队伍、实施教学评价。实施“基础能力-核心能力-综合能力”递进培养路径，在课程初始阶段强化专业基础理论与基本技能教学，筑牢知识根基；在课程中期阶段聚焦国际货运代理核心业务能力培养，通过企业真实项目驱动教学，提升实践操作与问题解决能力；在课程后期阶段开展综合实践与创新创业项目训练，培育学生跨学科综合应用、国际视野拓展与创新创造能力，实现学生从校园新手向行业能手的稳步跨越，全方位提升人才培养质量与层次。

（三）课程体系重构与模块化设计

基于行业岗位能力需求调研与职业能力分析，对国际货运代理实务课程体系进行系统性重构。打破传统课程知识架构，整合优化为“国际货运代理基础认知”“运输方式运作与管理”“货运代理业务流程实操”“国际物流综合服务与创新”“行业法规与风险防控”等五大模块化课程内容。各模块紧密围绕核心能力培养目标，设置递进式教学项目与任务，实现课程内容由浅入深、由单一到综合的有序衔接。例如，在

“运输方式运作与管理”模块，细分海运、空运、陆运及多式联运子模块，分别涵盖运输原理、运营组织、单证流程、运费结算等内容，通过案例分析、模拟操作、企业实践等多元化教学方式，助力学生深度掌握不同运输方式操作要领与协同机制，提升综合运输管理能力，确保课程体系科学性、系统性与实用性，有效满足行业多元化人才需求。

五、改革措施

（一）共建双师型师资队伍

选派学校骨干教师赴中远航运集团挂职锻炼，参与企业业务运营、项目管理与技术研发，深度了解行业前沿动态与企业实际需求，提升实践教学能力与专业素养。企业选派资深业务专家、技术骨干担任兼职教师，参与课程教学、实践指导与毕业设计评审，将丰富的行业经验、实操技能与案例资源带入课堂，传授最新业务知识与操作技巧。校企联合开展师资培训与教学研讨活动，聚焦新兴技术应用、教学方法创新、课程思政融合等主题，提升教师教学创新能力与综合素质，打造一支专兼结合、结构合理、素质优良的双师型师资队伍，为课程教学改革提供坚实师资保障。

（二）开发基于企业项目的教学资源

校企合作共同开发项目化教材与课程案例集，选取中远航运集团典型业务项目为蓝本，涵盖不同运输方式、货物类型与贸易场景，按照项目任务驱动教学模式编写教材内容，详细阐述项目背景、任务目标、实施步骤、操作要点与成果评估标准，引导学生在项目实施中掌握知识技能。建设课程在线学习平台，整合企业实操视频、电子单证样本、业务流程动画、行业法规数据库等数字化教学资源，拓展学生学习渠道与时空维度，支持学生自主学习、在线交流与远程协作，提升学习效果与效率，满足学生个性化学习需求，促进教学资源共建共享与信息化教学改革。

（三）创新教学方法与手段

推行项目驱动式教学，以企业真实业务项目为载体，将课程知识点融入项目任务中，引导学生分组协作完成项目策划、执行与评估全过程，在实践中深化对知识的理解应用，培养学生解决实际问题能力、团队协作精神与项目管理能力。运用案例教学法，选取中远航运集团复杂业务案例与行业热点事件，组织学生进行案例分析、研讨辩论与方案制订，激发学生思维活力，提升学生分析判断、决策规划与沟通表达能力，增强学生对行业复杂问题的应对处置能力与风险防范意识。引入虚拟仿真教学技术，利用物流虚拟仿真软件开展集装箱装箱配载、港口装卸作业、运输路线优化等虚拟实验教学，让学生在沉浸式环境中体验物流运作流程，提升操作技能与应急处理能力，降低实践教学成本与风险，有效弥补传统教学短板，提升教学质量与趣味性。

六、改革成效

（一）学生专业能力显著提升

通过产教融合改革实践，学生在国际货运代理专业知识与技能方面取得长足进步。在课程考核与职业技能竞赛中，学生对运输方式选择、运费计算、单证缮制、业务流程操作等核心知识点的掌握程度与应用能力显著增强，成绩稳步提升。学生在运输优化、成本控制、供应链协同等方面的卓越创新思维与实践应用能力，有力证明课程改革对学生专业能力提升的显著促进作用。随着学生专业能力的提升，间接使得专业影响力与社会认可度不断提升，招生生源质量显著改善，报考人数逐年递增，为国际经济与贸易专业建设成为省级一流专业提供有力支撑，有力推动高校应用型商科人才培养质量提升与教育教学改革深化发展。

（二）就业竞争力与职业发展前景广阔

毕业生在国际货运代理、国际物流、跨境电商物流等领域就业竞争力大幅提升，深受企业青睐。就业跟踪调查显示，毕业生入职后能够迅速适应工作岗位，在较短时间内成长为企业业务骨干，薪资待遇与职业晋升速度优于未参与改革课程的学生。部分优秀毕业生凭借在校积累的丰富项目经验与创新能力，成功进入行业知名企业核心业务部门或晋升管理岗位，参与企业国际化战略布局与业务创新项目，在全球供应链管理、国际物流网络优化、智能物流系统应用等前沿领域发挥重要作用，为个人职业发展奠定坚实基础，也为行业发展注入新活力，充分体现课程改革对学生职业发展的深远影响与积极推动作用。

（三）企业与行业效益显著增进

中远航运集团通过参与课程产教融合，获得稳定优质人才补给，有效降低人才招聘与培训成本，提升企业人力资源质量与创新活力。学生在实习与就业期间为企业带来新思维、新技术与新方案，助力企业优化业务流程、提升服务质量、拓展市场份额。例如，学生参与企业物流信息系统优化项目，提出基于大数据分析的运输路径优化建议，成功降低企业运输成本、提高配送效率，增强企业市场竞争力。同时，课程改革推动行业人才培养模式创新与整体素质提升，促进国际货运代理行业规范化、智能化、可持续发展，提升行业在全球供应链中的地位与影响力，实现校企生三方共赢与行业生态良性发展，为经济社会发展提供有力人才与智力支持。

七、结论

“国际货运代理实务”课程在产教融合背景下的改革与实践，充分体现了教育与产业深度融合的必要性和紧迫性。通过与中远航运集团的合作，课程内容紧密对接行业需求，构建了以学生为中心、以能力培养为导向的教学体系，全面提升了学生的专业能力、创新思维与职业素养。改革不仅推动了学生综合素质的提升，也为行业提供了急需的高素质应用型人才，促进了企业和行业的创新发展。

通过课程的深入改革，国际货运代理行业的实际需求得到了精准对接，学生的就业竞争力和职业发展前景得到了大幅提升，企业的技术创新与市场拓展也因此受益。未来，随着行业的持续发展与教育改革的不断深化，产教融合模式必将成为培养高水平、复合型人才的重要途径，为全球供应链管理和国际物流的发展注入源源不断的动力。

综上所述，本课程改革的成功实施不仅为学生的职业发展奠定了坚实基础，也为国际货运代理行业的持续进步提供了智力支持与人才保障。我们期待着在未来能够进一步完善课程内容和教学方法，探索更多与行业紧密结合的创新路径，为高等教育改革和社会经济发展做出更大贡献。

参考文献

[1] 王博仪，朱晓佳. 新商科背景下应用型本科高校人才培养模式改革研究[J]. 黑龙江工业学院学报（综合版），2024，24（12）：39-41.

[2] 赵俊仙，曹云明，王俊. 产教融合视域下新商科人才培养模式研究 [J]. 商展经济，2024（16）：173-176.

[3] 涂智苹. 产教融合下的高校应用型人才培养模式与实践——以韶关学院国际经济与贸易专业为例 [J]. 韶关学院学报，2022 ，43（5）：34-39.

产教融合应用型商科人才培养改革探索与实践
——以“数字贸易企业平台实操”课程为例

潘银坪

【摘要】数字贸易正逐渐崛起，成为驱动全球经济增长的关键力量，因此，社会对培育契合数字贸易发展需求的应用型商科人才愈发迫切。本文以广州工商学院商学院的“数字贸易企业平台实操”课程为切入点，分析产教融合在应用型商科人才培养中的改革探索与实践。

【关键词】产教融合；应用型商科人才；数字贸易实操

数字贸易这种新兴的贸易模式，正在快速重塑传统商业运作模式与贸易规则。面对这一变革，高校需要对传统商科人才培养模式进行改革，深化与产业界的合作，致力于培养兼具实践能力和创新思维的应用型人才。广州工商学院作为一所地方性、应用型本科院校，积极响应国家关于深化产教融合、校企合作的号召，通过建设数字贸易校企联合实验室，开展了一系列教学改革实践。其中，“数字贸易企业平台实操”课程作为产教融合的典型案例，旨在通过模拟真实的数字贸易环境，提升学生的实际操作能力和解决问题的能力。

一、课程建设背景

（一）数字贸易的发展需求

互联网和其他数字技术正在重塑传统的贸易模式，涵盖了电子商务、数字服务贸易、数据流动等多个方面，为全球经济增长提供了源源不断的新动能。根据中国商务部的统计，2022年中国数字贸易总额达2.51万亿元人民币，同比增长7.8%，这一显著的增长不仅体现了数字贸易的活力，也预示了其在未来经济发展中的重要作用。

数字贸易的发展，不仅要求企业能够利用数字技术优化供应链、提高交易效率，还要求企业和个人能够适应数字化环境下的新型贸易规则和商业模式。这种变化对商科人才的培养提出了新的要求：不仅要理解传统的商业运作，还要掌握数字技术的应用，能够在数字化的全球市场中进行有效的商业活动。

（二）应用型商科人才的培养需求

市场对应用型商科人才的需求不断增长，主要体现在以下几个能力要求（见表1）：

表1 市场对应用型商科人才的能力要求

能力类型	具体表现
操作能力	熟练操作数字贸易平台，包括电子商务平台、数字支付系统等
理解能力	理解数字环境下的商业规则，包括数据保护、网络安全等
创新与应变能力	具备创新思维和解决问题的能力，能在快速变化的市场中发现机会并应对挑战

传统的商科教育模式往往侧重于理论知识的传授，忽视了实践能力的培养，导致毕业生在实际操作中显得力不从心。为了适应数字贸易的发展，商科教育必须加强与产业界的联系，通过产教融合的方式，培养学生的实际操作能力和创新思维。

（三）产教融合的改革探索

广州工商学院商学院通过建设数字贸易校企联合实验室，开展了一系列教学改革实践。学院与广州空港综保区投资运营有限公司等企业合作，共同开发课程内容、共建实验室、共享教学资源和成果，旨在构建一个理论与实践相结合的教学体系。这种合作模式能将企业的实际需求、最新技术动态融入教学过程，使学生在学习理论知识的同时，能够通过实际操作加深理解并提升技能。

此外，学院还注重师资队伍的建设，通过引进具有丰富实践经验的企业导师，加强教师的实践培训，提升教师“双师型”素质。同时，学院还通过举办各类竞赛、研讨会等活动，鼓励学生参与数字贸易实践，以此来培养学生的创新能力和团队合作精神。

二、课程教学目标

“数字贸易企业平台实操”课程的教学旨在培养适应数字经济发展新趋势的应用型商科人才，课程的教学目标具体包括（见表2）：

表2 “数字贸易企业平台实操”教学目标

目标层次	具体表现
知识目标	能够记忆并背诵数字贸易的发展历程、核心概念、操作流程及法律法规；清晰解释数字贸易的重要性及数字环境下商业规则和法律框架的内涵；将所学知识用于开展商品交易、市场分析和客户服务；深入剖析数字贸易数据和信息以支持商业决策；客观评估不同数字贸易策略和模式的优缺点，设计创新的解决方案和商业模式

续表

目标层次	具体表现
能力目标	能够熟练操作数字贸易平台，完成商品交易、市场分析和客户服务任务；使用电子商务平台进行商品上架、价格设定和促销活动设计，将理论知识转化为实际操作能力；运用数据分析工具处理和分析数字贸易数据，深入剖析市场调研数据以做出合理选品决策；分析订单处理流程并提出优化方案，分析物流配送路线以降低成本；评估数字营销策略效果，评价客户服务质量并提出改进措施，提升数字贸易效率和客户满意度；设计创新数字营销策略，结合区块链技术设计供应链管理系统，展现创新思维和综合应用能力
素质目标	通过项目驱动的教学模式，鼓励学生在团队中合作，共同解决实际问题，从而提升团队协作和领导能力。同时，课程将融入社会责任和伦理考量，培养学生的社会责任感和道德判断力，使他们在未来的职业生涯中能够积极贡献社会

三、教学内容与方法

（一）教学内容

“数字贸易企业平台实操”课程的教学内容紧密围绕数字贸易的全流程设计，通过模拟和实操训练，使学生全面掌握市场调研、商品选品、平台操作、订单处理、物流配送、客户服务等环节。同时，课程内容紧跟最新的数字贸易技术和发展趋势，引入大数据分析、人工智能、区块链等前沿知识，以确保学生能够适应未来数字贸易领域的发展需求。

1. 市场调研与商品选品

市场调研需要教会学生如何利用数字工具进行市场分析，如使用大数据技术分析市场趋势、消费者行为和竞争对手。同时，学生将基于市场需求、利润空间、供应链稳定性等因素，结合实际案例学习如何依据市场调研结果做出符合市场需求的商品选品决策。

2. 平台操作与订单处理

课程将详细介绍包括B2B、B2C、C2C等不同模式的数字贸易平台的运作机制。学生在虚拟仿真实验平台使用模拟账号练习商品上架、价格设定和促销活动设计等。课程还会教授学生如何处理订单，包括订单生成、支付处理、订单跟踪等，以及如何利用平台工具提高订单处理效率。

3. 物流配送与客户服务

物流配送主要涵盖如何选择物流渠道、优化配送路线、降低物流成本等内容。学生将学习如何管理物流信息，确保商品按时送达。课程也设计了学生如何通过数字平台提供全链条优质客户服务，包括售前咨询、售中支持、售后服务，以及处理客户投诉和反馈。

4.大数据分析与人工智能

课程将结合最新数字贸易技术，引入大数据分析和人工智能知识。学生将学习收集和分析数字贸易数据以支持商业决策，并探讨AI在市场预测、客户行为分析和个性化推荐等方面的应用。

5.区块链技术

课程还包含区块链技术在数字贸易中的应用，包括供应链管理、智能合约和数字货币等，帮助学生了解如何优化流程、提高交易安全性和效率。

6.实践项目与案例分析

课程设计了实践项目和案例分析，以加强理论与实践的结合。学生将参与真实数字贸易项目，如开设在线商店、管理数字营销活动，并通过分析成功与失败案例，学习识别和解决数字贸易中的问题。

（二）教学方法

“数字贸易企业平台实操”课程采用多样化的教学模式，主要包括以下教学方法（见表3）：

表3 **“数字贸易企业平台实操”教学方法**

教学方法	具体实施	培养目标
案例教学法	分析覆盖市场调研、选品、平台操作、订单处理、物流配送、客户服务等环节的真实数字贸易案例	深入理解数字贸易的复杂性和动态性，培养批判性思维和问题解决能力
模拟实训法	提供接近真实的数字贸易环境，可进行开设在线商店、商品上架、处理订单、管理物流等操作的数智贸易模拟平台	增强学生的实践技能，帮助他们理解平台运作机制，并尝试不同策略，为未来职业生涯做好准备
项目驱动法	学生分组完成涵盖从市场调研到产品交付的全流程项目，过程中需运用所学知识解决实际问题，并在项目结束时展示成果	提升了学生的团队合作能力，激发了创新精神和企业家精神
翻转课堂	学生课前通过在线平台学习理论知识，课中参与讨论和实训，期末进行展示分享。教师则从知识传授者转变为学习的促进者和指导者	提升学生自主学习、团队合作、沟通表达、总结归纳和实践能力，培养批判性思维，促进了个体差异化发展

（三）教学手段

“数字贸易企业平台实操”采用多元化和现代化的策略，以适应数字贸易领域的快速发展和变化。

1.数字化教学平台

课程建设数字化教学平台，为学生提供全面、互动的学习环境。平台包含电子教材、视频讲座、在线测试等丰富资源，设置讨论区、实时问答、小组协作等互动工具，增强学习的互动性和参与感。学生可以随时随地自主学习，教师也能便捷地进行教学管理和反馈。

2.虚拟仿真系统

通过数智贸易等虚拟仿真系统，学生在模拟真实数字贸易环境下进行实践操作。系统涵盖市场分析、商品交易、物流管理等环节，帮助学生掌握操作流程，提升实践技能和对数字贸易环境的适应能力。

3.企业合作平台

与广州空港综保区投资运营有限公司等企业合作，为学生提供真实业务平台和数据，使其在商业环境中实操训练。让学生参与企业项目，体验工作流程，应用所学知识。这种合作既为学生创造实践机会，也为教师提供与行业接轨的渠道，保障教学内容的实用性和前瞻性。

4.AI智能工具的整合

课程整合了AI智能工具，优化教学手段，提升教学效果和学习体验。AI技术通过分析学生的学习行为和表现，提供个性化学习建议和资源，调整学习进度，增强学习动机，提高学习效果。同时，课程使用数字化教学平台的智能学伴，为学生提供24小时即时学习支持，减少学习挫败感。此外，课程教授学生使用AI工具进行数据分析，如利用机器学习算法分析市场趋势和预测消费者行为，提高分析能力和数据驱动决策能力。最后，引入AI技术进行作业和项目的自动化评估，提供即时反馈，帮助学生及时调整学习策略，提升能力。

四、教学效果与挑战

（一）教学效果

“数字贸易企业平台实操”课程自实施以来，已取得一系列积极的教学效果，这些效果主要体现在学生能力的提升、创新思维的培养和团队合作精神的加强。

1.学生能力显著提升

模拟实训和项目驱动使学生能够熟练运用数字贸易平台进行商品交易、市场分析和客户服务，这些技能对于他们未来的职业生涯至关重要。根据课程反馈，学生在课程结束时对数字贸易平台的操作熟练度提高了约60%，这表明课程有效地提升了学生的实际操作能力。

2.创新思维的培养

学生通过案例教学法和项目驱动法提出诸多创新商业模式与营销策略，这些创新思维在课程项目和讨论中得以展现。如学生团队在模拟数字贸易项目中设计出结合区块链技术的供应链管理系统，获企业高度评价。

3. 团队合作精神的加强

学生在小组项目和实训活动中学会了团队分工、有效沟通和冲突解决等软技能，这些对职业发展至关重要。课程结束后，超80%的学生认为课程增强了团队合作能力。

（二）面临的挑战

尽管课程取得了一定的成效，但在实施过程中也遇到了一些挑战，需要在未来的教学中进一步优化和解决。

1. 教学资源不足

尽管合作企业提供了一定的资源，但与快速发展的数字贸易相比，教学资源仍显不足。这表现在最新的数字贸易技术和工具未能及时更新到课程中，以及缺乏足够的案例库来支持教学。为了解决这一问题，课程团队计划进一步扩大与企业的合作，引入更多的真实案例和最新的技术工具。

2. 师资队伍需要加强

教师的数字贸易实操经验有限，这在一定程度上限制了教学的深度和广度。为了加强师资队伍，学院计划实施教师培训计划，包括定期的企业访问、行业研讨会参与以及在线课程学习。此外，学院也将引进具有丰富行业经验的兼职教师，以增强教学团队的实战经验。

3. 教学方法需创新

现有的教学方法虽然有效，但仍需不断探索和创新，以适应数字贸易的新变化。课程团队正在考虑引入更多的互动式和体验式教学方法，如虚拟现实（VR）和增强现实（AR）技术，以提供更沉浸式的学习体验。同时，课程也将探索使用人工智能工具来个性化学习路径和评估学生的学习进度，以提高教学的针对性和有效性。

五、进一步优化建议

（一）加强教学资源建设

1. 丰富教学案例库

与更多企业建立合作关系，收集和整理更多反映当前数字贸易实践的案例。这些案例应涵盖不同行业、不同规模的企业，以及各种数字贸易模式，以提供给学生全面而深入的行业洞察。此外，案例库的建立将促进学生对数字贸易中出现的新问题和挑战的理解，如数据隐私、网络安全等。

2. 更新教学平台

利用最新的信息技术，如人工智能、大数据、云计算等，升级现有的教学平台。这将包括开发或集成更先进的数据分析工具、模拟交易系统和互动式学习模块。通过这些技术，学生可以在模拟环境中实践决策制定，体验数字贸易的全过程，从而获得更加智能化和个性化的学习体验。

3.引入虚拟现实和增强现实技术

结合虚拟现实（VR）和增强现实（AR）技术，为学生提供沉浸式学习体验。这些技术可以用于模拟复杂的商业环境和交易场景，使学生能够在安全的环境中尝试不同的策略和解决方案，从而加深对数字贸易操作的理解。

（二）提升师资队伍水平

1.加强师资培训

定期组织教师参加数字贸易相关的培训和研讨会，提升教师的专业素养和实操能力。这包括对最新数字贸易法规、技术发展和市场趋势的培训，确保教师能够及时更新知识库，并在教学中融入最新的行业实践。

2.引进企业导师

邀请具有丰富行业经验的企业专家担任兼职教师或客座讲师，为学生提供更加贴近实际的指导。企业导师可以分享他们的实战经验，提供行业洞察，并指导学生如何将理论知识应用于实际工作中。

3.促进教师交流与合作

鼓励教师之间的交流与合作，定期举行教学研讨会，分享教学经验和策略。这将有助于教师相互学习，共同提高教学质量。

（三）创新教学方法

1.探索混合式教学

结合线上学习和线下实训，提高教学的灵活性和互动性。线上部分可以包括预览材料、观看视频讲座、参与在线讨论等，而线下部分则侧重于实训、工作坊和项目合作。

2.实施个性化教学

根据学生的学习特点和兴趣，提供个性化的学习路径和指导。利用AI技术分析学生的学习行为和进度，为每个学生定制个性化的学习计划和资源推荐。

3.强化实践环节

增加课程中的实践环节，如模拟交易、案例分析、角色扮演等，以提高学生的实际操作能力和解决问题的能力。同时，鼓励学生参与真实的数字贸易项目，与企业合作完成实际任务，以增强其实践经验。

“数字贸易企业平台实操”课程作为产教融合的典型案例，为应用型商科人才培养提供了有益的探索和实践。通过与企业合作，课程实现了理论与实践的紧密结合，有效提升了学生的实操能力和创新思维。然而，面对数字贸易的快速发展，课程建设仍需不断优化和创新。未来，广州工商学院商学院将继续加强与企业的合作，丰富教学资源，提升师资水平，创新教学方法，为培养适应数字贸易发展的应用型商科人才做出更大的贡献。

参考文献

［1］邱璐璐. 新质生产力导向下数字经济专业人才培养策略研究［J］. 创意与创新，2024，12（8）：196-201.

［2］XIAO ZHANG. Analysis of digital trade virtual simulation comprehensive training system［J］. Education Reform and Developmen，2024，8（6）：38-43.

［3］解茹玉，刘静. 应用型高校新商科人才培养模式探索与实践［J］. 现代教育论坛，2022，5（3）：1-3.

商业智能视角下"商务数据分析"课程项目式教学改革探索[①]

吕境仪　邵嘉苇

【摘要】本文以商业智能为背景，基于OBE理念和项目式教学模式，探索"商务数据分析"课程的教学改革。通过校企合作开发真实案例，设计实践性项目，结合"五+"教育模式（"课程+思政""理论+实践""实务+案例""线上+线下""热点+前沿"），能够培养学生的数据分析能力、国际化视野、商业智能技术及数智营销专业能力。改革注重思政融合、实践导向与前沿技术应用，旨在培养具有创新思维和社会责任感的应用型商务数据分析人才，为数字化转型背景下的商科教育提供实践参考。

【关键词】商务数据；项目式教学；教学改革；商业智能

一、研究背景

在数字化转型的浪潮中，数据已成为企业实施营销计划、做出决策的重要资产。商业智能（Business Intelligence，BI）作为将数据转化为洞察力的关键技术，正日益受到企业的重视。企业对具备商业智能分析能力的人才需求激增，数据分析成为了当代营销人才的重要能力，对数据分析能力的训练也成为了市场营销专业教学的重点。而OBE理念强调以学生的学习成果为导向，注重教学的实用性和有效性。项目驱动型教学是一种以项目为载体，让学生在实践中学习和掌握知识的教学方法。项目式学习与传统教学模式相比，更加注重让学生在真实生活情境中进行项目学习，综合运用跨学科知识，在项目活动中以小组合作的形式制作项目产品、展示交流。

① 基金项目：2024年广州工商学院校级高等教育教学研究和改革项目《基于OBE理念与商业智能背景的"商务数据分析"项目驱动型教学改革与探索》（项目编号JXGG202435）；2023年广州工商学院校级质量工程改革项目"商科类专业'3IN'项目制实践教学模式：效能、组织与实施"（JXGG20231038）；2024年广东省教育科学规划课题"新质生产力背景下'3IN'项目制应用型人才培养路径与策略研究——基于SECI模型的视角"（2024GXJK508）。

二、教学现状分析

（一）传统的讲授型教学模式下学生较为被动

“商务数据分析”这门课程在传统的讲授型教学模式下，学生往往处于较为被动的地位，他们更多的是被动地接受教师传授的理论知识和分析方法，而缺乏主动思考和探索的机会，这在一定程度上限制了学生创新能力和实践能力的培养。

（二）课程考核方式对学生的考查不够全面

“商务数据分析”课程在传统的考核方式中，往往过分侧重于对学生理论知识掌握情况的考查，如理论概念的记忆、公式推导的准确性等，而忽视了对学生实践能力和综合素质的全面评估。这种考核方式可能导致学生虽然掌握了理论知识，但在实际应用中却显得力不从心，缺乏解决实际问题的能力。

（三）教学资源与环境建设缺乏产业真实性

“商务数据分析”课程的教学资源与环境建设在当前阶段仍存在着一定的局限性，其中最显著的问题便是缺乏产业真实性。传统的教学环境往往侧重于理论知识的传授，而忽视了与实际产业环境相结合的教学资源建设。学生难以接触到真实的商业数据和分析工具，无法亲身体验到数据分析在产业中的实际应用和操作流程。这不仅限制了学生实践能力的培养，也使他们难以全面理解商务数据分析的复杂性和挑战性。

三、改革特色与创新点

为了更好地落实立德树人根本任务，遵循市场营销专业“立足大湾区，扎根本土，服务社会”的定位，本课程改革拟通过时尚产业、数据服务企业以及课堂三主体的合作共建，基于OBE理念与商业智能背景的项目式教学改革培养新时代商务数据分析人才。具体创新点如下：

（一）项目驱动的教学方式

以真实的商务案例和数据为驱动，让学生在实际操作中掌握商务数据分析的技能和方法。这种教学方式可以激发学生的学习兴趣和主动性，提高他们的实际操作能力和问题解决能力。

（二）校企合作开发案例

与相关企业合作，共同开发和推广真实的商务案例和数据。这种校企合作方式可

以加强学校和企业的联系，使教学更加贴近实际，同时也有助于为学生提供更多的实践机会和就业渠道

（三）多元化的评价方式

采用多元化的评价方式，包括学生自我评价、团队评价、教师评价、企业第三方评价等多种形式。张执南等人指出，针对项目式教学，学校应建立多元评估指标，不仅考查学生的最终项目成果，也应评估学生在项目执行过程中的态度、能力等多方面的表现。对于学生在课上展示任务的成果，老师需要及时消化，做出中肯的点评，课后依据各小组的课前准备情况、课堂呈现情况、教学效果情况进行综合评价。

（四）重视社会责任和价值观的履行

注重社会责任和价值观的履行，通过此改革的实施，可以培养学生的社会责任感和公共意识，提高他们的综合素质。同时，本改革成果也可以为社会提供更多的数据分析和商业智能方面的人才资源，推动社会的经济发展和创新进步。

四、改革设计与实施

本课程改革以“打造专业特色，践行学院办学方针，推动学校国际化办学”为目标，以大湾区市场需求为导向，以项目式教学为抓手，优化课程教学内容与教学手段，优化课程思政与理论教学和实践教学的融合点，提升课程“立德树人”培育成效，培养学生的新时代思政意识，国际化视野，商业智能分析技术以及数智营销专业能力，满足学校“正德厚生，励志修能”，以及商学院“崇德致知，弘商济民”的办学需求，力求培养出一批“有理论，有技术，有创新，有责任的应用型营销人才”（如图1所示）。

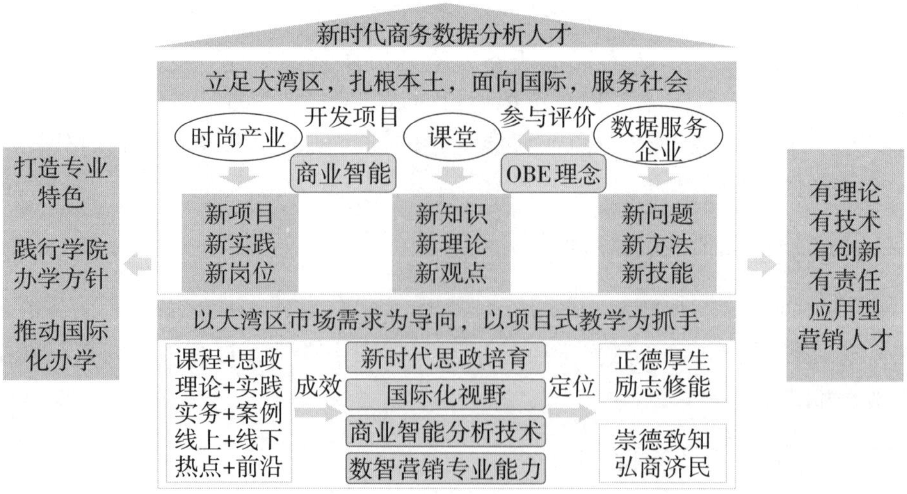

图1　“商务数据分析”课程改革模式及方案图

具体内容如下：

（一）时尚产业、数据服务企业以及课堂三主体合作共建课程体系

首先与时尚产业企业沟通，了解其对商业智能人才的需求，分析时尚产业中商业智能的应用场景和典型案例。通过沟通，针对学生的基本情况开发相应的实践性项目，并以一系列的业务项目为主线，让学生在模拟环境中进行商业智能技术的操作和应用。对于一些能力较强的学生，组织其参与企业的真实商业智能项目，提供实战机会和实习岗位。

课程以学生为中心，以实践性项目为主线，围绕应用型商务数据分析人才能力需求，设计多个实践性项目，促使学生“脑、手、眼”协调发展，培养学生的数据意识和经世济民思想，提高学生综合实践能力和创新思维能力。同时，邀请相关数据服务公司参与学生的项目考核评价，用行业的眼光对学生进行指导，围绕数据分析提供“新问题，新方法，新技能”。

（二）通过“五+”模式培养学生的新时代思政意识

本项目基于课程现状和学生的学情，提出“五+”教育模式：“课程+思政”“理论+实践”“实务+案例”“线上+线下”“热点+前沿”。基于应用型大学的办学定位、“新文科”建设理念、专业人才培养要求、课程特色及学生学情确定价值、知识、能力三位一体的课程目标。从课程目标为出发，结合中国特色实践、国内外科学研究前沿、未来职业方向，采用传统文化渗透、经典案例剖析、引导思维启发、头脑风暴讨论、带入情境分析等方法实施课程思政。实现思政元素与专业教育无缝对接和有机融合，将“精准把脉，精准发力、精确制导”理念与“经世济民、求真务实”课程核心价值观贯穿始终。抓住调查研究求真务实、实事求是的文化特点，将优秀传统文化、家国情怀、科学精神及职业素养等核心内容与课程内容相融合。

（三）通过“五+”模式培养学生的国际化视野

改革课程的所在学校位于广州市花都区，毗邻花都皮具皮革商会，以及众多美妆企业。花都的皮具产业每年都有大量的国际贸易业务，自然也产生了大量的商业数据。学生在进行项目实践时能够通过“实务+案例”对真实数据的处理感悟国际商业形势，培养国际化视野。通过“线上+线下”引入国际知名大学的在线课程、讲座和研讨会，让学生接触国际前沿的数据分析知识和技术。利用在线平台与国际学生进行交流和合作，提高跨文化沟通能力。鼓励学生参加国际学术会议和竞赛，展示自己的研究成果和数据分析能力。

（四）通过“五+”模式提升学生的商业智能分析技术

“理论+实践”能够强化理论基础，确保学生掌握数据分析的基本原理和方法，

包括统计学、概率论等基础知识，以及Excel、SPSS、Python等数据分析工具的使用。通过实践教学，让学生亲身感受数据分析的实际应用价值。可以引导学生参与企业合作项目或自主选择项目，进行数据分析的实践操作。同时，设置模拟数据分析项目，可以让学生在实践中巩固理论知识。“热点+前沿”能够让学生了解数据分析领域的最新动态和前沿技术，如人工智能、大数据、机器学习等。这些技术正在深刻改变数据分析的方式和效率，对于提升学生的商业智能分析技术具有重要意义。在课程中引入前沿的数据分析技术和工具，如深度学习、自然语言处理等。通过讲解这些技术的原理和应用场景，让学生拓宽视野，了解数据分析的未来发展趋势。

（五）通过“五+”模式提升学生的数智营销专业能力

“课程+思政”能够在教授商务数据分析的同时，结合数智营销的实际应用，讲解我国经济政策、企业发展和社会文化等方面的案例，培养学生的文化素养和社会责任感。通过展示数智营销在解决社会问题、推动经济发展等方面的积极作用，增强学生的爱国情怀和社会使命感。强调数智营销中的职业道德和法律法规，引导学生树立正确的价值观和职业观。通过案例分析，让学生认识到数智营销中的道德风险和法律责任，培养他们的诚信意识和法律意识。“理论+实践”能够确保学生掌握数智营销的基本概念和策略，通过课堂讲解、课后作业和单元测试等方式，巩固学生的理论知识。通过提供丰富的实践机会，让学生将理论知识应用于数智营销的实际操作中。可以组织学生进行市场调研、数据分析、营销策略制定等实践活动，通过实际操作提升他们的数智营销能力。“实务+案例”通过在课程中引入数智营销的真实案例，让学生了解数智营销在实际商业环境中的应用和效果。这些案例可以来自电商、社交媒体、金融等行业，涵盖不同场景和营销目标。通过分析案例的背景、问题、解决方案和效果评估等过程，让学生深入理解数智营销的策略和执行。同时，鼓励学生提出自己的见解和改进方案，培养他们的创新思维和解决问题的能力。

五、小结

本文围绕“商务数据分析”课程的教学改革，以“五+”模式为核心，探索了如何通过项目式教学培养学生的实践能力、国际化视野、商业智能分析技术以及数智营销专业能力。首先，通过与时尚产业企业的深度合作，了解行业对商业智能人才的需求，设计并实施了一系列实践性项目，使学生在模拟和真实商业场景中掌握数据分析技能。其次，通过“课程+思政”“理论+实践”“实务+案例”“线上+线下”“热点+前沿”的“五+”教育模式，将思政元素与专业教育有机融合，培养学生的家国情怀、科学精神和职业素养。同时，借助国际化资源和本地产业优势，拓宽学生的国际化视野，提升跨文化沟通能力。此外，课程注重理论与实践的结合，引入前沿技术如人工智能和大数据，帮助学生掌握商业智能分析的核心技能。最后，通过数智营销案例教学和实践操作，提升学生的专业能力，培养其创新思维和解决实际问题的能力。本文的研究为“商务数据分析”课程的教学改革提供了系统的实践路径，对培养适应新时代需求的高素质商业智能人才具有重要的参考价值。

参考文献

[1] 齐成龙，李玉颖. STEAM 项目式教学：内涵意蕴、价值向度与运用示例 [J]. 自然辩证法通讯，2023（11）：106-113.

[2] 张执南，张国洋，韩东，等. 基于知识图谱的项目式教学管理——以大学生创新实践项目为例 [J]. 高等工程教育研究，2022（2）：58-62.

[3] 林丽萍. 基于任务驱动和分组竞技的教学改革实践——以商务数据分析课程为例 [J]. 办公自动化，2024（22）：54-56.

[4] 张华. 数字化转型背景下电商专业课程教学的改革实践研究——以电子商务数据分析课程为例 [J]. 河北软件职业技术学院学报，2024，26（1）：42-46.

[5] 娄超，杨曦，刘婷婷. 基于 CDIO 理念和个性化学习的商科课程改革探索——以《商务智能》为例 [J]. 黔南民族师范学院学报，2022（4）：45-53.

“跨境电商综合实训”课程“SPOC+翻转课堂”混合式教学实践研究

何　芬

【摘要】本研究探讨了“SPOC+翻转课堂”教学模式在特定课程中的实践成效与面临的挑战。首先明晰了SPOC、翻转课堂等核心概念，并根植于建构主义学习理论与情境学习理论，构建了坚实的理论基础。随后，阐明SPOC平台的有效整合、翻转课堂的深度实施以及课程考核评价的优化。通过问卷调查，从自主学习能力的提升、互动交流的深度、资源利用的充分性、情境体验的逼真度及学习效果的差异化五个关键维度，对该教学模式的应用效果进行全面剖析。结果显示，该教学模式在促进学生主动学习、增强师生互动、丰富学习资源等方面展现出了显著优势，但也暴露出自主学习能力不均衡、互动交流频次与深度有待提升等实际问题。针对这些问题，研究进一步提出了个性化学习路径定制、多元化互动交流策略等对策措施。

【关键词】SPOC+翻转课堂；跨境电商；混合式教学模式

一、引言

随着信息技术的发展和教育理念的持续创新，传统教学模式正面临着前所未有的挑战与机遇。在线开放课程的兴起为高校教学带来了新的机遇和挑战，推动了教学模式的不断创新与发展。“SPOC+翻转课堂”作为一种新兴的教学模式，融合了线上资源的丰富性和线下教学的互动性，在提升教学质量、激发学生学习积极性方面展现出巨大潜力。同时，跨境电商行业的迅速发展对相关人才的培养提出了更高的要求，传统的教学模式在应对这一需求时逐渐显现出局限性。因此，探索更为有效的教学模式成为当务之急。

二、相关概念与理论基础

（一）SPOC与翻转课堂的概念

SPOC（Small Private Online Course）即小规模私有在线课程，是一种将在线学习与传统课堂教学相结合的混合式教学模式。

翻转课堂则是将传统的课堂教学结构翻转过来，让学生在课前通过观看教学视频、阅读资料等方式完成知识的传授，课堂上则进行讨论、实践、答疑等活动，实现知识的内化。

（二）建构主义学习理论

建构主义学习理论强调学习者的主体性和知识的建构性，认为学习不是简单地接受知识的过程，而是学习者基于已有经验，通过主动探索、合作交流，不断构建和完善自身知识体系的过程。在“SPOC+翻转课堂”教学模式中，建构主义学习理论为课程设计提供了重要的理论支撑。通过课前自主学习、课堂深度讨论和实践操作，学生能够更加积极地参与到学习过程中，实现知识的主动建构。

（三）情境学习理论

情境学习理论认为，学习是在特定情境中发生的，知识的获取、理解和应用都离不开具体的情境。在本课程中，创设接近真实工作环境的学习情境尤为重要。情境学习理论为“SPOC+翻转课堂”教学模式中的情境设计提供了指导，通过模拟跨境电商平台的实际运营环境，使学生在解决真实问题的过程中深化对知识的理解和应用。

三、教学改革实施情况

（一）课程介绍

“跨境电商综合实训”是培养学生在跨境电子商务领域实践能力的专业课程。该课程涵盖跨境电商平台操作、国际市场分析、产品选品与定价、跨境物流与支付、营销推广策略、客户服务与售后管理等核心环节。通过理论学习、案例分析、模拟操作及实战演练，使学生掌握跨境电商业务的全流程操作技能，了解国际贸易规则与跨境电商政策，提升解决跨境交易中实际问题的能力，为未来从事跨境电商相关工作奠定坚实基础。

（二）教学模式实施

在“SPOC+翻转课堂”教学模式下，课程内容被重新整合和优化。具体表现为以下几个方面：

1.SPOC平台应用

课程使用的SPOC平台为泛雅平台，泛雅在线教学平台为 “SPOC + 翻转课堂”教学模式提供课程建设、学习管理、互动交流、教学评价等方面的支持。作为课前自主学习的主要载体，教师在平台上提供了丰富的预习资料，包括行业动态、案例分析、操作演示视频等，还具备在线测试、讨论区等功能，方便学生进行自我检测和互动交流。学生使用的是学习通 App ，作为泛雅平台配套的移动端应用，为学生提供了更加便捷灵活的学习方式。

2.翻转课堂实施

翻转课堂部分则侧重于实践操作和问题讨论。课前，教师在超星学习通平台上发布任务单。学习任务单采用问题导向设计，明确知识难点与重点，引导学生基于已有知识探索新知识，体现了建构主义强调的“学生中心”和“知识建构”的教学理念。利用平台数据分析功能，教师对学习进度、测验成绩及讨论情况进行监测，实施个性化前置评估，为后续教学活动提供反馈。在课堂上，教师组织学生进行小组项目，学生进行翻转课堂汇报演示，组间互评，学生通过小组合作完成，将理论知识转化为实践技能，增强学习体验与操作能力。课后安排了一项跨境电商的拓展任务，加深对课题知识的理解，锻炼其信息搜集与分析能力、批判性思维能力及解决问题的能力。

3.课程考核评价

该课程的考核评价重视学习过程，形成性评价占比较大。评价主体多元，由教师、学生组内、学生组间共同参与。定量与定性评价结合，既有平台自动生成的定量评分，也有教师和学生参与的定性评价，借助泛雅平台（学习通）和跨境电商模拟仿真平台进行评分。

考评方式包括形成性评价和总结性评价。形成性评价涵盖在线资源学习、在线测试作业、在线讨论互动、翻转课堂和课程项目，其中在线资源学习、在线测试作业、在线讨论互动分别占 10%、10%、5%，由泛雅平台（学习通）评分；翻转课堂占 20%，由教师评分、组内互评、组间评价决定；课程项目占 15%，由教师评分和组内互评决定。总结性评价包括实验技能和期末考试，实验技能占 20%，由跨境电商模拟仿真平台评分；期末考试占 20%，由教师评分（见表1）。

表1 混合式课程考核评价

考核形式	考核项目	权重	评价说明	考核表现类型
形成性评价	在线资源学习	10%	泛雅平台（学习通）评分	定量
	在线测试作业	10%	泛雅平台（学习通）评分	定量
	在线讨论互动	5%	泛雅平台（学习通）评分	定量
	翻转课堂	20%	教师评分+组内互评+组间评价	定性
	课程项目	15%	教师评分+组内互评	定性
总结性评价	实验技能	20%	跨境电商模拟仿真平台评分	定量
	期末考试	20%	教师评分	定量

四、调查及结果分析

（一）问卷设计

本研究采用问卷调查方式，问卷设计基于建构主义学习理论和情境学习理论。建构主义学习理论强调学习者的主动性、知识的建构过程以及学习中的互动交流；情境学习理论注重学习情境对学习的影响和知识在情境中的应用。从自主学习、互动交流、资源利用、情境体验和学习效果五个维度出发，设计了详细的指标体系。每个维度下包含若干题项，旨在全面评估教学模式在课程中的应用效果（见表2）。

表2 问卷题项设计

维度	编号	题项
自主学习	A1	在"SPOC+翻转课堂"模式中，您自主学习时的专注程度如何？
	A2	您在自主学习过程中遇到问题时，解决问题的能力如何？
	A3	您认为自主学习对您掌握课程知识的帮助程度如何？
互动交流	C1	您在翻转课堂上与同学讨论交流的积极性如何？
	C2	您认为与同学讨论交流对您理解课程知识的帮助程度如何？
	C3	您与教师在课堂内外的互动交流频率如何？
	C4	您认为与教师的互动交流对您学习的指导作用如何？
资源利用	R1	您对 SPOC 平台课程资源的满意度如何？
	R2	您使用 SPOC 平台课程资源的频率如何？
	R3	您认为 SPOC 平台的课程资源对您学习的辅助效果如何？

续表

维度	编号	题项
情境体验	E1	您认为“SPOC+翻转课堂”模式创设的学习情境真实性如何?
	E2	这种学习情境对您激发学习兴趣的作用如何?
	E3	您认为学习情境与实际应用的关联紧密程度如何?
学习效果	L1	通过本课程的学习，您的知识和技能有多大提升?
	L2	与传统教学模式相比，您在本课程中的学习效率如何?
	L3	您认为本课程对您未来从事相关工作或学习帮助程度如何?

调查对象为我校2020级国际经济与贸易专业大三年级选课学生，问卷通过问卷星发放，共发放问卷123份，回收有效问卷105份，有效回收率为85.4%。数据收集完成后，采用SPSS等统计软件对数据进行处理和分析。

（二）调查结果

1. 自主学习（Autonomous Learning）

如表3所示，超过54%的学生表示在自主学习时能够达到“比较专注”及以上，其中“非常专注”的占20%。这说明大部分学生在自主学习过程中能够保持一定的专注度，约46%的学生专注度有待提高。这可能与学生的自主学习能力、自我管理能力以及学习材料的吸引力等因素有关。

在解决问题能力方面，约50%的学生认为自己在自主学习过程中解决问题的能力为“一般”，认为“比较强”和“很强”的学生约占24%。表明虽然多数学生能够解决一些基本问题，但在面对复杂问题时仍显得力不从心，可能与学生的知识储备、思维能力和实践经验等因素有关。未来教学中要加强对学生解决问题能力的训练和指导。

在掌握知识的帮助程度方面，约65%的学生认为自主学习对掌握课程知识有帮助，认为“帮助很大”的占35.24%。这说明自主学习在一定程度上能够帮助学生掌握课程知识，35.24%的学生认为其帮助有限，可能与学生的学习方法、学习态度以及自主学习能力等因素有关。后续需要通过提供学习方法和技巧的培训来提高学生的自主学习能力。

表3 **自主学习维度分析**

	选项	频数	占比
专注程度	非常专注	21	20.00%
	比较专注	36	34.29%

续表

	选项	频数	占比
专注程度	一般	28	26.67%
	不太专注	13	12.38%
	很不专注	7	6.67%
解决问题能力	很强	13	12.38%
	比较强	12	11.43%
	一般	52	49.52%
	比较弱	20	19.05%
	很弱	8	7.62%
有助于掌握知识	帮助很大	37	35.24%
	一定帮助	31	29.52%
	帮助一般	26	24.76%
	帮助较小	8	7.62%
	没有帮助	3	2.86%

2. 互动交流（Interactive Communication）

从表4可知，在讨论交流的积极性方面，约占30%的学生在翻转课堂上与同学讨论交流积极，这说明学生在课堂上能够积极参与讨论和交流，约33%的学生积极性有待提高。在今后教学中，可以通过设计更具吸引力的讨论话题、鼓励小组合作等方式来提高学生的积极性。

认为与同学的讨论交流对理解课程知识有帮助的学生约占60%，认为"帮助很大"的占36.19%，表明学生之间的讨论交流对于学生的学习具有积极作用。通过交流讨论，能从不同的角度理解问题、分享经验、互相启发。未来教学中可以进一步加强小组合作学习的力度。

与教师互动交流频率方面，30.47%的学生与教师在课堂内外的互动交流非常频繁和比较频繁，说明学生与教师的互动交流还有待加强。后续可以通过多种渠道，如线上平台、课后答疑等与学生保持联系和沟通，及时解答学生的疑惑和问题。

认为与教师的互动交流对学习有作用的学生约占60%，认为"作用很大"的占34.29%，表明教师指导作用对学生的学习具有重要影响。通过与教师的交流互动，学生能够获得更专业的指导和建议，从而更好地理解和掌握课程知识。未来教学中教师应更加注重与学生的互动交流，提高指导的针对性和有效性。

表4 互动交流情况分析

	选项	频数	占比
讨论交流的积极性	非常积极	15	14.29%
	比较积极	16	15.24%
	一般	39	37.14%
	不太积极	25	23.81%
	很不积极	10	9.52%
同学交流的作用	帮助很大	38	36.19%
	一定帮助	24	22.86%
	帮助一般	29	27.62%
	帮助较小	10	9.52%
	没有帮助	4	3.81%
与教师互动频率	非常频繁	10	9.52%
	比较频繁	22	20.95%
	一般	30	28.57%
	比较少	31	29.52%
	很少	12	11.43%
教师指导作用	作用很大	36	34.29%
	一定作用	27	25.71%
	作用一般	28	26.67%
	作用较小	10	9.52%
	没有作用	4	3.81%

3.资源利用（Resource Utilization）

如表5所示，69.52%的学生对SPOC平台上的课程资源表示满意，“非常满意”的占40%，大多数学生对SPOC平台的课程资源表示满意，仍有30.48%的学生满意度不高，可能与课程资源的丰富性、质量以及个性化程度等因素有关。未来可以进一步优化课程资源，增加更多高质量、个性化的学习资源以满足学生的需求。

使用频率方面，约80%的学生倾向使用平台课程资源，“经常使用”和“较常使用”的约占35%。说明虽然多数学生能够使用平台课程资源进行学习，但使用频率还有待提高。教师可以通过设置学习任务、鼓励学生利用课程资源等方式来提高其使用频率。

资源的辅助效果方面，63.80%的学生认为SPOC平台的课程资源对学习有“一定效果”及以上，认为“效果很好”的占41.90%。这表明SPOC平台的课程资源在一定程度上能够辅助学生的学习。有约13%的学生认为其辅助效果有限。未来需要进一步优化课程资源的设计和开发，提高其对学生学习的辅助效果。

表5 **资源利用情况分析**

	选项	频数	占比
资源满意度	非常满意	42	40.00%
	比较满意	31	29.52%
	一般	22	20.95%
	不太满意	8	7.62%
	很不满意	2	1.90%
使用频率	经常使用	15	14.29%
	较常使用	20	19.05%
	偶尔使用	47	44.76%
	很少使用	18	17.14%
	从未使用	5	4.76%
辅助效果	效果很好	44	41.90%
	一定效果	23	21.90%
	效果一般	25	23.81%
	效果较小	8	7.62%
	没有效果	5	4.76%

4.情境体验（Contextual Experience）

如表6所示，在情境体验方面，54.28%的学生认为“SPOC+翻转课堂”模式所创设的学习情境是真实的，其中，认为“非常真实”的占24.76%，这说明大多数学生能够感受到学习情境的真实性，但仍有超过19%的学生认为其真实性有待提高。对此，教师可以引入更多实际案例，让学生在解决实际问题的过程中体验真实的职场环境。此外，邀请行业专家举办讲座或在线分享，让学生直接与业界人士交流，了解行业最新动态和趋势，也能有效提升学习情境的真实性。

认为这种学习情境对激发学习兴趣有作用的学生约占59%，认为“作用很大”的占35.24%，因此，教师需要注重情境设计的趣味性和互动性。可以通过开展竞赛式学习活动、组织角色扮演等方式，让学生在轻松愉快氛围中学习，激发学习动力。

认为学习情境与实际应用有关联的学生占比超过70%，其中，认为“关联紧密”的占30.48%，表明学习情境与实际应用的关联还需要加强，教师可以加强与企业的合作，让学生在学习过程中就接触到行业内的实际问题和挑战。同时，可以组织学生参加行业会议、展览等活动，让他们与业内人士面对面交流，了解行业最新技术和动态。

表6 情境体验情况分析

	选项	频数	占比
情境真实性	非常真实	26	24.76%
	比较真实	31	29.52%
	一般	28	26.67%
	不太真实	13	12.38%
	很不真实	7	6.67%
激发兴趣的作用	作用很大	37	35.24%
	一定作用	25	23.81%
	作用一般	27	25.71%
	作用较小	10	9.52%
	没有作用	6	5.71%
与实际应用的关联	关联紧密	32	30.48%
	比较关联	19	18.10%
	一般	27	25.71%
	关联较小	18	17.14%
	关联很小	9	8.57%

5.学习效果（Learning Outcome）

从表7可以看出，在知识技能提升方面，有超过80%的学生觉得在跨境电商运营方面的知识和技能有一定提升，其中认为“提升很大”的占30.48%。

在学习效率方面，认为在本课程中的学习效率为很高的学生占24.76%，而超过15%的学生学习效率有待加强。

在对未来帮助方面，63.81%的学生认为本课程对未来从事相关工作或学习有“一定帮助”及以上，认为“帮助很大”的占35.24%。

表7 学习效果情况分析

	选项	频数	占比
知识技能提升	提升很大	32	30.48%
	一定提升	30	28.57%
	提升一般	25	23.81%
	提升较小	12	11.43%
	没有提升	6	5.71%
学习效率	效率很高	26	24.76%
	效率较高	31	29.52%
	效率一般	31	29.52%
	效率较低	12	11.43%
	效率很低	5	4.76%
对未来帮助	帮助很大	37	35.24%
	一定帮助	30	28.57%
	帮助一般	28	26.67%
	帮助较小	8	7.62%
	没有帮助	2	1.90%

综上所述，自主学习方面，部分学生能够保持较好的专注度，并在一定程度上提升了解决问题的能力，认可自主学习对掌握知识的积极作用。互动交流维度，学生在课堂上与同学和教师有一定的互动，且认为这种互动对学习有帮助。资源利用维度，多数学生对SPOC平台的课程资源表示满意，使用频率和辅助效果也得到了一定的认可。情境体验维度，学习情境在一定程度上被学生认为具有真实性，对激发兴趣和与实际应用的关联有一定作用。学习效果维度，大部分学生认为在知识技能、学习效率和对未来的帮助方面有一定程度的提升和作用。

五、存在的问题与对策措施

（一）存在的问题

1. 自主学习能力参差不齐

大部分学生能够在自主学习过程中保持一定的专注度，但仍有46%的学生专注度有待提高。此外，面对复杂问题时，约26%的学生显得力不从心，这反映出学生在问题解决能力上存在差异。学生个体差异，不同学生的学习习惯、兴趣、自我管理能力以及基础知识储备存在显著差异，导致他们在自主学习过程中表现出不同的专注度和学习效率。学习材料吸引力不足，虽然SPOC平台提供了丰富的预习资料，但这些资料可能未能充分满足不同学生的需求，缺乏足够的吸引力和针对性，难以激发学生持续学习的兴趣。缺乏学习方法指导，部分学生可能尚未掌握有效的自主学习方法，缺乏时间管理和学习规划的能力，导致自主学习效果不佳。

2. 互动交流尚需改善

尽管大部分学生能够积极参与课堂讨论，但仍有部分学生在与教师的互动交流上不够频繁，这可能影响学生及时获得教师的指导和反馈。有可能翻转课堂中的讨论环节未能充分激发学生的参与热情，或者讨论话题的吸引力不足，导致学生讨论不积极。学生性格差异，部分学生性格内向，不善于在公共场合表达自己的观点，导致在课堂上的互动交流受阻。另外，教师在课堂讨论中的角色定位可能不够明确或缺乏足够的引导，有效促进学生的互动交流的作用要加强。

3. 资源利用程度有待提高

虽然多数学生对SPOC平台的课程资源表示满意，但使用频率和辅助效果的满意度仍有提升空间，部分学生未能充分利用平台资源。SPOC平台提供了大量课程资源，这些资源可能未能充分覆盖学生的个性化需求，加上部分学生可能习惯于传统的纸质教材或依赖教师讲解，对线上资源的使用不够积极或缺乏有效的利用策略。在使用SPOC平台时可能遇到网络不稳定、平台操作不熟练等情况，影响了资源的有效利用。

4. 情境体验真实性仍需增强

尽管大多数学生能够感受到学习情境的真实性，但仍有近20%的学生认为其真实性有待提高。教学设计中可能未能充分模拟跨境电商平台的真实运营环境，或者模拟任务缺乏足够的代表性和复杂性，难以让学生感受到真实的职场氛围。同时，在创设真实学习情境时受到资金、技术、场地等资源的限制，难以完全复制实际工作环境。另外，学生可能对跨境电商行业的了解有限，还不能将所学知识与实际工作环境建立有效联系。

5. 学习效果差异较为显著

大部分学生在知识技能、学习效率及对未来帮助等方面有所提升，但仍有部分学生学习效率不高，显示出学习效果存在一定的差异性。学生基础差异，不同学生的基础知识储备、学习能力和学习动力存在显著差异，同时，"SPOC+翻转课堂"教学模式可能并不适用于所有学生，部分学生还比较依赖传统的讲授式教学方式。另外，学生的学习投入度直接影响学习效果，部分学生可能因缺乏足够的学习动力或时间投入而导致学习效果不佳。

（二）对策措施

1. 定制学习攻略，提升自主能力

可以引导学生制订符合自身特点的学习计划，并提供个性化的学习资源和路径建议。定期举办学习方法培训指导，教授时间管理、笔记技巧、资料筛选等学习策略。建立学习激励机制，如设立学习积分、奖励优秀作业或参与讨论的学生，以激发学生的学习动力。

2. 多元互动交流，激发学习热情

可以设计多样化的讨论形式，除了传统的课堂讨论，设计更具启发性和互动性的讨论话题，以激发学生的参与热情。明确讨论目标和规则，在讨论前明确讨论目标和规则，确保讨论围绕主题展开，并鼓励学生积极发言。教师引导与反馈并积极参与讨论，提供必要的引导和反馈，同时鼓励学生相互评价和学习。

3.优化平台资源，助力高效学习

定期对SPOC平台上的课程资源进行更新和优化，确保内容的时效性和针对性，增加高质量、个性化的学习资源，如微课、案例分析、实操指南等。通过学习任务单和进度跟踪，引导学生充分利用平台资源进行自主学习。为学生提供必要的平台操作培训和技术支持，解决他们在使用过程中遇到的问题。

4.构建真实情境，强化实践体验

校企合作，加强与跨境电商企业的合作，为学生提供更真实的职场体验。开发或升级更有真实感的跨境电商模拟实训平台，提升学生的模拟实践操作和演练体验感。持续组织学生到跨境电商企业进行实地参观和考察，了解企业的实际运营流程和市场环境。

5.分层精准教学，缩小效果差异

根据学生的基础知识和学习能力进行分层教学，针对不同层次的学生实施差异化教学。同时，为学习困难的学生提供个别辅导和支持，帮助他们克服学习障碍，提高学习效果。加强过程性评价和反馈机制，及时发现学生的问题，组织阶段性测试和项目汇报，检验学生学习成果并给予及时评价指导。

六、结论与展望

本研究通过对“SPOC+翻转课堂”教学模式在“跨境电商综合实训”课程中的应用效果进行分析，发现该教学模式在提升学生自主学习能力、促进互动交流、优化资源利用、增强情境体验和提高学习效果等方面均取得了显著成效。然而，也存在一些不足之处，如自主学习能力不均衡、互动交流有待加强、资源利用不充分、情境体验真实性需提升以及学习效果差异明显等问题。针对这些问题，本研究提出了相应对策，以期进一步完善和优化混合式教学模式，提高跨境电商人才培养质量。

参考文献

［1］刘琳．高校混合式教学模式下课程思政育人效果及其影响因素［J］．教育学术月刊，2024（6）：44-53.

［2］黄肃新，吴小荣，汤恒．应用型本科混合式教学模式探索——以《管理学》课程教改为例［J］．山西财经大学学报，2024（S1）：220-222.

［3］陈绍英，申彤．大学英语混合式教学模式构建实践与反思［J］．黑龙江高教研究，2024（4）：81-88.

AI赋能“跨境电子商务物流”教学创新改革探索与实践

孙　俊

【摘要】本文探讨了“跨境电子商务物流”课程的教学创新与改革，重点在于将AI技术融入课程体系，以提升实践教学效果，适应数字经济发展的需求。随着人工智能、区块链、大数据和云计算等技术的快速发展，劳动力市场对创新型、复合型人才的需求不断增加，而传统的高等教育模式尚未完全适应这一转型。本文分析了传统跨境物流教学模式的局限性，提出了结合AI和实践教学的新框架。通过重构课程体系、深化校企合作、加强科研反哺，本文旨在培养具备全球视野和技术基础的复合型物流人才，以满足跨境电子商务发展的需求。

【关键词】跨境电子商务；AI赋能；物流；数字经济

当前，全球经济正加速迈向数字化、智能化和绿色可持续发展阶段，我国也正处于经济结构转型的关键时期，从传统投资驱动向创新驱动模式深度演进。《中国数字经济发展指数报告（2024）》显示，2023年中国数字经济增加值已占GDP的41.5%，成为推动经济增长的核心引擎。与此同时，人工智能（AI）、区块链、大数据、云计算等新兴产业快速崛起，催生大量新型就业岗位，使劳动力市场对创新型、复合型、实践能力强的人才需求不断提升。然而，传统高等教育模式尚未完全适应这一变革，如何将AI人工智能技术融入课程改革中，培养符合新经济需求的高素质人才，已成为我国高等教育改革的核心议题之一。

培养数智化时代“新文科”复合型、应用型的拔尖创新人才成为跨境电子商务学科教育教学的重要使命。以跨境电子商务为代表的新型经济模式已成为对外贸易发展的新动力，其中跨境电子商务物流是促进跨境电商发展的桥梁。但目前针对“跨境电子商务物流”的对应课程多为传统教学模式，在线共享课程资源有限，AI技术在此课程教学中的应用处在空白阶段。为适应学科交叉融合发展，加快“跨境电子商务”课程整体构建的进程，实现高校跨境电子商务类课程的资源共享，推进与时俱进的教学模式，进行本课程建设迫在眉睫。

在此背景下，跨境电子商务物流课程以“AI+实践”为双核驱动，通过重构课程体系、深化校企合作、强化科研反哺，构建了“技术赋能、产业联动、创新引领”的教学模式，致力于培养具备全球视野与技术底座的复合型物流人才。

一、教学创新改革背景

（一）传统跨境物流教学模式的局限性

传统的跨境物流教学模式以理论讲授为主，缺乏实践操作，使学生难以真正理解跨境电子商务物流的复杂性和挑战。

首先，教学内容相对陈旧，未能及时跟进物流行业的最新发展，特别是在智能物流、人工智能、大数据等新技术的应用方面存在明显滞后。许多高校的跨境物流课程仍然采用传统的教材和案例，未能充分融入最新的技术趋势，导致学生的知识体系与行业实际脱节。

其次，实践教学资源匮乏是传统跨境物流教学的一大短板。由于跨境物流涉及全球供应链、国际运输、海关清关等复杂环节，学生很难在校园环境中获得真实的实践经验。现有的实验室条件有限，难以模拟真实的跨境物流操作，使学生缺乏实际操作能力，难以满足企业对于高素质、实践能力强的智能物流人才需求。

此外，教学方式单一，难以激发学生的学习兴趣和创新能力。传统课堂以教师讲授为主，学生被动接受知识，缺乏互动性和实践训练的机会。大多数教学考核仍以笔试为主，缺乏对学生动手能力、创新能力和团队协作能力的考查，难以培养符合现代跨境物流行业需求的复合型人才。

（二）AI赋能跨境物流教学的必要性

随着人工智能技术的发展，跨境物流行业正逐步迈向智能化、自动化和数据驱动的运营模式。AI技术在跨境物流中的应用已涵盖智能仓储、物流路径优化、智能报关、供应链预测等多个关键领域。智能仓储技术利用AI优化库存管理，提高库存周转率和仓储效率，从而降低仓储成本。此外，AI在物流路径优化中的应用使得物流企业能够动态计算最优配送路径，减少运输时间，提高配送效率。基于机器学习的物流预测模型能够分析历史数据，预测市场需求，优化供应链响应速度，减少物流延误，提升跨境物流企业的运营效率。在通关环节，AI技术也被广泛应用于智能报关与风控，通过自动审核贸易文件，提高通关效率，减少人为错误，降低不合规风险。

因此，将AI技术引入跨境物流教学，不仅可以提升课程的前沿性，使学生掌握最新的智能物流技术，还能帮助学生增强数据分析能力，提高其在跨境物流行业中的竞争力。此外，AI赋能的教学模式能够推动教学方法的改革，使课堂教学更加互动化、数据化，并提高学生的实践操作能力。通过AI技术的引入，跨境物流教学可以更好地对接行业需求，培养出真正符合未来智能物流发展方向的复合型人才。

（三）与时俱进，创新教学的必然性

人工智能技术的引入不仅提升了跨境电子商务物流课程的教学质量，同时也对教师团队的专业能力和教学水平提出了更高的要求，并带来了深远的影响。在AI赋能的教学环境下，教师团队需要不断更新知识体系，掌握智能物流、数据分析、人工智能算法等前沿技术，以适应智能化教育模式的变革。这种变化不仅促进了教师专业技能的提升，还拓宽了教学思维，使其能够更好地融合传统物流管理与现代智能技术，构建更加科学、系统的教学体系。

首先，AI技术的应用促进了教师在跨学科领域的成长。传统的跨境物流教学主要侧重于物流管理、国际贸易、供应链优化等内容，而AI赋能的课程要求教师掌握机器学习、数据分析、智能决策支持等技术，以便向学生传授更加现代化的物流管理方法。这促使教师不断学习和更新知识，提升自身的技术素养，从而具备跨学科整合能力，使课程内容更具深度和广度。

其次，AI的引入推动了教师团队在教学方法上的创新。过去的课堂教学模式以讲授为主，而现在的智能化教学手段，如数据可视化、AI模拟仿真、智能评测系统等，要求教师掌握基于AI的教学工具，提高互动式、实验式教学的比重。通过使用AI驱动的物流仿真软件，教师可以引导学生在虚拟环境中进行仓储管理、物流优化等操作，使教学更加生动直观。这种转变不仅提升了教学的趣味性和实用性，也提高了学生的学习效率和参与度。

最后，AI赋能的教学体系使教师在科研能力和行业合作方面获得了更大的发展空间。通过AI技术的应用，教师可以借助大数据分析方法，对跨境物流行业的发展趋势、运营模式、智能优化策略等进行深入研究，并将研究成果转化为教学资源，提高教学的学术含量。同时，教师团队可以利用AI赋能的校企合作平台，与物流企业、科技公司等机构建立更加紧密的合作关系，共同开发智能物流案例，拓展实践教学资源。这不仅增强了教师的行业影响力，也为高校与企业的协同创新奠定了基础。同时，AI技术还提升了教师团队的教学评估和课程管理能力。基于AI的智能评测系统可以自动分析学生的学习数据，提供个性化的学习反馈，帮助教师精准掌握学生的学习进度和知识掌握情况。

二、教学创新理念与设计

（一）AI赋能教学模式

当前的跨境物流行业正在经历数字化、智能化变革，传统的教学模式已经无法满足行业发展的需求。AI赋能教学模式的核心在于利用智能技术提升教学质量，使学生能够在理论与实践的结合中深刻理解跨境物流的复杂性。在智能案例教学方面，本

课程引入真实行业案例，通过分析人工智能在跨境物流领域的具体应用，如智能选仓、自动化分拣、智能运输调度等，让学生在学习过程中能够感知AI如何改变传统物流模式。

同时，数据驱动教学成为本课程的重点，通过引入物流大数据平台，学生可以使用Python、R语言等数据分析工具处理物流数据，进行需求预测、路径优化、仓储管理等任务，提高数据分析能力。除此之外，仿真实训结合了虚拟现实（VR）和人工智能建模技术，使学生能够在仿真环境中操作智能物流系统，提高实践技能，并通过多次模拟优化方案，真正理解智能物流系统的工作原理。

（二）实践导向教学体系

为提高学生的实践能力，本课程构建了以企业合作项目和跨境物流智能竞赛为核心的实践导向教学体系。在企业合作项目中，学校与知名跨境电商物流企业合作，共享真实业务数据和案例，学生可以基于企业的实际问题，利用AI技术提出优化方案，并在导师指导下完成系统开发或提出运营优化建议。这不仅提高了学生的工程实践能力，也增强了他们的团队协作与解决问题的能力。

此外，跨境物流智能竞赛则是培养学生创新思维和竞争意识的重要方式，学生可以通过竞赛项目，运用人工智能算法优化物流路径、提高仓储管理效率，甚至开发智能客服系统，提高物流服务质量。实践导向的教学体系不仅让学生在理论学习之外有了更多动手机会，同时也能够帮助他们积累行业经验，提高就业竞争力。

（三）多元化考核评价体系

AI技术引入跨境电子商务物流的教学改革中，对课程考核评价体系产生了深远的影响。传统以单一理论考试为主的评价方式逐渐被多元化、过程化的评价体系所取代。在传统的教学模式下，考核往往以笔试为主，难以全面衡量学生的实际能力。为了提高考核的科学性和针对性，本课程建立了多元化考核评价体系，包括过程性考核和AI智能评测两个方面。过程性考核涵盖课堂互动、案例分析、数据实验、项目报告等多个维度，确保学生在整个学习过程中保持积极参与，提高学习效果。

首先，AI支持下的教学平台能够实时记录学生的学习行为和成果，包括在线学习时间、作业完成质量、参与讨论的活跃度等，使得过程性评价更加科学和精准。其次，AI技术的应用使得实践操作和项目成果的评价成为重要组成部分，学生可以通过模拟软件或实际项目展示对AI在跨境物流中的应用能力，考核内容更加注重实际操作和问题解决能力。此外，AI驱动的智能测评系统能够根据学生的表现提供个性化反馈，帮助教师及时调整教学策略，同时也为学生提供了自我提升的方向。这种评价体系不仅更全面地反映了学生的学习成果，还促进了学生综合能力的提升，使课程考核更加符合跨境电子商务物流领域对复合型人才的需求。

三、教学创新改革措施

（一）构建AI智能选仓教学模块

在传统的仓储管理教学中，学生主要学习手工计算库存优化方案，缺乏对智能仓储技术的深入理解。为此，课程引入AI智能选仓教学模块，通过数据分析与AI算法模拟仓储管理过程，让学生掌握仓库选址优化、库存管理自动化、智能分拣等关键技术。课程设计包括理论讲解、案例分析以及实操训练，学生将使用Python和SQL分析仓储数据，并通过AI模拟工具优化选仓方案。该模块的实施不仅提升了学生的数据分析能力，也使其具备在智能化仓储环境中工作的实践经验。

（二）开设智能物流路径优化教学模块

物流路径优化是跨境物流管理的重要环节，传统教学方法往往停留在理论层面，未能有效培养学生的实践能力。本课程通过智能物流路径优化教学模块，引导学生使用AI算法进行动态路径规划，如基于深度强化学习的运输路线优化，利用蚁群算法和遗传算法寻找最低成本路径。该模块采用项目式学习方式，学生将参与物流路径优化竞赛，基于真实物流数据构建优化模型，并进行仿真测试，以提高他们的物流运筹能力。

（三）强化跨境物流数据分析实验课程

跨境物流涉及大量复杂数据，包括订单流量、关税计算、物流时效等，传统教学模式无法让学生深刻理解这些数据的作用。为此，课程专门设置跨境物流数据分析实训，结合企业真实数据集，让学生进行数据预处理、特征工程、模型训练与评估。实训环节包括市场需求预测、智能库存管理、异常订单检测等，学生将在实验过程中应用机器学习和大数据技术，提高物流数据分析和决策能力。

（四）深化校企合作，推动校企共建智能物流实训室

为了让学生更好地掌握AI在跨境物流中的实际应用，学校与知名跨境电商物流企业合作，共建智能物流实训室。实训室配备智能仓储模拟系统、无人机配送模拟系统、AI物流调度模拟平台等，使学生能够在模拟的学习环境下掌握并了解智能物流管理。校企合作还包括企业导师授课、真实项目实训、企业参观考察等内容，确保学生所学知识与行业实际需求紧密结合，提高学生的就业竞争力。

（五）开展跨境物流智能化竞赛，提升学生创新能力

为了激发学生的创新思维和技术应用能力，课程引入跨境物流智能化竞赛，鼓励

学生运用所学AI知识解决物流难题。竞赛内容包括智能路径规划、物流异常检测、自动化仓储管理等，学生将在竞赛中实践数据分析、算法优化、系统设计等多项技能。竞赛不仅提升了学生的综合能力，也为优秀学生提供了与企业对接的机会，促进人才培养与行业需求的深度融合。

展望未来，AI在跨境电子商务物流教学中的赋能作用将呈现出多元化、深层次的发展趋势。随着AI技术的不断进步，其在数据处理、预测分析、智能决策等方面的优势将进一步融入教学体系中，推动教学模式的深度变革。一方面，AI将促进教学内容的实时更新与个性化定制。通过智能分析学生的学习行为和兴趣偏好，AI能够为学生量身定制学习计划，提供更具针对性的教学资源，从而提升教学效果。另一方面，AI将推动教学方式的智能化与互动化。借助虚拟现实、增强现实等先进技术，AI能够构建出更加真实、生动的物流场景，使学生在沉浸式的学习环境中掌握跨境电子商务物流的核心知识与技能。

此外，AI还将助力教学评价体系的完善与优化。通过智能化的数据分析工具，AI能够对学生的学习成果进行客观、全面评估，为教师提供精准的教学反馈，进而推动教学质量的持续提升。综上所述，AI赋能跨境电子商务物流教学的未来发展方向将是多元化、智能化的深度融合，旨在培养具备国际视野、创新精神和实践能力的跨境电子商务物流人才。

在探索AI赋能跨境电子商务物流教学的过程中，技术的革新不仅仅是工具层面的升级，更是教学理念与模式的深刻变革。未来，应进一步思考如何将AI技术更深入地融入课程体系，构建智能化、个性化的学习环境。一方面，需加强AI算法与跨境电子商务物流实际案例的结合，通过模拟真实业务场景，让学生在虚拟环境中体验复杂的物流决策过程，提升其解决实际问题的能力；另一方面，应关注AI伦理与法规教育，确保学生在掌握技术的同时，具备良好的社会责任感与职业道德，能够正确处理数据隐私、信息安全等问题。此外，鉴于跨境电子商务物流的国际化特点，教学内容与方法应紧跟国际趋势，引入国际先进AI技术与教学理念，培养具有国际视野的高素质人才。同时，建立开放的合作平台，鼓励产学研用深度融合，推动AI技术在跨境电子商务物流领域的创新应用与成果转化。

参考文献

［1］王淑华．基于引企入教的跨境电商B2B业务课程教学改革［J］．哈尔滨职业技术学院学报，2024（4）：14-17.

［2］吴威．基于创新创业的《跨境电子商务实务》课程思政教学改革研究［J］．湖北开放职业学院学报，2024（5）：9-11.

［3］安锋，刘丹，张连革，等．DHASO模型在创新创业教育课程思政教学中的运用［J］．中国冶金教育，2023（1）：76-78.

［4］齐荣光，贾丽丽，吕岱瑶，等．“课程思政”视域下高校创新创业教育实践探索［J］．石家庄铁道大学学报（社会科学版），2022，16（4）：87-91.

［5］曹丽萍．大学生创新创业教育与思想政治融合的可行性初探［J］．湖北开放职业学院学报，2022，35（13）：29-31.

“证券投资学”课程线上线下混合式教学模式研究

师堂明

【摘要】本文研究了“证券投资学”课程线上线下混合式教学模式，通过构建线上自主学习模块与线下互动研讨模块，实现教学资源共享与课堂深度互动的有效融合。探讨了混合式教学流程的设计与实施，旨在提升学生学习兴趣与学习效果，为证券投资学教育创新提供实践参考。

【关键词】线上教学；教学模式；实践教学

一、引言

随着信息技术的飞速发展，教育领域正经历着前所未有的变革。特别是在高等教育中，线上线下混合式教学模式以其独特的优势逐渐成为提升教学质量、促进学生自主学习能力的重要手段。“证券投资学”课程在高等教育中占据重要地位，它不仅是金融、经济类专业的核心课程，也是培养现代市场经济人才不可或缺的一环。该课程通过系统教授证券投资的基本理论、分析方法、市场运作及风险管理，帮助学生理解资本市场运作规律，掌握投资决策技能，提升金融素养。该课程理论与实践并重的特性使得混合式教学模式的引入尤为必要。本文将从线上教学模块、线下教学模块以及混合式教学流程三个方面，详细阐述“证券投资学”课程的线上线下混合式教学模式设计。

二、线上教学模块

（一）教学资源建设

1. 课程视频

录制高质量的授课视频，涵盖“证券投资学”课程的所有关键知识点，如证券市场基本原理、投资工具分析、资产组合理论、资本市场定价机制、风险管理等。视频制作应注重画面质量、讲解清晰程度和趣味性。可以采用动画、案例分析等方式，增强学生的学习兴趣。同时，将视频按照知识点进行划分，方便学生有针对性地学习。视频应结合图表、动画等多媒体元素，使抽象概念具象化，提高学生的学习兴趣和理解能力。

2. 电子教材与课件

提供电子教材和精心制作的课件，便于学生随时随地进行学习和复习。电子教材应具有良好的排版和可读性，课件应简洁明了、重点突出，包含丰富的图表和实例以及理论讲解、案例分析、习题练习等多个部分，形成完整的知识体系。

3. 在线测试与作业

设计多样化的在线测试和作业，包括选择题、判断题、简答题、案例分析题等，以检验学生对知识的掌握程度。测试和作业应具有一定的难度梯度，满足不同层次学生的需求。教师可以通过教学平台及时批改和反馈，让学生了解自己的学习情况。这样可以帮助学生巩固所学知识，检验学习效果。题库应定期更新，以反映证券市场的最新动态和理论前沿。

4. 学习论坛与讨论区

建立学习论坛和讨论区，为学生提供交流和互动的平台。学生可以在论坛上提出问题、分享学习心得、讨论热点问题等。教师应积极参与讨论，引导学生进行深入思考和交流，营造良好的学习氛围。

（二）教学平台选择

选择功能强大、稳定可靠的教学平台是线上教学的重要保障。目前，市场上有很多优秀的教学平台可供选择，如超星学习通、雨课堂、智慧树等。这些平台都具有课程管理、在线教学、互动交流、作业测试等功能，可以满足“证券投资学”课程的线上教学需求。教师可以根据自己的教学特点和学生的实际情况选择合适的教学平台。

（三）教学活动组织

1. 自主学习

教师在教学平台上发布学习任务和要求，引导学生进行自主学习。学生可以根据自己的学习进度和时间安排，选择合适的学习资源进行学习。在自主学习过程中，学生可以随时暂停、回放视频，查阅电子教材和课件，完成在线测试和作业等。

2. 小组学习

将学生分成若干小组，布置小组学习任务。小组学习可以培养学生的团队合作精神和沟通能力。学生可以通过在线讨论、视频会议等方式进行小组学习，共同完成学习任务。教师可以对小组学习进行指导和监督，及时解决学生在学习过程中遇到的问题。

3. 在线答疑

教师定期进行在线答疑，解答学生在学习过程中遇到的问题。学生可以通过教学平台的提问功能、在线讨论区等方式向教师提问。教师应及时回复学生的问题，为学生提供有效的帮助。

三、线下教学模块

（一）课堂教学

1. 理论讲解

在课堂上，教师对“证券投资学”课程的重点和难点知识进行深入讲解，帮助学生理解和掌握知识点。教师可以采用案例分析、小组讨论等方式，增强课堂教学的趣味性和互动性。同时，教师应注重培养学生的思维能力和创新能力，引导学生进行深入思考和分析。

2. 实践教学

“证券投资学”是一门实践性很强的课程，实践教学是线下教学的重要组成部分。教师可以组织学生进行证券模拟交易、案例分析、实地调研等实践活动，让学生在实践中掌握证券投资的技能和方法。实践教学可以提高学生的实践能力和综合素质，为学生今后的职业发展打下坚实的基础。

3. 课堂讨论与互动

组织课堂讨论和互动活动，鼓励学生积极参与课堂教学。教师根据线上学习数据和学生反馈，提炼出共性问题或难点问题，作为课堂讨论的主题。通过小组讨论、角色扮演、辩论等形式，引导学生深入探究问题本质，形成自己的见解和解决方案。课堂讨论可以围绕热点问题、案例分析等展开，让学生在讨论中加深对知识的理解和掌握。

（二）实验室教学

1. 证券模拟交易

设立证券模拟交易实验室，让学生在模拟环境下展开证券交易操作。证券模拟交易能够助力学生熟悉证券交易的流程与规则，提升学生的投资决策水平与风险控制能力。教师能够凭借证券模拟交易系统，对学生的交易行为予以监控和引导，及时察觉并解决学生在交易进程中遭遇的问题。

2. 数据分析与处理

运用实验室的数据分析软件，让学生进行证券数据的分析与处理。数据分析与处理有助于学生掌握证券分析的方式方法与技巧，提高学生的数据分析能力与决策能力。教师可以安排数据分析任务，让学生独立完成数据分析报告，并在课堂上进行汇报和交流。

四、混合式教学流程

（一）教学准备阶段

首先，教师制订教学计划和教学大纲，明确教学目标和教学内容。然后，教师根据教学计划和教学大纲，准备线上和线下教学资源，包括课程视频、电子教材、课件、在线测试、作业、案例分析等。教师选择合适的教学平台，并对教学平台进行设置和调试，确保教学平台的正常运行。最后，教师将学生分成若干小组，明确小组学习任务和要求。

（二）教学实施阶段

1. 线上教学

首先，教师在教学平台上发布学习任务和要求，引导学生进行自主学习。学生按照教师的要求，进行自主学习，完成在线测试和作业。然后，教师定期进行在线答疑，解答学生在学习过程中遇到的问题，并组织学生进行小组学习，通过在线讨论、视频会议等方式，共同完成小组学习任务。

2. 线下教学

在课堂上，教师通过深入浅出的理论讲解为学生奠定坚实的知识基础，还要融入实践教学环节，引导学生对所学知识进行深入思考与分析，激发他们的探索欲。学生积极参与课堂讨论与互动活动，这种活跃的学习氛围不仅能锻炼他们的思维能力，还可以显著提升其创新能力。为了进一步巩固学习成果，教师精心组织实验室教学活动，让学生在高度仿真的环境中亲身体验证券交易的操作流程，并亲手处理与分析相关数据，从而在实践中深化理解相关知识，为未来的学习及职业生涯奠定坚实的实践基础。

3. 教学评价

教师充分利用教学平台的强大统计功能，能够实时追踪并了解每位学生的学习进度与学习情况，从而实施精准的过程性评价，确保教学活动能够针对学生的个体差异进行及时调整与优化。同时，基于学生在线测试的成绩、作业提交的质量以及小组学习任务完成情况的全面分析，教师能够进行综合考量，给予学生客观、全面的总结性评价，这既是对学生学习成果的认可，也是对其未来学习方向的指引。此外，教学平台还鼓励学生积极参与对教师教学的评价，通过提出宝贵的意见和建议，构建起一个双向反馈的良性机制，帮助教师不断反思与改进教学方法，共同促进教学质量的持续提升。

(三)教学总结阶段

在完成一阶段的教学任务后,教师要细致地对整个教学过程进行总结与反思,深入剖析教学中存在的问题与不足之处,并据此提出切实可行的改进措施与建议,以期在未来的教学中避免重蹈覆辙,实现教学效果的飞跃。同时,教师还要密切关注学生的学习情况,通过总结与分析学生的学习效果与学习需求,精准把握学生的学习动态,为后续的教学规划提供坚实的参考依据。此外,教师还要注重教学资源的积累与整理,将各类教学资源进行系统化归档管理,为未来的教学活动提供丰富而有力的资源支持,确保教学质量与效率的双重提升。

五、结论

线上线下混合式教学模式给"证券投资学"课程的教学开辟了新的路径与方法。借助线上教学模块、线下教学模块以及混合式教学流程的精心设计,能够充分彰显线上教学与线下教学各自的优势,进而提升教学效果与质量。在推行混合式教学模式之际,教师要高度重视教学资源的构建以及教学活动的组织安排,强化对学生学习的指导与监督,激发学生的学习积极性与主动性。与此同时,教师应持续对教学过程进行总结与反思,优化教学方法与手段,为培育高素质的证券投资专业人才贡献力量。

参考文献

[1] 袁龙飞. 基于线上线下混合式的材料科学基础课程教学模式探索[J]. 科教文汇,2024(16):103-106.

[2] 吕晓娜,吴文英,颜伟霞. 基于超星学习通的线上线下混合式教学模式研究[J]. 公关世界,2024(18):160-162.

[3] 严冬黎. 应用型本科证券投资学课程混合式教学模式实践[J]. 西部素质教育,2023,9(16):154-157.

OBE理念下“证券投资学”在线开放课程教学改革研究

谭红叶

【摘要】在推进优质教育资源共建共享、推动教育服务模式和学习方式的变革中，在线开放课程充分满足了学习者、教学者和管理者的个性化需求，但在教学实践中仍存在着一些问题。本文基于“以学生为本，以需求为导向”的OBE教育理念，通过分析“证券投资学”在线开放课程建设存在的特定问题，有针对性地从教学内容、课程考核机制、师资团队建设、有效利用教学资源和教赛融合等方面提出了课程改革思路与措施，以提升教学效果，实现为“金融强国”战略输送投资人才的课程建设目标。

【关键词】证券投资学；在线开放课程；OBE理念；教学改革

一、引言

2023年10月召开的中央金融工作会议强调，坚定不移走中国特色金融发展之路，并提出了加快建设金融强国的战略目标。高校作为学历教育的主要提供者，应当勇于承担时代责任，不断进行教学改革，提升教学质量，为市场源源不断地输送兼具专业性、市场化、法治化和国际化能力与水平的投资金融人才，以更好地匹配建设金融强国的内在要求。

当前，高校在线开放课程的建设受到了越来越多的关注。在线开放课程，即大规模在线开放课程。其中“大规模”是指对注册人数没有限制，用户数量级可以逾万；“在线”是指学习活动主要发生在网上；“开放”是指任何人均可参与，而且通常免费；“课程”是指精心设计的结构课程内容。根据其定义可知，在线开放课程具有门槛低，受众面广；网络化，在线开放；模块化，内容精良；微型化，时长适宜；社交化，参与感强；个性化，自定步调等特点。

在推进优质教育资源共建共享、推动教育服务模式和学习方式的变革中，在线开放课程充分满足了学习者、教学者和管理者的个性化需求，但仍存在着一些问题。

二、“证券投资学”在线开放课程特点与教学现状

OBE，即结果导向教育，是一种以学生为本，以产出或需求为导向，不断改进的先进的教育理念。这一理念契合了国家的战略规划和中长期教育改革。“证券投资学”在线开放课程秉承着为“金融强国”战略目标输送人才的建设目标，坚持“以学生学习成果为导向”的OBE教育理念，坚持立德树人，强调理论与实践相结合，注重培养学生的自主学习能力、创新精神和职业素养。

然而，在“证券投资学”在线开放课程建设实践过程中，本文发现以下几点需解决的关键问题：

（一）如何利用多方资源，激发学生学习主动性

在线开放课程通常以录播的形式开展，学生的学习相对自由，可能会出现学习进度过快或过慢的情况，容易因为不够学或跟不上中途放弃课程。此外，参与在线课程学习的过程中，学生缺少监督，一旦被其他事项打乱学习计划，可能会半途而废。因此，为避免这些情况的发生，如何激发学生学习的主动性和持续性是在线开放课程需解决的问题之一。

（二）如何拓展投资思维，做到理论实践相结合

“证券投资学”是一门实践性较强的课程，但在线课程往往以理论讲授为主，课堂上缺乏实践环节，操作实践需要学生自己在课下完成。“证券投资学”课程对市场分析的及时性要求较高，教师很难对学生的课下实操进行及时指导与评价，导致学生在学以致用环节出现问题。

（三）如何转变教学模式，提高课堂互动有效性

在线开放课程的课堂互动以讨论留言为主，由于时间和空间的限制、教师团队和学生人数的悬殊、双方使用的设备等原因，课堂互动的时效性和有效性不高，无法像线下课堂那样能够进行面对面的实时交流。

三、“证券投资学”在线开放课程改革思路

为解决“证券投资学”在线开放课程面临的上述问题，结合本课程建设过程中已有资源和建设基础，本文认为可以采取以下改革措施：

（一）教学内容全面前沿

将课程内容分为理论基础、前沿知识和考证专题三个模块。既包括传统经典理论，又涉及学科及市场前沿知识，并开设考证专题，包括证券市场基础知识与法律法规等从

业专项课题，内容完备体系化，帮助学生建立证券投资框架与思维。课程注重理论与实践相结合，通过案例分析、模拟实训等方式，使学生掌握证券投资的实际操作技巧。

在“证券投资学”课程中，将生动的市场实例和真实的投资案例融入隐晦难懂的金融理论中，让知识变得更加有趣且易于理解。运用信息技术，如图表、模拟交易平台、视频解析和新媒体等形式，多维化地展示学习内容，激发学生的学习热情和动力。

同时，在“证券投资学”课程中，深入挖掘课程中的德育元素，坚持立德树人的根本任务。引导学生辩证看待金融市场的波动与风险，理解投资行为的社会责任，追求稳健、可持续的投资回报。同时，强调金融伦理和职业道德的重要性，使学生在掌握投资技能的同时，成为有情怀、有担当的金融人才。通过课程思政的有机融合，让证券投资学教育更具温度和深度。

（二）改进课程考核机制

“证券投资学”课程将过程性考核与终结性考核相结合，以确保全面、公正地评估学生的学习成果。过程性考核包括线上课堂参与情况、模拟投资情况、实验报告完成情况等，侧重对学生学习过程的评价；而终结性考核则主要考查学生对课程内容的掌握程度。通过将两者相结合，突出OBE理念，既能反映学生的平时表现，又能确保学生对课程内容的深入理解和掌握，从而更全面地评价学生的学习效果（如图1所示）。

（三）内培外引优化师资

通过高层次人才引进、教师去合作企业开展顶岗实践等途径打造德才兼备、业务能力突出、结构合理的师资队伍。构建和完善师资团队内部培训体系，促进中青年教师形成强烈的自主发展和自主学习愿望，提升双师型教师比例，培养中青年教师的教学和科研能力。

（四）教学资源丰富联动

不断丰富扩充学习资源，包括教材、案例库、实践平台、数据库等。教材选用国内外优秀的证券投资学著作，确保学生掌握前沿的理论知识。案例库收录大量真实的投资案例，为学生提供丰富的实践素材。挖掘在线实践平台和投资金融数据库的功能，为学生提供模拟投资的机会和数据分析的渠道，使学生能够亲身体验证券投资的魅力。

此外，充分利用投资协会和合作企业等本校已有资源，以企业高管开设讲座、校企共建专题课程等方式，丰富教学内容，紧跟市场前沿，提升课程的实用性。利用投资协会优质资源与实习就业机会吸引学生，将投资协会准入与课程的考核激励相结合，以企业的实习就业机会吸引学生加入投资协会，激发学生主动学习的热情与活力，同时不断扩大投资协会规模，为协会的进一步优化注入新鲜血液，投资协会作为助教团队可辅助教师更好地开展线上教学，有助于为企业培养更多的优质投资人才，实现资源的融合联动，达成开放包容多方共赢（如图2所示）。

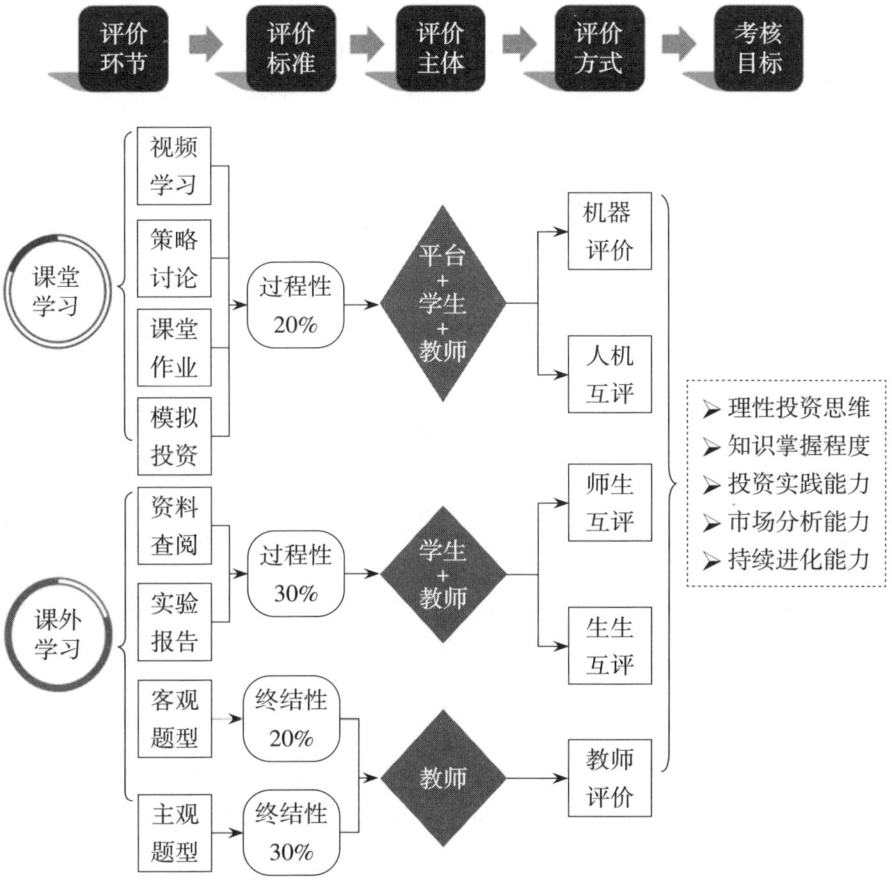

图1　课程评价考核方案

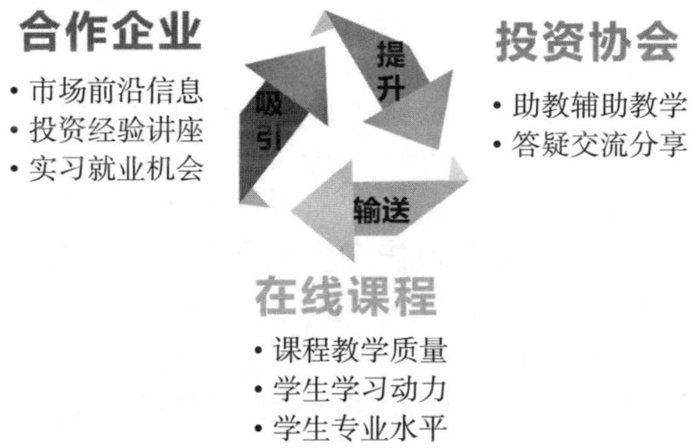

图2　教学资源联动

(五) 课程比赛深度融合

“证券投资学”课程注重实践教学，通过模拟证券交易联赛、基金投资策略设计、风险管理案例分析等实际操作活动，实现理论与实践的紧密结合。鼓励学生参与模拟投资比赛、金融论坛讨论等，强化金融思维，将所学理论知识灵活应用于实际投资中。引导学生参与学校定时开展的证券投资模拟赛程，学生以小组为单位撰写研究报告、模拟炒股、参与赛事，由教师、合作企业和学生共同评分。选拔优秀学生团队参与省级和国家级投资比赛。让学生在赛中学，在学中赛，达到“以赛促学、以赛促用”的目的，有力提升课程的“两性一度”。

四、结论

在线开放课程在实现教育公平和提升教育质量方面起到了关键作用。“证券投资学”作为一门传授证券投资理财理论与技能的专业课程，可以利用在线开放平台满足学习者的个性化需求，为市场培养更多的金融投资人才。但在证券投资学在线开放课程建设过程中，由于在线开放平台的上课机制以及“证券投资学”课程本身特点等原因，出现了一些问题，教学效果不如预期。

为做好证券投资学在线开放课程的建设与改革，提升课程质量，本文基于OBE教育理念，从教学内容、课程考核机制、师资团队建设、有效利用教学资源和教赛融合方面提出了课程改革思路与措施。

最后，关于课程思政的融入，本文只是在教学内容改革小节稍作提及，并未展开论述分析。如何在在线开放课程中深入推进“证券投资学”课程思政改革，坚持价值引领，发挥课程铸魂育人能效，将是“证券投资学”在线开放课程下一步建设研究探索的方向。

参考文献

［1］LI NA.Reflections on the cultivation of applied talents in the economics major under the OBE concept［J］. Research in Economics and Management，2023，8（1）：56-62.

［2］许爱丽，陈卉，陈璐．“三教”改革视域下职业教育在线开放课程建设实践研究——以“商务礼仪”课程为例［J］．江苏教育研究，2023（10）：55-59.

［3］陈政涵，何旭鑫．OBE理念下服装效果图在线开放课程教学改革实践［J］．化纤与纺织技术，2023，52（11）：211-213.

［4］宋艳玲．高职院校在线开放课程建设现状与策略分析［J］．吉林化工学院学报，2023，40（2）：72-75.

［5］张策，吕为工，初佃辉．在线开放课程服务教学的智慧化与数字化［J］．重庆邮电大学学报（社会科学版），2023，35（1）：130-139.

［6］白金枝．应用型本科证券投资学立体式教学改革与实践［J］．教育观察，2022（25）：116-119.

OBE教育理念下应用型本科院校“金融学”教学改革路径探索

钟嘉毅

【摘要】在“金融学”课程教学改革当中融入OBE教育理念，把学生在课程学习中的能力获得作为教学设计与实施的基本目标，既是任课教师不断优化教学设计、完善教学内容和教学方式的核心内容，也是提高课堂教学质量的重要保障。OBE理念凸显学生的学习效果，因而能够显著提升学生的金融素养和社会竞争力。针对应用型本科高校“金融学”课程目前存在的主要问题，本文提出创新课堂教学方式、加强实践教学环节、改革课程考核评价方式等建议，将基于OBE理念的课程教学改革经验向其他课程分享推广，通过自主、协作和启发性的学习方式来激发学生的学习兴趣，凸显成果导向的重要性。

【关键词】OBE教育理念；金融学；教学改革

一、引言

在我国高度重视高等教育质量的背景下，高等教育的评价体系也随之改变，从过去投入导向逐步转向过程和结果导向，高度重视资源的有效配置与有效运转机制。“金融学”作为应用型本科院校金融学类专业的核心必修课，教学内容理论性比较强，教学方式比较单一，教学质量难以保证。这些问题影响了学生的学习效果和未来的职业发展，因此探索合适的教学改革路径具有其迫切性和必要性。OBE教育理念强调以学生的学习成果为导向，它要求教学目标的制定应合理支撑学生的毕业要求，覆盖多维度的能力发展，并体现“学生中心”的理念。这种教育理念有助于推动金融学教学从传统的“理论为本”向“成果为本”转变，更加注重学生的实际能力和综合素质的培养。OBE教育理念通过自主、协作和启发性的学习方式来激发学生的学习兴趣，注重学生对所学知识的反馈，教学有没有学习成果是重要的考量指标。

二、“金融学”课程的重要性

（一）如何把握“金融”的真正含义

“金融”一词的使用，西方先于东方，英文为Finance，词源为拉丁词Finis，表示“结束”即“借贷结清”之意。可见，其本意是“货币资财及其管理”，有时也翻译为“财政”，指“盈利与风险的平衡”“投资理论”“资产最优组合”“资本资产定价”等。近代比较权威的《新帕尔格雷夫经济学大词典》中，将金融定义为“资本市场的运营和资本资产的供给与定价”。依据这一定义，金融的基本内容应该是：有效率的市场、风险与收益、替代与套利、期权定价和公司金融等。

如何正确把握金融的含义？一是不能忽视金融以融资活动为主体，以为实体经济服务为中心的目标。二是在金融创新的大背景下，随着融资活动的发展变化，无论是融资的机构、规模还是结算方式和工具，都在不断地由单一向多元、简单到复杂推进。三是从不同的角度往往有不同的定义。如从范围来看，金融有狭义和广义之分，狭义金融往往定义为货币资金的融通，而广义的金融不仅涉及货币、信用以及与此有关的所有交易的集合，而且涉及货币供给、银行与非银行信用、以证券交易为操作特征的投资、商业保险以及以类似形式运作的所有交易行为的集合。

（二）为什么要学习金融学

“金融学”是高等学校金融学类专业的核心必修课程。该课程从货币、信用和银行角度研究货币及货币创造机制、货币供求与社会总供求之间关系等内容。可以说，“金融学”在专业课程体系中占有十分重要的地位，课程学习效果直接影响到后续专业课程的学习。

1. 理解金融市场与运作

“金融学”课程提供了对金融市场、金融机构和金融工具等基本概念和运作机制的深入理解。通过学习，学生可以了解股票、债券、期货、期权等金融工具，以及它们如何在金融市场中运作，从而更全面地理解经济体系的运作方式。

2. 提升投资决策能力

“金融学”课程教授学生如何分析投资机会，评估风险和回报，并进行明智的投资决策。这对于个人理财、企业投资以及金融机构的资产管理都至关重要。通过学习，学生可以掌握基本的财务分析技巧，如财务报表分析、现金流分析、估值方法等，从而更准确地评估投资机会。

3. 增强风险管理能力

金融市场中充满了不确定性，因此风险管理是“金融学”课程的重要部分。学习“金融学”课程可以帮助学生了解如何识别、量化和应对金融风险，包括市场风险、信用风险、流动性风险等。这些技能对于企业和个人都非常重要，可以帮助其更好地管理风险，保护资产安全。

4.培养宏观经济视野

“金融学”课程还涉及宏观经济分析，包括货币政策、财政政策、国际金融市场等。通过学习，学生可以了解这些宏观经济因素如何影响金融市场和金融工具的表现，从而培养出更广阔的宏观经济视野。

5.提高职业发展竞争力

随着金融行业的快速发展，具备金融学知识和技能的人才在就业市场上具有很强的竞争力。学习“金融学”课程可以为学生提供进入银行、证券公司、保险公司等金融机构的机会，也可以为他们在其他行业从事与金融相关的工作提供有力支持。

6.促进跨学科学习

“金融学”课程与其他学科如经济学、会计学、市场营销等密切相关。学习“金融学”课程可以帮助学生更好地理解这些学科之间的联系，促进跨学科学习和综合应用能力的提升。

此外，在一个高度市场化的社会里，“你不理财”就可能落得“财不理你”。学会理财越来越重要，对于个人、企业，甚至政府都是如此。理财的内容包括将这个月工资的多少用于消费，又结余多少用作将来之用；也包括到底是购买股票、在银行存款还是投资国债等方面的选择。懂得“金融学”课程的基本原理，是成功理财的关键。

三、目前“金融学”课程教学过程中存在的主要问题

（一）注重教学大纲的制定，但在教学过程中执行不到位

“金融学”课程注重按照既定的教学目标制定教学大纲，注重给学生打基础，同时也注意了教学大纲的适时修订调整，但在大纲的实施上没有做到百分之百有效。部分教师在授课过程中可能过于依赖自己的经验和兴趣，导致教学内容与大纲要求不符。例如，一些重要的金融理论和模型可能被忽略，而一些次要或边缘的内容却被过分强调。由于教学大纲执行不到位，不同教师之间可能存在教学上的差异和分歧。这可能导致学生在不同班级或课程中接受到不同的教学内容和教学方法，从而影响了教学的一致性和连贯性。一些教师只重理论教学，轻实践教学，认为金融学就是讲理论。教学大纲执行不到位，部分学生可能对“金融”一词存在误解，认为金融就是投机、赚快钱或者金融就是炒股、炒房等，极易导致教学目标偏离既定方向。

（二）教学研究与改革力度不够

金融学是一门快速发展的学科，新的金融理论、金融工具和金融市场不断涌现。然而，当前“金融学”课程教学的内容更新却相对缓慢，教学内容未能及时反映金融市场的最新动态和前沿发展，一些陈旧的理论和案例仍然被广泛使用，导致学生所学

知识与实际需求存在差距。尽管金融学专业制订了较为详细的教学研究与改革计划，教学方式、教学方法改革取得了一定成果，但与教学目标的要求相比，其质量仍有待提高。其表现如下：一是讲授式传统教学方式仍占约50%，教师进行教学改革的积极性与动力不足。这种单一的教学方法难以激发学生的学习兴趣和主动性，导致教学效果不佳。二是仍有部分教学方法与手段比较陈旧，课堂讨论、案例讨论等教学方法效果不佳。三是教学改革的成果还不够多，没有体现成果导向。其原因如下：一是年轻教师占比较大，教学经验不够。二是班级规模较大，讨论式教学导致课堂秩序难以把控。三是教师偏重科学研究，忽视教改研究。四是评价体系不够完善，当前金融学教学的评价体系主要侧重于考试成绩，忽视了对学生实践能力、创新能力和综合素质的考查。这种评价体系难以全面反映学生的真实水平和潜力，也容易导致应试教育倾向。

（三）少数学生学习动力不足，学风建设有待加强

目前，少数学生学习自主性不强、学习动力不足、学习目标不明确、学习方法不能适应知识爆炸的时代。具体表现如下：少部分学生直到大四还不清楚自己要学习什么，一些学生沉溺于游戏，一些学生学习被动，一些学生空有理论而不能用之解决最新的专业问题。学生与社会的接触较少，缺乏实践机会，对金融工具和金融机构了解有限。部分学生可能过于追求金融学的经济利益回报，而忽视了基础知识的学习。这种功利性学习动机可能导致学生急于求成，缺乏耐心和毅力去深入学习金融学知识。OBE教学理念强调以学生为中心，学生和教师都是课堂的主体，双方共同参与教学全过程。教师要加强对学生学习动机的引导和教育，让学生认识到金融学知识的重要性和应用价值。

（四）产学研合作的深度和广度不够

“金融学”课程授课教师实践经验不足，产学研合作有待加强。承担教学任务的以年轻教师居多，这部分老师缺少企业实践经验，具备双师素质的教师数量不多。目前“金融学”课程被当作理论课程看待，产学研合作规模小、周期短、层次低，合作的深度和广度都不够，不能很好地满足课程实践教学的需要。在当前的产学研融合过程中，课堂教学的主导作用被过于强调，而将企业的参与视为教学过程的补充。这种观念导致金融企业参与产学研融合、校企合作的积极性不高，进而无法有效提升产学研融合的深度。部分合作项目只是停留在书面上，缺乏具体的实施和操作过程。在课程设置上过于注重理论知识教学，忽视了与金融行业实际需求的结合。这导致学生所学知识与市场需求存在差距，难以适应金融行业的发展。根据OBE教育理念的要求，要分析现有实践教学中存在的问题，从教学内容优化、产学研合作和建立评价体系三个方面加强实践教学改革，提高学生学习过程的获得感和成就感。教师也应转变观念，将企业的参与视为教学过程的重要组成部分，积极寻求与企业的合作机会。

四、OBE教育理念下“金融学”课程教学改革的路径分析

OBE教育理念强调成果导向、能力导向和目标导向教育，以学生为本，采用逆向思维的方式进行课程体系设计，并分阶段对成果进行评价。这里的成果并不是之前学习结果的累积或平均，而是学生完成学业后所获得的最终成果。在OBE教育理念的指引下，既要考虑到学校的定位和目标，也要兼顾学生的实际情况，探索专业核心课程“金融学”的教学改革路径。

（一）不断创新课堂教学方式

教学改革以提高课堂教学质量为核心，通过不断深化课堂教学改革，创新教学方式。“金融学”课堂要高度重视教学方式、教学手段的现代化和多样化。在常规课堂教学中，充分运用信息技术、多媒体等现代化教学手段，利用互联网开设网上教学交流平台，加强与学生的课前、课中、课后的沟通交流。同时，拿出一部分学时开展名师投资专题讲座、师生投资经验交流等活动，扩大学生学术视野，提高学生的获得感。

（二）加强实践教学环节

“金融学”课程实践教学环节可以采用校内仿真模拟实验与校外专业实习平台相结合为主，以开放性实训项目教学及竞赛活动为辅的实践教学方式。一方面，加强课程实训室及相关软件系统的建设，如金融学仿真教学与竞赛平台、金融投资实训平台等，学生通过仿真技能实训系统，能够将课堂理论知识运用于专业实践，达到学以致用的目的。另一方面，努力与相关企业签订校企合作协议，引导学生在真实的工作场景中体会业务开展的整个过程，增强学习的目标感。

（三）全方位改革考核评价方式

“金融学”课程的考核评价体系以传统方式为主，即“平时成绩+期中成绩+期末成绩”，三部分成绩各占一定的比例。从教学实践来看，往往是期末卷面及格率不高，平时分比较高，最后总成绩合格。针对这一现象，有专家质疑，平时成绩反映的是学生平时学习的状况，为什么平时分很高而期末成绩不理想？是否存在矛盾和不合理之处？讲得更直白一点平时成绩是总成绩的调节器。针对这一问题，主要还是课程考核评价方式不合理所导致的。“金融学”课程考核评价不能简单以期末成绩作为学生学习评价的标准，平时成绩给分也要更加客观和多元化。例如，学生作业给分的依据是什么？能不能加大实践成果的考核权重？除了老师对学生评价以外，学生和学生之间能不能基于相互协作进行评价？探索课程的多元评价体系，杜绝主观随意给分。

参考文献

［1］谭维杰．高校金融学课程思政的实施研究［J］．科教文汇，2024（10）：119-123.

［2］孙思怡．OBE 理念下地方高校的金融学课程混合式教学改革探索［J］．大学，2024（20）：54-57.

［3］程淼．新文科背景下金融学专业课程体系优化探索与实践［J］．科教导刊，2024（17）：66-68.

［4］曹一梅．基于OBE 理念的金融学课程教学改革与实践探索［J］．中国管理信息化，2024（27）：212-214.

［5］崔惠颖．融合思政与双创教育的行为金融学课程教学改革探索——以黑龙江大学为例［J］．对外经贸，2024（5）：116-119.

国际环境不确定性背景下“国际贸易”课程建设探讨

关建波　白　雪

【摘要】当前国际政治与经济环境不确定性突出，这要求高等教育通过课程建设加强对国际经济与贸易应用型人才的培养。“国际贸易”课程作为高等院校国际经济与贸易专业的核心理论课程，应以培养适应国家发展需要的拥有爱国主义素养的应用型人才培养为目标，以“四类融合”为课程建设特色，针对“高度不足、深度不够、热度不牢”的重要问题，实施优化课程教学内容、构建立体化教学资源、重构教学组织结构的课程建设路径。

【关键词】国际贸易；课程建设；应用型人才；国际环境不确定性

“国际贸易”课程作为高等院校国际经济与贸易专业的核心理论课程，是学生深入理解世界经贸运行规律的重要理论知识来源。面对当今世界地缘政治、经贸环境、疫情灾害变幻莫测的特点，高等院校充分利用“国际贸易”课程建设，加深学生对国际经贸变化规律的认知和理解，强化学生国际经贸能力的培养，固化学生在面对国际危机时的爱国主义精神，进而使高等院校国际经济与贸易专业学生的培养匹配我国“十四五”规划和2035年远景目标的需求。

高等院校应用型人才培养是一个漫长的改革过程，如何创建完善的应用型人才培养教育体制，是高校实现应用型人才培养目标需要思考的问题。通过“国际贸易”课程教学，应使学生掌握国际贸易基本概念、基本理论知识，并能正确运用国际贸易理论分析经济贸易特点和问题，为学生后续专业课程的学习和职业素质的养成奠定基础，进而实现面向社会需求的“精准对接”和“精准育人”。

一、课程建设目标

国际贸易应用型人才培养的教学定位在于培养出德学兼备、基础扎实、创新发展，以及适应地方和社会经济发展需要的应用型人才，符合“重应用、重就业”的社会诉求。结合课程思政要求，在课程建设过程中应将课程思政融入课程知识，进而以润物细无声的方式倡导社会主义核心价值观，培养学生追求中华民族伟大复兴的内在动力。为此，“国际贸易”课程建设应以专业知识的应用教学为核心，思政融入为辅助，培养具备国际化视野和爱国主义精神的应用型人才。

（一）培养国际化视野的应用型人才

课程教学应首先让学生系统了解国际贸易理论与政策的知识体系，熟练掌握国际贸易问题的分析方法，达到最基本的课程学习目标。课程教学在扎实基础知识教育的同时，切入OBE的教学理念，把中国应对的最新世界经贸问题作为案例导入，引导学生应用国际贸易理论知识进行讨论并得出结论和应对对策，注重培育学生关于重点问题和时事热点的分析能力。通过基础理论和实践应用，让学生逐步建立全球化分析视角，培养具有国际化视野的应用型人才。

（二）培养具有爱国主义精神的事业接班人

根据教育部2020年发布的《高等学校课程思政建设指导纲要》要求，将思政元素融入国际贸易理论与政策的教学内容体系，实现“国际贸易”课程思政的建设和传输，提高人才培养质量。思政教学应注重从国际正义、中国价值的视角出发，在师生探讨我国应对国际贸易问题时对比西方制度的缺陷和低效，突出社会主义制度的优越性，加强灌输“爱党、爱国、爱家”的赤子情怀和责任担当，培养学生道德法治、社会责任和家国情怀的素养，达到课程思政润物细无声的境界。最终塑造学生健全的世界观、人生观和价值观，实现国际贸易专业教育与爱国主义思政教育协同发展的应用型国际贸易专业人才培养。

二、课程建设特色

“国际贸易”课程建设应立足于国际贸易理论与政策分析体系，参考OBE教学理念，打造出应用能力培养为教学导向的教学特色，从而培养适应地区经济社会发展需要的高素质应用型人才。为了适应应用型人才的培养，“国际贸易”课程建设可在“四类融合”的特色下开展：

（一）教学理念的融合

打破传统的以教师授课为主导的教学理念，将OBE教学理念融入传统教学理念。在教学过程中，教师将现代国际贸易理论前沿与当今国际贸易重点和热点问题相结合，把课程内容、课程思政、课程资源以重点、热点案例引入的方式引导学生展开讨论，实现教师从传授书本知识转变为塑造学生应用能力、道德品行的角色。

（二）教学方法的融合

以“讲授法+”的方式将传统教学方法与启发式、互动式、探究式的教学方法相融合，以学生为教学中心，根据课堂内容将“讲授法”分别与“雨课堂”“小组活动”“对分课堂”“任务驱动”“翻转课堂”“案例分析”“视频教学”等方法灵活融合使用，实现应用型人才培养的教学目的。

（三）教学实践的融合

以校企合作为载体，实行学校、企业、学生的教学实践融合。校内教学实践针对应用型人才培养开展，通过对外贸数据的分析报告和对外贸企业的调研报告，增强学生的动手能力和分析能力。校企合作教学实践将围绕企业导师入校授课以及学生参与企业假期实习的方式开展，让学生及时接触企业实践内容，使教学实践与企业运营相融合。最后，通过建立企业反馈机制，及时、持续更新企业用人需求，以此为依据改进实践教学方法。

（四）考核方式的融合

为了实现具备国际化视野应用型人才的培养目标，课程教学过程必然要求学生学习具有足够的广度和深度，这需要多样化课程考核方式的交叉融合，进而对学生学习过程的全程监督和量化评价。在实践过程中，在原有的传统考核方式上，通过线上线下教学资源的建设，实现课堂上和课堂外的双重考核模式，在尊重原有的传统标准答案考核的同时，针对主观性话题讨论构建非标准答案考核。双重考核模式强调对考核广度与深度的融合、线上与线下考核的融合、自主评价与教师评价的融合、个人能力与团队合作考核的融合、课堂内和课堂外考核的融合、知识和能力考核的融合。通过考核方式的融合，重在对应用能力的评价。

三、课程建设要解决的重要问题

“国际贸易”课程教学基本按照书本内容将国际贸易理论与政策知识点向学生传授，这导致课程教学存在“高度不足、深度不够、热度不牢”的问题，需要对课程教学进行建设，培养符合专业和思政教育需求的国际贸易领域应用型人才。

（一）解决“高度不足”问题

“国际贸易”课程建设要解决“高度不足”问题。“国际贸易”课程教学一般是专业知识的传授，重点和难点教学内容都是围绕核心知识点，缺乏培养学生看待和分析国际经贸问题的宏观视野。因此课程建设需要确定一个制高点，从全球宏观视角下建设课程内容，突破课程教学内容的局限，在专业知识和课程思政的基础上搭建我国国际战略需求以及中华民族伟大复兴的教学框架，在教学过程中给学生赋予宏大的分析视野。

（二）解决“深度不够”问题

“国际贸易”课程建设要解决“深度不够”问题。“国际贸易”课程教学内容具有“多而广”的特点，国际贸易理论众多，国际贸易政策繁杂，这导致教学过程为了能够顺利完成专业知识教授，往往忽视了运用专业知识深入分析和解决实际问题的实践教学，使得教学深度不够。为此，“国际贸易”课程建设应借助OBE教学理念，从实际问题出发，深度培养学生对于国际贸易现实问题的分析和解决能力，把国际贸易理论知识与国际贸易现状、问题紧密结合进行深层次的讲解讨论和实践分析，进而实现学以致用的应用型教学效果。

（三）解决“热度不牢”问题

“国际贸易”课程建设要解决“热度不牢”问题。“国际贸易”课程涉及大量的古典和新古典国际贸易理论与政策内容，在教学过程中列举的案例容易停留在陈旧、过时的国际经贸事件中，缺少对当今全球经贸现象及问题的应用与解释。因此，在国内国际双循环、国际贸易合作与冲突不断的时代，“国际贸易”课程教学需要革新教学案例库，对国际热点问题的关切度和结合度必须牢牢结合，重点关注使用经典理论解释当代世界的实践教学，从而使应用型人才的培养进一步贴近热点和贴合时代。

四、课程建设的实施路径探讨

（一）优化课程教学内容

根据“国际贸易”的课程特点，课程教学体系需要进行重构。特别是针对“高度不足、深度不够、热度不牢”问题，应通过构建“理论知识+实际应用+课程思政”的教学体系，对课程教学进行建设。在理论知识层面，教学过程应向学生系统传授古典国际贸易理论、新古典国际贸易理论、当代国际贸易理论、自由贸易理论和保护贸易理论、贸易保护和鼓励政策、经济全球化与WTO、国际服务贸易、我国对外经济的改革与发展等核心基础理论知识。在此基础上，重点嵌入我国改革开放、国内国际双循环相互促进的新发展格局和自由贸易区建设的实际应用与分析，培育应用型国际经济与贸易实践人才。与此同时，在教学过程中适当融入我国应对外部环境变动、实现中华民族伟大复兴的课程思政元素，实现当代大学生爱国主义精神的培育。

（二）构建立体化教学资源

为了有效解决“高度不足、深度不够、热度不牢”问题，“国际贸易”课程建设可以通过资源建设的路径，逐步提升教学高度、挖掘课堂深度、把握时事热度，进而确保课程建设在稳固的基础上逐步开展。要以循序渐进的方式建设教学资源，解决“国际贸易”课程教学中存在的问题。

1.以领军人物为核心组建资源建设团队

优秀教学团队、教学名师或优秀专业带头人在特色专业及课程一体化建设中具有非常大的引领作用。因此，“国际贸易”课程要以教学经验和研究成果丰富的领军人物作为课程资源建设团队负责人，带领团队开展课程资源的建设，组织团队成员深度凝练“国际贸易”多年教学经验和内容，指明资源建设方向。

2.以解决重要问题为导向建设教学资源

教学资源的建设应围绕“国际贸易”课程“高度不足、深度不够、热度不牢”问题，以解决问题为导向逐步建设和丰富教学资源。一方面，课程建设团队寻找和积累中国在国际贸易发展进程中的课程思政元素，提升课程高度；另一方面，课程建设团队对课程重点内容适度深挖，增加重点内容的应用广度和深度。最后，课程建设团队应持续而广泛地收集国际贸易时事热点，应用到教学实践，丰富教学热点内容。

3.以常规化管理统一线下教学资源

教学过程要形成教学研讨互动的常规化管理，统一线下教学资源。特别是制度化、常规化集体备课活动，共同研究探讨教学的重点和教学方式，共享教学资源，形成集体备课教案和统一教学课件等线下教学资源。

4.以“互联网+”渠道搭建线上教学资源

借助大型开放式网络课程建设契机，运用线上教学平台，建立“国际贸易”课程的线上教学库、习题库、试题库和案例库，逐步形成网络教学资源，积累一套有高度、有深度、有热点的“互联网+”线上教学资源。

（三）重构教学组织结构

1.以“生生互动”讨论实现课前预热

充分发挥线上教学和线下课堂的双重优势，将标准化学习和个性化学习相结合，有效实现“金课”目标。课前环节通过线上教学平台的线上载体，以“应用型”知识预热为目的通过授课老师将课前案例发送给学生，要求学生以小组为单位进行讨论，并相互交流见解，汇总疑点交给授课老师，最终实现“生生互动”的课前预热。

2.以“师生互动”教学实现课中启发

“国际贸易”课程教学建设应推进基础教学与实践教学相结合，以传统理论与前沿理论为教学基础，推动面向学生的国际贸易现状问题和热点事件的教学启发。因此，课中环节体现在课堂内的互动教学方面，要以OBE的教学理念，通过案例引入教学知识点，建立师生互动研讨的授课模式，给予学生启发式课堂讲授，实现通过“师生互动”的组织实施形式解答学生课前疑点以及课中难点。

3.以“生生互动”实践实现课后提升

课后环节以“应用型”能力提升为导向，以科研课题和最新文献为参考，通过课后布置专题报告，推动学生对资料的收集和分析，形成报告在线上教学平台专区进行展示，最后由其他学生在平台进行亮点点评，进而推动面向学生的国际贸易现状问题和热点事件进行分析报告和调研报告的实践教学。这有助于通过课后“生生互动”的实践方式提高学生独立思考和动手的能力，同时借助线上平台形成学生课后相互学习、相互促进的课外氛围。

参考文献

［1］尹国才，苏玉军．高校应用型人才培养的思考与探索——评《创新与发展——应用型人才培养研究与实践》［J］．中国高校科技，2022（3）：105.

［2］蒋和平．地方院校以职业能力培养为导向的国际贸易课程教学改革［J］．教育与职业，2016（5）：88-90.

［3］钟飞燕．精准对接，精准育人：深化国际贸易专业教学改革探究［J］．教育与职业，2018（22）：105-109.

［4］蒋和平．高校特色专业及课程一体化建设路径研究——以国际经济与贸易专业为例［J］．学术论坛，2014（5），154-158.

［5］曲艺，徐婷婷，仲深．高职线上线下混合式“金课”教学实践与反思［J］．岳阳职业技术学院学报，2020，35（4）：70-73.

应用型本科经济学沙盘模拟实验教学探索与实践

李小青　袁　柳

【摘要】“经济学沙盘”课程全称为“宏微观经济学综合仿真实验系统”，能将西方经济学原理与多学科知识相结合，在模拟经济环境下实现分组经营对抗，增加了教学的趣味性和仿真性，从而解决理论与实践相背离的痛点，提升学生的经济学思维、沟通能力以及团队协作精神。本文在厘清经济学沙盘模拟实践教学的特点与问题的基础上，提出相应的建议，引发教师思考，以期实现教学效果的提升。

【关键词】经济学；沙盘模拟；实验教学；应用型

一、引言

作为经济管理类的专业基础课程，“西方经济学”课程教学成效直接决定着其他后续专业课程乃至整个学科建设效果的质量。鉴于“西方经济学”课程内容理论性较强、模型复杂、公式冗长，加上当前我国高校的经济学授课方式又以传统的课堂授课方式为主，致使学生在学习过程中难以弄懂晦涩的经济学原理及理论公式，缺乏独立思考和实践动手的能力，故引入经济学沙盘模拟实验教学，让学生亲自参与经济活动，有利于学生经济学思维的培养以及学习兴趣的提升，进而提升经济学的教学效果和质量。“经济学沙盘模拟实验”课程主要是通过模拟宏观和微观经济运行过程，让学生进行角色扮演和筹码推演，进而在营造的真实的经济环境中，进行正确的微观企业经营决策以及宏观经济调控政策，提升学生对书本理论知识的理解能力，做到经济学原理与现实生活的有效结合。目前，我国高校经济管理类专业主要以使用ERP（Enterprise Resource Planning）企业经营沙盘模拟实验为主，较少运用经济学沙盘模拟实验进行教学，故对此还较为陌生。虽然部分高校开设了“经济学沙盘模拟实验”课程，但仍未形成完善和系统的教学模式和章程，对如何有效开展“经济学沙盘模拟实验”课程教学还处于初始探索阶段。基于此，本文在对“经济学沙盘模拟实验”课程的重要性、内容、特点以及主要教学目标介绍的基础上，结合自身“经济学沙盘模拟实验”课程教学的经验和收获提出一些改善拙见，希冀引起更多高校西方经济学授课教师对经济学沙盘模拟实验教学的思考和关注。

二、经济学沙盘模拟实验教学的设计

“经济学沙盘模拟实验”课程集操作性、实战性于一体，学生借助角色扮演和筹码推演在竞争性、参与式、体验式的全场景教学环境中模拟7年的微观企业运营和宏观政府调控活动。在实验参数不断变化的情况下，学生通过对得到的实验数据进行加工分析和整理，以检验所学的经济学原理，且为进一步的实验决策提供依据。

教学设计包括课程导入、模拟实验以及知识分享阶段（如图1所示），教学过程包含从学生分组到实验报告完成的9个环节，教学内容既包括微观经济学原理，也包括宏观经济学原理，即微观经济学的需求、供给与要素理论、厂商与市场结构理论、福利经济学与市场失灵理论，宏观经济学的货币市场与国民收入理论、经济周期与经济增长理论、财政政策与货币政策理论等。每个教学班通过32个学时的实验沙盘教学，有效地将经济学、管理学、会计学以及金融学等专业知识与实际操作结合起来。

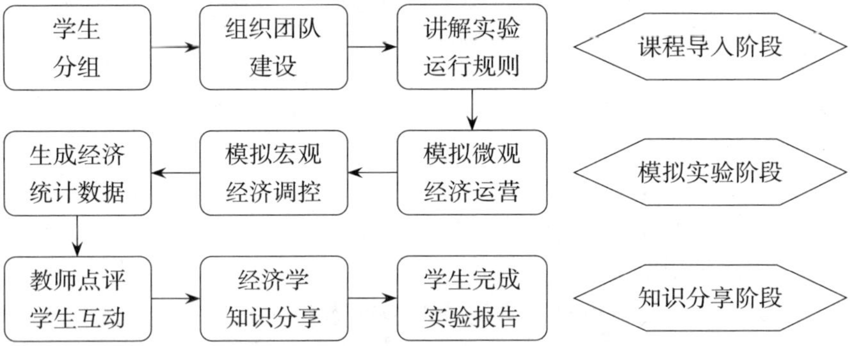

图1 “经济学沙盘模拟实验”课程设计

在实验室上课时，教师首先需要对经济学原理和实验规则进行讲解，然后由学生分组扮演总经理、采购总监、财务总监、生产总监、人力资源总监、营销总监、政府总理以及央行行长等角色。企业团队的主旨是规避经营风险与陷阱、高效稳健地经营；政府团队的任务是依据产品市场、货币市场、劳动力市场以及国际市场的变化情况得到GDP、CPI、失业率以及个人收入增长率等指标数据，以此来掌握宏观经济运行总体状况进而采取相应的宏观经济措施以调控经济。企业团队成员需要相互沟通合作，分析微观个体，如汽车、家电以及钢铁行业是如何通过价格机制实现自身的利润最大化，而政府团队则需侧重探究宏观总体，如央行和政府是如何通过理性决策，利用财政和货币政策调节经济的运行，以期实现经济增长、物价稳定、充分就业以及国际收支平衡的宏观调控目标。

三、经济学沙盘模拟实验教学的特点

（一）情景模拟的仿真性

经济学沙盘实验通过几家企业团队和1组政府团队模拟一个真实经济环境。微观层面，各个团队通过开展职责分工、要素的采购与竞标、资金的规划、产品订单竞标以及报表的编制等业务，将企业内部各个岗位和职责联系在一起，让学生感受微观企业的生产经营过程。宏观层面，政府团队依据宏观经济目标制定宏观经济政策，包括财政补贴额度、税率、货币发行量、最低利率等。这种“身临其境”的体验式教学模式，让学生参与其中，能有效提升学生对宏微观经济学原理关联性的理解程度和把控程度。

（二）经营活动的竞争性

经济学沙盘模拟实验充满了竞争性。因为从实验的第二年起，各小组首先就要通过制定相应的宏观经济目标去竞选政府，竞选成功的政府根据当前的经济形势颁布政府政策。然后，各企业团队为了获得利润最大化，必须认真分析竞争对手的策略和宏观经济环境，制定企业未来的最优决策和发展战略。每一年的生产经营活动，各个企业团队均需要在要素采购、资金贷款、广告耗费、产品订单竞标、要素竞标以及产品生产等环节开展竞争，在竞争中领悟理性决策的重要性。

（三）寓教于乐的趣味性

不同于枯燥的传统理论教学，经济学沙盘模拟实验能够在游戏中充分调动学生的积极性和主动性，类似于在学习中游戏，寓教于乐，真正实施体验式教学。传统的教学模式是以教师为主、学生为辅的单向信息交流，而经济学沙盘模拟实验让学生“身临其境”，以学生操作为主、教师讲授为辅，把抽象的经济学原理转变为实战型和体验式的趣味教学，真正实现从“要我学”到“我要学”的转变。

（四）学科知识的融合性

经济学主要是从微观和宏观层面揭示了市场经济运行机制下的资源配置问题。微观经济学以理性人为研究假设，以单个经济单位为研究对象，分析消费者、厂商的行为。宏观经济学则以整个国民经济的活动为研究对象，探究充分就业、物价稳定、经济增长以及国际收支平衡等问题。学生在学习经济学的过程中，存在一个较为普遍的问题就是容易把二者分割开来，很难将二者很好地进行衔接和联系。而“经济学沙盘模拟实验”课程则通过模拟企业的经营决策及企业间的竞争与合作，基于微观企业的经营结果形成模拟社会的宏观数据，有利于学生充分理解宏观数据的形成过程以及宏观经济政策对微观企业行为的影响。此外，该课程还涉及财务管理、市场营销以及企业战略管理等其他学科的专业知识，实验过程中学生需要系统掌握这些学科理论知识，并运用于实践解决现实问题。

四、经济学沙盘模拟实验教学存在的问题

（一）实验课时安排不合理

受传统“重理论、轻实验”教学思想的影响及现实实验条件和状况的限制，整体而言，“经济学沙盘模拟实验”课程的课时安排偏少。受课时量的限制，教师在安排实验课程时，不得不尽快结束实验规则及流程的介绍就让学生自己操作，这很容易导致大部分学生在还没有弄清楚实验流程和规则时，实验就已经结束，致使学生根本就没有足够的时间去完全感受经济学原理到底是如何指导企业进行微观经济决策和宏观政府调控的，学生对于经济学理论知识的理解仍然停留在书本层面，无法实现“经济学沙盘模拟实验”课程预期想达到的成效。

（二）教学师资力量薄弱

由于“经济学沙盘模拟实验”课程的内容涉及较为广泛的学科知识，这就要求授课教师既需要牢固掌握西方经济学相关原理，熟知当前国内外宏观经济运行趋势，还要牢固掌握财务管理、企业生产运营以及市场营销等管理学的相关知识。然而，当前很多应用型本科高校缺乏有实战经验、对国内外经济形势有敏锐察觉力以及熟练掌握多学科专业知识的高水平实验教师。正是由于授课教师的综合能力欠缺，致使经济学沙盘模拟实验教学的效果不太理想。

（三）成绩评定不科学

当前缺乏有效科学的成绩评定方法去评估学生学习“经济学沙盘模拟实验”课程的结果。对于实验课时偏少的班级，授课教师甚至没有将这门实验课的考核成绩纳入到“经济学”课程的综合成绩评定之中，这就导致学生在学习该门课程时缺乏积极性和主动性，也影响该门课程的授课成效。

五、经济学沙盘模拟实验教学效果提升建议

（一）合理安排实验课时

在“经济学沙盘模拟实验”课程的教学中，很多学生由于缺乏相关经济学理论知识和应用能力而不知道如何理性做决策，例如不知道如何运用所学微观经济学的知识

给产品合理定价，也不知道如何运用所学的宏观经济学理论知识进行宏观调控以实现宏观经济目标。出现这些问题的本质原因在于课程开设时间较短和课时限制。经济学作为专业基础课程一般在第一学期和第二学期开设居多，但“经济学沙盘模拟”课程作为一门综合性较强的专业必修课，所涉及的知识既包括经济学原理也包括管理学知识，故开设时间一般在第四学期或者第五学期，这就导致“经济学沙盘模拟实验”课程开课时，学生已经忘记了之前所学习的经济学理论知识，无法将其运用到实验当中。另外，由于课时有限，为了完成7年的模拟运营，较多老师不得不在上课时偏向于实验规则和流程的介绍，而忽视了经济学理论知识的回顾。因此，建议实验教师合理安排课时，对于基础理论知识能够增加课时进行讲解和回顾，实验课时也要尽量安排充足以保证达到实验实训课程的目的。

（二）提高学生对实验规则的熟悉和掌握程度

由于需要对沙盘筹码进行摆放，经济学沙盘模拟实验一般都是采用集中授课的方式，从规则的介绍到7年生产与运营的模拟，一般都只有32个学时。时间的限制导致学生从开始经营时对规则和流程会把握不准。所有的决策都是在教师的带领下完成，导致学生无法快速吃透规则和流程。由于对规则和流程不熟悉，经常会出现一些企业团队小组发生决策失误的情况。与此同时，对规则和流程不熟悉，也会影响整个课程的进度，使得企业团队小组无法完成整个7年的模拟运营。因此，建议在每次实验课开始之前，实验教师应该提前布置学习教材和实验手册，保证每一位同学都有足够的时间去理解规则和流程。

（三）通过互联网技术实现教学模式创新

近年来，随着MOOC、微课等新型教学手段的涌现，其对应用型本科高校的教学产生了较大影响，这些基于互联网技术的新型教学手段同样可以运用到经济学沙盘模拟实验课程的教学中来，进而实现实验教学效果的改善。如在沙盘实验课程开始前，实验教师可以将相关经济学原理、理论知识、沙盘筹码、实验运营规则和流程等教学内容制作成课件或者微视频上传到云平台，在云平台上通过微信、QQ等社交软件推送相关教学内容，给学生提前布置需要预习的理论知识和模拟内容。在课堂实验阶段，依然可以通过微信向各实验小组推送相关知识点或实验规则的抢答问题，以加深学生对实验规则和流程的理解，调动学生对理论知识的兴趣。实验课结束后，也可以直接在“互联网+”平台上完成实验报告的提交。将互联网技术运用到“经济学沙盘模拟实验”课程中，可以有效弥补学生理论知识掌握不牢、实验规则和流程不熟悉等弊端，进而提升教学效果和质量。

（四）加强实验教学师资队伍建设

实验教师既是实验规则和流程的介绍者，也是整个实验课程的组织和引导者。因此，为了提升经济学沙盘模拟实验课程的教学效果，实验教师应该熟知整个实验规则和流程以及模拟实验中所运用到的各学科专业理论知识，同时对于各应用型本科高校来讲，也应该大力鼓励实验教师到政府部门或者企业参与实践，支持实验教师参与实践课题研究，邀请实战经验丰富的专家学者到学校进行宣讲来加强实验教学师资队伍建设，促使他们在实验教学时能有效引导学生将所学的理论知识转化为分析现实经济问题的能力，进一步提升学生的综合应用能力。

（五）制定科学的成绩评定办法

经济学沙盘模拟实验课程不仅重视对学生个人综合素质的考察，也重视团队协作和沟通能力的培养，故在进行实验课程的成绩评定时应该综合考察个人和团队两个方面。个人考察可以从出勤率、个人负责业务的完成情况及实训报告的撰写情况方面进行，团队考察主要是从整个团队的运营业绩、成员间的协作与沟通效果等方面入手。将个人得分与团队得分进行加权，继而得到每个学生实验实训的最终成绩。

参考文献

［1］赵明霏．经济学沙盘模拟实验教学探究［J］．实验室研究与探索，2018，37（11）：281-285.

［2］王立治，姜丽．素质教育背景下高校经济学沙盘模拟实验教学探索与实践［J］．科教导刊（中旬刊），2020（32）：43-44.

［3］牛秀敏．经济学沙盘模拟实验教学存在的问题及改进措施［J］．内江科技，2020（5）：37-38.

［4］刘刚，李佳，梁晗．“互联网+”时代高校教学创新的思考与对策［J］．中国高教研究，2017（2）：93-98.

［5］邢全忠，邢鹏．“互联网+”背景下高校教学模式创新研究［J］．教育探索，2015（9）：98-100.

一流课程导向下“宏观经济学”混合式教学设计探讨

鲁朝云

【摘要】伴随第四次工业革命的兴起，信息技术广泛地运用于各个领域，加速了信息技术与传统教育融合发展，教育行业也不例外。以线上线下结合为特征的混合式教学模式受到了越来越多的关注。在一流课程建设的大潮中，传统课程教学遭遇了巨大的挑战，同时也迎来了前所未有的改革机遇。本文以一流课程理念为导向，分析混合式教学模式在一流课程建设中的优势，从优势发力，结合“宏观经济学”教学实践，通过高阶性课程目标设计、创新性教学方法选取和挑战性课程考核实施三个方面，去探寻混合式一流课程建设之道。

【关键词】一流课程；混合式教学模式；宏观经济学

伴随我国经济高质量发展的步伐，教育界也迎来了转型升级的高质量发展契机。中国大学正迈入教学水平提质增效的“双一流”建设的新阶段，一流专业离不开一流课程的支撑，课程是人才培养的最核心要素。一流课程建设成了当今各大高校的主抓工作之一，也是培养一流人才的坚实保障。一流课程建设任重道远，却意义深远，以一流课程理念为导向，深化课程教学改革是新时代高校教师义不容辞的历史使命。每门课程都有各自的属性和特性，不同一流课程建设有差异。笔者基于十余年一线的经济学教学经验，尝试探寻“宏观经济学”一流课程建设可行路径。

一、一流课程的内涵

课程是人才培养的核心要素，课程质量直接决定人才培养质量。教育部发布的《教育部关于一流本科课程建设的实施意见》，明确提出一流本科课程“双万计划”，并阐述了一流课程的内涵，主要体现在“两性一度”（见表1）。

表1 一流课程的内涵

特征属性	具体表现
高阶性	首先秉承知识、能力和素质有机融合的原则去设置课程教学目标，注重学生高阶能力培养，即培养学生解决复杂问题的综合能力和高级思维；其次以广度和深度为方向去拓展课程教学内容，创新认知模式，培养学生深度分析、大胆质疑、勇于创新的精神和能力
创新性	一是教学内容体现前沿性与时代性，及时将学术研究、科技发展前沿成果引入课程；二是教学方法体现先进性与互动性，推进现代信息技术与教学深度融合，积极引导学生进行探究式与个性化学习
挑战度	一方面科学“增训”，加大学生学习投入，课程设计中增加研究性、创新性、综合性内容，为学生创造“跳一跳才能够得着”的学习挑战体验。另一方面深化课程评价改革，注重形成性评价，关注学生经过刻苦学习循序渐进收获能力和提高素质

二、混合式教学模式打造一流课程的优势分析

混合式教学模式是以行为主义和构建主义学习理论为指导，实现现代教育和传统教育深度融合。其一方面能改变传统教师为中心的弊端，真正落实学生为中心，充分实现教师在教学过程中的导学、启发、监督的主导作用；另一方面又能突出学生在学习过程中的主动学习、参与互动、创造知识的主体地位，因此在打造一流课程中具有明显优势，主要表现在如下方面：

（一）课堂时空的延展，为高阶性教学目标的实现提供了保障

混合式教学模式有效弥补了传统教学中课堂学时与教学内容之间的矛盾，科学合理地拓展了课堂的广度、深度和温度。首先课堂信息量增加，通过课程网站融入多样化的课程学习资源，发挥MOOC等优质的教学资源效用，促进课堂教学信息量迭代式增长；其次学习弹性增大，课程知识讲解不再是过眼烟云，能有效存储在云端，教学的重点回顾和难点攻破学生可以自主安排，学习内容、学习时间、学习空间有了更大的弹性，学生异质性的学习需求得到了定制化的满足；最后学习能力增强，混合式教学模式使学生真正成为了学习的主人，大大提升了学生自主学习能力和终身学习的意识，促进了高阶性教学目标循序渐进实现。

（二）课堂互动的变革，为创新性教学活动的开展提供了机会

良好的互动是高效课堂的保障，创新性教学活动既离不开互动的支撑，又提高了互动的参与率。混合式教学模式带来了课堂互动的变革。首先实现了互动主体多元化，师生互动、生生互动、组内互动、组间互动等都能一一实现，提升了课堂互动的

广泛性；其次实现了互动工具多样化，课堂互动工具能有效地调动课堂气氛，在继承传统线下教学互动工具的同时，引入了更多智能化教学手段，例如雨课堂、微助教、课堂派等新型手段，从课前公告、预期任务到课中考勤、PPT互动、抢答、讨论再到课后测试、作业、答疑，集课前互动、课中互动和课后互动于一体，大大提高了课堂互动的鲜活度；最后实现了互动机会均等化，传统教学由于受时间和空间的限制，且课堂互动耗时长、效率低、管控难度大，使得互动仅能在小范围内开展，然而线上课程及智慧教学手段的引入，创造了一个公平有效的课堂环境，人人都能参与，时时都能互动，促进了课堂互动的量变和质变。

（三）课程考核的智能，为有挑战性教学考核的实施提供了条件

混合式教学模式的课程评价与传统教学的课程评价有明显的差异，它在关注学生学习结果的同时，更关注学生学习的过程，实施多维度、多形式、多环节的客观、全面、系统的全过程智能化考核。智慧课堂工具及线上教学平台能全程记录和评价每个学生的全部学习活动，并能将结果及时反馈给学生，每个学生都能实时获悉自己每个教学活动的成绩，对自己课程学习中的难点和弱点了如指掌，明明白白学习，踏踏实实查漏，切切实实改进，使得有挑战性的教学考核循序渐进地得以实施。

三、“宏观经济学”混合式教学的具体实施

“宏观经济学”是经济管理类专业的一门专业必修课，主要研究整体国民经济的总量决定及运行规律，在专业课程体系中具有举足轻重的地位，其教学质量直接影响后续专业课学习的效果与深度。传统的“宏观经济学”教学存在着教师难教、学生厌学的怪圈，理论与现实的融通做得不够，教学质量亟待提升。以一流课程建设理念为指导，开展混合式教学势在必行。着力于前面分析的混合式教学在一流课程建设中的三大优势，笔者分别从课程目标设计、教学方法选取和课程考核安排做了一些思考。

（一）高阶性教学目标的设计

美国著名教育学家布鲁姆教授于1956年提出了教育目标分类体系，遵循人们学习的认知规律，按从简单到复杂、由具体到抽象的大逻辑，将教育目标分为三大领域：认知领域（Cognitive Domain）、情感领域（Affective Domain）和动作技能领域（Psychomotor Domain）。布鲁姆教授又着重强调了认知领域的教育目标分类，他构建了认知领域教育目标分类的完整理论体系，将人类认知与学习发展分为了六类，这六类学习自“低阶”到“高阶”依次是记住、理解、应用、分析、评价、创造，具体内容如图1所示。其中“记忆”、“理解”和“应用”被称为“低阶学习”，其余三种被称为“高阶学习”，主要培养学生信息素养、获取隐性知识、团队协作、问题求解、科学决策、创新思维、批判性思维、自我管理和可持续发展等高阶能力。

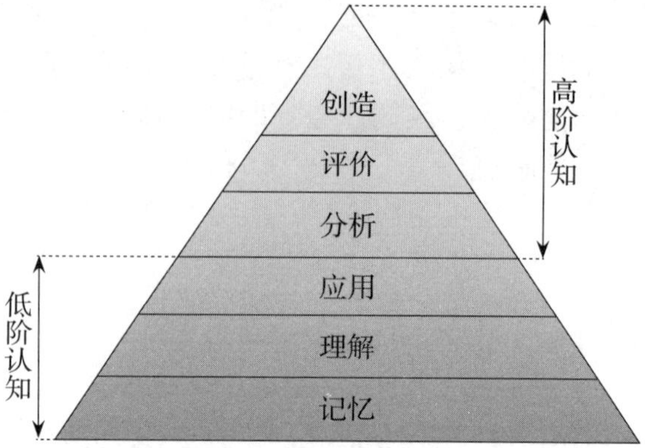

图1 布鲁姆认知目标分类体系

教学目标是整个教学活动开展的导向标，按照布鲁姆的教学目标分类法，“宏观经济学”建设一流课程应更注重学生的“分析、综合、评价”等高阶能力，具体可以从整体课程教学目标的高阶性和章节教学目标高阶性去着手（见表2）。

表2 **“宏观经济学”高阶性教学目标设计**

教学目标类别		分析层	评价层	创造层
		通过课程的学习，学生能够		
“宏观经济学”课程		运用宏观经济理论和方法分析现实社会宏观经济现象	分析各种宏观经济变量之间的因果联系	对未来的宏观经济走势加以预测，对宏观经济政策的影响加以评估
章节	宏观经济基本指标及其衡量	运用GDP、GNP、失业率、通货膨胀率、物价指数等基本指标分析宏观经济问题	比较GDP及绿色GDP的异同；评价我国失业率指标的改革；区分三大物价指数的异同	灵活客观科学地选用宏观经济指标对一国家或一地区经济全貌进行判断
	国民收入的决定：收入—支出模型	会运用乘数公式计算乘数效应；能查找并分析消费、储蓄、投资等国民经济统计数据	理解不同消费理论的核心观点，并能运用消费理论为现实经济发展献计献策	提出消费升级的可行建议；对身边宏观经济中的乘数效应做出定性与定量的判断
	国民收入的决定：IS-LM模型	会利用IS-LM模型计算均衡的国民收入	区分收入-支出模型和IS-LM模型；对我国利率市场化改革做出客观评价	依据凯恩斯货币需求理论为现实流动性过剩治理提出建议
	国民收入的决定：AD-AS模型	掌握IS曲线及LM曲线的推导；并能判断经济事件引起IS和LM的移动方向	区分凯恩斯总供给曲线、古典总供给曲线和常规总供给曲线；作图分析经济萧条、经济过热和经济滞胀	运用AD-AS模型定性分析不同经济事件带来的短期经济波动
	失业、通货膨胀和经济周期	分析现实中失业、通货膨胀及经济波动的原因及影响	理解失业、通货膨胀、经济周期之间的相互关系	为现实中的失业、通货膨胀及经济波动提出治理建议

续表

教学目标类别		分析层	评价层	创造层
		通过课程的学习，学生能够		
章节	开放经济条件下的宏观经济	掌握BP曲线的推导；理解BP曲线的变动	区分蒙代尔-弗莱明模型与前面三大模型；理解国际商品和服务贸易与资本往来的关系	运用蒙代尔-弗莱明模型分析财政政策和货币政策在开放条件下的效应
	宏观经济政策	分析出身边财政政策和货币政策的目的及工具	掌握各种宏观经济政策对均衡国民收入和利率的影响	运用IS、LM曲线分析身边财政政策和货币政策的效果
	经济增长	依据索洛增长模型分析现实中经济增长的原因及核算每种要素的贡献	理解经济增长内在动力机制，并能结合经济增长的统计数据进行跨时间和跨地区的比较分析	为某一地区提出经济增长的对策建议

（二）创新性教学方法的运用

教学有法，教无定法，贵在得法。教学方法的选用对教学效果有着重要的影响。"宏观经济学"课程具有理论多且深、逻辑性强、模型复杂、计算量大等特点，如不注重教学方法的创新，极易成为枯燥乏味的课程。一流课程建设理念呼吁课程应依托教学方法的改革与创新去提质增效。总的原则如下：以学生为中心，发挥学生的主体性、主动性和创造性，让学生"身动、心动、神动"，让学习、进步和成长"发生"在学生身上。充分发挥线上线下课程互动资源优势，实现教学内容与教学方法的精准匹配。

1.线上教学方法

线上教学拓宽了教学资源的广度，延伸了教学时间的长度，线上教学学生的学习更加灵活、主动，学生的参与度更强，侧重围绕识记、理解和应用层教学目标设置教学活动。可选用的教学方法主要包括：第一，翻转课堂，适用于需提前发布学习资料的案例教学；第二，视频学习，主要适用于宏观经济学的基本概念；第三，自主测试，主要适用于线上学习中检测学习效果；第四，DIY学习，适用于宏观理论的发展历程及前沿动态，以学术论文、书籍推荐、名家讲坛等形式进行，学生自主选择学习；第五，主题讨论，主要适用于难点、疑点和热点的宏观经济问题；第六，线上答疑，及时扫除学生学习过程中的障碍，满足学生学习能力异质性的需求，更好地保障学习顺利推进。还可以根据实际情况酌情安排PBL教学、在线讨论等。

2.线下教学方法

混合式教学模式中的线下教学与传统线下教学有明显差异，是高阶性教学目标完成的"主战场"，教师应该驾驭教学讲授的高度，师生共同探究教学内容的深度，教学方法选择应关注激趣启智的情境、协作探究的团队、深化思维的互动。可选用的教学方法主要包括：第一，对分课堂，可以适用于宏观经济学中模型的推导等深奥逻辑性强的教学内容；第二，热点专题分享，让学生体验理论与实践中的融通，培养经济问题敏感度；第三，课堂抢答，是一种活跃课堂气氛的教学方法，有利于激发学生竞争意识；第四，课堂投票或弹幕，更大限度创造互动机会，主要适用于疑点和难点的学习；第五，任务驱动，主要适用于逻辑性严密的知识。还可以根据实际情况酌情安排启发式教学、头脑风暴、案例研讨等。

（三）挑战性课程考核的安排

课程考核是教学的重要环节，是评定学生学习成绩、检查教师教学质量的主要手段，科学合理的课程考核既能促进学习的持续深化，又能实现学习效果的准确检验，是促进教学质量提高的重要举措。“宏观经济学”混合式教学考核应紧扣课程的高阶性教学目标，富有一定的挑战性，以基础考核—应用考核—创新考核为大逻辑去逐渐推进、逐步落实。

1. 基础考核——学有所获

基础考核主要针对记忆和理解层的教学目标去设置，旨在引导、鞭策学生完成宏观经济学基础知识的学习。基础考核评价注重公平化、智能化、透明化，具体考核形式包括：线上设置任务点监测学习视频的完成情况，并依据视频学习时长计入课程成绩；后台统计分析登录课程网站的学习次数并给予一定的分值激励；设置章节闯关测试环节，检查自学的成效，并对基础知识掌握情况进行分析；线下课堂考勤，并结合课堂表现纳入平时成绩考核，引导学生端正学习态度，养成良好的学习习惯，形成终身学习的理念。

2. 应用考核——学有所用

应用考核主要针对应用和分析层的教学目标去设置，旨在启发、协助学生完成运用宏观经济学基础理论理解身边宏观经济现象。应用考核评价注重多元化、规范化、及时化，具体考核形式包括：线上参与主题讨论考核，每次课教师围绕教学内容设置1～2个研讨主题，发布在课程网站上，并将参与讨论的次数计入课程成绩；自主发帖构建讨论主题，鼓励学生在学习中发现问题，发帖形成生生讨论的良好氛围，利用在线工具开放点赞、献花、打分等互评功能；还可以设置传统的课堂小组讨论、案例分析等考核环节，通过学以致用把学生注意力和兴奋点吸引到教学中，切实提升教学质量。

3. 创新考核——学有所悟

创新考核主要针对评价和创新层的教学目标去设置，旨在鼓励、奖励学生完成宏观经济学基本理论和基本方法的迁移应用，切实为解决身边现实的宏观经济难题献计献策。创新考核评价注重时代性、前沿性、科学性，具体考核形式包括课前分小组进行专题分享，在课程考核中设置专题分享奖励分值；时事新闻头脑风暴，运用所学原理梳理新闻中的关键问题和痛点问题，并提出解决问题的合理建议；自选案例展示与评价，发挥学生主观能动性，选择宏观案例在课堂上进行展示分享。通过多环节的创新考核设置，培养学生主人翁意识，追求科学的精神，教学重点真正落实到学生的能力培养和素质提高上，全面提升课堂教学水平和人才培养质量。

四、结语

混合式一流课程建设任重道远，在信息技术突飞猛进的今天，混合式教学模式虽然融合了多种学习理论和学习方法，取众之长，达到了“1+1>2”的叠加效应，但是仍存在课程团队信息技术不足、课程资源质量不高、学生传统认知惯性、线上互动深度不够、多门课程时间冲突等问题。德国教育学家第斯多惠说过：“教学的艺术不在于传授本领，而在于激励、唤醒和鼓舞。”因此，日后“宏观经济学”混合式一流课程建设，教师应潜心教学，对教学目标应有前瞻性思考，敏锐捕捉新信息，更新教学内容，动态分析学情，立足学生特点和求知规律去精选教学方法，不断完善课程评价体系，在富有挑战的考核中激发学生的求知欲望，点燃学生的学术理想。

参考文献

［1］教育部关于一流本科课程建设的实施意见［R］. 中华人民共和国国务院公报，2020.

［2］余惠兰. 线上线下混合式“金课”建设路径研究［J］. 教育评论，2019（10）：21-25.

［3］陆国栋. 治理“水课”打造“金课”［J］. 中国大学教学，2018（9）：23-25.

［4］郑春芳. 混合式教学中网络资源与课堂教学有效结合的途径探析——以《宏观经济学》课程为例［J］. 教育理论与实践，2012，32（33）：52-54.

［5］李星磊. 布鲁姆教育目标分类视域下慕课中通识教育的课堂内容设置探讨［D］. 成都：四川外国语大学，2018.

［6］于歆杰. 一流课程的两个边界［J］. 中国大学教学，2019（3）：45-47.

［7］董必荣，刘海燕. 会计学一流课程建设的思考与实践［J］. 中国大学教学，2019（10）：75-79；23-25.

［8］张如庆，冯德连. 一流课程建设的思路与实践——以安徽财经大学《国际经济学》课程建设为例［J］. 铜陵学院学报，2019（5）：107-109；121.

国标视域下应用型课程“报关报检实务”的教学模式研究

潘银坪

【摘要】各院校国际经济与贸易专业都在根据《普通高等学校本科专业类教学质量国家标准》的要求来调整专业的课程体系和课程内容。其中，“报关报检实务”是一门实操性很强的课程，这门课程的教学内容既要体现应用性，满足企业对通关人才的需求，也要兼顾国标。本文旨在探讨国标视阈下应用型课程“报关报检实务”的教学模式。

【关键词】国标；报关报检实务；教学模式

每一位大学生进入大学学习，都希望缩短学习者与工作者之间的差距，在应用型高校学习能增强学生对实际工作的适应能力，辅助学习者开启自己的职业生涯。“报关报检实务”就是应用型高校开设的与职业岗位对接的应用型课程，是国际经济与贸易专业国际商贸方向的模块课程，是提高学生就业竞争力、极具实操性的课程，在应用型人才培养模式中占据着重要的地位。通过本课程的学习，学生能全面了解报关与报检的管理制度，掌握报关与报检的基本程序、进出口税费计算、报关单填制等知识和技能。结合我校应用型本科教学的实际情况，本课程以应用型人才培养为核心目标，在教授基本理论和基本概念的基础上，注重以工作情境来设计教学内容，让学生在模拟的工作情境中获得应掌握的知识、应具备的能力和应拥有的素质。

一、应用型课程“报关报检实务”教学模式设计的依据

（一）国标视域下国际经济与贸易专业学生的毕业要求

国标强调经济与贸易类本科专业的培养目标是培养适应中国式现代化建设需要的、具有全球视野和较为完备知识体系的应用型、复合型、创新型人才。以培养目标为起点，提出国际经济与贸易专业学生的毕业要求，即应用型、复合型、创新型

的国际经贸人才须具备较为完备的知识结构、较为系统的能力结构、较为全面的素质结构。

（二）国标视域下校企合作的需要

经济与贸易类本科专业国标不仅强调培养的是应用型、复合型、创新型人才，也非常重视师资队伍的实践经验，尤其是实务性和实践性较强的课程。这就要求应用型课程“报关报检实务”的教学应注意积极开展校企合作。开展校企合作，是应用型人才培养模式的创新，不仅培养学生的技能，缩短与社会需要之间的差距，还培养持续学习的能力，这种持续学习的能力能将理论知识内化为生存的技能。

二、应用型课程“报关报检实务”教学内容设计

（一）课程教学目标的确定

高等教育教学活动追求时效性，需要在要求的学时内取得理想的培养效果，这个培养效果就是教学目标，也是课堂教学这一教学活动主阵地的起点和回归点。教学目标是开展教学活动的方向和预期取得的结果。准确、清晰的教学目标有利于制订科学有效的教学计划，有利于教师组织具体的教学内容，有利于理清课程的重、难点，有利于教师团队选择科学、合理的教学方法并安排教学过程，即课程教学目标的确定对整个教学活动的开展具有重要的导向作用。

课程教学目标与专业的培养目标是密不可分的，教学目标应是专业的培养目标的具体体现。此外，课程教学目标的确定还需要尊重与引导学习应用型课程的学生，这两个方面是对教学效果起到核心作用的教学目标确立的根本。图1为具体落实到应用型课程“报关报检实务”上的教学目标的确定过程。

（二）课程教学内容的设计

课程建设的重点是内容设计，它也是提升教学实效性的重要方面。选择最有效的教学内容，能在一定时间内让学生取得最佳的学习效果，使教学实现最大的效益。应用型课程的内容设计要注重高深学问的社会功用，关注学生知识的掌握和实践能力的养成，注重培养学生对高深学问的理解能力和运用能力，但不是简单地将课程理念，也就是教学目标转化为实际的教学。在遵循教育发展规律的前提下，应将课程教学目标再次演化成章节目标，从而确定教学内容。

从国标出发，确定课程的教学目标，再按照课程教学目标和企业、社会的需要来重构“报关报检实务”课程的教学内容，可将其划分为七个课程模块二十二个学习任务，每个学习任务又可细分为若干个子任务。这七个课程模块和相应的学习情境见表1。

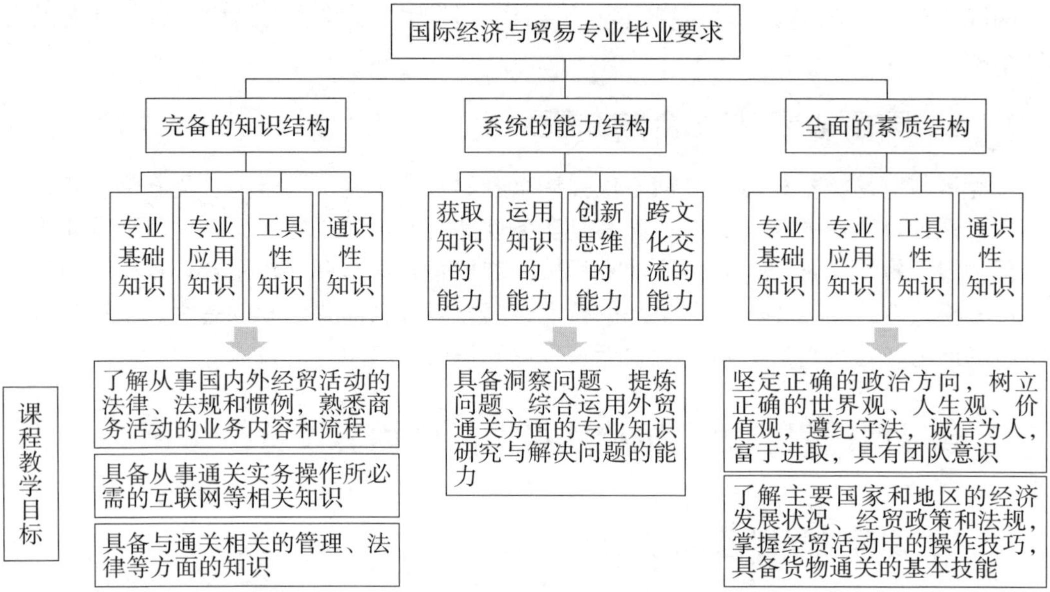

图1 应用型课程“报关报检实务”教学目标的确定

表1 **七个课程模块和相应的学习情境**

课程模块	学习情境
一、国际贸易知识	报关资质办理
二、一般进出口货物的报关	任务一：认知一般进出口货物 任务二：一般进出口货物的报关 任务三：海关监管货物转关的报关
三、保税进出口货物的报关	任务一：认知保税货物 任务二：保税加工货物的报关 任务三：保税物流货物的报关
四、其他进出口货物的报关	任务一：减免税货物的报关 任务二：暂准进出境货物的报关 任务三：其他进出境货物的报关
五、进出口货物报关单的填制	任务一：认知报关单 任务二：填报进出口货物报关单表头栏目 任务三：填报进出口货物报关单表体栏目 任务四：填报进出口货物报关单表尾栏目
六、进出口税费的计算与缴纳	任务一：认识进出口税费 任务二：确定进出口货物的完税价格 任务三：确定进口货物的原产地与税率适用 任务四：计算进出口税费 任务五：减免、缴纳、退补进出口税费
七、出入境货物检验检疫基本程序和方法	任务一：报检申报 任务二：现场查验、实验室检验检疫 任务三：通关与放行

三、应用型课程“报关报检实务”的教学方案

提升教学实效还应注意选择最有效的教学策略，也就是选择最有效的学习过程与方法。应用型课程也不例外，可以选择在学习过程中系统化地边学边做。这种策略方便学生在学习专业领域知识的同时，培养一种将理论知识内化为生存技能的持续学习的能力。因此，“报关报检实务”的教学需要构建一个能体现对学生持续学习能力培养的多层次的教学体系。多层次的教学体系不是简单地由单一的课内教学组成，从时间、空间和内容上看，是课内和课外紧密联系，由既独立又相互交叉的不同的实训、实习等形式组成，既立体化，又充分体现了人文社科类各专业之间的互通性特点。学生可以根据工作任务，选择独自完成，也可以选择与志同道合的同伴一起完成工作任务。这个完成工作任务的过程既能培养学生独立思考与团队合作的能力，也能培养学生发现问题并针对自己感兴趣的问题进行深入研究的能力。

（一）开展校企深度合作

应用型课程“报关报检实务”的改革以校企合作为平台，以项目工作引领体验式情境学习，课程目标注重工作任务，以典型任务来确定课程方案。其充分整合课内课外资源，强化实践教学；利用校内外专业实习实训基地的有利条件，帮助学生全方位接触社会生产实践项目；不定期地聘请行业企业专家走进报关报检实务的课堂，多方位、多触角、多层面地让学生了解和掌握外贸通关的最新动态和一线实战情况。理论+实战的教学模式以学生为主体，锻炼并提高他们动手操作的能力，缩短学生就业的社会适应周期。

1.校企合作共同开发应用型课程

由学校、专业的教师团队与合作的行业企业专家一起合作开发课程，利用学校和企业两种资源和平台，组织专业课程团队与企业实践专家一起调研并研讨，共同创设“报关报检实务”课程所适宜的教学条件，并合作建设为包括企业员工、教师在内的学习者学习、培训提供服务的共享型数字化专业教学资源，共建课程教学、岗位培训和技术开发的双师结构专业教学团队。

2.项目工作引领情境体验式学习

专兼职教师共同精心创设学习情境，结合岗位工作中出现的实际问题，选择一些具有高阶性、挑战度的工作任务进行针对性的教学，推动学生工作能力的提高，使学习与工作合为一体。在学习情境中，学生既是学习者，也是实际工作的体验者；在完成项目任务的过程中，实现专业理论、实践一体化和相关多学科知识一体化学习。

3.课程任务注重工作任务

学习性工作任务是企业工作任务与学校学习任务的系统性集合，不论是整门课程，还是课程中的子任务，均采用工作任务的方式开展，让学生了解完整的工作过程的同时，

培养其知识综合应用能力和可迁移的关键能力，如社会责任感、独立性、合作能力、自我调整和提高的能力以及决策和规划能力，并使得这些能力具有表现性、可见性。

4.典型任务确定课程方案

通过与实践专家研讨，分析与专业相关的职业岗位的典型工作任务，构建工作过程系统化专业课程体系；通过典型工作任务分析，获得关务人员“岗位职责任务和能力目标分析”的结果，以“会做什么”的能力为依据选择课程内容，并按照职业能力从易到难的顺序安排教学。

（二）开展“三平台+三阶段+三工具”的线上、线下混合式教学

除了关注知识点之外，应用型课程要想提升教学时效，还应关注学生学习的愿望、探求学习的热情与能力。因此，应用型课程“报关报检实务”在教学过程中运用“MOOC+SPOC+班级群”的教学工具，借助线上“MOOC+SPOC”平台、线下课堂、课后学科竞赛的形式，注重课前线上平台导学、课中典型工作情境导向教学、课后练习巩固，从而构建线上自主学习、线下分组讨论并加强实战的混合式教学模式，如图2所示。

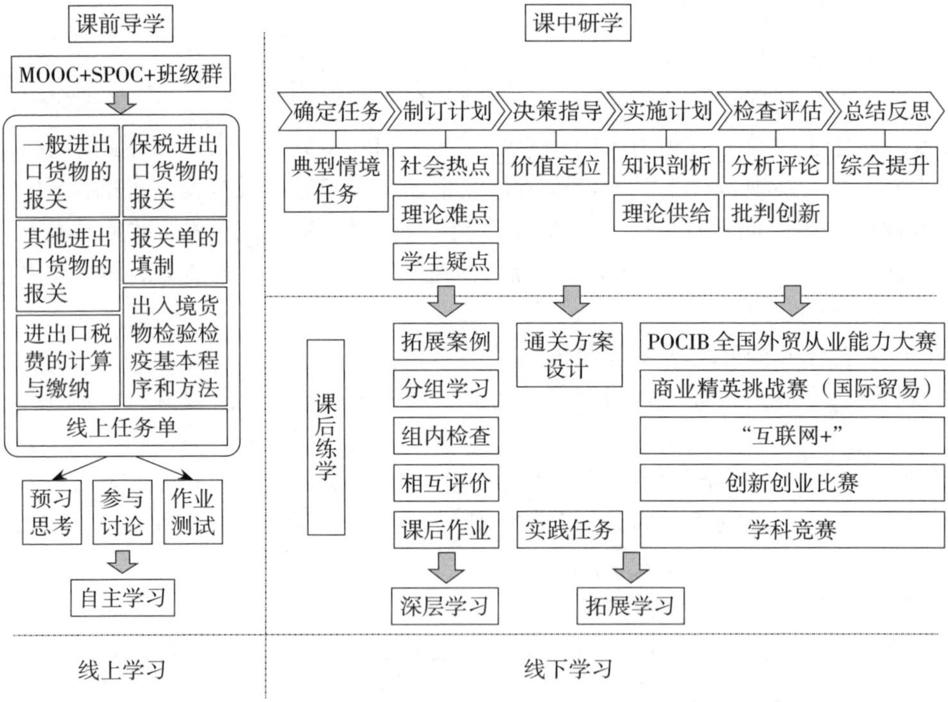

图2 “三平台+三阶段+三工具”的教学模式

四、应用型课程“报关报检实务”的评价体系

诸多研究表明，应用型课程的考核是教育教学活动及人才培养过程的关键环节之

一，对培养国标要求的应用型、复合型、创新型人才具有重要的作用。长期以来，包括应用型本科在内的中国高校的课程考核和评价均采用期末考试的评价模式，这样的评价模式并不能激励学生学习新技能，也丧失了其持续学习的动力。为此，应用型课程的评价方式需要调整为多元化、过程化的考核。

（一）多元化评价主体

应用型课程“报关报检实务”的教学旨在培养符合报关公司、国际货代公司、进出口贸易公司、跨境电子商务公司等需要的熟悉关务操作、具有合法合规意识的专业人才，来自这些公司的企业兼职导师与学校专职教师一起，在教学过程中向学生传授成功的职业生涯所必需的通关技能和跨学科能力。因此，在课程评价方面，企业兼职教师可以通过“媒体化、网络化、数字化”的方式全程参与其中一个或多个工作情境的教学和考核，也就是课中研学的全过程。同时，课程教学应尊重学生个体的自我发展、成长，适当引入学生自评、同学互评等方式，优化考核方案，从而形成包括专兼职教师和学生在内的多元评价主体。

（二）过程化评价方式

由于应用型课程“报关报检实务”的教学内容实践性较强，课程评价应重点考核学生在学习过程中的习得和成绩，即过程化评价。与外校专家、企业兼职教师一起讨论，为每一个情境任务赋予一定的评价比重，同时商讨课中研学每一个步骤的评价指标和占本次任务的比重，然后对学生进行评价。这种方式既提高了学生参与工作过程的积极性，培养其持续学习的能力，也创新了考核方法。

综上所述，应用型课程的教学模式是从国标出发，兼顾企业的需要来设计课程内容、课堂教学和评价方案。

参考文献

［1］郭有钦．“新国标”背景下国际贸易专业四位一体实践教学体系构建的新思考［J］．财富时代，2019（12）．

［2］楚晓玉．关检合并下的《报关报检实务》教学改革探索［J］．产业与科技论坛，2021（4）．

［3］曹银华，刘荣．国标下应用型本科院校国际经济与贸易专业课程体系的构建［J］．黑龙江教育（理论与实践），2020（3）．

［4］艾立旺，王姣阳，李娜，许孝卓，高彩霞．基于工程应用人才培养的高校专业课程考核方式改革［J］．科技风，2022（3）．

赛教融合的教学模式改革与实践
——以“市场调查”课程为例

程小阳

【摘要】本文深入探讨了在应用型高校中“市场调查”课程的性质、特点和教学现状，阐述了赛教融合对提升教学质量、激发学生兴趣、培养其综合能力等方面的积极影响，并提出了包括教学框架构建、教学内容与实践模式改革、案例资源库建设、网络平台应用、考核模式创新和教师培养等在内的具体改革路径。研究表明，赛教融合模式能够有效提升学生的学习效果和实践能力，为应用型高校培养适应社会需求的高素质人才提供了有益的参考和借鉴。

【关键词】市场调查；赛教融合；教学改革；实践能力

一、引言

习近平总书记指出：“高校不仅要培养研究型人才，也要树立应用型办学理念，培养青年一代适应社会需要的技能。”对于应用型高校，要实现高质量的发展，构建产学研相结合、高校企业社会互融互通的应用型人才培养模式是关键。

市场调查是一门理论和实践紧密结合的课程。该门课程的主要教学目标是使学生对市场调查有全面深入的理解，要求学生能够掌握市场调查方案的制订、调查问卷的设计、调查方法的运用和实施、调查数据的统计分析等理论知识，并具备调查设计与实施、调查分析等实践能力。在实践环节，要求学生能进行一项市场调查，最终完成一份详细的市场调查报告。该课程对学生理论知识的掌握及实践能力要求较高。传统教学模式主要聚焦于理论知识的传授，在学生实际操作技能的培养上却显得力不从心。随着市场环境的快速变化，这种理论与实践脱节的教学模式已无法有效地实现应用型人才培养的目标，已经难以满足行业需求，因此笔者思考如何提高学生市场调查的实践能力，特别是将课程内容与实际市场活动相结合。

二、市场调查课程的特点及教学现状

（一）市场调查课程的及特点

市场调查是市场营销专业的一门核心技能课程。就课程性质而言，它是一门实践性、应用性、综合性非常强的课程，对学生职业能力的培养和综合素养的养成起支撑作用。为了培养学生的创新精神，提高其实践和应用能力，增强学生的社会竞争力，结合学院人才培养目标，教师在授课的同时还要培养学生的大赛技能，达到知识的融会贯通。

市场调查课程的主要特点是具有实践性。市场调查的选题和调查方案的制订、市场抽样方法的选取、调查问卷的设计、市场调查的实施、市场调查的资料整理与分析等都有很强的操作性与实践性。

（二）市场调查课程教学的现状

“市场调查”属于操作性与实践性较强的课程，理论知识并不是太深奥难懂，但学生真正地积极、主动参与其中，将理论知识与实践能力有机结合，是这门课程的重点与难点。在课程教学中，主要教学方式大多是采取项目教学法+任务驱动法，将学生组成一个一个的团队，整个教学都以团队为单位开展；每个团队选定一个调查项目，按照市场调查工作的流程完成四大实践任务，最终以团队为单位提交市场调查报告。这种教学模式在一定程度上能达到提升学生实践能力的目的，但还存在以下问题：

1.实践能力提升较慢

在“项目教学法+任务驱动法”的教学方式中，调查项目多数是学生自由选题，再通过完成市场调查的任务来加强实践操作，提升学生的实践能力。这种方式在一定程度上能达到提升学生实践能力的目的，但由于不能引入真实项目，学生接触不到企业的实际调研问题，课程实践教学环节的设置与企业实际经营需求的结合性不强，影响学生实践能力提升的速度和程度。如在教学中采取案例教学法，由于商业案例和数据信息的保密性，许多当下的案例往往不能获得，而用于教学的案例很多是较为陈旧的，学生的实践操作建立在落后的案例上，实践操作能力难以快速提高。

而企业为了顺应大数据时代市场竞争的需求，对自身的数据收集、整理与分析有越来越高的要求，对相关人才的招聘也提出了更高的条件，企业希望招聘到的员工能够直接上岗工作，不再需要企业花费额外的时间和精力进行岗前培训，以避免承担额外的风险。但学生的实践能力不符合企业的实际需求，给学生就业带来了困难。

2.学生学习的主动性、积极性不强

“项目教学法+任务教学法”教学方式，围绕一个调查项目进行实践操作，教会学生解决具体问题。这种教学方式在一定程度上提升了学生的实践能力，但整个课程的教学主要还是以教师带动学生为主，学生缺乏主动探索的精神，其积极性有限，学生的主体作用得不到充分的发挥。

3.缺乏全面系统的相关案例

“市场调查”课程在教学过程中需要穿插相关调查与分析案例，供学生学习和借鉴，案例主要来自教材和网络上搜集的资料，各章节之间的案例相互独立，缺乏系统性和连贯性，并且大多数案例侧重调查结果，很少有案例会针对调查方案的详细设计与实施、样本选择、调查方法的运用等进行详细描述。因此，在讲授这些内容时很少有合适的案例进行借鉴和学习，导致学生对这些内容的理解不够深入，掌握有难度，并且有些案例选题不够新颖，学生对案例学习的兴趣不大。

三、赛教融合对市场调查课程教学的积极影响

市场调查作为一门应用性强的课程，需要一个较好的实践平台才能培养出真正的应用型人才。全国大学生市场调查与分析大赛（CRA）正是一个检验理论、锻炼实践与提升综合能力的平台。该平台为学生提供了一个在真实的市场环境中应用市场调查理论、锻炼自己的市场调查能力的机会。

全国大学生市场调查与分析大赛是由教育部高等学校统计学类专业教学指导委员会与中国商业统计学会共同主办的一年一度的学科竞赛，大赛要求学生围绕社会热点或感兴趣的问题确定主题，设计调查方案，利用统计及市场调查等相关理论与方法进行数据收集，而后整理与分析数据，最后得出结论，形成报告并汇报演示。大赛的宗旨是引导大学生创新和实践，提高学生的组织、策划、调查实施、数据处理与分析等专业实战能力，培养学生的社会责任感、服务意识、市场敏锐度和团队协作精神；以赛促学、以赛促教、以赛促改、以赛促创，促进教育链、人才链、产业链的有机衔接，为社会经济发展服务。竞赛目的是促进企业需求融入人才培养环节，倡导“真题真做”，解决实际问题，推进校企融合、理实融合。整个参赛过程中，学生必须将所学的理论知识应用到真实的市场环境中，深度检验学生对市场营销理论知识的掌握情况，体现了理论与实践的高度结合。同时，它也像是一个实战演练场，学生要实现从理论到实践的转变，学生的组织策划能力、调研能力、团队合作能力、数据处理与分析能力、解决实际问题的能力都能够得到很大的提升。这些与市场调查课程的人才培养目标不谋而合。因此，将两者融合的教学模式是可行的。

（一）比赛能激发学生学习市场调查课程的兴趣

“市场调查”课程在教学改革中以赛促学，选取学生参赛获奖的作品作为案例贯穿于教学中，这种来自学生亲身经历的案例更能引起学生的共鸣，激发其学习的兴趣。

“市场调查”课程在教学改革中以大赛为导向，目的性较强，而且是学生自己主动选择的行为，其兴趣和主动性比教师布置学习任务强，学生学习的主动性、积极性能得到较大幅度的提升。在这个过程中，学生有学习的原动力，对知识的渴望由被动变为主动，真正实现了以学生为中心，教师起指导与引导的作用。同时，以大赛为导向，将比赛贯穿于教学过程中，可以让学生真正体会到市场调查能解决实际问题，体会到学习的效果，激发学生学习市场调查知识的热情与兴趣。

（二）赛教融合能帮助学生梳理市场调查课程的内容

CRA分为理论知识赛与实践赛两大部分。每年11—12月份，大赛组委会会组织个人理论知识赛的网考。为了能顺利通过理论知识赛的网考，学生会自主学习市场调查的相关理论知识，但知识点零碎且烦琐，学习可能只是走马观花。实践赛初赛开始后，各小组根据选题，开始分工协作。CRA大赛主要考察参赛选手理论结合实际、解决实际问题的能力，要求选题新颖，样本代表性强，调查结果质量高，数据分析方法得当，结论具有实用性。一个完整的参赛作品应该包括调查方案设计、问卷设计、调查实施、数据整理与分析、调查结论和建议等内容，每一个环节对参赛学生都有较高要求，学生遇到问题可及时查阅文献或请教指导老师。调查报告完成之际，学生会发现在不经意间就完成了对市场调查课程知识的梳理与融合，无形中实现了学以致用。

（三）赛教融合有助于提升学生的综合能力

市场调查课程的教学中融合市场调查与分析大赛的目标与要求，能促进学生综合能力的提升。在市场调查与分析大赛中，学生不仅要具备市场调查和分析方面的专业知识，还需要综合运用统计学、市场营销、数据分析等多个学科领域的知识和技能。学生需要具备扎实的统计学知识，以便在调查过程中设计合适的样本和问卷，并且能够对收集到的数据进行有效的分析和解读。其次，学生需要理解市场营销的基本理论，以便能够在分析过程中结合市场环境和行业特点提出合理的建议和策略。此外，学生还需要掌握数据分析工具和方法，如SPSS、Excel等，以便能够更加准确地处理和分析大量的市场数据。在市场调查与分析大赛的比赛过程中，学生需要运用以上所述的各种学科知识和技能，综合分析市场趋势、竞争对手、消费者需求等方面的数据，从而提出全面和可行的解决方案和建议。这不仅能够提升学生的跨学科应用能力，还能够增强其解决问题的能力和水平。

（四）赛教融合能培养学生的团队协作精神与创新能力

学科竞赛是培养学生的实践能力和创新精神的有效载体。市场调查与分析大赛是紧密结合市场调查知识和应用的。它先是组织学生参加知识赛，再进行实践赛，将理论知识、组队、选题、问卷调查、数据分析、撰写报告、制作PPT、汇报、答辩等环节综合起来，体现了社会对经济类应用型人才的需要。整个过程都是以一个团队、一个项目，利用分工合作、相互沟通来查找资料，并通过分析和讨论的形式来完成的。在这种团队合作的方式中，学生需要协调团队内部的关系，分配任务和资源，不断交流思想和意见，共同商讨解决问题的方法和策略。在与团队成员的互动和合作中，学生能够学会倾听他人的意见，尊重他人的想法，并提出自己的建议和观点，从而增强了他们的沟通和协作能力，使其成为一个愿意合作并善于合作的人。

在市场调查与分析大赛中，学生需要面对现实中的市场问题，并提出解决方案和建议。这要求学生具备创新思维和创造性能力，能够从新的角度思考问题，提出具有独特见解的解决方案。学生需要对市场进行深入的调查和分析，从中发现问题和挑战。然后，他们需要运用自己的想象力和创造力，提出创新性的解决方案。这可能涉及创新的产品设计、营销策略、品牌定位等。通过这种创新性的思维和实践活动，学生能够锻炼自己的创新能力，培养敏锐的市场洞察力和解决问题的能力。市场调查与分析大赛的融合也提供了一个创新的平台，鼓励学生进行跨学科和跨领域的思考和合作。在比赛中，学生可以借鉴其他领域的知识和经验，结合市场营销的理论和实践，提出创新性的解决方案。这种跨学科的创新思维能够激发学生的学习兴趣和动力，提升其解决问题的能力和创新创造方面的能力。

（五）赛教融合能提高教师的应用型教学能力，促进校企合作

把赛事贯穿到课程教学中，可以实现以赛促教。一方面，实践比赛的宗旨基本上都强调实用性，教师为了更好地配合比赛的进行，势必在课程教学中更加注重内容的实用性和方法的前沿性，培养学生的创新能力和团队合作能力。同时，教师在指导比赛的过程中收获的宝贵经验，也为其有效实施应用型教学提供了素材。另一方面，参赛作品选题的现实性、价值性，除了能够使参赛学生和指导教师赛以致用外，也能够让企业看到学生的实际调查能力与实践能力，可以成为吸引企业合作的有利机会，真正促成校企合作。

四、赛教融合背景下市场调查课程的教学改革路径

（一）构建赛教融合的教学框架

赛教融合的教学模式旨在以能力和素质培养为目标、以成果和产出为导向，通过重构教学内容、改革教学方法、更新评价机制，将阶段性学习与系统性学习有机融合起来，调动学生的学习主动性和积极性，提升学生的实践能力、创新能力，强化教师的教学技能。

“教”是“赛”的基础，“赛”是“教”的提高和升华。其中，“教”强调通过市场调查项目驱动理论教学，要求学生按照项目要求执行不同阶段的项目任务，并在期

末提交完整的市场调查报告，体现的是项目确定、项目学习、项目实施等过程；“赛”则指以实践项目成果为基础，培育以全国大学生市场调查与分析大赛为代表的各类创新性竞赛项目，重点体现项目的培育、改进及参与。构建赛教融合的教学框架，通过将理论教学与实践教学、课内学习与课外实践、线下课堂教学与线上自主学习有效结合，增强学生专业学习的系统性和知识的延续性。赛教融合的教学模式基本框架如图1所示。

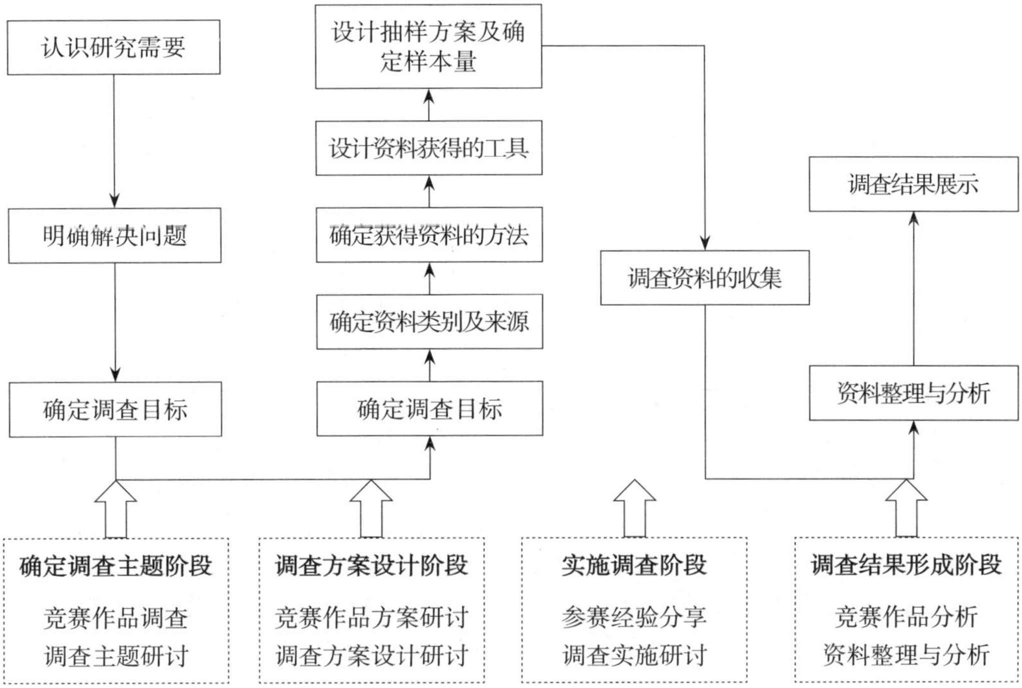

图1 赛教融合的教学框架

（二）赛教融合的实施路径

1.将大赛要求与课程教学内容相结合，完善理论教学设计

在“市场调查”课程的理论教学中，首先，将教学内容与比赛要求结合起来，依据实际市场调查与分析的工作过程和实际比赛过程，将教学内容分为四大项目：制订市场调查方案、设计调查问卷、整理与分析调查数据、撰写市场调查报告。其次，确定每个项目必备的知识点，再按照知识点对理论教学内容进行整合。再次，授课内容以项目为主线，课堂教学中按照项目的实施步骤与课程知识点的安排进行教学内容设计，整个教学过程都以学生完成项目为目标。最初授课时可以给学生布置任务，由学生依据大赛的要求选择创新可行的项目主题，通过整个课程知识的讲授，要求学生最终完成自己所选的调查项目。整个过程要以学生所选项目为主线，以教师教学为辅，结合教师引导，帮助学生掌握理论知识，培养其参与项目的主导能力。最后，在讲授

各个项目时，可以选择大赛中具有新颖性、现实性、可操作性的优秀作品作为案例，并将案例教学贯穿于整个教学环节中。在课堂教学环节对案例作品进行解析，帮助学生真正了解如何制订市场调查方案、如何选择市场调查方法、如何设计调查问卷、如何进行资料整理与分析、如何撰写调查报告等知识，形成连贯系统的知识体系，从而实现以赛促教。

2. 将大赛实践模式融入实践教学

“市场调查”课程要实现赛教融合的实践教学模式，在教学上就要做到以分小组、组团队的形式来完成任务。首先，课程实践教学开始时就结合大赛的要求，让学生自由组建团队，每个小组由3~5名成员构成，选出组长，共同完成项目。其次，整个教学过程都以团队形式进行，可以锻炼学生的团队协作能力、沟通能力。为了避免出现一些团队成员“搭便车”的行为，一是实行组员互评制度，在项目完成后由小组成员彼此打分；二是规定每个成员都必须参与一部分项目内容，并根据小组统一计分的方法，提醒一部分不积极的学生如果做不好会影响整个小组的分数，从而保证每个成员都认真参与。最后，以团队为主体来设计竞争机制，推选优秀的作品参与大赛的选拔。

3. 结合大赛，建设教学案例资源库

为支持课程教学实践活动，解决反映大数据特征的市场调查案例少且难以获得的难题，市场调查教师团队通过不断参加比赛，获得相关资源，建立以比赛获奖项目为基础的教学案例资源库。该资源库主要选取在大赛中获奖并且具有创新性和实践价值的作品，此外还包含一些具有代表性的项目案例。大赛项目都是大学生所完成的作品，易使学生产生共鸣，激发学生的兴趣。打造案例资源库，一方面可以在课堂教学中选取该资源库中的项目进行案例教学，激发学生的互动参与性；另一方面资源库可以方便学生进行案例搜索学习，培养学生自主学习的意愿和能力，丰富学生的知识体系，让学生进一步了解到该门课程的价值和意义，真正达到以赛促学、以赛促教的目的。

4. 利用网络教学平台，实现线下与线上结合

探索赛教融合的市场调查课程教学改革，应充分利用网络教学平台，解决课堂教学时空限制与深度学习和运用相矛盾的问题。该课程采用线上线下相结合的混合式教学模式，学生可通过学习通平台上的自建课程，获取与课程相关的教学资源，如课件、教案、视频、习题库、案例库、试题库等，也可通过该平台提交作业、完成测试、反馈疑点、互动讨论、进行组间评价等。同时，考虑到市场调查课程与全国大学生市场调查与分析大赛的相互促进作用，可以在学习通平台上的自建课程中开辟大赛专题章节，专题可以包含市场调查与分析大赛的相关介绍、大赛宣传片、国赛参赛视频、大赛选题技巧等内容，以帮助学生更好地了解大赛，了解市场调查课程理论与实践内容，以赛促学、以赛促训。通过线下课堂与线上泛在学习有效结合，拓展学生的知识面，使学生能够将课程内容进行横向、纵向延伸，提升学习效果。

5.鼓励学生参加市场调查与分析大赛等竞赛，实现赛教互促

探索赛教融合的市场调查教学模式，需要学生积极参与，要鼓励学生在教师指导下积极参加如全国大学生市场调查与分析大赛、“挑战杯”全国大学生课外学术科技作品竞赛、“挑战杯”中国大学生创业计划竞赛、中国“互联网+”大学生创新创业大赛等竞赛。通过团队合作，备赛参赛，不仅能够锻炼学生的实践能力，更能在实际操作中激发他们的创新思维，提升其解决问题的能力。同时，教师在指导学生备赛参赛的过程中，也能掌握与市场调查相关的前沿理论、热点问题、先进方法、典型案例等，有助于其反哺教学，丰富教学内容，改革教学方法，提升课堂教学效果。通过以赛促学、以赛促改，可实现赛教互促，进而提升市场调查课程的教学质量。

6.改革课程考核模式，将过程考核和结果考核相结合

过程考核中不仅包含学生的日常考勤、课堂回答问题、课后提问、在线讨论、线上和线下习题的完成、网络教学平台任务的完成等个人课程表现情况，还包括个人在小组各实践模块中的表现情况。由于实践教学全程采用的是3~5人组成的小组模式，因此个人实践环节成绩又由小组整体成绩和组员个人在模块任务中的工作安排、自己所负责工作的完成程度来决定。结果考核以学期末各小组提交的市场调查分析报告为依据，沿用全国大学生市场调查与分析大赛的报告评审标准和打分标准，报告撰写分数、报告展示分数和报告答辩分数的加权求和即小组报告最终得分。这样，就获得了结合学生日常课业表现、实践模块表现和调查报告表现三大板块的综合成绩，实现了对学生的过程式、综合性考核。同时，将能反映学生能力的其他方面以加分的形式纳入考核体系。例如，闯进大赛省赛的团队成员给予加5分的奖励，进入国赛的团队成员给予加10分的奖励。

7.加强对大赛指导教师的培养

赛教融合的基础来自师资力量的强大，因此要加强对大赛指导教师的培养。教师应多参加市场调查与分析大赛每年举行的研讨会议，听取专家、学者在市场调查与分析方面的经验，包括在设计调查问卷、数据统计分析、撰写调查报告等方面的建议和方法，并且了解现阶段市场调查与分析的创新内容。通过有针对性的学习与研讨，提升教师的实践能力，在参赛策略、技巧等方面为学生提供有针对性的指导，帮助学生更好地应对比赛的挑战，提升他们的竞技水平。

五、结语

探索赛教融合的市场调查课程教学改革，以赛促教、以赛促学，可以提高学生主动学习的能力，激发学生的学习兴趣与主观能动性。通过对赛教融合改革的探索，学生系统地掌握了市场调查的理论知识和专业技能，还通过实际参与市场调查与分析大赛，获得了难得的实践机会和宝贵经验。这种将理论与实践紧密结合的学习方式，使学生能够在真实的市场环境中更深入地理解并灵活运用所学知识，大大提升了他们解决实际问题的能力。

参考文献

[1] 周海婴. 基于大学生市场调查与分析大赛的市场调查课程教学改革策略 [J]. 高等教育，2018（7）：179.

[2] 柯晶琳，姜维军. 基于赛教融合的“市场调查与预测”课程教学思考——以市场调查与分析大赛为例 [J]. 教育现代化，2020，7（28）：87-89；98.

[3] 刘冬萍. 经管类统计学课程 赛教融合教学模式探讨以全国大学生市场调查与分析大赛（CRA）为例 [J]. 湖北函授大学学报，2017（30），96-98.

[4] 刘荣君，刘莎，李小花. 市场调查与预测课程：赛教结合下的课程实践模式 [J]. 营销界，2021（Z6），163-165.

OBE理念下的“消费者行为学”课程教学改革创新模式研究

林　霞

【摘要】在营销4.0时代，消费者行为发生了显著的变化，这些变化对“消费者行为学”课程的教学提出了新的挑战和改革需求。本文通过分析传统“消费者行为学”教学中存在的问题及改革的必要性，深入探讨了基于OBE（Outcome-Based Education）理念的“消费者行为学”课程教学改革创新模式，将课程目标重新定义为“德、广、深、应、创”五位一体，并据此设计三维立体、五位一体的教学模式和三级递进式的思政教学育人模式；通过这一改革提升课程的实用性和针对性，激发学生的学习主动性和创造性。

【关键词】OBE理念；消费者行为学；教学改革；创新

目前，我国营商环境发生了颠覆性的变化，人工智能、数字经济发展迅猛，营销4.0时代已然到来，消费者行为发生了重大改变。“消费者行为学”课程只有结合中国新营商环境的变化来改革教学内容、教学方式，才能取得更好的教学效果。OBE理念是一种以学生学习成果为导向的教育理念，它注重学生的实际需求和发展，强调教育应该围绕学生的学习成果来展开。在课程教学改革中，应用OBE理念可以帮助教育者明确学生的学习目标，设计有效的教学内容和评估方式，促进学生的主动学习和合作学习，提高教学质量和学生的学习效果。

一、OBE理念的内涵

OBE是一种将学生学习成果置于核心位置的教育理念，也被称为成果导向教育、目标导向教育或需求导向教育。该理念起源于20世纪80年代，由美国学者Spady首次提出。OBE理念坚持以成果为目标导向，将学生置于教育的中心，采用逆向思维进行课程体系建设。其核心在于，教育应紧密围绕学生的实际需求和发展进行，并高度重视学生的学习效果及能力提升。在OBE理念下，教育者需要明确学生的学习目标，并以此为基础设计教学内容和评估方式，确保学生能够取得预期的学习成果。

二、传统“消费者行为学”课程的教学现状与不足

（一）教学内容零碎，缺乏整体一致性

消费者行为学涉及多个学科领域，包括心理学、社会心理学、社会学、信息科学、经济学、管理学、营销学等。不同专家、学者从各自的研究视角出发，导致消费者行为学的教学内容显得零散，缺乏系统性。

（二）案例教学效果不佳

虽然大部分高校采用课堂教学和案例教学相结合的教学方法，但案例教学效果并不理想。这可能是因为选择的案例与教学内容脱节，或者案例分析的深度和广度不够，导致学生无法从案例中获取有用的知识。

（三）教学方式单一

目前的教学方式以教师讲解为主，学生缺乏实践机会，难以理解和掌握消费者行为学的理论知识。同时，学生也无法通过实践理解课程中的相关理论所能解决的现实问题，导致其学习动力不足。

（四）考核方式单一

传统的考核方式以闭卷考试或论文为主，缺乏对学生实际应用能力的考核。这种考核方式无法全面评估学生的知识掌握程度和实际能力，也无法激发学生的创新思维。

三、“消费者行为学”教学改革的必要性

“消费者行为学”是市场营销专业的核心课程之一，是一门研究消费者在购买、使用、处置商品和服务过程中所产生的心理活动以及行为规律的学科。它综合运用心理学、社会学、经济学、市场营销学等多学科的理论与方法，对消费者的购买决策、影响因素、消费行为模式等进行深入研究。

数智营销时代，中国消费市场和消费者群体的变化显著。面对不断成长的数字化消费者，如何洞察其消费心理？如何把握市场机会？如何理性地分析数字化消费者的新思想、新特点和新趋势？这需要对市场营销专业的人才培养模式进行改革创新，才能更好地服务于学校培养应用型本科人才的目标，提升学生的培养质量。当前，消费者行为学的研究与以往不同，需要借助数字化、智能化等方式与消费者建立更深刻、

更丰富的链接。

四、基于OBE理念的“消费者行为学”教学改革模式

OBE理念的核心意义在于以学生为中心，以学习成果为目标，通过逆向设计课程内容和方式，培养学生的创新能力和解决问题的能力，同时注重其团队合作和沟通能力的培养。这种理念有助于推动高等教育教学的改革和发展，提高人才培养质量。

（一）“德、广、深、应、创”五位一体教学目标

1.“德”：以思政目标为核心

消费者行为学思政教学目标中的“德”是一个多维度的概念，涉及培养学生的道德观念、伦理意识、社会责任感和价值观等多个方面。

首先，消费者行为学作为市场营销专业的核心课程，不仅要教授学生关于消费者心理、行为模式和市场策略等方面的知识，更要注重培养学生的道德情操和伦理素养。在思政教学中，应引导学生树立正确的消费观念，理解消费不仅是一种经济行为，更是一种社会行为，需要遵循社会道德和伦理规范。

其次，通过消费者行为学的教学，帮助学生认识到消费行为对个人、家庭和社会的影响。在消费过程中，不仅要关注自身需求的满足，也要关注对他人和社会的责任。例如，在选择商品时，应考虑其是否环保，是否符合社会可持续发展的要求；在消费行为中，应尊重他人的权益，避免过度消费、奢侈浪费等行为。

最后，通过消费者行为学的思政教学，引导学生树立正确的价值观和人生观。学生应明确自己的消费目标和价值观，追求健康、理性、文明的消费方式，不断提升自己的综合素质和社会责任感。

2.“广”：注重知识的广度

在消费者行为学的教学过程中，学生需要掌握广泛的基础知识，包括心理学、社会学、经济学、市场营销学等多个学科的知识。将这些跨专业学科知识有机融入教学中，能帮助学生全面理解消费者的行为，从而更好地应对复杂的消费环境。

3.“深”：代表知识的深度

除了广度之外，学生还需要对消费者行为学进行深入的研究和理解。这包括对消费者心理、行为模式、决策过程等方面的深入剖析，以及对消费者行为背后的社会、文化、心理等因素的深入探讨。通过深入学习，学生能够更深入地理解消费者行为的本质和规律。

4.“应”：培养学生的应用能力

在教学过程中，培养学生将理论知识应用于解决实际问题的能力。这包括对市场环境、消费者需求、消费者心理等方面的敏锐洞察，以及根据这些洞察制定有效的市场营销策略的能力。通过实践和应用，学生能够更好地理解和运用消费者行为学的相

关知识。

5.“创”：提升创新思维

学生需要具备创新思维和创新能力，包括对现有理论的质疑和挑战，以及对新现象、新问题的敏锐发现和探索。通过创新思维和创新能力的培养，学生能够为消费者行为学的发展做出新的贡献，并推动市场营销实践的不断创新。

通过广泛的基础知识学习、深入的理论研究、实践应用能力的培养以及创新思维的激发，学生将能够全面掌握消费者行为学的知识和技能，为未来的职业生涯奠定坚实的基础。

（二）搭建三维立体化O2O式教学模式

1.基础维度

基于“消费者行为学重点课程建设”“消费者行为学视频公开课”打造消费者行为学课程网站，将丰富的课程教学资源与网络教学平台进行整合，实现学习的可观测、可记录、可辅导；借助中国大学MOOC“消费者行为学”国家级一流课程平台辅助学生线上学习；充分利用超星学习通开设在线教学平台，提供学生课前自学、课中教学互动、课后作业辅导等教学服务。

2.延伸维度

结合学科竞赛设置课程实践项目，按学生创新创业活动的需求设置实训教学内容，如创业过程中店面设计与消费者感知觉运用，实现“以赛促学、以赛验学”；带领学生参加学科专业竞赛，引导学生参与任课教师的科研项目，培养学生的操作能力。

3.纵深维度

在课程实践教学环节设置课程调研报告和课程小论文，学生以小组为单位确定选题，教师通过课后辅导等方式，引导学生完成一份消费者行为学调研报告或者是学科论文，从而锻炼和提升学生的实践能力。此外，引导学生参与教师科研项目，发表师生合作论文。在纵深维度中，引导学生构建从课程论文到学年论文到毕业论文的研究链条，解决学生毕业论文的选题、写作、研究痛点。

（三）打造五位一体化线下教学课堂

利用多年的教学经验，改进课堂教学模式，打造知识性、趣味性、应用性、研究性、前沿性五位一体化线上线下混合式教学课堂。

1.知识性：注重教学内容的深度与广度

在“消费者行为学”的日常教学中，深入探讨数智化对消费者行为的影响，包括人工智能、大数据、物联网等技术在消费者行为分析中的应用。同时，涵盖广泛的数智化消费者行为领域，从基本概念、理论框架到实际应用案例，帮助学生全面了解该领域的发展。

2. 趣味性：增加消费者行为学实验，提升教学课堂吸引力

设计一系列消费者行为学实验项目，旨在让学生通过亲身体验，深入理解数智化消费现象。这些实验不仅增强了课堂教学的趣味性，还能帮助学生培养实际操作能力和创新思维。

3. 应用性：注重理论与实践相结合

在构建“数智化消费者行为学”知识体系时，注重理论与实践相结合的原则，不仅要介绍基础理论和概念，还要通过实际案例和实践经验来强化理论知识的应用，帮助学生更好地理解和掌握相关内容。

4. 研究性：培养高阶思维和学术研究能力

在教学中加入研究项目，如课程实践项目中有关“消费者行为学”相关论文报告，研究题目包括数字化消费者行为研究现状与研究方法、商业数字化消费者态度转变方法分析、数字化生活方式与传统生活方式的异同等，让学生在实际情境中解决真实问题。这些项目涉及数据收集、分析、解释和撰写研究报告等环节，旨在提高学生的研究技能和学术水平。

5. 前沿性

介绍最新的技术（如人工智能、大数据、区块链等）对消费者行为的影响，以及这些技术如何改变消费者的决策过程和行为模式。

（四）形成三级递进式的思政教学模式

在课程思政中，打造“递进式思政教学模式”，即认知导向—情感认同—行为塑造。围绕市场营销专业的人才需求，挖掘理论知识的思政点并融入教学中，运用案例、视频、小组讨论、分享、交流等形式实现情感的共鸣，最后使学生产生顿悟，改变其行为模式。

如在影响消费者行为的外部因素——文化因素中，借助习近平总书记在全国抗击新冠肺炎疫情表彰大会上的讲话“文化自信是一个国家、一个民族发展中最基本、最深沉、最持久的力量。向上向善的文化是一个国家、一个民族休戚与共、血脉相连的重要纽带”，引出文化因素的重要性，并通过教师讲解相关的文化知识，包括中国传统文化对消费者行为的影响，将学生分成不同的地域文化小组（如广东潮汕、湛江、佛山、梅州等），分小组介绍各个地域的文化特点、风俗习惯等，使学生产生共鸣。中国人历来抱有家国情怀，崇尚天下为公、克己奉公，信奉天下兴亡、匹夫有责，强调和衷共济、风雨同舟，倡导守望相助、尊老爱幼，讲求自由和自律统一、权利和责任统一。实施区域营销的观念内化到其行为中。

（五）多层次多主体考核方法

该课程采取全程化考核，突出平时的学习过程考核。课程综合成绩由过程考核成绩（50%）和期末试卷考核成绩（50%）构成。其中，过程考核成绩包括线下考核

（25%）和线上考核（25%）。

（1）过程考核成绩（占50%）：主要考察每个学生的课程出席情况，包括出勤率、课堂表现、个人作业、小组实训中的个人表现和线上学习记录。

（2）期末考核成绩（占50%）：采用闭卷笔试，题型主要为单项选择题（10分）、多项选择题（10分）、简答题（20分）、案例分析题（40分）、论述题（10分），考核学生的知识掌握情况；另设置综合运用题（10分），主要考查学生的知识运用能力，将理论与实践相结合。

通过课程教学改革与实施，学生在"消费者行为学"课程中的学习积极性和学习效果得到显著提升，他们更能够理解和应用消费者行为学的理论知识，同时提升了分析和解决实际问题的能力。此外，该项改革也有助于培养学生的批判性思维和创新精神，为其未来的职业生涯奠定坚实基础。

然而，教学改革是一个持续的过程，需要不断地反思和调整。未来，应继续深化对OBE理念的理解和应用，进一步完善"消费者行为学"课程教学改革创新模式，以更好地满足学生的学习需求和社会的发展需求。

总之，基于OBE理念的"消费者行为学"课程教学改革创新模式是一项有益的探索和实践，期待通过这一改革，能够推动课程教学质量的持续提升，培养出更多具有创新精神和实践能力的高素质人才。

参考文献

[1] 陈艳红，李祥霞. 基于OBE理念和课程思政的课程教学改革探索——以"客户关系管理"为例 [J]. 才智，2024（9）：45-48.

[2] 焦亮，董小刚，王晓锋. "多维协同+多元耦合"地理科学类课程教学新范式的构建和实践 [J]. 地理教育，2024（3）：76-79.

[3] 张小燕，顾佳乐. 基于OBE教育模式的"消费者行为学"课程教学改革探析 [J]. 山西青年，2023（18）：33-35.

基于“BOPPPS-EC”的“一平三段”混合式教学探索
——以“管理学”课程为例

周桂凤　关佩芳

【摘要】随着信息技术的飞速发展，混合式教学模式在教育领域内的应用日益广泛且深入。本研究以管理学课程为例，探索基于“BOPPPS-EC”教学模式的“一平三段”混合式教学实践。在管理学课程教学中，针对“BOPPPS-EC”教学模式的八个环节系统实施，以管理学MOOC（大型开放在线课程）平台作为教学媒介，运用混合式教学方法，将教学过程分为课前、课中、课后三个阶段，将“BOPPPS-EC”教学模式的八个环节有机融入各教学阶段，全面提升学生的学习效果和综合素质。实践反馈显示，该教学模式不仅显著激发了学生的学习热情与兴趣，还有效增强了学生的自我学习能力、实践操作技能及创新思维能力，为管理学课程的教学改革提供了新的思路和方法。然而，在实践过程中亦暴露出一些不足，诸如部分学生自主学习能力有待提升，对管理学课程的认知存在不足，拓展性学习与课外实践环节面临着现实障碍等。针对上述问题，本研究提出了一系列针对性强、切实可行的改进策略，旨在进一步优化管理学课程教学模式，增强课程吸引力与实践深度，实现更为显著的教学效果提升。

【关键词】BOPPPS-EC；一平三段；混合式教学；管理学课程

一、引言

随着信息技术的不断进步，教育领域也在发生着深刻的变革。传统的面对面教学模式已经不能完全满足学生的学习需求，混合式教学模式应运而生。混合式教学是以教师为主导、以学生为中心，将传统的课堂教学与在线学习相结合，充分发挥两种教学模式的优势，以提高教学效果和学生的综合素质的一种现代化教学模式。

管理学是我院经管类专业的核心课程，也是省级一流本科课程，开课率高，应用广泛，综合性强。在课程教学中，如何运用现代化教育教学技术，提高“两性一度”，打造新时代大学“金课”，提升学生的获得感和参与感，创新教学模式，激发学生的学习内驱力，是当前课程教学改革面临的重要问题。

“BOPPPS-EC”教学模式是管理学教学团队在教学实践中创新性提出的一种以学生为中心、注重产出、突出能力培养和立德树人的一种教学模式，通过导入、目标、前测、参与式学习、后测、总结、拓展研究和课外实践八个环节，引导学生主动学习，提高学习效果。本研究将“BOPPPS-EC”教学模式与“一平三段”混合式教学相结合，探索管理学课程教学改革，以期提高课程教学质量和学生的综合素质。

二、“BOPPPS-EC”教学模式与“一平三段”混合式教学的内涵

（一）“BOPPPS-EC”教学模式的内涵

“BOPPPS”教学模式是由加拿大教师技能培训工作坊（ISW）提出的一种以教学实践为主、以教学理论为辅的教学模式。该模式包括导入（Bridge-in）、目标（Objective）、前测（Pre-assessment）、参与式学习（Participatory Learning）、后测（Post-assessment）、总结（Summary）六个环节。管理学课程在教学实践中创新性地采用基于“BOPPPS-EC”的“一平三段”混合式教学模式，取得了较好的教学效果。该模式在传统“BOPPPS”有效教学法的基础上增加了拓展研究（Extended Research）和课外实践（Cultural Practice）两个环节，基于管理学MOOC平台，从课前、课中和课后三个阶段具体实施（如图1所示）。该模式将“自主学习、探究学习和拓展学习”有机结合，将“自学、听讲、问答、研讨、实践”有机融合，实现线上线下混合式教学。该模式以学生为中心，注重知识拓展和实践应用，旨在通过全面的教学活动，提升学生的学习兴趣和参与度，实现“三维”教学目标，促进知识的内化与迁移，培养学生的综合素质和创新能力。

1. 导入

通过引入与教学内容相关的问题、案例或故事等，激发学生的兴趣和学习动机。

2. 目标

明确阐述本节课的学习目标，使学生清楚地知道需要掌握哪些知识点和技能。

3. 前测

通过提问、测试等方式，了解学生的学习基础和学习需求，为后续的教学提供参考。

4. 参与式学习

鼓励学生通过小组讨论、案例分析、角色扮演等方式积极参与学习过程，加深对知识的理解和应用。

5. 后测

通过回答问题、小测验等方式，检验学生是否实现了学习目标，评估教学效果。

6. 总结

对本节课的教学内容进行总结，帮助学生梳理知识结构，加深对教学内容的理解。

7.拓展研究

通过布置拓展性作业、推荐阅读材料等方式，引导学生进行更深入的研究和探索，以拓宽知识面，培养研究能力和创新思维。

8.课外实践

鼓励和支持学生参与实习实训、志愿服务、社团活动、专业竞赛等课外实践活动，让学生将所学知识应用于实际情境中，提高其解决问题的能力，同时培养学生的团队合作精神、沟通能力和社会责任感。

图1　基于“BOPPPS-EC”的“一平三段”混合式教学模式

（二）“一平三段”混合式教学的内涵

管理学“一平三段”混合式教学是以学生为中心、以管理学MOOC平台为支撑、将教学过程分为课前、课中和课后三个阶段具体实施的教学模式。

1.课前阶段

教师在管理学MOOC平台上发布学习任务和学习资源，学生自主学习，完成课前预习任务。教师通过在线答疑、数据分析等方式，了解学生的学习情况，为课中教学做好准备。

2.课中阶段

教师根据学生的课前学习情况，对教学重难点内容进行精讲，组织课堂实训，并通过课堂测试进行成果检验，引导学生积极思考，帮助学生梳理和掌握管理理论和方法，提高学习效果。

3.课后阶段

教师在管理学MOOC平台上发布课后拓展性学习任务，鼓励学生根据实际情况自愿选择拓展研究和社会实践项目，教师协助学生寻找资源及通过在线答疑、讨论等方式，为学生提供学习支持，并根据数据反馈，进行教学优化。

三、基于“BOPPPS-EC”的管理学课程“一平三段”混合式教学实施

（一）课前阶段

在课前准备阶段，教师充分利用线上教育资源的优势，通过精心设计的管理学MOOC平台与即时互动的微信群，构建一个高效、自主且富有吸引力的学习环境。

首先，教师在MOOC平台上发布详尽的任务清单，明确本次课程的核心教学目标，细化学习路径，包括必看视频、推荐阅读材料、案例分析等，确保学生能够系统地掌握管理学的基础理论与前沿动态。如在管理学课程的“控制”章节教学中，教师在MOOC平台上发布的定制化任务清单不仅涵盖了本章的核心知识点，如控制的概念、类型、过程以及控制系统设计等，还融入了生动的案例和实践应用题，以帮助学生更好地理解控制原理在实际管理中的应用。同时，在管理学课程微信群同步推送任务清单，便于学生随时查看、讨论与反馈，以增强学习的灵活性和互动性。

在引入环节，通过生动有趣的视频、时事热点或管理实践案例，激发学生对管理学课程的兴趣与好奇心，让他们感受到管理知识的实用性和趣味性。如在“控制”这一章，教师通过展示某热播电视剧里面一段关于企业对员工如厕时间进行严密控制的视频，要求学生运用管理控制的相关知识对此进行评价并给出解决对策，以此激发学生的求知欲。

在前测环节，通过在线小测验等形式，评估学生的预习效果，既帮助教师了解学情，又能让学生自我诊断，带着问题进入新课的学习中，以提高教学效率和效果。

学生在线上自主学习新课时，可以根据自己的学习节奏和习惯，灵活安排时间观看MOOC视频、阅读相关材料、完成预习作业。此外，MOOC平台还具有丰富的互动功能，如讨论区、问答板块等，学生可以在此提出疑问、分享见解、与同学和教师进行深度交流，以拓宽视野，深化对该课程内容的理解。

通过这样的课前自主学习模式，学生在正式进入课堂之前就已经对教学内容有了较为全面和深入的了解，这为后续的学习和讨论打下了坚实的基础。同时，线上学习的灵活性和互动性也极大地提升了学生的学习兴趣和参与度，为管理学课程教学注入

了新的活力。

（二）课中阶段

课中阶段以线下教学为主，教师发挥着重要的引导作用，主要进行重难点内容精讲，对管理学课程中的核心概念、理论和方法进行深入剖析，并结合实际案例，让学生深刻理解知识内涵。如在讲解“决策”这一章时，关于决策的原则、决策的程序、决策理论及决策方法是讲解的重点。在教学过程中，教师还会安排随堂练习，设计与本次课程内容相关的题目，及时检验学生对所学知识的掌握程度，发现薄弱环节，以便调整教学进度和方法。

为了检验课堂学习效果，每堂课都可以设置课堂巩固环节，通过案例分析、角色扮演、自由辩论等形式组织互动讨论，引导学生思考和交流，或通过课堂实训，模拟实际管理情境，让学生运用所学知识解决问题等。如在学习“决策”这一章时，课堂巩固环节是进行案例分析：不赚钱的订单接不接？学生们将所学知识与实际相结合，积极参与讨论，分享各自的观点和见解，能较好地融入管理情境中，提升分析问题和解决问题的能力。

在学习过程中，学生还可以通过提问、交流进行深入探究。无论是在课堂还是线上学习平台，或者课程微信群，学生可以随时提出问题与教师和同学共同探讨，拓宽思维和视野。

为了进一步提升学习效果，培养学生的批判思维，对学生完成的实训任务或小组作业会进行学生互评和师生互评。在生生互评中，学生对彼此的表现进行评价，包括参与度、贡献度、团队合作能力、成果质量等方面，以便学习他人的优点，改进自身的不足。师生互评一方面有利于学生了解教师对学生综合表现的指导及评价，另一方面也可以让教师了解学生对教学效果的反馈，可以促进教学方法的改进和教学质量的提高。

（三）课后阶段

在管理学课程教学的课后拓展环节，教师根据教学过程中的数据反馈，精心布置具有针对性和挑战性的拓展任务。如针对“决策”章节，拓展任务包括最新管理理论解读、经典案例的深度剖析等；为拓宽学生的视野，还融入了跨学科知识，如心理学在管理决策中的应用、大数据与人工智能对管理决策的影响等。学生可以根据自身情况自愿选择老师布置的拓展任务，进一步深化对管理学知识的理解和应用，提升实践能力。

在课外实践方面，一是鼓励并协助有意愿的学生参与教师的研究项目，与教师共同探讨前沿的管理问题，提升自己的研究能力和创新思维。二是鼓励学生通过社团活动、企业兼职、校企合作项目、自主创业等多种方式培养管理能力和社会责任感。

四、基于“BOPPPS-EC”的管理学课程“一平三段”混合式教学效果分析

（一）学生的学习参与度显著提高

1.学生在课堂上的参与度明显提高

在基于“BOPPPS-EC”的管理学课程“一平三段”混合式教学实践模式下，学生在课堂上的参与度明显提高。“BOPPPS”教学模式中的导入环节，能够有效地吸引学生的注意力，激发他们对课程内容的兴趣。如在学习“管理理论”章节时，以热播电视剧中某公司装“蹲的快2.0”的视频作为导入，引发学生关于管理理论应用的思考和讨论，使学生迅速进入学习状态。在参与式学习、后测环节，学生通过小组讨论、案例分析、角色扮演、自由辩论等有趣的活动，积极参与到课堂教学中，而不再是被动地接受知识。

2.学生在线学习的参与度显著提升

管理学MOOC平台为学生提供了丰富的学习资源和互动交流的机会，学生可以根据自己的学习进度和需求，自主选择学习内容，进行个性化学习。同时，在线学习平台上的讨论、作业提交等功能，也促进了学生之间的交流与合作，提高了他们的学习积极性。根据管理学MOOC平台的统计数据，相较于此模式实施前，学生在线上的平均学习时长和参与讨论的次数都有了显著增加。如在实施基于“BOPPPS-EC”的“一平三段”混合式教学模式之前，某教学班在线讨论数仅为522次，在线活动数（投票、主题讨论、随堂练习、分组任务等）为0；在实施此教学模式后，该教学班累计讨论数达1 651次，在线活动次数为102，学生在线学习的参与度显著提升。

（二）学生的学习效果明显提升

1.学生对管理学知识的掌握程度显著提高

在实施基于“BOPPPS-EC”的“一平三段”混合式教学模式之前，在期末闭卷考核中，各班的卷面平均成绩约为68分；在此教学模式实施后，期末考核卷面成绩提升到75分左右。这主要得益于“BOPPPS-EC”教学模式中的前测、后测和总结环节，以及“一平三段”中的线上线下融合教学。教师可以根据学生的前测结果，了解学生的知识基础和学习需求，有针对性地进行教学；后测环节则可以及时检验学生的学习效果，为教师调整教学策略提供依据；而总结、课外拓展等环节则让学生的知识得以不断巩固。

2.学生的实践能力和创新能力得到提升

基于“BOPPPS-EC”的“一平三段”混合式教学模式注重培养学生的实践能力和创新思维。在参与式学习环节，采用自由辩论、角色扮演等教学方法，让学生在实

际情境中运用所学知识分析和解决实际管理问题；在拓展环节，通过布置高阶作业引导学生进行探究式学习，进一步培养学生的创新思维；在课外实践环节，鼓励学生参与到真实的管理环境中沉浸式学习，提高其管理实践能力。2024年6月进行的一次管理学课程教学满意度调查结果显示，97.8%的学生认为“通过管理学课程的学习，有效提升了管理实践能力”。

3.学生的自主学习能力大幅增强

在“一平三段”混合式教学的具体实践中，学生首先通过管理学MOOC平台进行课前预习。平台上的丰富资源，如微课视频、预习材料、在线测试等，能更好地激发学生的主动探究欲望，促使他们根据自己的节奏和兴趣进行自主学习。在课后拓展阶段，学生利用教学平台继续深入学习，完成课后作业、参与在线讨论、进行项目实践等。平台提供的拓展资源和互动空间，鼓励学生将所学知识应用于实际情境中，同时，教师及时的反馈和指导也帮助学生不断调整学习策略，提高学习效率。通过这些环节，学生不仅巩固了所学知识，更进一步提升了自主学习能力。最近的一次管理学课程教学满意度调查结果显示，95.3%的学生认为“通过管理学课程的学习，我的自主学习能力得到了较大程度的提升”。

五、基于“BOPPPS-EC”的管理学课程“一平三段”混合式教学实践问题

（一）学习参与度不均衡

在教学实践中，大部分自主学习能力较强的学生能够较好地适应线上线下相结合的学习方式，积极利用课前阶段的学习资源，进行充分的预习和思考，从而在课中阶段表现出更高的参与度和更好的学习效果。然而，也有少部分学生自主学习能力较弱，难以有效完成课前预习任务，导致在课中阶段难以跟上教学节奏，参与度较低。这种参与度的不均衡不仅影响了学生的个人学习效果，也对整体课堂氛围和教学效果产生了负面影响。

（二）学习动力有待提升

在管理学教学中，部分学生内在学习动力缺失，他们往往将管理学视为与自身专业或未来职业规划无直接关联的“附加”学科，因此，在学习过程中，他们倾向于采取敷衍了事的态度，仅仅满足于完成基本学习任务，而非主动探索课程的深层含义，更别提进行深入思考和批判性分析了。在基于“BOPPPS-EC”的“一平三段”混合式教学模式下，课前阶段的自主学习尤为关键，但缺乏内在动力的学生往往难以主动投入时间和精力去预习、思考，导致课中阶段的讨论与互动参与度低，难以形成有效的学习共同体，进一步削弱了整体学习效果。

（三）实践环节面临挑战

在基于“BOPPPS-EC”的管理学课程“一平三段”混合式教学实践中，拓展研究和课外实践是重要的组成部分，其初衷在于加强学生的理论学习，同时培养他们的研究思维与实践能力，实现知识的迁移与应用。然而，在实际操作层面，这一环节却面临着多重挑战。

一方面，部分学生可能由于时间、精力或兴趣等原因，在拓展研究和课外实践方面的投入不够，任务完成质量不高。另一方面，教师在组织和指导拓展研究和课外实践时也存在资源有限、指导不足等问题，难以充分满足学生的需求。这些问题都影响了拓展研究和课外实践的效果。

六、基于“BOPPPS-EC”的管理学课程“一平三段”混合式教学改进措施

（一）实施个性化学习支持计划，均衡学生的参与度

该计划旨在通过定制化、差异化的支持措施，确保每位学生都能在适合自己的学习节奏下，充分利用线上线下资源，积极参与学习过程，从而提升整体教学效果和营造良好的课堂氛围。在具体实施时，首先，可以通过问卷调查、学习行为数据分析，以及教师观察与反馈相结合的方式，全面评估每位学生的自主学习现状，包括信息检索、时间管理、自我调控等方面。然后基于评估结果，为每位学生设计个性化的学习路径和目标，对于自主学习能力较强的学生，可以鼓励他们挑战更高层次的学习任务，如参与课题研究、在线讨论中的深度交流等，以进一步激发他们的潜能和创造力；而对于自主学习能力较弱的学生，则需重点加强其预习指导、时间管理技巧培训等，帮助他们逐步提升自主学习的意识和自学能力。

为了增强线上学习的互动性和学生的参与感，可以定期组织线上学习小组活动、主题研讨会和即时答疑活动，以促进学生之间的交流与合作，帮助他们在互动中发现问题、解决问题，从而提升其学习兴趣和动力。同时，教师作为教学的实施者，应积极参与其中，发挥引导和激励的作用，及时给学生以反馈和鼓励。

（二）激发内在学习动机，增强管理学课程吸引力

要从根本上扭转学生对管理学课程的认知偏差，提升他们的学习兴趣与内在动力，就必须构建一个富有吸引力、互动性强的学习环境，让学生不仅学到知识，更能体验到管理学的实践价值。如在课程内容上，不再局限于理论的阐述，而是通过精心挑选国内外管理实践案例，生动展现不同行业、不同情境下的管理智慧与决策艺术；同时，将管理学理论与学生的专业背景、未来职业规划紧密结合，引导学生将从中汲

取的智慧用于解决日常生活中的管理问题，让学生亲身体验管理学的力量，增强学习的内驱力。此外，要紧跟行业动态，将最新的管理学研究成果、技术、政策和法规等融入课程中，确保学生能够站在时代前沿，了解管理学领域的发展趋势，激发学生对管理学的浓厚兴趣和探索欲望；可以建立积极正向的激励机制，鼓励学生参与课堂讨论、小组合作、课外实践等活动；通过表彰优秀、分享成功案例、提供实习和实践机会等方式，学生能够感受到努力与成就之间的直接联系，进一步激发其学习动力。

（三）优化拓展研究与课外实践体系，提升教学成效

拓展研究与课外实践能够充分发挥其教育价值，提升管理学课程的内容深度和广度。

首先，要让学生认识到拓展研究与课外实践的目标与意义，增强学生的内在学习动力。作为教师，可以通过详细阐述这些活动如何与课程核心知识点紧密相联，如何促进个人能力的全面提升，以及如何为未来的职业道路奠定坚实基础，来激发学生的参与兴趣。同时，要鼓励学生根据个人兴趣和专业方向选择研究课题或实践项目，以增强其主动性和积极性。

其次，要优化任务设计与资源分配，确保每位学生都能获得充分的支持与指导。教师应根据学生的实际情况和课程要求，设计具有挑战性但又不失可行性的拓展研究与课外实践任务。同时，积极整合校内外资源，包括图书馆、实验室、校企合作基地，帮助学生寻找合适的指导老师，为学生提供必要的研究条件和实践平台。

在教学过程中，还要注重过程管理与反馈机制的建设。教师可以通过定期检查、中期汇报、在线讨论等方式，跟踪学生的研究进展和实践情况，及时发现问题并提供解决方案。同时，要建立科学合理的评价体系，不仅关注学生的最终学习成果，还要重视其研究过程、团队合作、创新思维等方面的综合表现，以全面评估学生的学习与收获。

七、结论

本研究以管理学课程为例，探讨了基于“BOPPPS-EC”的管理学课程“一平三段”混合式教学实践。通过管理学MOOC平台，将教学过程分为课前、课中、课后三个阶段，运用“BOPPPS-EC”教学模式的八个环节，引导学生积极参与其中，全面提升学生的学习效果和综合素质。实践结果表明，该教学模式能够有效激发学生的学习兴趣，提高学生的自主学习能力、团队协作能力和创新思维能力，为管理学课程教学改革提供了新的思路和方法。

在教学实践中，我们也发现了一些问题，如部分学生自主学习能力较差、对课程的认知不足、课外实践资源不足等。针对这些问题，我们深度剖析，并提出了相应的改进措施，如实施个性化学习支持计划，均衡学生的参与度；激发内在学习动机，增

强管理学课程吸引力；优化拓展研究与课外实践体系等，进一步提升教学成效。

参考文献

［1］何克抗．从Blending Learning看教育技术理论的新发展（上）［J］．电化教育研究，2004（3）：1-6.

［2］张其亮，王爱春．基于“翻转课堂”的新型混合式教学模式研究［J］．现代教育技术，2014，24（4）：27-32.

［3］周桂凤，李润发．《管理学》课程“五位一体”教学改革探索与实践［J］．山西青年，2023（16）：22-24.

［4］吴岩．建设中国“金课”［J］．中国大学教学，2018（12）：4-9.

［5］谭春娇，周海芳，刘越，等．结合加拿大模式开展我国教师教学技能培训［J］．计算机教育，2014（4）：47-50.

［6］张建勋，朱琳．基于BOPPS模型的有效课堂教学设计［J］．职业技术教育，2016，37（11）：25-28.

基于产教融合的应用型本科“管理学”课程改革路径研究

周桂凤

【摘要】在产教融合成为我国高等教育教学改革新常态的背景下，管理学课程如何进行改革，实现突出能力的应用型本科人才培养目标，是目前亟待解决的问题。该文从课程开发、课程设计、课程实施与评价三个方面，提出应用型本科管理学课程改革路径。其具体阐述了对管理学课程进行准确的定位和课程设置、合理编排符合专业特点的实践教学结构、实践教学模式的设计和创新、全面检验课程实施质量等内容。

【关键词】产教融合；应用型本科；管理学

党的十九大报告提出，要深化产教融合、校企合作。近年来，随着国家一系列政策、措施的出台，产教融合已成为促进高等教育发展、加强创新型人才和技术技能人才培养的一项重要方针。企业和高校之间加强合作，有利于二者之间的资源共享和优势互补，有助于提高学生的实践能力、创新能力，提高高校教师的实践教学能力和社会素养，增强应用型本科院校的社会竞争力，对全面提高教育教学质量有重要意义。

一、应用型本科管理学课程改革的基本思想

应用型本科院校要培养适应区域经济社会发展及相关行业需要的高素质技能型人才。作为区域知识积累、创造与传播的主体，原始性创新、技术转移和成果转化的重要载体与平台，产教融合已成为高校自我发展及服务经济发展的重要途径。课程是产教融合的微观层面，也是产教融合的出发点和落脚点。课程改革的成功最终决定产教融合的成功。应用型本科管理学课程改革，要遵循以下基本思想：

（一）立足地方，注重实践能力培养

应用型本科院校管理学课程改革应当充分考虑地方经济发展特点和趋势，厘清行业优势，根据地方经济发展需求，制定课程教学目标、校企合作协同育人方案，注重

实践，培养满足区域经济社会发展需求的高素质应用型人才。

（二）强化专业教育，注重学生可持续发展

应用型本科管理学课程改革要以应用型本科人才培养目标为核心，形成系统完整的专业教育体系，将理论教学和实践教学有机融合，将学生的能力和素质培养贯穿于教学全过程中；注重培养学生的专业能力和社会能力，如组织、协调能力，沟通、创新能力及分析和解决实际管理问题的能力；注重学生的可持续发展和学习能力培养，重点是学习方法的传授；立德树人，加强思想政治教育，全面提升学生的管理素质和技能。

二、应用型本科管理学课程教学路径

管理学是应用型本科工商管理类专业的基础必修课，是一门实践性和应用性都非常强的课程。本课程改革要坚持产教融合、协同育人，以培养适应社会经济发展需求的应用型本科专业人才为目标，按课程开发、课程设计、课程实施与评价三个阶段进行。在课程开发阶段，主要根据人才培养方案和社会对人才的需求，对本课程进行准确的定位和课程设计，合理编排符合专业特点的实践教学结构和内容；课程设计阶段，主要包括实践教学模式的设计和创新，以期取得良好的教学效果；课程实施阶段，主要包括高水平的教学团队、企业和学校的相关政策支持、运用360度全方位考核评价标准检验课程实施质量。实施路径如图1所示。

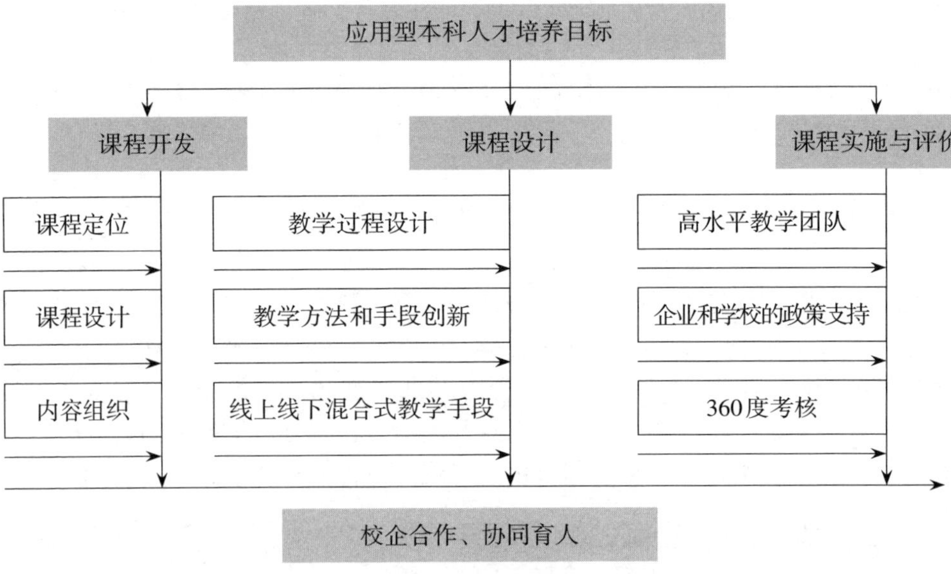

图1　实施路径图

（一）课程开发

课程开发主要包括根据人才培养方案和社会对人才的需求，对本课程进行准确的定位和课程设置等。以广州工商学院市场营销专业管理学课程为例，“管理学”是市场营销专业必修的专业基础课程，本课程的设置既要适应本专业学生的实际特点和今后就业的需要，又要符合工商管理类教学质量国家标准要求。因此，我们基于应用型本科专业人才培养目标，建立了“1292”课程内容体系，即“一条主线”：以培养德才兼备、高素质技能型管理人才为主线；“两大基础”：一是管理学的基础知识，二是管理思想与管理理论；“九大能力”：计划能力、决策能力、组织能力、领导能力、控制能力、激励能力、沟通能力、创新能力和人力资源管理能力；“两项技能”：个人管理技能和团队管理技能。通过课程学习，学生能够树立科学的管理理念，理解和掌握现代管理的基本原理、方法和技巧，全面培养学生的管理素养和解决实际管理问题的能力。

在实践教学内容组织上，理论学习与能力培养并重，实践教学学时应该不少于总学时的 1/3，在重视学生基础知识掌握的同时，突出应用、创新与社会适应能力的培养。为此，我们制定了“三维”实践教学体系，一维是基础认知实践教学体系，二维是单项职能实践教学体系，三维是综合能力运用实践教学体系，这“三维”从简单到复杂，由浅入深，不断递进，符合学生的认知特点，能最终实现提高学生实践能力的目的。

（二）课程设计

课程设计是管理学课程教学过程中一个重要的实践环节，主要任务是让学生综合运用所学知识解决学习、生活、工作中遇到的实际问题，加深学生对所学知识的巩固、理解，掌握实践技能，提升学生的创新意识和应用能力。

首先，在教学过程设计上，坚持以人为本的理念，理解学生、尊重学生，注重学生的现实需要和未来发展。以学生为中心，充分发挥学生的主体作用，“教”始终围绕“学”来开展。在教学内容设计上，力求深入浅出、通俗易懂，点燃学生的学习热情；教学方法上注重学生参与，激发学生的学习兴趣和学习动机、注重学生的学习能力培养；注重启发式教学，以学生为主，理论与实践并重，突出其应用能力的培养。

其次，在实践方式上，实行校内外结合，实验、实训、实习相结合。校内实践，如课堂实训，利用角色扮演等教学方法模拟管理中的各种情境，提高学生分析管理问题、解决管理问题的能力；鼓励学生加入校内各种社团组织，自主创业及做兼职工作，参与社团管理及“企业”管理，将理论知识与实践紧密结合；或组织校园管理技能大赛等活动。校外实践，如组织学生到相关企业进行调研。加强校企合作，与企业共同研发课题，让学生参与到企业的技术研发中，帮助企业解决管理中的问题。开设专题和学术讲座，针对目前国内外管理学热点问题，根据实际情况通过外请企业高管或专业讲师的方式实施，营造浓厚的学术氛围，拓宽学生的眼界，激发学生的学习兴趣。学生分批次到企业短期见习，感受企业氛围，了解行业状况和问题，在实践中学习、提升管理技能等。

最后，创新和改革教学方法和教学手段，加强和完善媒体辅助教学，以实际任务为驱动，注重学生动手操作能力、职业修养、创新思维的培养。将先进的多媒体技术引进课堂，实现线上线下混合式教学。充分运用现代多媒体技术，制作高质量的电子教学课件，教学中多运用动漫、视频、音频等生动的教学资源提高学生学习的积极性。

（三）课程实施与评价

管理学课程实施的主要途径是教学，必须有校企层面的政策支持和一支结构合理、教学水平高的师资队伍具体执行；课程评价以是否实现课程教学目标为标准，它对课程的实施起着重要的指导和质量监控作用；评价体系必须科学、合理、完善。

首先，教学团队的建设。课程实施需要有过硬的教学团队作为保证，要加强教学团队建设，逐步形成一支结构合理、素质良好、有较高教学水平和科研水平的教师队伍。鼓励教师通过顶岗实践等方式到企业锻炼，争取一切机会选派团队成员参加相关培训和交流，提升团队建设水平。组织并鼓励课程团队教师参加各种教学技能竞赛、学术研讨会、产教融合交流会等，拓宽与行业企业之间进行信息沟通的渠道，及时了解行业动态及社会需求等信息。抓住当前的研究热点和难点，以行业发展为导向，加强校企合作，共同进行课题申报，将科研工作与社会需求紧密结合，实现社会效益和经济效益的最大化。高校教师和企业高管可以互相到对方单位担任顾问或挂职，共建长期稳定的合作交流关系，以利于双方资源共享、优势互补。

其次，在企业和高校支持方面，要注重发挥高校和企业双方的积极性，让企业真正有动力参与合作育人系统工程，校企共同着力培养应用型本科人才。一是要做好顶层设计，创建优良政策环境。创新合作教育机制，制定完善产学合作、协同育人的政策措施，将应用型人才培养列入学校发展规划、学科建设规划中，具体落实到专业建设、课程建设等工作中；学校要为与行业企业共建教学资源、合作培养人才、合作就业创设良好条件。二是创新合作育人机制，搭建有效平台。比如，创办校中企，校企联合共建实验室等。校企共同研发项目，为企业服务，提高企业参与合作育人的积极性等。三是改革合作育人模式，突出学生能力培养。校企共同商议课程建设，根据行业需求，共同制订人才培养方案，实现“订单式”管理，共同开发课程和承担课程教学任务等。

最后，课程评价。以知识、能力和技能是否与社会对应用型人才的要求相适应为标准，全面考核学生的知识水平、学习能力、沟通能力、团队协作能力、管理特质等。考核方式实行全方位、多元化的360度评价。一是课程考核的主体多元化。“管理学”课程的考核主体不仅包括教师，还有学生自己所在的团队成员、同班同学、企业，形成一种全方位的考核与评价体系，力求公正、客观地对学生进行评价。二是评价内容多样化。要改变过去过于注重知识评价的考核方法，采取知识、能力、素养综合考核的方式，不仅重视学生对管理理论和知识的掌握程度，还注重学生的素质教育和实践能力培养。三是考核方法过程化。对学生的评价并不是最后“一考定终身”，考核应贯穿于整个教学过程中，平时的课堂表现、课后的实践项目表现、直接参与的社团组织管理活动中的表现、校企合作表现等，都将纳入考核体系中。这样可以长期、全面地对学生进行客观的考核，杜绝“平时不学习，考试抱佛脚”的不良现象，提高学生学习的积极性。

三、结语

在产教融合成为高等教育新常态的背景下，要实现应用型本科人才培养目标，提升核心竞争力，必须从微观层面的课程改革入手，校企合作、协同育人，学校、企业、教师、学生等多方联动，对课程进行准确定位，合理安排教学内容，创新实践教学方法和手段，重在能力培养；制定全方位的课程考核体系，注重学生的全面、持续发展，以切实提高高校教学质量和竞争力。

参考文献

［1］唐未兵，温辉，彭建平．“产教融合”理念下的协同育人机制建设［J］．中国高等教育，2018（8）：14-16.

［2］王燕，姜维娜，周学，等．泰州应用型本科大学产学研发展路径研究［J］．价值工程，2019，38（21）：212-214.

［3］吕耀平，戴庆敏，杨承清，等．产教融合人才培养新模式：一融合两清单三提升［J］．宁波大学学报（教育科学版），2018，40（6）：77-81.

［4］叶飞帆．产教融合：普通本科高校向应用型转变的目标和路径［J］．中国高等教育，2017（22）：49-50.

［5］陈锋．深化产教融合的文件释放了什么信号［N］．中国青年报，2018-01-29.

［6］徐新洲．以“两融合”驱动“双一流”高校创新创业教育研究［J］．学校党建与思想教育，2020（20）：70-72.

［7］唐杰．地方高校产教融合的影响因素及模式创新研究［J］．盐城师范学院学报（人文社会科学版），2018，38（6）：93-97.

新文科背景下商科专业网络技术课程教学改革与实践

邓任锋

【摘要】随着信息技术的迅猛发展和商业环境的不断变化，社会对商科人才的要求也随之发生了变化。新文科背景下，商科专业网络技术课程教学改革与实践显得尤为重要。本文探讨了新文科背景下商科专业网络技术课程的新要求，并围绕当前商科专业网络技术课程中存在的教学内容更新慢、教学方法创新缺、实践运用拓展少、考核评价方式粗等问题进行了分析。同时，也结合实际情况和实践经验提出了课程教学改革应重构教学内容、优化教学方法、加强实践拓展、完善评价体系的方案，积极探索符合新时代电子商务专业要求的课程教学方法。

【关键词】新文科；网络技术；教学改革；教学方法；考核评价

一、引言

随着科技的迅猛发展和社会的快速变革，我国社会发展已经进入新时代，新时代对人才的需求发生了新变化，需要更多具有创新精神、实践能力和国际视野的复合型人才。传统文科教育已经难以满足新时代的人才培养需求，新的时代背景和历史使命要求高校文科教育必须与时俱进。近两年，国家有关部门陆续发布了《关于以习近平新时代中国特色社会主义思想统领教育工作的指导意见》和《新文科建设宣言》等文件，正式开启了“新文科”建设。国内各高校迅速行动，着力培养高质量人才，推进新文科建设，探索建立多学科融合的人才培养模式。在新文科的八大门类中，以经济与管理两大门类为基础的商科专业是新文科建设中的重要组成部分。

当前，经济社会正从工业经济时代迈向数字经济时代，社会对商科人才的要求也随之发生了变化。现在的商科人才不仅需要懂经济和管理，还需要懂技术，属于“行业+专业”的复合创新型人才。这也对商科提出了跨学科融合的教育要求。在数字化时代，网络已经成为现代社会生活和经济发展的重要基础设施，对社会的发展和进步产生了深远影响，成为推动经济发展的重要力量。商务活动和交流越来越依赖网络技术，掌握网络技术也成为商科专业学生必备的核心技能之一。不少高校已将网络技术课程纳入商科专业教育中，并积极响应新文科建设号召，探索新文科背景下商科专业网络技术课程教学改革，提升人才综合素质，培养适应新时代需求的商科人才。

二、商科专业网络技术课程的新要求

新文科建设要求文科教育主动适应科技革命和产业变革的需要，在现有文科学科体系的基础上，打破学科壁垒，促进多学科交叉与融合，形成具有时代特征、中国特色的文科新形态。同时，新文科建设还需要关注科技发展和社会变革，加强对新技术的应用，以培养创新思维和实践能力为重点，提升文科学生的综合素质和核心竞争力。因此，新文科背景下，商科专业网络技术课程教学改革也有了新要求，主要体现在以下四个方面：

（一）跨学科融合

新文科强调学科之间的交叉融合，因此网络技术课程需要与其他学科相结合，设置跨学科的教学内容。例如，可以将网络技术与管理、经济和法律等其他专业内容相结合，让学生具备多元化的知识结构，提升其多学科融合创新的能力。

（二）理论与实践相结合

网络技术课程应注重理论与实践的结合，既要教授网络技术的基本原理和方法，又要提供实践机会，让学生在实际操作中掌握相关技能。可以运用案例分析、仿真实训、项目实践等方式，培养学生的实际操作能力和问题解决能力。

（三）培养创新思维

新文科背景下，网络技术课程还需要注重培养商科学生的创新思维和创业意识，鼓励他们勇于尝试新技术、新方法，激发他们的创新潜力。同时，可以引入创业教育理念，引导学生将网络技术与所学商科专业知识相结合，并应用到实际项目中，培养学生的创新精神和团队协作能力。

（四）全面提升综合素质

新文科背景下，网络技术课程不仅需要让学生拥有跨学科的知识、较高的文化素养，还要有创新思维和团队合作精神，具备技能融合的能力，能够解决复杂多变的实际问题。

总之，新文科背景下的网络技术课程要求跨学科融合、理论与实践相结合、创新思维培养与安全意识等的全面提升，以适应新时代的发展需求。

三、商科专业网络技术课程存在的问题

通过前期的调研与教学实践，我们发现目前商科专业网络技术课程普遍存在以下4个方面的不足：

（一）教学内容更新慢

经过对教学内容的深入分析，我们发现当前的商科专业网络技术课程的教学内容比较滞后。首先，网络技术发展迅速，但教材内容依然沿用旧的知识体系和技术标准未能及时更新，未能涵盖最新的网络技术和应用，案例陈旧，与学生学习和生活的实际距离较远。其次，网络技术作为技术类课程，内容侧重于技能学习，对课程育人的重视不够，思政内容体现得不够充分，融入不够紧密。另外，在教学内容选择上不够重视商科专业学生与其他专业学生的差异，往往采用通用内容，与商科专业课程的融合不足。

（二）教学方法创新缺

当前，课程教学多以教师为中心，注重知识的传授，师生互动和生生互动不足，容易出现知识满堂灌的情况，导致学生难以真正理解和掌握课程内容。另外，启发式教学方法不足，未能充分利用新的现代化教育技术有效地启发学生的思考和探索，未能有效拓展学生的自主学习空间。此外，在教学过程中，未能有效地根据学生的不同需求和特点开展个性化和差异化教学，不利于学生创新思维的培养。

（三）实践应用拓展少

在网络技术课程中，如果只注重理论知识的灌输，而忽视实际操作和实践应用，会导致学生难以真正掌握和运用网络技术。网络技术课程应安排一定量的实验实训内容，但当前的授课教师以计算机专业教师为主，缺乏商科背景，未能很好地融合经济、管理等商科知识，对新文科背景下的跨学科融合理解不足，加上实验实训条件有限（当前的实验实训侧重于简单的技术实现），形式比较单一，理论与实践的结合尚不够紧密，不能很好地结合商科专业背景进行应用拓展，不利于调动商科学生的积极性。

（四）考核评价方式粗

当前的网络技术课程评价方式比较传统，主要由平时表现、期中考试和期末考试组成，往往采用笔试形式，且期末考试占比较大，容易忽略对学生学习过程的关注。这种重考试结果、轻学习过程的评价方式很难反映学生的综合能力，也不利于激发学生的学习积极性。

四、商科专业网络技术课程教学改革

为了适应新文科的发展需要，商科专业网络技术课程教学改革可以OBE等先进理念引领，坚持以学生为中心，以学习成果为导向，进一步明确网络技术课程的教学目标，在教学内容、教学方法、实验实训和评价体系等方面进行优化，并持续改进。结合笔者多年的思考和实践，结合“两性一度”要求，提出以下教改实践方法：

（一）重构教学内容

为了更好地提高教学质量，满足新文科建设的需要，教学内容应进行必要的重构，保持与行业发展和技术进步同步。

（1）以学生为本，采用逆向思维，从成果开始反推，构建课程内容体系。从商科学生的不同学习需求和要达到的目标反推，对原有的教学内容进行重新组织、调整和优化，将计算机网络概述、数据通信基础、网络体系结构、TCP/IP协议集、局域网技术、网络互联技术和网络安全等主要模块根据学习目标和内容细分成相对独立并标注难度的知识点，构建矩阵式知识结构，方便根据教师的教学进度和学生的自学进度进行组合。

（2）将思政元素深度融入教学内容中。把爱国主义、民族自信、工匠精神和职业素养等思政元素有机地融入教学内容中，培养学生正确的价值观，以实现润物细无声的课程育人效果。例如，在进行网络安全技术知识讲解时，加入电子商务中的网络诈骗案例，将隐私保护、法律常识、商业伦理等元素自然融入内容分析过程中，于无形中实现全方位育人。

（3）增加学科融合内容，体现课程的前沿性和实用性。根据课程目标，将商科专业的相关知识整合进来，促进不同学科之间的交叉与融合，培养学生的综合能力和跨学科思维。例如，不同的局域网组网方式与企业运营成本分析结合介绍。同时，还可以引入最新的网络技术成果和商业案例，让学生了解最新的网络技术动态和商业应用前景。例如，在无线网络部分，引入5G网络商用的技术成果与商业应用场景进行分析。

（二）优化教学方法

新文科背景下，课程教学改革更加注重引导学生主动思考和探究，培养学生发现问题和解决问题的能力。因此，教师在教学过程中也应与时俱进，优化教学方法。

（1）课堂教学应由以教师为中心向以学生为中心转变，要结合学生的学习特点和需求，紧紧围绕立德树人开展教学创新，促使学生自主学习和全面发展。教师应逐步由知识的传授者向学生学习的引导者和协助者转变，结合实际情况，多采用启发式教学手段，综合运用讲授、讨论、案例分析、项目实践等多种形式激发学生的学习兴趣和积极性，让学生在教学过程中真正成为中心，提高学习效率和质量。教师可以通过引入有趣的案例和游戏等教学活动，激发学生的学习兴趣，提高他们的主动参与度；也可以通过提问、组织讨论、经验分享等方式鼓励学生积极参与教学过程，提高他们的学习主动性和思考能力；还可以设置学习小组，鼓励他们相互交流、讨论和合作，并进行师生互动和生生互动等，以培养其团队协作能力等。

（2）加强先进信息技术手段的应用，丰富教学方法。不同的学生有不同的学习风格和需求，教师应充分利用现代教学技术增强教学效果，为学生提供更丰富、生动的学习体验，提高学生的学习效率。在传统的多媒体教学的基础上，充分利用学习通、雨课堂等在线教育平台、华为网络设备模拟器等模拟实训软件和各种互联网资源。例如，在学习通上可以进行课前准备、案例分析和课后拓展，让教学活动不受课堂时间和空间的限制；也可以通过平台将知识点碎片化，设置教与学不同的主线，方便学生根据自身的学习特点和吸收情况来学习；同时，也可以充分利用平台的过程记录和结果统计来进行教学反馈，形成教学闭环。

（3）积极探索个性化和差异化教学，做到因材施教。由于每个学生在兴趣爱好、知识储备、学习能力等方面存在个体差异，因此他们会有不同的学习需求和潜力。教师应该充分尊重并关注学生的个性差异，探索个性化和差异化的教学方法。网络技术课程进行差异化教学时，应分析学生的学习需求和反馈，利用互联网、大数据和人工智能等技术，整合相关教学资源，以提升教学效果和学生的学习能力。首先，可以充分利用学习通和微助教等网络教学平台，根据学生的学情提供不同难度、不同组合、不同主线的个性化教学资源。其次，可以结合平时的学习反馈和平台记录，利用数据分析学生的学习情况，并形成具有个性化的教学计划和内容。最后，结合机器学习等智能分析算法分析学生的学习情况，并根据结果反馈调整教学方法和手段。由于个性化和差异化教学方法改革刚刚起步，还需要教师在教改实践中不断摸索和创新。

（三）加强实践拓展

加强实践拓展是提升网络技术课程教学效果的重要途径。首先，网络技术课程设计中应适当增加实践环节，课时占比至少超过40%，让学生能有更多的机会动手操作和应用所学知识。其次，应结合商科专业背景和真实案例进行分析，让学生将所学知识应用于自己熟悉的商业情境中，加深对网络技术的相关原理和应用的认识，通过实验、项目、实习等方式来帮助学生实现学习能力的提升。设计实践性项目，让学生将所学知识应用到实际中，加深对知识的理解和掌握；在实训项目中，采用小组的方式进行操作，强调合作学习，培养团队合作精神和沟通能力。再次，实践教学不仅可以在校内实验室完成，也可以开展校企合作，利用校外实习基地为更多学生提供实习和实践的机会。通过参与真实项目的形式，将在学校学到的知识运用到企业实际工作中，提高自己的实践能力和职业素养。最后，还可以鼓励学生通过参与学科竞赛、科研项目和创新创业等活动，提高自身的实践能力和创新能力。

（四）完善评价体系

建立完善的课程评价体系，对学生的学习效果进行全面、客观的评价。可以采用多种评价方式，如考试、作业、实验报告、项目成果等。特别要注重过程性评价，关注学生的学习过程和学习态度，及时发现和解决问题。在原有评价体系的基础上，按照设定评价环节、评价标准、评价主体和评价方式进行评价体系改革。各评价环节的考核比重根据当前院校实际情况进行适当调整，分别设置为5%、10%、5%、20%、20%、40%，如图1所示。

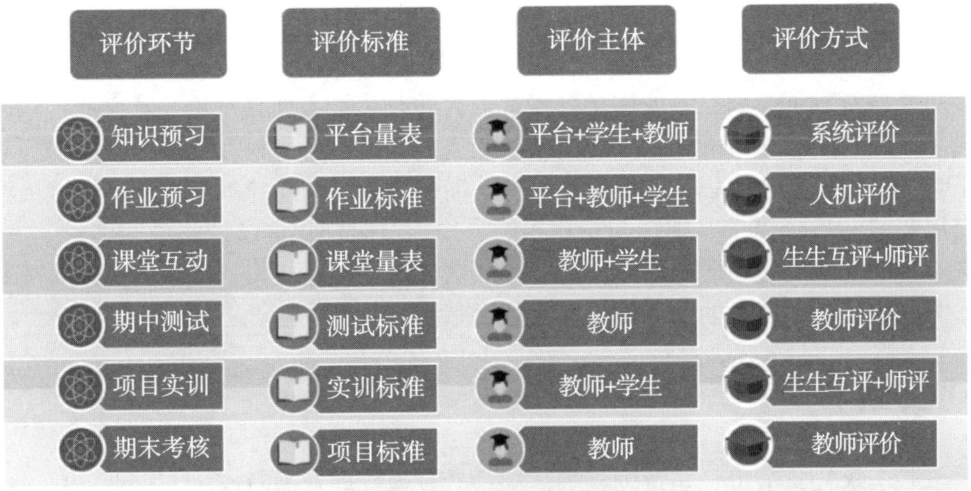

图1　综合评价体系

五、网络技术课程教学改革成效

笔者经过近两年的探索和实践，通过对2个年级8个班的对比调查发现，商科专业的网络技术课程改革成效明显提升。

（1）提高了学生的实践能力。网络技术课程中主要实训项目的一次成功率和实训分数都有了近10%的提升，学生课后自主实践的积极性也得到了有效的激发。

（2）提升了学生的创新能力。学生能够积极尝试新的解决方案，培养了其创新思维和解决问题的能力。近两年，学生参加与本课程相关的竞赛获得省市级奖项的人数逐年增多，并在互联网+大学生创新创业大赛和大学生电子商务“创新、创意及创业”挑战赛上取得了历史性的突破。

（3）提高了整体教学质量。通过优化教学方法和资源，教师能够更好地满足学生的学习需求，提升了教学效果；帮助学生更好地掌握网络技术的原理和应用，整体教学质量得到了显著提高；学生的终结性考试分数和优良率明显提升，任课教师的综合教学评价、学生的满意度在院系排名中也比较靠前。

（4）增强了学生的综合素质。商科专业网络技术课程教学改革也让学生的综合素质得到了提升。学生不仅拥有扎实的专业知识，还具备了良好的团队协作能力、沟通能力，在社会实践和毕业实习过程中得到了用人单位的好评。

综上所述，商科专业网络技术课程教学改革在提升学生的实践能力、培养其创新思维、提高教学质量、增强学生的综合素质等方面成效显著。这有助于培养更多高素质的应用创新型人才，为未来的科技发展和经济建设提供强有力的支持。

六、结语

新文科背景下，商科专业网络技术课程教学改革是一项具有重要意义的工作，同时又是一项长期而艰巨的任务，还需要不断努力和探索。商科专业网络技术课程教学改革与实践也将继续面临新的挑战和机遇，需要我们不断深化教学改革，持续关注行业发展趋势和市场需求，加强与企业界的合作，及时优化调整课程内容和教学方法，提高学生的实践能力和职业素养。这样才能培养出更多适应市场需求的高素质商科人才，为我国经济和社会的发展做出更大的贡献。

参考文献

［1］李永礼，李川，马章勤，等. 泛系教育说：职业教育与创新创业［J］. 计算机与数字工程，2013，41（9）：1399-1416.

［2］马丽莹，李兆华，俞慕寒，等.新文科建设背景下商科教育改革的路径研究［J］. 现代审计与会计，2020（12）：11-13.

［3］吴岩. 加强新文科建设培养新时代新闻传播人才［J］. 中国编辑，2019（2）：4-8.

［4］何瑛，郭家荣，苏欣. 跨学科交叉融合与新文科人才培养路径：基于商科的视角［J］. 商业会计，2021（19）：11-16.

［5］赖磊，孟丁. 新文科背景下跨学科融合商科人才培养路径研究——以广东外语外贸大学商学院为例［J］. 对外经贸，2023（11）：88-91.

大数据时代高校电子商务专业课程体系建设思路的研究

武艺芳

【摘要】大数据技术的迅猛发展，使电子商务行业对人才的需求日益多元化和专业化。高校作为电子商务人才培养的重要基地，其课程体系建设显得尤为重要。本文从高校电子商务专业课程体系构建的基本原则角度出发，分析大数据时代电子商务行业的特点，探讨高校电子商务专业课程体系构建的基本原则，结合大数据背景阐述高校电子商务专业课程体系构建的具体策略，旨在为高校电子商务专业的教学改革提供参考。

【关键词】大数据；电子商务；课程体系；高校；教学改革

在信息化、网络化的时代背景下，大数据已成为推动社会进步和经济发展的重要力量。电子商务作为大数据应用的重要领域之一，其发展速度较快，规模不断扩大，对人才的需求也日益增长。高校作为电子商务人才培养的摇篮，其课程体系建设对培养符合行业需求的高素质人才具有重要意义。

一、高校电子商务专业课程体系构建的基本原则

（一）与行业需求对接

高校电子商务专业课程体系建设应紧密围绕行业需求，确保所培养的人才能够满足电子商务行业的实际需求。这要求高校在课程体系构建过程中，要深入了解行业发展趋势和人才需求变化，及时调整课程和教学内容，确保所培养的人才具备行业所需的知识和技能。

（二）强化实践教学

电子商务是一门实践性很强的学科，实践教学对提高学生的实践能力和创新能力具有重要意义。因此，高校在电子商务专业课程体系建设中应加大实践教学的比重，

增加实验、实训、实习等实践环节，使学生能够在实践中掌握电子商务的基本知识和技能，提高实际操作能力。

（三）跨学科知识融合

电子商务是一个跨学科领域，涉及计算机科学、管理学、市场营销等多个学科的知识。因此，高校在电子商务专业课程体系建设中，应注重跨学科知识的融合，开设跨学科课程，培养学生的跨学科思维和能力，以适应电子商务行业对人才的需求。

（四）持续更新与创新

大数据时代，电子商务行业的技术和模式不断更新变化，高校电子商务专业课程体系也应随之更新和创新。高校应密切关注行业发展趋势和技术动态，及时更新课程内容和教学方法，引入新技术和新模式，培养学生的创新意识和创新能力。

二、大数据时代高校电子商务专业课程体系构建的具体策略

（一）课程设置：核心课程与选修课程的布局

在大数据时代，电子商务专业课程的设置必须紧扣时代脉搏，既要注重对学生基础能力的培养，又要提供多元化的选修课程，以满足学生的个性化需求。在基础课程的开设上，可考虑宏观经济学、微观经济学、管理学、网络技术基础、市场营销学、统计学等，确保学生能够掌握与电子商务相关的知识和技能。同时，选修课程应关注大数据、人工智能、云计算等前沿技术，以及电子商务在不同行业的应用案例，为学生提供更广阔的学习视野。具体来说，核心课程可包括电子商务概论、网络营销、物流与供应链管理、电子支付与结算、电子商务法律与伦理、电子商务项目管理等。这些课程将为学生奠定扎实的专业基础，使其具备从事电子商务工作的基本能力。选修课程可包括大数据分析、数据挖掘、机器学习、云计算应用、跨境电商等，这些课程将为学生提供更深入的专业知识，使其能够在特定领域或岗位上有更出色的表现。

（二）教学内容：大数据技术与电子商务的结合点

在教学内容上，高校电子商务专业应注重大数据技术与电子商务的结合点。随着大数据技术的广泛应用，电子商务领域也面临着数据驱动的挑战和机遇。因此，教学内容应涵盖大数据技术在电子商务中的应用和价值。例如，在电子商务数据分析课程中，可以引入数据挖掘和机器学习等大数据技术，帮助学生掌握数据分析的基本方法和技能。通过案例分析和实际操作，学生可以学会如何利用大数据技术进行用户行为

分析、销售预测等，为企业的决策提供数据支持。在电子商务运营课程中，可介绍如何利用大数据技术进行精准营销和个性化推荐，学生将了解如何收集和分析用户数据，制定个性化的营销策略，提高营销效果和转化率。

（三）教学方法：案例教学、项目驱动等

在教学方法上，高校电子商务专业可采用案例教学、项目驱动等教学方法，贯彻落实OBE教育理念，以成果为导向，提高学生的实践能力和创新能力。案例教学可以使学生更好地理解电子商务的实际运作过程，掌握解决实际问题的方法。教师可以选取具有代表性的电子商务案例，引导学生进行分析和讨论，培养他们的思维能力和分析能力。项目驱动可以使学生通过实际操作和团队合作，提高自身的实践能力和团队协作能力。教师可以组织学生进行电子商务项目的实践，让他们亲身体验电子商务的运营和管理过程，加深对电子商务的理解和认识。同时，高校还可引入在线教学、翻转课堂等新型教学方法。在线教学可以突破时间和空间的限制，为学生提供更加灵活的学习方式；翻转课堂则可以将传统的课堂讲授和课后练习翻转过来，让学生在课前进行自主学习和思考，课堂上进行交流和讨论，提升教学效果和学生的学习兴趣。

（四）实践平台：实验室、校企合作等

在实践平台建设上，高校应打造完备的实验室和校企合作平台，为学生提供良好的实践环境。实验室可以为学生提供电子商务软件、数据分析工具等实验设备，让他们在实践中掌握电子商务的基本技能。同时，实验室还可以开展各种电子商务竞赛和实践活动，激发学生的创新精神，培养其实践能力。校企合作则可以为学生提供真实的电子商务项目，让他们在实践中了解行业需求和运作过程。通过校企合作，学生可以与企业建立紧密的联系，了解企业的实际需求和运营模式，为将来的就业和创业打下坚实的基础。

三、结语

在大数据时代，高校电子商务专业课程体系建设必须紧跟时代步伐，以培养学生的数据分析、技术应用和创新实践能力为核心；应优化课程设置，融合大数据技术，创新教学方法，并搭建丰富的实践平台，以培养出既具备扎实理论基础，又具备实际操作能力的复合型人才。

参考文献

［1］李岩，于洪鹏，李俭．“互联网+大数据”时代电子商务创新创业人才培养途径研究［J］．经济研究导刊，2020（29）：2.

［2］张帅兵，苗慧勇，陶有田．大数据环境下电子商务专业人才培养研究［J］．电脑知识与技术，2022（19）：22-24.

［3］张战勇，董丽娟．大数据时代电子商务专业人才培养模式创新分析［J］．农村青年，2022（9）：180-182.

基于OBE理念的电子商务基础课逆向设计研究
——以“电子商务概论”为例

张 慧

【摘要】随着信息化时代的到来，OBE理念受到众多群体的关注，在教育方面发挥了重要作用。目前，电子商务概论教学还存在一些弊端，应引起我们的深入思考。基于此，本文先对OBE教学模式进行了介绍；然后阐述了在教学设计中出现的问题，包括教学内容注重理论性、教学方法单一；最后探讨了解决问题的相应创新策略，包括设计合理的教学内容、创新教学方法以及其他建议。其旨在全方位保证课程教学质量，为相关人士提供参考。

【关键词】OBE理念；逆向基础课设计；电子商务概论

OBE理念是目前发展中一种新型教育观念，能够在教学内容、方法以及目标层面上做出改变，使其能够在教学上得到有效运用。进一步彰显出教学与社会发展的衔接，尤其是对于“电子商务概论”教学中，应在具体教学上培养一批专业复合型人才，但就目前阶段来看，仍在教学设计上存在一些问题，应做到具体问题具体分析，满足社会对电子商务人才的基本需求。

一、OBE教学模式概述

OBE自身覆盖的含义是在结果之上的教育模式，在一定程度上打破了传统以教师为核心的教学形式，不只是以教条的模式进行，而是注重学生学习到的知识以及具备的能力。要保证教师在开展课程之前，应重视对人的培养，制定合理的教学目标，依照教学目标设计满足教学工作要求。OBE教学模式并没有固定的课程设计要求，教师在课程设计阶段，应充分结合自身教学经验，满足专业人才的需求，对OBE教学模式可以分为四部分，即明确、实现、评价以及运用学习结果。

明确学习结果就是让学生在学习阶段能够满足相应要求，表达出效果，这是较为关键的一个环节，若出现错误，之后的工作很难正常开展。在掌握学习结果阶段，制定目标应依照人才的培养策略以及现实发展需求来完成，保证具有真实性与实效性。对于基础课程来讲，对学习结果有了解后掌握其教学目标，保证学生能在课程中学到知识，能够掌握理论知识与能力。实现学习结果就是学生在学习过程中把知识与能力加以实现的过程，对于学科本质来讲，学习结果是重要的，能够有效将主要工作进行梳理，与此同时，拥有良好的逻辑思维，创建科学、合理的课程体系。针对具体的课程建设来讲，在课堂教学上应采取学生能够接受的方法进行知识传授。

评价学习结果需要创建相对应的多样化评价机制，客观分析学生的学习结果，确保能够为教学工作提供帮助与支持。该评价体系覆盖了三个方面，分别为学校评价、专业评价以及课程评价，主要目的是使教师和相关人员及时发现问题并予以解决。为了确保评价结果具有一定的准确性，评价主体需要有学生、教师以及管理人员和相关单位部门。运用学习结果主要彰显在学生在工作岗位上的应用情况。确保所学知识能够被充分运用，成为学习的重要支撑，通常在日常的实践中，可以将运用学习结果涉及的内容实行分解，制定出合理的评价指标。

在OBE教学模式中，所有工作的开展都紧紧围绕“学习结果”为中心点展开，对学习课程以及内容有所帮助。始终依照学习结果的基本要求进行完善，若在评价中发现问题，就应重新制定学习结果，保证在过程中具有合理性，完成教学工作的评价工作。为此，在OBE教学理论层面上，对课程教学实行创新与整合，最大程度加强教学水平，展现教学质量，对电子商务课起到推进作用。

二、OBE理念下“电子商务概论”教学设计中存在的问题

（一）教学内容注重理论性

“电子商务概论”是电子商务专业的最主要课程，同时也是学生在学习电子商务的入门课程。在现阶段发展过程中，众多学校在教学阶段都是过于注重理论方面的教学，在一定程度上严重缺少与具体实践的融合。出现此教学现状，可以从两个方面进行分析。一方面，教师的教学观念较为落后，在教师的自身思想意识里，只是一味认为把书本上的知识传授给学生就可以，为了完成任务而授课。这样一来，学生接受的知识很难真正地运用在现实生活上，理论不能与实践有效衔接上。另一方面，课程在内容层面上具有一定的复杂性，涉及的内容较广，“电子商务概论”课程包含了电子商务的所有知识点，比如基础知识、网络技术、法律理论等。

（二）教学方法单一

“电子商务概论”中知识点的理论性非常强，知识点的分布没有逻辑性，若只是依靠教材，不在教学方法里融入具有灵活性的内容，会对课程的教学起消极作用。与此同时，涉及的内容较为广泛，知识点不能很好地连接在一起，学生学习会很矛盾，

对于考试也只能是以死记硬背的方式进行。理论始终大于实践，不能充分结合起来，在学习过程中尝试过利用模拟软件来学习商务的操作流程，但学生仍不能完成操作，所学知识不能展现在实际的操作中，缺少完整的实践操作能力。

三、OBE理念下“电子商务概论”教学设计改革策略

（一）设计合理的教学内容

在目前发展阶段，电子商务行业进步迅速，导致在教材上会出现与社会发展相背离的现象。在具体的教学上，教师不能只是单纯依靠教材内容为学生进行授课，应积极打破传统模式的制约，对教材内容不合理的部分进行删减以及改正。在传统的课堂教学上，全部依赖于教材，呈现出教材上有什么就讲什么的局面，大多数教师并不会去质疑课本上的内容。在OBE教学理念的推动下，需要深入掌握教学目标，依照目标实际情况创新教学内容。教材在编制上时间较久，众多教材编制的作者都不来自教师，与作者较为陌生，这样的话，教师并不能对教学目的以及内容有所掌握，院校之间的教学目标也不相同，无法寻找到与现实教学内容相匹配的电子商务教材。再加上电子商务的发展迅速，新型技术不断涌现，相对应的模式也在发生变化，致使教材内容与现实严重不匹配，不能有效应用在教学中。为此，教师应重点关注电子商务的实时发展现状，对内容实行全方位创新，保证落后的教材内容能定期进行更换，以此进一步适应电子商务的整体发展以及教学创新要求。

（二）创新教学方法

在传统的“电子商务概论”教学阶段，把重点都集中放在了理论教学层面上，只是会适当加入一些案例教学以及项目教学方法。但在此背景下，学生学习会出现吃力现象，出现这种现象的本质原因就是知识灌输模式错误，与实际几乎没有联系，学生在思想上很难进行掌握。教学环节在应用案例上可以充分纳入开放式手段，主要就是以学生为中心点，了解学生的理解能力，相应创建符合学生学习的教学方式，与此同时，也能最大程度强化学生的实践能力。在具体的教学环节，可以为学生提供各企业的实际案例，比如：在互联网上普洱茶火爆阶段，其他茶的种类却没有人真正了解过；也可以在企业发展品牌时融入日常用品，使其相互融合。在此阶段，相应汲取先进地区的电子商务活动经验，把商务活动的流程作为学习内容，进一步展现出学生的实践操作水平能力。

除此之外，在具体的实践训练中可以纳入合理的情景模拟训练，将学生分成多个小组，做到各司其职，充分运用电子商务平台，比如淘宝、天猫等，创建出模拟平台，让学生参与到模拟经营中，以注册层面为开始起点，全面掌握各流程，包括市场调研、选购货源、创建店铺、物流等。这样一来，学生能认识到电子商务平台的基本

流程，进一步激发出学生的主动性与积极性，在模拟实验平台下帮助学生掌握有关电子商务的知识点，对陌生的概念和要点有全方位了解。与此同时，应带领学生多加了解前沿技术，保证电子商务能够跟上社会发展形势，教师应积极认识到学生思想的重要性，教师可以针对相关技术让学生进行集中讨论，构建一个题目区域，让学生认真寻找资料，随后以PPT课件的形式展示出来，其他同学存在疑问积极提出来，最后由教师做出总结。这样的话，不但能让学生掌握理论知识，在知识面上也会有效拓展，全面提升学生的实际分析问题水准。

四、其他建议

（一）设定合理教学目标

电子商务课程具有多样性的特点，若不能制定合理的教学目标，在教学上就会出现混乱的现象。为此，教师在教学过程中，应制定出具有现实意义的培养方案，结合方案中的教学目标完成后期教学工作，确保学生能在接受教育时掌握扎实的电子商务知识，同时提升实践能力，以此为教学目标，实行规范设计，使课堂教学的目标和方式具有实效性。

“电子商务概论”课程知识点复杂，内容分布松散，涉及的单元知识都是可以区分出来的，章节较多，这样一来，应在创设教学目标时依照章节来规划。电子商务专业的任课教师，需要掌握好教学目标，对课堂教学有明确的认知，用心感受教学章节的教学目的以及应用手法。此外，针对章节内容的不同，教学发挥的作用也会存在差异，需要选择合适的教学方法来授课，确保电子商务概论教学顺利开展。

（二）以学生学习产出为中心

在电子商务概论教学中，可以充分发挥OBE理念下的主体作用，在创建OBE理念实行评价以及考核阶段，应积极以学生产出为中心。为了能够进一步满足电子商务行业的人员需求，学校可以在教学阶段以学生的知识水平和实际操作能力为主要目标，最大程度彰显出学生的学习积极性与学习效果，可以充分与OBE系统指导三要素原则有机结合。教师在教育管理层面上重点关注学生的现实需求，学会换位思考，充分依照专业课程要求进行。

让学生真正理解相对应的知识技能与评价体系，使其可以吸收教师所传授的知识。与此同时，使学生能够有效掌握到知识与能力之间的关系，将专业内的涉及的运营平台建设和商品营销联系到一起，以评价和考核的方式让学生适应市场内行业的竞争需求。针对考核指标评价，是对学生的学习习惯以及心理素质进行评价，减少学生在学习上的困惑，增强自身自信心，最大程度加强学生的学习主动性和积极性。

（三）使用教学、网络资源

为了解决教材内容不能及时更新的问题，在“电子商务概论”教学上就应有效把控好资源流转，在教案、课件的帮助下，应积极利用课程的精品课平台，第一时间整合网站中存在的内容，保证网站能够为学生全面服务，若网站中没有自身平台，可以借助网络现有资源，以此对学生进行良好的辅助学习，比如电子商务教学网、电子商务教育平台等。此外，相应模拟平台也可以为学生带来电子商务基础理论知识，例如淘宝、阿里巴巴等。与此同时，教师与学生之间应加大互动，不只是关注教学与实践的关系，在课下也应强化联系，可以采用QQ空间以及讨论群进行。有效开展课下互动，确保在增强师生情感的基础上培养学生养成自主学习的好习惯。

（四）提升教师实践能力

针对教学现状来看，电子商务行业在教师综合能力层面上应加大培养，保证教学质量优质，最重要的还是应全面提高教师队伍的自身素质。需要积极鼓励教师参与到实践活动中来，保证工学结合以及校企合作工作顺利开展，学校可以与有关企业加强合作与沟通，有针对性地派教师到企业内部进行学习与锻炼，适当提高自身水准，更关键的是使实践能力得到锻炼。教师在科研技术推广上，需要不断丰富理论知识，加强自身业务水平，为培养优秀人才提供保障。此外，增强教师实践能力也可以通过实训以及电子商务比赛模式进行。总而言之，应做好校企合作工作，不断拓展教师队伍，以使教师具备的能力和水平符合教学发展要求。

（五）创建评价机制

在OBE理念推动下，考核评价主要是面对产出的评价，“教”取决于“学”，面对现阶段学生的学习状况可以看出，评价机制不全面，尤其是面临定期考试的学生们，并不能有效达到合理的教学要求，为了保证能够完成评价课程的目标，应做好教学的反馈工作。在电子商务概论学科评价上，应注重学生的计算机能力，掌握电子商务相关知识，为发展成技术型人才打下基础。在课程上可以记录学生的课堂参与度以及在线练习实际情况，设定多样化的考核模式，形成完整的评价机制。除了传统的考核方法以外，倡导小组合作，确保在合作过程中强化学生的自身素养与合作能力，与此同时，最大程度激发出学生的竞争意识。

五、结论

综上所述，对于“电子商务概论”这一课程，应在OBE理念下采取合理的教学方法，以此展示教学效果。不断探索新策略，积极把控好教学的度和量，既要有丰富的理论知识作为基础，还要与实践相融合，激发学生的学习热情以及创新能力，使其真正成为一名专业的电子商务复合型人才。

参考文献

［1］孙俊．基于OBE理念的SPOC+翻转课堂教学设计与实践——以“跨境电子商务”课程为例［J］．吉林工程技术师范学院学报，2022，38（7）：35-38.

［2］黄黎燕，顾亚芳，王珏．基于OBE理念的电子商务专业教学模式研究与实践——以“新媒体营销实务”课程为例［J］．江苏教育研究，2021（27）：39-43.

［3］王威．基于OBE理念的学习成果多元评价方法的设计——以电子商务文案创意与撰写为例［J］．现代职业教育，2021（38）：66-67.

［4］李立威，盛晓娟．基于OBE和课程思政理念的电子商务专业实践创新型人才培养方案设计［J］．产业与科技论坛，2022，21（9）：159-160.

［5］吴芙蓉．基于OBE理念的高职电子商务专业教学模式研究——以“消费心理学”课程为例［J］．山西农经，2020（7）：119-120.

“跨境电商B2C平台运营与管理”课程教学设计的研究

何 芬

【摘要】近年来，跨境电商迅猛发展，对电商人才的需求与日俱增。进行科学的课程教学设计，是高校跨境电商课程的重要内容。本文以跨境电商平台产品定价为例，对“跨境电商B2C平台运营与管理”课程教学设计进行了探究，通过设计具体工作任务，采取以项目教学为主，融入角色模拟、技能训练、案例教学等教学方法，实现“教、学、做”合一。

【关键词】“跨境电商B2C平台运营与管理”课程；教学设计；项目制教学

“跨境电商B2C平台运营与管理”是培养跨境电商基本操作技能的重要课程。该课程基于跨境电商B2C平台理论知识，通过对平台招商规则、入驻流程、跨境电商店铺注册、市场选品、产品定价、产品发布、跨境物流、营销推广、店铺经营分析、客户服务、海外买家行为等内容的学习，学生能熟练掌握跨境电商B2C平台业务操作流程，独立进行跨境电商B2C店铺运营。

课程目标是使学生能够掌握跨境电商B2C平台基础知识，了解平台入驻与经营规则，通过对市场调研、跨境电商店铺注册、选品定价、产品发布、跨境物流、营销推广等知识的学习与实践操作，掌握跨境电商B2C平台业务流程与注意事项，培养学生跨境电商B2C店铺运营与管理的综合技能，为将来从事跨境电商相关工作打下坚实的基础。

一、课程设计的原则

（一）与教学对象匹配

开课前通过问卷、访谈的方式，了解学生的学习基础。本课程开设在大三阶段，以“国际贸易实务”“外贸英文函电”“图形图像设计”为基础，前期通过对以上课程的学习，学生已掌握跨境电商的基本知识，具备商务英语沟通以及图片信息处理的基本技能。

（二）与教学内容匹配

课程的总体思路是围绕第三方电子商务平台运营展开，以岗位为学习角色，以平台为操作载体，以具体工作任务为学习情境和技能载体，以项目制教学为主，融入技能训练、案例教学等具体教学方法，实现“教、学、做”合一；培养学生基本的职业意识、职业思维及处理问题的能力，学会客户开发、客户关系营造和客户服务等具体业务的实际操作，切实提高学生利用跨境电商B2C平台开发国际客户的能力、沟通交流能力和解决实际问题的能力。

教学内容主要包括跨境电商B2C平台入驻；跨境电商B2C平台选品；跨境电商B2C平台定价；跨境电商B2C平台物流；跨境电商B2C平台产品发布；跨境电商B2C平台订单管理；跨境电商B2C平台营销推广；跨境电商B2C平台店铺管理。

（三）与教学目标匹配

“跨境电商B2C平台运营与管理”建立在理解跨境电商B2C平台理论知识、熟悉平台规则的基础上，通过海外市场调研、跨境电商店铺注册、市场选品、产品定价、产品发布、物流模板设置、营销推广、店铺经营分析、客户服务等实践操作，使学生掌握跨境电商B2C平台业务操作流程，培养其独立进行跨境电商B2C店铺运营管理的综合技能。

二、课程设计的基本流程——以跨境电商平台产品定价为例

（一）理论知识讲解

1. 提出问题

跨境电商B2C平台运营与管理涉及哪些费用，引导学生思考产品的价格构成要素。

2. 有关跨境电商产品价格的几个概念

（1）上架价格：上传产品时所填写的价格。

（2）销售价格：产品在店铺折扣下显示的价格。

（3）成交价格：用户在最终下单后所支付的价格。

3. 产品定价过程

（1）成本=采购价+国内运费+国际运费

（2）定价=成本+利润+佣金

（3）定价=成本+成本×利润率+定价×佣金率

（4）引导学生利用上述三个公式，推导最终的定价公式：

定价=（采购价+国内运费+国际运费）×（1+利润率）÷（1−佣金率）÷汇率

（二）教师演示

（1）教师以某跨境电商平台产品展示界面为例，展示上架价格、销售价格、成交价格。

（2）教师以国内某电商批发网址产品为例，通过之前推导的定价公式，计算产品的上架价格。

产品采购价是50元，国内运费8元，国外运费46元，平台佣金8%，保底价是多少美元？如果计划将产品利润率定为30%，求上架价格。

（50+8+46）/（1−8%）/7=113.04/7=16.15（美元）

113.04×1.3/7=20.99（美元）

（3）教师强调定价注意事项：

①产品的折扣参数在15%~50%，因为折扣过大会有虚假折扣的嫌疑。

②以速卖通平台为例，折扣30%左右，是买家最钟情的折扣，属于合理预期范围。

③平台开展营销活动的时候，以速卖通为例，报名商品要符合180天内最低价的条件，且在最低价基础上再给予一定比例的折扣，不能提高价格后再去打折或报名平台活动。

（三）发布实训任务，引导学生进行实操

（1）登录速卖通平台，选取一款打折且又享受优惠券的商品，然后列出该商品的上架价格、销售价格、成交价格，以及购买多件时的平均成交价格。

（2）登录1688批发平台，选取一款商品，计划将此商品在速卖通上销售，计算：①保底价；②利润率为30%时的定价；③在保持利润率为30%、计划折扣率是40% off时的上架价格。

（四）课堂总结

学生代表分享，在理解跨境电商B2C平台产品价格组成的基础上，利用运营成本定价公式对上架价格进行核算；教师对实践操作过程进行总结，对学生的实操作业进行点评。

三、结语

"跨境电商B2C平台运营与管理"课程立足于学生实际能力的培养，在课程内容上，增加学生的实操项目，应用跨境电商模拟平台开展教学，以学生为中心，以工作过程为主线，以工作任务为载体，让学生在完成各项目的具体任务中培养各项技能，发展职业能力；采取过程评价与结果评价相结合、课堂参与、课程项目模拟与作业相结合的方式，重点评价学生的态度和职业能力。

参考文献

［1］宋海鹤．地方应用型本科高校英语专业跨境电商人才培养实践教学模式研究［J］．长沙航空职业技术学院学报，2018，69（2）：43−45.

［2］王姝怡．跨境电商背景下国际贸易专业人才培养模式研究：以应用型本科院校为例［J］．吉林省教育学院学报，2018（12）：38−41.

第三部分 创新创业教育教学改革

“双创”教育下大学生“进实验实训室”活动探索
——以广州工商学院为例

施继华

【摘要】“双创”教育是国家和社会经济发展需要的一种新姿态，也是当前大学转型发展的一种新举措，有利于推动高等教育现代化进程。文章阐述“双创”教育的时代背景，并以广州工商学院为例，探讨如何开展“双创”教育下大学生“进实验实训室”活动，并分析开展“进实验实训室”活动的成效。

【关键词】大学生；创新；创业；进实验实训室

近年来，随着网络化、信息化的普及，社会需要更多具备创新能力和创业能力的高素质人才，这就要求高校进行人才培养时，要注重培养学生的创新能力和创业能力。广州工商学院名誉校长邝邦洪教授在继承中国传统教育思想精华的基础上，根据当今时代发展的要求和社会进步的需要，与时俱进地提出了“五进”育人理念。“五进”之“进实验实训室”是指大学生在学习专业知识的基础上，积极进入校内实验实训室进行技能训练，通过实验实训，不断提高自己的实操能力、创新思维和创新能力。

一、创新创业教育背景

国务院时任总理李克强在2014年夏季达沃斯论坛上公开发出了“大众创业、万众创新”的号召，“双创”一词由此开始走红，几个月后也被写入了政府工作报告。“十三五”规划纲要和政府工作报告阐述并强调了“双创”的内涵与意义，国家领导人在不同场合的发言中也多次提到“双创”对国家和社会经济发展的重要战略作用。“双创”已经成为新时代新背景下的热词，这对承担着人才培养重任的教育尤其是高等教育而言，既带来了重大的机遇，也使其面临崭新的挑战。对个体而言，创新能力决定着一个人的发展潜力和发展高度，有创意、能创新、善创业，是新时代人才的重要标志。

广州工商学院目前正在积极开展大学生“进课室、进图书馆、进实验实训室、进体育场馆、进社会”的五进实践活动，这是学院培养大学生德、智、体、美全面发展的创新举措，也是与“双创”教育目标不谋而合的。当代社会所需要的人才，除了要掌握传统的实操技能之外，还必须具备独立思考的能力和创新能力。广州工商学院建立了开放型的实验实训室，尽力使实验实训内容具有综合性、创新性、创业性的特点，并随着经济社会的发展，为学生提供充分施展才华的平台，从而激发学生的创造潜能。同时，学校还在时间、空间、仪器、设备等方面为那些有想法、有研究兴趣的学生提供开放的实践条件，让学生的潜能得以充分发挥，鼓励学生勇于求新求异，创造新的成果。

二、双创教育下的“进实验实训室”活动

广州工商学院提出了创新创业教育与实训室结合的教学理念，希望学生通过“进实验实训室”活动模拟创业过程，学会与创新创业相关的技能，提升就业核心竞争力。当前，传统的教育教学模式与高素质技能型人才培养的要求越来越不适应，已经不能满足现代社会人才培养的需要。如何丰富大学生的实践经验，提升大学生的创新创业能力，使其适应社会的发展，已成为各个高校人才培养改革的关注重点。广州工商学院学生“进实验实训室”活动包括创建大学生创新创业实训基地、举办“模拟经营节”等。

（一）大学生创新创业实训基地

广州工商学院结合专业特点和人才培养要求，紧密围绕高等教育和应用型院校的特点，创立了一系列创新创业实训基地，旨在不断创新人才培养模式，加强创新创业教育和提供就业指导服务。大学生创新创业实训基地由校企共建，以“校企合作、实习实训、创新创业”三位一体的模式，利用真实的项目、真实的企业运作环境，培养大学生的创业意识和创新创业能力，孵化创新创业项目，实现“企业、学校、学生”三方共赢的目标（见表1）。

表1 **大学生创新创业实训基地及实训主要内容**

项目	实训主要内容
菲卡丹 校园创业中心	由广州工商学院提供场地，爱上美公司投资，双方共同运营、共同管理。学生在这里一是在学习美容化妆等知识的同时参加勤工助学；二是学生通过门店运营管理及实践锻炼，培养职业道德、团队合作精神、敬业精神，为未来的连锁门店店长岗位积累经验；三是提前接触企业，做好职业生涯规划。为了鼓励学生创业，爱上美将在这里所得利润的20%作为学生加盟店的启动基金

续表

项目	实训主要内容
电子商务运营中心	目前主要为企业提供电子商务服务，学生主要是参与企业网店的运营、店铺装修、网络营销、网站维护、网站优化等项目，以提高综合素质和就业能力。此外，这里还开拓了快递物流业务，为学生提供仓储与物流实践训练项目，培养学生的吃苦耐劳精神、诚信和责任感，提高相关业务能力
门店体验中心	这是依托花都狮岭——中国皮革皮具之都，与广东省皮具“创意精英”协会共同创建的，由广州工商学院提供场地，企业出资装修，会员企业提供产品。按照职业经理人管理团队的方式面向全院组建营销团队，开展箱包的线上线下直销，目的是培养学生的营销技能、沟通技巧、商务礼仪、团队合作精神以及服务意识，提高就业和创新能力
京东校园实训中心	由广州工商学院提供教学实训平台，企业为学生提供可持续发展的职业通道，对参与的学生进行阶段性培训。学生通过企业业务实操了解电子商务平台的运营流程，同时培养学生良好的心理素质、社交沟通能力、逻辑思维及危机处理能力，促进大学生职业认知、职业素养、职业道德、职业心态的养成

（二）“模拟经营节”

广州工商学院以校园文化活动为载体，以现实的营销项目、真实的企业化运作为手段，总结在校园内可操作的大型创业实战模拟活动的经验，开展了“模拟经营节”。它在大学生创业基础课程及其他相关专业课程的基础上开展，一定程度上提升了人才培养水平，强化了实践育人环节，服务了区域经济社会发展。

“模拟经营节”突出了学院名誉校长邝邦洪教授所提出的“五进”活动中“进实验实训室”的要求，让大学生在学习专业知识的基础上，以此为平台，积极进入校内外实验实训室进行技能实战化训练。通过有针对性的训练，不断提高学生的实际操作能力，同时努力培养学生的公共道德、职业道德和团队协作精神。

“模拟经营节”始创于2004年，迄今已成功举办13届。作为广州工商学院独具特色的综合知识应用实训模拟教学活动，它具有创业实践教学和校园文化活动的双重特点。“模拟经营节”的举办时间为每年5月初，持续3天，直接面向全校学生，学生以自由组队的形式竞投摊位并开展市场经营活动，将所有在校师生作为真实的顾客。经营节让学生通过“创办各类企业、经营各种商品”，感受市场运行的规律，熟悉企业创办的要求与程序，实践经营与管理理念，真正体验“挣钱”与“赔钱”的酸甜苦辣，锻炼自主创业的胆量。在“模拟经营节”活动中，学生全面实践课堂知识，顺利完成模拟公司的成立、市场调查、资金筹集、摊位策划、营销策略、采购进货、广告宣传、摊位开业、商品销售等全过程的经营与管理，解决大学生创业缺乏运营、营销等方面的经验，创新能力不强，心理承受能力弱等问题，培养大学生的创新创业能力和团队合作精神。

三、大学生“进实验实训室”活动成效

（一）建设创新创业实训基地取得的成效

（1）学院校企合作初具规模。广东省皮具创意文化协会内的皮具企业均与广州工商学院建有合作关系，并与学院合作开展校园皮具展销等实践活动，在校园实验楼共建“皮具展销实训室”。市场营销专业的学生经过初步的培训，加上教师的指导，已经能独自开发客户并与其进行商务谈判。

（2）在创新创业实训基地接受培训的学生来自各个专业，如市场营销、电子商务、金融管理等，形成了专业知识互补的团队结构。所有学员经过在校的课程学习，掌握了扎实的专业基础知识；通过课余的自学，对市场调研、营销策划、品牌推广、产品推广、产品销售等有了更多的了解，对自主创业也有了一定的认识，逐渐提升了创新创业能力。

（二）开展“模拟经营节”活动取得的成效

（1）“模拟经营节”从一个品牌活动建设成了一门“大学生创业实务”的理实一体化课程，即将“模拟经营节”正式纳入大学生创业实务课程的实战环节，成为市场营销等专业的必修课。2012年，以“模拟经营节”实战案例为背景素材，根据创业过程提取的典型工作任务，将“模拟经营节”创业指导经验总结提升为理论，编写出版了《大学生创业实务》教材；开发了高度融合“模拟经营节”实战活动的“大学生创业实务”网络课程，并获得了第十六届全国多媒体教育软件大奖赛广东省网络课程二等奖；“大学生创业教学模式的研究与实践”获2013年广东省高职财经类专业教学指导委员会教育教学改革项目立项。

（2）源于“模拟经营节”实战的理论用于指导实践，取得了比较显著的成果，逐渐引导学生从课堂走向课外，从校园走向社会。实践证明，“模拟经营节”活动的持续开展，不但强化了学生的职业素养、综合实践能力和创新创业能力，而且成为学生自主创业的孵化平台。近年来，广州工商学院经济贸易系有80余名学生通过“模拟经营节”最终走上了成功的创业之路。

参考文献

［1］杨晓波，花慧，刘树佳．“双创”背景下大学生创业教育需求分析［J］．教育教学论坛，2016（6）．

［2］赵吉成，韦必力．浅谈“大众创业、万众创新”视域下高校双创教育［J］．业者论坛，2015（9）．

基于生成论的市场营销专业创新创业教育改革探讨①

李润发　林思敏　杨美玲　王贤濠

【摘要】高校创新创业教育面临着实践教学难、全面深入普及难等问题，基于预成论的传统教学方法难以应对创新创业教育面临的挑战。在对市场营销专业5个年级1 100位学生创新创业教育实践经验进行研究后发现，基于生成论的教学方法为创新创业教育开辟了广阔空间。践行生成论教学法，需要从落实“学生中心”理念、重构师生关系、师生共同设定教学目标和生成教学内容等方面着手推进教学改革。

【关键词】生成论教学；创新创业；教育改革

习近平总书记指出：“青年学生富有想象力和创造力，是创新创业的有生力量。”当前，我国进入了创新驱动发展的新阶段，党中央、国务院科学地把握时局，全面推动实施“大众创业、万众创新”战略。《国务院办公厅关于深化高等学校创新创业教育改革的实施意见（国办发〔2015〕36号）》提出“全面深化高校创新创业教育改革”。广州工商学院高度重视创新创业教育，办学定位于培养具有创新创业精神的应用型人才。市场营销教研室全力推进创新创业教育改革，创新创业教育成果丰硕，以“创新创业训练计划”项目为例，市场营销专业学生占全校的4.3%，2020—2021学年市场营销专业校级立项9项，占全校的7.5%；2020年度国家级、省级大学生创新创业训练项目3项，占全校的12%。

一、亟须全面推进创新创业教育改革

2016年以来，市场营销教研室将创新创业教育列为教学改革重点，但改革面临着较多的问题。2018年和2019年，教研室通过座谈会、问卷和访谈等形式面向师生展开调研。针对教师的调研结果表明，缺少系统而有效的教学方法，很多教学经验处

① 课题项目：本文是2019年广州工商学院高等教育教学改革项目研究成果，项目编号：ZL20191129，项目名称：应用型本科院校市场营销精英教育探索。本文还获得了2020年广东省大学生创新创业训练计划项目资助。

于个人使用有效阶段，未能上升到可复制、可转移的理论高度。针对237位学生的问卷调查和访谈结果表明，创新创业教育未能全面深入普及。问及关于创新创业教育的参与热情时，只有24.6%的同学表示会积极参加；问及创新创业教育的满意度时，只有28.75%的同学表示感到满意；问及创新创业教学存在的问题时，有75.1%的同学认为“过于理论化，缺少实践”，认为“实践基地不够”和“流于形式”的比例也分别高达59.92%和41.8%。综合师生反馈，笔者认为亟需全面推进创新创业教学改革。

（一）创新创业的特性决定了需要突破传统教学方法

在变革的大环境下，创新意味着持续生存，守旧和不变意味着被淘汰。即使如零售业这样的传统行业，成功的创新也让企业如虎添翼。困难在于创新创业是独一无二的，无完全适用的先例可遵循。创新创业成功与否涉及资金、机会等多维度，要从无限组合中选择适用的方案。创新创业的本质是突破历史和现行做法而有所创造，需要整合经济、社会等多领域知识。同时，个体经实际参与和感悟而形成的经验、隐性知识，对创新创业成功有着无可替代的重要性。尽管创新创业困难重重，但人人皆有创新创业的天性，即使是从未受过正规教育的人，在适当的环境激励下也可以探索出适合自己的创新创业之路。创新创业的这些特性决定了传统上以知识传授（灌输）为主要手段的应试教育面临着更大的挑战，也意味着探寻新的教育方式、开启人的创新创业天性成为可能。将创新创业知识和秘诀“灌输”给学生并不能实现教育目标，教师不能代替学生的创造性思考和实践，学生要有自行解决问题的能力，以便在未来的约束条件下，通过商业模式创新等解决可能遇到的问题。

（二）信息爆炸背景下创新创业教育面临的挑战

信息爆炸带来两个相关的后果：一是文化反哺，二是传统教师权威的瓦解。文化反哺是指在社会急剧变迁的过程中，大量的知识由年轻一代向年长一代传递的现象。与文化反哺密切联系的就是传统教师权威的瓦解。传统社会知识积累速度慢，理想的老师就是权威，可以“包办”学生所学领域的一切知识。今天，创新创业所涉及的知识爆炸式增长，老师不可能成为权威。一定程度上，创新创业就是逆权威而探寻新道路。“弟子不必不如师，师不必贤于弟子”在现代社会更具有现实意义。在文化反哺和教师传统权威瓦解的背景下，传统教学方法面临严峻的挑战。教师难以成为各领域创新创业的权威，教师主动、学生被动的传统教学模式将使创新创业教育流于形式。

（三）实践教学一直是创新创业教育面临的难题

“纸上得来终觉浅，绝知此事要躬行”，创新创业教育的难点不在于知识积累，而在于学生如何在自主的实践中感悟和提升。以创业为例，融资是创业所面临的最主要的障碍之一，人社部劳动科学研究所一项调查表明，资金问题是阻碍青年创业的第一

“拦路虎”。教材通常指出，可以通过政策性资金、银行贷款、风险投资等渠道来融资，学生们也能很好地记住这一结论。笔者调查表明，86.5%的学生认为创业受到资金的制约。问及创业融资渠道时，分别有56.96%和46.84%的学生表示理想的方式是利用官方创业基金和银行贷款。但创业实践调查表明，个人或家庭积累作为资金首要来源的占72.6%。实际融资渠道和学生设想的融资渠道差异太大，学生未能真正认识到创业融资的难度和条件。创新创业教育是高度情景化活动，教师难以在有限的时间内单凭讲授让学生理解可能面临的问题，学校不可能创设足够多的真实情境供学生实践。在传统以知识传授为主的应试教育模式下，无论是教师自身实践经验不足还是缺乏实践环境，实践教学问题都难以解决。因此，需要改进教学方法，引导学生自主地利用可能的机会参与实践，让教学情景突破传统上的学校范围的限制。

二、生成论引导摆脱创新创业教育困境

社会上有两种对立的教学观，即预成论和生成论。这两种教学观的指导思想、教学方法、对教学本质的认识都存在显著差异。

根据预成论教学观，教学的内容是既定的，教学就是设定目标，通过一定的教学手段把预定的教学内容强行移植给学生，无须经过经验的土壤来生成。教学预成论建立在“简单性原则”的基础之上，“简单性原则”认为世界是简单而有规律的，事物发展是线性的、可预测的。在预成论教学观的指引下，教学目标和教学内容都是预成的，教学过程就是学生接受预定教学内容的过程。预成论教学观假设教师全知全能，将教师的知识和技能传递给学生即可实现教育目标。教师是真理与知识的传递者，为实现预定的目标将现成知识传授给学生，强调的是秩序、规范与控制。在创新创业教育实践中，预成论指导下的教学方法形式多样，如“满堂灌、一言堂”，忽视学生的主动性和参与性等。

生成论教学观认为教学育人是一个不断“产生”、“生长”或“转化”的过程，注重个体知识、教学活动和教学过程的生成性。教学生成论的立论基础是复杂性思维。复杂性思维主张用过程思维、突现思维、浑序思维和非线性思维等形式来认识事物[7]。与预成式教学的被动接受相比，生成性教学更强调学习的自主建构；与预成式教学的静态预设相比，生成性教学更强调教学的动态生成。生成性思维认为事物及其本质是在其发展过程中生成的，而不是预先存在的。王健和王晓林构建了基于生成性教学的课堂互动模型，强调课堂互动中即时生成课堂资源、教学过程的开放互动、教学目标的动态调整。

在创新创业教育领域，至少有三个原因使得基于预成论的教学法难以取得良好的效果，而生成论教学法有着不可比拟的优势：

一是全知全能的老师不存在，预成论教学观有效的根本假设不成立。教师极难预见学生未来创新创业过程中可能遇到的问题，不能将解决问题所需要的理论知识事先

规划好，然后按照既定的计划将其教授给学生，甚至有些老师还不如学生，如创新创业项目中有关年轻消费者需要的相关知识，由于受到文化变迁、消费需求动态变化等因素的影响，那些与年轻人同龄并有很多交往的学生比老师更懂年轻人的消费需要。

二是学生能否学到知识和增进技能，是一个主观的过程，需要师生共同设定教育目标、生成教学内容和动态规划教学路径，唯有基于生成论引导的个性化教学能满足学生的需求。主观有多重含义：一是每个学生的基础不同；二是每个学生学习的情况不同，所适用的教学方式和学习进展不同；三是创新创业的领域非常广泛，学生不可能掌握所有领域与创新创业相关的知识，而必定是一个主观选择、动态学习和感悟、自主地内化的过程。

三是解决实践教学问题的需要，生成论教学法为实践教学开辟了广阔的空间。研究表明，创业实践是影响学生创业意愿、技能知识等的最主要因素。受条件限制，学校极难为所有学生创造合适的、真实的创业场景。放眼社会，真实场景无所不在，学校可以引导学生根据其能够接触到的经济社会事务，由学生独立或者师生共同设计创业项目，在真实场景中感受和实践创新与创业。广东省有着浓厚的创新创业氛围，民间有着无穷的创业力量。很多学生家族中就有人创业，家族企业可以在相当程度上解决创新创业真实场景不足的问题。基于家族企业经营的需要，可引导学生自主设定经营创新目标，生成独特的教学项目。例如，笔者曾引导一位19级市场营销专业的学生参与佛山市一家企业的风机产品创新项目，教学效果显著。

综上，预成论指导下的教学方法难以满足教学需要，生成论指导的基于学生兴趣爱好、自主参与式的教学方法更有效。创新创业教育破局需要以生成论为指引，加大教学改革力度，主要做法包括：打破传统上严格按照教学计划进行的知识传授模式，改变以“有序地完成教学计划”为教学重心的做法；转变教育观念，重构师生关系；以学生为中心，师生动态地共同设定教学目标和生成教学内容；强化学生的自主参与，提高教学过程的生成性，加强隐性知识的传播、获得与积累。

三、生成论指导下的创新创业教育改革策略

（一）德才兼备强师资

生成性教学给教师提出了更高的要求。师资是创新创业教育面对的主要问题之一，如上文所述，在生成论教学观看来，创新创业教育不应该批量式地进行知识讲解和技能传授，而是在现有教学条件约束下实施基于学生个性化需求的教学策略。这给教师提出了更高的要求，即德才兼备。从提高创新创业教学水平看，德才兼备的“德”是指高度负责，尊重并认真对待学生的差异性，实施精准施教策略；重构传统教师权威瓦解下的师生关系，真正地以学生为中心进行教学。这是非常有挑战性的工作，需要老师有高尚的品德、崇高的奉献精神。德才兼备的“才”是指教师要深入研

究创新创业所涉及的相关理论，摸清学生的学习情况，关注经济社会动态，积极参与创新创业实践，积累相关经验，提高自身的知识水平和创新创业能力，为成为一个引导学生的好教练打下坚实的基础。

（二）以学生为中心的个性化教学

充分考虑学生的差异性，实施个性化教学、个性化辅导，有针对性地引导学生解决其创新创业学习过程中可能遇到的问题。经常有老师抱怨学生的基础差，学生学习的主动性不强。事实上，每位学生的潜力都是无穷的。所谓“差生”，也必定会有一些不为人知的现实或潜在的优势，适当地引导完全可以将其培养成为有用之才。多年前，笔者曾经发现一位“很差”的学生，旷课多、上课经常开小差。笔者喜欢加学生微信，偶然发现其在微信朋友圈销售“无名”观赏鱼，经交流得知他的家乡小溪里有一些“长不大”的鱼，这些鱼有着异于传统观赏鱼的特点。他已经有了一定的用户群，淘宝有店铺，微信推出不久就发现了“微信”的商机。事后，在笔者的撮合和引导下，该生和同学们组建了团队，成功地将生意做大。此案例中，笔者由“权威讲授者”变成了“教练”、“导游”和“学习伙伴”。当时，微信营销是很新的领域，教材中无相关内容，学生们没听过“微信营销”这个词。但是，与无数现实中的创业者和生意人一样，新事物（如微信）一出现，该生就下意识地去思考能否用于营销。每个人都有着创新与创业的内在动力，教师应该关注学生的差异性、与学生交流、一同探讨和实践，动态地引导学生设定目标、动态地生成教学内容，也即由预成转向生成引导的教学法。

（三）精心准备的放任自流

所谓精心准备，是指开课之前充分备课，了解所授课程知识点，较全面地消化理论知识，科学地设计教学过程，针对知识点中学生学习普遍存在的问题进行课前调研，课上重点予以讲解和练习。所谓放任自流，是指充分地引导学生自主参与，每个学生学习、领会、实践的方式不一样，所熟悉的领域、基础也不一样，很难事先规划好学生的学习路径，学生学习将会遇到的问题也不在老师的预测能力范围之内。为此，需要尊重学生的差异性，让不同的学生根据其自身特点去学习和实践，而老师的角色是导游、教练，除传授理论知识外，更重要的是引导学生根据自身的知识构成、特长去自主地学习、实践。

（四）“悟道”比简单的知识堆积更重要

在知识经济时代，传统的、简单重复性的创业已经无立足之地，完全不变或者完全模仿其他企业的做法必然会失败。这就提出一个问题，在现实的创新创业中，当事人向谁请教？答案是没有这样的一位老师，或者说创新创业者要根据其经营或从事的业务的独特性找出解决办法，在此过程中有必要通过向无数的老师学习（三人行必有我师）、不断向老师请教来解决新问题。创新创业的本意就是在一个区域或领域内异于竞争者、异于传统的做法，创新创业者本人就是引领发展的前沿人物，他们只能自己创造性地利用可得的信息和借鉴相关经验及理论来创造性地解决新问题。具体的理论、知识和经验可能会随着时间的流逝而不合时宜，但个性化的学习方法、自主性探索出来的问题解决之道会让学生终身受益——这就是道的重要性；要让学生成为一个独立自主的人，在创新创业教育过程中悟道，即悟出适合自身的问题解决之道。

四、结论

知识经济背景下，由于创新创业教育的特殊性，无所不知的“权威”老师越来越少，传统预成式的教学方法已经不适应需求，需要由预成式教学转向生成引导式教学。但是，生成引导式教学给老师提出了更高的要求，要求老师德才兼备。高校应加大教革力度，包括全面实施以学生为中心的个性化教学，精心准备而又放任自流，不能限制更不能打击学生的自然发展。创新创业所需要的具体知识和技能一直在变，但大道至简，创新创业教育过程中要引导学生探索出适合自身特点的问题解决之道——这是让学生更好地迎接未来挑战的根本出路。

参考文献

［1］习近平．习近平致2013年全球创业周中国站活动组委会的贺信［EB/OL］．［2025-03-26］．http：//cpc.people.com.cn/n/2013/1109/c64094-23485246.html.

［2］张辉，陈海龙，刘鹏．智能时代信息通用技术创新微观动力机制分析——基于沃尔玛信息技术演化的纵向案例研究［J］．科研管理，2021，42（6）：32-40.

［3］董常亮．全渠道营销模式下新零售企业商业模式创新动力、路径及发展策略［J］．江苏商论，2020（7）：3-7.

［4］蒙春柳．文化反哺下教师权威的消解与重构［J］．教师教育论坛，2020，33（6）：37-39.

［5］青年创业报告：成就事业动机最强 资金为最大困难［EB/OL］．［2021-03-10］．https：//www.chinanews.com/cj/2016/04-12/7831083.shtml.

［6］熊柴，任泽平，裴桓，王松山．中国青年创业发展报告（2020）［J］．中国青年研究，2021（2）：58-67.

［7］李祎．从“预成论”到“生成论”——教学观念的重要变革［J］．全球教育展望，2006，35（5）：7-12.

［8］许烨．从预成到生成——教师角色的现代性反思［J］．大学教育科学，2010，2（2）：70-73.

［9］李祎，涂荣豹．生成性教学的基本特征与设计［J］．教育研究，2007（1）：

41–44.

［10］罗祖兵．从“预成”到“生成”：教学思维方式的必然选择［J］．课程．教材．教法，2008（2）：21–25；20.

［11］王健，王晓林．生成性教学的理论基础及课堂互动模型［J］．长春师范学院学报（人文社会科学版），2010，29（1）：136–140.

［12］黄兆信，黄扬杰．创新创业教育质量评价探新——来自全国1231所高等学校的实证研究［J］．教育研究，2019，40（07）：91–101.

［13］张广君．生成论教学哲学的核心观点［J］．当代教育与文化，2012，4（2）：30–38.

［14］张广君，张琼．当代“因材施教”：生成论教学哲学的审视［J］．课程．教材．教法，2015，35（4）：37–43.

［15］张晓洁，张广君．教学认识论的当代转向：从知识论到生成论——生成论教学哲学的认识论镜像［J］．教育研究，2017，38（7）：130–138.

［16］叶磊．新形势下高校创新创业教师队伍建设困境及其对策［J］．东华大学学报（社会科学版），2020，20（1）：77–80.

供给侧结构性改革下广东高校创新创业人才培养研究

林　霞

【摘要】高校扩招以来，大学毕业生人数屡创新高，大学生就业形势日趋严峻，另一方面，我国国内经济增速趋缓，结构性矛盾突出，供给侧结构性改革的实施，为广东高校创新创业人才培养提供了新的思路。高校在解决创新创业人才培养的问题上，应重视供给端的质量和效率，改革人才培养方案，调整专业设置、课程设置，培养具有创新创业素质的人才，从根本上解决高校教育结构矛盾突出的问题，为大学生就业添砖加瓦。

【关键词】供给侧；广东；高校；创新创业人才；培养

2017年广东省高校大学生毕业人数将近80万，就业形势相当严峻，如何解决高校毕业生与企业供需错位、有效供给不足等问题迫在燃眉。作为劳动力市场的高校，是满足经济与社会发展对人才需求的首要部门，人才培养模式面临着巨大的挑战。当前，高校人才培养存在着无效供给、有效供给不足、供需错位等问题，供给侧结构性改革的实施，为解决这一问题提出了新的思路。

一、解读中国式供给侧结构性改革

2015年11月10日，在中央财经领导小组会议上，习近平总书记明确提出“在适度扩大总需求的同时，着力加强供给侧结构性改革，着力提高供给体系质量和效率”。供给侧结构性改革是指从供给、生产端入手，解放生产力，提升竞争力，促进经济发展。过去我们常强调“用需求拉动经济增长”，即通过扩大消费、投资、出口三驾马车来拉动需求增长，促进经济发展，提高经济效益。“十二五”以来，我国经济增速显著下降，供给结构与市场需求脱节，造成结构性产能过剩，“供给失灵”。

现阶段，我国经济发展进入新常态，传统产业供给过剩，高新技术产业发展日新月异，产业结构转型升级步伐加快；一般的供给已经不能满足社会经济发展的需求，而供给侧结构性改革侧重供给方面的改革，通过改革使供给更加优质，达到提高供给体系质量和效率的目的，更能满足社会需求。供给不是否定需求，而是实现供给与需求的有效平衡。供给侧结构性改革是适应和引领经济新常态的必然要求。

二、广东省产业结构性调整状况分析

产业结构属于经济学范畴，是指国民经济中各产业之间和产业内部各部门之间的比例关系，以及产业和部门之间的技术变动和扩散的相互联系。产业结构反映了国民经济中所拥有的产业构成、产业在区域范围内的配置比例以及产业和经济技术之间的协调性，体现了各产业部门在经济发展过程中不断更替变化的趋势。我国的三大产业划分指的是第一产业农业，第二产业工业，第三产业是除第一、第二产业以外的其他各业。“十二五”期间，广东率先推进产业经济转型升级，产业迈向中高端水平，产业结构实现从“二、三、一”到“三、二、一”的转变，初步形成以战略性新兴产业为先导、先进制造业和现代服务业为主体的产业结构，调整取得重大突破。《广东省国民经济和社会发展第十三个五年规划纲要》确立了坚持创新发展、协调发展、绿色发展、开放发展、共享发展目标。纲要提出，供给侧结构性改革下，产业结构要进一步优化，三次产业结构调整为4∶40∶56，现代服务业占服务业增加值的比重达到63%左右，先进制造业占规模以上工业比重达52%，战略性新兴产业增加值占GDP的比重为16%。《广东省供给侧结构性改革总体方案（2016—2018）》提出了到2018年全省基本实现“僵尸企业出清、3年去商品房库存2 630万平方米的任务。总的来说，广东经济发展显现出几个显著特征：新兴产业仍然是广东国民经济发展的重点，展现出快速发展的势头；现代服务业推动第三产业的发展，“十三五”期间广东将继续加大力度，运用现代信息技术和手段，整体提升传统优势服务业的活力，提升现代服务业的发展水平；人力资源服务和高技术服务、创意产业、服务外包等新兴服务业将会加速发展；传统制造业向智能化、信息化方向发展。

三、供给侧结构性改革对高校创新创业人才培养的借鉴意义

供给侧结构性改革包括经济和社会两大领域，教育属于社会领域，教育成败影响着经济社会发展全局。当前，我国人才供需的结构性失衡主要表现为：中低端人才“产能过剩”，学校培养的人才同质化问题明显，技能型人才、高层次创新型科技人才供给不足。高校的人才培养，要从根本上实现需求与供给平衡。地方高校应从地方经济发展需求的角度入手，从供给端开始进行自我革新，培养符合经济发展需求的创新型人才。2013年，习近平总书记在致全球创业周中国站活动组委会的贺信中指出：创新是社会进步的灵魂，创业是推动经济社会发展、改善民生的重要途径。国务院原总理李克强也提出：让创新创造的血液在全社会自由流动，让自我发展的精神在群众

中蔚然成风。创新创业教育将是21世纪高等教育教学改革的大趋势，创新创业教育的实质是培养学生的创新精神和创业能力。产业结构调整决定人才需求结构调整，只有高校的学科设置合理，才能实现招生与就业良性发展。供给侧结构性改革需要学校从长期发展的角度以及高校应该培养什么样的学生、怎样培养学生的角度入手，调整专业设置、课程设置，改变学校制度，努力提高人才培养的质量、效率和创新性。

（1）利用大数据平台，实现人才供给需求平衡。《广东省国民经济和社会发展第十三个五年规划纲要》给高校培养哪些方面的人才、怎样培养人才，提供了引导作用。现阶段，高校人才的培养出现了供需错位、供给无效、供给缺失等问题，从需求侧角度来说，高校未能培养出符合企业发展需求的创新型人才。

从供给侧角度来说，当前高校培养出来的人才不符合企业发展的新要求。高校在供给侧结构性改革下的人才培养模式，应充分利用大数据平台，从需求侧拉动，从供给侧推动，转变“想当然”“闭门造车”的思维模式；把握广东省地方经济发展的新需求、新变化，及时调整人才培养结构，开设新增专业，删减经济结构调整下过量供给的部分专业，实现人才供需平衡。

（2）与区域经济发展相协调，提高供给的质量与效率。2015年11月17日，李克强总理在主持召开“十三五”《规划纲要》编制工作会议时强调，要在供给侧和需求侧两端发力，促进产业迈向中高端。供给侧结构性改革不是否定需求侧，而是要需求和供给共同协作，实现有效的供给。据统计，2014年年底，全国技能人才总量1.57亿人，其中高技能人才4 137万人，仅占26.35%，与“中国制造2025”的战略目标相比，我国高技能人才的培养能力还远不能满足发展的需要。高校教育的根本就是提供高质量、专业技能强的人才，地方高校应立足区域经济发展，提供符合当地经济发展需求的人才，确保人才供给的质量与效率。

四、开拓广东高校创新创业人才培养改革思路

针对供给侧结构性改革要求，广东省各高校应通过深入调研，了解广东经济发展的现状及新变化，主动使专业人才培养适应广东省经济发展的新要求。从世界发达国家的经验来看，当大学毕业生遭遇就业危机时，高校应通过专业调整来为学生就业提供支持。广东省各高校应从长远角度考虑，对自身发展实施精准定位，突出本校特色，减少专业人才扎堆培养的状况，在供给的数量与质量上做好人才输出工作，助力广东省经济发展。

（1）围绕广东经济发展，开设与地方产业需求结构相协调的专业，如设置新经济发展新专业。全国政协教科卫体委员会在一次调研中发现，我国各高校从发展规划到专业设置，有着惊人的相似性，而这些设置并非基于区域发展所需。广东高校也普遍存在着专业设置重复率高的现象，究其原因是学校设置专业的出发点错误，许多高校在设置专业时不是以学生就业率高为目的，而是以招生率高为目的，特别是部分民办

学校，生源是这些学校的根本，容易出现只管招生或招进来再说，不管就业或虚报就业数据的情况。另一方面，从办学成本上来说，高校倾向于选择低成本的专业，尤其是私立学院，因此容易出现扎堆培养学生报考热门的文科专业，如工商管理、人力资源、市场营销等，这无疑是本末倒置的行为。学生结束学习准备上岗时，常出现部分专业人数众多而某些企业岗位出现用工荒的情况。就业难导致招生难，学校发展受到制约，形成恶性循环。作为高校，应从根本上改变以招生为目的的专业设置方式，应以地方经济发展为标准来设置专业，培养符合地方经济发展需求的人才，实现专业设置与产业结构相协调。现阶段，应围绕广东省"十三五"规划重点项目，集中培养基础设施、产业创新升级、生态环境和环保工程等119项专业创新人才。

高校开设新专业要依据学校实际情况和社会发展需求，集中教学资源，把握产业发展新动向，优先开设与节能环保、绿色经济等相关的专业。目前，广东省主要经济转型要求高校注重培养跨境电商人才、金融服务业人才、新型技术人才、房地产营销人才、节能环保人才等。

（2）减少内容相同的重复课程。在教学中常出现课程设置内容重复的问题，如国际贸易专业开设"商务谈判"课程，同时又开设"商务沟通"课程，课程本身具有重复性。此外，还有内容上的重复，如"商务沟通"与"商务礼仪"就出现了礼仪部分内容的重复，影响学生学习的积极性，降低了学生学习的效率。

专业课程设置应全面考虑学生的需求，对重复课程进行合并，对重复的内容进行删减，提高教学质量和效率。减少后的学时，可以加入其他专业课程，如会计类专业，除设置会计专业课程外，也需要增加与学生沟通技能、理财能力、市场分析能力等相关的课程，以完善其专业技能。

（3）实行学生为主体的教学模式。在教学方法、教学模式上，供给侧要求教学转变思路，从供给角度出发，把课堂交还给学生，是学生需要什么，教师讲解相关的知识，而不是教师认为学生需要什么知识，讲授给学生。供给侧在课堂教学方法、教学内容和教学模式上要求真正从企业、社会需求的角度入手，全面提供高质量课程教学模式。课堂教学模式也应由教师主导转变为以学生为主导，由此实现"要我学"到"我要学"的转变。

（4）试行教师团队授课方式。人才培养模式的改革创新，同样要求教师提高自身的专业技能，甚至是实现一专多能。但古语云"术业有专攻"，任何一名专业教师都不可能做到样样精通。很多高校为节省人力成本，往往是安排一名教师教授学生一门专业课程甚至是几门专业课程，这显然不利于创新创业人才的培养。为提高人才供给质量，教师一方面应主动通过实践锻炼，如企业顶岗实践等，提高自身的业务水平；另一方面学校可以采用教师团队授课的方式，形成教学团队，将一门课拆分成若干个部分，由精通不同领域的教师共同完成授课任务，实现专业知识、技能的互补，更有利于专业人才的培养。

（5）深化校企合作。其包括：①增设企业教师实战授课。在创新创业人才培养中，可增加企业教师实战授课，通过聘请企业有实战经验的工作人员承担实践教学工作，为高校人才培养提供实践技能，或进行相应岗位的工作培训。以市场营销专业学生实践技能培养为例，在教学过程中，对于专业课程（如市场调研、客户关系管理等），可以采取专业教师与企业培训讲师共同合作的方法，由专业教师完成专业知识的课堂讲授，在实战技能部分邀请企业培训讲师进课堂教学。为减少对企业日常工作的影响，也可以将学生输送进企业，由企业培训师进行培训辅导。②校内开设企业实训中心。单纯依靠学校自身的力量，采用传统的教育模式和教学方法，已经不能培养出适应现代企业需要的人才。实训中心是学生实践教学的校内场所。实训中心建设符合供给侧结构性改革下的人才培养需求，不仅能将专业课堂所学知识运用到社会实践中，还能极大地提高学生的专业技术能力和社会适应能力，为企业输送高素质人才。

企业实训中心是企业在学校的运营中心，学生即企业的员工。企业实训中心的建设有利于企业进行人才的储备，同时可以为企业缩减新聘员工上岗前的培训和磨合期，如京东集团与全国很多高校合作共建的京东校园实训中心，目前已超过50家。

京东集团通过与全国多所高校开展校企深度合作，实现学校与企业对接，京东所需要的人才可以通过“订单式”培养，在学校建立的实训中心进行考察。京东实训中心通过专业等级认证、项目管理者储备、未来之星招募三大途径帮助学生解决就业问题，为学生就业之路做好铺垫。

总之，高校创新人才离不开应用型、技能型、复合型、创新型几大特征，我们培养的学生既要具备专业技能，又不能缺少创新能力，如何培养合格的人才是我们教育工作中面临的一大难题。广东高校要充分认识到供给侧结构性改革对人才培养需求的指向性，要充分重视高校应用型、创新型人才的能力培养，提高高校人才供给的质量、效率，为实现“中国制造2025”提供优质人力资源。

参考文献

［1］熊花，黄弘．产业转型升级视角下江西教育供给侧结构性改革探讨［J］职教论语，2016（10）：65-69.

［2］乔春华．供给侧改革与高等教育发展［J］．淮北师范大学学报，2016，37（2）：113-117.

［3］张有声．从供给侧改革本科专业人才培养思路［J］．中国高等教育，2016（1）：37-41.

［4］吴帅．如何改进人才的“供给侧”［N］．光明日报，2016-02-16.

［5］刘维涛．我们需要怎样的大学［N］．人民日报，2015-11-11.

广州市应用型高校大学生创业影响因素研究①

邓江华

【摘要】应用型高校是兼顾学术性大学和职业院校教育特征的院校，其核心目标是培养一流的应用型人才。现今我国正处于大众创业时代，大学生创业已经非常普遍。本文通过对5所广州地区应用型高校大学生创业者的调查，分析目前广州市大学生创业的现状，并以此为基础分别探讨了影响他们创业的个人因素、家庭因素、学校因素以及社会因素，归纳总结认为影响大学生创业的重要因素涉及个人的内在能动性、家庭方面的物质和精神支持、学校方面的培养以及社会的关注与扶持。结合这些内在的创业驱动因素，本文继而提出了几点能够提升大学生创业能力的建议，希望能够对时下的大学生创业者提供一定的帮助。

【关键词】应用型高校；大学生创业；影响因素

一、研究背景及意义

随着我国经济的快速发展，大众创业成为社会发展的一种趋势，成为诸多领域的高频点击词汇，并在政府的诸多政策支持下徐徐展开，特别是大学生创业。目前，我国大学生创业的状况并不乐观，国家必须结合大学生创业的问题给予一定的帮助，而研究大学生创业的现状和问题也是非常重要的内容。与学术型大学相比，应用型大学更注重理论结合实践，它是顺应国家教育改革而诞生的一种培养应用型本科人才的综合学府。以广东省为例，2021年广东省扶持创业人数超过13.86万人，其中在校大学生6 000人，直接或间接带动区域就业人数超过了18万。除此之外，为了响应国家的创业支持政策，广东省还出台了一系列相关的扶持策略，来减免大学生创业的成本。虽然国家和学校都对大学生创业提供了一定的帮助，但是他们的创业之路仍然存在一些有待解决的问题。要想解决这些问题，必须研究大学生创业的重要影响因素。对当下应用型高校大学生创业的现状进行深入的研究，能够对他们个人的特质发展、学校

① 基金项目：2022年广东省本科高校电子商务类专业教学改革项目：基于创新创业能力的“网页设计与制作”实践教学研究。

的引导策略以及政府的策略调整起到积极的作用。目前，已经有许多关于大学生创业的研究，但是针对应用型高校大学生创业的研究还比较欠缺。为此，本文的研究结果更具针对性，提出的研究策略也更具有实践价值和意义。此外，它能够推动广东区域应用型大学的在校学生自主创业的竞争力，促使他们朝着更快更好的方向发展。

二、广州市应用型高校大学生创业意愿现状调查及分析

问卷调查采取线上+线下的形式展开，在广州市内选5所应用型本科高校，通过校内学生会或创业协会的负责人协助寻找到105名在校创业大学生。这些大学生创业者来自广东财经大学、广州华商学院、广东白云学院、广州城市理工学院、广东培正学院。其中，有些院校以文科为核心，有些则是以理科为核心。调查回收有效问卷102份，其中男性共有63人，女性共有39人，男女比例约为1.62∶1。

（一）个人因素调查结果与分析

1.专业背景调查结果与分析

本问卷对创业者的专业进行了调查，发现调查对象的主要专业以经管类人数最多，共计58人；其次是人文类共32人；而理工科以及医学类的创业者人数较少，只有12人。经管、人文类专业的特性使得这些学生面向社会的时间相对较多，而且专业的特性要求他们必须注意实时的新闻讯息，这在一定程度上提升了创业者的市场洞察能力。理工科和医学类专业讲究对技术的累积，本科阶段的知识基本上都是和现代尖端科研有一定距离的经典学术内容。在这些知识内容的学习过程中，理科生和医学生的逻辑思维能力会得到显著提高，但是鲜有和创业相关联的地方。

2.个人特质调查结果与分析

调查统计数据显示，大部分大学生创业者的承担风险能力、个人主动性、自信心均在平均值水平之上。但在个人创新能力方面，有45.1%的创业者认为自己的创新能力不够，认为创新能力一般的创业者占32.4%。本文认为，创新能力是和创业者的认知能力紧密关联的。创新能力是一个模糊的概念，是随着个人能力全方位提高而逐渐显露的一种能力。大学生的见闻乃至市场洞察力仍然有一个漫长的提升过程，所以其创新能力不高是正常的。调查发现，很多大学生创业者对创业的定位是十分简单的，他们希望通过创业这种行为不断提高自己的能力，在日后的就业中处于优势地位。另一方面，他们也希望通过创业成就一番事业。很多创业者都表示创业虽然辛苦，但时间自由、工作自由，这种工作形式对现在的“90后”和“00后”来说是十分具有吸引力的。

（二）家庭因素调查情况

对创业者的家庭因素展开调查后发现，创业者的创业行为普遍得到了家庭的支

持，其家境基本上都是中等偏上。父母或者身边的朋友有创业的，在一定程度上也会影响创业者的创业行为。由此可知，家庭的环境因素在影响创业者的创业行为方面起到了一定的作用。

（三）学校因素调查结果

学校的影响因素调查结果显示，被调查的创业者普遍都接受了创业教育课程，多数创业者表示曾经参加或者参加多次创业比赛，通过这两项的调查可知，5所高校在培养大学生自主创业方面具有一定的经验，学校开设了一系列的自主创业课程，并积极组织学生参加创业大赛，提高学生自主创业的积极性。

（四）社会因素调查结果

调查统计发现，被调查的创业者对国家扶持大学生创业的政策认知不够。或者说，创业者对这一项并不是很重视和关心。另外，被访创业者户籍所在地自主创业的氛围普遍一般，这说明他们创业的冲动很大一部分源自自身的内在渴求。对创业者的公司类型展开调查后发现，选择其他或不确定的创业者数量非常多。笔者对部分问卷调查对象进行了详细的询问，发现这些创业者的创业公司多以服务行业或者零售行业为主。研究发现，应用型高校大学生创业主要还是面向门槛相对较低的服务或零售基础行业，而涉及IT软件或者生物科技类等高新技术产业的相对稀少。

三、广州市应用型高校大学生创业的影响因素

（一）政府关于大学生创业的政策支持

广州市大学生创业支持政策一直走在全国前列。在国家及省级层面出台支持“大众创业、万众创新”以及大学生创业的政策、文件的背景下，广州市政府也出台了一系列政策。此外，广东省支持在校大学生创业的配套政策也颇为丰富，主要集中于四个方面：第一，注册政策。注册资金“零”首付，注册资金50万元以上的，首次注册不需要到位资金，且注册过程当中所有行政费用免除。第二，贷款政策。广州市结合大学生创业的行业企业类型，给予20万~300万元的创业贷款，贷款的最长期限为24个月，并按照贷款基准利率的3%进行贴息，但贴息总额不超过贷款的总额度。此外，对于劳动密集型以及科技创新型企业，广州市会按照贷款基准利率的50%给予政策性优惠。第三，税收政策。广州市结合大学生创业的行业企业类型，拟定不同的免征所得税期限。以咨询、信息类企业为例，广州市将会免征所得税2年。第四，广州市对大学生创业租用的场地进行资金补贴，每年4 000元，最长时限为3年。

（二）高校对大学生创业的支持

广州市的大学生创业和广州市大学校园的创业文化是密不可分的。以被调查的广州工商学院为例，该校为了提高大学生自主创业的能力，特出台了相关的管理办法，并在线上设立了创业就业指导中心，线下专门成立了创新创业学院，以满足学生日益增长的创业需要。结合校园创业发展的现状，开展了四种创业活动，分别是创业大赛、汇智工商、创业实践以及创新创业训练项目。通过这种强化实践性的训练和比赛，广州工商学院的大学生创业得到了显著的提高。

（三）个人的兴趣爱好

互联网的发展使学生的学习方式发生了巨大转变。他们按照自我意识学习自己感兴趣的内容并加以实践。在这个过程中，他们的兴趣爱好能够显著地提高他们的市场洞察力。比如，西方、日本潮流文化的兴起影响了当代大学生的服饰消费观。他们通过“驾驭”各种潮牌、分享照片或视频动态以表现自我。在这个模仿和交流的过程中，很多大学生为了能够获得优质的服饰品牌，会尝试代购或者进行二手交易。这样，围绕这些潮牌而衍生的服饰市场就给这些大学生创业提供了基础。这种实践模仿并表现自我的心理特点是大学生结合自身兴趣进行创业的一个重要影响因素。

（四）日益成熟的思想

大学生正处于身心快速发展的时期，他们逐步摒弃了空想、幻想，继而以更加实际的逻辑构筑他们对未来发展的看法。在这个过程中，他们的个性逐步稳定，价值观、道德观也逐渐趋于平稳。他们会更加合理地使用金钱。但是，当父母提供的资金无法满足他们日益增长的兴趣需要时，他们就会尝试社会实践活动。在社会实践中，他们逐步完善自己的思想，为创业奠定了良好的基础。

（五）积极发展的人生观

很多大学生都希望通过创业提高自身的能力，这说明这些大学生对创业有一个直观的认知，并且对人生有一定的规划。通过创业，大学生能够显著提高自己的人际交往能力、经营管理能力。这些实践活动都是他们人生履历中非常重要的一笔，也会对他们未来的职业发展起到一定的帮助作用。这和大学生积极发展的人生观是密不可分的。

（六）自我表现力

部分被调查者的创业原因是希望得到认可，这说明他们自我表现力突出，希望通过这种行为提高周围人对他们的认可程度。本文认为，这是广州地区大学生们竞争意识的一种体现。换言之，创业这种行为是普遍得到社会认可的，大学生希望通过这种社会认可的行为来彰显自己的价值和能力。

四、提升广州市应用型高校大学生创业能力的建议

（一）强化扶持政策的执行力度

目前，广州市已经出台了一系列大学生创业扶持政策，但是为了能够更快更好地推动执行这些政策，广州市各区、镇都应该建立专门的创新扶持部门，以统筹全局的工作。本文认为，政府部门应该以季度为单位，对大学生创业工作进行评估和总结，实时了解大学生创业的现状和困境，并迅速进行调整，以完善创业扶持制度。除此之外，大量的资金支持是必不可少的，但是盲目的资金扶持并不一定能获得政府期望的发展结果。对此，本文认为，广州市可以逐渐以技术支持和设备支持为核心替代资金支持：一方面，这种形式能够有效地缓解企业营运的困境；另一方面，它可以缓解政府的资金扶持压力，并更快地将资金转变为生产力。

（二）积极引导创业的方向

很多大学生创业都没有一个明确的目的，这是因为他们缺乏对创业深层次的理解。高校应该结合社会发展的需要对不同专业的学生有不同要求的创业方向。对此，我国政府应该积极出台一些优惠政策，这些政策对创业的内容应有一定的要求，以此来提高大学生们的关注度，并且对此类创业的内容积极研究和探索。除此之外，政府部门应该将这些扶持的内容推至学校的创业教育课程中。以国家创业方向为主导，以学校创业课程为基础，提高大学生创业的等级，谋求更高层次的发展。

（三）高校大力开设创业训练特色课程

现今许多高校都已经开设了创业指导课程，但是这些课程都是基本素养和基本形式的培养，缺乏特色。本文认为，应该进一步结合学生们的专业方向开展特色的创业课程，教导学生如何更好地将创业与自身所学结合在一起。比如，老师们可以专业为单位对学生进行划分，结合特色专业，让学生们拟定创业的方向和项目。另外，在日常的课程讲授中，创业导师应该尽量避免说教的形式，应该让学生们成为主角，培养他们的社交沟通能力。

（四）提升创业文化的校园关注度

目前，高校主打的校园文化仍是职场文化，较为忽视创业文化。要想提高大学生们的创业能力，必须从思想的源头上增强他们的创业意识，并以这种内在驱动力推动他们不断地朝着既定的创业方向前进。丰富创业文化的方法有很多，如以专业、学院为单位开展校内创业赛事。又如，学校补贴支持学生创业，或者定期在班级中宣传校

园创业的理念等，通过这些形式能够增强大学生们的自主创业意识。

（五）加强个人创业特质的培养

由前文的调查结果可知，个人创业的意向和本人的内在特质有着较为密切的关联。创业本身是一个复杂而且困难重重的过程，对每个创业者来说都是一项巨大的挑战。一个创业者必须要有坚韧不拔的意志、敏锐的市场洞察力、超强的实践能力以及丰富的知识储备等内在品质。这些个人特质的培养是一个系统而漫长的过程，需要大学生们在日常的生活中刻意地去培养。

（六）积极参与创业活动

当前，很多高校都开设了大学生创业课程，也有诸多创业导师用创业经历帮助学生解答困惑，并带领学生参加一系列的创业比赛。这些实践经历一方面能够帮助创业者更好地理解书本上的知识，另一方面提升了创业者分析和解决问题的能力。通过这些活动，创业者可以提高自己的人际交往能力、团队协作能力，化被动为主动，从而提高自身的内在品质。除此之外，大学生创业者应该时刻关注不同学校不同创业团队创业项目的发展。关注这些创业团队的创业项目，了解他们的创业思路和模式，创业者可以为自己未来的创业提供一个很好的方向。

五、结论

本文通过问卷调查法对广州地区应用型高校大学生创业影响因素进行了调查和分析，结果表明影响大学生创业的因素主要有个人内在因素、家庭因素、高校因素以及社会因素。对此，大学生应该努力提高自身品质，家长应该给予孩子们必要的精神和物质支持，高校和政府应该给大学生营造一个良好的创业环境。当前，应用型高校大学生创业仍然存在诸多问题，影响因素有政府关于大学生创业的政策支持、高校对大学生创业的帮助、个人的兴趣爱好、日益成熟的思想、积极发展的人生观、自我表现力。

参考文献

［1］吴茂辉．广州地区高职院校大学生创业关键影响因素分析［D］．广州：广东技术师范大学，2018.

［2］钟晓晓．大学生创业倾向的影响因素研究［D］．南昌：南昌大学，2020.

［3］哈尼古丽·毛尼亚孜．新疆在校大学生创业意愿及其影响因素研究［D］．乌鲁木齐：新疆大学，2021.

［4］梁远喜．基于教育背景为调节变量的创业教育与创业意愿关系研究［D］．

广州：广东外语外贸大学，2019.

［5］赵臣．应用型本科院校大学生创新创业存在的问题及策略［J］．创新创业理论研究与实践，2022，1（1）：102-104.

［6］吴方鹏．应用型本科院校大学生创业创新教育存在的问题及对策［J］．武汉商学院学报，2019，29（3）：81-84.

［7］赵静云，王介石．地方应用型院校对在校大学生创业能力的影响研究［J］．山西能源学院学报，2021，31（1）：73-74+93.

［8］苏楠．应用型高校学生创新创业能力培养研究［J］．现代交际，2022（15）：135-136.

［9］王婉谕．吉林省地方高校大学生创业问题研究［D］．长春：长春工业大学，2019.

粤港澳大湾区民办应用型本科院校创新创业教育高质量发展探究

易　巧　李润发

【摘要】本文首先分析了大湾区民办应用型院校创新创业教育高质量发展的新形势，然后阐述了大湾区民办应用型院校创新创业教育高质量发展的生态系统，最后论述了大湾区民办应用型本科院校创新创业教育高质量发展的实现路径。

【关键词】创新创业教育；粤港澳大湾区；民办应用型本科院校

“大众创业、万众创新”（以下简称“双创”）战略是我国经济社会发展进入新阶段，党中央、国务院提出并成功实施的重大发展战略。2015年是国家实施创新创业战略的元年，国家发布了《关于大力推进大众创业万众创新若干政策措施的意见》（以下简称《意见》）、《关于深化高等学校创新创业教育改革的实施意见》（以下简称《高校意见》）等文件。同年，教育部等三部委发布《关于引导部分地方普通本科高校向应用型转变的指导意见》（以下简称《应用型意见》），应用型本科教育兴起成为我国高等教育改革独特的风景线，其中创新创业教育是应用型本科教育改革的重中之重。《应用型意见》提出应用型本科院校要“推动高校转型发展把办学思路真正转到服务地方经济社会发展上来，转到产教融合校企合作上来”，“更加专注培养学习者的技术技能和创新创业能力”。此后，2018年《关于推动创新创业高质量发展打造“双创”升级版的意见》（以下简称《升级意见》）、2019年《中国教育现代化2035》等文件均强调要大力发展创新创业教育。

粤港澳大湾区（以下简称“大湾区”）涵盖中国香港、澳门和广东省珠三角区域，是我国开放程度最高、经济最活跃、创新创业内生动力最强的区域之一。随着大湾区经济社会发展进入新阶段，对应用型本科层次创新创业人才需求增加。民办应用型本科院校（以下简称“民办应用型院校”）是高等教育的重要组成部分，理应加大创新创业人才培养力度，但因学情变化、教育改革滞后、师资不足等原因，创新创业教育面临诸多仍未有效解决的问题。为此，大湾区民办应用型院校亟须落实《意见》

《高校意见》《应用型意见》《升级意见》等重要文件精神，使创新创业教育与专业教育全面融合，进而推动创新创业教育高质量发展。

一、大湾区民办应用型院校创新创业教育高质量发展的新形势

（一）新需求——大湾区背景下技能型、知识型创新创业人才需求增加

近代以来，港澳是我国对外开放的窗口和重要的创新创业基地。改革开放以来，创新创业活动是珠三角经济社会发展、扩大对外开放和参与全球经济最重要的内生动力。来自全国各地的科技人员、农民、下海和下岗人员纷纷加入珠三角创业大军，为珠三角经济社会发展注入了无限的动力。21世纪以来，由于生产成本上升等原因，东莞、佛山等珠三角城市发展面临较大困难，不少传统制造企业关闭、转型或转移到越南等国家。在转型过程中，粤港澳之间的分工及其在全球分工体系中的定位正在发生变化。粤港澳由“前店后厂”的分工，转变为高水平协同创新，共建全球科技中心和引领全国乃至全球高质量发展。

为抓住全球新一轮科技革命带来的机遇，2019年2月，中共中央、国务院印发《粤港澳大湾区发展规划纲要》（以下简称《纲要》），系统地规划了粤港澳融合发展的路径。首先，建设充满活力的世界级城市群，继续深化改革、扩大开放，在构建经济高质量发展的体制机制方面走在全国前列、发挥示范引领作用。其次，建设大湾区国际科技创新中心，深化大湾区内科技创新合作，聚集国际创新资源，全力推进“广州—深圳—香港—澳门”科技创新走廊建设。最后，优化产业结构，大力培育新产业，着力推动传统产业升级和发展先进制造业和现代服务业并举。2019年7月，中共广东省委、广东省政府印发《关于贯彻落实〈粤港澳大湾区发展规划纲要〉的实施意见》（以下简称《实施意见》）指出要全面贯彻落实《纲要》，推动经济发展质量、效率和动力变革，优化创新创业环境，携手港澳建设国际科技创新中心，加快形成全面开放新格局。

大湾区发展进入创新驱动、新动能引领的新阶段，对创新创业人才的需求发生了变化。知识、技能含量低的创新创业已经无法支撑大湾区高质量发展，无论是科研成果转化、新旧动能转换，还是提高开放水平均需要大量的技能型、知识型创新创业人才。为应对创新创业人才需求的变化，《广东省教育发展“十四五”规划》（以下简称《广东规划》）提出加强高等院校创新创业教育，“完善高校创新创业教育课程体系，推动创新创业教育与专业课程教学融合，加强创新创业实践平台建设，提升学生敢闯的素质、会创的能力”。民办应用型院校作为高等学校重要组成部分，理应瞄准大湾区创新创业人才需求新动向，培育一大批技能型、知识型创新创业人才——他们的开拓创新精神毫不逊色于父辈们，受教育水平更高，可传承与发扬区域创新创业传统，

助力大湾区迎接全球经济科技发展新挑战。

（二）新学情——亟须推进创新创业教育与专业教育融合

在高等教育扩张和生源减少背景下，民办应用型本科教育面临全新的生源环境。一方面，生源将长期减少，如2021年我国出生人口降到1 062万人，生育率低至1.3，并将长期处于非常低的生育水平阶段；另一方面，据《2021年广东省教育事业发展统计公报》，2021年广东省高等教育毛入学率提升至57.65%，预计提前实现《广东规划》设定的预期性目标（2025年高等教育毛入学率60%）。民办应用型本科教育规模仍在扩张，如广州华立学院2022年普通专升本招生计划较上年增加3 090人。在生源预期减少和高等教育扩张背景下，民办应用型院校录取分数下降的趋势将持续。生源变化给传统重学术的民办应用型本科教育模式带来了挑战，加大教育改革力度迫不及待。若不加大教育改革力度，“重学术、轻实用”的本科教育模式在民办应用型院校延续，民办应用型院校“过度教育”和“学非所用”问题将持续存在。

新学情背景下，大湾区民办应用型院校要加速人才培养改革，聚焦于培养创新创业能力强的应用型人才。民办应用型院校大部分学生的学术研究基础较薄弱，因此学校需定位于培养有一定理论功底的应用型人才，其毕业生活跃于理论研究开发和新知识、新科技全面渗透之间的中间环节，服务于科技创新及各方面创新扩散。这一定位凸显了应用型本科教育特色，使之与高职高专、普通本科教育区别开来。同时，落实了《应用型意见》有关规定，“将创新创业教育融入人才培养全过程”，实现专业教育和创新创业教育深度融合，响应大湾区技能型、知识型创新创业人才需求。换言之，大湾区民办应用型院校推进创新创业教育与专业教育的深度融合，既是培养创新创业人才基本方法，也是响应地方人才需求和推进人才培养改革的重要措施。

（三）新挑战——创新创业教育高质量发展面临新困境

大湾区民办应用型院校创新创业教育已经在形式上全面普及，但教育质量有待提升，制约创新创业教育的根本性问题变得更为严峻。其表现形式包括但不限于：一是部分师生不太重视创新创业教育，加之教学改革滞后，授课无吸引力，创新创业教育课程甚至被部分师生认为是混学分的“水课”。二是不少专职教师远离生产经营实践，对大湾区各行各业创新创业活动的关注、体验不足。三是大湾区民办应用型院校几乎不可能创造或全真模拟技能型、知识型创新创业环境，场地、资金、设施设备不足等问题变得更为严重，难以满足技能型、知识型创新创业者培育的需求。以培育社区店主为例，创新创业者需要掌握专业知识和创业技能，直面头部企业下沉社区的压力，创新运营模式让小店在激烈的竞争中脱颖而出，以免其沦落为低附加值的提货点。换言之，即使培育看起来不显眼的社区小店创业者，也需配备有实践经验的教师、硬件和软件资源，如数字运营系统。

上述问题根源于创新创业教育生态系统功能失调。大湾区创新创业土壤肥沃，民办应用型本科教育发达，广大企事业单位参与创新创业教育的潜力较大。若充分发挥高校、企业等教育生态系统主体的积极性，教育资源短缺、教学改革无依托等问题将迎刃而解。但是，高校面临战略重视不够、投入不足、教育改革滞后等问题。同时，企事业单位等主体参与创新创业教育的潜力尚未发挥，高校唱创新创业教育“独角戏”的问题仍未有效解决。此外，民办应用型院校国际化水平较低，忽视整合全球创新创业教育资源，难以满足大湾区国际科技创新中心建设的需要。因此，亟须完善创新创业教育生态系统，强化顶层设计，改革教育理念，创新教学方法，推进多主体、多要素的有机融合，加强高校与企业及社会各界合作，强化产学研用协同。

据上所述，大湾区技能型、知识型创新创业人才需求增加，新学情意味着专业教育与创新创业教育融合是民办应用型院校改革的重要途径。但是创新创业教育面临新挑战，尚未形成功能完备的创新创业教育生态系统。

二、大湾区民办应用型院校创新创业教育高质量发展的生态系统

（一）创新创业教育生态系统参与者

大湾区民办应用型院校创新创业教育从经济社会系统汲取教育资源，并输出人才及相关成果服务经济社会发展，这一机理内在地决定了创新创业教育需要学校（高校）、政府、企业及社会各界的参与。徐小洲和倪好认为创新创业教育参与主体分为合作群体与个体，政府、高校、企业是主要合作群体，教师、管理者、学生、企业家则是主要个体。陈静和王占仁认为学校是创业教育生态系统建设的主体，国家是生态系统建设的主导力量，社会是生态系统建设的环境保障，企业是生态系统建设的外围助力。笔者认为大湾区民办应用型院校创新创业教育生态系统主要参与者是学生、学校、企业、政府及其他组织和个体，根据PEST分析模型重点考虑政治（政策）、经济、社会和技术等宏观环境，形成如图1所示的创新创业教育生态系统模型。

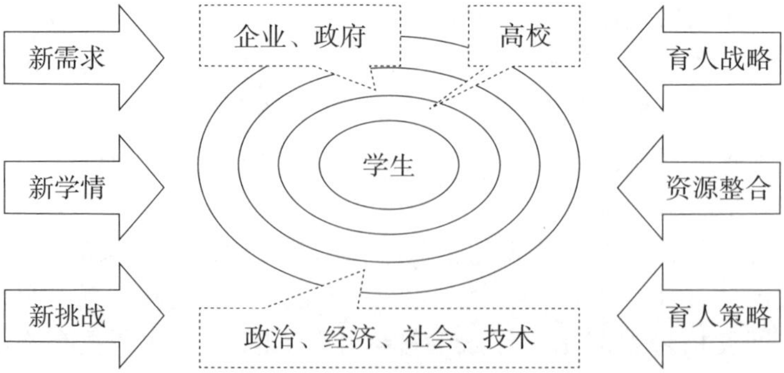

图1 创新创业教育生态系统示意图

（二）创新创业教育生态系统运行机理分析

大湾区民办应用型院校从外界汲取教育资源，经科学的育人策略提高资源利用效率，为经济社会培育创新创业人才及产出相关成果。对此需要注意以下三点：第一，落实以学生为中心的教育理念。学生是创新创业教育的受益者，又是创新创业教育最重要参与者之一，学生的积极参与是提高教育质量的前提条件。第二，学校与其他参与者的利益关注点和功能定位不同，生态系统健康运行的根本动力在于各参与者追求共赢，打破主体边界限制，实现优势互补、共同参与、共享资源。学校是创新创业教育最重要的参与主体，政府、企业等不同程度地参与创新创业教育，如合作师资培育、产学研融合。第三，大湾区定位于建设国际创新高地和世界级城市群。加强国际合作非常重要，图1所示的学校、企业包括外国学校和企业，也要在全球视野下考察政治、经济、社会和技术等宏观环境。

（三）创新创业教育生态系统演化目标

首先，大湾区民办应用型院校作为创新创业教育最重要的主体，应主动地创新育人战略，直面大湾区用人需求和新学情，落实《应用型意见》等重要政策文件精神，实现创新创业教育与专业教育交互融合、协同发展。战略上重视创新创业教育，全面融入大湾区经济社会发展，将创新创业教育改革纳入综合教育改革的重要组成部分，服务于大湾区高质量发展重点领域。统筹创新创业教育与专业建设和学科建设，促进重点、特色专业和学科建设与创新创业教育深度融合，将提高学生创新创业能力列为专业建设和学科建设的重要目标。

其次，大湾区民办应用型院校应推动资源整合创新。创新创业教育特性决定了其所需要的师资、资金、设施设备等资源难以在高校系统内部解决，要从外界获取相关资源，加强与政府、企业及社会各界的联络，高效整合大湾区乃至全球创新创业教育资源。但是，高校、企业及其他参与者的比较优势、利益关注点不同，亟须创新资源整合机制，疏通资源整合渠道。

最后，大湾区民办应用型院校应实现育人策略创新，推进教育改革，让教育战略落到实处，提高创新创业教育资源利用效率。以学生为中心全面推进教育改革，从创新创业精神培育、创新创业教育方法等方面推进育人策略创新，从而高效地利用创新创业教育资源，精准地培育创新创业型专业技术人才。

三、大湾区民办应用型院校创新创业教育高质量发展的实现路径

（一）坚持以“三融合”为核心的育人战略

育人战略是高校教学育人的长远谋划和方略，创新创业教育是育人战略的重要组成部分。《应用型意见》明确指出全面推进创新创业教育与专业教育融合。对于大湾区民办应用型院校来说，可从以下三个方面强化融合，实现战略创新。

首先，创新创业教育与大湾区经济社会发展需求融合。大湾区民办应用型院校要落实《纲要》《实施意见》有关精神，面向转型升级和更高水平开放型经济建设，着重服务于先进制造业、现代服务业和战略性新兴产业。例如，位于东莞的商科院校基于东莞制造业转型升级的需要，着重于产业转型、企业海外投资、品牌升级等热点问题，设计创新创业教育课程或专题，建设创新创业实践基地。

其次，创新创业教育与高校办学战略定位融合。大湾区各民办应用型院校要依据其比较优势和发展路径进行战略定位，战略定位过程中须始终考虑创新创业教育的角色和地位。推动创新创业教育与战略定位融合，以独具特色的创新创业教育凸显其战略定位。战略定位要重点关注培育特定领域、特定方向或特定行业的应用型创新创业本科人才，实现创新创业教育与战略定位相互促进。

最后，创新创业教育与学校重点、特色专业及学科建设融合，在专业和学科建设层次体现创新创业教育的战略定位。大湾区民办应用型院校要科学设置课程体系，确保创新创业通识课程开设到位，专业课程设置个性化的创新创业教育环节。挖掘实践基地的创新创业教育功能，支撑面向专业性、行业性热点难点问题的创新创业教学实践。

（二）整合以“三联合”为渠道的育人资源

创新创业教育需要大量的资源投入，特定高校无法独立地解决师资、场地、设施等教育资源短缺问题；当创新创业项目具备商业可行性时，特定高校难以模拟真实的创新创业实践场景，更难以在校内解决项目实施所需的资金、设备等问题。即使是实力雄厚的高校也需加强与外界合作，获取宝贵的教育资源。而大湾区民办应用型院校所拥有的教育资源更有限，迫切需要通过“三联合”整合教育资源。

首先，面向全球与国际知名高校联合，创新人才培育的学术和教学交流，合作实施高水平人才培养活动。大湾区民办应用型院校要加强与国际知名高校联合，加强形式多样的资源共享，服务于大湾区全球科技创新中心和经济高地建设。例如，经教育部审批设立的广东省第一所由民办高校举办的中美合作办学机构——广州工商学院与美国东北州立大学合作共建联合科技学院，于2022年开始招生，聚焦新工科领域，引进国外优质教育资源，设数据科学与大数据技术、软件工程、通信工程三个本科专业，培育有国际视野的创新创业型科技人才。

其次，加强粤港澳三地高校联合。大湾区民办应用型院校要建立健全高校间沟通合作机制，互通有无，扬长补短，合力拓展三地学生的创新创业空间；落实《广东规划》，全面融入粤港澳大湾区教育合作框架，以创新创业教育合作为突破口，共享大湾区优质科技资源，为学生营造一流的创新创业教育生态环境，全面强化学生创新精神和提高创新创业能力。

最后，与创新创业生态系统其他当事人加强合作，全面整合教育资源，破解教育资源约束问题。大湾区民办应用型院校要加强与国内外知名企业、金融机构、风投基金等当事人合作，使协同创新要素生产力得以较大程度的发挥；创新合作机制和合作方式，在创新创业通识教育、专业教育和创新创业实践等环节均可实现协同育人。

（三）改进以“三对接”为突破口的育人举措

创新育人策略，破解当前创新创业教学改革困境。从人才标准角度看，创新创业精神是核心，是一股无形的力量指引，鼓励创新创业者面对艰难险阻；创新创业者知识和技能是实现创新创业梦想的武器，促进创新创业精神转化为创新创业能力。从教学方法看，项目化教学是有效途径，各种教育资源依托创新创业项目实现有机整合。故对于大湾区民办应用型院校而言，应以“三对接”为突破口实现育人策略创新。

首先，创新创业通识课程与创新创业精神培育对接，强化创新创业教育的普及性。大湾区民办应用型院校开设通识课程的主要目标是培育创新创业精神，让学生接触创新创业基础知识和培育基本技能，认识到创新创业的重要性。通识课程包括面向所有学生的创新创业通识课程，以及在工科、商科等特定学科内通用的创新创业课程。从教学计划看，大一开设面向全体学生的创新创业通识课程；结合学生所学专业，开设定向的创新创业通识课程，为大三、大四的专业课程与创新创业教育融合打下基础。

其次，专业知识与创新创业素质和技能对接，全面提升学生创业素质、技能。大湾区民办应用型院校各专业课程全面对接创新创业教育，根据专业课程的特点挖掘创新创业教育元素，融入创新创业精神、创新创业知识和技能，全方位地加强课程建设。一是专业课程教师要高度重视。二是每门课程要明确教育目标，在教学大纲制定环节，由课程组研讨确定教学目标；在大纲审核环节，应当将是否有明确、可行的创新创业教育目标列为评判标准之一。三是在教学实施过程中，课前、课中和课后全程融入创新创业精神、知识和技能，确保教案、课件等教学材料体现创新创业元素，课前准备足够的教学资料，课中综合运用各种教学方法提高授课效率，课后个性化辅导和拓展性学习。四是创新创业考核形式多样化，过程考核与结果考核统一，特别注重过程考核。

最后，以推行项目化教学为契机加强教学改革，全面促进创新创业教育与产学研用项目对接。大湾区民办应用型院校要通过项目化教学让创新创业教育在微观层面落到实处，真正地实现创新创业教育资源的有机整合。做好创新创业教育项目生命周期管理，在项目生成、实施和结尾三个环节严控质量关。从项目生成看，结合经济社会发展需要、课程特点和学生情况，设计足够的创新创业实践项目供学生选择；同时，注重引导和启发，学生根据其自身兴趣爱好生成创新创业教育项目。项目实施环节，实施导师制度，条件允许时每个项目配备两位导师——校内和校外导师各一位，加强师生互动，及时反馈和指导。项目结尾环节，做好质量评估，整理归档教学过程和成果材料，总结经验。根据项目性质和所处阶段安排对接企业资源，条件成熟的项目予以孵化创业。

四、结语

大湾区民办应用型院校亟须以加强创新创业教育为契机实施人才培养改革，全面推进创新创业教育与专业教育融合。大湾区创新创业活跃，创新创业环境优越，为民办应用型院校创新创业教育高质量发展提供了良好的宏观环境。民办应用型院校创新创业教育面临新需求、新学情和新挑战，全面落实《纲要》《高校意见》《应用型意见》《广东规划》等文件精神，培育一大批创新创业能力强的应用型本科层次人才。从育人战略、资源整合和育人策略三个方面破解创新创业教育面临的困难，创新人才培养模式。具体而言，以"三融合"为核心创新育人战略，以"三联合"为渠道创新育人资源整合，以"三对接"为突破口创新育人策略。

参考文献

［1］教育部，国家发展改革委，财政部．关于引导部分地方普通本科高校向应用型转变的指导意见（教发〔2015〕7号）［EB/OL］．［2022-07-21］．http：//www.gov.cn/xinwen/2015-11/16/content_5013165.htm.

［2］中国政府网．中共中央、国务院印发《粤港澳大湾区发展规划纲要》［EB/OL］．［2022-09-21］．http：//www.gov.cn/xinwen/2019-02/18/content_5366593.htm#1.

［3］广东省人民政府网．省委、省政府印发关于贯彻落实《粤港澳大湾区发展规划纲要》的实施意见［EB/OL］．［2022-09-21］．http：//www.gd.gov.cn/gdywdt/gdyw/content/post_2530491.html.

［4］广东省人民政府网．广东省人民政府关于印发广东省教育发展"十四五"规划的通知［EB/OL］．［2022-09-21］．http：//www.gd.gov.cn/zwgk/wjk/qbwj/yf/content/post_3602375.html.

［5］梁建章，黄文政，李建新．人口危机挑战中国放开生育刻不容缓［J］．决策与信息，2015（2）：10-61.

［6］陈友华．中国人口发展：现状、趋势与思考［J］．人口与社会，2019，35（4）：2；3-17.

［7］UNITED NATIONS. World Population Prospects 2022［EB/OL］．［2022-07-08］.https：//population.un.org/wpp/.

［8］广东省教育厅．2021年广东省教育事业发展统计公报［EB/OL］．［2022-09-21］．http：//edu.gd.gov.cn/zwgknew/sjfb/content/post_3990702.html.

［9］广州华立学院．4637！广州华立学院（原广工华立）普通专升本计划再创新高！［EB/OL］．［2022-09-21］．https：//baijiahao.baidu.com/s？id=1734322725773832700.

［10］沈定军．转型时期应用型本科院校人才培养模式创新思考［J］．齐鲁师范学院学报，2020，35（3）：14-19；37.

［11］魏中林．面向2035的一流应用型本科教育发展［J］．高教探索，2019（11）：5-8.

［12］于强，蒋爱军，王岩琴．融入创新创业教育的应用型本科人才培养模式研

究［J］．河北农业大学学报（社会科学版），2019，21（6）：14-19.

［13］傅许坚．应用型本科院校人才培养与双创教育的耦合与路径［J］．吉首大学学报（社会科学版），2016，37（S1）：168-171.

［14］李康举，梁爽．高水平应用型大学建设探索与实践［J］．中国高等教育，2020（9）：41-42.

［15］贾建锋，赵若男，朱珠．高校创新创业教育生态系统的构建——基于美国、英国、日本高校的多案例研究［J］．管理案例研究与评论，2021，14（3）：309-324.

［16］施广东．高校创新创业教育生态系统构建的案例研究及启示［J］．中国高等教育，2022（9）：53-55.

［17］马永霞，孟尚尚．高质量发展背景下创新创业教育质量提升路径研究——基于50所高校的模糊集定性比较分析［J］．高教探索，2022（2）：13-21.

［18］卓泽林，赵中建．高水平大学创新创业教育生态系统建设及启示［J］．教育发展研究，2016，36（3）：64-71.

［19］张晨阳，梅汉成．高校创新创业教育：问题、对策及保障措施［J］．东南大学学报（哲学社会科学版），2020，22（S1）：114-117.

［20］卢东祥，曹莹莹，于建江．应用型本科院校大学生创新创业能力培养的路径探索［J］．江苏高教，2021（7）：85-88.

［21］姚小玲，张雅婷．美国斯坦福大学创新创业教育生态系统探究［J］．山西大学学报（哲学社会科学版），2018，41（5）：122-127.

［22］隋姗姗，钱凤欢，王树恩．我国创新创业人才培养路径探析——基于国外经验比较与创新创业教育生态系统构建的角度［J］．科学管理研究，2018，36（5）：105-108.

［23］徐小洲，倪好．面向2050：创新创业教育生态系统建设的愿景与策略［J］．中国高教研究，2018（1）：53-56；103.

［24］陈静，王占仁．“内合外联”式高校创业教育生态系统构建研究［J］．学校党建与思想教育，2017（7）：71-74.

［25］宋建晓，贺亚萍，黄森慰．基于SWOT-PEST模型的福建台湾农民创业园发展战略分析［J］．福建论坛（人文社会科学版），2015（4）：148-153.

［26］陈双，冷祥彪．我国企业在德国技术获取型并购风险研究——基于PEST-SWOT模型分析［J］．科技管理研究，2020，40（11）：191-199.

［27］广州日报大洋网．广东民办高校第一家！广州工商学院东北州立联合科技学院正式揭牌［EB/OL］．［2022-07-08］．https：//news.dayoo.com/gzrbyc/202207/08/158752_54302465.htm.

基于产学研模式的跨境电商创业人才培养研究

张　慧

【摘要】当前，我国的互联网技术实现了快速发展，对电商行业而言，助力其迎来了良好的发展态势。跨境电商作为电商经济的重要构成内容，高校需要紧跟时代形势，明确办学需求，为社会培养出优秀的跨境电商专业人才，在产学研模式下，在教学中激发学生的创业创新意识，明确跨境电商创业人才的培养意义，从而构建出完善的培养体系。本文基于产学研模式的跨境电商创业人才培养模式进行分析与探讨，以供相应人员参考。

【关键词】产学研模式；跨境电商；创业人才；培养措施

大学生是开展创新驱动发展战略以及促进大众创业、万众创新的主力军。近几年，为支持大学生创新创业，国家和地方政府相继出台有关政策，并适当减免税收、支持贷款、开设创新创业教育课程、提供多种创业指导服务等。跨境电商是促进经济一体化、全球贸易化的新兴产业，是在当前经济发展形势下，扩大国家外贸发展空间、促进产业转型升级的关键路径和突破口，同时也体现了社会对跨境电商创业人才的需求。高校需要以产学研模式，推动教育、人才与产业创新的融合，这同时是推动人才培养供给需求以及产业需求共同发展的主要路径。在互联网信息技术应用下，高校需要明确人才培养宗旨，在教学中提升学生的岗位能力，为学生搭建合理的实训环境，从而提升跨境电商创业人才的培养水平。

一、关于跨境电商

跨境电商主要指分布在境外的交易方，通过相关的电商平台，例如京东、亚马逊、阿里巴巴等，在达成买卖交易以后进行支付结算，最后再由物流管理系统将货品送至对方，从而形成一个完整的国际性商业交易。一般而言，只要应用了电子商务工具的国际贸易都被称为跨境电商。

二、产学研模式下跨境电商创业人才培养现状分析

（一）外贸人才供给不足

电子商务在一些企业中得到了广泛的应用，对电商人才的需求也不断增多，通过对电商人才需求以及实际的发展形势进行分析，具有良好的国际贸易和商务英语沟通能力，以及能够熟练操作电商平台的专业电子商务人才是社会发展中所需要的跨境电商创业人才，但对当前高校的培养情况进行分析，高校在培养跨境电商专业人才方面还存在供不应求的局面，应当采取全面的教学模式，满足社会的发展需求。

（二）电商普及范围较广

通过分析国际电商应用情况得知，我国的电商发展形势居于世界前列，并且跨境电商交易逐年攀升，进而体现了电商对国际贸易的重要性，传统的国际贸易因为难以满足当前市场发展需求而逐渐被市场淘汰，电商模式也逐渐普及并应用于传统国际贸易。

（三）高校难以满足市场人才需求

在电商发展形势较为良好的形势下，各企业都不断转型创新发展，进而面临大量电商岗位的空缺，虽然高校每年会培养一批电商专业学生，但由于教学内容脱离实践、教学目标缺少实用性，与市场脱轨情况较为严重，并不能真正满足市场用人需求。并且高校电商专业教学队伍大多缺少实践经验，因此需要高校进行教学理念和模式的创新，以此能够为市场提供满足社会发展以及形势需求的高素质电商专业人才。

（四）教学资源较为单一、师资力量薄弱

当前我国高校的电商专业处于发展的关键时期，但教学团队普遍缺少实际的电商经验，并且在教学过程中沿用传统的教学模式，根据教材进行灌输式的讲述教学，因此教学成果难以满足市场标准。

三、产学研模式的跨境电商创业人才培养意义

（一）提升学生跨境电商平台实践能力以及业务熟练水平

当前，跨境电商专业作为一门新兴学科，在各高校的教学发展历程以及教学模式仍处于初级探索阶段，并且以理论教学为主，加以较少的实操机会，造成学生的实践动手能力欠缺，并且缺少在真实的跨境电商平台操作的机会，所以难以深入了解跨境

电商业务，这就和企业需求的跨境电商人才有所偏离。但在产学研模式下，企业通过加强与高校的联系，让学生在理论与实践相结合的模式下学习，并能够参与跟进真实的跨境电商项目，能够让学生迅速掌握跨境电商业务，从而提升学生的实践能力，也增强了学生对跨境电商平台业务的熟练水平。

（二）推动高校学生就业

随着高校扩招政策以及全面教育的普及，高校学生逐年增多，高校毕业生也呈逐年上升趋势，这就在无形中导致了学生就业困难，因此高校需要精准培养人才，以此能够满足社会的用人需求。以跨境电商专业为例，若高校学生在学校求学过程中就已得到实际的锻炼，将会显著提升其实践能力，以及对跨境电商业务的掌握程度。因此，在就业时，企业无须再对学生进行过多的培训，大大节省了企业用人成本，也提升了学生就业效率，所以产学研模式下，培养跨境电商创业人才有利于促进高校学生的就业，并且解决毕业生就业难、企业用工难的双重困境。

四、基于产学研模式的跨境电商创业人才培养

高校教育目标则是培养高水平高素质人才，所以高校教育需要注重培养技能型人才，以市场需求作为指导建立教学体系，调整教学内容，确保产学研模式与教育理念保持一致，促进教育与产业的融合发展。学校通过与企业加强交流合作，重视理论与实践的融合，以此有利于培养能力水平高、知识掌握丰富、可以熟练应用跨境电商平台的人才。

（一）清晰人才教育目标，建立职业岗位教学体系

市场需求是高校专业设置的重要根据，同时也是基础，需要高校在制定教学体系、制定教学内容、完善教学评价方面顺应社会发展趋势，体现教育特色和专业特色，培养掌握贸易专业知识以及熟练操作电商业务流程的综合型人才，提升学生电商操作技能水平以及辅助学生掌握营销技巧，使学生可以适应电商发展变化形势。所以，需要在明确企业用人需求以及明确企业核心的基础上有针对性地学习，制定以就业为导向的人才培育方案。

学校应引导教师与企业加强沟通交流以及协作，并能够深入到企业进行调查，从而明确跨境电商工作对于人才的基本要求，包括专业知识的要求以及实践能力的要求，明确具体的岗位工作流程，在此前提下可以有针对性、有目的性设置课程，并建立层次分明以及更加科学完善的课程体系。理论知识课程需要学生必须掌握并有效应用，以此作为教学标准。在明确跨境电商技能相关要求的前提下，可以有目的地设置培训课程和平台实操课程，还需要培养学生英语能力以及学生创新创业能力。

（二）注重培养人才能力，激发学生创新创业意识

跨境电商企业对于人才要求较高，而对于人才类型需求也较为多样。学生需要具备的能力不但体现在实践操作中，而且也需要学生具备良好的创新能力、创造能力、创业能力、职业精神、职业责任感以及团队合作能力等。跨境电商模式与实际岗位存在差异，对于人才的要求也会不同。在跨境电商人才培养教育工作中应让学生明确岗位工作的模式，学生还应具备较为良好的洞察力和敏锐嗅觉。教师引导学生深入探究新的学习模式，例如对于一些出口贸易类的跨境电商其岗位能力往往需要人才具备一定的网络技术能力。首先，需要具备建设网站、应用PHP程序和美工能力，而且还需要具备一定的外语水平；其次，需要人才掌握网站运营方面的管理知识，包括统筹能力、货品采购、物流运输、网站推广、售后跟踪等方面的能力，因此对于学生的综合能力要求较高；再次，网站推广需要掌握SEO、SEM的等方面的知识，而这些岗位对于人才专业能力要求较高，同时还需要具备一定的外语水平；最后，需要掌握营销能力。人才需要熟悉产品供应链包括产品生产交货方式、产品销售、产品推广以及售后支持方面，同时需要掌握外语知识。

（三）强化校内实训室建设，完善产学研教育模式

强化校内实训室建设、建立实训基地可以为学生的实践操作学习提供更多机会和平台。所以，高校应重视校内实训室所发挥的作用，应在明确产学研教育模式应用的要求以及教育目标的基础上完善校内实训室建设工作，促进校内实训室体现教学优势，辅助学生更加有效地将所学知识应用到实践实训操作中，从而提高学生的实践能力水平，提升学生学习认识，增强学生学习效果。

一方面，对于现有的实验室应能够向学生开放，并且对于如何更加高效地应用实验室展开教学和学习需要统筹安排，以此实现共享，发挥实验室的作用，可以降低教育成本；另一方面，应建立并完善科学可行的实训教学标准，在明确课程实验实训教学要求以及完善考评制度基础上提升实验教学效率和效果。在模拟实训实践课程学习中，教师应用实训教学软件可以模拟创业沙盘，在实训基地中加强创业实训教学，辅助学生将所学知识应用到实践操作中。教师还应引导学生进行创新创业能力比赛，在准备阶段和参与阶段应培养学生创新能力、创造能力、创业能力、策划能力、设计能力、协作能力、操作能力，以比赛作为基础和载体，让学生产生形象直观的认识，并且可以产生真实的感受，有助于学生将所学专业知识与创新创业进行有机融合，调动学生创业积极性。在这一过程中学生应能够发现创业的机会，同时在既有的实训教学条件下需要加强与企业合作、与地方合作，建立校内校外相融合的实训教学体系，到同行院校交流学习，以此完善培养创新创业型人才的教育模式。通过创业就业教育，进而需要与企业建立长期合作关系，能够共同建设实训培训基地，促进教育企业达成合作共赢、共同发展、共同进步的目的，从而在这个过程中可以发挥各自优势，互相

弥补不足，实现飞跃发展。

（四）根据具体要求，制定并完善一体化教学模式

根据当前市场实际岗位的具体需求和要求，将电商企业的教育模式观念渗透到跨境电商创业人才培育工作中，制定并完善一体化教学模式，帮助学生更加熟练地掌握电商平台操作技术、方法、技巧，从而使学生可以对平台的运作体系有更加深入的认知，进而可以更加有效完善教育体系，扩展教育渠道，提升学生对于相关知识的掌握水平，巩固学生的基础，锻炼学生的沟通交流能力，如此才能够使学生满足跨境电商岗位工作的需要。

（五）推动教学师资队伍建设

在招聘教师时不但需要对其理论知识掌握水平有一定要求，而且还需要教师具备丰富的电商教学经验。通过不断地考察，进而使得教师的能力满足创业创新人才教育工作要求和需求，并且还需要创造机会让教师到电商企业参与实践学习，学习更加先进的技术，从而有助于促进教育工作的高质高效进行。

五、结语

综上所述，基于产学研模式的跨境电商人才极其关键和重要，需要明确当前产学研模式跨境电商创业人才培养现状，包括外贸人才供给不足、电商普及范围较广、高校难以满足人才需求、教学资源较为单一、师资力量薄弱，并明确产学研模式的跨境电商创业人才培养意义，包括提升学生对跨境电商平台的实践能力以及业务熟练水平、推动高校学生就业，在此基础上采取有效的策略，包括明确人才教育目标、建立职业岗位教学体系、注重培养人才能力、激发学生创新创业意识、强化校内实训建设，完善产学研教育模式、根据具体要求制定并完善一体化教学模式、推动教学师资队伍建设，从而可以确保基于产学研模式的跨境电商人才教育工作正常有序进行，提高教学效率和教学质量，以此为国家和社会以及企业培养高水平、高素质、专业型、技能型电商创业人才。

参考文献

［1］周晓燕．以“创新创业”为导向的跨境电商人才培养体系思考［J］．人才资源开发，2020（1）：41-43.

［2］章艳．跨境电商背景下创新创业人才培养模式分析［J］．商场现代化，2020（12）：36-38.

［3］洪水峰，白永亮．跨境电商创新创业人才的培养模式研究［J］．中国商论，

2019（21）：243-244.

［4］侯英杰．高职院校跨境电子商务人才培养研究［J］．电子商务，2019（4）：70-71.

［5］葛丹，吴黎．新形势下温州跨境电商产业集聚发展对策研究［J］．生产力研究，2019（11）：125-129.

［6］何林静．产教融合下跨境电商实用型人才培养模式探析［J］．现代商贸工业，2017（12）：46-47.

［7］梅娟，杨晓健，唐玉兰．高职物联网专业群产学研用合作人才培养实践［J］．无锡职业技术学院学报，2015（1）：14-16.

［8］江琳．创客教育视角下中职院校电商人才的教学模式创新研究［J］．新课程研究，2018（2）：79-82.

第四部分　教学资源建设

应用型本科高校实验实训资源共建共享平台设计与管理模式分析[①]

林　霞

【摘要】实验实训资源共建共享工作的开展需要建立相应的管理机制，根据不同的共建项目选择不同的合作模式，更离不开信息技术的支持。建立高效的共建共享公共服务平台，是推动实验实训资源共建共享工作实施，确保实验实训资源建设项目可持续发展的必要保障。

【关键词】实验实训资源；共建共享平台；管理模式

实验实训资源分为四种类型，主要包括实验实训教学资源、实验实训设备资源、实验实训场地资源、实验实训师资资源等，为落实国家开放共享实验实训资源的相关政策，应制定行之有效的实验实训资源管理办法，搭建实验实训资源共享服务平台。

一、制定高校实验实训资源共享管理办法

高校应制定相应的实验实训资源共建共享管理办法，规定校内、院校间实验实训资源共建共享的责任与义务，如校内实验实训室共享，应在满足本学院教学的同时，必须无条件地承担其他学院、部门的实验实训教学任务、科研和创新研究。同时，对向外出租出借实验实训资源的可制定相关的补偿措施或收取相应的出租出借费用。

实验实训资源管理办法的制定，各个高校可以根据所能提供的开放共享资源设

① 基金项目：本文系2019年广州工商学院实验（实训）室建设与管理专项课题“应用型本科高校实验实调资源共建共享理论与实践研究”“应用型本科高校实训环节育人理论与实践研究”阶段性成果。

定相应的共享管理办法。当然，学校要以国家的政策方针为准绳，如国发〔2014〕70号文《国务院关于国家重大科研基础设施和大型科研仪器向社会开放的意见》，教技厅〔2015〕4号文《教育部办公厅关于加强高等学校科研基础设施和科研仪器开放共享的指导意见》实验实训资源开放共享管理办法不得超越国家的相关法律法规。

二、建设共建共享公共服务平台

（一）平台的建设目标

平台应以开放、协作、交互、可持续发展为指导原则，采用现代信息技术、网络技术，搭建一个集实验实训项目资源的开发、存储、检索、维护、评价及学习支持服务于一体的公共支撑平台。平台应支持实验实训资源的多方协同建设，支持快速检索、访问、获取相关实验实训资源内容，能快速方便地进行实验实训资源的维护更新，为共建者提供资源建设和经验交流的空间。

（二）平台的总体结构设计模型

实验实训资源共建共享公共服务平台与传统的共享资源网站所不同的是，它不但支持资源的开放共享，还为多个资源建设方提供各种实验实训资源的协作空间，支持资源的协同建设。此外，还为资源使用者提供学习支持服务，为教师提供基于网络的师资培训，并实现对资源的及时评价和反馈。在对平台的基本功能需求进行分析的基础上，构建了平台的总体架构图。平台的总体结构采用B/S运行模式，采用三层体系架构：表现层（用户界面层）、业务逻辑层（应用层）和数据层。表现层为平台的窗口用户通过该层访问系统，实现与系统的交互操作。业务逻辑层是表现层和数据层的连接，它根据用户需求包含多个功能模块，详细的应用服务功能都体现在业务逻辑层。数据访问层是平台的基石，它由多个资源库组成，不同的数据库为相应的模块提供数据支撑（如图1所示）。

平台主要分为五大功能模块：应用管理中心、资源管理中心、事务管理中心、互动交流服务中心、监控中心。

1.应用管理中心

应用管理中心分为三个子模块，包括：目录检索、协作空间、师资培训。目录检索主要是用来提供公共服务平台资源查找，按照实验实训资源类别等建立目录索引树，按照各个高校提供的实验实训共建共享资源开放情况设置导引入口，提供给平台使用者了解各个高校所需要共建与可以共享开放的资源情况。另外，也可以根据各个高校所检索的资源，了解高校间对实验实训资源共建和共享的需求，可以快速了解到平台使用者对资源的需求状况，在校际之间、校企之间、资源建设方和使用者之间

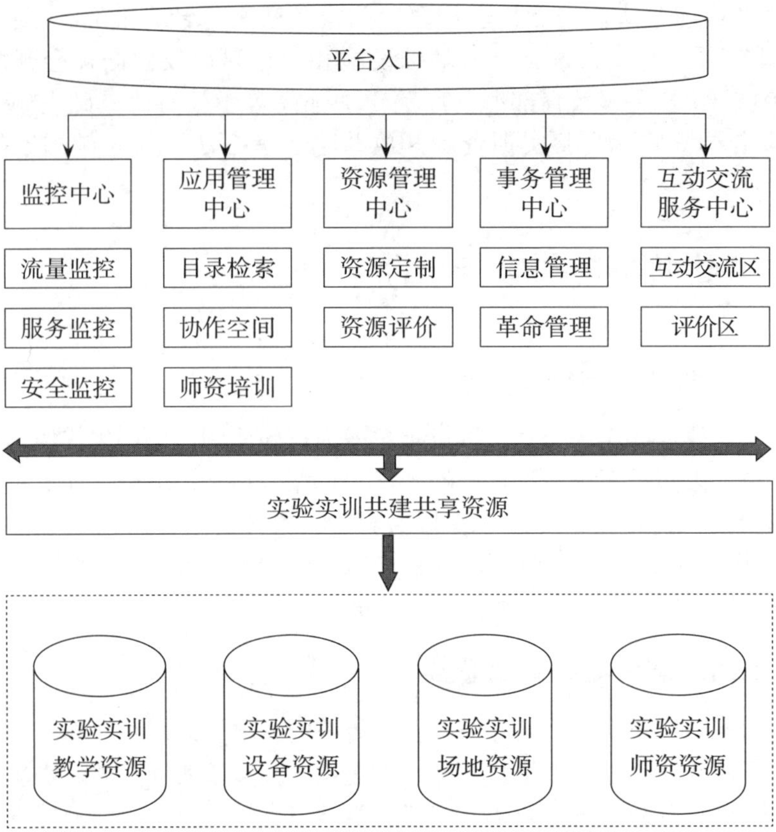

图1　实验实训资源共建共享公共服务平台设计图

提供了一个协同工作的空间。比如实验实训教学资源，如果几个高校教师达成共建共享协议，则可以在平台上申请开通协作工作空间。达成共建共享协议的成员可以在平台上申请一个合作共建协作空间。在共建协作空间中可以为成员提供通信、小组公共资源库、讨论等服务。另外，部分共享者如果使用其他人的实验实训资源，如其他非本项目共建高校，可根据自身需求，通过平台提交师资培训请求给共建共享团队，他们可以根据情况，提供师资或给有需要的高校用户提供师资培训服务，当然这类培训，可以收取相应的使用或培训费用，具体可以由双方进行协商决定。

2.资源管理中心

资源管理中心分为两个子模块：资源定制、资源评价。资源定制主要是有实验实训资源共建共享需求的高校可以在这个模块中发布自己的共建资源需求，对有共同需求的高校可以及时找到共建共享伙伴。在资源的使用上可以由项目的建设方开辟资源评价功能，可以对使用的实验实训项目（如教学资源、实训场地等）留下评价意见，给出共建共享项目持续改进的意见或建议，这样更有利于后续实验实训资源共建共享的深入合作。

3. 事务管理中心

事务管理中心又分为信息管理、共建共享基金管理两个子模块。信息管理中心主要是为用户提供最新的教育信息资讯、国家有关实验实训资源共建共享的最新政策，以及各高校共建项目开展的最新动态等的最新信息。而共建共享基金管理模块，主要是针对有国家财政支出或其他基金扶持的共建项目，因此，还需要对扶持基金的使用建立相对应的管理规范，在项目共建过程中，需要使用资金时可以及时下拨，而且也可以向其参与成员直观地展示各项费用的数额和使用情况，特别是针对政府相关教育部门对一些共建共享项目的拨款，需要有一个资金监管平台，既向参与共建的高校提供共建项目的进程，同时也为其拨款单位提供一个了解资金走向以及监管的平台。

4. 互动交流服务中心

互动交流服务中心分为互动交流区、增值服务区两个模块。互动交流区主要是为各个实验实训共建共享资源建设方和使用不同资源的校企之间、教师与教师之间、教师与学生之间、学生与学生之间，搭建起讨论、交流协作的桥梁。互动交流区共建方也可以在这里收集到对实验实训资源使用情况的评价，了解大家的意见所在。同时学生用户在使用共建共享资源的同时，还可根据自身需要，申请相应的增值服务，如学习咨询，了解与实验或实训有关的操作方法，对不理解的地方开展在线辅导等，实验实训项目负责人也可通过平台收取相应的服务费用。平台注册用户可通过平台，对不同实验实训项目资源使用情况、建设质量进行评价，并反馈优化建议，使得资源共享服务水平不断提高。

5. 监控中心

监控中心的职责是对平台资源的使用率、对提供的各类服务的运行情况，以及维护平台的安全性进行实时监控，形成平台运行情况的最新数据分析报告，及时向平台建设方反馈其运行情况，并根据实验实训资源共建共享的需求与新发展，更改相关的平台项目。

6. 实验实训共建共享资源

按实验实训资源共建共享项目类别分为四个模块，包括实验实训教学资源、实验实训设备资源、实验实训场地资源、实验实训师资资源。实验实训教学资源可以根据每个课程实训项目进行分类，每个课程实训教学资源基本包括课程实训大纲、实训指导手册、实训报告模板等内容；实验实训设备资源则可根据各个高校实验实训室具备的软件设备和硬件设备进行分类；实验实训场地资源则列明每所参与共建共享的高校可以对外开放的实验场地和实训场地，包括校内和校外实践基地；实验实训师资资源可按高校列明某项实验实训项目指导教师，可以预约让其提供教学辅助，也可申请提供师资培训。

（三）平台的建设与管理

首先，实验实训共建共享平台是为了配合各个高校间对实验实训资源的共建共享而打造的数字化平台，平台中实验实训教学资源项目多是主持教师及其教学团队共同努力的产物，带有知识产权性质，如实验实训教学资源，有些还可能是多个高校共建教师的心血；其次，部分实验实训设备场所的建设资金有可能是各级教育行政部门的公共财政补贴，也有一些是企业或事业单位给与的资金支持；再次，平台的运营与维护是需要专人进行管理的。作为高校间的实验实训资源的共建使用，平台是属于一种公共服务，或者从教育需求的角度，平台是为更好地提高高校教学质量，培养具有创新能力和应用型综合素质人才而搭建的，因此可以称为准公共产品，所以平台的建设和管理必须着力于提供公共服务，而不以营利为目的。通过前面对实验实训资源共建共享模式的分析，作为非营利性公共服务的数据平台，平台的建设管理可有三种解决思路：由政府教育主管部门负责筹建与管理、区域高校主导型合作共建（可向国家申请平台建设配套经费）、直接市场采购运作型。

（四）完成实验实训资源信息化采集管理工作

平台搭建好后，首先要完成的是采集资源信息，由各高校将自身或需要共建共享的资源信息汇总到平台上，将各高校可以实施共享的实验实训资源，如课程实训大纲、实验实训指导手册，以及每个专业、每个高校可以开放共享的实训室，包括实验实训设备的主要技术参数、主要功能、设备状况、负责联系人或指导老师的基本情况等信息录入资源共建共享数据平台，以方便后续工作的开展，如预约实训场地服务等，才能更准确了解可以共建共享的实验实训资源基本情况。

（五）建立实训资源使用信息反馈机制

对于实验实训资源的共建共享，任何一个部门或高校都应采用以满足自身教学为主、系内及校内优先，对于可以开放共享的资源，校外适当收费使用的原则，准确计算实验实训资源共享的成本，收取恰当的使用费用，并对所有教学资源共享实行预约制。并将实验实训资源利用率直接反馈给学院相关职能部门，分析不同实验实训资源的利用和开放情况，使资源共享作用得到最大限度地发挥。

总之，实验实训资源的共建共享是一项利国、利校、利企业、利学生的大事，是一个多方共赢的好事。高校实验实训资源的共建共享是非常有必要的，既符合国家提倡的建设节约型社会的政策举措，又能更好地服务于各类型高校，提高各高校的办学水平，提升学生的专业技能。借助信息化平台，是其工作开展的有力保障和必然需求。

参考文献

［1］魏玮．新建地方本科院校实验实训资源整合利用探索［J］．开封教育学院学报，2018，38（3）：126-127.

［2］谢雄敏，付希尧，曾燕，等．高职开放性实调室智能化管理系统的构建与实践［J］．建材与装饰，2020（5）：147-148.

［3］夏丽娟．高职院校实验实训管理平台的研究与设计［J］．太原城市职业技术学院学报，2017（4）：34-36.

高校实验实训资源共建共享存在的问题探讨[①]

林　霞　赵玲莉

【摘要】积极开发和有效利用实验实训资源是专业改革和课程改革具体实施的重要保障，目前高校间实现实验实训资源的共建共享仍然存在着众多亟需解决的问题。通过分析高校实验实训资源共建共享存在的问题，有利于推进实验实训资源共建共享工作的进一步开展。本文本着发现问题解决问题的思路，对目前实验实训室共建共享存在的问题进行归纳分析，以期找出解决和推进该项工作的突破口。

【关键词】实验实训；资源；共建；共享

随着计算机、互联网等技术的不断发展，其在高等教育领域的应用也越来越广泛，高等教育逐渐呈现信息化、大众化、全球化趋势。为适应信息技术挑战，世界上众多高等学校为提高教育质量，实行教育教学资源的开放共享，现已成为一个日益增长的国际现象。自1999年我国高校扩招以来，高校大学生的人数一年比一年多，这导致许多高校资源出现匮乏问题，学生人数居高不下，而教学资源有限，很难容纳众多的学生人数，教学资源无法满足学校教学需求，对教学质量和办学效益的提高无法发挥其应有的作用，这些问题严重影响高校学生教学质量的提高，阻碍了高校的可持续发展，实验实训资源的共建共享能有效实现优质教学资源的共享应用，更好地服务于地方高校，提升区域教学质量，实现教育优质，达到互利共赢。

一、实验实训资源的定义

通过文献检索的方式，对实验实训资源的定义进行了总结归纳，实验实训资源是指高校为提高教学水平和人才培养质量，提升高校科研和服务地方能力，用来开展实践教学，从而提高学生实践动手能力和综合素质的重要资源。

① 基金项目：本文系2019年广州工商学院实验（实训）室建设与管理专项课题“应用型本科高校实验实训资源共建共享理论与实践研究”“应用型本科高校实训环节有人理论与实践研究”阶段性成果。

二、实验实训资源的类型

高校实验实训资源最终目的是提高学生实践实训能力，是培养创新型、应用型、复合型、技能型专业人才成长的实践教学育人环境。2014年，国务院印发《关于加快发展现代职业技术教育的决定》（以下简称《决定》），文件指出要以试点推动、示范引领等方式引导一批地方普通本科院校向应用技术型大学转型，重点发展本科职业教育，探索发展本科层次职业教育，建立以职业需求为导向，以实践能力培养为重点，形成适应发展需求，产教深度融合，中职高职衔接，职业教育与普通教育相互沟通，体现终身教育理念，具有中国特色、世界水平的现代职业教育体系。

按照《决定》的要求，新建地方本科高校要将发展重点转移到对学生实践能力的培养上。实验实训教学是高校专业改革和课程改革的重要环节，是落实专业培养目标，全面提高学生职业素养的重要途径。要建立与高校教育教学工作相适应的实验实训教学资源是一项庞大的系统工程。实验实训资源种类繁多，具体来说主要分为设备资源及人力资源，因此，可以把高校实验实训资源分为以下四大类：

（一）教学资料

教学资料是指各个高校的一些教学文件类型资源，例如，课程实验实训指导手册、教学课件，特别是一些优质实验实训课程教师所制作的教学资料，比如教学案例、教学大纲、教学视频等资料，这类型的资料从一定程度上带有知识产权性质，在使用过程中，可能涉及侵权问题。如何有效地使用这类资源进行共享建设，需要搞清楚产权问题、利益归属问题等。如果还涉及教学团队制作问题，更要分清楚效益归属、权利归属问题。

（二）教学设备

教学设备设施主要指的是一些仪器、检测检验工具、科研仪器设备等，如食品检验使用的检测分析仪器设备、一些高价值的检验检测机器，以及一些专业需要装载教学软件的电脑设备等。

（三）教学场地

实验实训教学场地是指实验实训室一类的实验实训资源，如广州工商学院有ERP实训室、商务谈判实训室、大数据实训室、京东实训中心，这类实验场所可以互相交叉使用，其他高校可以通过实验实训中心平台预约使用，而建设主办学校可以适当收取一些场地维护、运营费用等。

（四）教学师资

每所高校在专业方面、课程方面、实验实训方面都会有各自的优势所在，而人力资源也是核心要素所在。在开展一些重要的核心实验实训教学时，可以互相学习，或者在开展相关的实验实训项目教学时，可以由所在学校提供师资，同时可以开展师资方面的培训工作。

三、实现高校实验实训资源共建共享具有重要现实意义

实现高校园区所属高校实验实训教学资源协同建设，对高校、对学生、对教师、对企业、对社会都有重要意义。对高校来说，有利于各高校充分利用有限的资金，最大限度地发挥资源的利用率；对学生来说，能获得更优质的教学资源，提高自身的专业职业技能；对教师来说，能通过共建共享更好地提升个人教学能力；对企业来说，能利用自身资源与高校共同培养企业对口人才，可以更好地缩减学校到企业的距离；对社会来说，能培养出更多高质人才，服务社会。

四、实验实训资源共建共享存在的问题分析

就目前各地方区域高校实验实训资源的共建共享经验来看，一些高校即使处在同区域、同地理位置，即使资金十分紧缺，也都各自为政，重复投资建设一些耗资较大的校内实验实训基地，社会综合效益低。具体来讲实验实训资源的共建共享仍存在着以下问题：

（一）建设质量不高

就目前而言，许多高校在实验实训资源建设方面存在着重建设、轻质量的问题，也就是说有建设但是建设质量无法保证，比如一些民办高校专业实训室建设质量不高，只能满足专业实验实训项目开展的最基本要求，更深层次的知识内容体系则没有。有些实训室就是简单的电脑教室，常常被用来做多媒体课室使用。

（二）重复建设

在区域之间，每所高校根据自己的专业需求建设实验实训室，而专业的设置又都存在着基本相同的问题，那么也就意味着每所高校同一专业的实验实训室的建设都是一样的，对于一些价值比较低的可能没有问题，但相对于投入较大的实验实训室来说，就难免成为高校建设的压力。尤其对于民办高校来说，每分钱的开支都来自学生的学费，对提高学校的办学质量并不见得是好事。同样的道理，对一些课程建设来说，也存在着重复建设问题。

（三）利用率低

一些实验实训资源的利用率较低，对于一些专业实验室来说，一般情况下针对的是某些专业、某些特定的课程，这样一个学校可能花了较高的经费进行建设，而使用率却不高，实验室就有了空档期，这也为实验室的共建共享提供了可行性。

（四）成本大于收益

公办院校建设经费来源于国家财政补贴，可能不必理会建设成本问题，但是民办学校所有的建设费用，均来源于学生的学费，可能出现投入较多而产出较少的问题。如某些实验室存在空档期，则容易出现因利用效率不高而带来的投入成本大于收益的情况。

（五）信息沟通不畅

区域高校间互为竞争关系，涉及学校特色办学、学校招生等问题，因此，一般学院间缺少沟通，无法得知各自建设内容，也不愿意为同类型院校添砖加瓦，这为实验实训资源的共建共享带来了障碍。

1.缺乏合作机制

即使有些院校间愿意对实验实训资源进行开放共享，但又缺乏相关的合作机制，以及必要的管理机制、效率分摊机制等，这使得实验实训资源共建共享举步维艰。

2.缺少共建共享意识

高校之间缺乏共建共享意识，高校间习惯单枪匹马自筹经费，自建自用的思维比较突出，一方面，自建对决策制定来说更为便捷，更容易符合高校自身发展需要，另一方面，共建带来的是谁主持、谁配合、如何分摊成本与收益的问题。因此，高校往往缺乏共建共享意识。

3.缺乏激励措施

党的十八大以来，生态文明建设已经纳入中国特色社会主义建设“五位一体”总体布局。十八届五中全会进一步提出了创新、协调、绿色、开放、共享的新发展理念，开放、共享已经成为“十三五”和今后经济社会发展的基本理念。高校教育教学资源的共建共享符合国家政策要求，但就目前来说，从国家层面上，未能对高校共建共享出台有力的激励措施及可操作性的指导意见。

4.缺少公共服务平台

要实现实验实训资源的共建共享离不开一个切实有用的公共服务平台，一方面，教学资源的共建共享需要一个能在网络上传递信息的平台，另一方面，其他实验实训资源，比如实验室共享，需要一个可供查询的公共服务平台，进行空档期和租用信息安排。就目前来说，由谁牵头，由谁负责，这样的问题无法解决，而且没有任何一所高校愿意在无报酬的情况下完成公共服务平台的搭建。综上所述，高校实验实训资源具体分为数字化教学资源、实验设备、实验场所、实验师资等几个方面，解决高校实验实训资源共建共享存在的问题才能有效推进共建共享。

参考文献

［1］许铁. 基于“开放共享”的高职院校集群化实验实训室建设的思考［J］. 科技视界2019（13）：137-138.

［2］魏玮. 新建地方本科院校实验实训资源整合利用探索［J］. 开封教育学院学报，2018，38（3）：126-127.

［3］伍秀娟. 实践教学资源的共建共享——广州电大的实践与探索［J］. 广州广播电视大学学报，2009（6）：38-41；109.

应用型本科院校实训课程双师教学模式探究

方韵诗

【摘要】近年来一些地方应用型本科院校开始尝试在理论课堂中开展双师教学模式。本文认为在实训课程中进行双师教学具有更加重要的意义。这不仅仅体现了应用型本科教学中的产教融合，而且促进了教学效果。本文重点介绍双师教学在实训课程中开展过程以及对该模式进行教师和学生两方面的评价，希望为各院校开展该模式教学提供参考意见。

【关键词】实训课程双师教学；应用型本科；产教融合

一、应用型本科实训课程开展现状

近年来，应用型本科院校为响应国家政策发展的要求，适当加大实训课程在所有课程中的比例，大力加强实践教学。2015年10月，教育部、国家发展改革委、财政部发布《关于地方本科高校转型发展的指导意见》中明确指出，高校把办学思路真正转到产教融合、校企合作上来。一课双师能够有效整合教育资源，能够培养高素质应用型人才，为适应教育事业发展提供新思路。

（一）文科实训课开展现状

1.教师在实训课程中缺乏宏观层面的引导

任课教师以最快速度去熟悉应用软件系统里的各项功能并教授给学生，但未能在短时间内了解学生对系统的适应性，以及课本知识点与系统功能之间的关系。因此，会有学生认为实训课的开展有一定的麻木性，不知为何而开，熟悉这个软件系统对自己有什么帮助。

2.教师在实训课堂上讲课时间过长

在现实中，教师往往会以先讲后教的方式开展教学，但没能控制好时间，唱“独角戏”时间过长。具体在课堂上表现为教师首先进行操作演示，然后将课本理论知识融入这个过程中，时间较难准确把握。学生一开始对实训操作比较感兴趣，但到了讲述理论的时候容易走神。

3. 教师在实训课堂个别指导过程中分身乏术

学生刚开始认识新的软件系统，难免有很多细小的环节需要举手提问，教师会离开座位去回答学生的各种问题，应接不暇。而学生提出的问题既有共性又有特性，有时候教师还未能及时反应过来，这样也会造成一种尴尬的局面。这种情况往往在实训课程开设后一个月得以缓解。

（二）理科实训课程开展现状

理科实训课程以实验、检验设计为主要目标，除了和文科实训课一样实现对接就业岗位的培养目标外，理科实训课更强调对实验结果的检验，强调实验的安全操作。很多高校在开设实训课时都会配备实验员辅以监督和安全提示。

二、实训课程双师教学模式

（一）必要性

为了照顾专任教师在实训课堂上顺利开展教学，也照顾学生在实训课堂中能更快适应软件系统学习，掌握技能要点，许多地方性应用型本科院校都加大配置实训课程师资力量，提出一课双师教学模式新尝试。

（二）内涵

传统的双师，要求实训课程任课教师要具备企业职业资格与教师职称的基本要求，而今日大家所探讨的一课双师，指的是在同一门实训课程里，企业派来的教师和校内专任教师共同组织教学，强调对学生专业知识技能和职业能力与职业素养的双重培养。这不仅保证实训课程开展过程中能达到理实一体化的效果，还能实现人才培养与企业需求相对接的教学目标。

（三）过程

1. 企业教师对实训软件总体概述

首先，企业教师在实训课程开课时从宏观角度介绍软件系统，详细告知学生为什么要学习这个软件系统，系统开发员在开发系统时设计的学习目标是什么，该软件系统对于企业来说有怎样的帮助。然后，再给学生进行大概的页面操作流程，对实训课程开展的一些必要性的操作进行简单示范。企业教师从企业的需求出发，以企业工作内容和员工培训内容为依据，按照工作的难易程度、复杂程度来对实训项目进行分解。

2. 校内教师对教学项目具体指引

校内教师对于知识体系的掌握会优于企业教师，能根据学生的需求和课本内容、人才培养大纲的要求结合设置每周的实训项目及内容，更多地承担理论与前沿实践的无缝对接教学。而在这种教学模式下，并没有约定校内教师先讲理论，企业教师后讲实践，而是两者有机融合，边实践边理论，让学生在实训课程中得到“做中学”的锻炼。另外，校内教师根据实训课程的安排下达该门课程的考核要求与课后作业要求。

3. 双师课堂合作指导

双师教学模式要求校内教师与企业教师务必进行课前沟通、每堂课学习目标的协定与两人的分工。双师课堂合作指导体现在线下教学与线上教学两个方面。在实训课程刚开设的第一个月内，企业教师与校内教师一起在线下课堂上进行指导，解答学生提出的问题。这一步主要是为了让学生更快地适应整个系统的操作流程。在实训课程开设的后续阶段，实训教师一般以线上的方式进行授课，主要是通过录制短视频在课堂上进行分享，回顾总结学生在实训过程中的常见错误。

（四）教学效果

在实训课开课的前4周，学生对于课堂中来了一位企业教师倍感新鲜，会经常举手提问关于企业岗位和系统操作的问题，也喜欢听企业教师分享企业中实际的案例和解决方案，实训课堂气氛活跃。在后面的学习周，考虑到企业教师需要回归岗位完成本职工作以及学生基本掌握系统操作流程，就让企业教师进行线上指导。学生课间和课后都认真地完成校内教师布置的实训任务，对两位教师的教学评价和课堂学习氛围评价较高。

三、实训课程双师模式评价

（一）教师角度

1. 优势

双师教学模式在实训课程刚开设的第一个月能有效地减轻校内教师的教学压力。一来能让校内教师关注于实训课程教学环节设计与教学目标的设立；二来可以通过与企业教师一起合作解决学生刚开始对实训操作应用系统不了解提出的共性问题，提高实训课程教学效率；三来为企业教师在参与实训课程教学过程中选拔优秀苗子提供机会，企业教师在指导过程中更容易进行职业素养的培养。企业教师对学生的评价意见也能融入整个实训课程的评价过程中，帮助校内教师全面、综合地对学生成长与实训课程完成效果进行评价。

2. 需要改进的内容

校内教师作为实训课程的负责人，需要对课程的教学规范和教学过程负责任。因此，沟通成为一个最大的问题。如何保证校内教师与企业教师在平时教学过程中的和谐局面而做到事前沟通、在实训课堂开展过程中出现意见不一时的及时沟通，以及在给予学生综合评价时能否建立在客观和充分事后沟通基础上都显得尤为重要。另外，企业教师与学生的沟通也应该建立在符合道德规范的基础上，保证教学课堂是正常有序地开展。因此，学校应该建立相应的管理文件和激励机制，规范企业教师的职业道德和操守。

（二）学生角度

学生在双师教学模式下，既得到校内教师的系统理论指导，了解课本知识点与实训项目融合点，清楚教学目标以及能力培养目标，使学习过程有方向性；另外，在该模式下，学生又可以通过企业教师的指导高度贴近实际就业岗位，在实训课堂的学习中培养职业素养和工作技能，学习过程不再是纯粹的操作系统，更显现实意义，学习积极性得到提高。

但是，双师教学模式的开展可能造成一种学生过分依赖两位老师的指导而缺乏自我学习、团队互相学习的局面，也可能存在学生为了得到企业教师的好评过分表现自我的现象。

四、结语

现今应用型本科院校人才培养路径亟需校企合作的支持，培养出有知识、有能力、有职业素养的应用型人才。实训课程双师的教学模式不仅能充分发挥企业在课程教学中的示范作用，而且呈现了较好产教融合的教学效果。

参考文献

［1］任艳，马永辉．混合式教学理念下大学英语师生“双师”教学模式研究［J］．黑龙江高教研究，2019，37（12）：153-156.

［2］吴万琴．“双师教学”方式在应用型大学教学中的应用——以“移动应用开发”课程为例［J］．兰州文理学院学报（自然科学版），2019，33（5）：109-112.

［3］汤小燕．“一课双师”教学模式探究——以《客户服务与管理》为例［J］．电子商务，2020（1）：84-85.

［4］王芳，叶克，陆静兵．现代学徒制下汽车专业“校企双师”教学改革与实践［J］．北京农业职业学院学报，2019，33（5）：79-84.

［5］黄杰．双师型视域下许昌学院播音专业双创教育新观［J］．文化创新比较研究，2019（6）：148-149.

［6］罗静．新工科背景下应用型本科高校“双师型”教师队伍建设思考［J］．创新创业理论研究与实践，2019（1）：83-84；89.

商科教师数字素养：理论内涵、现实困境及提升策略

鲁朝云　张晓英　马俊博

【摘要】随着全球数字经济的兴起，高等教育数字化浪潮把教师的数字素养推至核心位置，成为新时代衡量教学能力的新标准。在商科教育领域，数字技术不仅重新定义了商业模式，也逐渐融入商科教学与科研之中，商科教师数字素养提升显得尤为关键。本文依据《教师数字素养》行业标准，针对商科教育的特点，理清了商科教师数字素养的理论构成，探讨了其面临的现实困境，主要体现在融合瓶颈、双重挑战、改革不力、发展不畅和评价缺位等方面，并从校企合作、创建平台、技术赋能、制定规划和完善评价五个方面提出了策略建议，旨在全面提高商科教师的数字素养水平，确保在中国特色现代化进程中培养出高质量的商业人才。

【关键词】商科；教师数字素养；理论内涵

随着全球经济加速步入数字化时代，高等教育机构已悄然站在了数字化转型的潮头。中央网信办、教育部等联合印发的《2024年提升全民数字素养与技能工作要点》，为我国的教育数字化发展提供了重要指导。当前教师的数字素养已经转化为衡量其教学专业能力的关键指标，特别是在商科教育领域，数字技能的必要性更是显得尤为突出。商科教师的数字素养直接关系到未来商业人才的培养质量，他们不仅需要掌握数字技术在教学中的应用，还需要具备引领和推动学生数字化学习的能力。《教师数字素养》行业标准由教育部于2022年11月正式发布实施，这不仅标志着国家层面对提升教师数字素养的重视，也为教育从业者指明了发展路径。尽管此标准的出台为教育界提供了指导，但不同学科和专业背景的教师依然面临独特的数字素养挑战，这要求我们必须采取针对性的策略来应对。针对商科教师而言，他们的数字素养包含哪些理论要素？他们又面临着哪些具体挑战和实际困境？如何有效克服这些难题？本研究旨在探讨并解决这一系列问题，期望能够找到推动商科教师数字素养提升的有效途径，进而为培养更多具备数字化能力的商业人才做出贡献。

一、文献综述

教育信息化的深入发展，使得教师数字素养的重要性日益凸显，这一议题已逐渐演变成国内外学者广泛关注的热点问题。在教育变革的浪潮中，教师数字素养不仅关乎个人专业发展，更对提升整体教育质量、推动教育信息化进程具有举足轻重的作用。

梳理国内外相关文献，学者们对于商科教师数字素养的相关领域进行了一定的研究，主要集中在教师数字素养的重要性与内涵、商科数字人才培养特点、商科教师数字素养构成要素和培养策略等方面。大多学者（吴砥等，2023；闫广芬、刘丽，2022）共同强调了教师数字素养在当前教育改革和数字化转型中的重要性，从数字化教学、内容创造、交流协作、安全和评估等多方面界定其内涵（闫广芬、刘丽，2022），并提出了不同的模型（何剑，2021）、框架（吴军其、任飞翔、李猛，2021）和策略（阮士桂、郑燕林，2016；J.Záhorec，A.Hašková et al.，2021；刘革平、陈莹、秦渝超，2018）来促进教师数字素养的提升。商科在跨学科专业融合、教育教学改革和学生能力等方面的变革对商科教师数字素养提出了新要求（张庆亮、杨莲娜，2020）。具体到商科教师数字素养研究，以典型商科专业为例，会计专业教师数字素养包括理论认知、技术应用、数据整合和伦理安全四个方面，存在意识偏差、培训资源不完善和制度支持不足等问题（汤颖跃，2023）；旅游专业教师数字素养包括数字意识、数字技能、数字传承和数字伦理四个构成要素，应通过增强数字意识、提高数字技能、加强数字教育和完善数字制度等培育教师数字素养（刘晓蓉、周义龙，2023）。

经过系统梳理，尽管现有文献已为商科教师数字素养的培育提供了丰富的理论支撑和实践指导，但在具体落实和应用层面，仍有许多待解之谜。《教师数字素养》标准的发布标志着我国对教师数字素养重视程度的提升，然而，如何将这些标准具体化为可操作的评价指标，并在实际中得以有效实施，仍是当前研究的难点。特别是在如何将标准中教师数字素养的多维要素与不同学科教学过程有效融合这一核心问题上，学术界尚未形成统一的共识。由于不同学科在教学内容、方法及需求上存在差异，因此必须根据各学科的特性来制定有针对性的提升策略。这不仅是提升教师数字素养的必由之路，也代表了未来研究的一个重要方向。鉴于此，本研究以商科专业为切入点，以《教师数字素养》标准中框架为指引，深入剖析商科教师数字素养的理论内涵和面临的困境，旨在构建一个商科教师的数字素养发展方案。这一研究模式不仅有助于推动高等教育的数字化转型，更为提升高等教育质量提供了策略性的参考与借鉴。期望本研究能为不同专业教师数字素养的定制化发展提供新的思路和方法，为高等教育的持续发展注入新的活力。

二、理论内涵：商科教师数字素养

商科教师数字素养在商科教育数字化转型中发挥着关键作用，有助于塑造学生数字素养，培养学生适应数字化时代的商业技能，推动商科教育的现代化发展。商科教师数字素养可以概括为适应未来数字商业环境应具备的各个方面的能力与素质的综合体，是一个多维度、综合性的概念。根据《教师数字素养》教育行业标准，商科教师数字素养应包括数字化意识、数字技术知识与技能、数字化应用、数字社会责任和专业发展五维框架，各维度的具体内涵需要充分融合商科专业特点、商科人才的实际需求以及商科人才培养的特定要求等。其具体如下：

（一）数字化意识（Digital Awareness）

（1）数字化认识。熟悉数字技术在市场分析、金融交易、商业决策等领域的应用，充分认识数字技术在商科教育中的重要性。同时，了解数据分析技能、电子商务等新兴领域的教学需求，深刻理解数字技术的快速发展对商科教育的影响与挑战。

（2）数字化意愿。对数字技术的学习和运用具有较强的意愿，特别是乐于掌握商业领域内数字技术并应用于教学实践。还应愿意将数字工具和平台融入课程设计，并具备在数字化商业教学环境中进行实际操作、探究及创新的能力。

（3）数字化意志。在面对商科教育数字化带来的诸多挑战时，商科教师需展现出坚定的意志与毅力，积极应对困难。应树立信心采用数字技术改进教学方法，并能在数字化商业教学实践中不断突破障碍，持之以恒地推进商科教育的数字化转型。

（二）数字技术知识与技能（Digital Knowledge and Skills）

（1）数字技术知识。知晓如大数据分析、人工智能、区块链等常见的数字技术的概念及基本原理，并了解其在商业领域中的应用。

（2）数字技术技能。能够根据不同商科课程的具体教学需求，精准识别并选择最适合的数字技术工具，如财务分析软件、商务数据分析工具、模拟股市交易平台等；掌握商业数字技术的使用方法及操作技巧，且能够有效地传授技能，引导学生正确使用商业数字技术赋能商业决策，如使用财务软件进行财务报表分析，运用数据分析工具来解读市场趋势等。

（三）数字化应用（Digital Application）

（1）数字化教学设计。具备将现代教育理念与教育信息技术的深度融合能力，能够通过科学规划和创新方法，实现教学内容与数字工具的有效结合。能够针对学生差异化需求，设计灵活多样的教学方案，培养学生的数字化思维和实际操作技能。同时，能利用信息技术进行教学评估与反馈，不断优化教学过程，提升教育质量。

（2）数字化教学实施。商科教师应具备灵活运用数字技术有序高效地组织教学。课前能利用在线教学平台提供自学资源并开展答疑互动；课中能运用数字化工具，创建虚拟的商业环境，让学生在模拟实践中体验真实的商业情境，提升其解决实际问题的能力；课后利用智能推荐系统，为学生推送个性化的学习资源，满足他们的不同学习需求。

（3）数字化学业评价。能够应用多元数字工具对学生的学业表现进行量化分析，例如，构建数字题库资源开展在线测试，并通过分析平台数据实时诊断教学，进而及时改进教学。同时，还擅长利用数字工具将学业分析结果以图表、报告等形式为学生提供直观的学习反馈，指导学生及时优化学习计划。

（4）数字化协同育人。能够利用数字技术资源，创造一个协同教育的生态环境。不仅利用数字技术赋能学生学术能力的提升，而且赋能学生综合素质的培养。善于引导学生深入参与数字化学习活动，增强其数字应用能力和社会责任感。还能够巧妙运用数字技术资源，推动德育教育和心理健康教育的有效实施，促进学生全面发展。

（四）数字社会责任（Digital Social Responsibility）

（1）法治道德规范。严格遵守相关法律法规和道德准则，不滥用数字技术。自觉规范上网行为，遵守网络传播秩序，不传播不实信息或误导性内容。同时，还能够积极引导学生树立正确的网络道德观念，共同维护网络空间的健康。

（2）数字安全保护。在商科教育中，涉及大量敏感的商业信息和个人隐私。因此，商科教师应具备强烈的数字安全意识，能够妥善管理和保护个人信息和隐私信息。且还应掌握基本的网络安全防范技能，如防范电脑病毒、网络攻击等。

（五）专业发展（Professional Development）

（1）数字化学习与研修。能够积极适应动态的商业和教育环境，并通过访问丰富的数字技术资源，如在线课程和虚拟研讨会等，持续提升自身的专业知识和教学技巧。同时，教师还可以利用数字技术对自己的教学实践进行反思和改进，实现教学相长。

（2）数字化教学研究与创新。具备开展数字化教学研究，探索新的教学模式和教学方法的能力。善于针对商科教育的特点，探索数字商业真场景、真任务的跨学科融合的先进教学模式，为学生提供更加丰富和多元的学习体验。同时不断跟进数字化教学研究的前沿动态，敢于将新成果、新技术应用到教学实践中。

三、提升商科教师素养的现实困境

数字化浪潮的推动，商科教师提升数字素养已成为商科教育变革的必由之路。然而，鉴于商科教育本身具有多学科融合、应用性和实践性强的鲜明特征，教师数字素养提升过程面临着诸多现实困境，这不仅阻碍了教师数字素养的提升，也制约了商科教育的创新发展。其具体表现如下：

（一）融合瓶颈：数字技术知识与实战技能脱节

商科教育本身具有多学科知识融合的特性，而数字技术的引入进一步加剧了融合需求。商科教师在提升数字素养时，需要跨越商业数字技术知识与数字技术的界限，实现两者的有效融合。然而，现实中尽管一些教师已经掌握了先进的数字技术技能，但在实际教学中却难以将这些技能与商科理论有效融合和应用。这主要是因为教师对数字技术与商科教学的结合点理解不够深入，且缺乏将理论知识转化为实践应用的能力。因此，教学中教师即便掌握了先进的数字技能，但仍难以将其转化为实际的教学成果，导致商科教学中未能充分发挥数字技术的作用。

（二）双重挑战：数字化资源短缺与数字社会责任不够

商科教育需要丰富的数字化教学资源来支持教师的教学活动，然而现实中这些资源往往不足。例如，高质量的在线课程、模拟软件、数据分析工具等资源的缺乏，使得教师在实施数字教学时难以找到合适的教学辅助工具，影响了教学效果的提升。与此同时，在数字化时代背景下，商业活动牵涉到海量的数据及信息处理，而这些数据和信息的管理需遵循特定的伦理和法律标准。尽管如此，商科教师通常在数字伦理和法律意识方面显示出不足，对于数字环境中商业行为的道德规范和法律条文缺乏深刻理解。这种不足不仅削弱了教学育人效果，还可能对学生日后的职业发展带来潜在的风险。

（三）改革不力：数字化教学设计缺乏针对性与适应性

在数字化浪潮下，培养具备深厚本土洞察力和实践能力的商业人才是商科教育的重要目标。这要求商科教师不仅要教授国际先进的商业理论和实践，更要深入理解中国经济规则，并探究中国特有的商业问题。各国在数字经济的发展进程和模式上存在显著差异，对数字化人才的要求也因国而异。然而，在吸收国际先进的数字化转型经验时，部分教师未能充分关注并准确捕捉中国在数字化转型过程中面临的实际问题和具体需求。这导致数字化教学设计缺乏针对性和适应性，难以有效提升学生的数字素养和应对中国商业环境的能力。

（四）发展不畅：缺失系统性的专业培训

专业培训学习是商科教师培养适应数智商业环境高素质人才的关键环节。当前尚未形成面向商科教师的数字技能提升计划，尤其在商务数据分析、数字营销和国际电子商务等关键领域，系统性专业化培训匮乏。因此教师在数字化教学实践中往往感到能力不足，不能及时适应数字经济时代教学环境的快速变化。由于缺少有序有效的培训体系，教师在数字素养方面的进修既缺乏连贯性也缺乏持久性，大大阻碍了教师们适应数字经济时代的从教能力的发展。

（五）评价缺位：数字素养的评价体系不健全

教师数字素养评价是推进商科教师提升数字素养的重要环节。目前，尚未建立科学有效的商科教师数字素养的评价体系，一方面，商科教师难以准确判断自己在数字技能、知识结构和应用能力等方面的真实水平，进而导致自我提升时缺乏明确的方向和目标，不能及时有效优化自身的数字素养结构。另一方面，学校在选拔和培养具有优秀数字素养的商科教师时也面临困难，评价标准和方法的缺失，无法全面评估候选人的数字素养水平。同时，在培养过程中，学校也难以根据教师的实际需求提供个性化的培训和发展建议，导致培养效果不佳。因此，亟待构建一套科学、有效的数字素养评价体系，以助力教师自我提升、学校精准选拔和培养，推动商科教育迈向数字化新时代。

四、提升商科教师数字素养的策略

（一）搭建校企合作桥梁，强化教师数字技能实战

深化校企合作与实战应用是解决数字技术知识与实战技能脱节的关键策略之一。通过与企业建立紧密合作关系，为教师提供接触实际商业操作和了解最新行业趋势的机会，鞭策教师紧跟时代发展的步伐，同时促进教学内容的时代性变革。具体实施中，可以结合走出去与请进来两种思路，采取假期顶岗、实习、咨询项目或企业导师计划等多种形式实现深化校企合作。例如，走出去参与企业实战，教师可以带领学生参与到企业的实际项目中，共同参与解决企业新产品市场进入、产品优化等具体问题。这不仅能够提升学生的实际操作能力，还能够帮助教师从实际经验中汲取教学灵感，丰富教学内容。还可以邀请企业的高管或专业人才进校园做专题报告，并聘任其为企业导师，为学生和教师带来最前沿的行业动态和实战经验。总之通过与企业的紧密合作，建立起一套完整的实战应用体系，使商科教育更加贴近市场需求，培养出更多具有实战能力的商业人才。

（二）创建数字化资源共享平台，提升教师数字社会责任

高校作为数字资源建设的主导者，应加大数字化转型的投入，首先，积极开发和采购高质量的数字化教学资源，例如在线课程、商业模拟软件和商业数据分析工具等，以满足商科教学的多样化需求。其次，加强与其他教育机构合作，共同构建数字资源共享平台，促进数字资源的流通和共享，使更多师生能够受益于优质的数字化教学资源。最后，构建普及数字伦理和法律知识的资源模块，引入鲜活案例，强化教师

对数字社会责任的认识，使其深刻理解数字伦理和法律知识的重要性，从而在教学中引导学生树立正确的价值观；帮助学生在系统学习专业知识的同时，了解数字环境中的商业行为规范和潜在风险，增强法律意识和道德观念，为其未来的职业发展奠定坚实基础。

（三）强化信息技术赋能，促进教学设计本土化创新

信息技术的快速发展为商科教育模式的转型提供了可能，因此，强化信息技术的赋能作用，促进教学本土化创新，是提高商科教育质量的关键途径。首先，商科教师应该充分整合中国案例资源，通过信息技术将中国市场的相关案例整合到教学中，让学生分析和讨论中国案例，理解中国商业环境的独特性，提升学生解决中国实际经济问题的能力。其次，鼓励商科教师与企业合作，参与开发针对中国市场的商科教学软件，如模拟中国股票市场软件、中国商贸平台、中国商务智能分析软件等，以帮助学生更好地理解本土市场运作。最后，商科教师应学会运用大数据分析来洞察中国市场的趋势和特点，同时利用人工智能技术为学生提供个性化的学习建议和辅导，增强教学设计的针对性和有效性。

（四）打造系统性数智培训计划，促进教师可持续发展

打造一套成果导向的数智培训计划，以促进商科教师在数字技能方面的专业发展，确保熟练掌握商务软件操作、数据分析以及数字教学工具的应用。首先，从精确的需求分析出发，设定具体的培训目标，进而设计包含理论与实践相结合的课程体系。其次，开展混合学习模式，满足不同教师的专业成长需求和个人学习偏好，将结合异步在线学习和面对面互动工作坊，确保各种类型的教师均能获得所需技能。最后，建立严格的评估与反馈机制，通过定期收集参与教师的反馈不断调整优化培训内容和方法，循环改进过程，确保教师专业发展规划始终与时俱进，满足教育和商业领域不断变化的需求。计划实施中尤其重视三个关键行动：①建立跨学科专业网络，引导教师加入专业组织、协会或社群，如商学院联盟、教育技术论坛等，以便获取和分享资源，并与同行建立联系。②定期举办研讨会、工作坊和学术会议，为教师提供持续的专业成长机会，并鼓励他们在商科教育的广泛领域中进行合作研究。③倡导学术共享精神，培养一种积极的学术共享文化，鼓励教师主动分享自己的见解、课程设计和研究成果，为学术界贡献自己的力量。

（五）完善数字素养评价体系，促进教师数字素养全面提升

首先，构建一个全面的评价指标体系，指标应具体、可量化，且围绕商科教师数字素养的核心要素，如技术操作能力、数字资源利用能力、教学数字化设计能力、在线与离线教学相结合的能力等。其次，开发多元化的评价工具和方法，包括自我评估问卷、同行评审、学生反馈、课堂观察、教学成果展示等多种形式，确保评价的多角

度和立体性。然后，引入第三方专业评估机构进行客观评估也是提高评价体系科学性和公正性的有效途径。最后，实施定期的数字素养测评和反馈机制，定期对教师进行数字素养测评，并提供详尽的反馈和建议，有助于教师明确自己当前的水平和未来的发展方向，同时将数字素养的提升作为重要参考维度纳入教师绩效考核和职称晋升，以激励教师积极参与数字素养提升活动。

五、结语

本文在探讨商科教师数字素养提升的重要性与理论构成的基础上，深入剖析了商科教师数字素养提升面临的现实困境，主要体现在融合瓶颈、双重挑战、改革不力、发展不畅和评价缺位等方面，并从校企合作、创建平台、技术赋能、制订计划和完善评价五个方面提出了针对性策略。商科教师的数字素养水平直接影响着商科教育数字化转型的效果，进而关系到中国特色现代化进程中能否培养出既具备深厚商业知识又具备高水平数字技能的高素质商业人才。高等教育数字化转型进程中会不断涌现出新问题，如何构建有效的商科教师数字素养评价指标体系，及时把握商科教师数字素养水平，如何提高商科教师适应新技术迭代更新的能力，如何在大数据环境下培养商科教师信息批判性思维（例如识别假新闻、误导性数据和偏见信息等），这一系列问题都值得未来进一步深入研究。总之，与时俱进探索多维策略，助力商科教师在数字时代和智能时代中更好地适应教学和创新教学，是一项任重而道远的工作。

参考文献

［1］吴砥，桂徐君，周驰，等．教师数字素养：内涵、标准与评价［J］．电化教育研究，2023，44（8）：108-114；128.

［2］闫广芬，刘丽．教师数字素养及其培育路径研究——基于欧盟七个教师数字素养框架的比较分析［J］．比较教育研究，2022，44（3）：10-18.

［3］何剑．高校教师数字素养整合模型及提升策略［J］．苏州市职业大学学报，2021，32（3）：73-78.

［4］吴军其，任飞翔，李猛．教师数字能力：内涵、演进路径与框架构建［J］．黑龙江高教研究，2021，39（9）：83-90.

［5］阮士桂，郑燕林．教师数据素养的构成、功用与发展策略［J］．现代远距离教育，2016，No.163（1）：60-65.

［6］Záhorec J，Hašková A，et al.Case study of the integration of digital competencies into teacher preparation［J］．Sustainability，2021：261-268.

［7］刘革平，陈莹，秦渝超．教师数据素养的培养模式与策略［J］．教师教育学报，2021，8（3）：21-30.

［8］张庆亮，杨莲娜. 高等教育变革中的高校新商科发展思考［J］. 山东高等教育，2020，8（2）：7-12.

［9］汤颖跃. 会计专业教师数字素养及其培育路径研究［J］. 吉林广播电视大学学报，2023（6）：22-24.

［10］教育部关于发布《教师数字素养》教育行业标准的通知［EB/OL］.［2023-02-21］. https：//www.gov.cn/zhengce/zhengceku/2023-02/21/content_5742422.htm.

新时代背景下应用型本科高校“双师型”教师队伍建设路径探究

饶 晗

【摘要】加强“双师型”教师队伍建设是新时代应用型本科高校人才培养的重要基础，本文诠释了“双师型”教师的新时代内涵，并针对当下“双师型”教师队伍建设的困境，提出了“魂—引—培—评”的“双师型”教师队伍建设路径。

【关键词】新时代；应用型本科高校；双师型教师；队伍建设

一、“双师型”教师队伍建设的新时代背景

（一）新时代教师队伍建设指导思想

2016年12月，习近平总书记在全国高校思想政治工作会议上指出，教育强则国强，高等教育发展水平是一个国家发展水平和发展潜力的重要标志。实现中华民族伟大复兴，教育的地位和作用不可忽视，要坚持把立德树人作为中心环节。

2018年5月，习近平总书记在北京大学师生座谈会上指出，人才培养关键在教师。教师队伍素质直接影响到高校的办学能力和水平。建设社会主义现代化强国，需要一大批各方面各领域的优秀人才，这对我们教师队伍能力和水平提出了新的更高的要求。

2022年10月，习近平总书记在党的二十大报告中强调要加快建设教育强国、科技强国、人才强国，加快建设世界重要人才中心和创新高地，充分彰显了教育、人才工作在党和国家事业中的基础性、战略性地位，大学教育和教师队伍建设则是为全面建设社会主义现代化培养人才的重要保障。

（二）“双师型”教师队伍建设的新时代发展背景

2015年10月，教育部等多部门联合下发《关于引导部分地方普通本科高校向应用型转变的指导意见》，提出要把办学思路转到服务地方经济社会发展上、转到产教

融合校企合作上、转到培养应用型技术型人才上、转到增强学生就业创业能力上，加强“双师双能型”教师队伍建设。

党的十九大以来，我国进入到全面建成小康社会、深入推进社会主义现代化建设的关键时期。随着我国经济结构不断调整优化和产业持续升级，原有的人才培养模式和结构已难以满足对应用型、复合型和创新型人才日益增长的需求，本科高校的定位和培养目标也需过渡到内涵式发展的新阶段。

2017年12月，《国务院办公厅关于深化产教融合的若干意见》发布，再次强调了深化产教融合，促进教育链、人才链、创新链有机衔接。

因此，在应用型本科高校的建设和人才培养中，加强“双师型”教师队伍建设既是地方普通本科院校向应用型转变的政策要求，也是新时代培养创新型、应用型、技术型专业人才的重要基础。

二、“双师型”教师的新时代内涵

“双师型”教师概念的提出虽由来已久，但对“双师型”教师内涵的定义却不一致。以往的学术研究中，对“双师型”教师的定义有“双证书”说，既拥有教师资格证又拥有某种职业技能证书；有“双职称”说，即同时拥有教师和某种职业技能职称；还有“双能力”说，既要拥有专业教学能力又要拥有专业实践能力。上述各种对“双师型”教师内涵的界定，体现了不同时代对“双师型”教师能力、任务的不同要求。

当前，“双师型”教师被赋予了新的时代内涵和历史使命。习近平总书记指出，建设政治素质过硬、业务能力精湛、育人水平高超的高素质教师队伍是大学建设的基础工作。因此，新时代的“双师型”教师也必须满足以下三个标准：

（一）政治素质过硬

高等教育的最终目标是要培养社会主义建设者和接班人，这就要求“双师型”教师要拥有社会主义理想信念，坚决拥护中国共产党的领导，熟悉党的大政方针和基本政策，把教书育人和自我修养结合起来，做到以德立身、以德立学、以德施教，努力成为先进思想文化的传播者、党执政的坚定支持者，担起学生健康成长指导者和引路人的责任。

（二）业务能力精湛

在应用型本科高校的改革中突出强调对学生实践能力、创新能力和就业能力的培养，这就对的教师的专业实践能力提出了更高的要求。“双师型”教师应当具有某一专业领域相关的职业资格、精湛的技术能力和丰富的实践经验，这也是“双师型”教师区别于其他教师的重要特点和价值体现。

（三）育人水平高超

“师者，所以传道受业解惑也。”“双师型”教师的价值最终体现在对学生的培养效果上。因此，“双师型”教师不仅要有精湛的技术能力，还要拥有立德树人的教育理念、较高的专业理论水平和较强的专业教学能力，高质高效地将专业知识和技能传授给学生，实现人才培养的目标。

三、当下“双师型”教师队伍建设的困境

（一）前端：引人困境

1.标准不一

目前我国对“双师”型教师标准的界定不一，缺少统一明确的规定，这就导致了在实际引进人才的过程中存在标准过低、重“双证”轻“双能”的现象。有些学科教师虽然拥有某种职业资格证书，但实际上并未从事过相关行业工作，缺乏技能实践经验，因此不具备技能类课程的教学能力。

2.来源单一

目前应用型本科高校在“双师型”教师招聘过程中过于追求高学历，人才引进以博士尤其是重点院校的博士为主。这些教师虽然拥有高学历和高理论水平，但由于缺少社会实践和专业领域从业经验，无法充分满足应用型本科院校培养学生专业技能和实践能力的要求。而那些经验丰富的专业技能人员由于学历职称、缺乏约束和激励机制，实践中被引进高校从事教学工作的成效并不显著。这就导致“双师型”教师队伍结构不均衡，存在重理论、轻技能的状况。

3.规模不足

在政府引导部分地方普通高校向应用型本科高校转型的政策背景下，应用型本科的数量和对“双师型”教师的需求日益增加。由于人才引进机制不完善，教师疲于课堂教学，虽然考取了职业资格证书，但无暇或没有得到定期有效的实践锻炼，真正拥有“双师”能力的教师规模不足以满足培养应用型人才的需求。

（二）中端：管培困境

1.重认定，轻管理

虽然很多应用型本科院校出台了“双师型”教师的认定和管理办法，但存在重认定、轻管理的问题，对于“双师型”教师队伍的培养办法、考核办法和激励措施缺少细致明确的规定，而且在实际管理过程中对相关规定的监督和落实不到位，没有形成“双师型”队伍建设坚实的制度保障。

2. 培养体系不完善

目前，应用型本科高校在“双师型”教师队伍建设中普遍存在培养体系不完善的问题，主要表现为学校参与多、行业参与少，理论培训多、实践锻炼少。校企双方在人才培养、经济收益的目标上存在错位，影响了校企合作的广度和深度，如很多校企合作仅有协议签署而无实质合作，企业参与“双师型”教师培养的收益率和积极性不高，导致教师专业技术能力难以得到有效提升，教学内容与实际生产实践中的应用联系不紧密。

（三）终端：奖评困境

1. 评价体系待优化

目前在对“双师型”教师的职称评审和绩效考核中，存在重论文课题、轻实践成果，重学校评价、轻社会评价的问题，造成学生技能培养的实效大打折扣。此外，不同的专业技能存在较大差异，需要分层分类的评价体系，但目前的评价体系也存在一刀切、不灵活的问题，降低了评价的多样性和准确性。

2. 激励机制待完善

一方面，由于职称评审、岗位晋升、绩效奖励等评价和激励措施多与科研挂钩，如教师发表的论文数量、拥有的课题经费等科研指标占比过高，而教学量、教学效果、实践成果等指标占比过低，导致专职“双师型”教师无法专心投入实践锻炼和技能提升；另一方面，对于兼职教师缺乏独立完备的激励机制，容易导致其对教育教学的热情不高，投入的时间和精力有限。

四、新时代“双师型”教师队伍的建设路径

在习近平新时代中国特色社会主义思想引领之下，新时代“双师型”教师队伍的建设可以探索以下路径（如图1所示）。

（一）“魂”

习近平总书记指出要坚持党对教育事业的全面领导，坚持社会主义办学方向，以马克思主义为指导，这是对高等教育办学方向与内在灵魂的规定。“双师型”教师队伍的建设首先要以习近平新时代中国特色社会主义思想为指导，坚持正确的政治方向，增强“四个自信”，做社会主义核心价值观的坚定信仰者、积极传播者、模范践行者。

习近平总书记指出评价教师队伍素质的第一标准应该是师德师风。“双师型”教师队伍的建设要坚持立德树人的教育理念，自觉提升思想道德素养，既要有扎实学识，又要有道德情操、仁爱之心，从而才能培养出德智体美劳全面发展的中国特色社会主义合格建设者和接班人。

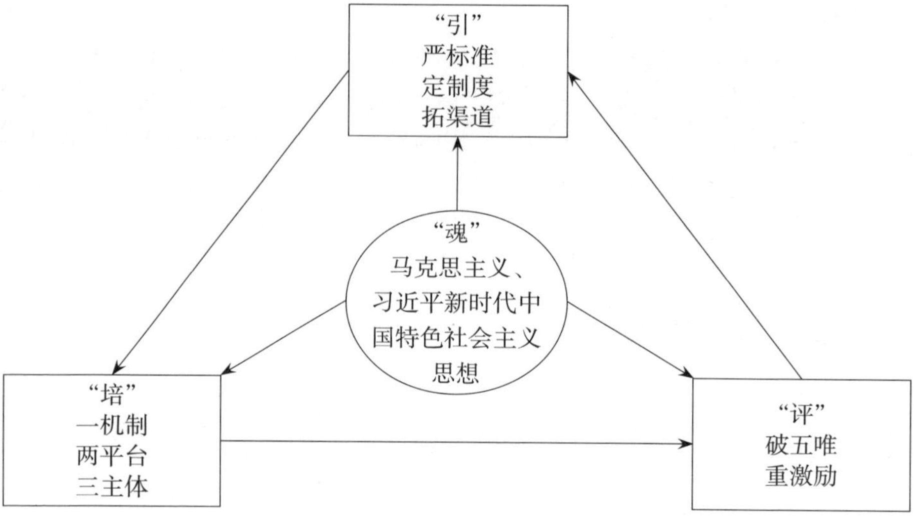

图1　新时代“双师型”教师队伍的建设路径

（二）“引”

人才引进是“双师型”队伍实际建设的首要环节，应当坚持“严标准、定制度、拓渠道”的三原则。

（1）严标准。首先，要明确和严格“双师型”教师的认定标准，对“双师型”教师的专业资质、岗位职责和工作任务予以清晰的规定。其次，在实际选聘过程中要对“双师型”教师的学历学位、职业技能水平、专业实践经历等标准做出严格的要求，保证“双师型”教师队伍的质量。例如“双师型”法学教师不仅要有“双证”，即法学教师资格证、法律职业资格证或律师执业证，还要具备法学理论教学能力、律师执业经验等开展相关业务的“双能”。

（2）定制度。应用型本科高校应结合本校特色和发展需求，优化“双师型”教师引进与管理制度，优化认定标准、引进条件、教学和实践工作量、培训计划、考核办法等关键要素，做到有制可依、有章可循，同时要加强对制度的监督、落实与优化，为“双师型”队伍的建设提供坚实的制度保障，服务学校人才培养的总体目标。

（3）拓渠道。由于目前专职教师的引进多源于普通高校，缺少专业领域实际工作经验，而从企业引进专职人员存在一定的难度，因此高校应当积极从企事业单位引进既有工作经验又有理论基础的技术人员作为兼职教师。例如聘请高级技师或者工程师担任技能实操、工程设计等相关实践课程的兼职老师，建设一支专兼职相结合的“双师型”教师队伍。

（三）“培”

通过“一机制、两平台、三主体”构建“双师型”教师队伍的培训体系。

（1）一机制。结合本校专业特点和教师专业能力状况，建立并不断优化“双师型”教师队伍培养的长效机制，对培训的时间、内容、形式、平台、经费、成效等要素予以规定，确保培训的常态化、体系化和成果化。例如规定“双师型”教师每年参加不少于2个月的顶岗实践、双职双薪，并由校外企事业单位对其工作成效进行指导和评价。将“双师型”教师培训纳入学校教师发展和继续教育的总体方案，从顶层规划加强“双师型”教师队伍建设。

（2）两平台。一是搭建校内培训平台，通过“请进来”的方式分层分类地邀请企业技术专家开展经验交流会、技能培训讲座等，使“双师型”教师熟悉行业发展动态，提升专业实践技能；与企业合作建立校内教学实践基地，由行业专家定期指导、产教融合，为“双师型”教师创造更多的学习和实践经验。二是开拓校外实践平台，以校企合作为载体，让“双师型”教师“走出去”，到企业事业单位参加一定时间的实践锻炼，在助力生产、服务社会中提升专业技能。实行“双岗双职”，例如选派法学教师在校内法务部门兼职，或者积极与地方法院、检察院、仲裁机构、律师事务所等单位合作，输送法学教师到校外单位挂职锻炼。

（3）三主体。充分发挥学校、企业、政府三大主体在“双师型”教师培训中的作用。学校应为“双师型”教师培养创造良好条件，例如允许带薪进修、报销培训费用、排课时间照顾等。此外，学校与企业应加强联系合作，学校发挥知识理论优势助力企业创新升级，企业发挥技术实践优势助力高校人才培养，互惠互利、双向交流。政府也应该为校企合作的开展提供相应的政策支持，打通企业技术人员和高校教师双向兼职的通道，引导企业和学校联合培养技术型、应用型教师队伍，营造应用型本科高校人才培养的良好环境。

（四）“评”

优化“双师型”教师队伍的考评和激励机制，做到“破五唯，重激励”。

破五唯。《深化新时代教育评价改革总体方案》明确提出，要扭转“唯名校”“唯学历”的用人导向，建立以品德和能力为导向、以岗位需求为目标的人才使用机制。健全“双师型”教师认定、聘用、考核等评价标准，扩大行业企业参与评价，突出实践技能水平和专业教学能力，引导培养高素质劳动者和技术技能人才。例如对“双师型”教师的评价除了教学量、科研成果之外，还要将培训量、实践时长、实践单位考核结果等纳入进来。

重激励。健全“双师型”教师的正向激励制度，不得将论文数、项目数、课题经费等指标与绩效工作分配、奖励挂钩。根据不同专业、不同岗位，分类考核，允许教师通过产品研发、技术专利、技术服务等形式获得收益，畅通“双师型”教师的晋升通道，激励教师不断提升教育教学和职业技能“双能力”。

五、总结

加强“双师型”教师队伍建设是新时代应用型本科高校转型的必然要求，是培养技术性、应用型人才的重要基础，而当下“双师型”队伍的建设面临着引人困境、管培困境和奖评困境。习近平新时代中国特色社会主义思想为破解上述困境提供了方向指引，应用型本科高校“双师型”教师队伍的建设可以从“魂”（以马克思主义为指导）、“引”（健全引人机制）、“培”（完善培训体系）和“评”（优化评价奖励机制）四个层面探索路径。

参考文献

［1］中国共青团．习近平出席全国高校思想政治工作会议并发表重要讲话［EB/OL］．［2016-12-30］．http：//qnzz.youth.cn/zhuanti/shzyll/tbhdp/201612/t20161230_8999207.htm.

［2］央广网．习近平在北京大学师生座谈会上的讲话［EB/OL］．［2014-05-05］．http：//edu.cnr.cn/pdtj/yw/201405/t20140505_515431201.shtml.

［3］国务院．习近平：高举中国特色社会主义伟大旗帜，为全面建设社会主义现代化国家而团结奋斗——在中国共产党第二十次全国代表大会上的报告［EB/OL］．［2022-10-25］．http：//www.gov.cn/xinwen/2022-10/25/content_5721685.htm.

［4］教育部，国家发展和改革委员会，财政部．关于引导部分地方普通本科高校向应用型转变的指导意见［EB/OL］．［2015-10-23］．http：//www.moe.gov.cn/srcsite/A03/moe_1892/moe_63 0/201.

［5］国务院．国务院办公厅关于深化产教融合的若干意见［EB/OL］．［2017-12-19］．http：//www.gov.cn/zhengce/content/2017-12/19/content_5248564.htm.

［6］贾文胜，梁宁森．基于校企共同体的高职院校“双师型”教师队伍建设［J］．中国高教研究，2015（1）：92-95.

［7］李云云．关于吉林省应用型本科院校“双师双能型”教师队伍建设问题的思考［J］．吉林工程技术师范学院学报，2020（3）：25-27.

［8］顾志祥．产教融合背景下高职院校“双师型”教师队伍建设路径研究［J］．职教论坛，2019（2）：99-102.

［9］张伟萍．协同创新视角下高职院校“双师型”教师队伍建设路径探析［J］．高等教育研究，2014（4）：56-59.

［10］中国共产党新闻网．习近平谈高等教育：把立德树人作为中心，把思政工作贯穿全程［EB/OL］．［2016-12-09］．http：//cpc.people.com.cn/xuexi/n1/2016/1209/c385474—28938271.html.

［11］国务院．中共中央、国务院印发《深化新时代教育评价改革总体方案》［EB/OL］．［2020-10-13］．http：//www.gov.cn/zhengce/2020-10/13/content_5551032.htm.

技术应用型高校国际贸易专业实验教学策略分析

俞　乐

【摘要】随着对外贸易和全球经济的快速发展，对国际贸易人才的需求也逐年增长。技术应用型高校国际贸易专业是培养高素质应用技能型人才的主要场所，实验教学是提升国际贸易专业学生专业技能、职业技能的重要手段。本文以技术应用型高校国际贸易专业教学为例，对实验教学活动进行了研究，分析了实验教学现状和实验教学的改革方向，提出了确定实验教学目标、教学内容和完善实验评价体系等解决措施，以提升实验教学质量，提高国际贸易专业人才培养质量。

【关键词】技术应用；高等教育；国际贸易；实验教学

在对外贸易高速发展的背景下，国际贸易人才是推动对外贸易发展的重要角色，培养高素质、应用型、技能型国际贸易人才成为重要的教育改革方向。技术应用型高校国际贸易专业更要迎合对外贸易高速发展的趋势，加强国际贸易专业教育改革，推动学生专业能力、职业能力的综合发展。对外贸易对国际贸易人才提出了更高的专业要求，学生要具备国际贸易基本技能、专业技能、职业素养。国际贸易专业实验教学作为理论与实践结合的重要教学模式，加强实验教学改革，不仅能突出技术应用型高校国际贸易专业办学特色，也能以培养学生专业技能为目的，推动学生全面发展。

一、技术应用型高校国际贸易专业实验教学现状

（一）实践操作条件有限

国际贸易专业课程教学往往是以理论教学为主，教师将国际贸易流程操作规范相关知识以PPT或其他教学资源的形式体现出来，学生被动地接受知识。此类教学方式并未给学生提供丰富的实践机会，同时由于学校并未重视实验教学活动，也难以为学生提供实践操作条件。学生只有在进入岗位以后才能熟悉国际贸易实践操作技能，这就影响了国际贸易专业人才的培养效果。

（二）学生灵活处理能力较弱

在国际贸易工作中，对外贸易面向海外客户，对外贸易政策变化、海外买家违约等问题往往会导致国际贸易工作出现突发问题，这就需要相关工作人员掌握灵活处理的技能。但由于国际贸易专业实验教学不足，学生在校学习过程中难以开展对突发事件的模拟训练，使得学生灵活处理能力较差。

二、技术应用型高校国际贸易专业实验教学方向

（一）设计多层实验目标

受国际贸易专业实验教学现状的影响，技术应用型高校国际贸易专业实验教学改革要突破传统专业教学的局限性，重视实验教学活动，明确多层实验目标。比如针对基础理论知识展开基本单项实验，针对专业技能展开虚拟模拟实验，以此提升学生的专业技能和职业能力。

（二）关注学生实验地位

国际贸易专业实验教学的主要目标在于培养学生的专业技能、职业素养，因此，技术应用型高校国际贸易专业实验教学改革方向应关注学生的实验主体地位，分析学生的个性化学习需求和学习方向，为学生设置自主实验、合作探究实验，使学生学会主动发现问题、解决问题，有效提升学生的综合能力。

三、技术应用型高校国际贸易专业实验教学策略

（一）分析人才需求方向，确定实验教学目标

国际贸易专业人才需求方向，不仅影响专业课程体系的建设，也影响着国际贸易专业实验教学目标。技术应用型高校国际贸易专业实验教学改革更要分析国际贸易专业人才需求，从分析企业人才需求和国际贸易专业职业技能导向的角度出发，确定职业教学改革方向。

第一，分析国际贸易企业的人才需求和市场需求。技术应用型高校国际贸易专业实验教学改革要以国际贸易专业规划为基础，设置专门的实验教学大纲和教学计划，以此使实验教学更加规划和专业。在明确实验教学大纲和教学计划时，国际贸易专业教师要深入国际贸易相关用人单位，调查用人单位的人才需求，同时结合其他院校的实验教学案例以及本专业毕业生的发展方向，综合国际贸易企业的人才需求和专业人才培养体系，明确实验教学的方向。比如某技术应用型高校国际贸易专业实验教学改

革中制定了用人单位、同行院校、学生发展三位一体的实验教学方向，响应国际贸易企业对国际贸易专业人才培养的要求。

第二，加强国际贸易社会职业技能导向调查。在国际贸易专业实验教学中，模拟真实贸易环境与经济行为的运作过程，进而使学生在实验操作和学习的过程中模拟不同经济行为下的贸易环境。在试错实验、创新实验中，学生学会实践理论知识，提升学生的专业技能。尤其是虚拟仿真国际贸易实验，能够在最大程度上模拟国际贸易环境。在虚拟实验中，学生展开实际贸易操作，观察不同经济行为下的贸易方式和贸易风险，进而提升学生的专业水平。值得注意的是，在对外贸易不断发展的背景下，国际贸易专业实验教学改革要加强分析学生需要掌握的职业技能，以学生的职业技能发展为导向，设置实验教学目标实验教学环境和实验教学条件。比如技术应用型高校国际贸易专业定期组织校企合作虚拟仿真实验、国际贸易竞赛等实验活动，借助更真实的实验场景，提升学生的实训技能，使学生具备相应的就业能力。

（二）丰富实验软件资源，构建真实实践场景

在现代教育技术不断发展的背景下，静态、动态实验软件的应用，能够为实验教学提供丰富的实验资源，为学生提供更多元的实验操作机会，尤其是在基础实验课程中应用丰富的实验软件资源能够丰富实验教学内容，满足学生的发展需求，构建更真实的实践场景，提升学生的专业能力。

第一，加强静态、动态实验软件的应用。静态实验软件是为学生参加实验活动、丰富实验知识提供的教学平台，包括外贸单证教学平台、外贸实务教学系统。此类实验软件中提供了丰富的教学资源和练习渠道，同时软件中的相关国际贸易案例，也能为学生展开实验操作提供丰富的知识和方向。除此之外国际贸易模拟教学系统、国际贸易案例版实训系统、外贸实务实训系统等软件，能够实时更新实验案例和教学资源，同时与学生的职业发展方向和技术发展需求有着极大的契合之处，有效丰富了实验教学资源。动态实验软件包括外贸ERP软件、外贸型ERP系统等，此类软件的应用以国际贸易企业的实际工作场景为基础，构建实验课堂与职业场景之间的联系。比如北京南北天地研发的国际贸易实训仿真平台，能够将国际贸易真实不同环境工作过程转移到实验课堂中，真正提升实验教学的真实性和有效性，推动学生职业素养的发展。

第二，探索实验软件资源的应用方向。在国际贸易专业实验教学中，基础实验课程是推动学生实践理论知识的重要教学活动，在实验软件资源的支持下，能够进一步提升基础实验教学课程的高效性和有效性。比如在外贸实习平台的指示下，学生在实验课堂中主动扮演国际贸易中的角色，并完成进出口贸易业务的全流程模拟实验。在该实验中能够了解进出口贸易全流程的各个环节，进而使学生明确相关国际贸易基础理论知识的应用方向和应用特点。此类基础实验课程具有涉及面广的特点，同时，在基础实验中并未涉及市场波动汇率变化、商品价格变化的情况，使得基础实验课程具

有一定的静态化特点，此时就可以应用静态实验软件，提升基础实验课程的实验效果。

（三）应用项目式教学法，提升学生专业能力

项目式教学法是指在实验项目的引领下，使学生建构项目思路，解决项目中存在的问题，完成实验项目。在该过程中，学生能够将已经学过的专业知识串联起来，实现知识的迁移与应用，极大提升学生的专业能力和理论知识应用能力。在技术应用型高校国际贸易专业实验教学中应用项目式教学法，以真实国际贸易案例为基础，设置项目实验活动，推动学生将已学的国际贸易专业知识综合起来解决实际问题，有效提升学生的专业能力。比如在以“与国外客商展开国际贸易磋商，达成国际贸易合同”为主题的项目实验活动中，教师以真实的具体出口商品交易为实验背景，确定项目实验目标为以下几点：一是完成国际贸易合同的签订任务，包括起草拟定出口贸易业务函电、核算出口商品价格、磋商商品交易条件、签订买卖合同、制作相应的信用证和贸易文件并审核。二是在该项目实验活动中，根据不同的出口商品成交方式和不同结算方式，以小组实验的形式完成相应的国际贸易项目实验课题。三是在该项目实验活动中，学生能够在不同交易方式和结算方式的引领下，学会应用所学的国际贸易知识，展开贸易联系和交易。这不仅能够提升学生理论知识的应用能力，同样也能巩固专业知识，增强学生的动手操作能力，提升学生的专业能力发展水平。

（四）拓展实验第二课堂，培养学生实践创新能力

在国际贸易专业实验教学中，仅仅在实验课堂环境中开展实验活动难以拓宽学生的专业发展视野，无法有效培养学生的创新创造意识和真实实践能力。因此，技术应用型高校国际贸易专业实验教学改革要在创新与丰富实验教学模式的基础上，拓展实验第二课堂。在实验课堂环境外，开展国际贸易课题科研、国际贸易创新创业项目以及国际贸易学科竞赛，以此有效支持技术应用型人才的培养，推动学生实践创新能力的发展。例如某技术应用型高校国际贸易专业由学院组织和指导开展了实验第二课堂活动，如模拟商务谈判大赛、经贸合伙人就业人才需求分析活动、电商平台发展状况及对策研究创新创业项目等。除此之外，以国际贸易为主题开展了技能比赛，包括电子商务交易平台的跨境电商模拟比赛、商务谈判比赛等。此类实验第二课堂活动为国际贸易专业学生提供了交流与学习的平台，同样也考查了学生的专业知识、专业技能和灵活处理能力，实现实践与理论教学的衔接，有效培养学生的实践能力和创新能力，促进学生专业能力、职业素养的全面发展。

（五）完善实验评价体系，加强实验过程监控

在技术应用型高校国际贸易专业实验教学中，完善的实验评价体系能够突破实验教学的难点和痛点，评估学生的实验学习过程和实验结果。应用终结性评价与应用形

成性评价相融合的实验评价方案，实现了对实验教学的全过程监控，提升了实验教学的有效性和高效性。

第一，应用终结性评价，评估学生的实验成绩和实验结果。终结性评价是教学活动中常用的评价方式，更关注学生的学习成果和学习成绩。尤其是在实验教学中，正确的合理的实验结果充分反映了学生的学习成果和实验操作的准确性。传统的终结性评价方式仅关注学生的实验成绩，由教师自主确定考核标准。这种评价活动难以激发学生的实验兴趣和积极性。在国际贸易专业实验教学改革过程中，终结性评价方案也是不可或缺的评价手段。为弥补终结性评价方式的不足之处，教师要分解与细化考核目标，不仅关注学生的实验成绩，也要评估学生的平时成绩、过程考核成绩和实验报告，以此使终结性评价结果更加有理有据。

第二，应用形成性评价，关注学生的实验过程，推动学生展开自我反思。在国际贸易专业实验教学活动中，实验教学目的在于提升学生的专业能力，因此在实验评价体系中教师要关注学生的实验过程，应用形成性评价方法将实验教学评价贯穿于实验全过程中。比如在国际贸易实务实验中，教师应用虚拟仿真实验软件，跟踪学生的实验全过程。应用软件的在线反馈和数据记录功能，评估学生的学习行为，在软件功能的支持下，将学生的学习过程以清晰完整的实验数据体现出来。在学生实验过程中，学生也能在虚拟仿真实验软件中实时了解各个实验环节导致的实验结果，以此不断优化实验方案和实验过程。

四、结论

总的来说，技术应用型高校国际贸易专业实验教学是实践性教学的重要环节，也是锻炼学生应用理论知识解决实际问题的重要训练活动。尤其是针对国际贸易专业展开实验教学改革能够充分迎合国际贸易行业发展现状，为国际贸易专业学生提供实践操作条件和操作机会，提升学生的问题灵活处理能力。在设计国际贸易专业实验教学时，教师要深入分析人才培养方向，设计多层实验目标，关注学生实验教学的主体地位。在具体实验教学中，教师要结合对应贸易企业和国际贸易发展现状，分析人才需求方向，确定实验教学目标。同时丰富实验软件资源，应用项目式教学法拓展实验第二课堂，完善实验评价体系，以此优化国际贸易专业实验教学体系，落实高校技术应用型人才培养目标，培养国际贸易专业高素质、应用型、技术型专业人才。

参考文献

［1］周照兴，宋淏芃．“一带一路”倡议背景下“国际贸易实务”课程虚拟仿真实验教学建设与探索［J］．产业与科技论坛，2024，23（8）：124-127.

［2］杨静，胡维娜．“双一流”建设背景下的高校专业实验教学改革探索［J］．

产业与科技论坛，2023，22（8）：128-129.

［3］于林英. 产教融合多元化教学模式下国际贸易虚拟仿真实验体系构建［J］. 电子元器件与信息技术，2021，5（11）：246-247.

［4］张玉芳，郭蕊，张吉国，等. 基于学生能力培养的国际贸易实验教学平台构建与实践［J］. 中国现代教育装备，2020（11）：49-51.

利益冲突视角下应用型本科院校校企共建实践基地探讨

李润发　易　巧　王　欧

【摘要】校企共建实践教学基地是应用型本科院校提高实践教学水平和服务于区域经济发展的重要途径。由于实践基地当事人之间存在难以避免的利益冲突，共建基地面临着纠纷多、流于形式等问题。本文将分析共建基地当事人之间的利益冲突，深挖冲突的原因，进而提出加强共建基地建设的对策。

【关键词】校企合作；实践基地；利益冲突

应用型本科院校实现人才培养目标和服务于区域经济发展离不开实践教学基地的支撑。由于受到师资、场地等因素限制，应用型本科院校往往要与企业合作共建实践基地（简称“共建基地”）。应用型本科院校（简称“院校”）是我国高校扩招以来的新事物，共建基地面临的问题较多、积累的经验不足。教育部门重视推进共建基地，促成校企合作建设了一大批实践基地。院校普遍重视共建实践基地，纷纷与各类企业合作建设实践基地。尽管共建实践基地已经取得了显著的成绩，但仍然面临着许多难以解决的问题，如大量的校企共建基地烂尾、共建基地仅用于装门面、校企双方纠纷频发等。导致共建基地问题的原因很多，其中利益冲突是最根本的原因之一。本文将从利益冲突的角度分析共建基地存在的问题，探讨如何共建校企合作基地。

一、共建基地当事人的利益冲突分析

1963年斯坦福研究院首次提出利益相关者概念，随后许多学者研究利益相关者理论，有人认为理想的企业目标要综合考虑股东、员工等相关者的利益。共建基地至少涉及企业、学校和学生三个利益相关者，他们间冲突是校企合作面临最重要的问题之一。校企合作利益冲突分类不一，有学者将校企合作利益冲突分为行动性利益冲突和结构性利益冲突。

（一）行动性利益冲突

校企双方拥有的资源不同，合作的目的是通过资源交换来满足当事人特定的目标，当合作目标不能实现时，冲突便产生。例如，企业参与共建基地建设要付出资金等成本，当其从共建基地中获得的收益低于其成本时，企业的积极性便受到打击。笔者经历的一个共建基地建设就因行动性利益冲突而半途而废。合作企业原本期望通过共建基地来开发程序并使之商业化，基地刚运行不久，企业发现学校的教学管理制度和学生的职业素养与其期望差距过大，经诸多尝试均不能满足企业的用人需求和业务需求，企业中途退出，基地半途而废，双方不欢而散。在通常情况下，学校对企业的资源需求大于企业对学校的资源需求，加之共建基地投资的收益不稳定，企业参与基地建设的动力不足，不少基地半途而废。

（二）结构性利益冲突

共建基地需要学校、学生和企业一致行动，当事人需要一定程度地放弃其自主权以换取一致行动。学校要部分地放弃其对学生的管理权，企业要部分地放弃其对正式员工应有的控制权，学生要在一定程度上放弃其自主选择权（如就业、周末和节假日自主支配权）。特定当事人预期其他当事人会在一定程度上放弃其自主权，若当事人不能如其他特定当事人预期那样放弃自主权时，冲突便可能发生。例如，学校对学生的控制权至少部分地转移到企业手中；取得对学生的控制权之后，企业可能过度地扩大其对学生的支配权力，如要求学生超时加班以完成任务，这可能导致学生的不满，甚至强烈反对。2007年，本文笔者之一参与的广州某五星级宾馆的共建基地便面临此类问题。当时正值广交会，酒店的接访外宾任务繁重，许多学生声称太辛苦而抱怨，甚至罢工，辅导员、校内外指导教师共同做学生思想工作，并调整酒店工作安排，学生的怨气才得以平息，濒临中断的合作得以继续。

二、共建基地当事人利益冲突产生的原因

（一）当事人的目的不一致

企业、学校和学生三个参与主体的利益不一致是发利益冲突的根本原因。从企业与学校之间的关系看，学校是以培养人才为目的公益性组织，企业是以追求利润为主要目的的营利性组织，他们之间难以和企业之间那样以商业利益为纽带形成合作关系。尽管少部分有公益心的企业不计经济利益与学校共建基地，大部分企业的目的还是从共建基地中直接或者间接地获取经济利益，当企业着重从经济利益角度来处理问题时，企业行为很可能与学校的育人目的发生冲突。学生有接受学校教学、生活管理的义务，学生与学校在诸多方面利益一致，但学生作为相对独立的主体和接受教育的一方，其与学校的目

的也存在一定程度的冲突，例如学校为了省事成批地把学生安排到一个基地，而不顾学生个性化学习需求。学生追求个性化的职业发展目标，学生的追求与企业能提供的工作机会可能不一致，一些学生毕业之后离开了合作企业，而没能如企业预期的那样留下来。

（二）当事人之间权利义务不明确

共建基地当事人之间的权利义务关系往往不明确，包括法律上的、行政上的关系，以及基地当事人所约定的权利义务关系不明确。

从企业与学校间的关系看，可以是一种契约关系，也可能是情谊或者其他关系。理论上，共建基地之前应当明确校企双方的权利义务关系；现实中，经常是走一步看一步，各方权利义务关系尚未明确就匆匆行事。例如，本文笔者之一曾经与广州某家企业洽谈基地建设事宜，对方也表现出合作的诚意；当笔者提出要把权利义务关系明确下来时，对方没想清楚能够承担多少义务，以考虑一下为由委婉地拒绝了；时间紧迫，又不希望放弃合作机会，双方未能明确权利义务关系便共建基地，结果基地使用不到一年就因约定不明确而发生了纠纷，最终不欢而散。又如，现实中不少基地是凭着企业管理者与教师之间的私交敲定合作关系，当基地的初创参与人因离职等原因而不参与基地维护时，共建基地有可能难以为继。

学生和企业之间的权利义务关系往往不明确。正常的劳动关系由《中华人民共和国劳动合同法》等法律规范和企业管理实践经验、习惯来处理，权利义务关系是明确的。通常情况下企业不能基于劳动合同来管理学生，但企业可能为利润最大化而以正式员工的模式来管理学生，但学生在基地的实践活动只是其接受教育的一部分，这为冲突埋下了伏笔。另外，企业与学校的根本目的不同，当学校和企业对学生的管理权限界定不明确时，各种分歧也易导致冲突。

此外，学生与学校之间的权利义务关系往往不太明确。理论上，有公法上的特别权利关系和教育法上的教育契约关系两种争论；实践中，学校与学生的关系也不明确，导致学生与学校之间的冲突。

（三）基地建设与教育需求不相适应

我国高等教育已经进入普及阶段（高等教育毛入学率超过50%），除少数高校定位于培养学术型人才外，大部分高校以培养应用型人才为主。2015年三部委联合发文指出要引导部分普通本科高校向应用型高校转变[，未来大部分普通本科院校将向应用型本科院校转型。相对于培养生产、管理一线应用技能型人才的高职高专学校，应用型本科院校培养的是有一定理论功底的应用型人才。

我国产业正在转型升级和即将进入高收入国家行列，院校定位服务于区域经济转型升级和人们更个性化的教育需求。因此，共建基地的规划、设计、建设和运行理应服务于社会经济发展，满足人们教育升级的需求。但是，一些应用型高校基地建设还处于增加数量的阶段，基地质量还没有得到应有的重视。例如，没有考虑到区域内企业转型升级的需求，而是满足于简单地给学生一些接触实际工作的机会，结果是共建基地不能很好地响应企业转型升级的人力需求。又如，基地建设没考虑学生个性化的教育需求，基地吸引力不够，学生参与积极性低，基地形同虚设。

三、加强共建基地建设的对策

（一）挖掘合作机会，由资源依赖转向资源互补

高校与企业所拥有资源的稀缺程度不同，这意味着共建基地的各方资源互补是可能的。企业能为实践教学提供场地、实践师资等教育资源，学校和学生能为企业发展提供劳动力、知识等资源。实际中，往往是学校依赖于企业的资源建设实践基地，而企业所需要的学校、学生资源难以转化为企业效益。

在转型升级大背景下，院校与企业合作机会多，其中共建基地将是双方合作的重要形式。我国经济正由要素投入驱动转向创新驱动阶段，大量的企业正在转型。在创新驱动型经济阶段，管理、理工等领域的科研成果通过一系列的中间环节被广泛地运用于全社会各个领域。创新成果未能有效转化等问题已经成为制约创新驱动发展战略实施的关键因素，院校要从解决科研成果产出到推广的关键中间环节着手，找准切入点与企业共建基地，使之成为科研成果理论与实践之间的桥梁，使基地既能用于培养应用型人才，又能为合作企业带来经济利益，有利于从根本上解决学校与企业利益冲突问题。

（二）明确当事人权利义务，为增进共同利益扫除障碍

当事人之间合作事宜、合作形式的多样性，没有若干标准的合作范例、合作模式来供当事人选择以明确他们之间的关系。因此，要明确从规划、敲定合作方案、基建建设到运行整个过程中各方的权利义务。从企业与学校间关系看，有股权式、契约式、情谊式等共建模式，不同的模式适用的法律法规不同，各方要依据法律规定、惯例和双方合作的特点明确界定各方权利义务，避免合作过程中不必要的争执而影响合作关系。学生作为基地的受益人和重要参与者，其与校方、企业间的关系要明确，企业与学生之间的关系怎么定位？是否属于劳动合同关系？学生需要遵守企业的哪些纪律？基地建设是否听取学生意见？类似问题要在合作时明确地回答。

（三）个性化实践教学，提高基地的吸引力

院校的教学规律与高职高专有所不同，其学生的定位和学习需求也有所不同。院校毕业生要在理论与实践之间架设桥梁，在理论支撑的基础上从事应用性研究和成果推广工作。毕业生不只是日复一日地重复劳作，而是更要有战略眼光，要在实践中运用新理论、借鉴新经验以解决专业性问题，也即本科层次应用型人才的工作领域是多样性的，因而要针对学生的兴趣爱好和专业领域发展的需要，提供个性化的实践教学

服务，以提高实践基地的吸引力。个性化的实践教学给共建基地带来了挑战，需要提供许多基地供学生选择，新型的共建基地难以实现传统基地所具备的“规模经济”。要打破传统“整班出动”实践教学模式，采用“化整为零”方式将学生安排到各种实践基地。实践基地的形式多样化，以营销专业为例，可以是出资共建数据处理中心供全班人学习，也可单个或少数学生直接参与企业的特定任务（如一个广告项目）。

综上所述，当事人存在难以避免的利益冲突，其原因包括：当事人目的不同、权利义务不明确和基地建设与教育需求不相适应。为此，要化解利益冲突以加强共建基地建设，挖掘合作机会以实现资源互补，明确当事人权利义务以增进共同利益，实施个性化实践教学以提高基地的吸引力。

参考文献

［1］新华网．2019年教育部产学合作协同育人项目对接会举办［EB/OL］．［2020-10-15］．http：//education.news.cn/2019-11/30/c_1210376010.html.

［2］何成辉，苏群．应用型本科院校学生能力培养途径的探讨［J］．中国高教研究，2002（3）：73-74.

［3］付俊文，赵红．利益相关者理论综述［J］．首都经济贸易大学学报，2006（2）：16-21.

［4］王振洪．校企利益共同体的价值取向及其实现路径［J］．中国高教研究，2014（2）：78-80；94.

［5］张炼．产学研合作教育中的利益冲突及对策研究［J］．黑龙江高教研究，2001（4）：9-12.

［6］肖凤翔，陈凤英．校企合作中利益冲突与整合路径［J］．中国职业技术教育，2017（36）：24-28.

［7］黄文伟．职业教育校企合作主体利益冲突与政策调适——理性选择理论的分析视角［J］．教育发展研究，2014，34（19）：51-54；79.

［8］陶泱霖．企业参与职业教育校企合作的动因、冲突结构与消弭之策［J］．教育与职业，2018（23）：31-37.

［9］尹力．试论学校与学生的法律关系［J］．北京师范大学学报（人文社会科学版），2002（2）：97-106.

［10］教育部．教育部国家发展改革委财政部关于引导部分地方普通本科高校向应用型转变的指导意见教发〔2015〕7号［EB/OL］．［2020-10-15］．http：//www.moe.gov.cn/srcsite/A03/moe_1892/moe_630/201511/t20151113_218942.html.

［11］潘懋元，吴玫．高等学校分类与定位问题［J］．复旦教育论坛，2003（3）：5-9.

［12］吴中江，黄成亮．应用型人才内涵及应用型本科人才培养［J］．高等工程教育研究，2014（2）：66-70.

共享经济视角下高校实验实训资源共建共享机制理论研究

林　霞

【摘要】实验实训是高校培养应用型人才，提高人才培养质量的必要和有效手段，当前各高校之间存在着实验实训资源的重复建设与资源的有效利用不足等问题。实现高校间实验实训资源的共建共享需要改变观念，建立健全相应的机制才能使这项工作有序高效进行。建立高校实验实训资源共建共享机制，是解决各高校实验实训资源之间重复投资、分散投资、利用效率不高等问题的首要工作。

随着经济全球化发展，应用型本科高校为国家经济建设培养越来越多的实践型人才，满足了社会对综合应用型人才的需求。实验实训是学校开展实践教学、提高学生实践动手能力和综合素质的重要手段。但就目前来看，实验实训资源并没有很好地实现共建共享，实验实训资源开发存在着较大的难度，各高校建设中又存在重复投资、分散投资、实验实训资源利用率不高等问题。如何实现高校实验实训资源的共建共享成为亟待解决的问题。

【关键词】共享经济；实验实训资源；共建共享机制；高校发展；政策支持

一、共享经济

资源共享一词起源于网络，原本是指许多网络爱好者不在乎利益，把自己收集的资料通过网络平台共享给大家。从经济学的角度来看，应用型本科高校实验实训资源的共建共享应该建立在共享经济的基础上。共享经济又被称为分享经济，主要是针对闲置资源，通过搭建平台重新对闲置资源进行合理配置。

二、资源共建共享的意义

从政府层面来说，我国一直提倡建设环境友好型、资源节约型社会，共享经济正好就是集中社会资源，用廉租的方法提供给公民使用，这也就使得每一件共享经济产品相对于共享经济出现之前的边际成本将会变得越来越小，使用的社会资源会逐步锁定在一个相对的区域，这样我们就会节约更多非必需的资源，对国家甚至世界以后的发展也是非常有利的。

从学校层面看，实验实训资源共建共享可以减少学校在实验实训室等方面的重复建设，减少不必要的支出，还可以通过共建共享提高实验实训资源的效益，使其实现一种自身的良性循环。

从企业层面看，高校资源的共建共享还可以是学校与企业之间的共建共享，各高校所建立的校内外实践基地，一是依托自身的专业，二是企业提供优势资源与高校进行共建。高校之间进行共享，可以起到互惠互利作用。

从学生层面看，学生可以更好地学到与专业有关的知识，高校之间的实验实训资源将更有利于培养和提高学生实验实训专业技能。学生可以通过学校整合使用的优势资源，获得更好的教育教学资源，提高学生应用型专业能力。

三、高校实验实训资源共建共享的政策支持

党的十八大以来，生态文明建设已经纳入中国特色社会主义建设“五位一体”总体布局。十八届五中全会进一步提出了创新、协调、绿色、开放、共享的新发展理念，开放、共享已经成为“十三五”和今后经济社会发展的基本理念。随着应用型本科高校人才培养质量的要求，对优质、特色的实验实训资源需求显得越来越重要。传统的个人独立的资源管理方式显然已经不再适用。如何解决实验实训资源共享的问题，成为目前高等学校实验实训中心建设的一个重要难题。2014年国务院颁布了《关于国家重大科研基础设施和大型科研仪器向社会开放的意见》（国发〔2014〕70号），指出加快推进科研设施与仪器向社会开放，进一步提高科技资源利用效率。2015年教育部办公厅出台《关于加强高等学校科研基础设施和科研仪器开放共享的指导意见》（教技厅〔2015〕14号），指出要切实推进高等学校科研基础设施和科研仪器的全面开放，充分共享，提高科研设施和仪器使用、配置的效率与效益。随后各省市分别出台了相关的资源共享指导性文件，部分高校也制定了相关的实验实训资源共享制度，但至目前为止多流于形式，而未能落到实处。

四、高校实验实训资源共建共享的基本原则

（一）优势互补原则

高校资源共建共享的是为了实现各高校实验实训的优势互补，也就是说各个高校有自己的优势，也有自己的劣势。比如在广州市花都区几所高校，每所高校在实验实训资源上的优势各有不同，以华南理工大学汽车学院为例，主要侧重于汽车相关的实验实训室，那么就要发挥自身优势与周边的高校分享实验实训资源，实现资源的优化

配置。

（二）互惠互利原则

资源的共建共享不能是纯公益性质的，更多地应做到互惠互利，即其他高校在使用本校实验实训资源时，应当承担使用该校实验实训资源的相关费用。而提供实验实训资源给其他高校的单位可以向使用者收取相关的费用，如租借使用费等。

（三）相互促进原则

实验实训资源的共建共享可以实现各高校实验室建设良性循环。比如实训室的对外开放，可以提高高校自身的影响力，可以获得充足的资金来源，资金又可以重新投入实验室的建设中。

（四）综合提高原则

高校实验实训资源的共建共享最终是为了实现各高校实验实训水平，提升高校的竞争力，培养更高质量的高校毕业生。整体提升目的，包括高校竞争力、教学质量、教师教学水平、学生实践能力等多个方面，实验实训资源的共建共享，是优势资源的共建共享。

五、建立高校实验实训资源共建共享机制

（一）制定共建共享管理机制

要实现高校实验实训资源的共建共享首先要建立相应的管理机制，例如对许多高校实验室、实训室资源的闲置，可以由各学校进行统筹、规划和协调，在学校内部建立实验实训中心管理工作领导小组，由主管教学工作的校级领导和实验实训中心领导指导各项工作建设，也方便在实施实验实训资源共建共享过程中，实现有效的沟通和工作的落实，做到工作到位、责任到人、领导统一指挥。同时，建立一个实验实训资源共建共享评估机制，有利于对实验实训资源实施共建共享后的效率与绩效水平进行评估，有利于提高资源共建共享效率。

（二）完善信息沟通机制

高校之间实验实训资源的共建共享离不开信息的有效沟通。高校之间充分利用闲置的实验实训室，需要借助信息沟通平台，实现信息的互通。教学资源的共建可以借助计算机网络系统，共建共享高校之间可以互相查询到相关的信息，对共享资源进行利用。信息沟通机制的建立，一是落实人与人之间的对接，二是落实资源的对接。

（三）树立效益机制

高校资源的共建共享可以是无偿的，通过互相帮扶结对子的方式，互相交换实验实训资源，也可以是团队协商、共同合作，以共建的方式完成实验实训资源的打造，同时也可以是有偿的服务。对于教学资源来说，优秀教学课件可以通过版权出售的方式，出售给其他高校，如果是实验室，则可以通过租用的方式提供给有需要的高校。因此，在实验实训资源共建共享的具体实施中，需要建立相关的效益机制。

实验实训教学是高校专业改革和课程改革的重要环节，是落实专业培养目标，全面提高学生职业素养的重要途径，积极开发和有效利用实验实训教学资源是专业改革和课程改革具体实施的重要保障。要建立与高校教育教学工作相适应的实验实训教学资源是一项庞大的系统工程，实现高校园区所属高校实验实训教学资源协同建设，有利于各高校充分利用有限的资金，最大限度地发挥资源的利用率。然而，就目前来说，一些高校即使处在同区域，同一地理位置，即使资金十分紧缺，也都各自为政，重复投资建设一些耗资较大的校内实验实训基地，社会综合效益低。

总之，高校实验实训资源的共建共享是非常有必要的，既符合国家提倡的建设节约型社会的政策举措，又能更好地服务于各类型高校，提高高校的办学水平，提升学生的专业技能，同时还能通过实验实训资源的共建共享推动整个区域教育工作的全面落实，有利于打造区域教育竞争力。要落实好高校实验实训资源的共建共享需要建立相关的机制，制约和推动整个工作稳步进行。

参考文献

［1］魏玮．新建地方本科院校实验实训资源整合利用探索［J］．开封教育学院学报，2018，38（3）：126-127.

［2］吴健，陈豪．“互联网+”背景下高校实验实训中心实践素养教育的探索与实践［J］．电脑知识与技术，2017，13（26）：162-163.

［3］杨志彬．基于虚拟化的经济管理类跨专业综合实验实训平台保障研究［J］．现代计算机（专业版），2015（27）：50-53.

应用型本科高校实验实训资源共建共享对策分析

林　霞

【摘要】随着人工智能（AI）技术的迅猛发展，其在电子商务领域的应用日益广泛，深刻改变了行业的运营模式和人才需求结构。本文聚焦于AI赋能背景下电子商务专业人才培养的教学改革，深入剖析当前人才培养面临的挑战，提出具有针对性的教改策略，旨在为培养适应AI时代需求的复合型电子商务专业人才提供理论支持与实践指导。

【关键词】实验实训资源；共建；共享；对策

2015年12月，教育部办公厅发布的《关于加强高等学校科研基础设施和科研仪器开放共享的指导意见》指出，加快推进高等学校科研设施与仪器在保障本校教学科研基本需求的前提下向其他高校、科研院所、企业、社会研发组织等社会用户开放共享，并提供专业化服务，实现资源共享，充分释放服务潜能，支持创新创业，支持小型微型企业发展，为实施创新驱动发展战略和创新创业提供有效支撑。2016年，教育部、财政部、人力资源和社会保障部等部门联合下发的《职业学校学生学习管理规定》明确提出："学生实习是实现职业教育培养目标，增强学生综合能力的基本环节，是教育教学的核心部分。应用型高校要专注培养技术技能和创新创业能力，整合专业基础课、主干课、核心课、专业技能应用和实验实践课。"实验实训是提高学生专业技能与应用能力的有效途径，但就目前来说，各高校甚至各专业对实验实训资源的建设还处在各自为政的状态，非常不利于综合运用高质高效资源提高新时代应用型大学生专业技能。落实应用型本科高校实验实训资源的共建共享能切实有效地提高实验实训项目的开展质量，提升学生的创新能力和实践动手能力。

一、实验实训资源类型及存在问题分析

对实验实训资源进行梳理分析，可以将高校实验实训资源划分为以下四大类：实验实训教学资源、实验实训设备资源、实验实训场地资源、实验实训师资资源等四大

类。就目前而言各类实验实训资源在实现资源共建共享方面存在着不同的问题。

（一）实验实训教学资源

实验实训教学资源主要是开展实验实训项目所使用到的课程实训大纲、实训指导书、实训案例、课件等教学资源。这类教学资源可以集中优势资源共同建设，如某些课程的实训大纲制定可以由专业相关的老师一起结成团队共同完成，而不局限于某个学校某个专业的某一位任课老师。这样可以使完成的教学资源更高质，应用性更强，打破由专人专用的局面，使优秀的教学资源能服务于更多的师生群体，同时，使用共建共享的方式，更符合当今社会创新发展、协调发展、绿色发展、开放发展、共享发展理念。在一个高校内如果有两个或两个以上专业开展某门课程实验实训教学资源建设，如重点课程、视频公开课等的建设，或者相近区域多个高校同时开展同一课程实验实训教学资源的建设，其实都在一定程度上存在着实验实训项目教学资源的重复建设，建成后更无法将同一门课程的实验实训教学资源建设资源作为其他专业或高校可利用的有用资源。

（二）实验实训设备资源

实验实训设备资源主要是指一些试验仪器、实验软件、实验硬件、实验设施、检测检验工具、教科研仪器设备等，一些高价值的检验检测机器，以及一些专业需要装载教学软件的电脑设备等。如食品检验使用的检测分析仪器设备，这类资源比较容易开展共建共享，可以采用集资购买，共同使用，但目前大多数高校都是自己购买，自己使用，这样无疑加大了高校建设资金压力，又产生了重复建设的问题。所以，对于一些高价值的设备资源更应该开展共建共享。

（三）实验实训场地资源

实验实训场地资源可以分为校内和校外两种情况，校内主要是一些实验实训室、校内实训基地，而校外主要是各个高校与企业、部门共建的专业实训基地、实训场地，这类实验实训场地可以集中起来进行管理和利用。就现状来说，实验实训室仍是以满足专业学生需求为主，各高校自主建设，二级学院、系部自主管理、自主使用，导致部分专业实验实训室建成后利用率不高、空档期较多，而部分专业则无实验实训室使用等问题。

校外实验实训资源（如实训基地）又存在开发数量不足，专业开发后缺乏深度合作，致使校企合作流于形式，校外实践基地使用率不高，没有有效地发挥其应有的作用。

（四）实验实训师资资源

实验实训师资资源主要是指承担专业实验实训项目教学的老师，包括实验实训中心实验老师。目前来说，实验实训师资资源良莠不齐，许多高校理论教师也兼任实验实训教师，导致教学水平质量不高，部分高校或专业实验实训教师没有机会更好地给其他专业提供教授机会。人们常说术业有专攻，实验实训师资资源可以在专业间、校校间进行调配使用，更有利于提高实验实训项目开展的质量，更好地起到培养学生综合素质、创新能力的作用。

二、高校实验实训资源共建共享模式

（一）校内共建共享

目前高校实验实训资源，尤其是实验实训室仍然以二级学院或院系自主申报项目建设为主，项目批准后，学院相关部门根据二级学院或院系部要求负责建设，建成后二级学院自主管理为主，而相当多的二级学院再将实验实训室建设项目下发到各个专业，由专业根据需要自主申报。各专业之间都有自己的实验实训资源，各专业之间又缺少沟通，导致实验实训资源无法更好地被利用，部分实验实训室设备陈旧、利用率不高，实验实训教学资源质量不高，师资不足或水平有限，导致实验项目开出效果不显著或开出率不足等问题。因此，在考虑到学科类别和专业特征的基础上，校内可以首先开展专业之间实验实训资源的共建共享。

1.实验实训中心统筹、规划

校内实验实训资源的共建，高校需建立实验实训中心。以广州工商学院为例，学校建立实验实训中心，学校主管教学工作的校级领导和分管实验实训教学的中层管理干部负责指导各项实验实训项目建设工作，对校内所有实验实训资源进行统筹、规划，研究各个二级学院、系部是否存在重复建设，或者建设使用率不高等情况，因此，在实现资源共建共享的基础上仍需要制定一个符合学校实际情况的建设考核评价体系，以提高校内实验实训资源的利用效率。

2.统一管理与分类管理并存

将所建成的实验实训室进行分类管理，对专业性强、使用带有专门性的实验室划归各二级学院或院系专业自行管理，也可以由其自己组织成员开展共建共享；对具有共用性、综合使用的实验室则由学校设立的实验实训中心负责管理，灵活安排可以在学校各专业内或各个高校之间实施共建共享。

3.跨院系专业融合

专业之间融合可以有效避免实验实训教学内容单一、实验实训项目设置陈旧的问题，目前由于大部分的专业实验实训项目存在不够完整、主观随意性大等问题，严重影响和制约了学生综合能力的培养和提高，学科之间缺乏横向联系。专业之间缺少互融互通，同样导致部分实验实训项目重复设置，不能很好地满足人才培养的需求，实验实训项目也未能贴合工作岗位需求。通过专业融合，可以共同制定实验实训项目，更有利于提高教学质量。

（二）校校间共建共享

1. 打造校校间共建共享平台

高校之间实验实训资源的共建共享需要依赖于大数据平台，建立共建共享平台。合作共建高校，将各个高校可以开展共建共享的资源录入平台，也可以将自身可以与他人开放共享的资源信息录入平台，使该资源能被充分有效地利用起来。

2. 互通有无

借助资源共建共享平台信息也可以使高校间对已经存在的资源实现互通有无，这样才能避免重复建设，对于已经有的资源可以进行改进和提高，而不是把精力花在重复建设这类无意义的工作上，应该将精力放在提高质量上。

3. 集中优势共建共享

区域高校间可以利用自身优势开展实验实训资源的共建共享，如广州市花都区高校可以建立校际联盟，利用同一区域的高校联合开展实验实训资源的共建。华南理工汽车学院更专注于汽车行业发展，在理工科项目上专业性更强，相对应其在机械类实验实训资源更丰富，学术水平更高，因此，邻近的技师学院、行政学院可以与其进行理工科类实验实训资源的共建共享。而文史类更具有优势的行政学院就可以为其提供文史类专业的实验实训资源共建。高校间可以集中优势，把最优质的资源整合在一起，才能更好地打造精品。

（三）校企间共建共享

《中共中央 国务院关于深化教育改革全面推进素质教育的决定》中指出："高等学校要加强社会实践，组织学生参加科学研究、技术开发和推广等社会服务活动。社会各方面要为学校开展生产劳动、科技活动和其他社会实践活动提供必要的条件，同时要加强学生校外活动和社会实践基地建设。"高校要尽可能争取社会的支持，寻找投资机遇，与企业共建、合作开发、共同管理、共享成果。吸引企业共建场地、设备，引进企业先进的生产、管理理念，应用于高校的实验实训教学中。同时，还可以吸引优秀的专业人员参与到学校的实验实训教学工作中，实现真正意义上的共建。以广州工商学院为例，学院与"爱上美"等企业合作投入20多万元资金，共同建设大学生创新创业实践基地。2016年5月，由学校提供场地，企业投资120余万元共建"JDer京英荟"校内实训基地。利用企业真实项目进行课堂教学和实践教学，进一步探索增强学生实践能力的教学新模式，提高学生职业发展、创新创业能力。按照国家有关规定高校与企业之间都有校企合作项目，如一些校外实践基地，这样高校可以与企业共同开展实验实训项目，如一些实验实训教材，将企业有经验人士纳入教材建设当中，共同开发更能满足岗位需求的实验实训项目。同时可以借助企业现有的资源给学生提供实训实习场地，按国家有关规定，本科专业需要建设校外实践基地。校外实践基地需要能容纳一定的学生开展实践实习，学校与企业进行共建，企业能更清楚自己所需要的人才素质、职业能力，而高校也能与企业联手，培养更适合于企业生产经营实践的高校应用型人才。

（四）学校、科研机构共建共享

部分科研机构有相对专业的仪器设备，这类设备可以对外进行租借使用，如药品监督管理局的检验检疫仪器设备，可以提供给高校使用，可以减轻部分高校重复购买该项仪器设备的资金压力。当然高校也可以主动与一些科研机构、单位等共同出资购买、共同使用。

三、高校实验实训资源共建共享对策

在依托实验实训资源共建共享平台的基础上，各类型实验实训资源结合资源特征进行共建共享。

（一）实验实训教学资源共建共享对策

教学资源是在各类实验实训资源中比较容易开展共建共享的，主要的特点是带有知识产权性质，教学资源可以实现跨地区、跨高校大范围地进行优势资源整合。对某些实验实训项目教学资源的共建共享可以采用招标的方式进行，所谓的招标不是价高者得，而是由资源建设方在平台上发出招标启事，招贤纳士，既可以向专业人士直接抛出橄榄枝，又可以通过发布公告，由具备专业能力的专家学者，共同组成一个共建团队，共同开展项目的资源建设，资源建设完成后，可以提供给共建的高校学者所属的部门无偿使用。对于有需要该资源的其他高校组织则可以收取适当的资源使用费，费用的多少可以由双方协商确定，也可以实行市场机制，这也是对该资源建设者的一种表彰。

（二）实验实训设备资源共建共享对策

设备资源的共建共享，会受到地域范围的影响，学生要使用其他高校或科研机构的仪器设备，又涉及学生的接送问题，如果使用设备距离所在的高校路程太远，将无法实现真正意义上的共建共享，这种超范围的共建共享可以说是无意义的，劳民伤财，可见，距离会阻碍设备资源的利用。因此，设备资源的共建共享应该划分一定的范围，在可使用范围内的高校或科研机构、单位组织联合进行设备资源的共建共享。既可以共同出资购买一些价值较高的设备，也可以将自身已经有的设备通过共建共享平台发布出去，需要使用的高校可以通过平台查询预约使用。设备资源的使用也可以采用收费的方式，设备的所有者可以将可使用时间通过平台进行发布，同时可以进行明码标价，由其他高校择优选择。

（三）实验实训场地资源共建共享对策

场地资源是另一个受地理位置限制的共建共享资源，距离同样会限制其共建共享的可行性，校内实验实训室、校内实践基地，以及校外实践基地都会因为距离而影响其利用率，利用率低则无法达到培养和提高学生实践能力和专业知识的作用。目前来说，校内校外实验实训场地的建设还是以各个高校自建为主，一是校内主要满足本校各专业需求，如果对外开放，其他高校或单位需要考虑距离、交通等问题，较难以实施。二是校内建设实验实训场所，如实验室，采用共建方式，首先需要考虑建在哪所高校里面，如果采用共建方式，则主建方占据了明显的地理位置优势，那么应承担更多的建设成本，同时承担更多的管理问题，而共建者是否有必要参与实训场地资源建设主要结合专业人才培养目标，在开发和参与建设过程中考虑就近原则，使其符合基本的经济性原则。

校外实验实训场地可以使用的资源总体来说并不多，以各高校建设的校外实践基地来看，要满足逐年递增的高校大学生显然难度相当大。但校外实践基地是教师和学生接触社会、了解社会，掌握就业形势和人才需求状况的直接窗口，是学校培养人才与社会经济发展紧密结合的重要渠道。校外实验实训场地主要是在满足自身需要的前提下，适当地对其他高校开放，可以借助共建共享平台，实行预约，使用指定。当然提供资源的高校或合作单位也可以适当地收取必要的使用费用。

（四）实验实训师资资源共建共享对策

实验实训师资共建共享主要集中在实验实训教师的培训和教师的教学互助上，高校可以提供实验实训教师的培训工作，我们完全可以将专业间、高校间、校企及科研部门的教学师资资源进行整合，可以跨专业组建有经验的教师共同完成同一实验实训教学资源的共建，然后多个专业甚至多个高校的学生都可以一起利用这里的实验实训教学资源，由选拔优秀的实验实训教师开展相应的教学工作。

总之，应用型高校实验实训资源的共建共享首先应该是观念上的转变，各高校要自觉开放实验实训资源，秉持共建开放共赢的思想，克服存在的困难，才能使该项目落到实处，才能避免实验实训资源共建共享倡议流于形式。

参考文献

［1］赖金志，丁向荣，杨军，等．基于校企研发中心的实训资源共享研究［J］．广东轻工职业技术学院学报，2020，19（2）：35-38.

［2］戴学琼．精品课程资源共建共享研究与实践［D］．长沙：湖南大学，2010.

［3］魏玮．新建地方本科院校实验实训资源整合利用探索［J］．开封教育学院学报，2018，38（3）：126-127.

［4］董飞．高校实训室共享机制构建［J］．中国培训，2016（14）：119；122.

新文科背景下经管类虚拟仿真实验教学中心建设研究①

张晓英

【摘要】本文在调查分析高校虚拟仿真实验教学中心建设现状的基础上，论述了经管类学科虚拟仿真实验教学中心建设的必要性，分析总结了虚拟仿真实验教学中心建设中存在的问题，提出了新文科建设背景下经管类虚拟仿真实验教学中心建设的思路和措施。

【关键词】新文科；经管类；虚拟仿真；实验教学中心

2019年，我国高等教育毛入学率为51.6%，这标志着我国高等教育进入了普及化阶段，也是提质增效的内涵式发展阶段。新的阶段，高等教育面临着新的机遇与挑战，要不断深化改革与创新，着力提升高等教育质量，构建高等教育高质量发展体系，全面提升服务经济社会发展的能力。实践教学是高校教学体系中的重要内容，实践教学水平决定着人才培养的质量，对应用型大学尤为如此。虚拟仿真实验教学是应用型高校实践教学的重要组成部分，是高等教育现代化和信息化的必然选择，也是新时期实验教学的最新趋势和要求。应用型高校要顺应趋势，将人工智能、大数据、物联网等新技术融入实验教学中，构建具有开放性、共享性、兼容性和前瞻性的虚拟仿真实验教学中心，深化实验教学改革，提升人才培养质量。

一、经管类虚拟仿真实验教学中心建设的必要性

（一）适应新时代高等教育高质量发展的需要

《国家中长期教育改革和发展规划纲要（2010—2020年）》《关于全面提高高等

① 基金项目：本文系2019年广州工商学院实验（实训）室建设与管理专项课题“用系统思维指导应用型高校仿真实验教学中心建设理论与实践研究”。

教育质量的若干意见》中先后提出要深化高等教育教学改革，全面提高高等教育质量，大力提升人才培养水平。高等教育的根本目的是为经济社会发展培养高素质的人才，也就是说高等教育高质量发展的核心是提高人才培养质量。随着人工智能、大数据、物联网、虚拟技术等现代化信息技术的快速发展，经济社会发展对人才的需求发生了很大的变化，这对高校的人才培养和教学模式提出了新的要求。虚拟仿真实验教学是培养学生综合实践能力和创新思维的主要手段，建设好虚拟仿真实验教学中心，将会有力地推进实验教学内容、教学方法和教学手段的改革，提高人才培养质量。

（二）推动新文科建设的需要

2019年，教育部、科技部等13个部门联合启动“六卓越一拔尖”计划2.0，全面推进新工科、新医科、新农科和新文科的建设，旨在切实提高高校服务经济社会发展的能力。加快新文科建设已成为现阶段文科教育教学改革的首要任务。新文科建设从根本上来讲是文科人才培养的供给侧结构性改革，是解决文科人才培养与社会需求脱节的重要措施，也是全面提高文科人才培养质量的重要举措。各高校要积极响应新文科建设要求，围绕新时代经济社会发展对人才的需求，通过学科交叉和科际整合推动新文科建设。《教育部社会科学司2020年工作要点》提出将启动高校文科实验室建设，重点支持建设一批文科实验室，促进研究方法创新和学科交叉融合，引领学术发展。在此背景下，虚拟仿真实验教学中心建设是推动新文科建设的重要措施，为培养新文科人才提供有力支撑。

（三）经管类专业高素质创新型人才培养的需要

在教育部批准的300个国家级虚拟仿真实验教学中心中，理工类占比70%左右，而经管类的占比不到10%，这说明经管类学科的虚拟仿真实验教学中心建设相对缓慢，还处在探索阶段。相较于理工类等学科专业，经管类学科专业的社会应用性强，要面向企业需求培养人才，但在实际教学过程中，传统的经管类实验室不能为学生提供真实的企事业单位工作流程和工作环境，使得学生实验实训过程中无法接触到企业真正的岗位工作，影响了实验教学和人才培养质量。虚拟仿真实验教学中心的建设可以弥补常规实验室的不足，为经管类实验室建设和实验教学提供新的思路。经管类学科专业要培养符合经济社会发展的高素质创新型人才，需要借助虚拟仿真实验教学中心建设，将虚拟技术引入实验室建设和实验教学中，将那些演示性、验证性的实验教学项目全部替换成人机互动的虚拟实验项目，高度仿真企业的工作岗位和流程，这不仅可以激发学生的学习兴趣，还可以强化学生实践能力和创新能力的培养。因此建设虚拟仿真实验教学中心，是推动经管类学科专业建设、提高人才培养质量的重要措施。

二、经管类虚拟仿真实验教学中心建设中存在的问题

（一）建设与管理理念落后

一是缺少系统规划理念。制定实验室建设规划是实验教学中心建设的重要环节，因为缺少规划，各专业实验系统都是碎片化、零散化建设，都有自己的数据库，缺乏统一认证，无法进行综合利用，资源整合困难，存在信息孤岛。二是没有落实新文科建设理念。没有新文科理念，没有融入新技术。三是缺少共享理念。虚拟仿真实验教学中心建设，其重要内容之一就是要建立能够实现校内外、本地区及更广范围内的实验教学资源共享，能够满足多地区、多学校和多学科专业的虚拟仿真实验。但是，因为共享理念没有落实到位，各高校虚拟仿真实验教学资源没有实现最有效利用和最充分的开放共享。

（二）实验教师队伍数量和结构不合理

虚拟仿真实验教学中心的建立目标就是要利用仿真实验系统全面提高学生的创新精神和实践能力，而实验教师是这一系统的关键要素，直接决定着虚拟仿真实验教学中心建设的效果。但是，目前的实验教师队伍数量和结构都还不够合理，有待优化。实验教师队伍的构成主要包括专职实验教师、兼职实验教师和实验技术人员。各高校专职的实验教师普遍偏少，而兼职的实验教师虽有经济管理的相关理论知识，但是缺少实践经验，实验技术人员虽有计算机相关知识，但是缺少经济管理专业知识和技能，这就使得实验教学大打折扣，不能完全满足学生创新精神和实践能力的培养。

（三）实验教学资源建设优势特色不突出

各高校在虚拟仿真实验教学中心建设过程中普遍存在以下问题：一是不能正确理解“虚实结合”和“能实不虚”建设原则，本该实际操作的实验项目却用虚拟技术来实现。二是虚拟实验项目数偏少且不成体系，只是给原有的实验项目加上“虚拟”二字。三是自主开发或二次开发的实验项目偏少，大多都是购置商业软件，直接按软件的操作手册完成实验。四是虚拟仿真实验项目、课程等没有很好地体现学科专业建设特色和优势，不能有效地支撑学科专业建设。五是没有充分利用企业的资源优势，实验教学的仿真程度和企业实际的工作岗位、流程和环境还存在不同程度的差距。六是资源共享的范围偏窄，受益面不广。基本只实现校区共享，而校校共享、校企共享还未实现，实验教学资源建设效益还有待提高。

（四）建设成效不显著

通过对全国37所高校虚拟仿真实验教学中心的调查分析发现，影响虚拟仿真实

验教学中心建设的主要影响因素有实验教学中心对人才培养的满足程度、实验室开放程度、实验教学中心制度与体制完善性、学校对实验教学中心建设的重视程度与奖励。根据SPSS软件计算出37所高校的4个因子得分后，再根据因子的权重，确定了虚拟仿真实验教学中心建设效果的综合评价模型。综合得分模型为：F=30.341%F1+24.504%F2+16.245%F3+13.671%F4。从综合得分模型可以看出：实验教学中心建设对人才培养的满足程度因子权重最大，这说明实验教学中心建设对人才培养的满足程度是高校虚拟仿真实验教学中心建设效果评价的关键指标因素。但从满足程度来看，只有10所高校的实验教学中心建设对人才培养的满足程度因子得分是大于1的，这些高校的虚拟仿真实验教学中心建设能满足实验教学和人才培养目标，但还有73%的高校虚拟仿真实验教学中心建设不能满足实验教学和人才培养目标的需要。

三、新文科背景下经管类虚拟仿真实验教学中心建设思路与措施

（一）建设思路

新文科建设背景下，各高校要紧紧围绕新时代经济社会发展对人才的需求，通过学科交叉和科际整合，构建“校院共同发力、上下联动，各学科专业同频共振、协作并进”的具有开放性、共享性、兼容性和前瞻性的高质量经管类虚拟仿真实验教学中心，重点解决经管人才培养与社会需求脱节问题，全面提高经管类人才培养质量。

（二）建设措施

1.科学规划系统建设

经管类虚拟实验教学中心建设需要根据学校办学定位、专业培养目标、学科专业建设需求，按照“虚实结合、相互补充、能实不虚”的建设原则，构建一个“虚实结合、教研结合、校企结合”的高质量仿真实验教学体系，培养符合经济社会发展需要的具有实践能力和创新能力的高素质、创新型人才。经管类虚拟仿真实验教学中心建设，首先要对校院两级管理体制进行系统规划；其次要贯彻落实新文科建设理念，对学科融合、科际融合共建进行系统规划；再次要对实验室建设、实验教学资源建设、实验教学队伍建设、实验教学管理体制与机制建设等建设内容进行系统规划；最后是对校企合作建设内容与运行机制进行系统规划，推动经管类虚拟仿真实验教学中心的高质量发展。

2.加强实验教师队伍建设

目前的实验教师队伍普遍存在的问题是课堂理论教学和实验教学任务双肩挑，即一个师资队伍同时从事两方面的教学工作，很难保证教学质量。因此，经管类虚拟仿真实验教学中心需要建设一支专业水平高、实践能力强、多学科融合、专兼结合的实验教师队伍，为虚拟仿真实验教学中心的管理、教学、科研提供有力保障。一是要建

设数量充足、结构合理的专职实验教师、专业教师、实验室管理人员队伍，二是要引入实战经验丰富的行业、企业专业技术人员，三是要不断加强实验教师队伍的培训，多措并举提高实验教师队伍的建设水平，确保实验教学质量。

3.开发优质实验教学资源

各高校要结合经济社会发展需要、行业企业人才需求、办学特色和学科专业建设需要，大力推动实验教学模式、内容、方式的改革与创新，开发建设优质的、具有自身特色的虚拟仿真实验教学资源。一是要融入新技术，整合、改造现有的实验课程和实验项目，提高实验课程和项目的建设水平和质量；二是开发学科交叉融合的综合性、设计性实验项目，打破专业实验限制，培养学生的综合应用能力和创新能力；三是引入行业企业资源，坚持需求导向，紧密结合经济社会发展的需求，校企协同将行业产业发展最新成果转换为实验项目；四是把教师的科研成果转化为实验项目。多管齐下，校企协同，共建共享，突出信息化实验教学资源建设，推动优质实验教学资源整合与开放共享，提高优质教学资源的建设效益。

4.建立开放共享运行机制

优质实验教学资源的开放和共享是虚拟仿真实验教学中心建设的重要内容，也是落实新文科建设的重要举措。但根据对各个高校虚拟仿真实验教学中心的调查分析，实验教学资源的开放共享还处在起步和探索阶段。各高校经管类虚拟仿真实验教学中心的建设要在校内共享的基础上，进一步完善实验教学资源开放共享管理体制，建立与其他高校、科研院所、行业企业共建共管共享的运行机制，实现实验教学资源最大程度和最高效率的开放共享。一是实现校内各实践环节开放共享。经管类实验教学中心建设要实现实验项目、实验课程、毕业论文、创新创业各环节的打通，实现各专业课程实验和跨专业综合实验的紧密衔接、资源共享，促进各学科的协调发展。二是实现高校之间的开放共享。经管类实验教学中心建设要实现校间虚拟仿真实验教学协同创新、校间虚拟仿真实验教学资源开放共享。三是实现校企之间的开放共享。经管类实验教学中心要坚持需求导向，紧密结合专业特色和行业产业发展最新成果，校企协同建设共享实践平台，实现优势互补，节约成本，提高使用效率，最大程度地发挥学科专业的优势，提高社会服务能力。

参考文献

[1] 彭小建．高等教育新常态下虚拟仿真实验教学中心建设探索［J］．实验室技术与管理，2016（10）：237-240.

[2] 张红霞，杨渊，王向前．高校经管类学科虚拟仿真实验教学中心的建设［J］．高教学刊，2015（18）：238-239.

[3] 刘秀清，葛文庆，焦学健，等．国家级虚拟仿真实验教学中心建设与管理［J］．实验室技术与管理，2018（11）：225-228.

［4］李虹．经管类国家级虚拟仿真实验教学中心建设与实践［J］．实验室研究与探索，2016（6）：139-142.

［5］俞凯兰．经管类虚拟仿真实验教学中心构建方案［J］．实验室科学，2019（4）：146-149.

［6］齐伟，袁帅，宋凡．地方高校文科实验教学示范中心供给侧改革探索——以法学专业为视角［J］．新疆职业教育研究，2020（3）：12-16.

［7］赵琳，潘巧明，吴小红，等．地方高校虚拟仿真实验教学平台建设的探索与实践——以丽水学院为例［J］．丽水学院学报，2016（9）：87-94.

［8］王伟．基于虚拟仿真的经管类实验教学中心建设思路研究——以桂林旅游学院为例［J］．理论观察2020（6）：156-158.

民办高校校外实践基地建设困境与出路

余晓勤　张　慧

【摘要】在国家大力推行"双创"的背景下，实践教育是高校建设的重中之重。然而，相比较于公办高校而言，民办高校在校外实践基地建设方面遭遇更多困境，例如基地建设经费不到位问题严重、实践基地分布零散等。本文首先分析了民办高校校外实践基地建设的重要性，进而结合校外实践基地建设中出现的问题，提出几点改进对策，希望为民办高校校外实践基地建设提供借鉴。

【关键词】民办高校；校外实践基地；实践教学；飞旺公司

民办高校近年来发展异军突起，正在成为高等教育体系的重要力量。据统计，2018年全国参加高考的人数为975万，这里面就读民办高校的学生就超过200万人次。而实践教学是民办高校教育教学过程的重要组成部分，是职业教育特色的重要体现，是实现高技能人才培养目标不可或缺的重要环节。因此，高校建设校内校外实践实训基地是工作的重中之重。

一、民办高校校外实践基地建设的重要性

（一）可以丰富学生的社会实践经验

众所周知，大学生就业的拦路虎之一是缺乏工作经验。民办高校和企业进行校企合作，在企业中建设校外实践基地，给学生提供实训的席位。学生借助这些机会，将课堂中汲取的理论知识逐渐转化为实践经验，可以克服就业短板。再者，实地工作让学生接触真正的企业工作情景，大大增强学习兴趣。

（二）可以加强在校教师的职业技能

高校教师在教学中扮演着重要角色。教师通过言传身教影响着学生的成长，其自身能力对教学水平起着巨大影响作用。教师借着大学生实践基地的建设项目得到成

长，在教学中可加入真实的企业实践案例，让教学更有说服力，提高实践教学能力，而不是单纯地死教书。

（三）实践基地建设是校企合作的必经环节

校企合作有多种形式，比如合编教材或讲义、校内工厂、订单式人才培养等。而大学生校外实践基地建设也是其中的一种校企合作方式，由企业提供一部分实践岗位，可以满足不同层次、不同需要的学生进行实训实习。这种合作模式同时还能达到双赢目的，既在企业的协作帮助下培训人才，校内教师亦可帮助企业解决难题，如企业咨询、调研服务等，承担示范推广及其他社会服务工作。

二、民办高校校外实践基地建设的困境分析

笔者经过长时间的调研，发现民办高校在校外实践基地建设方面尚遇到不少困难，亟待解决。

（一）社会对民办高校的观念陈旧落后

民办高校虽然已发展多年，但社会上对其仍存在不少偏见。有不少企业宁可选择与发展落后的公办高校合作，而不愿意与优秀的民办高校合作，大公司及跨国集团更是如此。就算是勉强和民办高校合作，也基本上基于一些基层的岗位，如客户服务、销售专员等。有的企业甚至让学生发传单，美其名曰“校企合作”，把学生当成免费的劳动力。民办高校就业办的工作人员苦不堪言，一边寻找合作项目求告无门，一边让学生质疑工作能力。

（二）基地建设经费不到位问题严重

民办高校基本没有财政资金投入，建设靠学校自负盈亏。校外实践基地建设需要投入大批资金，包括学生的实习经费、教师的课酬、调研经费、差旅费、伙食费等，必要的时候还需要配合企业的需求投入设备购置费。然而很多民办高校因为生源不足而导致实践经费不足，很难投入大笔资金进行建设，一些发展计划因此而搁浅。

（三）实践基地分布零散，提供席位稀少

如前所述，大企业对民办高校存在偏见，只有个别小企业愿意进行校企合作。而小企业的岗位容量有限，能够提供给学校的实习席位往往只有个位数。实践基地的发展有赖于企业的业务水平，遇到企业发展欠佳的时候就可能被迫中止合作项目。部分企业甚至还在合作期间就遭遇倒闭，导致民办高校的工作难以开展。此外，因为每个公司提供的席位不多，为了能够满足学生的实习需求，学校不得不同时和多个企业签订校企合作协议，大大增加了工作量。

（四）民办高校教师实践教学水平不高

建设校外实践基地需要有本校教师跟班指导，由企业和在校教师共同担任指导教师。然而许多学校的教师从原来学校毕业之后，直接到现在的学校工作，自身也没有真正在企业工作过，因而缺乏实战工作经验是常态。有的学生在学校兼职做淘宝、微商，在实践经验方面甚至比老师丰富。因此，教师在指导校外实践工作的时候往往感觉力不从心。

三、民办高校校外实践基地建设的对策分析

由前述可知，民办高校在进行校外实践基地建设的时候困难重重，如何提升其发展水平成为众多高校工作的重中之重。本文结合现今的民办高校工作实际情况，提出以下几点建设对策。

（一）政府大力支持民办高校建设，逐步改变企业观念

首先，笔者认为政府应大力发展民办高校建设，出台相关的政策支持实践基地发展，提供部分财政基金支持校外实践基地建设。例如，地方政府对建立校企合作的企业予以奖励，奖励的形式可以是税收优惠、建设专项经费投入等。此外，利用媒体针对民办高校的发展现状进行正面的报道宣传。相信通过政府、媒体的正面引导将会起到积极作用，逐步改变各类企业对民办高校的偏见，加大和此类高校合作的意愿和力度。

（二）合理增加实践经费支出

所谓“兵马未动，粮草先行”，民办高校需要通过多种途径增加校外实践基地建设的经费支出。首先，可以增设一个“校外基地建设经费”项目，一方面争取学校层面增加该项资金支持，另一方面也可以从每年划拨给学生的实习经费里按照一定比例（如10%）拨到该项目里，这样可以做到“专款专用”。其次，学校可以积极引入真实的企业项目和学生进行操作，所得的盈利可以和企业进行分成。这样既可以增强学生的学习兴趣，又可以获得建设资金，一举两得。最后，发动广大学生、校友等多方力量，积极为学校寻找合作企业，并积极寻求合作资金注入。虽然很艰难，但相信努力和坚持，还是可以再逐步增加合作的企业及经费支持。最后，仍然需要回到政府层面来，政府若能分流部分资金到民办高校的发展项目上，或减少民办高校税收，都可以有效缓解校外实践基地建设的经费压力。

（三）利用当地产业群优势，建设校外实践基地

众所周知，很多地区政府会大力发展某一行业，形成了产业群优势，如广州市花

都区狮岭镇的皮革城、中山市小榄镇的灯饰、顺德的家具等。这些产业群的特点是：单个企业普遍很小，难有什么影响力，但是在地理位置上却异常集中，形成一个大片区。一般而言，大型的公办高校重点与名牌企业或外资企业合作，而无暇与这些中小企业合作，因此民办高校应紧紧抓住和当地产业群的诸多小企业进行校企合作。毕竟在地域上，这些中小企业很好地解决了实践基地分布零散、企业提供席位稀少的问题。

（四）建设一支理论和实践兼备的教师队伍

实践教育不能光依赖校外企业专家，校内指导教师责无旁贷，甚至应该起到更关键的作用。民办高校教师可以利用寒暑假时间到企业进行顶岗实践，以丰富自身的行业经验，弥补实践经验不足的缺陷。在本项目中，我们有计划地选派教师到飞旺网络科技有限公司进行实践锻炼，支持专业教师在企业实际工作场景中通过参与市场营销和电子商务服务等实践，了解市场调查、营销策划、广告促销、企业咨询、网站构建等营销和商务服务实际工作的具体过程，积累实践经验，充实专业知识，可以为企业解决实际问题。

（五）推行专科“2+1”、本科“3+1”的人才培养模式

学生到了毕业班这一年，因为需要制作简历、参加各种招聘会或者面试笔试等活动，往往已无心在学校学习。以往实行的专科“2.5+0.5”、本科“3.5+0.5”人才培养模式实施效果欠佳。结果导致学生既没有在校好好学习，也耽误了半年的实践时间。本文建议，专科学生除了需要参加专升本、专插本培训的学生，本科除了需要考研的学生之外，鼓励其他同学进行专科“2+1”、本科“3+1”的培养，这样学生便多了半年时间在外进行实习，充实学生的实践经历。

四、结语

总之，教育影响着国计民生，是国家发展的头等大事。民办高校在校外实践基地建设方面任重而道远，只有通过政府、高校及企业不断携手发展，才能把建设基础打扎实。

参考文献

[1] 申少华，彭青松，刘爱华，等. 大学生校外实践教育基地工作现状及建设思路研究 [J]. 广东化工，2014 (18).

[2] 周泽炯，马成文. 经济管理类专业校外实践基地建设机制存在的问题与对策 [J]. 对外经贸，2018 (1).

[3] 邓建青. 民办高校校外实训基地建设的研究与实践 [J]. 教育管理，2015 (21).

[4] 成协设. 国家大学生校外实践教育基地建设：问题与对策 [J]. 中国大学教学，2015 (3).

[5] 白振天. 民办经管类高校校外实践教育基地建设存在的问题与对策 [J]. 黄河科技大学学报，2017 (1).

中国少数民族文学发展工程
出版扶持专项丛书

最后的鸟图腾部落

（苗族）韦文扬 / 著

作家出版社

目 录

百鸟衣

一

百鸟衣是生命图腾的活化石，生命之花。

记得在2006年，我就在中国书画家网上看到一则消息：广西柳州退休职工张先生，在上世纪50年代还是小学生时，就看到了柳州市上演以苗族民间神话为蓝本的歌舞剧《百鸟衣》，剧中的道具服装百鸟衣让他产生了一睹真正的百鸟衣的梦想。长大后参加工作，每逢到融水苗族自治县等地出差、旅游，他都要向当地人打听百鸟衣的事，可惜始终无缘一面。退休后，张先生开始筹划自己的寻找百鸟衣之旅。他查阅了大量资料，得知目前大多百鸟衣已被各地博物馆所收藏，仅贵州东南部还有一些散落在民间。于是他怀揣从退休工资里省下的数千元钱，一路寻访，从杭州到贵州，寻到月亮山区，在位于山顶的苗族村寨一梁姓人家里，终于见到了百鸟衣。主人听说他是从广西柳州来的，被他的诚意打动，将百鸟衣卖给了他。

对于一个人的一生来说，这位张先生的四十八年百鸟衣梦可谓长久矣！然而，“百鸟衣”这个名字对世界服装界的诱惑，可有一千多年了！

现在称之为“百鸟衣”的这种苗族服饰，苗族内部不那么称谓。“百鸟衣”之名最早出现在唐代，最早的记载出至《新唐书·南蛮传》，而最详细的是从美术角度来看待这一事物的宋代郭若虚著的《图画见闻志》：贞观三年十二月，闰月丁未日（十一日），苗族首领谢元琛入朝（谢入朝后被封为“应州刺史”，称“东谢”即现在的黔东南一带）：“冠乌熊皮若注旄，以金银络额，被毛帔，韦行縢，著履。”

谢元琛的这身“百鸟衣”盛装，显示出一方神秘，有别于大唐的服饰文化，引起了大唐朝野的震动。中书侍郎颜师古向太宗进言：“昔周武王治致太平，远国归款，周史乃事王会篇，今圣德所及、万国来朝，卉服鸟章俱集蛮邸，实可图写贻于后，以彰怀远之德。上从之，乃命阎立德等图画之。”（郭若虚《图画见闻志》）李世民命大画家阎立德等将这些来自苗乡的“卉服鸟章”和诸国来朝贡的奇装异服，图画人物衣饰，汇成《王会图》，留传后世。

《王会图》又称《职贡图》。从周代开始就有《职贡图》。职贡是国家大事，在周代就形成了制度，据《周礼·夏官》载，“司马”“下设职方氏，掌管天下之图，以掌天下之地，辨四夷五戎六狄……八方向化”，即是以画纪实，将外国及“四夷五戎六狄”之类化外的少数民族首领来朝贡的情景以图实录。这种制度一直延续到中国最后一个封建王朝清朝。

清代的皇帝们把这个制度发挥到了极致，雍正和乾隆让镇边的大臣们深入少数民族地区调查，描绘图实并附上文字说明，上奏朝廷。清雍正年间首任八寨（今丹寨县）同知的陈浩，绘制了一部《八十二种苗图并说》（又称“百苗图”），其信息荷载量大大地超过了历代的《职贡图》，被史学界称为“珍贵的历史民族志”。据说台湾台北故宫博物院藏有《职贡图》，不是阎立本的本人画，是宋代摹本，但内容是描绘唐代“万国来朝，百蛮朝贡”的情景：“其序合之际，折旋规矩，端簪奉笏之仪，与夫鼻饮头飞，人物诡异之状，莫不备该毫末。”唐代的柳宗元曾作诗《乐府杂曲鼓吹铙歌东蛮》赞美此图：“东蛮有谢氏，冠带理海中。已言我异世，虽圣莫能通。王卒如飞翰，鹏骞骇群龙。轰然自天坠，乃信神武功。系虏君臣人，累累来自东。无思不服从，唐业如山崇。百辟拜稽首，咸愿图形容。如周王会书，永永传无穷。睢盱万状乖，咿嗢九译重。广输抚四海，浩浩知皇风。歌诗铙鼓间，以壮我元戎。”诗中的“睢盱万状乖，咿嗢九译重”之句，无非言说化外之民不懂上朝的规矩，睁目瞪眼，想看什么就直看，无视皇上威严，而言语又不通，多重询问才翻译出意思来。苏诗里道：“音容伧狞服奇龙，横绝岭海逾涛泷。珍禽瑰产争牵扛，名王解辨却盖幢。”——他们身着奇异的服饰，扛着各种特产，争相牵着珍禽异兽。语言不通，几次反复地询问翻译。

而此后，中国历史有了“百鸟衣”的记载：唐代官营作坊里能织百鸟衣，“正看为一色，日中为一色，影中为一色，百鸟之状，并见裙中”（《旧唐书·五行志》）。

从此后，“百鸟衣”这个名字便千古流芳。

二

苗族“百鸟衣”这个名称不是苗族自己命名的。那是因为出现在唐代的长安而得名。也许是唐太宗的命名。

但是，这种已经约定俗成的“百鸟衣”确是作为苗族的“鼓藏服”，作为宗教仪式的法器传承下来的，古时候，举族举寨之力才能制作一件，要永世传承。后来生产力发展，开始有私人可以有能力制作，又演变为盛装，并分开为男女装。百鸟衣的男装苗语称“欧花勇”，女装苗语称“欧花闹”。这里，“闹”是女，“勇”为男；“欧”是衣之意，“花”则是丝绸之意。百鸟衣的面料都用蚕丝绸，整件衣服由绣着五颜六色造型不同的鸟图案、蝴蝶图案、蚕虫图案组成——这是苗族远古的生命图腾理念。

苗族先民们把枫木、蝴蝶、脊宇鸟组成一曲完美的人类生命乐章——枫木被砍倒了，然而被砍倒的枫木并没有死——树根变成泥鳅，树桩变铜鼓，树疙瘩变成猫头鹰，树叶变燕子，树梢变脊宇鸟，树心生出蝴蝶；随后蝴蝶就与水泡恋爱，生出十二个蛋，再请脊宇鸟孵化出人类和数种动物。

我们的祖先不知经历了千百次以至多少代人的观察，他们发现了蚕蛾科昆虫生命历程的奇迹：蝶生卵——卵成虫——虫变蛹——蛹化蝶。现在的科学称为完全变态昆虫，而当时的人们却以为这是一个神奇的再生过程。人类如果能获得这样的生命程式，人的生命就会不断地轮回再生，人的生命将获得永生。于是，对蝴蝶这一卵生的生命形式的崇拜产生了。那么，人也只有选择蝴蝶作为人类的母亲，才能获得像它那样的轮回再生。《苗族古歌》里有这样的句子：“蝴蝶生蚕虫蛋，团鱼生岩石蛋……蝴蝶生下蚕虫蛋，送给火炕三捆柴，火炕才来抱”“来看十二个蛋吧，看那古老的圆宝。蛾儿生蚕蛋，蛾儿生了它不抱，让给谁来抱？蛾儿生蚕蛋，生在构皮纸上，交给火炕抱”“蚕儿生蛋蚕不孵，让给谁来替它孵？蚕儿生蛋蚕不孵，让给簸箕替它孵”。在黔东南苗语里，蚕的飞蛾和蝴蝶同一样的称谓：“Bangx Lief”（榜留），也就是说统称为蝴蝶。

正是苗族先民们对蚕从卵到蛹再化作蛾的生命变态过程充满了好奇，由好奇到崇拜图腾。先民们希望死后用丝绸把自己裹起来，希望像蚕一样变化升天。蚕成了升向另一个世界的神灵。但是，人的身体和蚕有巨大的差异，于是人们便想尽办法，用蚕丝来为自己织一件裹身之布，这样，人工养蚕业和蚕文化就开始了。

史学历来持“丝绸起源于实用目的”之说，中国丝绸博物馆学者赵丰提出了“原始先民崇拜桑蚕这一文化背景，才是我国丝绸起源的主要原因”的理论。他还认为，东南亚、欧洲等国也很早就有了野蚕，但都没有把野蚕丝织成丝绸，只有我国早在商周时期就把野蚕丝织成了丝绸，这是由于我国原始先民崇拜桑蚕的独特文化结果。以苗族的蝴蝶妈妈为代表的卵生图腾崇拜正是丝绸的起源物证。

苗族便是最早因注意到蚕丝的这种自然现象而产生了蝴蝶图腾，并且天才地将它纺织成绢帛。苗族先民是我国蚕业和蚕文化的发明创造者之一。典籍上也记载了蚩尤部落是发明和饲养蚕的，《绎史》卷五说：“黄帝斩蚩尤，蚕神献丝，乃称织纴之功。”也就是说，在远古的时候，黄帝战胜了蚩尤以后，蚩尤部落里的蚕神向黄帝献蚕丝技能，从而使中国有了蚕丝的使用。

毫无疑问，蝴蝶图腾即是对蚕的崇拜，蚕文化原初的核心便是人归途的仪式，人要在这种和蚕一样的仪式中得到再生。今天的苗族，仍然保持着以丝绸裹身而葬的丧葬习俗。丹寨县的苗族，养蚕织就的丝织品，绝大部分是备着丧葬所用。凡有人去世，主客必送一床蚕丝单，没有是不行的，被视为不懂礼节，而死者获得蚕丝单越多越好。有的人家收到的蚕丝单过多，就会扣下部分，留着将来的丧事送礼。苗族每个人都必备一件丝质寿衣。并且，在许多重大的仪式活动中必须要着丝绸服装。而最能继承和体现蝴蝶图腾、鸟图腾——生命图腾文化的代表作，无疑是这“百鸟衣”了！

三

百鸟衣应该有故事的，我给诸君讲一个百鸟衣当代的故事。我有一位专门收藏苗族服饰的朋友，丹寨县人，他于十多年前在丹寨县雅灰乡收到了一件“欧花闹”，即百鸟衣女装。那是一件不少于二百岁高龄的古装，而当时与他交易的物主已非原物主。这件美丽的百鸟衣不知曾经装扮过几代美丽的新娘，但是，在公元1950年，这件百鸟衣经历了一段令人扼腕的故事：物主住在一个叫“控拜”的苗寨。六十年前的“土改运动”时，我们的物主成了地主，他的田地、山林、房屋、钱财都是重新分配的对象。他最怕失去的财产就是这件百鸟衣，于是让一个信得过的人拿出去藏，藏在寨边水碾房上方的一个山洞里，同时还有三匹好布，用一块油纸布包好，放在一块石头上，又用一块薄石板压住。这种事，当然只有当事人知道。世事沧桑啊！许多年以后，当事人都在不敢公开此事的年月中去了“黄土寨”，这件事像幽灵一样在寨子里游荡，后人们只知道有过这么回事，也不知具体的地点。

四十多年后的上世纪90年代初，苗族服饰已风行天下，外来搜求苗族服饰的人云集黔东南。一天，控拜寨的七个放牛娃在水碾房的遗址上闲得无聊，攀到上方的山洞里去安老鼠夹，他们想用那块薄石板来压住铁夹子，于是，这件文物横空出世了。当一个孩子用木棍将它挑起来时，孩子们皆惊魂出窍，仓皇出逃，因为他们见过这东西随逝去的老人们入土，而在这荒郊野外，它必然伴随着一个亡灵。这件百鸟衣因孩子回家透露消息给父母而得到转机，其中一位父亲也涉足服饰生意，他马上去拿回来。那三匹布和百鸟衣的衬里布都腐烂了，一触即碎烂不堪，唯有蚕丝绢面子光鲜柔韧如初，经重新加了衬里后，他将之卖给了第二物主，得了七百元钱。事情是秘密进行的，但“童言无忌”，那六家知情了，都来这家分赃。乡间素怀“见者有份”的狩猎时代古风俗，于是这七百元被分为七份。然而事情并未结束，此事已大白于天下，原来的物主、过去的地主后人寻上门来了。这七百元又进行重新分配，据说最后物主家拿到九十元钱。从此，这件百鸟衣以文物的身份出世，我朋友于 1995 年以四千五百元买得，现在有人出价到六位数，他不想出售。

这是一件百鸟衣的当代故事，还有另一则当代故事发生在我身上：2009 年，我有幸参加鲁迅文学院第十二届中青年作家高级研讨班（少数民族作家班）学习。这一届是很特殊的班级，全国五十五个少数民族，每个民族一名作家。它还有一个特点：我国五十五个少数民族都有了国家级（中国作协会员）作家。按学院要求，每个民族都带自己的民族服饰到校。开学那天，那真是百花齐放！我穿上百鸟衣，结果艳压群芳，被公认为最漂亮最地道的少数民族服饰，同学们命名为“苗王服”。

2011 年，我参加中国文联第九次、中国作协第八次全国代表大会，我身穿百鸟衣再次出现在人民大会堂开幕式上，聆听胡锦涛总书记的报告。我的百鸟衣再次艳惊四座，成为录像的焦点。刚出人民大会堂，中央电视台即当场采访我，成为当晚央视的头条新闻，我成为贵州代表团及全国少数民族作家代表中的唯一当场受采访者。事后许多朋友同事祝贺我，寻问我。我的答复是：全凭祖先的功德。我是在借中央电视台向全世界展示苗族的杰作百鸟衣。是的，我这张面孔哪有那么大的知名度和吸引力，全靠我身上这件百鸟衣，它是祖先的创造，它是苗族文化的标志。

我相信，古代百鸟衣一定有无数的更精彩的故事，它们都随风消逝了吗？那些百鸟衣上的鸟纹、鸟形千姿百态，有侧面、正面，有仰视、俯视，有大、有小，而且每一片鸟羽毛都可自成一个鸟图形，神态各异，寓意含蓄生动，造型美观大方。更具特色的是作者利用二维和多维方法来展现一只鸟或一组鸟的造型，其艺术风格已达到最高境界——这是今天的人们所击节赞赏的，而少有人去关注和探究那些故事，其实那些故事都被智慧的祖宗们潜移默化进图案里了。在苗族百鸟衣上，常在中心位置绣着一种奇特造型的动物图案，头是变形的鸟头，身是虫身，有节，周围是飞舞的蝴蝶。不少人解释为龙，其实那是蚕虫、鸟、蝴蝶的结合：蝴蝶——鸟——蚕虫——一幅图本身就包含了生命图腾的全部寓意。

今天，太奢华了的生活把人类的足迹彻底覆盖了，被捧上半空中的人们已经无法寻到历史的本真。只有那些没有被太多现代奢华铺垫的乡间，贴着原生态的地皮，还能捕捉到来自历史深处的一丝丝足音。

百鸟衣是生命图腾的活化石，生命之花。

请诸位看官切记，苗族百鸟衣艺术主要流传于贵州省丹寨县雅灰乡及毗邻的三都水族自治县、雷山县、榕江县接壤的部分村寨。地理位置为东经 108° 00′ —108° 06′，北纬 26° 03′ —26° 08′，属珠江水系都柳江上游源头，雷公山南坡。这里山高坡大，河水深急，海拔在四百六十至一千五百三十二米之间，气候温和，冬无严寒，夏无酷暑，林木丰茂，花鸟繁多，古木掩映下的苗族村寨显得古朴而幽深。

他们会邀你在寨头的跳月坪上跳“给哈舞”，也就是古瓢舞。

最后的鸟图腾部落

一

有时候，某个存疑叩访了你，得不到满意的答复，它竟像包袱一样悬挂在你心里，怎么也挥之不去。

上世纪 90 年代初，我当时因为任丹寨县文物管理所所长，为调查民族文物资料，到被誉为苗族蜡染圣地的丹寨县排莫苗寨去。有一幅绣在所有女式盛装后肩背上的蜡染几何图案引起了我的极大兴趣。这种呈半圆形的几何形蜡染图案，对这个苗族支系十分重要乃至神圣。据说是祖宗规定固定在每一件女式盛装的这个部位上的，不能改变。我们请教了几位苗族老人，对这个图案有几种不同的解说，最普遍的解释是该图是祖先祭祀仪式中的祭器——牛的头顶的“毛旋”形状和祭祀用的长鼓变形而成。我对这种解释疑窦丛生。这以后的十多年里，我看到过不少专家学者或作者的文章提

图一

到这个图案时，都采用了“毛旋长鼓”之说。

另外，很多专家著述上都称这种螺旋形图案为“窝妥”，还说是“苗族黔东方言”叫的。这个“窝妥”变成了螺旋形图案的代名词。这种说法由来已久，不知谁是始作俑者。但事实并非如此，我们这支苗族语言称“务图”或者“窝妥”，都是指蜡染服，其中“务”或“窝”，都专指衣服，而“图”或“妥”，指的是染，或蜡染。应该肯定地说，“窝妥”不是指螺旋纹样，而是专指称蜡染服。

其实我从小就见识过这个图案，这个支系和我们比邻而居，彼此之间都熟知对方的语言、习俗甚至歌调。我的叔岳母和不少亲戚都着这种蜡染服饰，也就是说，她们这个服饰支系可以和我们开亲，是一个婚姻集团。这在苗族的传统习俗观念中是很重要的。正所谓习以为常，见怪不怪，我一直没有去追寻过它的来历。

我毫不怀疑这张几何蜡染图案在这支苗族中的神圣地位，更不会怀疑它是祖宗们流传下来的。主要怀疑它是不是牛的“毛旋”“长鼓”。现实生活中，我们确实看到苗族的盛大而悲壮的祭祖活动中，祖宗的灵魂都装在长木鼓里。祭祖的牺牲品就是水牛。这祭牛又十分讲究“毛旋”所处的位置好不好。这一切都令人想到了“毛旋”和“长鼓”，认可这种解释，但事物的发展并非我们所想象得那么简单。

这是一幅十分远古的几何图，在半圆的中心，即后背处，由一个细小的圆心牵引出八个旋线圆形漩涡，匀称地包围着中间的圆心。又在左右两肩处并列着各两个漩涡，一共有十二个漩涡和一个圆心。

以现在的经验，苗族所崇拜的图案符号都是几何图案。几何图案的形成十分久远，没有谁能说得清传至什么年代。至今我还没有听到过谁能说得清某个几何图案是哪位已知的祖宗，包括姜央或蚩尤所绘制。这种几何图案又十分神圣，被作为族徽标志绣在女性衣装上。看来这是出自比这些已知祖先们更早的图腾时代，是与图腾物有关的。

有考古证明人类原始时期的历史有近百万年。而浙江河姆渡，河北磁山，河南新郑、密县等新石器时代遗址的发现证实了直到近八千年前，中国的文明才初露曙光。浩浩百万年，悠悠八千年，有多少遥远的图腾活动和巫术礼仪，被沉埋在不可复现的年代之中。当我们发现这些新石器时代的文化遗物时，我们才得知几何图案的形成过程，它们是由动物形象的写实而逐渐抽象化、符号化的。由模拟的再现到抽象的表现，由写实到符号化，这正是一个由内容到形式的积淀过程，这个积淀和演变又跨越了漫漫千年。这张蜡染几何图案形成太早，涿鹿大战之后，蚩尤九黎集团战败，开始了历时五千年的数次大迁徙。这其中，木鼓由战鼓变为召唤部族的鼓（《迁徙歌》中有用鼓招呼部族，以防掉队的内容）。最后才有分鼓定居，以鼓立社，祭鼓祭祖的规矩。显然，牛的“毛旋”和“长鼓”一说不可靠。另一个不可靠处是所有已发现的原始图腾的动物都是动物的整体而不是某个局部，人类对大自然的认知应该是先模糊后清晰，如天地混沌到天地分开，然后是对单个动物的整体认知。对局部的认识并以局部指代整体，那不属于原始图腾的人类思维。

二

动物的形象和动物纹样主要保留在出土的彩陶上。这些不同时期出土的陶器表明，社会在发展，陶器造型和纹样也在继续变化。而非常奇特的是，占据新石器时代陶器的纹饰走廊的，并非动物纹样，而是抽象的几何纹：各式各样的曲线、直线、水纹、漩涡纹、三角形、锯齿纹……对于这些几何纹的起因和来源，争论很多。《文物》1979年第一期发表的《江南地区印纹陶学术讨论会纪要》中有些专家认为“早期几何印纹陶的纹样源于生产和生活”，“人们对器物，在实用之外还要求美观，于是印纹逐渐规整化为图案化，装饰的需要便逐渐成为第一位了”。

有一种十分突破性的意见，认为这种理解忽略了内容实质而只重视形式。人为什么要一代代、几千年甚至上万年地描绘着某种动物？世界上还有更多更新鲜的动物吸引着人的兴趣，除非这种动物对他的部落至关重要，那就不仅仅是生活和美化的问题了。因此认为这些彩陶上的纹样，既不是为了“审美”，也不是纯粹的自然“模拟”，而是“具有巫术礼仪的图腾性质”。李泽厚先生是代表性人物，他在《美学三书》里把这个由内容到形式的积淀过程称为“有意味的形式”的原始形成过程。“在后世看来似乎只是‘美观’‘装饰’而并无具体含义和内容的抽象几何纹样，其实在当年却是有着非常重要的内容和含义，即具有严重的原始巫术礼仪的图腾含义的。似乎是‘纯’形式的几何纹样，对原始人们的感受却是均衡对称的形式感，而具有复杂的观念、想象的意义在内。巫术礼仪的图腾形象逐渐简化和抽象化成为纯形式的几何图案（符号），它的原始图腾含义不但没有消失，并且由于几何纹饰经常比动物形象更多地布满器身，这种含义反而更加强了。可见，抽象几何纹饰并非某种形式美，而是抽象形式中有内容，感官感受中有观念，如前所说，这正是审美在对象和主体两方面的共同特点。”

李泽厚先生所言正是今天排莫苗族正在笃诚地奉行着的。那么，他们世代传承、崇拜着的这个图案是什么呢？我们先来看专家们研究的成果：

1963年文物出版社出版的《西安半坡》，考古学家描述了几种动物与几何图案的演变关系：“有很多线索可以说明这种几何图案花纹是由鱼形的图案演变来的……一个简单的规律，即状况形状越简单，鱼体越趋向图案化。相反方向的鱼纹融合而成的花纹，体部变化较复杂，相同方向压叠融合的鱼纹，则较简单。”（见鱼纹变化，图二）

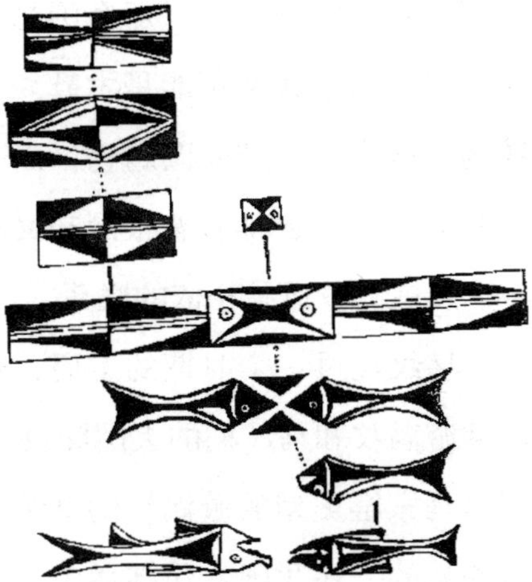

图二

苏秉琦先生发表在《考古学报》1965 年第一期上的文章《关于仰韶文化的若干问题》中描绘了鸟纹从写实到写意象征的一组图案。（见鸟纹变化，图三）

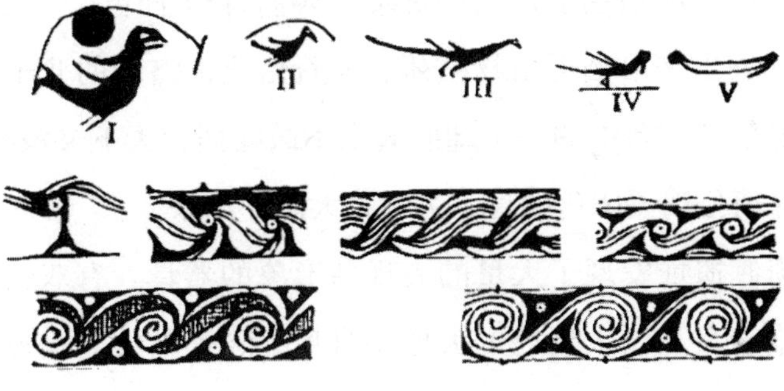

图三

在 1962 年第六期《考古》发表的石兴邦文章《有关马家窑文化的一些问题》里，得出了我们这组的答案：“主要的几何形图案花纹可能是由动物图案演化而来的。有代表性的几何纹饰可分成两类：螺旋形纹饰是由鸟纹变化而来的，波浪形的曲线纹和垂幛纹是由蛙纹演变而来的……这两类几何纹饰划分得这样清楚，大概是当时不同民族部落的图腾标志。”

由此，我们不难看出这幅苗族崇拜的蜡染图案中的十二个漩涡是由鸟演变而来，那是十二只来自图腾时代的鸟。那么它们为什么要围绕着那个圆点呢？那个圆是什么？既然我们排除了“毛旋”一说，那么圆心就不可能是木鼓。木鼓不是图腾时代的产物，苗族只图腾过枫木。木鼓非图腾物，而是因图腾枫木衍生出来的。所有的图腾物及其组合都有着很深却又相辅相成的背景，它又与部族的生存、发展有着血脉相依的联系。

鸟纹经过一个时期的发展，到马家窑期即已开始漩涡化。而半山期漩涡纹和马厂期的大圆圈纹，形象模拟太阳，可称之为拟日纹，当是马家窑类型的漩涡纹的继续和发展，可见鸟纹同拟日纹本来是有联系的。在我国古代神话中，有许多关于鸟和蛙的故事，其中许多可能和图腾崇拜有关。后来，鸟的形象逐渐演变为代表太阳的金乌，蛙的形象则逐渐变为代表月亮的蟾蜍。

苗族古歌里唱述了这么一桩事：人们打造了十二个太阳，十二个太阳一齐出来，晒得植物枯死、岩石熔化，洛利的儿子就将十一个太阳射落了，余下的一个却躲起来不敢露面，天下又没有阳光了，人们只好请公鸡（驯化的鸟）去叫，太阳才出来。

河姆渡遗址发现了大量的表现鸟形象的器具。有双头鸟、立体雕刻的拖着又长又大尾巴的大尾小身鸟。除了鸟纹图案外，有的器物就做成鸟形，被称为“鸟形器”。从出土的象牙、骨、木的雕刻原始艺术品的题材中看，以鸟居多，其次是太阳、鱼、蚕。有一件被称为“双鸟朝阳”的牙雕极具代表性，被作为河姆渡文化的标志，仿制成巨大的石雕，立在遗址上。它是这样的一幅图案：中间为一组五个大小

图四

不同的圆心，外围周边上刻着炽烈而扑腾的火焰纹，象征着太阳的光芒。两侧对称刻出一钩喙双鸟，引吭啼鸣，似要振翅欲飞。器的边缘衬托以羽状纹。鸟眼和太阳纹中心均以圆锥浅钻而成，形象逼真。

我总觉得这一幅图案与排莫苗族妇女盛装肩背上的图案有着某种内在的联系，虽然它们一幅被定格在七千年前的地下，一幅由一个民族背负到今天。图腾崇拜发轫于混沌未开的原始初民由对自然界日、月、风、雷等天象畏惧、感戴等多种复杂的情绪驱使而产生的各式自然崇拜。太阳是个神秘巨大的发光热体。河姆渡的古人们是一个种稻米的部族。原始农业开始萌芽，似乎太阳与农业生产关系密切，但是从苗族的古老理念来看，太阳的地位并不足以让他们图腾，因为太阳和月亮是苗族最早的祖先用金子和银子打造的，而且是打造金柱和银柱撑天的时候顺带的。太阳固然是禾苗的救星，但也是禾苗的灾星，当十二个太阳一齐出来时，禾苗就得干枯，于是人又把十一个射下来，留下一个。就此而言，说那个被十二只鸟围绕的圆心是太阳，我还是不敢苟同。但这十二只鸟围绕的圆心仍然与天象有关。

苗族至今保存有历法这一点说明，苗族在远古时期的文明已经步入发展的前列。对于远古人类来说，没有谁会知道地球围着太阳转，月亮围着地球转，但是他们一定知道，所有的星星都在动，它们围绕着一颗不动的星星转。这颗星叫北极星，苗语称为“嘎斗宇”（意为天的肚脐眼）。中国古代的天象是以赤道坐标为中心的天文体系，因此北极星就处于星象体系的正中。古人将这个北极星视为“天极”，既中国传统的“紫薇斗数”，“紫薇”就是北极星、天极。太阳崇拜系统是西方以黄道坐标为中心的天文体系，正是近年来盛传的“星座命运”。

那么为什么会有火呢？这同样是星象问题，也是民族问题，此时星象已经由二仪划分为四象。少昊与苗蛮集团融合，成为以鸟为图腾的南方民族，南方属火的夏季。那火苗应代表季节和方位，那几个凿通的圆心，不能视为太阳（哪有这么多的太阳，那是对农耕不利的），应该是星座。所以说，我认为那是天极星，天极崇拜。现在苗族已然没有天极崇拜的习俗，但专家从苗族刺绣、蜡染中找到很多天极崇拜的原形和变形图案。

三

被排莫苗族妇女们背负到现在的这幅鸟图腾图案继承和发展了河姆渡的双鸟朝阳纹图案。不过它也不是到今天才定型的。由十二只金鸟围着天极转。为什么不多不少，正好十二只？这似乎与苗族的日历有关，图中似乎在证实他们找到了太阳的活动规律——十二时辰：苗族是个农耕部落，反映在古歌和传说中足可证明这个农耕部落长期在寻找太阳的规律，寻找适合栽种稻谷的季节。以我所知的丹寨县苗族对历法的认识为例，苗族将一个昼夜分为十二个“西”，即十二个时辰，这十二西又用十二种动物来冠名。这十二种动物即和汉族的十二生肖同，以鼠为首，猪为尾。鼠时即深夜二十四时到一时，比汉族的子时提前了一个小时。苗族的历法就认准了这十二，苗族的祖先们将这十二使用得非常广泛和频繁。比如十二“西”为一个昼夜，十二月为一岁，十二岁为一纪，十二年为一轮；开天辟地时，造了十二个太阳和十二个月亮。蝴蝶妈妈生了十二个蛋，才生下姜央、雷公等十二个兄弟，古歌也有十二首，“贾”有十二支……什么都是十二。十二“西”的发现很久远。因为这十二“西”和苗族只把一年分为冷、暖两季是同时产生的，这至少在涿鹿大战之前。殷商时代以前的华夏族也只划分出冬至、夏至两个节气。这场大战之前苗族的先民九黎集团与炎黄集团的文化发展是在一个水平线上的。涿鹿大战之后，由于苗族疲于迁徙的原因，文化发展受到了限制，苗族（至少这一支）对日历的认识一直停留在这个基础上。

在苗族所有的“十二”中，与耕种粮食有关、与人的生存发展有关的十二“西”才是最重要的，这样的发现应该是伟大的发现，是农耕文化进步的里程碑，是一切十二的母本。原始巫术礼仪中的社会情感是强烈炽热而含混多义的。它包含了大量的观念、想象，当它演化和积淀于感官中时，便自然变成了一种不可用概念言说的深层情绪反应。这幅苗族从原始背负到现在的十二只鸟绕天极图腾图正是当时强烈社会情感积淀下产生的。一般地说：曾经“有意味的形式”的几何图案都要面临一个结局——随着时代的变迁，岁月的原始时代流逝，它们却因其重复的仿制而日益失去这种意味的形式，变成规范化的一般形式美。但排莫苗寨的子孙们至今仍奇迹般地保持着它原有的“意味”，保持着对它的崇拜，即使已经认不出它的真面目了。

四

在中国这块版图上早期人类的活动中，最重要的图腾莫大于龙蛇的图腾和凤鸟的图腾。不过这已是图腾的后期，在此之前存在着无数的图腾小部落，图腾之间经过了长期的残酷的战争、掠夺和屠杀、兼并，逐渐融合统一，这才形成了以“龙”为主要图腾标志的西（炎黄）集团部落联盟和以“凤”为主要图腾标记的东（夷人）

集团部落联盟。“龙”在没有被神化之前是蛇，它的代表人物是“蛇身人面”的女娲、伏羲。《山海经·大荒西经·郭璞注》里说：“女娲，古神女而帝者，人面蛇身，一日七十变。”《帝王世纪》里说：“燧人之世，……生伏羲……人首蛇身。”而“凤”的前身是“人面鸟身”“五彩之鸟”“玄鸟自歌，凤鸟自舞”。这在《山海经》中多处提到。从帝俊到舜，从少昊、后羿、蚩尤到高契，鸟图腾就是这个东方集团所顶礼膜拜的对象。

正如“龙”是蛇的夸张、增补和神化一样，“凤”也是鸟的神化形态。这杆鸟的大旗下也有各种氏族和以鸟命名的官：《左传·昭公十七年》就有这样的讲述：“……少皞挚之立也，凤鸟适至，故纪于鸟，为鸟师而鸟名，凤鸟氏历正也，玄鸟氏司分者也，伯赵氏司至者也，青鸟氏司启者也，丹鸟氏司闭者也，祝鸠氏司徒也，鹏鸠氏司马也，鸤鸠氏司空也，爽鸠氏司寇也，鹘鸠氏司事也。”这个鸟氏族无疑是个庞大的集团，否则，我们怎么会在出土的石器时代的文物中发现那么多的鸟文化遗物呢？又怎么和强大的炎黄集团抗衡呢？

历史已经走过来了，历史是无可厚非的。图腾时代的斗争最终是以炎黄的西集团战胜蚩尤九黎的东集团，以“龙”战胜“凤”而结束。所以在中国后来的文化里，龙永远占主要地位而凤永远在从属地位。但是“凤”的部落大得“龙”的部落难以吃掉，黄帝虽然杀了蚩尤，却安定不了天下，还要令人画了蚩尤的像到四方去宣传说蚩尤还没有死，于是天下才平息下来。今天的苗族仅仅是历史上苗族的一部分的后裔，历史上的苗族有许多并未参加迁徙行列，或者没有进行长距离的迁徙。那些汇入汉族中的古代苗族，也把凤鸟文化汇入了古代汉族的“龙蛇”文化中，所以那些文化有的在今天的苗族文化中还可以找到对应。“凤”的旗帜也因此被独立地保护下来，在龙的地盘上舞动着，龙飞凤舞——这两面光辉的图腾旗帜，在汉文化中高高飘扬着。但是，没有融入汉文化，没有被异化、同化的鸟图腾文化在哪里呢？

五

在漫长的历史演变进程中，从小图腾到集团大图腾，从战争到集团间的融合兼并、分化，从图腾的淡化到单一民族的形成，就苗族而言，在秦汉时期武陵山区，这个大部落还包括有瑶族、畲族在内，晋以后才向西（苗）向南（瑶）向东（畲）分化。现在的族群中，有谁还能分辨出自己的血脉出于哪个图腾？

排莫苗寨的苗族支系大约在明代（1368—1644年）从榕江八开地区迁入境内。他们是古老的蜡染技艺保留者，在苗族中保留有蜡染技艺的支系十分稀少。在丹寨县境内，这个支系有一万多人口，聚居成二十几个自然村寨，在五十多平方公里的土地面积内经营着自己的日子与蜡染艺术。排莫是蜡染地区最大的村寨。

他们自称为“嘎闹”。已故的苗族专家李炳泽先生认为“嘎闹”是比后来苗族的“蒙”“蛮”更早的自称。他的依据是：和苗族在分化前同属一个大部落，现使用西部苗语和操布努语的瑶族都称使用黔东南苗语的苗族为ndou^{6}。这与“嘎闹”的Naos有严密的对应。从他们的语意来看：“闹”即是鸟，应是出自图腾文化；而“尤”则是男性社会的祖宗崇拜了。丹寨县境内的苗族，着装各有不同，但大都自称“嘎闹”，基本上还保留了图腾时代的称号。而排莫这支最为典型。那幅永远背在身上的图腾画自不必说了，他们的蜡染画更是典型的鸟文化。丹寨的苗族蜡染画是以自由奔放的花鸟鱼虫画区别于黄平和安顺的几何形画法。在花鸟鱼虫中，又以鸟的变化图案最为丰富、最多。那些鸟的夸张，那种丰富的想象力，简直令人匪思所夷，令人惊叹，令人眼花缭乱。鸟的文化已经渗入到了他们的细胞里变成了思维的方式。1980年，人民美术出版社出版了马正荣先生主编的《贵州苗族蜡染图案》，总共收了一百五十三幅图案，其中丹寨的花鸟鱼虫变化图就有一百二十四幅。这一百二十四幅中，鸟的变化图案又有八十四幅，占总幅数的一半多。

排莫苗族蜡染画的风格是个值得推敲的问题：我看过不少对这种画风的描述和研究，大都从人文地理和性别艺术、历史情感上去研究。这些固然都是很重要的，但我觉得有一点还应该值得我们去探讨：任何艺术都有个起源、继承、发展的问题。

从中华这个大民族的艺术发展史来看，新石器时代的陶器纹饰以后，取而代之的是青铜饕餮狞厉的审美。因为这时中国古代已进入了最野蛮的战争时代。从炎黄、蚩尤到殷商，大规模的氏族部落之间的合并战争，以及随之而来的大规模的、经常的屠杀、俘获、掠夺、奴役、压迫和剥削。暴力是文明社会的产婆。炫耀暴力和武功是氏族、部落大合并的早期宗法制这一时期的光辉和骄傲。殷周青铜器大都为此而制作，它们作为祭祀的“礼器”，多半贡献给祖先或铭记自己武力征伐的胜利。它一方面是恐怖的化身，另一方面是保护的神祇，它对异氏族是威惧恐吓的符号，对本氏族，又具有保护的神力。尽管非常粗野，甚至狞厉可怖，却仍然保持着巨大的美学魅力。

蚩尤战败之后，苗族一直处于长达五千年的迁徙之中。当这些凶狠残暴的形象在胜利者的阵营里张扬时，苗族或远避在深山密林之中，或在逃亡的路上。况且在这长达数千年的时间里，苗族都保持着逃避的心理，他们是无缘感受或接受这一艺术的。由于这一原因，苗族的内部没有经历过凶残的奴隶制时代。艺术思维没有这个狰狞时代的烙印。

我们回过头来看排莫苗族蜡染绘画风格，它以花鸟鱼虫为题材，自由浪漫，生动活泼，细腻灵巧。对自然界的生物，它采取再简化、夸张、变形的手法，略其形而重其神，既准确地掌握了物象的特征，又达到了相当高的艺术概括的处理。这是大家的共识。而它奇特的造型、原始的意味、满图天真稚气，充满了人类早期的童年气质。观其笔意，完全与新石器时期的陶器纹饰一脉相承，甚至可以衔接在新石器早期的绘画风格上。新石器早期的几何图案，生动、活泼、自由、舒畅、开放、流动。新石器后期的几何纹饰明显地直线压倒曲线，封闭重于连续，弧形、波纹减少，直线、三角凸出，圆点弧角让位于直角方块，显现出严峻、惊畏、威吓，有一种神秘怪异的意味滋生，那就是战争、掠夺、杀戮的临近。

排莫苗族蜡染绘画风格，直接续栽在新石器前期几何纹饰风格的大树之上，少了杀气，没了血腥味，它原始、天真、浪漫，充满了人类童真时代性本善的美之质。

走进这个鸟图腾的部落，我们可以随处看到鸟图腾的影子：在织布机上，你会看到鸟的造型。在火铳上，你也会看到鸟的造型。在习俗祭祀中，鸡（驯化的鸟）是最主要的祭品。鸟还借代姑娘，而他们最尊崇的是燕子。不许孩子们伤害燕子，甚至不能用手去指燕子。这一切，仿佛都无法说得清，却又有遗传密码遥控着他们一代代传承下来。燕子就是玄鸟，《左传》里不是说有一支“司分者”的“玄鸟氏”么？我不知道和他们有没有关系。

这是一支正宗的鸟图腾部落的后裔，他们和她们背负着的图腾标识被历史奇迹般地保存下来。

2016年6月25日修订

春秋大梦

一

在漆黑难挨的长夜里，有一星圣明之光，在苗族人民眼里闪过——那是一张电文，一道永不消逝的电波：

各军团政治部主任：

最近我军经过之地，地瘠民贫，苗民甚多，各部队更应向战士详细解释，严格督促。

一、明确传达与执行本部对苗民批示不打苗民土豪，不杀苗民有信仰的甲长、乡长。

二、山区牛少，居民视牛如命，绝不应杀牛。土豪牛发给群众，严厉处罚乱杀牛者。

三、加强纪委检查队收容队工作，在宿营地分段检查纪委开展斗争，立即克服一切侵犯群众、脱离群众行为。

这是20世纪初一支名叫“中国工农红军”的军队总政治部给它的部属下达的指示。

在1934年这个隆冬里，一股千年未有的春风以其震撼心灵深处的内劲力，穿透了积压五千年的坚冰，掀起了苗家人深埋在死海五千年的希望。这个冬季里，有一串串振奋人心的故事被这个以口传文学著称的民族迅速传遍他们居住地的各个角落。在施秉马号，苗族农民杨秀平买了三百斤地瓜（红薯），准备赶场拿去卖，听说红军来了，他跑得慌忙，忘了关门。等他从山上回到家，地瓜不见了，却见地上有一堆铜钱。这堆铜钱是红军每拿走一个地瓜，就丢下一个小钱汇集而成的；台江县革东苗族农民张老桥，夫妻两人，无儿无女，靠卖柴养猪维持生活。红军来时他家里喂有一头肥猪和一头小猪。夫妇俩由于受国民党的宣传，扔下猪逃跑了。等老桥回来，看见猪圈里小猪在吃食，而大猪不知去向，他心里在哭。等小猪吃完食，猪食盆里出现一堆光闪闪的银元，一数有四十元，他激动得老泪横流。施秉县六合乡是苗家居住区，国民党的统治鞭长莫及，每个寨子都有保寨的武装组织。红六军团某部深夜进入这里，一位红军指挥员的手电光招来了四山的牛角号和盲目的枪击。红军被火力封锁在山沟里，战士们弹上膛，刀出鞘，只等指挥员下令反击。天亮后，红军代表御了枪，背了两个钱串袋孤身上山，走进廖洞村，向苗民们宣传他们红军是什么样的队伍以及他们的政策。他把两袋银元倒在桌子上："事先来不及通知你们，发生了误会，这点钱，就算是赔偿你们昨夜消耗的子弹吧！"苗家人一个个睁大眼睛：祖祖辈辈哪见过挨打还赔礼的兵？苗家人急忙打开寨门迎红军……

"长征是宣传书，长征是宣言队，长征是播种机。"红军长征过黔东南苗疆虽然只是一瞬间，对于五千年的历史而言，几乎还不到一眨眼的工夫，而红军对瑶苗民的口号，却像金子一样被苗族人民用心灵珍藏着，它萌动了苗族人民的念头。苗族又开始把心悬起来等待。毕竟，曙光已经出现。

二

历史是不堪回首的，在古今的战争灾难史里恐怕再也找不出第二例涿鹿之战了。

涿鹿之战的灾难不在于战场，虽然当时中国原始部落最大的两个集团全员参战，规模之大，举世闻名。无论多么正义的战争，总是要造成生灵涂炭，破坏人类已创造的生产资料，给后人带来巨大的灾难。人们将用很长的时间来医治战争造成的创伤，泯灭恩仇，需要十年、几十年，甚至上百年。其间经历几代至十几代人。涿鹿之战所造成的灾难却空绝前后地笼罩魔缠着战败者的后人五千年时间，横贯了整个中华文明发展史。在苍茫浩淼的五千年岁月里，战败者的后人们永世做着一个个噩梦。

位于河北省西北部桑干河畔的涿鹿县承载了这场悲壮的战争。史前这块肥沃的中华大地上，文明初曙两把最明亮的火炬——华夏文化在这里“火并”。中华三大人文始祖——轩辕黄帝、炎帝同九黎蚩尤在这里展开了惊天动地泣鬼神的生死搏杀。

当时的东夷集团九黎部落生活在长江、黄河中下游一带，他们凭借优越的地理条件和不断地辛勤开拓，经济文化已走在了当时历史的前列，成为雄踞东方的一个强大部落。他们西向发展。而同样在文化经济上有高度发展的黄帝部落由喀喇昆仑山沿黄河之源向中原挺进。两大集团为争夺黄河流域这块肥沃的平原地带而战。

得中原者得天下。这场战争最终决定了炎黄部落是黄河流域的主人。在古代，为了争地而战，胜利者得地，败者被驱赶到更远的边缘地段去谋生，这并不奇怪。所无法理喻的是，这一战竟成为一个民族的五千年的大劫难。蚩尤九黎部落从此用五千年来进行大迁徙、大逃亡。

三

苗族的巫师们一般都要把死者的亡灵引到黄河上，交代给黄河，让他们在这儿与亲人诀别。黄河是这个民族的生死界，“来到黄河/江水浑噩噩/咱们手牵手/才能渡黄河……”战败的九黎部落除被俘部分融合于黄帝部落外，举南迁徙，渡过黄河，来到长江中游。这里北是云梦大泽，南有三湘两湖，好一派“荆天楚地”!

“黎”和“苗”这两个字都是中原文字，是后人取义命名的族名。黄帝因与造车有关得轩辕名，炎帝因掌握火的技术而“以火德王”。“黎”以“黍”做本，黍是高粱，为五粮之一。这就说明九黎是个最早掌握从事农业生产技术的部落。他们有使洪荒之野变为沃土良田的本事。他们很快就将这里建成了稻谷飘香的强大国家，号称“三苗”。于是，尧、舜、禹三代又不断地“伐苗”。“尧战于丹水之浦，以服南蛮”；而“舜伐三苗”因深入苗疆腹地，终于葬身苗疆：“舜……南征三苗，道死苍梧。”

上古帝王最受中国人称道的莫过于大禹治水，但是中国的老百姓一般不知道禹还有两项功劳。以前战争大都类似于现代的村寨与村寨或家族间的打架斗殴，锄头镰刀擀面杖，有力的男女老少齐上阵。禹创造了职业军人，组织了专司打仗杀人的军队。禹的军队经过三年的“执干戚舞”的训练后才开始伐三苗，这是典籍上最早记载有关军队的训练。禹带了手持金属利器的队伍伐三苗，战争持续七十天左右，三苗终于被打败。《论衡》里说，“三苗将亡，天雨血、夏有冰，地圻及泉，青龙生于庙，日夜出，昼日不出。”《金匮》里更是说，“三月不见日”，可见三苗遭杀戮的惨状。禹的另一个大功劳是创造了奴隶制度。禹把三苗的俘虏分配给征战各部属、部落首领做奴隶。三苗是九黎之后，称黎人，古人又把奴隶称作“黎民”，与现在的“黎民百姓”不是一回事。“黎民”是奴隶，而“百姓”是有身份的，学者们讲中国奴隶的产生，通常总是追溯到这次战争。奴隶不仅人身权利丧失，还殃及子孙，即子孙世世代代为奴，世世代代被奴役和剥削。

“三苗”这个名字从此在汉文记载里消失。而江西、湖北、湖南的崇山峻岭中又崛起了“南蛮”“荆蛮”“荆楚”，他们是三苗劫后余生的后人。他们在夏、商、周仍不断地遭到讨伐。苗族先民先后西迁，逃入人烟稀少的武陵山区，又成了“武陵蛮”。秦汉至唐宋时期，封建王朝又对“武陵蛮”“五溪蛮”采取了一系列大规模的军事讨伐，迫使苗族再度向西边迁徙，大部分进入贵州、四川、云南。这是苗族第四次大迁徙。元明清时期，战乱不断，讨伐不断，苗族继续从武陵、五溪地区迁入贵州、广西和四川，并从贵州、广西、四川及川南，经过不同路线进入云南。到清朝，苗族又大量地迁出国门，进入越南、老挝和泰国境内。据石朝江先生的《中国苗学》统计：仅1810年—1820年进入老挝的苗族就有五万之多。这是苗族的最后一次大规模迁徙。

四

中国有两道长城，国人一般只知道据说在另外一个星球都能看得见的北长城，它的功能是阻止北方少数民族进入中原的。南长城却鲜有人知，它被掩埋在历史和自然的重峦叠嶂中。明万历年间，明廷花耗四万三千两白银建造了北起湘西古丈县的喜鹊营，南至贵州铜仁境内的黄会营的所谓南长城，企图将苗民全部困死山上。

现在我们说的汉族，应该只是文化意义上的汉族，随着历史和社会的进化与人口的移动，汉族与各民族间实际上相互掺杂，你中有我，我中有你，已没有纯血统意义上的汉族了。诚然历史的恩怨与创痕客观存在，也不能简单地把之归结为苗汉两个民族的对抗。在统治者眼里，“汉”是皇帝桌案上的玉玺，谁拿到了谁就是正统，自蚩尤被看成反叛者后，历代的中原执政者都将其剿杀，驱逐苗族被视为正义、神圣的行为，是皇权势力伸张正义的重大举措。同样是少数民族，被拒堵在北长城外的满清入主中原后，对苗族镇压和屠杀比历史上任何朝代都更残酷。清廷专门在中央皇权之地北修建了专门关押苗民战俘的西山黑牢，谓之苗营：筑城将他们围住，仅留一门供其出入，并驻兵监守。以此向天下宣传他们“正统”形象。被喻为“百年名臣之一”的鄂尔泰认为，天下有两大要“以民务为急，而利民者莫要于水利，害民者莫甚于凶苗”。鄂为官历康、雍、乾三朝，历任云贵广西三省总督、经略七省大将军、保和殿大学士、兵部尚书、总理军机处大臣等等。光在雍正十三年至乾隆元年（1735-1736），对黔东南地区苗族的征剿，苗族人民被杀被围困饿死者不下三十万；被烧毁的有一千二百二十四寨（占总寨数的百分之七十五）；被赦免的仅有三百八十八寨（占百分之二十五）。“杀戮十之七八，数十寨无一人”。大批义军男女骨干及家属，被强迫迁往他乡。还有一万三千六百多名义军家属被发配为奴。鄂平苗胜利后，将缴获苗族的兵器和所有铁器，“容干销戈”铸成两支铁柱。长十尺余，六面皆铸字，立于贵阳“甲秀楼”前，用以炳彪战绩，有《铁柱篇》为证。篇文中自吟铁柱“天阴鬼语闻呜咽，似之此铁非是铁，乃是千人万人血”。由此一斑可以看到清廷剿杀苗民的残忍程度。

五

辛亥革命爆发后，作为资产阶级民主革命家的孙中山先生在《临时大总统就职宣言》里所提的“五族共和”是“合汉、满、蒙、回、藏诸地为一国”。他甚至在《三民主义、民族主义（第五讲）》中认为，如苗、瑶、僮（壮）等其他少数民族已由于自然力的淘汰不复存在了。在接受了中国共产党的帮助后，他改变了这一观点，“现在讲五族共和，实在这五族的名词很不切当，我们国内何止五族呢？对国内弱小民族，政府当扶持之”。但是由于孙中山在“革命尚未成功”之时早逝，更由于资产阶级性质的局限，最起码的“五族共和”也未得到贯彻。

蒋介石根本不承认中国有少数民族。他在《中国命运》一文中说：“我们中华民族是多数宗族融合而成的”，“是同一血统的大小宗支”，“中国境内有各民族的，便是一个绝大的错误”。当时的贵州省主席杨森在《边铎月午发词》里说：“今宣公认中华民国境内，只有一国族，一个领袖，以坚强国民之信念，而实现孙子大一统之理想……”贵州各县县长，按照杨森的批示禁止苗族说自己的语言，穿自己的服装，行自己的风俗习惯。著名画家彭冠杰先生曾回忆道：“黄平的保警兵保甲人员守在县城的四门，当赶场回家的苗族妇女走近城门时，突然围住，扯头巾，剪头发，剪裙子。”苗疆各地上演了一幕幕的悲剧。

在苗族人民的眼里、记忆里，历史的天空是一方板结凝固的铅块，历史的轨迹是一条崎岖狭窄逼仄的隧道。他们对外没有了朝代感，无论秦汉唐宋，还是元明清、民国，通通一抹黑。他们还在一如既往地唱着他们的古歌、迁徙歌、苦歌：“老鸦无树桩，苗家无地方……”

六

据考证，蚩尤有三大发明，即刑法、武器、宗教；据考古资料证明：苗族的先民创造和参与创造了磁山文化、裴李岗文化、仰韶文化、大汶文化、屈家岭文化、楚文化，《苗族古歌》与藏族的《格萨尔》、蒙古族的《江格尔》、乌孜别克族的《纳玛斯》并列为中国四大史诗性巨著……创造了这样重大文化的民族是那么容易被剿灭的吗？因为他们用自己的文化支撑他们的精神。所以他们能不屈不挠地迁徙，为了民族的平等，他们只要一有力量，便起来反抗。但各朝代统治者的剿伐，令他们再也没有这种力量了，他们只能期待，期待一个平等自由的社会。这期待就像一个梦，这个梦不是一夜，不是十年百年，这是一场数千年的春秋大梦，梦醒时分，五千年过去了，但毕竟梦醒了。

1949 年，苗疆解放了！

1950 年，作为社会学家和文化人类学家的中央民族学院副院长费孝通承担了党交给的民族识别工作担子。他觉得这是一件自古未有的事，组织了一批专家来做这项非常细致、非常严肃的工作。他们系统地了解到我国许多少数民族非常重要的现实和历史的情况，历史、民族关系的衍复和发展情况，在此基础上，经过酝酿和准备，又进行了国家级规模的全国少数民族社会历史调查和少数民族语言调查。随之，除了“五族共和”之外的五十一个少数民族被认定——中华人民共和国是由五十六个民族组成的国家。苗族是其中之一。这对于苗族来说，比什么都重要。至此，苗族人民才彻底明白，五千年来的不屈与抗争、逃亡，就是为了期待这一刻的到来。这是五千年的期待，期待这个伟大的政治，伟大的制度。

1951年苗族地区成立了联合政府，一大批苗族干部担任了副专员、县长、副县长和区长。到1952年底，成立了四个县级自治区。1956年7月23日，建立了“黔东南苗族侗族自治州”，8月8日，建立“黔东南布依苗族自治州”。

1950年冬，贵州丹寨县扬武乡一位叫王德安的苗族青年，碰上共产党干部王文斋带领的共产党新政府工作队，他怀着莫名的激动将他们带进旧政府的乡公所。六年后的1956年7月23日，黔东南苗族侗族自治州成立，王德安被选为自治州第一任州长，代表全体苗族人民来管理这片祖宗世代用血肉之躯哺之的疆土；而同时期进入州领导层的共青团州委书记、黄平县苗族青年王朝文，80年代初成为苗族历史上第一位省长。

至此，苗族人民从浑噩的五千年梦境中醒来。苗族人民彻底走出了噩梦，走进了充满民族平等自由的阳光地带。

苗族是一个什么都用诗歌来表述的民族，50年代初那几年，苗族人民掀起了创新民歌、唱新民歌的热潮，古歌几乎没有人唱了，大有失传之险，以致贵州省组织了大批的民间文学工作者下到苗乡，进行抢救性的搜集，整理苗族民间文学这一艺术瑰宝。有一首经当时中央民族歌舞团专家用雷公山地区苗族飞歌调进行改编创作的歌，传遍了苗山侗寨，大江南北，它开句就这样唱：

你见过雷公山的山顶吗？共产党的恩情比它高……

雷公山的山顶到底有多高呢？1934年中国共产党的“黎平会议”

之后，共产党历史转折的“遵义会议”前夕，伟人毛泽东勘踏过了，他留下惊世骇俗的诗句：

山，快马加鞭未下鞍，惊回首，离天三尺三。

毛泽东诗句中的山，就是苗岭的主峰雷公山。

蝴蝶妈妈的丝绸

一

在研究苗族的蝴蝶图腾现象中，不少人感到困惑，据说主要是在今天的生活中找不到蝴蝶崇拜的依据。又据说就连将苗语 Mangx Bangx Mais Lief（妹榜妹留）首译为“蝴蝶妈妈”的今旦老先生当初也觉得没有把握，为之“一名之立，旬月踟蹰”（严复语）。李炳泽先生也质疑，他还认为可以翻译为“名字叫作 Bangx Lief 的妈妈”。吴晓东先生的《苗族图腾与神话》直接认为蝴蝶不是苗族的图腾。“苗族没有可靠的蝴蝶崇拜习俗”，“苗族蝴蝶生人母题为后期产生的可能性比较大”，“是否受到华夏族蝴蝶变人传说的影响，也说不定，《庄子》里有庄周化蝶之梦……”等等。

实际上在黔东南苗族民间几个不同次方言区的传说中和理念中，“蝴蝶妈妈”和蝴蝶诞生了人类，这是不容置疑的。蝴蝶崇拜的习俗确实被太久远的岁月淡化了或者被移位了，但并不能说明没有过这样的图腾。

在我们鲜活的民间，蝴蝶图腾并没离去。我童年时有过切身的体验，祖母每年总是在养蚕。当祖母不知从哪儿将细得像针一样无法分辨的蚕幼虫弄来时，很庄重地告诉我，是从天上榜留妈妈（蝴蝶妈妈）那儿抱来的。蚕的幼虫放在一个小竹篾盛器上用炭火烤，火盆里盖上一层薄灰以保恒温。祖母说，天上的蛋请脊宇鸟孵抱，地上的蛋请火炕孵抱。待幼虫渐渐长大了，再移到一个大簸箕里。最后，祖母变戏法似的不知从哪个角落里弄出许多旧门板、宽木板，将蚕们移上去吐丝。蚕们在板上织完一张蚕丝单，就用最后的丝将自己包裹起来，完成那“作茧自缚”的成语。我以为那该是蚕的棺材，祖母告诉我，那不是棺材，是她们的变身房。祖母把蚕蛹拢集到桑树下，果然，蛹们化作无数飞蛾。那些美丽的天使是千万碰不得的，用手去触摸，手指就会腐烂。这是祖母的警告。我们所有的同伴都得到了来自于老辈人的同样警告。还有很多的禁忌，比如，得称她们为姑娘，去外面要蚕回家，得说“娶”，送出去又得说“嫁”，一切针对蚕的言行都得拟人化。

我近期在重读几个版本的《苗族古歌》时，这些景象在脑海里反复出现。田兵编选于1979年、贵州人民出版社出版的《苗族古歌》是个文字较为规范的文本，由于它出版得比较早，又出自名家之手，盛名之下，自然影响深远，不少学者都习惯以它为鉴。但一与原来的蓝本，即1958年由省作家协会编印的《民间文学资料》对照，他的选择是有限的，语言结构和思维方式太汉化，使今天的研究者们丧失了许多当时已搜集到的信息。现在研究苗学的专家们大都在出版物上读《苗族古歌》。搜集于上世纪五六十年代的民间文学资料，十分珍贵，原初第一手整理的资料，出自当时民间的原唱者。那时他们大多已五十岁以上，至今半个多世纪，他们都带着那些千年以上的文化遗产离去了！由于苗汉语言之间的差异，那些句式结构、那些看似逻辑混乱的意象，都可能含有重要的信息。

二

我们的祖先为什么要选择卵生的生命形式作为人类的生命形式？我相信，即使是创造了这一神话的祖先们也已经清楚了人类是胎生而非卵生。你看，他们创造的这个卵生程序有多么麻烦，蝴蝶要去和水泡恋爱，才生蛋，生出了蛋又不能孵化，又去请脊宇鸟来孵抱。我们推想，处于生产力极其低下和生存环境十分险恶中的人们，不会像当代诗人这般在丰衣足食、闲暇无聊之际刻意去寻找诗意灵感。他们每时每刻都在考虑着生存大计，下一餐怎么办？怎样才能强壮体魄猎获猛兽？祖先们也许每天都面对死亡，死亡的恐惧迫使他们去思考，迫使他们从生活周围世界中认识事物，以它们为参照，寻找自救自强的真谛。

自人类学会思考始，对生命的关怀就伴随着人类一路走来，生命是人类的终极关怀。经历了千百次多少代人的观察，他们发现了蚕蛾科昆虫生命历程的奇迹：蝶生卵——卵成虫——虫变蛹——蛹化蝶。现在的科学称为完全变态昆虫，而当时的人们却以为这是一个神奇的再生过程。人类如果能获得这样的生命程式，人的生命就会不断地轮回再生，人的生命将获得永生。于是，对蝴蝶这一卵生的生命形式的崇拜产生了。那么，人也只有选择蝴蝶作为人类的母亲，才能获得像它那样的轮回再生。

在搜集于黔东南不同地区的苗族古歌版本里，都综合地表现了先民们这一原始的理念。田兵选编的《苗族古歌》“十二个蛋”里，多用唐春芳搜集的材料，而另一个由桂舟人、赵钟海搜集的材料没有用，那里有这样的句子：“蝴蝶生蚕虫蛋，团鱼生岩石蛋……蝴蝶生下蚕虫蛋，送给火炕三捆柴，火炕才来抱”；《苗族史诗·十二个蛋》也说："来看十二个蛋吧，看那古老的圆宝。蛾儿生蚕蛋，蛾儿生了它不抱，让给谁来抱？蛾儿生蚕蛋，生在构皮纸上，交给火炕抱"；燕宝的《苗族古歌·十二个蛋》也说："蚕儿生蛋蚕不孵，让给谁来替它孵？蚕儿生蛋蚕不孵，让给簸箕替它孵"；吴德坤、吴德杰的《苗族理辞·蝴蝶产卵》中又讲到了另一种新信息：是蜻蜓和水泡沫相交，产卵在河沙滩上，得到老鹰的忠告，才移到悬崖上去孵抱。

不要以为这些是一组很混乱的事象，我们也曾经质疑过那些传歌的老人：这个说是蝴蝶，那个说是蚕，那个又说是蜻蜓。到底是什么？传歌者总是笑而不答或说怎么唱都是对的。其实我们不要去管它是蝴蝶、蛾儿、蚕还是蜻蜓，这一切都为着叙述卵生这一生命形式。这里需要补充说明的是，在黔东南苗语里，蚕的飞蛾和蝴蝶，同一样的称谓："Bangx Lief"（榜留），也就是说都统称为蝴蝶。

苗族先民们把枫木、蝴蝶、脊宇鸟组成一曲完美的人类生命乐章：枫木被砍倒了，然而被砍倒的枫木并没有死——树根变成泥鳅，树桩变铜鼓，树疙瘩变成猫头鹰，树叶变燕子，树梢变脊宇鸟，树心生出蝴蝶；随后蝴蝶就与水泡恋爱，生出十二个蛋，再请脊宇鸟孵化出人类和数种动物。在这曲生命乐章中，本来鸟就可以独立完成生蛋和孵化全过程的，但鸟类没有那种不断变化生存方式而不死的生命程式，这才是生命的主旋律。而鸟类的保护又不可替代，鸟是祖先的图腾。

三

正是苗族先民们对蚕从卵到蛹再化作蛾的生命变态过程充满了

好奇，由好奇到崇拜图腾。先民们希望死后用丝绸把自己裹起来，希望像蚕一样变化升天，蚕成了升向另一个世界的神灵。但是，人的身体和蚕有巨大的差异，于是人们便想尽办法，用蚕丝来为自己织一件裹身之布，这样，人工养蚕业和蚕文化就开始了。

史学历来持“丝绸起源于实用目的”之说。但事实上并非如此，以苗族的蝴蝶妈妈为代表的卵生图腾崇拜才是丝绸的主要起源。最近，中国丝绸博物馆学者赵丰也提出了“原始先民崇拜桑蚕这一文化背景，才是我国丝绸起源的主要原因”的理论。他还认为，东南亚、欧洲等国也很早就有了野蚕，但都没有把野蚕丝织成丝绸，只有我国早在商周时期就把野蚕丝织成了丝绸，这是由于我国原始先民崇拜桑蚕的独特文化结果。

利用野蚕吐出的丝进行纺织，这是人类利用自然的一项重大发明，丝绸在古代是中国特有的纺织原料。有人将全世界使用的纺织原料划分为四个地区；南亚地区是使用棉纤维，包括木棉和草棉；地中海地区使用亚麻与羊毛；而美洲则是使用棉花和羊毛；只有中国古代的先民因图腾而创造了灿烂的丝绸制品。苗族便是最早因图腾而注意到蚕丝的这种自然现象，并且天才地将它纺织成绢帛。苗族先民是我国蚕业和蚕文化的发明创造者之一。典籍上也记载了蚩尤部落是发明和饲养蚕的，《绎史》卷五说：“黄帝斩蚩尤，蚕神献丝，乃称织纴之功。”也就是说，在远古的时候，黄帝战胜了蚩尤以后，蚩尤部落里的蚕神向黄帝献蚕丝技能，从而使中国有了蚕丝的使用。

我们来说这个“蛮”字。历代都称以苗族为首的南方少数民族为“南蛮”，蛮字被文字简化失了形，看不出造字的本意，繁体字写作“蠻”，这里就看出与丝和虫的联系了。商代甲骨文已有古字的“蠻方”。商末周原甲骨文有“庶”。王宇信《西周甲骨文探论》说：

"'庶'即蛮字。……'庶蛮'即众蛮，或群蛮。如《春秋会要》载有'群蛮'。"徐松石在《粤江流域人民史》苗蛮总察里说："古代南方中国人原本一律称自己做'man'。蛮的古字，本来不从虫的，古时南方有语言而无字，字也不过是中原人把这些南方部落译音而已。从言，表示南方有语言。从糸，表示南方发明蚕织之术。然而因言是译音，所以有蛮、氓、蒙、闽、苗、麻、慢、蔓、满、瞒、孟、猛、毛等种种的互译。"直至今天，苗族仍以"蒙"自称。

汉代以后，蛮字加了虫底，大部分专家认为这是汉代对蛮人的歧视，视如虫类。我觉得尚值得推敲。上古时，才开始驯养的野蚕主要放在桑林里就地设架，把野蚕放框架内，让它围着框架吐丝。古蛮字正像一人挑起一担蚕山的框架。到了夏以后，居住条件有了发展和改善，人们开始把野蚕移入室内饲养，逐渐变成家蚕。商代殷墟出土就有玉蚕可证。汉代开始，丝绸织造进入辉煌时期，此时，丝绸开始走出国门，汉武帝派遣张骞出使西域，带去了大量丝绸，开拓了横贯亚洲大陆的丝绸之路。后来，吴国又开拓了海上丝绸之路，直接与日本、越南、罗马贸易往来，日本的"和服"因此叫"吴服"。蛮字的涵义与古蜀人和蚕丛氏有关联，古蜀人是养蚕中的重要一支。《淮南子·说林训》说："蜎蜎虫蜀貌，虫蜀即蜀也。"《尔雅·释虫》注曰"大虫如指似蚕"。在蚕桑文化空前发达的背景下，蛮字加虫底，或许是为了更加突出蚕的特性和家蚕的专业特性。

四

当丝绸在世界面前一片辉煌的时刻，曾经创造了丝绸文化之源的蚩尤部落、苗族在哪里？蚕神随着部落的战败而把这一创造发明贡献给了黄帝的华夏，然后又变成了黄帝之妃嫘祖的专利。历史再也没有赐给他们再续丝绸辉煌的机会，但并不能说苗族再也不发展蚕桑业了。

在史册上，从来就没有中断过有关蚩尤部落的后裔桑蚕业的记载，《史记·夏本纪》说："莱夷为牧，其篚盒丝。"莱夷又称"佐莱"，是东夷融入三苗部落的一支；苗族曾经是楚国的主体国民，在楚国的中心地湖北、湖南，是我国古代丝绸发展的重要基地，众多的出土文物见证了一切：1982 年，湖北的江陵马山楚墓出土了一大批丝绸织品，绣绢、绣罗、麻鞋、丝绢画，以及著名的蝉翼轻纱，此次发现震惊海内外，被称为神奇的发现。湖南长沙战国楚墓出土了用以裹尸的五种不同纹饰的锦残片，这无疑是蝴蝶图腾的文化传承。而长沙马王堆出土丝织物更是精美无比，代表了同时代丝织生产工艺的最高水平。容观琼先生认为马王堆一号墓主轪侯利仓很可能是"西汉以前苗族的部落首领"。

苗族古歌唱道："麻栗和化香，栽山顶崖脚。"麻栗就是栎树，也叫柞树，专用其叶来养蚕的。古歌中说苗族西迁来时，带来九种树种，其中就有栎树种。据吴一文先生《苗族古歌与苗族历史文化》一书考据："苗族看重栎树，苗族巫师占卦用的卦木，非五倍木即栎木，或双木并用，不能舍此二种而其他。可能因为年代的久远，特别是养蚕方式的改变，人们已经淡化栎树镇邪的作用。可以肯定，栎树在历史上必定对苗族的社会产生过极大作用，以致它威力巨大，超过了支天的五倍木，成为专镇凶恶魔之木。"

毫无疑问，蝴蝶图腾即是对蚕的崇拜，蚕文化原初的核心便是人归途的仪式，人要在这种和蚕一样的仪式中得到再生。今天的苗族，仍然保持着以丝绸裹身而葬的丧葬习俗。我祖母养蚕织就的丝织品，我们习惯称作蚕丝床单，绝大部分是备着丧葬所用。凡有人去世，主客必送一床蚕丝单，没有是不行的，被视为不懂礼节，而死者获得蚕丝单越多越好。有的人家收到的蚕丝单过多，就会扣下部分，留着将来的丧事送礼。苗族每个人都必备一件丝质寿衣。并且，在许多重大的仪式活动中必须要着丝绸服装。比如在苗族重大的鼓藏节期间，鼓社头必须穿丝织鼓社服；大祭典活动时，祭师也必须穿丝质服装等等。

前文曾引述过《苗族古歌·十二个蛋》，提到蚕和纸的关系："蛾儿生蚕蛋，蛾儿生了它不抱，让给谁来抱？蛾儿生蚕蛋，生在构皮纸上，交给火炕抱。"构皮即楮皮，是楚国造纸的主要原料和楚纸特征。黔东南苗族民间有《造纸歌》流传，丹寨县苗族民间现在仍有古法造纸工艺传承，其工艺流程与唐代一模一样，被列为国家级非物质文化遗产。他们生产的一种传统的皮纸，其颜色和外观上很像民间的蚕丝单，质地也很柔韧，这种纸主要的功用在丧葬上，逝者装殓前，先在棺材里铺上很多皮纸，装殓后，把先铺上的皮纸一层层折合在逝者身上，完全裹得严严实实，棺木里出现空间，需用木炭填实的，也用皮纸将木炭包好。

是什么动力驱使没有文字、不需书写的族群将古代的造纸技艺一直传承至今呢？我们可以推断，苗族最初的造纸，并非为书写文字，或者说不仅仅是为了书写文字，抑或就是蚕丝帛的替代品或新产品。但是在今天，由于市场的丝绸逐渐取代民间的蚕丝单，民间的养蚕也消失了，皮纸真正继承了蚕丝单的遗愿，为逝者引导通向再生的图腾。

在苗族的各种工艺的服饰图案中，蝴蝶是俯拾皆是的，而丹寨县雅灰乡和榕江县的高排等地的苗族百鸟衣上，大面积地使用丝帛和丝线刺绣，常在中心位置绣着一种奇特造型的动物图案，头是变形的鸟头，身是虫身，有节，周围是飞舞的蝴蝶。不少人认为是龙，其实那是蚕虫、鸟、蝴蝶的结合：蝴蝶——鸟——蚕虫——一幅图本身就包含了蝴蝶图腾的全部寓意。这种艺术手法仿佛是《山海经》现世。

蝴蝶图腾是苗族先民对蚕桑这一卵生变态生命形式的崇拜结果，是苗族的生命图腾。蝴蝶图腾是丝绸的起源。中国人利用野蚕吐出的丝进行纺织，创造了灿烂的丝绸及文化。中国华美的丝绸美化了古今人类的生活。

几个石头磨过

一

来天柱县不知有多少次了，这次专为石头而来。当然，也不仅仅是为石头，省作协要在这里召开笔会，来自全省各地、州、市的作家们集聚在这个人文大县，还有更多的亮点和看头，比如说清水江美丽的风光和厚重的文化系列景点。不过，比我更以石头为重的还大有人在，比如说老朋友罗吉万、赵剑平，他俩不仅爱，还痴迷，整个在天柱县期间，满地找奇石，买奇石，大汗淋漓地搬运奇石。我自愧不如。

第一天的下午就直奔天柱奇石馆。一进奇石馆便满目灿然，就像猛地跌进了珍珠堆一般，到处都在闪烁，那么多奇石，真不知从哪里看起。我不是奇石收藏者，也没有玩石的经历，更从未见过这样亮丽的千姿百态的石头，所以我完全被震撼了。我甚至不敢相信这些宝贝出自清水江畔，那可是我几十年步履匆匆、身心沐浴的河流！

事实确是毋庸置疑的，虽然清水江从发源地都匀市斗篷山一路奔来，流经丹寨、麻江、凯里、黄平、施秉、台江、剑河、锦屏等县到天柱县，又流往湖南的会同、芷江、洪江等县，汇入湖南沅江，再经湖北融入长江，主干河流五百七十六公里，流域面积一万八千多平方公里。而就“奇石”而言，只有天柱境内出产的“奇石”最为成熟，一般所说“清水江奇石”主要指天柱境内的奇石。虽然同是一种石质，同是经历一亿七千万余年的冲击、搬运、淘洗、磨砺和化学溶液浸染，因为上游行程短，石头的摩擦度不够，天柱县位于清水江下游，河滩宽，当江水把这些石头跌跌撞撞、你亲我吻地搬运到天柱县时，恰好达到人们审美的水洗度、光泽度和玉化程度。自天柱再而下呢，水流又趋于平缓，河水仿佛再也没有力气搬运大石头了，只推去拳头以下的沙石，于是这绮丽多彩的清水江奇石就在天柱生根发芽、开花结果了。

你看，大自然就那么刻意地眷顾天柱！

清水江奇石们原本还在地下做亿万年的春秋大梦，近年来，由于天柱县清水江沿岸修建水电站，它们奇迹般被撞醒、被发掘出来。也不知是谁第一个惊呼，激发了人们的审美神经，乡镇的干部群众争先恐后地采捡、收集、珍藏，收集数量竟达十万块以上。随即，天柱县先后成立了奇石协会和“清水江奇石馆”。通过广泛宣传、举办奇石展、发展会员、组织石友外出参展等形式，充分挖掘清水江奇石资源的特色，天柱“清水江奇石”大放异彩，声名鹊起。

2010 年 10 月，天柱县举办了隆重的“首届贵州天柱奇石文化节”，展出奇石五千多方，上千件千奇百怪的清水江奇石，吸引了北京、上海、广东、台湾等十多个省市的奇石专家及爱好者前来观石赏石。

二

我不会玩奇石，但是我与石头很有缘。我小时候身体不怎么好，祖母就给我架了座石桥，那石桥是块完整的自然石，约一尺五长，架在一处水渠上。我清晰地记得那块石头很普通，一点也不奇，但有传统的意义，即把我的健康寄托在石头的坚硬刚强寓意里，也就是今天所讲的民间文化。你看，这么多美丽的石头，“寿星献桃”“醉苗乡”“金元宝”“韵”“守望”“一掌定乾坤”“美猴王”“龙腾盛世”……没有哪一件不是以文化来引领人们的想象的。奇石是文化，是人们寄情于石，以文化联想的奇观来陶冶思想情操。

天柱人喜爱石头，仿佛还有一种割不断的情结，这情结有如新生儿的脐带般牵引自历史的幽深处——“天柱”这个县名出自于石头。天柱县原名凤城，在位于天柱县城三公里处的石坪村，有一座柱石山，山上有六根大柱石，最高一根高达八十三米，似层层巨石垒叠而成，挺拔秀丽，冠名“石柱擎天”。据说古时因常有凤鸟在柱石山鸣唱而得名。后又因有“石柱擎天”而更名为“天柱”。凤城也好，天柱也好，都是得名于“石柱擎天”的风景。

不究不知道，一究吓一跳：近来有史学家指出，天柱县这一处石柱山，便是中华神话中赫赫有名的“不周山”，那“石柱擎天”便是古代神话中的支天之柱。《淮南子·坠形训》里说：“昔者共工与颛顼争为帝，怒而触不周之山，天柱折，地维绝，天倾西北，故日月星辰移焉；地不满东南，故水潦尘埃归焉。”共工氏是中国上古传说中的人物。据说共工氏姓姜，是炎帝的后代，共工氏是神农氏以后，又一个为发展农业生产做出过重要贡献的人。他发明了筑堤蓄水的办法。

祝融与共工之战，《史记·补三皇本纪》里说：“诸侯有共工氏，任智刑以强霸而不王；以水乘木，乃与祝融战。不胜而怒，乃头触不周山崩，天柱折，地维缺。”祝融也是中国古代帝王，他以火施化，号为赤帝。相传，祝融还是一个音乐家，他经常在高山上奏起悠扬动听、感人肺腑的乐曲，使黎民百姓精神振奋，情绪高昂，对生活充满热爱。祝融死后，葬在南岳衡山之阳，后人为了纪念他，就把南岳最高峰称为祝融峰。湖南学者欧阳国胜先生通过考证认为，上古的南岳并非湘东的衡山，而在古会同境内的天柱县。湘东的南岳是隋炀帝禅封的，会同古南岳早在春秋战国以前就有了。天柱县在清雍正四年以前一直隶属湖南会同，清雍正五年天柱县改隶贵州，属黎平府；现在天柱金凤山南岳庵供奉的正是火神祝融。《史记·孝武本纪》载：汉武帝巡游江南曾登临过“号曰南岳”的天柱山。清乾隆皇帝也认可“古南岳”是天柱县的南岳。现南岳庵门前有石碑一块，上镌乾隆游江南诗一首：

游了一峰又一峰，七十二峰到祝融。
祝融南岳几千秋，山是春风水是流。
远观东南三千界，近看西北八百州。
万里长江飘玉带，一轮明月滚金球。
南岳美景观不尽，天心有顺再来游。

2005年欧阳国胜先生提出了一个最新锐的观点：“炎帝故里在会同。”这无疑是在改变中国上古历史。如果国胜先生的观点能够得到学术界的认可，那么华夏上古史将被完全“颠覆”。国胜先生为此做了大量的材料搜集工作，出版了一本厚实的论著：《华夏共连山——炎帝故里与神农文化源流考》。他认为，“神农”是中国上古时代一个发明农耕的“氏族”，炎帝是神农氏族中一个杰出的首领，其主要贡献是发明“连山历法”，首创《连山易》。从易学起源、史迹记载、古歌传说、文物考古、地理物候特征等十五个方面考证，“炎帝故里”当在湘西南会同县的连山古镇，以沅水流域为中心的环洞庭湖地区是神农氏族的发源地，也是华夏文明的发源地。我拜读了全书，我虽不是搞史学的，但很赞同国胜先生的观点。

那么无疑，天柱县等清水江流域，也是中国上古文明的发源地，特别是上古的杰出英雄们在天柱这块土地上刊石树碑，垂于千载。

三

人类常常手持着一把错误的尺规来丈量世界。比如说历史，西方人说“历史是从有文字记述时开始的”，于是历史就从有文字记述时开始。事实证明这是不对的，文字记载之前就没有人类文明的历史吗？但没有办法改变它，人家有话语权，推翻不了。于是就产生了“史前史”，即没有文字记载之前的历史，也就是人类与石头共同创造的历史，那是十分漫长的灿烂文明史。经考古鉴定，旧石器时期漫长得令人不可思议：距今一万年到一百万年之久，而新石器时期也在距今一万八千年至五千年之时。

新石器时期是最靠近人类有文字记载历史的时期。这时候人类开始使用磨制石器：发明了陶器，出现了农业的养畜业。在我国，文字起源的证据主要保留在出土的陶器和甲骨上，1987 年河南舞阳贾湖新石器遗址出土的甲骨契刻符号，经 C14 测定，距今八千年。但即使在母系制社会晚期，汉字高级文字体系已形成，也不能完整地记述历史。甚至中华民族号称有五千年的文明史，但五千年中有两千多年的年代是记述得模糊不清的。在埃及，一张公元前两千多年的绘画能标明确切的年代；而在中国，长期以来，夏、商、周三个早期王朝竟无法确定年代。

为了证明我们中华文明是名副其实的五千年，要建立民族的自信心与自豪感，1996 年 5 月 16 日，国务院批准了一项意义深远、惠泽子孙万代的伟大工程——“夏商周断代工程”。由天文学家、物理学家、考古学家和古文字学家携手合作，终于在 20 世纪末，为中华民族的早期文明史绘制出一份较为确切的年代表。

关于华夏文明，过去一直是黄河文明论占统治地位。这是因为黄河流域在历史上长期是中国的统治中心，中国古代汉民族的政治中心一直在黄河流域，因而它拥有话语权。随着中国南方长江流域文明的崛起，尤其是近代以来经济不断上升，甚至超过了黄河流域，因而关于长江文明的考古和发掘越来越多，长江文明越来越获得了话语权，因此中华文明就成了黄河文明和长江文明双主题。其实把中华文明仅仅看作是黄河文明和长江文明双主题的合奏，也并不一定符合历史的实际。这种历史观就忽略了长江上游各个支流以及中国少数民族对构建中华文明的历史作用。

在历史的目光里，黔东南是一片蛮荒之地。按当代的解释，“蛮荒”就是荒凉、没有人烟没有文化。其实原本之意并非如此，《尚书·禹贡》记载舜禹时华夏威服周围各族，迫使各族纳贡，有“五百里荒服，三百里蛮，二百里流”之说。这个数字是与政治中心“王”的距离。荒服五百里，距离远，而蛮有三百里，是要服，是比较靠近王的。《国语·周语上》引周朝大夫祭公谋父之言：“要服者贡，荒服者王。”意思是说：要服的夷蛮羌族，要向王朝进贡赋税和特产。荒服因遥远，则应遵奉王朝为他们的宗主国。这就说明了“蛮”在上古与开创中华文明的渊源关系。“蛮”人在四五千年前就活跃在黄河中下游，后来因涿鹿之战战败后，又多次在与华夏族的斗争中遭到失败，才分批分别向四方迁徙。他们在各自不同的迁徙过程中，与当地民族融合，从而形成不同的民族团体，发展着多种多样的风俗习惯和文化文明，为人类创造了许多灿烂的历史。随着地下文物的不断发现，我们的历史已经变得越来越精彩了。

或许为印证国胜先生的论断，天柱县这块土地之下考古发现了大量的人类生活遗迹。2010 年 9 至 12 月，贵州省文物考古研究所联合中国社会科学院考古研究所、天柱县文体广电局对清水江流域展开了第二次大规模的考古发掘。考古发掘显示：每一遗址均由多个不同时期的遗存组成，涵盖了旧石器时代晚期、新石器时代中期、商周、战国秦汉、宋明等时期，出土各时期石、陶、瓷、铜等文物标本万余件，初步理清清水江流域古代文化脉络，将天柱县人类活动的历史前推了七千多年，为探讨高庙文化的源流提供了重要的资料。天柱县清水江流域遗址群入选 2011 年度“全国十大考古新发现”终评名录。

在一万至三十万年之间，旧石器遗址在古清水江流域及古沅水流域遍地开花，说明这一区域进入新石器时代之前是人类活动的中心区域。

旧石器、新石器、陶器、青铜器、铁器……在天柱县这片土地上，我们见证了人类走过的文明史，尽管是多么漫长的几十万年，然而它们就重叠积累在方寸之间，就像我们身上流淌的热血，就像我们不改的肤色，就像我们的 DNA，永远和祖宗们一脉相承。我们今天所玩味的石头，与上万年，甚至几十万年前祖先们作为谋生工具的石头同是清水江从上游搬运过来的，石头还是这些石头，时光却像白驹过隙：从云南的元谋人到北京人，相隔了一百多万年。从北京人到丁村人、河套人等，又经过了四十几万年的跋涉。这一百几十万年的漫长岁月，原始人使用的主要工具就是石头，从有意识地在自然中为我所用到按照自己的想法打造石头，其间的历程，不可谓不艰辛。人类便在这种我们不可能想象出的艰难中进化，一直在进化。

我把握一块祖先的工具，冥思苦想，不知当年是谁在使用它，只有万千的感慨，不由得在心灵深处与一个伟人发生了共振：“人猿相揖别。只几个石头磨过，小儿时节。铜铁炉中翻火焰，为问何时猜得？不过几千寒热。人世难逢开口笑，上疆场彼此弯弓月。流遍了，郊原血。一篇读罢头飞雪，但记得斑斑点点，几行陈迹。五帝三皇神圣事，骗了无涯过客。有多少风流人物？盗跖庄蹻流誉后，更陈王奋起挥黄钺。歌未竟，东方白。”（毛泽东诗词《贺新郎·读史》）

能够制造和使用工具，是人和其他动物的本质区别。那么，人类初始时代的几块小石头上，透露出的却是最为深刻广大的社会含义。而当那些粗糙的石头逐渐演化为精美的玉器时，人类的创造有了积累，有了享受。石头的本质便发生了根本变化。那些玉器已经不再是生活的必需品，而是成了等级和贫富的标志，成了阶级的象征。

后来，金银铜铁出世了，金属的工具替代了石头的作用，石头的主要功能，就只有观赏了。这种观赏，牵系着人类久远的情结，只是，在观赏之外，少了等级的羁绊，多了金钱的炫耀……

当然，直至今天，在天柱县的民间，在清水江两岸，依然遗存着人类的“新石器时代”，比如说石碓、石磨、水碾……

2011年6月16日

是谁带来远鼓的呼唤

一

古代苗族有一支叫西氏族的支系，他们在哪里?

中巴突然转向，西江千户苗寨的门间在瞬间迎面向我们敞开。一排婉丽的苗女擎杯在胸——她们是西氏族的子孙!

高大的门间虽是用现代化建材钢筋水泥建造，却不失其古朴格调。门楣上有全国人大民族委员会主任王朝文题的字：“中国西江千户苗寨”，字体颇具骨力。王不是书法家，却是苗族历史上第一位省长，所以西江人选择他来题字。

苗女们手中的酒尽管醇香，却比不得酿了上千年的酒歌，先自浓烈地将人唱醉了，再饮了苗女们手中醇厚绵长的米酒，人便飘飘然，飘飘然地遁入这一扇藏着无数历史秘籍的闸口。从 20 世纪 50 年代起，它就受到有关部门与有识之士的重视和保护，它独特而丰厚的人文资源首先吸引了众多的专家学者，其中不乏满口洋话的老外。他们执着地扎进来，经年累月地寻找，寻找打开这历史秘籍的钥匙。现在更多的是好奇的旅游者，他们从海上、陆上、空中，不远千里万里赶来，流连在吊脚楼下、芦笙场上；惊讶于耸立的山寨，古朴的民风，优美的舞蹈，奇特的器乐，华丽的银饰绣装。

一进寨门，迎面的西江大寨一目了然，数百幢吊脚木楼沿着苗岭主峰雷公山脚约七十度的陡坡往上叠，从山脚叠到半山腰，形成一个庞大而壮观、壁立着的整体寨子。它是一幅真切地壁立着的古画，以数百年不变的沉默和矜持迎接古往今来的客人。如果有一支大美之笔来描写尽西江人这奇迹般的创造，一定载入吉尼斯大全。

寨门间与西江大寨隔着白水河对峙，公路自右倾斜下去一道弧，过了桥，我们便走进画面里，体验着第一笔细节：西江的房屋建筑属黔东南的歇山式穿斗挑梁木架杆栏楼房，完全木质结构。这种支撑着木楼的房基，西江的文字资料里说西江寨的坡度在三十至七十度之间。但三十度的房屋仅在最低层有限的公路边上，绝大部分楼房建在七十度左右的陡坡上，每一幢木楼的房基，都须用石块砌出比房基面积多出二至三四倍的切面高度，才能砌出几十平米的房基。坡度愈高，所砌房基就越高。即使不到十平米的厕所、粪棚也须这样。为保固起见，房基还分两级，并加上保坎。房基用的是石料，祖先们是没有坚硬的开山破石的工具的，更没有炸药之类。不过，从开天辟地的鸿蒙之初起，白水河遥想到历史的某个时刻，将会有一批难民来这里开辟家园，所以它把一块块刀削斧劈般锐利的石块洗磨掉棱角，不至于划破肩皮，又不能太光滑，以免堆砌不稳固。当时间和历史的经度、事件的纬度都恰到好处地交叉在一起的时候，这一川河卵石就有了生命。白水河知道，这一川杰作只有被人类关怀，才可能创造出岁月和时间深情的美。

抚摸着这些错落有致、花纹自然美观的石壁，你会感觉出创造者的体温犹存，看到石块上那些深显的斑印，你不会怀疑是他们祖先磨破肩皮手指留下的汗迹、血迹。

二

西江人的祖先曾生活在黄河下游和长江下游之间的平原地带，那是一片广袤无垠的肥沃原野。那场杳然几千年的为了争夺土地而发生的“涿鹿大战”，造成了苗族横贯整个中华文明五千年发展史的大迁徙。在一千多年前，西江人的祖先——“Dlib”（西）氏族的一支由“Gnet Yenx/Gnet mol”（构寅、构卯）率领，来到了雷公山。这应该属于苗族第四次大迁徙的一个组成部分。

这座因苗族的西氏族仓皇的到来而得名“Fangb hob bil Lil”（方䕩别勒）的苗峰主峰，是燕山运动和喜马拉雅山运动以及多次旋回造山运动的结果。它突起于云贵高原东部向湖南丘陵过渡的斜坡地带，是一座晚近地质时代强烈上升的地垒式山体，主体由十一座海拔一千八百米以上的山峰组成，最高峰海拔二千一百七十八点八米，是长江水系和珠江水系的天然分水岭，清水江和都柳江的发源地。《贵州通志》说它：“狼谷槽回，复岭盘郁，树谷铁色，不知其年，落叶数尺，俯履无地。雾雨冰雪，四时无春。狼牙交厉，蛇毒喷蝎。”由此可知，雷公山荒僻深幽，山体神奇险峻。“雷公山”苗语为“方缛别勒”，意思为雷公居住的地方，是雷电之源。作为逃难者来说，这是一处绝好的避难场所。但是作为生活之源，尤其于这个有着悠久的农耕传统的民族，它是一个悲剧性的地域——由于河流侵蚀强烈，山体被深切割，形成沟谷纵横、山峦重叠，切割密度极高，深度极大，陡峭的地貌，破碎的地形，可垦地狭窄，耕地的最大垦殖限度只有百分之几，且以梯田为主。

面对这样恶劣的生存环境，西江人曾经拥有的千里平原退到了传说，退到了对天堂的理解，却又形成了他们百倍地珍惜土地的理念。在土地资源的使用分配上，他们把吃放在了绝对的首位，竭尽可能地将平缓之地用以耕种粮食，而将居所建造在无法耕种的陡峭之地。即使在这陡峭之间有一席平缓，也要让位于耕地。我看到寨子中有一两席宽的稻秧在风中抒吟，几丝淡淡的忧悒袭上心来，在方寸间长久地幽咽。

三

从寨脚到寨头的巷道，就是一道之字形的楼梯，两边的房屋逼仄而来，伸手可扶。我们一行人与镇里的行政长官们且走且聊，聊便是歇，登至顶部，膝盖已累酸得不行。一眼望见那栋熟悉的木楼，疲意全消——1998 年我在雷山县政府挂职，西江举办“祭鼓节”活动时，曾受县政府之托带中央电视台张梦君、韦燕燕一行在那栋敞亮干净的木楼里吃住了数日。因为鼓头掌管全鼓社的祭祖活动，包括宰杀畜牲、跳芦笙等都由鼓头家先行事，央视的镜头一直对准着鼓头家。西江现任的“鼓头”并非如宗教领袖本身充满了神秘感，相反，他是一位具有现代科学文化知识的小学教师，唐守成，三十来岁的一位后生。这个厚重的文化衣钵一直由唐姓人世袭。由他为这千户大寨珍藏和护卫着的是一面铜鼓。我没有考据过这面铜鼓的来历与年代，但凭直觉我以为，西江苗寨始祖 Gnet Yenx、Gnet mol 在榕江县与剑河县交界处“正岔”与苗族大部队“分鼓”的那面鼓应该是面木鼓。不过这并不重要，重要的是它被认可为是精神文化的载体——“祖先的灵魂都住在里头”。许多事与物，经过数千年无情岁月的揉捏后，会将原来的实质隐藏在历史的背面或人的潜意识里，现状的概念反而模糊不清了。

西江在清乾隆三年（1738）就归置于大清体制的管辖，再经过二百多年中央集权大一统强势文化和政治、军事、经济的统治，原来规范苗族社会的议榔制度和鼓社制的功能完全失效了，以至于今天我们只看到鼓社的娱神职能。有的学者仅凭祭鼓活动中杀祭牛、现场散吃内脏这一现象，就将祭鼓活动取名为“牯脏节”，这是不科学的。现行的鼓社有“黑社”“白社”之分，黑社祭鼓杀牛，西江的鼓社是“白社”，祭鼓中只杀猪，不杀牯牛，那从何来的“牯脏”？其实苗族的祭鼓不在于用何牺牲品，重要的是祭鼓活动本身。在传说中，远古曾专用一种叫“龙沙”“巴朗”的比牛大的动物。还传说在艰难的迁徙途中，还用过耗子、蚱蜢之类的小动物来祭鼓。

西江人的鼓社在被强势文化解除武装之前，是血缘氏族内部几乎包罗万象的大法律。木鼓的起源和最早应用应该是围猎和战争。它的作用是传递信息，相当于现代人的高音喇叭、电话之类。在远古，没有任何物器比木镂空敲击出的声音更响亮、传递得更远了。它有可能起源于在围猎中召唤同伴及驱赶猎物，又发展于与外族争夺地盘的战斗中的战鼓。在最早的原始部落战争有关记载中，苗族的祖先蚩尤部落是最早学会冶炼金属的。他们“以金作兵”（金属兵器），而黄帝部落尚“以玉作兵”（石类兵器），但那时候不可能生产出金属的鼓来取代木鼓。后来苗族战败，又以木鼓联络传递信息，《祭鼓词》说得十分明白：“击木响咚咚，爹妈心挨拢；击木响呔呔，爹妈乐哈哈。商量去涉水，议论去爬山。找地方居住，寻处所吃穿。”“你击鼓，我应声。岔队要靠拢，掩后要紧跟。”

木鼓的信息作用由简单的传声发展到运用鼓点、击速来相互传递各种要求与指示等更复杂的任务。这对于在慌不择路地逃难的部落来说，木鼓的作用实在太大了，于是便渐渐地神圣起来。每个宗族集团必备木鼓，以致在迁徙途中大宗族分出小宗支时，就要“分鼓”（即再镂一木鼓）。

木鼓用于祭奠死者极可能在爆发战争以后，且是在大迁徙之后才有的事。因为鼓舞不用于个人的丧葬仪式，用于合葬或合祭的大场面。只有追悼在战争中大批为他们的生存而战死的亲人，才产生出木鼓的娱神招魂功能——因这神器的号令而奋勇献身的祖宗们，灵魂必然归附到这神器中来——装着祖宗的灵魂！苗族有一种最古老的木鼓舞叫《大刀舞》，还有一种祭鼓时跳的《举刀对鼓舞》。击铜鼓者在场边，场中心放一长木鼓或木头，舞者围圈，对鼓舞刀，这是对战争的纪念。在这里，铜鼓就让位于木鼓了。铜鼓的使用是苗族在秦汉以后迁徙到西南才有的事。铜鼓广泛使用于我国的西南、中南和东南亚一带。它原先体积比较小，仅用于炊具，后曾用于盛尸骨，再后来才发展为重器和乐器。以贵州省麻江县出土的铜鼓为代表的一类铜鼓，在 12 世纪南宋初年到 19 世纪清代晚期，广泛流行于黔、滇、川、湘、两广、海南等省区，为苗、瑶、壮、侗、水、布依、彝、白、黎、土家、仡佬等各族人民所使用。麻江型铜鼓，还流传于越南北部广大地区。苗族用铜鼓仅作一种乐器，一种因声音更响亮而富有变化、更能表现情感的替代木鼓的东西。

鼓社的成熟完善是苗族迁徙到了黔东南以后，这是同时分散的东部和西部两大方言区所不具备的。鼓社在这里发展为一个宗族的政治组织单位：分设有九个鼓头职位：“果略”为鼓头，一社之长；“果叙”为礼歌师，掌管礼仪；“果当”是桌头，负责召集会议，安排座次；“果席”为礼头，负责对外联络，接待客人；“果扎”为武头，总管祭祀中的杀牛仪式；“果养”为活路头，主管生产安排一切农事活动；“顶王”为护头，主管安全保卫，军事指挥；“顶榜”为护尉，专管行政命令的下达，由他发出召集会议和一致行动的通知；“珈也扬”为粮头，主管全社钱粮问题——俨然一个完整的小国家。

其实不然，苗族自“九黎”和“三苗”“荆蛮”三个不同时期的大集团相继被打垮后，不但没有建立起自己的政权，而且越分越小，只能回归到氏族组织。从进步的历史观上看，这是一种倒退的现象。所幸的是这时的苗族社会的议榔制也完善了起来，这是苗族潜意识中的前进本能，它以一种地区性政治经济联盟组织的手段来匡扶和点化这种倒退。咸丰同治年间张秀眉在掌梅尼杀牛议榔，动员上九鼓（雷山一带）三十三寨、下九鼓（台江一带）四十二寨、高地三十余寨，按鼓社祭剁牛为誓，起兵反官家，颠荡清廷政权十八年。

曾几何时，鼓社被雨打风吹去，只留下鼓头来招魂，活路头来施仪了！

四

《西江苗族志》里称西江始祖迁入该地安居的时间，按苗族“子连父名制”计算至今已有二十多代人，距今五六百年。

公元 47 年，东汉伏波将军马援征剿“武陵五溪蛮”，是迫使苗族第四次迁徙的动因。西氏族属于南下广西融水、又溯江而上到榕江这支人马。由于大批地溃退，仓皇地奔命，从武陵地区到西江之间的时间不会太长。因为先期的逃难者已经占据了月亮山可以藏身的生活之地，于是他们在榕江的“正岔”分鼓往更高的雷公山走。西江人将雷公坪上无人认识文字的石碑解释为张秀眉立碑起义之说，又有人将之称为“孔明碑”。我想，这是后来汉文人们的附会，最多也只能证明他们的祖先对三国时孔明征孟获是有记忆，说明他们在三国之前也即公元 200 年前就到达雷公山地区。发生在清代的雍乾和咸丰同治的两次苗族起义，上雷公山都处在最后的失败阶段，通常的情况下，筑点将台立碑应属于起义初豪情壮志的行为。失败后仓皇应战，是不可能筑点将台的。而同时期被传为孔明遗迹的，在月亮山地区也有多处，这是一个谜。

我们流连漫步在寨中时，一位老人指着路下坎的一栋木楼告诉我们，那是现在保留的最早的房子，已有四百多年的历史！那也是一栋与现在的结构相同的吊脚木楼，青黑的盖瓦。从历史上看，苗族的住所是十分简陋的。这又与长期迁徙、移动不定有关。有关苗族第四次迁徙前在武陵地区的居住情况，宋代的朱辅在《溪蛮丛笑》里说："虽有居以庇风雨，不过剪茅叉木而已。"而同时期迁徙的西部苗族，在本世纪上半叶尚有"杈杈房"的建筑。西氏族到达雷公山后，虽然有大量的木材，但他们并没有具备制造这样吊脚木楼的技术，更重要的是没有这理念。据苗族学者（雷山籍人）李炳泽先生考据：平房是各地苗族建筑形式的共同点。现在苗族各地的建筑中，黔东南的吊脚楼是最高的建筑技术形式。苗语说的吊脚木楼是"把平房抬起来的楼"。但是，他们是七千年前河姆渡干栏式建筑发明者的子孙，他们具备了潜质，西氏族从没有创造这木楼的技术和思想准备，到创造出这高级木结构的建筑形式，并在四五百年前就基本定型完善。

只要是从公元 47 年之后直接走进月亮山和雷公山地区的苗族，就会得到历史赐给的一千多年相对安宁的生息时间。这期间，黔东南苗族除了创造了吊脚木楼的舒适居所外，还创作了《苗族古歌》等有别于苗族东部和西部方言区的大量诗歌。还有精美的刺绣、华美精湛的银饰及工艺、苗医……到清雍正六年清政府"开辟""新疆六厅"时，黔东南的苗族社会各种生活、生产技术与工具已有很高的发展，有的甚至超过了汉族。清朝的学者猛然间看到这些精致的劳动产品在市场上出现时，大为惊叹。《清代通史》记载，（苗民）

“伐大树为独木盘盎坛盒之类甚巧，携出市易米”。嘉庆七年的进士张澍写的《续黔书》里对出现在市场上的苗刀有一段精彩的描述：“苗人制刀，必经数十锻，故锐无比。其试刀，尝于路伺水牛过，一挥，牛首落地，其牛尚行十许步才仆。盖利之极，牛猝未觉也。”可以想象出苗族复杂的锻造、淬火、合金等技术发达的高度。雷公山地区古有男儿出生时，舅家送一块铁，埋于地下，每年挖出锻打一次，到其长大成人时，打刀佩带之俗。后因雍正十三年清军收缴苗族民间的刀、铁器，不许苗人佩刀，这一习俗逐渐失传。

五

口碑中那个西氏族分鼓的“正岔”在哪里呢？还没有谁去考证。作为物的“正岔”，它也许被沧桑之手抹去了所有的痕迹。但是作为心路的轨迹，它永远在西江人的心里挽着一个牢实的情结。面对着满目的沟谷纵横、云山叠嶂，这比不得洞庭湖畔，冀中平原，集中在一起没有足够的土地耕种，更容易暴露给强大的、有可能尾追而来的敌人，只能化整为零，以更小的血缘为集团“分鼓”分路。于是，父老乡亲们挥泪告别，各奔东西谋生路。咚咚的木鼓声牵引着各自的分支向四山里远遁而去……

西江人是西氏族中最强大的一支，除了意志坚强之外，他们的人数最多，他们走到了海拔二千零四十一米的大雷公坪和海拔一千七百二十米的小雷公坪。西江人说他们原来住在小雷公坪，因为那里是地势高、种不出粮食，才下到现在的西江。现在考证出雷公坪在数百年或千年以前确有人户住过，而且是大寨，有屋基，出土了陶瓷、瓦砾等，这可以印证传说。据资料考证，苗族比其他少数民族到黔东南更早，而且相对来说比黔东南境内的其他少数民族更势众。但苗族几乎都居住在耕种环境很差的高山上，而舍去山下相对平缓而肥沃的田土给后来者，比如榕江的车江大坝等。说苗族是被其他少数民族赶上山的这显然不可能。我的老师、著名彝族作家苏晓星先生长期研究苗族文学，并且操刀主编了《苗族文学史》。有一次他对我说，当时，作为未被开垦过的黔东南，山下潮湿，有严重的瘴气，常发生恶性的瘴疠疟疾，所以苗族通常住在半山腰以上。我想，这可能是其中一个因素。而“自古苗人住高山”的根本原因主要是躲避战争这一深层的心理作用。由于五千年来统治者不断地剿伐杀虐，不断地迁徙，在他们心理造成了巨大的恐惧。他们选择的新居所要考虑的第一要素是隐藏，隐藏得越深越好，然后才考虑生活。生活是在保证第一因素的前提下，靠坚强意志来完成。

……也许过了三百年、五百年，看到这黑森森的雷公山确实没有人问津了；也许人口发展了，食物更加紧张了，西氏族的子孙们才小心翼翼地走下来，来到山脚耕种、居住——西江人的搬迁过程，正是苗族对战争余悸的真实写照。

然而，清雍正六年像洪水猛兽般不可遏制地到来。西氏族的子孙同其他氏族的苗族人民一样遭受了清廷统治者二百六十多年比以往朝代更变本加厉的血腥镇压，这时候他们已陷入重围，世界已人满为患，西氏族的子孙们再也无处可迁徙了，所以他们没有加入苗族第五次大迁徙的行例。然而，人间正道是沧桑。公元1949年，人类最进步的文明之光终于照耀到了雷公山。苗族西氏族的子孙从此走上了民族平等之路。

早晨，我们在正修建着的鼓场上等待中巴车离去，蓦然举目，炊烟雾岚恍若历史的硝烟，笼罩着一梁顺山脊往上叠的楼阁，透出一幅极其悲壮飘渺的景象，有人惊呼为“布达拉宫”。作为历史的原生态文化，黔东南和西藏同时被联合国教科文组织列为中国仅有的两个保护圈。但是受到重视和保护的程度，黔东南就不能与西藏同日而语了。

被烟雾吞没了细节的楼阁一时变得那样悠远苍茫。一派云烟氤氲，霏霏然衔上迷茫的云空。我不知自己身处何时，只觉得隐隐传来一种木质的音响，我用双耳去谛听，听不到，我再用心去倾听，那音响隐隐约约，木质的、悠远的……似在呼唤。谁在呼唤？

图腾之舞　和谐之梦

2006年6月2日，贵州省丹寨县的《苗族锦鸡舞》被国务院公布入选我国第一批国家级非物质文化遗产代表作名录。我欣慰之至！

2005年8月，我应丹寨县人民政府之邀，参与撰写丹寨的非物质文化遗产申报材料，对丹寨苗族锦鸡舞等四个项目进行了深入的调查与研究。我们曾到过锦鸡舞的心脏——丹寨县排调镇的杨先村和麻鸟村进行细致的调研采访，与那些芦笙传承人大碗地喝米酒，大块吃肥肉。我们随着高山流水般的芦笙曲，进入神秘的舞圈，走入神秘的境界。那些锦鸡舞的舞者们端着酒碗、唱着酒歌追送我们到半坡……

一

如今，你走进黔东南、贵州省的许多有苗族歌舞表演的场地，都会欣赏到美丽的锦鸡舞。不仅如此，在国内甚至国外，有苗族歌舞表演的地方，就有可能看到锦鸡舞，锦鸡舞成了苗族芦笙舞的典型代表。但你不会想到，这样一种在苗族社会文化领域里普及率极高的舞蹈，竟出自一方狭小偏僻的深山里——贵州省丹寨县排调镇的密林深处正是这种艺术元素的发源地，它主要流行于苗族“嘎闹”支系中的麻鸟型短裙的苗族文化社区，其分布点在以麻鸟、杨先为中心的十来个自然寨和雷山县、榕江县交界的一些村寨，方圆五十多平方公里，有两万多人。排调镇位于丹寨县的东部，境内山峦起伏延绵，岭脉纵横，沟谷交织，山高谷深，交通不便。由于历史的原因，这里的自然与人文生态保护得相当完好。

同样是芦笙舞，却称之为锦鸡舞，主要来源于他们的服饰造型扮相，以及舞蹈形态都以美丽的锦鸡为审美参照：高绾的发髻形如粽子，光滑圆润、高昂秀丽，发髻上插锦鸡飞舞造型的银饰；上装保持着黑色的素净，裙长十五公分左右，前围帕短，绣有艳丽花色，后围帕素而长，压着十数条亮丽的宽花带，垂到脚后跟。犹如一只美丽的锦鸡，靓丽迷人。从整体上看，它的造型和搭色十分高古，既保持了殷商以前视为华贵的玄色，又有些许现代的亮丽元素，搭配得却圆融高妙，一如同出，典雅古朴，充满了盎然的古趣。表演时，舞者双脚按节奏变幻出优美姿势；左右手垂直于短裙边放松，手指微跷，随着舞姿自然舞动，脚步娓娓律动，回环复沓，优雅流畅，含情脉脉，细腻委婉，酷似鸡在行乐觅食。

德国的恩斯特·格罗塞在他的《艺术的起源》里说：“摹拟的冲动是人类的一种普遍特性。”摹拟式的舞蹈因与其摹拟的对象有一种十分重要的对应关系，这种摹拟，无论是精确地逼近摹拟对象的规则，还是因为对规则的偏离而产生夸张的效果，都使人产生极大的快感。他还强调，能给予快感的最高价值的无疑是那些代表人类感情作用的摹拟舞蹈，因为在自足、活泼和节律动作及摹拟的欲望时，还贡献一种从舞蹈里流露出来的热烈的感情来洗涤和排解心神。

锦鸡舞表演是一种人类原始舞蹈“神秘的舞圈”的再现：男性吹芦笙前导，女性随后起舞，沿着逆时针方向转圆圈跳。人数少时是环形，多了结成圆形，再多了就结成重圆。

我曾看到过数百人在秋后的一块并不很大的田里围成五重的一圈，随着芦笙曲整齐而有韵律地群体舞蹈。当时的感觉是整个田野、山体、大地都在随着这“神秘的舞圈”旋转。这正如苏珊·朗格感叹的一样：“舞蹈创造了一种难以形容的、甚至是无形的力的形象，它注满了一个完整、独立的王国，注满了一个‘世界’，它是作为一个由神秘力量组成的王国的世界之最初的表现。”库尔特·萨克斯在《世界舞蹈史》里提出“最古老的舞蹈形式是环舞或圈舞”。苏珊·朗格则认为：“那种环形或圈形作为舞蹈形式与自发的跳跃无关，它履行一种神圣的职能——将神圣的‘王国’与世俗存在区分开来。这样，它就创造了跳舞的舞台，这舞台自然而然地以祭坛或一些类似的东西（如图腾、祭司、火堆、用作祭品的其他部落酋长的人头）作为中心。在这具有魔力的舞圈中，所有的精力都释放出来了。”“不管人们期望从舞蹈中得到什么，也不管它能够包含什么样的戏剧或礼仪性的因素，舞蹈的首要行动都是要创造一个虚幻的力的世界。舞蹈‘沉迷’不是别的，就是引人进入此境的情感。”

外行人观赏芦笙舞时，往往只注重舞姿和服饰，却忽略了芦笙的种类及演奏的曲调，而事实上每一种芦笙舞都是根据各自的芦笙曲调来编配的，乐曲在整个舞蹈中起着决定性作用，锦鸡舞芦笙乐曲是苗族众芦笙家庭中音律最优美、表意最丰富的一种，音色很特殊，苗语称“更拉”，即流畅之意。因配套四支（分小、中、大、特大）之故，又称“四滴水”。一支芦笙六个管，上有共鸣器，下有共鸣筒，吹奏起来立体感很强。音乐轻快跳跃，于清疏中有深婉，优美动听。

现在我们常看到的只是锦鸡舞的一面——娱乐性。其实它还有更重要的一面，就是祭祖，在祭祖活动中，要制木鼓，把祖先的神灵请到鼓里，然后用芦笙及芦笙舞（锦鸡舞）唤醒他们，即“唤鼓”

或“醒鼓”，之后的每一个祭祀环节，都要吹演芦笙舞，直到把祖灵请到原地安息。锦鸡舞的芦笙曲多达一百多首，都有芦笙词，共分为：怀祖曲、离别曲、邀请曲、赞美曲、欢舞曲五大类。

所有的芦笙舞都以芦笙为灵魂，在每一种芦笙的区域内，都以芦笙制作者为文化的核心。在苗族社会里，芦笙制作者是芦笙文化的继承人和传播者。为什么说麻鸟村和杨先村是锦鸡舞的中心，就是因为这两个村都有芦笙制作世家。

已故的杨先村王兴堂是有名的芦笙制作传承人。王兴堂去世后，又传了三代，现在的继承人是 1982 年出生的王方玺。

麻鸟村的芦笙制作传承艺人是余家，我国著名的芦笙艺术家余富文先生苗名叫“里往”，里往在成为芦笙艺术家的余富文之前先成了麻鸟第九代芦笙传承人。他的传承世系是这样的：九告→农九→纪农→畏纪→略畏→里略→昌里→往昌→里往。他五岁学吹芦笙，八岁进芦笙堂，十二岁学制芦笙，1953 年被中央民族歌舞团发现，吸收为该团演奏员，1958 年调到黔东南州歌舞团工作直到退休。他参加工作的半个多世纪中，从未中断过其传承人的职责，并在芦笙的改良上为我国的芦笙事业发展做出了突出的贡献。至今他又往下传了两代：兄里→牛兄。

二

考古界对良渚考古新发现的报告证实：是因为海浸促使蚩尤部族北上，造成中国古代最发达、文明程度最高的良渚文化在南方消失。这就告诉我们：中国古代最发达、文明程度最高的良渚文化是蚩尤部落创造的文化；蚩尤部落到达北方之前是在南方生活的。那么，从大量的出土文物证实，良渚人和河姆渡人都崇拜鸟的。河姆渡人创造了“双鸟朝阳”的艺术形象来表达自己的原始宗教感情。良渚人已踏在文明的门槛上，有了完备的祭天之祀、器和专职巫师，他们的鸟崇拜有了神秘和威严感。多数史家和民族学者认为蚩尤曾是东夷集团中的一部分，东夷部落酋长太昊的昊字表示太阳经天而行之意。他们自认为是太阳的子孙，或者从太阳升起的地方出来的。这与苗族《焚巾曲》所说的苗族祖先“原先住在东方，接近海边边，一眼望不到边”是不谋而合的。鸟、日图腾是农耕民族的原始图腾。少昊的东夷集团里有二十多个以鸟为图腾的部落组成的“羽族”。蚩尤部族在北方被炎黄联盟打败，以后不断向西南迁徙，迄今考古发现的芦笙遗址中，南端于云南中西部出土铜鼓上数幅头戴羽冠、手持羽毛吹葫芦舞蹈图案，印证了“三苗”部落群体中，有部分是以鸟为图腾的“羽民”部族，“起于鸟”“为鸟师而鸟名”。

现在的苗族已经没有文字了，而苗族的口头文学特别丰富发达，每一种行为事物都有传说依据。这支苗族支系关于鸟的传说，最早的是古歌里蝴蝶妈妈的传说：蝴蝶妈妈与水泡“游方”（即恋爱），生出十二个蛋，请脊宇鸟孵抱出十二个生命种类，最后一个出来的是人类。关于锦鸡舞的来源又有这样的传说：他们的祖先原来住在东方的大平原上，后来被赶到了湖边，一个叫“展坳对社”（苗语，意为平展的沙滩边）的地方，后来又沿江而上，到贵州时，先住在水边，住在田坝上，但被后来者赶到了山上。祖先们只带来三样东西：水牛、谷种和芦笙。定居了以后，带来的谷种没有田播种，他们一边开田，一边打猎、摘野果、捞鱼虾充饥度日。有一位老人套到了一只锦鸡，在清理时将囊包丢在草棚前的灰堆旁，谁知便长出了小米。次年，他又把小米做种子烧荒播撒，长出了满坡的小米，小米救了这支苗族的命，锦鸡便是救命恩人，于是他们为了感恩，就仿照锦鸡的美丽来装扮自己。在芦笙舞蹈中，刻意模仿锦鸡求偶中的步态、神态跳舞。

这是一个有关这个苗族支系对于鸟的崇拜的传说。从大量的民族学、民俗学、历史学的资料可以证明：有关一个民族文化来源的传说，并非我们所听到的那么简单。一个看似简单的传说依据，往往隐藏着更深的东西，又往往与图腾有关。这支苗族支系自称“嘎闹”，苗语的“闹”即是鸟，意为“鸟的部族”，实际上是古代以鸟为图腾的部落。这两个传说有着一脉相承的关系，而锦鸡的传说显然是苗族迁徙到现在的居住地后才产生的。

在任何一个部族获得的新领地里，都会产生出新的图腾依据：商朝也是东夷集团的后裔建立的国家，商人也是崇拜鸟的，商人说他们的第一位父系祖先契，是母亲简狄吞了玄鸟蛋后生出来的。他们是玄鸟（燕子）的子孙。这便是《诗经》里的“天命玄鸟，降而生商”。周朝的传说更与这支短裙苗的锦鸡之说有异曲同工之妙。周人说其老祖母姜嫄，一次外出，脚踩在一个巨人的脚印上，怀孕生子。开始以为不祥，决定扔掉。先扔到很窄的道路上，但牛、马经过都绕过孩子而过；后扔到冰面上，这时空中飞来一群丹凤鸟，用它们的羽翼来温暖孩子。于是姜嫄认为这个孩子有神异，就决定将其抚养成人。因原先打算丢弃的，就取名弃。弃长大后做了尧、舜的农官，教民耕种，故名后稷。“稷”后来成为谷神，古代君主都祭社稷，再后来社稷就成了国家的代名词。

三

图腾传说的演化是与历史的演进密不可分的。从汉典籍上看，史前的中华大地上鸟文化已然五彩缤纷：羽族中有鸡、燕、鹳、鹤、乌鸦、鹌鹑、孔雀、鸳鸯、鸿雁、鹰枭、鸵鸟等等，可谓百鸟齐飞。经过各部族之间的征伐、迁徙和融合，鸟图腾发生了裂变。鸟图腾从此在以汉文化为代表的统治集团文化和以苗文化为代表的“蛮夷”文化里经历了各自不同的活态演绎之路。

被统一到汉文化里的鸟图腾，我们首先看到商人崇拜玄鸟（燕子）。商代的甲骨文上，“凤”“风”通用，其构形源自那种翅膀能扇动气流的长尾鸟，即常常拍打一侧翅膀，频频向母鸡示爱的公鸡。由形象联系，又可表示“气流”。所以，甲骨文的“凤”在卜辞中既可表示类似公鸡的大鸟，也可由雄鸡扇翅时的空气扰动来表示空气中的气流和风。周代的“凤鸣岐山”，是稍后一些的说法，我国最早的国别史《国语·周语》说的是“周之兴也，鸑鷟鸣于岐山”的。直到三国时吴国人韦昭注《国语》，才指明“鸑鷟，凤之别名也”。这实际上是凤的概念逐渐形成后，后人将前人的各种图腾鸟都追认为凤鸟，冠之以凤名。周三百年后天下大乱，凤的形象变幻不定，到了秦汉归于一统时，秦人崇拜的是千姿百态、口含赤珠、飞扬舞动的朱雀。直到唐代，凤凰才集百鸟的华彩于一身，终于修成正果，登上鸟中之王宝座。凤凰是几千年文化积淀、融合而成的一种多元文化形象。

在没有加入汉文化联盟的蚩尤各部族里，楚可谓是最鲜明的鸟图腾崇拜国了。楚是三苗部落建立的国家。范文澜的《中国通史》中说，参加武王伐纣的髦即苗，是楚王熊绎的祖先，战国后期“苗的楚国”统一南方，文化向上发展，与华族界限逐步消失。林惠祥《中国民族史》也说：“三苗为南蛮而有荆楚，楚亦自称我蛮夷也，则三苗必为楚先祖。”《苗族简史》提道：“把扬雄《方言》和杭世俊《续方言》两书所列江汉楚语与湘西苗语比较，发现它们有百分之四十左右相同，足见江汉蛮人与苗族关系密切。”在荆楚大地上的出土文物中，鸟占了一半以上的数量。我们再来看诗人屈原给我们留下的华美诗篇：“鸷之群兮，自前世而固然。”（《离骚》）“鸟何萃兮在中？”（《湘夫人》）“大鸟何鸣”（《天问》）“鸾鸟凤凰，目以远兮。”（《涉江》）“鸾皇为余先戒兮，雷师告余以未具。吾令凤鸟飞腾兮，继之以日夜。”（《离骚》）等等。在楚国，各种鸟图腾并没攀附凤凰，而是鹊笑鸠舞，比翼齐飞，各显风采。楚已于公元前223年被秦灭，鸟的图腾无缘再演绎下去，只有溃退到湘、黔、滇的苗族，至今始终保存着图腾文化没有被同化、兼并过的单一性。在黔东南，除了“嘎闹”支系外，还有“斋柳”（燕子图腾）支系、“代良”（青鸟图腾）支系等是单一的鸟图腾。

四

红腹锦鸡是我国特有的品种，俗称“金鸡”，堪称享誉中外的名禽。在全世界仅分布于中国青海、甘肃、四川、贵州、湖南、广西和陕西等省区。在历史上，18世纪红腹锦鸡开始输入欧洲，这种鸟古时在《尔雅》中被称为鷩鵗，明代《本草纲目》称为彩鸡、山鸡。苗语称“侬”，是个很古老的词汇，在古歌里才出现，现在还无法解释其意。

由鸟类发展成凤凰的最重要原形是鸡类。远古时代的鸡不是家养的鸡，主要指金鸡（锦鸡）、野鸡等。特别是红腹锦鸡，如此漂亮的羽衣，是凤凰“五色备举”的特征来源。鸡不仅仅漂亮，更重要的是，鸡能唤出太阳，是农耕部落的神鸟。《山海经》说：丹穴山上有一种鸟，“其状如鸡，五彩而文，名曰凤凰。”徐整《正律》称：

“黄帝之时，以凤为鸡”，《吕氏春秋·古乐》中有“因令凤鸟天翟舞之，帝喾大喜”的话。翟是一种长尾野鸡，天翟即是天上飞来的野鸡。

在十二生肖里为什么有龙无凤而有鸡？凤本来就是鸡？

这支苗族支系在清雍正中央政权统治未到达之前一直实行“鼓社制”和“榔社制”。鼓社制是一个有血缘关系的宗族联盟，而榔社制则是跨家族的地区的部落式联盟。虽然由原始的动植物图腾发展到了祖先崇拜，基本上还是“灵治”时代。鸟图腾文化形成的部族文化心理深层结构的原始积淀层，并没有过大的消解，它融入当代人意识的折光随处可见。

在麻鸟村和杨先村苗族群众的日常生活以及现行习俗中，鸡的使用频率很高，婚、丧的各个程序首先用鸡；各种大小祭祀活动首先用鸡；为死者引路用鸡；隔断生者与死者魂魄的纠缠用鸡。特别是用于祈禳鬼神的牺牲品，据一位老巫师的不完全统计，有八十多种鬼神作祟，欲驱除这些鬼神作祟，须请巫师来举行一定的仪式，宰杀牺牲品以祈禳。不同的鬼神须用不同的且有配套的牲畜做牺牲品，这八十多种鬼神作祟，有五十八种鬼神必须用鸡来祈禳。还有许多方面，如居住房屋、农用工具、纺织工具、生产忌日等等，都有鸡或鸟的存在。

他们为什么与鸡（锦鸡）有如此密切的联系？本来就是锦鸡图腾的族群？抑或是别的鸟图腾在新的家园里寻找到了完美的构筑？无论是怎样的根底，锦鸡舞者们不仅仅是简单的模仿锦鸡的羽衣美与形态美，而是来自心灵深处的顶礼膜拜。

五

德国学者恩斯特·卡西尔把图腾观念称之为“生命一体化”：“有一种基本的、不可磨灭的生命一体化沟通了多种多样形形色色的生命形式。原始人并不认为自己处在自然等级中一个独一无二的特权地位上。所有的生命形式都是亲族关系，这似乎是神话思维的一个普遍预设。”“生命一体化”观念回答了人类起源的疑问，从而达到人与自然界的和谐，实现真正意义上的圆融世界。

和凤凰的演变同一个道理，苗族的远古图腾之所以能够传承下来，那必须具备“活态的神话”的传承演绎功能。活态神话里的图腾原型不是祖先的绝唱，而是现代人生活的一部分。每一个时代都会对其有不同的理解和解释，祖先们的图腾是祖先们对所处时代自然和谐的追求与审美，而新的文本里创造出的能引起族人心灵震动的新“原型”，目的是为了使图腾与追念祖先的概念变得与现实的环境、现实的生活更和谐而完美。

在苗族的理念里，人类社会以外的一切事物都是有生命、智慧和感情的，不仅各种动物能通晓人事、知情达理，就连山石草木、行云流水都与人一样有感情，甚至连“道理”“新年”“节日”等概念性的东西，都具有鲜活的生命。请看《年节歌》里的唱述：“年节还小啊，他正屈卷着头睡觉呢……是季节他老人家，拉了年节一把，年节才能站起来。”这是一个深度的、真正意义上的和谐圆融的世界。

锦鸡这只图腾鸟从历史那一端的地平线上飞过来了。飞越了几千年的沧海桑田，扇动起圣洁的羽翼，载着一个民族的梦，穿越了时空，这个梦便是期待宇宙和谐之梦。锦鸡舞是图腾之舞、和谐之舞！

寻找锦鸡舞的精神家园

丹寨县决定以国家级非物质文化遗产锦鸡舞角逐“多彩贵州舞蹈大赛”，并邀请我们加盟。我得以执导原生态舞蹈《锦鸡舞》，重要的原因是我是土生土长的丹寨县人，是苗族、是锦鸡舞文化的研究者和曾经的舞者、编导者，是虽然离开了丹寨，心却从未离开过这块热土，并对之更加眷念的人！

一

许多人提出质疑：既是“原生态舞蹈”，还需要编导吗？

在以往的教科书中，没有“原生态舞蹈”的分类，从严格意义上来说，人类现行的文化都是次生态。“原生态舞蹈”是一个新概念，它是在我们的传统文化艺术面临全球化、现代化、时尚快餐文化的挤压下，从概念到生产过程，从流通到大众化消费都发生了质的变异，不断地被边缘化，甚至即将消失，急需保护的背景下产生的。传统的民族民间文化是我们民族的血脉和根基，是我们的精神家园。

“原生态舞蹈”是那些世代活态相传，流传有序，按照传统规则进行，保持着原生态的民俗舞蹈。由于民间表演场所和舞台不同，由于观众的视角不同，由于民间表演循序渐进所需的时间和比赛规定的时间不等，更由于要把整个舞蹈的精华自然流畅地荟萃于有限的时限里，所以原生态舞蹈也需要编导的。

不过，创作型的舞蹈与原生态舞蹈的编导在心态上是截然不同的。前者以自我为中心，有着强烈的自我意识；而后者则以生态为中心，怀着朝圣的心理。对原生态舞蹈的编导，不是炫耀你的聪明，而是需要你去发现祖先们的聪明才智和经验，领悟他们的精神世界。这正如一个多世纪前，美国自然文学作家爱默生对他的圣友梭罗的评价那样：毕生追求和实践“人与宇宙保持着最原始的关系”的理论的梭罗，“无论哪里有知识，哪里有品德，哪里有美，他都会找到他的家园”。

原生态舞蹈的指导者们，追求的正是这样的东西。

据一些专家不完全的统计，苗族服饰有一百七十多种。何以如此纷繁？传说祖先们迁徙到一个名叫“条溪”的地方时，由于人多地窄，大家在那儿立下无字石碑，各支系带着各自的人去寻找生活，议定十三年后再带自己的人来原地聚会。十三年后各支系从四面八方汇集到条溪聚会，大家歌舞狂欢通宵达旦。然而分手时，由于穿着都一样，互相认错了子女，拉错了媳妇，争吵个不休。于是头领们重新议定，各支系都要制作象征自己特色的服饰：上高坡的穿短裙，住半坡的套中裙，沿江河的着长裙——就因这千年一约，造就了苗族群星璀璨、美不胜收的服饰大观。

苗族人对待音乐舞蹈的态度和对待服饰、语言一样，尽其所能地创造出与众不同的特色，以此区别于其他服饰族群。因此，苗族音乐舞蹈与语言服饰是相对应的。服饰、语言、音乐舞蹈共同形成了该族群的表象标志。苗族人对待文化艺术，世世代代都习惯于创造，喜欢独特性，不喜欢雷同，不喜欢抄袭别人的东西，即使有相互借鉴之处，也是重其神而轻其形，重在获得创作的灵感而不愿照搬。作为一种文化现象，无论是哪一种原生态舞蹈，都是传衍本民族或本支系文化的共生物，它们在各自特定的历史、地理条件下，沿袭着自身的文化传统，承载了不同于其他舞蹈的环境记忆，因而形成了自己舞蹈的特殊风貌，折射出其所置身的文化生态。正是这不同的经历和对文化独特性的追求的民族心理，形成了苗族原生态舞蹈大大小小的“文化圈”，呈现出“十里不同风”的苗族舞蹈“文化千岛”的绚丽景观。

自改革开放以来，民族原生态舞蹈遭遇到强烈的冲击，这冲击来自外部和内部。外部冲击是多方面的，但是那些自命不凡的“编导”们，他们总是居高临下地坐在民族民间原生态舞蹈的院墙头上摘花，不论你出自哪里，只要你是苗族的，只要觉得入他的眼，都统统拿来，变为自己的“创作”，往往一个舞蹈里集中了几种原生态舞蹈动作，一个芦笙舞蹈的音乐组合了几种芦笙乐调。在舞台上，在各旅游点到处可见这种大杂烩的作品……我们在担忧少数民族文化的“西化”“汉化”之外，又多了一层对本民族文化的同化的忧虑。

20世纪上半叶，美国一位自然文学家奥尔多·利奥波德在威斯康星州一个被人遗弃的农场里，提出了“土地伦理”的理论，呼吁人们培养一种“生态良心”。由此想到民族的原生态舞蹈也要讲究“舞蹈伦理”。呼吁人们在民族民间舞、原生态舞的编导上也培养一种“生态良心”。民族原生态舞蹈是一个复杂的有机体，一个由语言、服饰、音乐、地理、环境、部族历史以及心理结构等组成的有机组织。不了解舞蹈的生态环境，不知道舞蹈的原生态语汇，不知道它的曲折经历和形成过程，强拉硬凑，那是对原生态舞蹈的破坏、践踏。

二

锦鸡舞的发源地以丹寨县的排调镇麻鸟村和杨先村为中心，分布在党早、甲石、排保、羊巫、加配、也都、潘家寨、羊物等苗寨以及周边雷山县、榕江县部分同支系同服饰的苗族村寨，方圆五十多平方公里，两万多人口。

为什么说麻鸟村和杨先村是锦鸡舞文化的中心呢？这是由苗族社会文化的传播特征所决定的。在远古的苗族社会，早就有了巫师、理师、乐师等专职精神领袖，并形成了传承规则。芦笙作为苗族社会的礼器，它的神圣性质决定了它只能由乐师来制作与传播。我们可以从当地有关锦鸡舞的传说中找到印证：传说祖先们唯一带来的只有三样东西：水牛、谷种和芦笙。谷种和水牛是农耕民族的命脉和依据，而芦笙这种神圣的礼器需要专人执掌，薪火相传。麻鸟村和杨先村都有芦笙制作世家。无疑，他们便是礼器携带者和执掌者的传人。

我国著名的芦笙演奏家余富文先生是麻鸟村制作礼器的传人，他说更早的已记不起了，他能往上数到八代：九告→农九→纪农→畏纪→略畏→里略→昌里→往昌→里往。第九代的“里往”就是他自己。他五岁学吹芦笙，八岁进芦笙堂，十二岁学制芦笙。1953 年被中央民族歌舞团发现，吸收为该团演奏员，1958 年调黔东南歌舞团工作。他参加工作半个世纪，从未中断过家族的使命，他也传授了两代：→兄里→牛兄。

杨先村的芦笙制作传承艺人王兴堂出生于 1903 年，据说到他祖父时，因制作芦笙而发家，成为当地首富。芦笙制作者的致富折射了一段历史：在 1740 年前后，雷公山、月亮山地区苗族的族群重组、居住、文化社区、议榔制度等基本定型，分化重组后的各族群都需要礼器，自己执行本族群的仪式。也在此以后，新重组或新分化的族群需要产生本地区和本族群的礼器制作者，于是有许多人先后到麻鸟村和杨先村来学做芦笙。现在麻鸟村和杨先村做芦笙闻名于周围六七个县市的苗族村寨。许多芦笙制作者都尊麻鸟村和杨先村芦笙制作的先师。

在对锦鸡舞地区的考察中，我找到了一条规律：以该地区为例，苗族社会现行的种种重要活动，诸如祭祖、过苗年、吃新节等等，都需要芦笙、木鼓来施之以礼，方可启动，仪式的各个环节也都离不开芦笙乐舞；苗族的芦笙和舞蹈、木鼓和舞蹈总是血肉相连，唇齿相依。这是一种十分原始的艺术形态——远古的礼——原始之乐是一种乐礼不分的综合性艺术，远古的礼就是原始图腾巫术仪式，无论原始艺术摹拟描绘的对象是什么：劳动、战争、自然、神祇，也不论它的功能是宗教、政治、军事、战争、功利，都是通过仪式表现出来。而这些礼都需用乐来表现。这就是荀子所说的“无礼不乐”（《荀子·乐论》）的礼乐不分状况。原始时期人类社会分工尚未展开，礼还未分化为礼、乐、刑、政，礼与乐是合一的。

远古的苗族社会文明起点很高，早就进入了原始的礼乐时代——原始图腾巫术仪式。但是又由于在后来的五千年历史进程中苗族长期处于战败和迁徙状态，安居下来以后，又长期处于与外界隔绝的封闭状态，以至于社会发展缓慢和不平衡，这些原初的文化艺术形态被奇迹般地保存下来。

锦鸡舞是原始图腾巫术仪式的遗存。

三

这支苗族接受“锦鸡舞”这个汉语称谓应是上世纪80年代以后的事。至今在当地的苗语中也不习惯这样称谓，他们仍然称为“祝更勒”，意为跳“四滴水”芦笙舞。1958年，中央民族音乐研究所的何云、简其华、张涉珍编著出版的《苗族芦笙》一书，收录了麻鸟村锦鸡舞芦笙曲一百多首。书中赞誉：“麻鸟——苗族芦笙音乐之乡”，也未称“锦鸡”。1985年，黔东南歌舞团要将丹寨县麻鸟村的芦笙舞搬上舞台，由余富文编音乐，吴廷杰、王文荣编舞。舞编完后，名字一直定不下来，先后取名《苗族芦笙舞》《丹寨苗族芦笙舞》《短裙苗族芦笙舞》，都觉太一般。余富文陷入苦思，忽然，他想到了本寨祖祖辈辈的女性们在服饰上、跳舞上刻意对锦鸡的模仿，一个名字浮出水面——锦鸡舞！余富文这一呼叫不得了，将一个在群体意识里潜行了千百载的文化意象呼出了水面，并得到整个支系的认可。

其实，自古以来，她们都在刻意地模仿锦鸡跳舞。

这支苗族支系关于鸟的传说，最早的是古歌里蝴蝶妈妈的传说：蝴蝶妈妈与水泡“游方”（即恋爱），生出十二个蛋，请脊宇鸟孵抱出十二个生命种类，最后一个出来的是人类；关于锦鸡舞的来源又有这样的传说：他们的祖先原来住在东方的大平原上，后来被赶到了湖边，一个叫“展坳对社”（苗语，意为平展的沙滩边）的地方，后又沿江而上。到贵州时，先住在水边，但被后来者赶到了山上。祖先们唯一带来的只有三样东西：水牛、谷种和芦笙。定居了以后，带来的谷种没有田播种。他们一边开田，一边打猎、摘野果、捞鱼虾充饥度日。有一位老人套到了只锦鸡，在清理时将锦鸡的囊包丢在草棚前的灰堆旁，谁知便长出了小米。次年，他又把小米做种子烧荒播撒，长出了满坡的小米，小米救了这支苗族的命。

每件事物都有自己故事。因为锦鸡是这支苗族的救命恩人，为了感恩，他们就仿造锦鸡的美丽头饰装扮自己，头戴锦鸡银饰，仿锦鸡的羽毛织花带，打扮得像一只美丽的锦鸡。有了模仿就有了表演，模仿是从整体到细节的发展。在芦笙舞蹈中，刻意模仿锦鸡在求偶中的步态、神态跳舞。现在锦鸡舞在无数代人的模仿、修改和传承创造中，形成了自己独特的风格。曲调有一百多首，而舞步更加独特。步、上肢、腰、手、膝等，都有自己的一招一式。它与其他芦笙舞有完全不同的风格。然而，这过程是十分漫长的，从自在艺术到自为艺术，从潜意识到有意识，时光已越数千年！从上世纪80年代至今，以现代化进程的时速，我们的目光见证了整整二十七年，锦鸡舞者象征翅膀的那一双手原来是自然垂于短裙边的，后来有意识地手掌微跷，直到90年代中期，那一双手才犹抱琵琶半遮面地举起来。

在麻鸟村和杨先村苗族群众的日常生活以及现行习俗中，鸡的使用频率很高，婚、丧的各个程序首先用鸡；各种大小祭祀活动首先用鸡；为死者引路用鸡；隔断生者与死者魂魄的纠缠用鸡。特别是用于祈禳鬼神的牺牲品，据一位老巫师的不完全统计，有八十多种鬼神作祟，欲驱除这些鬼神作祟，须请巫师来举行一定的仪式，宰杀牺牲品以祈禳。不同的鬼神须用不同的且有配套的牲畜做牺牲品，这八十多中鬼神作祟，有五十八种鬼神必须用鸡来祈禳。还有许多方面，如居住房屋、农用工具、纺织工具、生产忌日等等，都有鸡或鸟的存在。

他们为什么与鸡（锦鸡）有如此密切的联系？本来就是锦鸡图腾的族群？抑或是别的鸟图腾在新的家园里寻找到了完美的构筑？

无论是怎样的根底，锦鸡舞者们不仅仅是简单的模仿锦鸡的羽衣美与形态美，而是来自心灵深处的顶礼膜拜。从大量的民族学、民俗学、历史学的资料可以证明：有关一个民族文化来源的传说，并非我们所听到的那么简单。一个看似简单的传说依据，往往隐藏着更深的东西，又往往与图腾有关。这支苗族支系自称“嘎闹”，苗语的“闹”即是鸟，意为“鸟的部族”，实际上是古代以鸟为图腾的部落。上述两个有关鸟的传说有着一脉相承的关系，第一个是更早的，有关人类起源的传说，是图腾的源头，而锦鸡的传说显然是苗族迁徙到现在的居住地后才产生的，是图腾的延续，是人民不让图腾与追念祖先的概念变得抽象和空洞，重新找到一个可以引起人民心灵震撼的“原型”。锦鸡舞是远古图腾潜移默化的演化物，只是过去的鸟和凤变得更具体、完善而美丽。没有祖先们的鸟图腾意识的启迪，就没有对锦鸡的审美参照，也不会把鸟的形态引入表现群体意识的芦笙舞。当人们有意无意地模仿锦鸡的形态跳芦笙舞的时候，锦鸡舞就诞生了。锦鸡舞的兴起，是芦笙舞从祭祀性向娱乐性审美的延伸或转换。

由鸟类发展成凤凰的最重要原形是鸡。远古时代的鸡不是家养的鸡，主要指金鸡（锦鸡）、野鸡等。特别是红腹锦鸡，如此漂亮的羽衣，是凤凰“五色备举”的特征来源。鸡不仅仅漂亮，更重要的是，鸡能唤出太阳，是农耕部落的神鸟。古“舞”字是人双手拿着两把谷穗而舞，证明舞是农耕文化孕育的。至今，这里的苗族巫者仍以手执谷穗执巫事。《山海经》说：丹穴山上有一种鸟，“其状如鸡，五彩而文，名曰凤凰。”《吕氏春秋·古乐》中有“因令凤鸟天翟舞之，帝喾大喜”的话。翟是一种长尾野鸡，天翟即是天上飞来的野鸡。那是人在命令“天翟”跳舞呢，还是人在跳“天翟”舞?

四

我们无数次沉醉于锦鸡舞之乡的锦鸡舞之中，在堂屋里、寨坝上、芦笙场上、晒坝上、田里、田埂上，那些场地都不大，形状都不规则，但是他们因地成形，都异常虔诚，虔诚得近乎神圣。要跳锦鸡舞，必须花上几个小时来梳妆打扮，必须穿上盛装。没有预设，没有情节，我们曾看到上百人在秋后一块不大的田里围成五重的一圈，随着芦笙曲整齐而有韵律地群体舞蹈，当时感觉到整个田野、山体、大地都在随着这“神秘的舞圈”旋转。

面对这样的场面，我们只能用“壮美”一词来形容它。韦伯斯特词典关于“壮美”一词的解释是：“那种宏伟之美所激起的敬畏之情”，而美国学者埃德蒙·伯克专著有《关于壮美和优美概念起源的哲学探讨》一文，文中解释道，壮美表明人们心中可以产生的最强烈的情感，是一种近乎悲壮的情感，“带有痛苦的思绪将比通常意义上的乐观要有力得多”。他将壮美的特征归纳为“宏伟”“博大”“阴暗”，其定义是：“对心灵的震撼……是壮美的最高层次的体现。”

锦鸡舞（原始舞蹈）所具有的社会动力，实在是我们难以想象的。在它面前，“现代舞蹈不过是一种退步了的审美和社会的遗物罢了；原始的舞蹈才是原始的审美情感的最直率、最完美又最有力的表现”（格罗赛《艺术的起源》）。闻一多先生曾总结了世界各地的原始舞蹈的共同目的：是以综合性的形态动员生命，用律动性的本质表现生命，以实用性的意义强调生命，以社会性的功能保障生命。现代的舞蹈是不能和原生态舞蹈比拟的。原生态舞蹈能把那些音乐和节奏融为人的血肉，盘踞在人体组织中，具有转移和激动一切人类的本领。

我是带着这样的意愿来主持编导《锦鸡舞》的。与其说编导，不如说在参拜！我们不为时尚所惑，亦不为积习所陋。尊重原生态，崇尚自然，力图以自然美的力量赢得人们。

2007年10月31日

“卉服鸟章”进长安

一

公元629年是中国历史上辉煌鼎盛的岁月，它属于“贞观之治”的第三年。从《资治通鉴》上看，这一年西北战事捷报频传，中国北部各个强悍的马背部落逐个被征服或来归顺，西南的酋长纷纷来朝贺请封。据统计，大唐这一年新增添的“四夷”人口有一百二十多万。一年十二个月满满当当地用完了，唐太宗李世民忙得不亦乐乎，又意犹未尽，上苍有情，特意赏赐了个闰十二月给这位天之骄子，似乎要为这个鼎盛的岁月锦上添花。

这个美丽的续尾的所有光彩都集中在一个人身上，他就是现今贵州省黔东南境内的“东蛮”酋长谢元琛——这位苗族酋长一行，不知经历了怎样的艰难行程，极其奇特地出现在1375年前的唐代国都长安城里。从谢元琛一行踏进长安城的那一刻起，无论于大唐帝国的朝野或于谢元琛，都惊奇地看到了一个新奇的世界。谢元琛更不能预知的是，他的此行此举，为一个没有文字的民族在历史的铁卷上镂刻了永不磨灭的一笔，而无数有关于这个民族的学问，将借助于这一笔史证来建立。无数的学者们将寻着这一史证去探究这个民族神秘而丰富的文化轨迹。

谢元琛和他的随行者们惊讶于眼前的广阔世界：不仅是一千多年前的谢元琛，就是现在的我们也会被他眼前的世界所震撼——秦始皇统一中国，建立的第一个中央集权制国家的国都在西安附近的咸阳，西安从此成为当时令人瞩目的政治中心。秦朝灭亡，刘邦建立的汉帝国首都就定在西安、当时的长安。汉代的长安比罗马大了三倍，人口达二十五万之众。唐帝国把长安建成了世界上规模最大的一座都城，在皇家三大宫殿室外，十一条南北向的大街和十四条东西向的大街划分出一百一十个里坊住宅区。有资料证明，现代的西安城仅是唐代长安的八分之一。陕西的位置在中国版图中心，陕西的中部是西起宝鸡、东至潼关的八百里秦川，八百里秦川的中心就是长安。它就像是大地母亲的心脏，又是那样的博大，这岂能不令来自于“地无三里平”的云贵高原深山里的谢元琛一行惊讶?！

地域的博大远没有帝王心胸的博大对谢元琛和他的部落更重要。广袤的疆域、强大的国力赋予了唐人开阔的心胸和恢弘的气度，也为民族的团结和文化的融汇发展创造了极为有利的环境，于是，唐诗应运而生，美不胜收的唐代服饰也应运而生，唐太宗李世民向大唐的域外宣称：“自古皆贵中华、贱夷狄，朕独爱之如一。”唐太宗这种对“中华”与“夷狄”爱之如一的平等一视思想，一方面是对南北朝以来民族融洽的历史趋势的接受，另一方面也与唐朝要坐“天可汗”的东亚盟主位子相关。在李世民这面思想大旗的感召下，从大漠南北到西域诸国，从东北各部到西南“南诏”“众蛮”，均向大唐“称臣”。谢元琛正是在这种大政治背景下勇敢地迈进了这个自涿鹿之战以来一直想置他的部族于死地的敌对阵营的政治中心。

现在我们无法想象，当这一行人身着奇异的装束、带着奇妙的芦笙乐队一路歌舞进入长安城时，长安市民如何地感受……中外的奇装异服，有幸生于唐代长安的人都应该是有眼福的。唐帝国是当时世界最文明强盛的国家，首都长安是世界性的大都会，就像今天的美国纽约一样，成为各国的仁人志士向往的地方。当时，叙利亚人、阿拉伯人、波斯人、鞑靼人、朝鲜人、日本人、安范人和其他种族与信仰不同的人都能在此和睦相处，经商贸易，各种奇装异服对长安的朝野应是见怪不怪的事。历史上曾经有多少当时被视为重大的事件被史家省略了，而谢元琛入朝这件事似乎非同寻常而被惜墨如金的史家隆重地记载下来。

二

最早的记载出自《新唐书·南蛮传》，而最详细的是从美术角度来看待这一事物的宋代郭若虚著的《图画见闻志》：贞观三年十二月，闰月丁未日（十一日），苗族首领谢元琛入朝，“冠乌熊皮若注旄，以金银络额，被毛帔，韦行滕，著履。”

郭若虚在描述谢元琛的着装时，是严格按照周代以来形成的服装制度及观念顺序的，首先是“冠”。冠是为了照顾到发髻而产生的头衣，不仅是中国男人成年的标志——“男子二十冠而字”，还是“礼”和“非礼”的界限，是当时中原人眼中文明和野蛮的区别，冠发和披发就是当时衡量文明程度的标志。有两个典故最能体现冠对中国古代人们何等重要：《晏子春秋》中有个故事：有一次，齐景公喝得烂醉，披散着头发，扔掉冠帽，搂着女人，乘坐马车飞奔出宫门，守门的兵士不但把马车拦了回去，还大骂齐景公：“这样的人不是我们的国君。”齐景公因此羞愧万分，都不敢上朝议事了。还有一个更严重的事件，孔子的学生子路，他在与敌人激战时，冠缨带被砍断，为了不让发冠掉落，他慷慨宣言："君子死，冠不免"，然后停下手来先系冠缨，结果被不那么君子的敌人砍成肉酱。

汉典籍记载某个部落氏族时，往往先从服饰衣着上记述，尤其对头饰的记述。衣着即是文明开化的潜台词，最早描述苗族先民服饰的典籍是《淮南子》，"三苗髽首"，即是说远在尧舜禹时期的苗族先民"三苗"就有用麻掺头发盘于头顶的风俗了。当久违了的"三苗"子孙谢元琛突然出现在中原人眼前时，那发上的冠就更引人注目了：由熊皮制成的冠上羽毛"若注旄"，这个"旄"字是专指古代旗杆头上用牛尾做装饰的漂亮的旗子。除了那一头漂亮的冠旄，他头额上缀满了全银装饰物，这是与唐代男性的头饰有区别的。

更为奇特的是谢元琛披着一条令大唐人陌生又喜爱的"毛帔"。唐代受胡服的影响是非常大的，但环视中古时期的鲜卑、契丹、回纥、吐蕃等民族服装，找不到帔帛这种东西的痕迹。在隋代以前的中原服饰资料中未见过这种服饰。在唐代的史载中，见到两条有关这种帔帛的记载，一是《旧唐书·波斯传》："波斯，其丈夫，衣不开襟，并有巾帔"，再就是本文的主人公谢元琛的这条"毛帔"。之后，帔帛很快就成为了唐代服装中的新成分，并且迅速传播开来。从初唐的《步辇图》，中晚唐的《捣练图》《簪花仕女图》，都可见到披戴帔帛的人物形象。有专家断定帔帛是随着佛教逐渐进入中原，而忽略了我国西南少数民族服饰中这种装饰的客观存在，以及谢元琛穿入朝并被"图画之"给大唐服饰带来的影响这一事实。

郭若虚对谢元琛这个苗族酋长的着装描述，减略了一般的地方，对某些特征性的部位给予特别的关注："韦行縢"。"韦"与"围"古意同，"行縢"又称"幅"或"斜幅"，就是现在苗族妇女们还在使用的绑腿，俗称裹脚布。最有意思的是，这个縢的读音 téng，与现在苗族（中部方言如贵州黔东南的丹寨县等）对绑腿的称谓有惊人的一致：tou。苗族是个非常古老的农耕民族，苗族的祖先蚩尤与黄帝、炎帝一起被称为中华大地上的三大人文始祖，他们共同创造了上古文明，至今，苗族有许多古语与汉字同音同义。这些服饰名称，是最早在周代就定型了的帝王礼服中必需的装饰成分，而它的创造与在民间成型应该更早。苗族是一个在服饰上没有严格等级制度的群体。只要有条件就可以穿戴任何他们认为可以接受的华贵服饰。“著履”即是穿鞋，穿不穿鞋也是文明程度和物质文化的体现。

三

时至今日，无论是汉族或是各少数民族，已经有越来越多的人认识到，中华文明是一种极其丰富的多元文化组合，许多阶段性的文明的发展都是在各民族之间互动的状况下得以实现。

影响了唐代长安服饰的北方胡人们生活在茫茫的大漠之上，他们的创作思维上缺少色彩和灵动丰富的动植物的想象力。因而苗服在长安的出现，一时让人眼前一亮，振奋不已。“训诂大师”颜师古称之为“卉服鸟章”。这充满了赞叹的语感足可使人想象出谢元琛的从属人员奇异的服饰给长安朝野带来的视觉冲击。

“卉服鸟章”无疑是指服饰的印染工艺中那些含着浓重花卉植物的成分色彩和众多以鸟为代表的精美图案，即是我们今天所看到的，在汉民族和其他民族中几乎消失殆尽的苗族蜡染工艺。

汉文典籍浩如烟海，而对苗族先民于丝织、纺织技术创造也一路斑驳可寻。汉代的典籍记载了“武陵蛮”“织绩木皮，染以草实，好五色衣服，制裁皆有尾形……裳斑斓”。范晔的《后汉书·西南夷传》说：“哀牢人——土地沃美，宜五谷、蚕桑，知染，文绣、罽斑、白叠、栏干细布织成纹布如绫锦。”《隋书·地理志》记载了广大苗族地区的“诸苗”，“承盘瓠之后”“故服章多以斑布为饰”的服饰状况。这“斑布”和“栏干细布”就是蜡染制品。

许多专家研究苗族今天的蜡染图案的艺术形成时惊奇地发现，原始审美形态在这些图案里具有顽强的生命力，这种原始审美形态不僵化，乐于移步换形，既保留了古意，又不断与时代呼应，往往在一幅作品中便铺陈出一部小小的历史，古代与现代相得益彰。至今，苗族的蜡染纹样题材和造型风格都保持了自己的始终如一的文化特征：如鸟图腾文化，贵州省丹寨县的苗族支系，女式蜡染盛装的肩背处有一幅尊祖制不许改动的螺旋纹几何图案，其风格特征可直接承接新石器时代的陶器纹饰。而螺旋纹是由鸟纹演变而成的，并在新石器时代的陶器上得以成形。用苗族现在的图案与出土的中原地区唐代蜡染纹样加以比较，则风格迥异。于是，纺织史家们考证确认，蜡染这种工艺是由南方少数民族传入中原的。

到宋代，苗族制作的“点蜡幔”、瑶族织的“瑶斑布”并负盛名。宋人朱辅在《溪蛮丛笑》中记录，“溪侗爱铜鼓，胜于金玉，模取鼓文，以蜡刻板印布，入靛渍染，名点蜡幔。”宋代永嘉（温州）人周去非的《岭外代答》曰：“瑶人依然蓝布为斑，其纹极细，其法以木板两片镂成细花，用以夹布，而熔蜡灌于镂中，而后乃释板取布投诸蓝中。布既受蓝，则煮布以去其蜡，故能受成极细斑花，灿然可观，故夫蜡板之法，莫瑶人若也。”从前人的这些津津乐道中，可反映出古代汉族与边地苗、瑶等各少数民族的文化交流，也可证实蜡染这一工艺是由南方各少数民族传进中原的。

唐代的夹缬已经色彩斑斓，十分盛行了，甚至连敦煌的菩萨们都“穿”上了夹缬织物。据说宋朝指定复色夹缬为宫廷专用，二度禁令民间流通，故民间流行的都是单色的夹缬。

郭若虚的《图画见闻志》里说到，唐代出现了一种画派“铺殿画”。据说是花鸟画的一种，装饰性较强，专供宫廷挂设之用：“江南徐西辈，有于双缣幅素上画丛艳叠石，傍出药苗，杂以禽鸟、蜂蝉之妙。乃是供李主宫中挂设之具，谓之‘铺殿花’，次曰‘装堂花’，意在位显端庄，妍罗整肃，多不取生意自然之态，故观者往往不甚采鉴。”这样一种专为宫中挂设，“位显端庄，妍罗整肃”的装饰画，竟是“傍出药苗”。可见当时蜡染绘画风格对李唐的影响之深。只可惜在民间原本极其生趣盎然、极其生动活泼的艺术，一经宫廷画师们之手，就变得“端庄”“整肃”“不取生意自然之态”，而不被“采鉴”。而这种“杂以禽鸟、蜂蝉之妙”的画风，至今仍是苗族蜡染绘画的风格。

《新唐书·地理志》称：“山区（指海南岛）出盘斑布等土特产。”黔州、涪州、夷州、思州织造的“纱布”“僚布”“斑布”列为贡品。据唐代李吉甫的《元和郡县制》记载，贵州每年向长安进贡大量的蜡。当时，蓝草的种植遍及贵州全省，为中原的蜡染制作提供物质基础。

宋以后，中原地区普遍使用豆浆石灰合成的浆料取代了蜜蜡。以后，在工艺上、布料上又有了新的发展，从此蜡染在中原地区逐渐退出历史舞台，逐渐地失传了。它造成了令我无限感慨的一幕景象——上世纪六七十年代，我的家乡，家家都还有养蜂的习俗，那些不知多少年的破旧养蜂箱在房顶屋檐都可见到。养蜂要提取蜂蜡，妇女们都会。在一些废墟上、田地边，会看到板蓝根那种蜡染的染料植物，它们成片地生长着无人一顾，它们曾经被人工栽培过，曾经无限风光过啊！这些，已经与我们的现代生活关系十分遥远了。

四

提起颜师古这个名字，好像没有多少人知道，但是提起孔子的学生“复圣”颜回、大书法家颜真卿，应该有更大的知名度。他们都是一家人，颜师古是颜回的第三十七代嫡长孙，而颜真卿是颜师古的第五代孙子。颜师古博览群书，尤精于对古字的解释，被誉为“训诂大师”。他的传统学术贡献很少有人能及。他“考定五经，多所厘正，颁其书令天下学习。所注班固《汉书》《急就章》大行于世”。据说他还是大琴师，著名的乐曲《梅花三弄》最早是一首笛子曲，相传为东晋恒伊所作。明代《伯牙心法》《泉山琴谱》的作者则认为该曲是唐代琴人颜师古所作。有可能是颜将笛曲改编为琴曲。

谢元琛的到来，令中书侍郎颜师古深思远谋。他向唐太宗李世民进言：“昔周武王治致太平，远国归款，周史乃事王会篇，今圣德所及、万国来朝，卉服鸟章俱集蛮邸，实可图写贻于后，以彰怀远之德。上从之，乃命阎立德等图画之。”（郭若虚《图画见闻志》）李世民命大画家阎立德等将这些来自苗乡的“卉服鸟章”和诸国来朝贡的奇装异服，图画人物衣饰，汇成《王会图》，留传后世。阎立德是唐代著名的建筑家、工艺美术家，唐代著名的建筑翠微宫、玉华宫、唐高祖山陵、昭陵都是他设计督造的。他曾主持设计唐代的皇帝、皇后所用的衮冕服饰，绘画以人物、树石、禽兽见长。只可惜他传世作品很少见，而他的弟弟阎立本绘画上成就比兄长更大，传世珍品有《步辇图》《凌烟阁功臣图》《历代帝王图》《昭陵列象图》等。阎立本也参与了《王会图》的绘画。

大概我们中华文字是从图画演变的，所以祖先们早早就开始以图记史了。《王会图》又称《职贡图》，从周代开始就有《职贡图》。

职贡是国家大事，在周代就形成了制度，据《周礼·夏官》载“司马”“下设职方氏，掌管天下之图，以掌天下之地，辨四夷五戎六狄……八方向化”，即是以图纪实，将外国及“四夷五戎六狄”之类化外的少数民族首领来朝贡的情景以图实录。

苗族的“以图记史”意识是很清晰的，苗族把自己的族群图腾图案绣在衣裙上作为族群标志。苗族是服饰种类最多的民族，据不完全统计，有一百七十多种，每种服饰代表一个不同的分支，有着自己不同的历史经历和文化习俗。

中央政权一直将“以图记史”的制度延续到中国最后一个封建王朝。清代的皇帝们把这个制度发挥到了极致，雍正和乾隆让镇边的大臣们深入少数民族地区调查，描绘图实并附上文字说明，上奏朝廷。清雍正年间首任八寨（今贵州丹寨县）同知的陈浩，绘制了一部《八十二种苗图并说》（又称“百苗图”）的图书，其信息荷载量大大地超过了历代的《职贡图》，被史学界称为“珍贵的历史民族志”。

阎立德、阎立本兄弟的《王会图》，我一直无缘目睹。据说台湾台北故宫博物院藏有《职贡图》，是阎立本的人物画，也是宋代摹本，但内容是描绘唐代“万国来朝，百蛮朝贡”的情景：“其序合之际，折旋规矩，端簪奉笏之仪，与夫鼻饮头飞，人物诡异之状，莫不备该毫末。”唐代的柳宗元和宋代的苏东坡都曾作诗赞美此图，柳诗有标题，直为《东蛮》，诗中有“睢盱万状乖，咿嗢九译重”之句。无非言说化外之民不懂上朝的规矩，睁目瞪眼，想看什么就直看，无视皇上威严。而言语不通，多重询问才翻译出意思来。苏诗里道：“音容伧狞服奇龙，横绝岭海逾涛泷。珍禽瑰产争牵扛，名王解辨却盖幢。”——他们身着奇异的服饰，扛着各种特产，争相牵着珍禽异兽。语言不通，几次反复地询问翻译。

五

谢元琛何许人也？史书载：南北朝时期，自徐文盛入援京师后，原宁州所属郡县多为土著豪酋、乌蛮、白蛮所据有。南牂牁、平蛮二郡则为谢氏据有，但仍奉梁正朔。陈朝势衰，政令不出武陵以西。唐初，谢龙羽拥兵三万，以其地为州，拜刺史，封夜郎郡公。他是汉代牂牁郡功曹谢暹的后代。又说谢暹的后代还有“东谢蛮”（谢元琛）、“南谢蛮”（谢强）。这个“东谢蛮”，“世为酋长，部落尊畏之，其族不育女，自以姓高不可以嫁人”。“贞观三年，有谢元琛入朝，以其地为应州，谢元琛为刺史”。“南谢蛮”首领谢强亦入朝，以其地为庄州，授谢为刺史。其实除谢龙羽外，这“东谢”与“南谢”均不是真正的谢暹的后代。他们都是当地少数民族的酋长。自称为谢氏后人只不过为了提高身份、攀附官府，以便向上讨封，以巩固自己的地位而已。他说自己的姓高了，正说明对这个姓的崇拜，对得到这个姓的宝贵。从柳宗元和苏东坡的诗中可得知谢元琛入朝时，衣着打扮是十分奇特的域外少数民族服饰，更重要的是不懂汉语，不然何以“睢盱万状乖，咿嗢九译重”（柳宗元《东蛮》），用现代话语说就是圆目瞪眼不知收敛，言语九译方可通。如果是真正的汉官后代，应该知道上朝的着装规矩和礼节，能懂汉语。

谢元琛的封地是今天的贵州黔东南的榕江、丹寨、台江、剑河、雷山等县和黔南的三都县。据说黔东南榕江县八开一带在古时有姓谢的。后来出了一个苗王，自称姓杨，这些人又追随其姓杨了。其实，苗族社会里自有其严格的血缘制度，汉姓于他们只不过是个旗号而已，旗帜可以应时而易，他们并不以之为血缘关系的依据。至今在月亮山一带的许多苗族，有汉姓而无字辈。榕江县是苗族西迁进贵州的第一站，也是苗族迁徙进入贵州最大的集散地。宋代以后，八开一带的苗族又有部分向三都、丹寨、雷山等地迁徙，至今在丹寨、榕江、雷山、三都的交界处仍有保留了蜡染技术的苗族支系。如果你走进那些苗寨，还会发现很多唐代所记载的遗风：比如丹寨县、榕江县交界处仍保留着“百鸟衣”的服装。女性不戴银帽，戴银鸟，前额还保留有谢元琛入朝时“以金银络额”的遗风。

我去到榕江，沿着都柳江而上，没有寻到与这显赫的史实相匹配的遗迹，只见江水滔滔不息，这是曾经承载谢元琛上长安的那些江水吗？其实自“三苗”、楚国之后的千余年里，苗族再也没产生出能与中原统治者进行对话的政治力量，谢元琛也没有那样的力量，他是在李世民“自古皆贵中华、贱夷狄，朕独爱之如一”的这种去华夷之防、平等一视的思想背景下创造的一段佳话。这是中国封建社会给予苗族的唯一亮点。到一千多年后的清雍正年间，黔东南“八万古州”仍为“百蛮之地”。

我从清代雍正帝的《朱批谕旨》和《古州杂记》里得知，雍正年间，时为黎平（今黎平县）知府的张广泗，“以金币赔生苗，假道入省，因密记其道里山川险阻形势，陈诸大帅，购募通事，略其地，遂入版图。幅员一千余里，东西二百十里，南北三百六十里许，计苗民四百五十四寨，计户二万七千有奇。”云贵总都鄂尔泰于雍正五年九月六日写了一份洋洋洒洒的二千四百余字折子上奏雍正帝，雍正帝大喜，欣然朱批：“正是，从前盖皆想象悬揣，今已明白，未料其中有如许道理，亦未闻其中风俗淳朴近古，尔人民皆知礼让也。”

物以类聚，这是我们这个星球上所有生物的特性。如果一滴水孤独地待在一个地方，那么它就很快蒸发掉。人更是如此，正因为人的这种特性而形成了人群——社会——国家——世界，苗族也不例外。自涿鹿大战之后，蚩尤的部落经历了长达五千年的迁徙。然而当安顿下来后，部族的上层人物们都在试图创造与中原集团交流、交往的机会。“三苗”时期曾有过这样的努力，而“荆楚”时期，上层人物建立的楚国，与中原文化进行了数百年的交往与纠葛。楚国最终化为乌有，却给汉文化平添了一道光彩——楚文化。

往事千年，而今已成大统，春秋大梦如愿。偶一回视，觉弥足珍贵，思绪万千……

2009 年 12 月 28 日

修订于鲁迅文学院 301 室

排莫苗寨的吃新节

一

提起排莫这个寨名，也许你感到生疏，若是换一种称呼——丹寨苗族蜡染或者蜡染的圣地呢，你还会生疏吗？它曾经令世人振聋发聩。

蜡染这种古老的民间印染工艺，据专家考证，在汉唐间由西南山区的少数民族传入中原，迅即成为中原的时尚。曾几何时，蜡染在中原又迅速地被新的印染工艺所取代……不仅在中原地区消失，就连曾经创造并普遍使用蜡染技艺的苗族的大部分支系，也于明代至清代之际丢失了蜡染技艺。只有为数极少的族群忠贞不渝地保存着这份珍贵的遗产——排莫的苗族支系，就因持有这人类文化的遗产而从上世纪的50年代闻名中外。正应了中国的一句古话：“礼失而求诸野”。那么，排莫可谓野中之野了！

排莫苗寨一年中最盛大的节日是“吃新节”。由于“吃新节”日子都定在每年农历八九月的卯日举行，因此也称为“吃卯”。2004年10月27日，是农历的9月14日，干支轮到己卯，排莫苗寨要过“吃新节”了。

排莫苗寨隶属丹寨县的杨武乡，距县城十八公里。由于吃新节的许多礼仪都在节日的头一天夜里举行，我们也随之提前赶去。一路山重水复，公路曲折盘旋，好在新修的路面平整，免除了颠簸，好山好水看不尽，车子就抵达了寨子。这一日正逢排莫的赶场天，百八十号人聚集在并不宽敞的寨坝里交易，使人感到时间倒流，昨日重现。这恐怕是中国最秀珍的乡场了！

二

排莫苗寨的吃新节，餐桌上必备两种食物，牛肉和鱼。所杀之牛虽不是祭牛，却与祭祖过大节必吃水牛肉的习俗有关，在街面上出售的，都是水牛肉，每户的餐桌上，也都是水牛肉。鱼却是与祭祖有关。这一天，每家每户都到自家的田里去罩鱼。

古朴的山寨进入了忙忙碌碌之中，每一幢木楼里，都在酝酿着一个古老而神秘的故事。我们走进杨本清老人的家，听到这家人正在讲述故事：从田里罩来的鱼，在锅里煮，用苗家人的话来形容，那是火和鱼在对话。火问鱼：鱼啊，你在想什么？鱼答：我在想东方的祖先们。火又说：我也想东方的祖宗们哪！不过只有你才能游到东方去，我却能很快地将你送到东方去……

杨本清老人家的堂屋里有一对木鼓，正静静地等待，等待着鱼儿的到来。

排莫苗族的吃新节，从表面上看，类似庆丰收的节日，但从活动的内容形式上看，就不仅仅是庆丰收了。它在排莫苗族一年的诸多节日中是最大最庄严隆重的，而排莫苗族至今还是不大习惯过汉民族的春节。无疑，这就是排莫苗寨的过年。

居住在雷公山下，清水江、都柳江上游的苗族人民，都习惯过一个内容、形式、时间大致相同，称呼略有不同的节日，有的叫“吃新节”“吃卯”，有的叫“过苗年”，并且都选择在卯日里举行。如凯里舟溪的“吃糟节”在农历7月头一个卯日过，黎平“虾子节”在3月头个卯日过。不难看出，这个“卯”日在苗族的各个支系中是个很重要又很统一的日子。都是苗族各个支系在一年中最隆重的节日所选择的日子。试想，这些分布在一年中各个时节的“卯”日，过去曾经统一过，后来因为不断地迁徙，兄弟家族不断地分离，更因为漫长的岁月风尘荡涤刷新，派生出了千姿百态的节日之花。对此，各个支系均有类似的故事传说：两兄弟分开了。哥哥住在那边山梁上和弟弟喊话，说某月某日过节。弟弟却听错了，听成了另一个月或日，所以才形成了这样不同的过节时间……

“卯”，在汉族的十二地支中的字面解释为“茂”，为万物茂盛的意思。但是丹寨县苗族支系有一套完整体系的历法，称之为“苗历”。苗历不使用天干地支，而是采用十二生肖和用二十八宿和十二生肖组合成的八十四进制的独特计算法，《八寨县志稿》称为“苗甲子”，苗语译音读“嘎进”。据苗族学者王凤刚先生考证，这种八十四进制的使用，在世界的历法实践中是独一无二的。十二生肖所用的动物，与汉族相同，有人认为源于汉族，但汉民族的十二地支自殷商时代起就使用来纪日、纪月、纪年，并未用动物匹配，直到东汉才出现以动物来表示的十二生肖，并且仅用于表示人的属相。而苗历使用的十二生肖动物中，除了这个兔（卯）之外，均出现于苗族原始神话和创世史诗中，其中有五种以上是苗族先民某些氏族的图腾，其使用当远远早于东汉时期。而这种历法伴生物的年节习俗，是人类早期历法的特征，它却在这里存活着，沿用着，真可谓历法的“活化石”。

这个时候，杨本清老人家的火和鱼的对话已经完毕，于是鱼已然穿越了历史的时空，被敬献到堂屋里的那一对木鼓跟前。这是排莫苗寨过吃新节最重要的一道仪式：祭鼓。把糯米饭、鱼、酒供上，焚香烧纸，仪式开始了，祭师念祭词，将祖宗的灵魂唤醒。

苗族的木鼓就是他们的祖宗，祖宗的灵魂就藏在木鼓里面，每个宗族都供有自己的木鼓。这是黔东南苗族所共有的习俗。排莫苗寨也有这样的十三年一祭的隆重祭鼓（祖）活动。排莫苗寨最后一次祭鼓（祖）活动是 1949 年农历 9 月，据一些亲历这次活动的祭师和老人回忆，那时排莫苗寨有二百多户人家，九百多人，共杀祭祖牛一百四十七头，肥猪除外。按当时排莫苗寨的经济状况来说是不可思议的。

然而，把鼓引入每家每户，却是排莫苗族宗支所独有的。这种演变，也并非 1949 年以后不能按时祭祖后的演变，同时也经历了漫长的历史。通过采访得知，没有人知道什么时代产生的，甚至宗族过祭鼓节与将木鼓引进家的来源是一致的：传说他们的祖先迁徙到排莫定居以后，有一年春天，一位老人到山上去找犁具用的藤子，脚不幸被毒蛇咬了，请巫师“过阴”问神灵，说他们的祖先过去兴祭祖吃牯脏的，从外地迁到这里后，生活变化了，他们却没有祭鼓，忘了给祖宗送吃的，使他们在阴间里挨饥受冻，才变成蛇来伤害子孙。只是引进家的理由变得更加现实：比如杨本清老人，他因为生了病，通过请巫师来“过阴”问神灵，得知是过世的老人回来要牛、找吃的，于是就要立鼓，把鼓请到堂屋里。制鼓用的是楠木，苗族把楠木树称为鼓树。

祭师念完祭词，掐鱼、糯米饭，洒上水酒，然后敲响木鼓，让祖宗们的灵魂醒来，与儿孙共享美酒佳肴，共度欢乐节日。

三

这一天下午，排莫苗寨的亲戚们，都赶来祝贺和参加他们的节日。按照老习俗，主要的客人是姑和舅，挑来的礼物一头是用稻草包的糯米饭，另一头是鱼。如果是姑妈来舅爷家，有几个舅爷就得送几串鱼。

敲响了木鼓，唤醒沉睡的祖宗，放响爆竹，排莫进入了节日的热闹。今夜就同汉族的除夕夜一样，所不同的是餐桌上有规定，专吃牛肉和鱼——这是与祖宗共进晚宴！

晚宴没有结束，“贺牛”开始了。“贺牛”是一项充满豪情的传统活动，寨子里的芒筒芦笙队要到养有斗牛的人家去庆贺。一是庆贺主人家有斗牛，二是给斗牛鼓励，预祝它明天取得胜利。因为有斗牛的人家太多，这“贺牛”活动要一直进行到天启明的时候才能完成。

“贺牛”活动轰轰烈烈举行的同时，另一项抒情的活动也在寨坝里展开来——“跳月”。跳月是青年男女在月光下通宵达旦地吹芦笙跳芦笙舞。苗族的青年男女吹笙跳月就像人类于爱情一样是永恒的主题。他们世世代代，乐此不疲地用这种艺术的形式抒发他们的爱恋，缔结着他们的情缘。

四

第二天的午饭是真正的大年初一正餐，餐桌上的肉食主要还是牛肉和鱼肉。早上八九点钟，有的人家就开始进餐，而直到下午的两三点钟，人们才离开酒桌。

下午二时许，最隆重的斗牛活动开始了。

苗族是最早进入农耕文明的族群之一，同时也是较早使用牛耕种的族群之一，他们对牛的认识积累了丰富的经验，形成了丰富的牛文化。牛在排莫苗族人民的生活中是非常重要的部分。排莫人酷爱饲养斗牛，大部分的人家都养有牯子牛，而凡是把木鼓请进家的人户，必先备有牯子牛。这些为木鼓而配养的牛称为“鼓牛”。无论是鼓牛还是斗牛，要求的条件都很高：最讲究的是牛的毛旋，毛旋长的部位要符合福、贵、吉的要求，不能出现“灾星”旋。按照排莫苗族的习惯，对一条水牯牛的论价高低，第一是看毛旋，然后才是个头大小、身材、骨骼品相等条件，有时一条毛旋好的小牛犊可换一条体重千斤的大肥牯；再就是角的选择，角要宽大、对称，角正面呈现的格子被看作“水田”，因此越多就越富有。经验丰富的人，看一眼能辨出这条斗牛属于“碰牛”还是“顶牛”，对斗牛的耐力、胆量、脾性等都能从相貌中看出来。

排莫苗寨的斗牛活动保持着原始风貌，那些讲究，那些规则，那些禁忌，无不浸透着远古的遗风、山野的气息、原生态的文化。

五

姑娘们把最大的精力花在梳妆打扮上：头绾宝塔似的高发髻，身穿祖传的蜡染盛装，足套绣花鞋，戴上银饰，一个美轮美奂的蜡染姑娘就出现在人们面前。排莫苗族自称为鸟的族群，是远古图腾时代鸟图腾部落的后裔。不仅仅是称谓，在他们的日常生活中，他们的艺术品中，都可以随处看到鸟的身影。蜡染图案中鸟的图案、织布机上的鸟、银头饰上的鸟，最可以印证的是妇女盛装肩背上的旋涡图案，这是祖先传下来并规定绣在那个部位上，不能改变的。那是什么图案呢？他们有三种解释：一种解释是祭祖活动中杀牛做牺牲，用牛头上的毛旋和木鼓变形成图，以纪念祖先；第二种解释是祖先早创的图案，传承下来，也是为了纪念祖先；第三种解释是，传说有位姑娘患了绝症，访医求药都不能治，但吃了母亲采来的一种俗名叫“狼鸡草”的蕨类植物，病竟然好了。为了表示对母亲的怀念，姑娘按草的形态绘成图案，装饰衣物。

一个被祖先限定在某个位置上世代传承的图案，必然是与这个族群的命运、名誉有着重要关系，能代表这个族群的标志。“狼鸡草”和那个姑娘的命运是不可能让一个族群去背负着；而祭祖的牛固然重要，却不是这个族群的图腾物，它只是富有的象征物。上两种解释是现实的理解，唯有祖宗传下来的一说更值得人们去探讨。它到底是什么呢？以现在考古取得的成就来答复并不难：它是一只鸟！考古学家曾对发掘出来的大量文物按年代顺序编号，寻找图案的演变过程，推断出螺旋纹是由鸟纹演变而成，而且鸟纹又被断定为新石器早期的原始图腾标志。历史学家又推测，华夏的祖先原分为东西对立的两大部落集团，西部炎黄集团以龙为图腾，东部蚩尤集团以凤鸟为图腾。苗族以蚩尤为祖先，背上的鸟就是部落的标志。

人类的血缘可以无止境地延续并能清晰可辨，然而，能把本原的文化，也就是把几千年前氏族的称谓与血脉一起延续至今的，实在少之又少，是旷世奇珍了！

这是一只五彩斑斓的凤鸟，一只精神文化之凤鸟，她千年不改蜡染本色，却充满了对生活的憧憬，她从历史的深处飞来，生机勃勃地舞动着，飞出了自己独特的蜡染风采。她是一只永生之鸟！

蚩尤的血仍在我们血管里流

一

说蚩尤是苗族的祖先，古今的无数专家学者证实了，苗族本身的口碑古歌和迁徙史证实了，可世人总感到迷茫，因为蚩尤与黄帝的逐鹿中原时间年代实在太遥远了；再就是北方与西南地域相距太遥远了；还有，辽阔的北方大平原与皱褶闭塞的大西南深山空间对比太悬殊了。那是天上的云彩和山寨的炊烟，相距甚远啊。

我且宕开笔去，说说丹寨县城直面着的这座山。现在地图上的标识，这座山叫龙泉山。数年前我曾以“登高者得禄”为题写过这座山的一些人文历史，当时有感于满山铺天盖地艳红碧天的杜鹃花，窃以为这浸染民风的色彩似乎想掩盖着什么，或者说人们很容易在色彩斑斓的世界里迷失，诚如老子说的“五色令人目盲”。当时想把一些有文字记载的史实翻出来晒一晒，现在回头去看，光凭那一点点文字历史毕竟还是太肤浅了，不过是这座山与人类共同创造的历史的些许皮毛而已。对于这座山而言，文字的记载来得实在太晚了，可是我们的思想与思维总像在执行某项政策条文一样，死死盯着那几个少得可怜的文字寻找依赖。就说这“龙泉山”的山名吧，传统的“中华五千年文明史”过了四千九百多年了，直到距今八十六年的“民国 18 年（1929）”，郭辅相任八寨县长，创修《八寨县志稿》。21 年（1932），王定一任八寨县长，《八寨县志稿》付印。“龙泉山”之名才横空出世。我查阅了黔东南地区几乎都在同时期创修县志，其惊人的一致性是每县都有八处名胜景点，看来这也是统一的规定。于是创意出了“八寨八景”，其中有二处景点出自龙泉山，“玉液琼浆”“登高得禄”，于是，“山有刹，晨声晚钟，清越可听。刹之左，清泉涌出，味甘凉，山故以龙泉名”。可以断定，“龙泉山”之名是这一时期由文人们创意而得的。

其实，自古至今，本地苗族一直称此山为“碑斡”，意为“云之山”。我最熟悉不过的是这座山半山腰处的关口，苗语叫“野埠”，汉语叫“大登高”。读中学时，我时常从家里挑一担柴，从山脚翻越“野埠”到县城去卖，登到“野埠”，已经大汗淋漓，得歇上一阵。一担柴，多者一块钱，少者七八角。

二

但不管叫“龙泉山”也好，“碑斡”也罢，这座大山是由一方丰厚的土地托起的高峰。这方土地名叫“方尤”。“方尤”是苗语音，意思是“尤人居住的地方”。

2005 年，丹寨县邀请我参与收集整理非物质文化遗产项目资料，我第一次认真系统地对“方尤”和方尤特有的“祭尤节”进行了田野考察。这次田野考察既是考察，又是在印证和拼接我记忆的碎片，这些记忆来自于我在家乡生活中俯拾即是的有关“尤”的地名、寨名、传说、歌谣等等。不过，你得用苗语和古地名去识别，如今的汉语注音地名破坏了苗语音地名的生态，并非古今的苗语音出现变化，没有变，是汉注音者出现的问题：比如腊尧的“尧”音是对当地苗语 Yul 的音译，准确的应该是“腊尤”（尤人的庄稼地）；但很多地方都用“尧”来注音，如：羊尧（尤人寨），双尧（尤人山坳，在排调镇），排尧坡（尤人坡），乌尧（尤人溪，在龙泉镇），板尧（尤人山麓，在龙泉镇）。“尤”的苗语读音读作“尧”音的是南部次方言，属于苗族排莫型蜡染装的族群等所语，不符合地名所在地的语言语音。有部分是更了汉名，比如牛棚村的羊邦寨，苗语古名“坝尤”，意为尤人台地；扬武乡干河村一带，苗语称“瓮尤”，意为尤人塘；屯上，苗语称“械尤”，意为尤人（打制）的银丝；兴仁镇的岩英翻仰河段，苗语称“欧尤”，意为尤人河……这些村寨名或自然地理实体名在记忆中飞碟般地旋转而来，渐渐地构建为一方历史人文的新大陆——方尤！

这方土地的原始植被是“尤人”挖下的第一锄，尤人播下了第一颗文明的种子。这人文的历史轨迹，苗汉两种典籍都能体现。汉典籍的记载要比苗典籍晚得多，但它是主流的强势文化，所以一般的研究者都以它为准。

距今六百五十七年的 1353 年（元至正 13 年），一个名叫夭阿路的朝廷官员因“征南有功”，从广西庆远府调到现今的夭坝司村来任“夭坝长官司”，这是丹寨县这片土地最早的建制和文字记载。元至正是中国元代末代皇帝妥欢帖睦尔的最后一个年号，他共换了三个年号，每换一次都是宫廷政局的大动荡，他是中国历史上太无能无为的皇帝之一。这个徒有虚名的“夭坝长官司”并不能真正管理这方土地，他是元朝为开辟从湖广经贵州通往云南的“东路”驿道中布错了的一枚棋子，这条被现在的学者们誉为“古苗疆走廊”的通道在苗疆腹地黔东南最后的线路走向是：从湖南晃州（新晃）进入贵州平溪（玉屏），在镇远改行陆路，然后是——偏桥（施秉）——兴隆（黄平）——清平（凯里），而后进入黔南的平越（福泉）。“夭坝长官司”因与“通道”偏差而不能得到重兵护卫，只能龟缩在那所在苗族特色吊脚木楼包围中的地楼建筑里空抱印信委任状，朝廷封给他的辖地长期处于羁縻状态，每到改朝换代，明朝推翻元朝，清朝取代明朝，夭家就到朝廷去上缴地图印信以表效顺，每次都能换来个“仍令袭旧职”。但来回都是朝廷派兵护送，平时更不敢轻易出司所。康熙十二年，夭阿路“奉调随师征剿都匀苗反”，刚到直距不到三里远的烧茶寨就被苗民杀死。

清雍正七年，清政府在丹寨的另一块土地建立了八寨厅，而原来管辖“都匀、巴梛、陈蒙烂土一带”的“夭坝长官司”早在五十七年前降格，反被都匀管辖，与八寨厅没有政权的任何交替。八寨厅建立后，夭坝司、扬武司、永安司、排调司四土司隶属于八寨厅。

夭阿路的“夭”姓与苗族尤支系的“尤”音，在这里看是偶然却又必然地进行戏剧性碰撞。此后在汉文史籍中出现了“夭苗”“夭家苗”“绕家苗”等等混淆研究者视听的称谓。至今，丹寨县人仍然把夭坝司的“夭”字读作“Rao（绕）”音。

据明代贵州巡抚郭子章所撰的名著《黔记》载：“夭苗在陈蒙烂土、夭坝，一名黑苗。”而清乾隆年间编纂的《贵州通志》记载得更详细，连姓氏都有了：“夭苗在平越、黄平，一名夭家，多姬姓，相传以为周后。衣尚青，男女皆左衽，妇人工纺织，善染。以十一月为岁首，祭祀祖先，必请家长主祭祝赞。其性柔顺不喜斗，勤俭安贫不为盗。近有读书应试者。其在陈蒙烂土、夭坝者，缉木叶为衣，著短裙，女子年十五六，即构竹楼野外处之。”这两则信息其实提供了诸多的变化史料，即：明代“夭苗”主要居住在陈蒙烂土（三都县境）、夭坝（丹寨县境）原住地；“夭苗”又名“黑苗”，当时被外界称为“八寨黑苗”的包括了多个亚族群，“夭苗”（尤人）是其中一种，他们的共同特征是服饰尚黑。服饰本身是苗族支系区分的标志，属同一个婚姻集团。那么到了清代，“夭苗”的区域又到了“平越”“黄平”。也就是经过明朝的长期战争，部分“夭苗”已迁徙到都匀、福泉、麻江等地。

所谓“姬”姓者，曾是丹寨县志办主任、《丹寨县志》主笔的苗族学者王凤刚先生有过精细的考证：明成化十年，播州夭坝干（即夭坝长官司境）地方的赍果率苗民起义，声势浩大，曾控制了夭坝干至重安长官司辖湾溪（今凯里市城区内洗马河片区）一带五十多个村寨。播州宣慰使杨辉派官上京奏请贵州、湖广会兵征剿，明宪宗批准，由巡抚四川都御史张瓒督理，杨辉率兵参加征剿，破山寨十六，斩首四百九十六人，收抚男女九千八百三十七人，遂设安宁宣抚司，驻土官土兵弹压。成化十五年，赍果联合邻境的烂土长官司人民卷土重来，攻陷播州境夭漂（在今麻江县境）、靖南，围攻安宁。杨辉在川贵官军协助下再次征剿，于是赍果转移往烂土司、独山州境内继续斗争。汉文典籍对少数民族族名、人名、地名的音译，历来是“译取近音，本无专字”，“赍”与“姬”音同，姓“赍”便是“姬”的异写，这个顽强不屈的赍果，就是尤部族的首领；那些被杀的人和被迫迁徙的肯定多为尤人。

在汉史籍中寻找苗族各支系的踪迹，我们绕不开一部书和一个人，那就是《百苗图》和它的作者，清嘉庆年间（1796—1820）曾任八寨厅理苗同知的陈浩。他在任上完成了图文并茂的贵州民族志专著《八十二种苗图并说》。后来称之《百苗图》的著作，是在他的《八十二种苗图并说》基础上广泛传抄、增补而成的。清人李宗昉的《黔记》说：“《八十二种苗图并说》为原八寨理苗同知陈浩所作。文有刻板存藩署，今无存矣。”

《八十二种苗图并说》所梳理的各类族群居住地更接近现代，第二十一图的“夭苗”在“平越直隶州”，也就是今天的都匀市与丹寨毗邻地带，基本上是现代尤支系主要集聚地。《八十二种苗图并说》是一部史料价值与艺术价值不可估量的历史民族志。不知是何动因促使一个区区七品之陈浩完成如此不世之功？

三

打开一部国家级非物质文化遗产名录，由丹寨县人王凤刚先生搜集整理译注的苗族经典《苗族贾理》，使这片土地的古代社会通通鲜活起来，走马灯似的一轮轮、一批批先民在我们眼前纷至沓来。

《苗族贾理》的《迁徙篇》讲述了十二群人为了生存，从“望纽湾”“望达谷”开始大迁徙，经历了千万的险阻，比如迁徙到“也道排雄”，吃光树叶；迁到“排嘎雅送嘎梅”，采撷野梨野柿子吃；来到里陇里藩，开田造塘种水稻，西人、尤人、亚人、嘎斗、佧人、汉人等十二个族群兄弟姐妹，均分稻种，每群人都同样得一升一碗。这是“尤人”称谓第一次出现。

迁到“荣独荣先”这个地方，这是个在迁徙史上第一次出现富足的地方，甚至在苗族历史上第一次出现了粮食的奢侈品——酒。祖先们在这里遇到了“神婆鬼妇”，制服了神婆后得到她的“酒药”：“得神婆之骚，得神婆之味”，然后才学会酿酒。开始，酿出来的酒谁也不敢喝，“怕吃了丧生，怕喝了丢命。叫傻瓜来尝，叫笨人来喝”，其结果是傻瓜、笨人“吃了反不傻，喝了反不笨，吃了反能说，喝了反会道”，于是就议定今后办喜事、接待客人，就用酒来待客。在这里瓜分财产，尤人“得九匹青布，得七匹白布，得蓝菜去栽，得蓝菜去种”。

“也道排雄”是个值得纪念的地方，每每读到这些章节，我就由衷地赞叹我们《苗族贾理》等经典的伟大！先人们在这里祭鼓，他们砍下楠木来制巨鼓，吃鼓藏，祭人类始祖央公曼奶。从这里我们得到了一个信息，原来苗族是用枫香树制鼓的，至少从这时起，改用楠木了。楠木苗语称 daot fab niul，意为“鼓树”。在吹芦笙跳鼓舞的族群中，有“固人和仿人，大西和小西，显人和亚人，嘎斗和尤人……”。我们通晓分家的理由，一般是“树大分丫，儿大分家”，但这里却给了我们一个令人遐想的理由：鼓太大了，人太多了，跳鼓场上鼓倒下来伤了人，于是便“砍巨鼓九刀，截鼓成九段”，分给各部族兄弟，尤和显、大西、小西、仿等部族均各得一庹又二拃长的木鼓。意味深长的是，汉人也分得了鼓，由于他最后来，所得短小，就“制成大扁鼓，造成小腰鼓，边行走边敲”。于是各自带着鼓——祖宗的灵魂，分迁去各地。他们“分散在也道岭，离别在排雄坡”。

我前文所述的尤部族的村名地名，《苗族贾理》的《村落篇》里如数家珍，为我们铺设了厚重的苗族尤支系文化底色，它就是这片称之“方尤”的文化。尤人们出出进进，腾腾挪挪，也在方圆几十里之间，按《苗族贾理》的《村落篇》的记述：“居住在佐梭，居住在匝亚”。“匝亚”在今麻江县宣威镇境；“居住在凹菇，居住在撒搜，是尤人名奏，是尤人名琊。”凹菇、撒搜为苗语称谓的古村落名，在今麻江县龙山乡河坝村一带。

大约史志上多关心动态者，忽略静态者，无论动态与静态，他们都在秉承着祖宗的文化生活着，更多的尤人仍然居住在丹寨县方尤这块土地上。方尤的苗族祭尤节，是蚩尤为苗族人文始祖的“鲜活”证据。

祭尤节是苗语“农尤”的意译，意为“祭尤公”，亦称为“农熙尤”，意为过熙节，内涵相同。这是苗族尤支系的一个最重大的节日，传说是为纪念一位名“尤”的远祖，也就是汉文古籍所称的蚩尤。而据尤人迁徙史，该节日在丹寨地区的传承已有千余年。苗族大多数支系所祭祀的祖先，皆为图腾中的蝴蝶妈妈和木鼓里的所有祖先，祭祀有名有姓的祖先还是极其罕见的。据他们的苗族古歌记述：“很久很久以前，祖先们住在河水黄泱泱”的河岸上，他们的先祖“告尤”（尤公）率领九个兄弟一起与强大的外敌打仗，最终失败，“告尤”被杀。他们沿河向西一路逃命，历经无数代的艰苦迁徙，来到了现在的居住地，世代繁衍生息。“农尤”就是为了祭奠那位遇难的英雄先祖“告尤”。

杨颂寨的一处台地上自古就设有专门祭祀“告尤”的祭坛。祭祀的日子固定不变，每年农历十月的第二个丑日。是时全族人在祭坛上举行公祭仪式。供在祭坛上的祭品都是素食：九土碗甜酒酿（一种酿制好未蒸馏的糯米甜酒）；铺九张构树叶（苗语谓构树为“道尤”，其意为“尤公树”），在其上加九张青菜叶，在叶上摆九条用糟辣酸煮熟的鲤鱼（苗族将鱼列为素）；放两块宽大的新木板，板上搁九块硕大的糯米粑。祭师祭器摆于坛下：占卜用竹片；一把祖传砍刀（苗刀）。祭祀开始，祭师念诵祭词，打火镰取火种、焚香烛烧纸钱，诵毕，吹奏芒筒芦笙、鸣铁炮、宰杀祭牛，将供品分发给在场人同食。

据说曾有许多特殊的年份，因经济困难或者其他特殊原因，经全族人商定，不进行杀牛公祭，但必须家祭。每户打一块一升米（四斤）的糯米粑，苗语叫“jud bad ninx”（意为牯子粑），以此代表祭牛。由祭师到每家去念诵祭词。诵毕，助手用大刀将“牯子粑”“杀”成小块，分发给在场人同食。

节日当天，无论是否尤支系的人，凡有交往的远近亲朋都会赶来同祭，客人抬来一只鸭子，一壶米酒。这并非现在才有的现象，《苗族贾理》里面叙述了在丹寨县一带的苗族，各支系间都有相互邀约过节的传统。在节日里，吹芦笙，跳木鼓舞、铜鼓舞是传统的娱神又娱人的必不可少的项目，又须举行一些比较奇特的传统项目活动：射箭比赛、罩鱼比赛、扳手劲比赛、扭扁担比赛等等。

四

2012 年 10 月 17 日，受丹寨县苗学会及李永胜会长委托，我和丹寨县政协陈方艳副主席以及现在的县民宗局长龙启堂、县旅游发展服务中心副主任曹萍等一行，踏上了河北省涿鹿县的土地。方尤（丹寨县）是蚩尤后裔的发祥地，蚩尤的子孙们将在方尤为先祖蚩尤公塑像和修建蚩尤文化园，我们此行的目的是到先祖蚩尤公的故土上取一捧土，为之奠基。

站在这空旷辽阔的原野上，我的心一直被萧瑟的秋风席卷着，我一直在心里寻找，寻找一首经典的祭辞。方尤的杨颂村苗族祭师有专门的《祭尤节祭词》，不过那是属于祭师的，非祭师、非举事不能念。那么就寻找汉典籍，《周颂》？不，那是祭周代的祖先的；《商颂》？天命玄鸟，降而生商？虽然我们曾经都是图腾鸟的不同部落集团，但它却不能涵盖我们。

我们决定在蚩尤北寨遗址取土。蚩尤北寨在一方台地上，虽种满了果树，但是北方的秋天是没有一片绿叶的萧瑟，秋风劲道，秋叶秋草正枯黄。本来这里是不允许明火烧香纸的，不过涿鹿县的领导体谅我们的心情，偷偷让我们作了一回弊，买了香烛纸（当我们烧化香烛纸时，他们还给“望风”）。登上蚩尤寨遗址时，我感觉犹如登上了天台，天风浩荡，一股不尽的悲壮撞击着心灵，边缘上一棵一人多高被火烧了一大半的古树，仿佛那场五千年前的战火刚刚结束。我忽然寻找到祭辞了——屈原的《九歌·东皇太一》：

吉日兮辰良，
穆将愉兮上皇；
抚长剑兮玉珥，
璆锵鸣兮琳琅……

这首祭词是祭“东皇太一”的，东皇太一是天极神，是星象崇拜中最高的星神。苗族与楚国有扯不清割不断的关系，据专家考证，屈原亦是苗族。既是屈原心目中最高的神，也应该是苗族最高的神，选用它不会错。

我那时只是一种直觉，最近读了阿城先生的《河图洛书·文明的造型探源》一书，方庆幸当时的选择。阿城先生从造型入手，通过对出土的新石器时代的陶纹、玉版、河图洛书以及青铜器纹样等与苗族刺绣图案比对，断定：传说中的洛书即九宫图，它的异形符保存在苗族的鬼事服饰图案中，商代的青铜器中罕见存有。天极即北极星，是上帝神，它的形象保存在苗族服饰图案中，而在商、周的青铜器中，它的符形由盛而衰，与王权的消长相结合。阿城先生以此证明苗族服饰图案直接传承自新石器时代，是罕见的上古文明活化石。他列举了大量收集自黔东南台江、雷山、黄平等地的苗绣图案，证据确凿！我大大震惊，大大受教！作为造型艺术的方家，阿城先生指出：苗族图案“从图案的造型结果来看，一是文化内涵太丰富，二是已经超过了二方连续、四方连续的图形构造。它们绝不是民间艺术，而是高度文明的结果”。

蚩尤部落集团是个稻作部落集团，稻作文明就是要观天象，寻找适合栽种水稻、农作物的最佳时节气候，这样就产生了对星象的图腾崇拜。阿城先生认为稻作文明圈产生于温暖湿润的气候带，就是距今不到一万年前，当时还是陆地的东海大陆架，这个文明圈最后有了比较宽泛又统一的极星和天象崇拜，成为这个文明圈的原始宗教，再向北方扩展。至今在我们丹寨县苗族的《苗族贾理》就有一个专门的“制定历法”章节，苗族虽然没有文字，民间至今仍然依照《苗族贾理》唱述的苗历来测算日子，进行农事劳动和各种习俗活动。苗历与汉族的农历是不同的，苗族的“嘎进”相当于汉的甲子，称“苗甲子”，汉一个花甲是六十年，而苗族一个花甲是八十四年。一个人活到汉的花甲比较容易，但活到苗族的一个花甲却有些难度。但作为一个在苦难中坚守的族群，他非得拉长岁月的长度，缩小单位的计数。

随着冰川逐步消融，海平面上升，河姆渡文化淹没了，蚩尤部落集团的稻作文化节节向北退缩，向高地迁徙。就在这块土地上，炎黄部落集团和蚩尤部落集团，曾经有过长期的深深的文化交流与交融，文化可相通，甚至有相同的宗教信仰，可以说这就是中华文化的同源。然而，历史走到了这里，他们已经和“神的时代”“揖别”，进入把“人”视为独立的动因，人类对自己的独创性具备了强大自信的“英雄时代”。“英雄时代”的人们终究为争夺资源而战了，也就在这里分手了。怎么分的？《国语》从星象学的视角来解释：所谓高辛氏有二子，长曰阏伯，次曰实沈，日寻干戈，帝后将他们分配到东西两个方向，永不见面，由此形成了以阏伯观测大火星为中心的东方苍龙星座和以实沈为中心的西方白虎星座。这星象学的形成其实依历史人文而建。

我们焚香化纸面朝南方跪拜取土——方尤在南——此时，中国古代天文学家已经建立了以黄道带四象的观念，天象已由二象化为四象，以鸟为图腾的南方被命名为朱雀的夏季。以天象论，我们天意地归属中华民族文化的热烈的南方。

在涿鹿大地上我更关切一件事，就是《苗族贾理》的“序贾篇”寻找“贾理”的源头。为什么贾师们一定要用竹子为祭器？为什么说“苗族贾”住在“嘎里嘎对”神旁边的竹林里？《苗族贾理》的“开天辟地”篇开头就唱：“‘苗族贾’续于纽河（Aob Nriub），理续于皂水（Aob zaoK），冥冥在纽河，神灵在皂水。”Aob Nriub 和 Aob zaoK（苗语音）是两个河水名称，其实是苗族诗歌的对应修辞手法，同指一条河。《贾》师们特别强调，这个 Nriub 特指一种八月生竹笋的竹子，汉名八月竹，即岸边长满八月竹的河。涿鹿县旅游局一位领导告诉我，“涿鹿”这个地名以前曾叫“竹鹿”。我急忙向他讨要资料。据考证，河北省涿鹿县在远古时名“竹鹿”，有“竹山”“竹水”“竹鹿城”。商末周初，寒冷期出现，竹子渐渐绝迹，竹鹿山无竹之后，山名、城名曾名“独鹿”“浊鹿”，到了春秋之后，以“涿鹿”名之。“竹鹿山”变成了“涿鹿山”，“竹鹿城”变成了“涿鹿城”，“竹水”变“涿水”了。“涿”字当敲击讲，因击瓦鼓之声同流水下滴之声相似。远古的狩猎人要想捕到鹿，派一部人携弓箭埋伏起来，而另一部人在远处相对的地方涿（敲击）器具发出响声，使鹿子受惊向猎人埋伏地方奔跑，现今俗称“赶坡”。据说蚩尤集团战败后，曾有一部分族人逃到竹山上养鹿为生计。

我如释重负，终于找到了源头。根据多数苗族研究者对汉文献关于苗族族源与地望的考证和苗族民间口传资料分析，Aob Nriub、Aob zaoK 当是涿鹿县之远古的“竹水”。丹寨苗族先祖曾在河北涿鹿县一带生活过，并从那一带迁徙过去。史料称蚩尤发明了刑法。就在炎黄集团打败蚩尤集团后，又经过四方征战，以消除战争隐患。尔后“合符釜山，而邑于涿鹿之阿”。“合符釜山”证明黄帝接受了蚩尤的法的观念，黄帝以“盟主”身份与各部落联盟首领会盟，用法的手段建立和巩固自己盟主的合法地位。

而苗族一直秉承着蚩尤的法的观念，在这里制定了首个“榔规”，几千年后形成了一部经典——《苗族贾理》。它的源头直指这条远古岸边长满八月竹的“竹水”，直指炎帝、黄帝、蚩尤三大部落集团争雄的“英雄时代”。“《苗族贾理》历经数千年传承发展，约至清雍正贵州改土归流前（18 世纪 20 年代），形成了流传至今的版本。它被誉为苗族古代社会的百科全书，苗人心目中的圣经和法典，具有至高无上的权威。过去，贾师依据它言史述典传播历史文化知识，榔头依据它组织民众议榔订立并严格执行规约，理老依据它评判裁决纠纷案件，寨老依据它主持处理公共事务，鼓藏头依据它主持办理祭祖大典，巫师依据它主持祭祀和祈禳活动，民众依据它规范各种礼俗行为、遵守社会伦理道德……在苗族社会生活中发挥了极为重要和多方面的作用。”（王凤刚先生语）

古谚说：“民不祀异祖”，方尤所祭祀的这个“告尤”，就是蚩尤。蚩尤的故事并没有在这场逐鹿中原的角逐里中断——“九黎”之后有“三苗”，“三苗”之后是“荆楚”，“荆楚”过后是“苗蛮”，这“苗蛮”里自然包括着我们“方尤”——从涿水到黄河，黄河到长江，再由长江上溯到清水江，这条血脉之河，时而奔涌于原野，时而暗流于地下，时而潺潺于山溪……

在民间，有更多活态的、有鲜活生命力的事例告诉你：蚩尤之血仍在我们血管里流。

2015 年 1 月 28 日于丹寨

苗族史诗观止

——读吴一文、今旦《苗族史诗通解》

我不是做学问的，所以我特别敬佩做学问的人，尤其是做苗学领域学问者，不但会做学问，还得懂苗语，懂苗文。由于苗族过去没有文字，所有历史基本没有文字记载，各种文化传承都在口头，要想得到它，就得到田野里去。这就增加了一分重量，一层辛苦。由于一生从事苗族题材文学创作的内需，这就少不了和苗学学者们接触，向他们求教，交朋友。听说一文先生和今旦老师新出了一本苗族史诗方面的专著，我猴急，忙跑到一文先生就职的都匀黔南学院去和他讨要，醉归时抱回来一部沉甸甸的巨著——《苗族史诗通解》。

上世纪的1982年，我刚从部队转业，就有幸参加了由“中国民间文艺研究会贵州省分会”（贵州省民间文艺家协会前称）举办的“贵州省苗族民间文学讲习会”，开始接触“苗族古歌”和“苗族史诗”的概念。过去不会苗文，学太长的歌都用汉字代音记录，有不少的苗语音汉字没有，汉语拼音也拼不出，就得用一段话注释那个语音的意思，很麻烦的。那一年我们学会了苗文，然后下到苗寨里去搜集整理苗族民间文学资料，用苗文记录，方便多了。那次我们搜集的资料，省民协出了好几集《民间文学资料》。省民协有个好传统，从1957年的2月开始出《民间文学资料》第一集，到1982年我们参加搜集时出到第五十三集，而后我又得到1985年5月出的第六十七集。从那时起我对“苗族古歌”与“苗族史诗”有了一点体悟，却也只是一种经验性和常识性的名称熟知而已，并没能把熟知的名称上升为真知的概念。要把名称变为概念，岂是一步两步之遥，那得做学问，做到“衣带渐宽终不悔”。于是我改行了。

苗族史诗从发现、出山到当作一部完整的文学作品来对待，时间跨度也有一个多世纪了。按一文先生在代前言的追溯，从1896年前后，英国传教士克拉克与黄平籍苗人潘寿山合作，记录了苗族史诗中的《洪水滔天》《兄妹结婚》以及《开天辟地》中的一些篇章以后，苗族史诗的内容开始为外人所知。而1941年3月出版的《社会研究》第二十期发表了陈国均《生苗的人祖神话》一文，记录了现今贵州省从江县下江镇流传的苗族史诗中的“十二个蛋”“兄弟分家”“洪水滔天”的内容。它是目前所见最早发表的苗族史诗诗体译文。此后苗族史诗的内容像春天的嫩芽冒出了土，却不能分辨其名。

上世纪的50年代是整个少数民族文化的春天，政府发出“抢救民间文学”的号令，文化工作者抢救的干劲绝不亚于当时的“大跃进”运动。1956年马学良、邰昌厚、今旦三位学者共同发表的《关于苗族古歌》一文，为苗族古代歌谣总体定了个专业名称。此后得到广泛引用。同时对“苗族古歌”与“苗族史诗”专业名词的论证可谓注家蜂起。又是马学良和今旦两位学者首先提出“苗族史诗”这一专业名称和概念。他们在1983年出版的《苗族史诗》代前言中解释道：“如同许多少数民族一样，苗族群众向以歌唱的形式来颂扬祖先的丰功伟绩，因此过去习惯称之为《古歌》或《古史歌》。这些诗歌详尽地记载了苗族族源，古代社会状况及风俗人情等等，苗族人民把这些诗歌看成自己形象的历史，所以我们认为称之为《苗族史诗》更为恰当。”

“苗族史诗”不是经验性的名称，而是规定性的概念系统。苗族史诗存在数千年，中国文化史视若罔闻，借用黑格尔的说法就是：“有之非有”“存在着的无”。对象是存在着的，但对认识的主体来说并不存在。就像一个金矿，它就在路上，没有这方面知识的人，天天从它上面踩过去，视而不见也等于没有，因为他看不见财富。同样，“有之非有”“存在着的无”对做“苗族史诗”的学问来说，也是至关重要的。“史诗”是有系统理论的，但以之来套苗族史诗，却也不太合体，苗族特有的历史和特有的思维方式对之提出了挑战。这实际上要求做“苗族史诗”学问的人发现理论难点和创新理论思路。概念作为认识的阶梯和支撑点，直接表现在阅读文本和观察现实的理论前提。理论是构成目的性要求和思想性图景的深层依据，它的概念系统引导我们认同新的价值目标。因此有没有阅读文本和观察现实的相应的概念系统，有多少和什么样的参照物，直接决定做学问的水平。

诸多的苗族学者在漫长的文化进程中求证着这个概念。《苗族史诗通解》的作者为求得一个真实的“苗族史诗”理论概念，付出了艰辛的劳动，可谓苦苦求索几十年，从苗族史诗的界定、篇章的构成、流传地区、基本句式、韵律特点、叙事主题、演述传统等做了大量的研究，不仅仅阅读不同时期和地区的文本，还调研了不同地区的民间歌师，考察他们对苗族史诗的界定和看法。研究的态度是一把剔骨刀，既解离所有的对象，也包括自己以前的见解。这样，苗族史诗的特点含义才被排他地、科学地、完整地求证出来。

今旦老师是新中国成立后我国开创苗学的鼻祖之一，我不仅读他的东西，80年代还曾听过他的课，受益颇深，他对苗族文化的建树对我们后学可谓高山仰止。他们这一代人很注意学养的高度和民间的深度，所做学问大都有切身体验。他们为后来者铺垫了基础。他们搜集整理的文本，他们的研究成果，至今仍是后来者做学问的凭借。

但是，之后有不少中间代的苗学者，我拜读过他们许多对苗族文化研究的著作和文章，这之中有不少是空对空，从理论到理论；要么就是一切以汉典籍为准，要么就是排斥汉典籍的东西，要么就是生拉硬凑的拼接，建“空中楼阁”……苗族的东西是活态的，根本还在民间，他们没有搜集整理的体验，没有深入生活，没有切身体悟，读那些东西像在读标本，既无味，也得不到什么思想和知识的营养。有些东西本来是有很深的历史渊源的，被他们轻描淡写、东拉西扯地一做，弄得像仿古做旧的赝品。很累，真是不忍卒读。随着时间的推移，随着考古、各种文献的不断发现，为我们提供了很多新的佐证，我们研究苗族文化是否需要拓展思路、创新方法？

吴一文先生是“70后”苗学新锐，后生可畏！我最早系统读他的著作是他和覃东平合著的《苗族古歌与苗族历史文化研究》，这部著作给我焕然一新的感觉，眼界为之豁然开朗。我以为是苗族文化研究的一种新气象。它思路开阔，苗典与汉典、苗俗与汉俗、古与今、物与典、歌与俗都能融会贯通，紧贴地气。其语言清新贴切，读了很受启迪。个中缘由是什么呢？我一时想不清。现在读了这部大作，我渐渐明白了：苗族是个古老的民族，而且苗族五千年来基本上在迁徙，内部没有什么朝代与政权的更迭交替，不像汉族那样，几百年就改朝换代，一换朝代势必有文化更新。历史没给苗族创新文化的机会，因此保留的历史文化习俗很多，也很古老，很多你不敢想象的东西至今仍然在民间活态地运行着，有的虽然变异了，但依然找得到其变异的轨迹。苗族文化古老的程度，我举一个最近的例子。著名作家阿城最近出版了一部新著《洛书河图 · 文明的造型探源》，里面认定：传说中的洛书即九宫图，它的异形符保存在苗族的鬼师服饰图案中。天极即北极星，是上帝神，它的形象保存在苗族服饰图案中，而在商、周的青铜器中，它的符形由盛而衰，与王权的消长相结合。证明苗族服饰图案直接传承自新石器时代，是罕见的上古文明活化石。阿城先生指出：（苗族图案）“从图案的造型结果来看，一是文化内涵太丰富，二是已经超过了二方连续、四方连续的图形构造。它们绝不是民间艺术，而是高度文明的结果。”他没有过多地赘述，仅用从黔东南台江、雷山、黄平等地收集来的苗绣图案与出土的新石器时代的陶纹、青铜造型对比给你看，证据确凿！这虽然只是一种推测，没有经过严格的田野考证，但是人家说得有道理，你不能推翻他。汉典籍把蚩尤封为天上的星，“司兵之星名蚩尤”；《史记·天官书》：“蚩尤之旗，类慧而后曲，象旗，见则王者征伐四方。”这是远古图腾天文的证据，稻作民族得凭经验看天象以寻找最合适的栽种水稻的季节，这才产生了天象、天文，产生一整套生活生产准则的历书，至今苗族还保留有口传的“苗历”，苗族民间至今还依苗历从事农业生产。这就是证据。总之，有很多证据证实苗族社会还在运行的东西十分古老久远。

吴一文和今旦这部《苗族史诗通解》与上述有异曲同工之效，同样具备这种透视功力。我以为作者取“通解”一词很大气。大气，首先是志存高远，有强烈的社会责任感，有博大的人文情怀。开端的大气就是在基础性的、根本性的问题上形成自己的基本理念和解释原则。现在我们可以说，它的价值不仅仅在汇总和研究出准确的概念系统，最重要的贡献是对所有史诗的词汇注释，也就是“通解”。《苗族史诗通解》的注释永久地保留了史诗的原意和深意。没有注释，这些东西将来会变成无人明白其意的“天书”。为了做到通解，作者在追溯典源和疏通文义上花费了极大气力，其注释词汇索引有三十四页，二千二百余条之多，征引众家苗族经典以校勘。作者所作注释以苗族经典为据，解释典故注重源头，不时逐字句稽考词语的始源与流变，疏通古人与今人的方言之间的音义、在诗歌与口语炼句理解上的种种障碍。作者最基本的解释原则就是深入苗族史诗的原生态民间，到原生态的土地上去追问，去体悟，才提炼出通解。这样，就连古人的语气、语调，古人的血脉温度我们都能体察到。每一首史诗都有无数的典故、习俗、礼仪来通解之，每一首史诗的通解都能为你展示一出活态的古代苗族生活情景剧。剧情结构，语言色彩，人物性格，甚至游戏规则都活灵活现。我在阅读时，甚至忘掉回头去读史诗正文，陷入一条条注释和一个个典故之中，那就是古代苗族生活场景，你会联系到现实生活中的某个习俗、某件工具、某种植物，仿佛我们正和远古的祖先们在交接仪式中——我领略到苗族史诗是一部名符其实的苗族社会百科全书，我以为《苗族史诗通解》真的把它“做大”“坐实”了！坐实为一部活态的史诗，苗族百科的史诗。

《苗族史诗通解》的作者能把苗族史诗通解得如此丰厚敦实，是有其得天独厚的背景与环境。我从后记中得知，作者的家族是个苗族歌师的家族。一文先生很小就从爷爷、爸爸那里听唱苗族史诗，自此开启了他的史诗情缘。他的父亲就是本著作的第二作者今旦老师，是原贵州民族出版社总编辑，享受国家特殊津贴的资深专家。他的母亲，他的舅舅们，都是苗族歌师，这个庞大的苗族文化大家庭，本身就是个苗族文化的宝库。他们家学渊源，既是歌者，又是研究者，自然就深得其中三昧。从这个苗族文化的守望之家、学问之家，到这部巨著的形成，我看到了他们对苗族文化负有极深的文化使命感。因而，《苗族史诗通解》以这样深厚的苗学学养和视野造就了独特的成就。那么，既要深入苗族民间田野体悟，进入苗族学术传统的内在理路，又要以开放的心胸和视野去吸收现代学术思想精华，这应该成为我们做苗学学问的典范。

又说到做学问，我想起曾读过著名哲学家叶秀山写过的一篇《读那些有读头的书》的文章，记得文中说过，你给黑格尔提问题，可以一直提问下去，他总有话回答你。那么我们的学问家们的文章，著作能给读者回答多少问题呢？学问家自己心里有数，读者心里更有数。《苗族史诗通解》回答了我很多问题，为我破解了很多苗族古今社会的谜团。我由衷点赞：《苗族史诗通解》是一部苗族古代社会的大学问经典，有读头！这是我迫切需要的，因为“春江水暖鸭先知”。

2015 年 2 月 3 日于丹寨

登高者得禄

龙泉山是苗岭主峰南脉的又一座高峰。它仿佛对自己的走向不满意，尽管背负着巨大的涌动力，仍执意盘结崛起，回首北望。三十年前，当我还是个中学生时，登上这高高的山脊寻找贝壳化石，感到无限的神奇，无限的迷茫。三十年后我重登上这里，百感交集，把酒心祭……我想，热爱一座山，这座山并不一定是名山，只要它令你感动。

一

前人修志特别讲究审美情趣，不论是语言还是结构、意旨，都十分讲究美感。这部成书于民国二十年的《八寨县志稿》，在十分简洁的叙述里，不时有文采飞扬于字里行间。完全可以拿它当美文来阅读。相形之下，现代人修志过于强调客观，零度叙述，缺乏文采，体现不出现时段人们所达到的文字审美水平。只求实而不求美，就很难达到人类用文化终结历史这一目的。现在和以后的人，会越来越注重事物的人文因素。

民国年间黔东南地区各县编纂的志书，都有“八景”。这足以说明前人的审美追求。《八寨县志稿》也不例外——“八寨八景”。八寨八景中，龙泉山就占了三景：“蟠龙戏珠”“登高得禄”“玉液清心”。

现在的龙泉山因为披挂了万亩红艳艳的杜鹃花而扬名于外，但这山却是因水而得名。对此，《八寨县志稿》和《丹寨县志》都有记载。但我还是觉得前者有神韵，它是这样形容的：“挺然桀出，威严镇重，形如蟠龙，重崖峭壁，高百余丈，中一小道，不通舆马，登高者攀藤附葛。曲屈盘旋而上。造其极则都匀县之龙山，炉山县之香炉山，暨环境群山，历历在目。山有刹，晨声晚钟，清越可听。刹之左，清泉涌出，味甘凉，山故以龙泉名。”

如果单是山腰两侧距离县城那么远的水，并不能得宠于城镇里的市民，于是这龙泉便从地下潜入县城，在城内溢出几处井水来。著名的有两处，居城中者叫小井，大约在筑建丹寨县城之初就被精心地镶砌好了，用上好的麻条石砌成井台，井口高出台约四十公分，圆口，直径约二米。水位距井口常有五米左右的深度。挑水的人都带有一卷长绳，折了腰一桶桶从深井里将水提出来。原来井旁就是政府的大食堂，后来改作东方红饭店，再后来一规划，就找不到踪影了！城里没有自来水时这里最热闹，一年四季，一天到晚都是人来人往，挑水的，洗衣洗菜的。人们都习惯了在这里提水将衣服或菜洗净，再抬一挑水，提一篮衣或菜晃悠悠地回家。我和小井有很深的缘分，我在县城里读书，都喝小井的水，自己也去挑水、洗衣洗菜。

从城西南溢出来的水，声势浩大，可流成溪河，四季不涸，称为龙井，也就是八寨八景中的“玉液清心”。丹寨县城附近没有河水通过，全靠这口大井将一城人滋养，还要将下方的上千亩田灌溉。龙井既有实用性，又具有观赏性。我到龙井去，完全是去观赏那水的气势。井台是用大块麻条石砌筑成的。大大方方的约有八十平方米，水深可没人。水底是迷幻如小丘林的水藻类植物，冬天雾气腾腾，水是暖的，夏天却又十分凉爽。井四周是水渠，水从井口溢出，排到四周的水渠，再穿过公路下的拱桥，流进下方的两口大池里去供人们洗菜洗衣。井四周放有十数个一人抱不拢的大木桶，做发豆芽之用。“龙井豆芽”和“龙井豆腐”早在民国初年即已声噪黔南，与独山盐酸菜齐名。丹寨在1957年以前一直隶属黔南，那时候读初中以上都往都匀走，“龙井豆芽”和“龙井豆腐”也就随着人的流向扬名。

大约是1990年，我还在丹寨县文化馆工作时，接待了几个鬓发皆白的北京专家教授，是都匀籍和凯里籍人，却是平生第一次到丹寨县。他们点名吃“龙井豆芽”和“龙井豆腐”，还特别嘱我，一定要和猪粉肠、猪肝一锅煮。他们说这是民国时期在都匀读书时就闻名的丹寨名吃，馋了整整一辈子。我煮的时候，那几位老人就吞着口水在锅边守候。那情景，至今让我感叹不已。

二

龙泉山以水得名，但是出名的却还是山，有一则关于山的故事早就在民间流传：很久很久以前，县城里有一家大户人家，请了一位地理先生找穴地。地理先生一直从湖南追赶山势到龙泉山，才找到结穴处。这家主人在结穴处悄悄地埋了一枚铜钱。又过了一年，另一大户人家请另一个地理先生找穴地，地理先生从广西往上找，一直找到龙泉山才追寻到结穴处。这家主人在结穴处钉了一根竹签。再过一年，这两个大户人家同时死了人，同时抬到龙泉山上来争一处穴地，谁也不让谁，谁都有钱有势。结果就上了公堂。县太爷让双方出示物证。东家说我家埋了一枚铜钱，西家说我家钉了一根竹签。到现场去一挖，竹签正钉在铜钱眼上。县太爷也惊了。这么好的风水，地穴又正对着县衙的大门，这不占了公家的风水？于是惊堂木一拍，你们谁也别想要，在此修建庙宇镇着，供百姓烧香祈福。现在的龙泉山寺庙，就是那块穴地。

风水家借用古代道德纲常来对风水形势要素做概括性总结：气脉、明堂、水口为三纲；龙、穴、砂、水、向为五常。在堪舆家眼里，龙泉山不失为一块风水宝地。苗岭山脉在此盘结，形如蟠龙，南北向横卧，龙脉势大，气象尊严，放眼西南，有千军拥护，旌旗团簇，生气旺盛，力量绵远，正切合了风水气脉的“富贵”之“纲”；龙泉山以整个县城大坝做明堂，生气聚会，方正端平，如王者听政之堂，前有县城的鼓楼顶做朝案，后有枕靠屏风，左青龙右白虎，周遭众小山缠绕，是藏风聚气的佳地，是“砂水”“美”之“纲”；龙泉山的水口最得风水家们的青睐；水为财源，亦为生气之外气。如果水直去无收，则财气尽泄，称作“死绝”之地，而龙泉山的水重重关锁，大部分潜藏在地下，亦现亦隐，财气尽聚于垣中，称作“生旺”之地。当初为什么要以水来命名山，大概是水在龙泉山的风水中占了重要的位置。清代的范宜宾说：“无水则风到气散，有水则气止而风无，故风水二字为地学之最，而其中以得水之地为上等，以藏风之地为次等。”

风水术起源于中华民族先民对于居处环境的勘察和选择。中国最早的文学总集《诗经》就有先民相地的记载。《大雅·公刘》篇记述公刘率领周朝先民迁居时，公刘不仅察山水，还测日影、相其阴阳，观其日出日落，以之确定居处之正位。随着经验的积累，古人逐渐意识到人与自然之间存在着某种必然的联系。认识到水火山泽、日月星辰、风雨雷电、自然方位、四时变化等对人的生活生存的影响。汉末，形成了风水术或相地术的原形。随着历史的发展，文化的繁荣，古人们越来越醉心于探究人与自然间的各种神秘联系了。

无论从什么角度来讲，这么一座气势磅礴的大山龙脉，只安葬一座坟墓，只降福于一门，那是怎样也说不过去的。建一座人人都可以参拜，人人都可以祈福的佛寺，在那个封建的时代里应该是一件最得民意的大好事。据《丹寨县志》记载，龙泉山寺庙建于光绪初年，为木建筑，有大殿、厢房、厨房，叫祖师庙。庙前有山王菩萨一小座，有庙田二十来亩。据史载，新中国成立后，守庙的僧人还了俗，庙因此荒废，“文化大革命”一来，就全被毁坏了。从现在复修的情况来看，座上的尊者没有释迦牟尼、阿弥陀佛和药师佛像，都是些文臣武将，也不是执琵琶、宝剑、龙蛇、雨伞四件法宝的四大天王或韦驮。说是佛寺却没有真佛，从称谓的“祖师庙”上判断，倒很像道教，但又没有道家的三清，不知是不是原来的样子。

说奇怪也不奇怪，佛教本是舶来品，本由印度传入，到了中国后，成了别具中国特色的中国佛教，显然在它流变历程中，大量地吸纳了中国的传统文化因子。而中国的儒、道之类，都对佛教造成了深远的影响。佛教完全中国化之后，又作为中原文化的一个组成部分再度流入苗疆。佛教在贵州的主要流派是禅宗，大约从明末清初开始，禅宗在佛教诸宗派中，其南禅一支最世俗化，他们主张同下层民众打成一片。南禅中的《百丈清规》规定，“一日不劳动，一日不得食”。因此，在几次较大的灭佛活动中，禅宗不仅未被灭掉，而且可以不依靠皇权而独立存在于山村之中，发展壮大。龙泉山寺庙自有庙田二十来亩就是一个例子。

我曾经在龙泉山下的合心桥一带接触过道教的继承者，从其修持中有“五雷正法”等各种用于“收妖打怪”的法事来看，他们属发源于四川鹤鸣山的道教正一派，又称“五斗米”道派。北方的道教全真派是不太重视民间的收妖打怪的。正一派则不同，该派主要的活动是为民间治病捉鬼消灾，他们讲究不露真形，不留名讳，修积外功，累积善行。民间似乎更喜欢这类无名神迹。道教结合神话风水和阴阳五行理论，用之于日常见闻，又在人文地理、山川物产、文化上“点化”功夫的风格，似乎深受苗巫文化的影响。从龙泉山寺有关争龙脉的故事判其属性，更多的是属于道教文化的产物。

中原传统的文化是一种尚“虚”的文化，比如说佛教吧，那是以四大皆空、遁入空门、静虑涅槃为教义。全真派道教讲究在心性上求清静功夫的修炼，全然一派不食人间烟火的“真神仙象”。那些飘渺难寻的足迹可望而不可即。

苗族的巫文化是一种尚“实”的文化，苗族的巫师不是退隐山林的僧侣，同时也不是“诲人不倦”的导师，更不是什么教主。他们和一般的人家一样耕田种地，当生活需要的时候，他们才登上巫坛。巫术所经营的也是替人驱鬼除邪、禳灾祈福、打卦问卜等等百姓实用之术。

中原宗教文化来到这巫风盛行的地域，再次被改造、异化，以适应生存，于是乎和尚也经营田地，道士也给人消灾驱鬼，替人看风水宝地。

三

站在龙泉山顶上我想起了两个人，这两个人手持两把血淋淋的屠刀站在18世纪的彼岸。一个是被喻为“百年名臣”之一的鄂尔泰，另一个是清政府开辟“新疆六厅”的急先锋张广泗。鄂尔泰做官四十五年，经历了康熙、雍正和乾隆三个朝代，官最大做到总理军机处大臣，大概相当于现在的总参谋长之类。鄂尔泰认为，天下有两大要务：“以民务为急，而利民者莫要于水利，害民者莫甚于凶苗。”在鄂氏的这种思想指导下，清廷从雍正六年开始就对苗疆腹地进行征伐，祭刀处就在这龙泉山。

清雍正六年春，鄂尔泰在云南召张广泗前去，授以怎样在贵州贯彻朝廷“改土归流”的方略。鄂尔泰说：“八寨为都匀要隘，丹江、清江、古州之咽喉，梗化之渠魁。欲清苗疆，宜从八寨始。”

清雍正的六年六月也即农历的六月。这正是季夏时节，龙泉山下的稻秧正深情地打苞。从贵州灾情年表上也可查出这一年风调雨顺，一个丰收的美景正欲铺展开来。现在我甚至能看见三百年前的这个季节，龙泉山南脉的山苗寨里，有几个老者正含着长竹烟杆坐在大枫香树下凉爽的小井边乘凉。他们满怀深情地打量着井下坎在烈日下悠动的稻子，他们的期待也正像秧苞一样饱满欲绽。这个季节的夜里是姑娘们做“苗家稻”的时节。这是一种将稻子的魂魄留住的游戏。那情深意切的唱腔和铃铛的清脆声仍在历史的夜空里徘徊。

雍正六年六月，清军分兵三路向丹寨县进攻，北路从都匀的坝固进攻，南路从三都的普屯进攻，中路由鸡贾河向龙泉山主峰进攻，中路是古时的古州，八寨通往都匀的交通要道，因此战争进行得异常惨烈。

在翁瑙寨东头有一道山冲，冲对面往县城的方向，原来迎面有一壁悬崖，高约六十米，石崖下只有一条通道，石崖被称为鹰嘴岩，有一夫当关万夫莫开之险。半腰有个斜洞，可容下数千人。张广泗遣将哈元生带兵从这里进剿，遭到苗族义军的顽强阻击。据说屡攻不克，长达数月之久。据《清实录》记载：雍正六年十二月二十二日，贵阳提督杨天纵奏：“臣星夜制造靖蛮大炮三位，能攻数里，又造过山鸟一十八杆，俱能攻远，具甚便捷。”从六月开战到十二月，整整六个月之久，可见义军之顽强，战斗之惨烈。最后，清军从都匀拉来“靖蛮大炮”，架在对门山，将那壁鹰嘴岩轰炸垮塌，垮塌下来的岩石将洞封死，困死在洞内的苗民超过半数，这道要隘才被攻克。

苗族义军选择在这个天然的关口上长期抗击清军，必然有足够的储备，据说洞里备有生活的一应加工设备，连舂米的碓都有，自然，除了青壮年战士之外，少不了负责后勤的妇女和老人、儿童。洞口被封死，里面的男女老幼们自然全被困死。据说里面三月后仍有舂碓声传来。我不知道，洞内的最后一个生命在那暗无天日里坚守到多久，而洞内上百成千的冤魂至今未散。

这一关对苗民是致命的，对清廷也是惨痛的，事后都匀知府孙绍武愤愤然在悬崖石壁上题上了“天开草昧”四字，每字有一米见方，至今仍清晰可辨。清军不知道在这里丢下多少尸体。现在得禄村口处的丘陵地里，有三座“将军坟”，各刻有“皇恩御赏”“皇清待赠”“武略将军”等字样，大概是这次战斗中死去的最高级别武官，立碑时间为清嘉庆年间。这说明整个雍乾的数十年间战乱不断，清军和苗民义军反复争夺这块军事要塞，使这些清军的后代无法安定下来为祖上立碑。

那些开辟苗疆的清兵不再是我们习惯思维中山海关杀入北京城的满清八旗子弟，此时的八旗子弟已成为一种皇亲贵胄的形象，没有了实际的战斗力。他们都是来自湖广一带的绿林军，我们只能在鄂尔泰、哈元生这样的高级将领名姓上体验满清族的巨大阴影。而在这里抵抗的苗民是一支被称为“红苗”的宗支，他们遗下的人不知现在何方，只遗下诸如“山苗寨”“瓮幼”等等属于他们的寨名和寨头上那些巨大的护寨枫香树。

四

从龙泉山向南伸出的另一道山脉，在距之四公里处又结构了另一个悲壮的故事，不过时间又向后推进了一百多年。那块地方叫“牛王”，故事就发生在苗疆最大一次苗族农民起义的清咸同年间，是这支悲壮的交响曲里的一个音符。这个叫“牛王”的地方与我的生命有着极其重要的关系。我的上祖开辟了那块地方，我的一个上祖在那里创造了一个神牛降世的神话，借用这张“牛王”的大旗拉起了一支起义队伍，加入了张秀眉及丹寨杨武苗族大地主马登科的反清行列。现在牛王寨还遗有土堆的点将台和打造兵器的山洞，还有十几座祖坟。我的这位上祖草莽英雄名叫“告农”。他是在攻打独山县城的战斗中被清军的“鹰钩”钩住了脚而被俘的。人们都以为他必死无疑，田土都被充了公，充公的那坝上好水田至今仍叫“公田”，他却越狱逃了出来。但八寨县城被清军攻陷了，家是不能归了，他带着名叫“波”的小儿子和祖太逃到如今丹寨县兴仁镇的卓佐村去隐居。整个家族由大儿子“山”带领着跑到十里外的一个寨子躲藏，最终还是被官府发现，近五十口人被屠杀，至今留下四十二座坟茔。

有一人侥幸活下来了，他就是告农的大儿子“山”。现在那个寨子有两个名字，都与我的家族有关，汉名叫“李阿山寨”，据解释说是我们的这个“阿山”公被“李”姓的人保下来了，因而得名；另一个是苗名：“Vangl gaot yangx”，意思是：“余下的公的寨子”。这个公是怎样被保下来的呢？历史没有留下细节，但我想，一定是冒着生命的危险甚至付出了生命的代价。历史上有无数这样那样“托孤”的悲壮故事，我没想到也曾在我的家族里发生过。

草莽英雄“告农”和他的小儿子“波”在卓佐村蛰伏了二十年。告农壮志未酬，就和祖太双双倒在那块逃难的土地上。“波”公带着全家再潜回到与牛王平行的现三都县普安镇新寨，在这里爬上山顶就可以窥视牛王故居。在新寨又留下一座坟茔后，就返回到我们现在的居住地，就在牛王寨的对面。这是一个长周期的复辟计划。如果不是解放，土地公有，安居乐业，恐怕我的家族大有杀回牛王寨之势，因为已经在牛王寨的土地范围内购置了一些土地。

2007 年，一个奇迹再次发生在我们这个家族。我三弟在公安部门工作，一天，有位年轻的父亲来找他，要求给他儿子改姓，他姓莫，他儿子要改姓韦。于是，我们听到了一个传奇故事：很久以前，丹寨县兴仁镇某座大山里居住着一家韦姓人家，后来这家人举家迁走，将一个儿子托付给一户莫姓人家，改姓莫，并嘱咐：如果他们不回来，待到儿子长大，时局稳定时，让他改回韦姓。这家人的确一去音讯渺茫，好心的莫姓人遵从托孤者的意愿，将实情告诉了长大的儿子。近百年后，新中国成立了，生活越来越好，已发展成了一个寨子的韦姓后人，纷纷改姓了韦。奇迹就出现在我们决定第一次去为那位英雄的“农”公和祖太的坟挂亲时，竟然与他们同跪在两座坟茔面前。凭着这条，还有祖传的祖宗开发牛王寨的神话，我们相认了：无疑，那位托孤者是我们的“波”公，百多年前我们是一家。

距我出生正好一百年的咸同年间苗族农民大起义，历时十八年。马登科所领导的义军在龙泉山腰的大登高处大败清军游击杨廷柱部。从 1855 年 11 月 2 日进攻八寨厅城至 1871 年正月 26 日八寨厅城被清军攻破，农民军依据龙泉山的天然屏障，据守八寨有十六年之久。要提这一段苗族人民辉煌的历史，就无法回避一个有争议的人物——马登科。现在的史书都将马登科当作反面人物，或者干脆避开不提，《丹寨县志》“人物传”里就没有马登科。

在咸同年间苗族农民大起义的战争中，后期的所谓“投降”有两种情况，一种是真正的变节投降，最典型的如黔南的义军首领闻国兴，投降清廷后，充当清廷的急先锋，调转刀口镇压义军，屠杀人民，血债累累。而马登科则不同。他的“投降”是在大势所趋的情况下的不情之举。但由于他的“投降”而保住了一方免遭清廷的血洗。事实上在这场战争的最后阶段张秀眉召集的军事会议上，就有两种意见，一种是战斗到底，另一种则是议和。张秀眉和杨大六是主战派，但是最后他俩的被俘，据说是上了清军假议和的当，从雷公山上走下来，走到清军大营里束手就擒。据说杨大六先发现情况不妙，就用苗话问张秀眉：“大哥，你的公鸡呢？”“公鸡”即当时的短火药手枪，张秀眉竟然没带……

著名苗族作家伍略先生的家就在凯里市的舟溪乡，舟溪曼洞一带当时也是反清的一个大本营，而伍略先生的两个曾祖父就是这个大本营的首领。那场旷日持久的战争，给人民带来的灾难是无限深重的。最后，家家粮仓都空了，饿殍遍野。伍略先生的两位曾祖父也加入了议和的行列，放下刀枪后他们躲起来，最终还是被苗奸出卖，被清军残杀了。由于舟溪曼洞和丹寨地理衔接，战争中两地相互增援。伍略老师告许我：据老人们传说，马登科送银子到舟溪来奖励攻打清兵，那真是激动人心！银子就放在他家的粮仓里，把粮仓底板都压弯了。伍略老师还告诉我一则有关马登科与龙泉山的故事：传说叛徒闻国兴在龙泉山追杀马登科，眼看就要追上了，马登科从马肚子下解开一袋银子，撒在地上，清兵蜂拥而上去抢银子，马登科又跑出一大截。如此反复三次撒银子，马登科才翻过大登高，逃脱闻国兴的追杀。丹寨，凯里、雷山、三都等县的民间至今流传的许多反清的歌谣中提到马登科，都将之当作民族英雄来传颂。马登科的故事总是与银子有联系，这一点也不奇怪，马家被史家定为中国苗族最大的地主，他的田地年产高达一百四十万斤稻谷。但马家却没有恶霸乡里，直到20世纪50年代，马家也没有哪位继承者被人民政府镇压过。相反，与马家相距两里地的另一户李姓大地主，田地并没有马家多，由于恶霸乡里，与人民政府为敌，人民憎恨，父子都被政府镇压了。马登科这个历史人物和马家的历史，值得我们用历史的、民族的眼光好好地研究。马登科的所谓“投降”也许在那个特定的时间环境里，充满了合理性。

我一直在思考我家族的行为，不难看出，我家族回归本土的意识非常强烈，但方式却值得探究：我那位上祖曾经是一位以武力的方式来实施自己的意志的草莽英雄，但是自他之后，再没出现以武力著称者。到了他的第四代，我的曾祖父变成了一个文化人，他是我们那一方唯一的私塾先生，于是我们家的家谱在这一代出现了汉姓汉名——韦德荣。他是怎样读书的我们无从得知，我们更不知道这个大转折的背后出现了什么刻骨铭心的东西，我们只看到了结果。

读书只是换了一个方式，但家族的回归行动并没有放弃。曾祖父教书得到的几块银元和几石米，就用来购置通往牛王的土地。随后，我的祖父也成了读书人，他熟读四经五书、三国、西游、封神，用其中的哲学经典来处事和教育后人。他还精通堪舆风水术，以此来入世。他的声望似乎比曾祖父更高，于社会更加如鱼得水。但他的文化知识没能与实业接轨，他只从事体力劳动，所得入不敷出，自然不能再往牛王那里发展。我父亲是家庭里第一位因读了几年私塾被作为有文化的青年吸收参加工作的幸运者。中国历来是讲究学而优则仕的，我父亲可谓因文入仕的了。而到了我——现在的专业写作者，显然已经将学识与仕途分开了。我的祖父祖母历来是反对我们习武的，祖父常挂在嘴上的一句戒词就是：“学打得（挨）打”。这句话里似乎潜藏着一个很深的历史教训或者觉悟。

从家族的行为轨迹上看，人以武力实现自己的意志到以文化的行为实现意志，不仅仅是行为方式的变化，更重要的是行为上质的提升，社会与民族素质的提升，精神的提升。作为生存，存活、营养、衰亡，我们与所有的动物都没有区别，但是作为生存的方式，我们从动物中分化出来了，成了独立于世的人类。也正是这生存的方式，使我们不断地告别过去，一次次地提升自己。从原始人到文明人，人类文明的目的，是努力将人的生存提升为生命。

关于“文明”的定义，东西方有明显的差别，东方的孔颖达注疏《尚书·舜典》时是这样来解释文明的：“经天纬地曰文，照临四方曰明”，“文明”是一种普照天下的光芒。这个定义很绝妙，又不免太玄太务虚了。在西方的世界里，英文、德文的“文明”都来自于拉丁文的“城市”一词。的确，城市兴起之日便是文明崛起之时。西方人总比东方人务实。大不列颠民族对文明的务实都体现在社会行为上，他们十分崇尚精神贵族，讲究绅士风度，即使是腰缠万贯的百万富翁，也要折腰于破落潦倒的穷爵士，再有钱也难进入上流社会，以他们的经验，一夜之间可以产生一个百万富翁，但产生一个精神贵族，至少要在三代以上。可见精神文化的产生与积累要比物质艰难得多。

五

龙泉山的最早居民是苗族，苗族将这座山命名为“排鹅”。《丹寨县志》里说，不知道这个“鹅”音为何物，因而不明其意。以我之见，这个“鹅”的读音应该是苗语里的“云”或“雾”之意，只要去请教几个老歌师就明白了。我也会唱一首有关这“排鹅”的苗歌，其中有几句的意思是这样的：

我登上这排鹅的顶端，
耶冬山变得朦朦胧胧，
九桑那地方飘来荡去，
我害怕水要把鱼抛弃，
我担心朋友、情人将我隔离……

我们不能断定，苗族是这块土地上最早的居民，但至少到目前，还未找到比苗族来到这里更早的族群的依据。在现在居住着的苗族的古歌口碑上，我们得知这块土地上最早的居民是“嘎斗”“卡尤”的族群，他们是苗族古支系的称谓。在我们居住的周围，还遗留有许多“嘎斗”“卡尤”的地名，丹寨县西部叫“方尤”，即尤人居住的地方。我们这支后来的支系与他们融合了，历时数百至上千年，实难分出你我。但我们都属于鸟图腾（嘎闹）的大支系，或许因为这样，我们后来者才投奔他们而来。现在扬武乡、龙泉镇、兴仁镇的个别村寨，还有他们正宗的后裔，每年都祭祀一个名为“尤”的祖先。记得夜深人静、歌场冷清的时候，就应该唱这么一首歌：

嘎斗在遥远的南方，
嘎斗是“尤”的子孙，
嘎斗最善于饲养黄牛，
养高大的骡马来壮美寨容。

得到骡马修长的骨节，
做成和汉人一般的秤杆，
将银两称得满箱满柜，
把美貌的姑娘都嫁光，
留下这无鱼的田水冷清清，
遗下这没有姑娘的歌坝空荡荡。

……“此情可待成追忆，只是当时已惘然”！

我们这支叫“嘎闹”苗族支系，大约在公元960 — 1279年之间的宋代，从榕江方向经雷山、三都等地迁来。屈指一算，也有上千年的历史了。人类的活动就好比织一匹彩布，时间做经线，历史做纬线，文化做染色。这一匹彩布织了几千年，直到公元1949年才定格。

在中国各民族中，苗族是内含“亚族群”最多的一个民族。同一族群中的“亚族群”，必定存在有文化的差异。最能体现这种文化差异的就是服饰的款式和颜色。服饰是苗族文化的表象特征，也是区别于其他“亚族群”的主要标志。在丹寨有九种以上不同的苗族服饰、语言的亚族群。他们都有着自己独特的文化个性，是他们的文化染就了这块土地的色彩，催升了这块土地的价值。这种价值，有谁来认识？谁来评估？

现在我站在这龙泉山上，有恍若隔世之感。我回望历史的那一端，云遮雾锁，看不见曾经富丽堂皇的建筑，看不到英雄豪壮的身躯，他们被时间吞没了，被人类自己吞噬了。我却看到一卷辉煌的史册和一个人，这个人捧着这卷辉煌的史册站在18世纪的彼岸。他是清朝新开辟的“八寨厅”的同知，名叫陈浩。陈浩用当时当地珍贵的材料，建造了一座震惊世界、流传千古的文化宫殿——百苗图。

最早对苗族先民服饰进行描述的汉族典籍是《淮南子》里的“三苗髽首”，此后历代都有对苗族服饰的记载。这些记载都不是专门的，明朝的《贵州图经新志》是对苗族支系服饰记载比较详细的早期典籍。而在古往今来的众多文献中，对苗族的服饰记载最丰富、最详细也最有研究价值的就是陈浩的这本《八十二种苗图并说》。

清雍正年间，清王朝把政治机构完全推进到明代还称为“生界”“化外之民”的苗族聚居腹心地区，先后在湘西设了“苗疆四厅”，在黔东南设了“苗疆六厅”。为了对苗族实施统治和镇压，清代统治者派往苗区的官员比以前更加重视对苗族风情的研究。清廷也急需了解各少数民族的状况。乾隆皇帝曾下过一道非常具体的诏书：“我朝统一区宇，内外苗夷输诚向化，其衣冠状貌，各有不同，著咨边各督抚于所属苗、瑶、黎、壮以及外番众，仿服饰绘送军机外汇齐呈览，以昭王会之盛，各该督抚于接壤边，候公务往来，乘便图写，不必特派专员，可于奏之便，传谕知之。”陈浩的工作做在此之前，并且将这些绘图汇集成册。现在史学家已有定论，“百苗图”是源自陈浩《八十二种苗图并说》的一系列抄本的总称。贵州民族出版社新近出版的《百苗图校释》总序里这样给予定论：“‘百苗图’是珍贵的历史民族志，其珍贵之处有三：一、它是可以明确断代而又自成系统的贵州民族志典籍。二、它是图文并茂的历史民族志，信息荷载极其丰富。三、它是出自作者陈浩的亲身调查，所载资料准确可靠。”然而，百苗图的意义远非这些，百苗图早被西方人所重视，被英国、日本等许多国家和地区的博物馆收藏，被众多的西方专家学者所研究，对于世界的人类学、民族学，它的价值是不可估量的。

这样震撼世界的文化遗产，出自于这龙泉山下，出自这山的怀抱中，脉系中的每一个不起眼的村寨。一幅幅图文由这座山体的大登高、得禄汛传送出去。因为它是含金量十足的民族文化瑰宝，所以它无比尖锐地穿透了历史。

说来道去，这座山已不再是一座自然山体，它是世世代代的苗族人民用血与肉、心与灵滋养出来的文化高山。苗族文化是它的主体色素，因而它放射出来最强烈的正是民族文化的光芒。任何外来文化或者附庸文化都被它的主体所异化，都相形见绌。或许我们贴得太近了，一叶都可以遮目，看不清山的真实面目，我们得像风水先生那样，从遥远的地方，拿着文化的“罗盘”追寻文化的脉络，才能寻找到文化的结穴。

在人类前进的滚滚红尘中，政治、经济、军事、科技，淹没了本质的文化，其实它们都在锻造文化。待到一切尘埃落定，文化才浮出水面，竖起高山。就像这座山，原本是海底，它现在已拔离海面一千四百七十多米了。人类前进的里程碑是用文明来做标尺，用文化来总结的！

珍惜我们的文化，特别是我们独特的民族文化！它们才是不朽的高山。

此时，我想起了一个伟人的诗句：把酒酹滔滔，心潮逐浪高！

2003 年 6 月 9 日于凯里

《仰阿莎》在审美的时空里穿越

一

从神话学的角度来看，神话体的苗族古代爱情叙事长诗《仰阿莎》产生于传疑时代，各个民族在这一时代的文化都有个共同的特点，那就是容纳整个民族巨大的心理能量，凝聚着这个民族对于宇宙、宗教信仰以及社会文化现象的理解。

《仰阿莎》里的仰阿莎先嫁给了太阳，以后又和月亮私奔，从而引发一场惊天动地的纠纷案。经天下各方理老多次说理谈判，终于化干戈为玉帛，将仰阿莎判归月亮，由月亮以一半江山和三船金三船银赔偿太阳。在订立盟约时请天蟾来监督执行，天蟾张口以待，谁要是反悔，就将谁吞噬——自此就有了月蚀和日蚀现象。

从表象看，我们的先民似乎想通过太阳、月亮、仰阿莎的这场婚姻大纠纷来解释日蚀和月蚀这一天象，故事的实质真切地反映了先民们对于宇宙万物的生成和演变以及社会现实所做的苦苦追求和考问。对于自然的考问，也许，最初的镜像很单纯：水，做雾上天去找谁？云，因谁化雨落下来？就那么单纯。

那么，历史的情绪也昭然若揭——讲理。

讲理，这是逐鹿中原的战败者所追求的解决方略，亦是对历史倾斜于胜利者的不满。但是天是不讲理的。在这儿，苗族的思维与老子的思考如出一辙：“天地不仁，以万物为刍狗。圣人不仁，以百姓为刍狗。”天地生成和培养了万物，同时也折磨、毁灭着万物。天地对万物的命运向来不置可否，何必再对天地哭天抹泪，自作多情？于是，在长诗里，最终能说通这场天地官司的还是来自地上的七个最小的理老。那就是说，还得靠自己。然而一个因战争而失去了江山、财富，而逃亡、迁徙的部族，以几乎灭族的代价，换来一个对美好的思念，这是何等令人揪心的唯美！这是何等巨大的心理容纳量！

不过，那个美丽而朦胧的神话意象并不甘于最初时段的文化空间里自己的模样，而是跟随着她的创造者们一路穿越，经历了亘古及今不断的创作和积累，一代又一代的歌手们在传播中又不断地加进自己的理解，融入了迁徙所带来的地理环境变化和时代变迁形成的新的审美。有些旧的元素会被新的元素消解，而精华的部分会保留为主干，并且，歌手们都试图用有别于前人的新的形式来表述。一代代纵的演化、横的交错，使得《仰阿莎》所蕴含的文化与物象异常丰富，非凡的想象和富于浪漫主义的色彩也令人惊叹。

《仰阿莎》是神话体。苗族是巫文化的创造者，巫是用诗来表述神的意愿的，神话诗是巫文化中最活跃、最天真浪漫的精灵，它包含了人类文化中最初的诗学。民俗家们称神话诗人们是人类智慧的感官，为后来者提供了无限的灵感、智慧和题材。有专家将苗族这种口语叙事，口传文化誉为“歌唱时代”。这个诗意盎然的“歌唱时代”却又伴随着苗族苦难不堪的五千年迁徙史，从黄河中下游一路血腥地流淌到到长江中下游，直贯穿了苗族社会自有文明以来的各个时期。

二

“歌唱时代”的《仰阿莎》搁浅在1957年的旱码头上。此时的《仰阿莎》已演绎为两个版本，其一是台江、黄平、施秉、剑河等县的单独叙事诗版本；其二是凯里、丹寨、麻江、雷山、榕江、从江等市、县版本，该版本是作为一个纠纷案例组合进《苗族理辞》和被誉为苗族“百科全书”的《苗族贾理》中。两个版本的内容结果都大致相同，而细节上又各有千秋。前者因一直在民间的各种习俗活动中频频演唱，显得枝蔓繁茂，盘根错节，恣意汪洋，甚至融进了现代的生活元素；而后者（比如《苗族贾理》）作为苗族理辞，从民间的歌谣上升为说理判案所依的案例，自然删繁就简，直至精要。它保存于理师、贾师、巫师口中，非仪式不唱述，至少定格于明末清初的黔东南苗族社会议榔结社联盟的鼎盛时期，清雍正十三年（1735）后，清廷开辟“新疆六厅”，封建制度摧毁了苗族的议榔结社联盟制度，苗族理辞失去依托根基，从此不再发展。

发表在1958年《山花》二月号上的《仰阿莎》树起苗族民间文学进入书写时代的标杆。虽然搜集整理者奉行了忠于原著的原则，但当时的政治意识已无孔不入地渗透进来了。时隔整整四十年后，搜集整理者之一的伍略先生坦言：“当时由于主流意识为阶级斗争，要讲究阶级立场，所以在整理时将月亮变成了穷人，是太阳的长工。”细读这个发表的叙事长诗，不难看出整理者的修改给故事制造了自身的前后矛盾：穷人的月亮后来怎么会有江山和三船金三船银赔偿给太阳呢？当然至今也没有谁来质疑。

尽管这样，1957年以后用国际音标和汉文字对《仰阿莎》等民间文学的抢救性搜集整理已显弥足珍贵：上世纪60年代已成为《仰阿莎》的口传形式的绝唱！60年代中期至70年代末是一段令人难挨的禁歌岁月，停泊十年后，此水已载不动“歌唱时代”之舟：现在五十岁以下的人基本上不会唱《仰阿莎》了，六十岁以上能唱的已寥寥无几，更不用说再传唱开来或者再以口碑的形式传承下去。那种诗性的表述形式，注定要带着几许悲壮、几许怨恨悄然离我们而去。

上世纪50年代，“文字书写”以迅猛的趋势涌进苗族社会。以国际音标记音的苗文，那是一种至今也无法普及到苗族社会的文字，尽管至今还在努力地推广，只能对现在的极少数专家和将来的考古学发挥作用，大多数人包括本民族人在阅读时，只读汉文字。那些鲜活生动的语音和音乐都消失得无声无息无痕。

进入20世纪90年代以后，即使是以文本阅读形式传播的民间文学也对受众失去了诱惑力。其实在上世纪60年代，以广西壮族《刘三姐》和云南彝族《阿诗玛》等歌剧、舞剧、电影的风靡，已经向我们的传播形式发出了警告：民间文学艺术的“文字时代”传播形式的大限即将来临。

画面传递毕竟比文字的叙述更能博得当代人的欢愉，当代受众愈来愈需要刺激眼球的娱乐元素，精彩夺目的视觉刺激，不经过思索就可直击心理。不论是社会形势逼人就范，还是人甘心情愿被奴役，内部的放弃和外部的不屑已经形成对民间文艺“文字时代”的铁壁合围。那些凝聚了千百代智慧的民族瑰宝，要么尘封入冷宫，要么整容变身。

三

距叙事长诗《仰阿莎》发表四十年后的1998年，贵州省文联让伍略老师和我来改编《仰阿莎》。当时省文联领导希望搞舞台剧，但伍略老师执意搞更具科技含量的电视剧，我们花近一年时间写出了长篇电视剧《仰阿莎》文学剧本，承蒙作家出版社偏爱，给我们免费出版。我似乎更喜爱这个题材所蕴含的歌舞元素，于2005年将之改编为苗族神话歌舞剧《仰阿莎》，同样得到贵州省文化厅的支持，向北京推荐，获得当年的“第四届中国戏剧文学奖”金奖。

无论影视剧还是舞台剧，都是对《仰阿莎》传播形式的又一次转换提升。由民间口碑传承转换到搜集整理进入文本阅读形式是忠实于原作的形式转换；将之改编为舞台作品的转换是已具备了现代意义的文学创作，然而又不是一般意义上的改编。作为一个本民族成员要思考的是，如何通过改编《仰阿莎》来书写对社会记忆的整合和族群意识的重建，兼顾互补地实现《仰阿莎》的历史化和族群化转换，这是一次极富创造力的编创。

“路有千万条 / 千万条路我们不走 / 歌有千万首 / 千万首歌我们不唱 / 我们来唱仰阿莎”——这是语境、语气、语调、语感，是一个民族的思维方式和诗性的内在力量，是潜藏在意识深处的神经，它们自然而然地活在一首诗里，牵系着一片看不见的物象事象之网，一旦被触动，从天上、地下、水里、雾里、云间；从万千个时空展露出活脱脱的生命容颜——叙事长诗《仰阿莎》的开篇非此莫属地成为歌舞剧《仰阿莎》的序。纲举目张，次第展开的一幕幕便在苗岭、苗寨、苗歌、苗舞、苗装，苗族的天空、苗族的东方、苗族的思维理念这些族性鲜明的背景构架下进行族性的表达，构成一方人事神化、神话人说、亦神亦人、人神杂糅的生动世界。

我很赞同侗族学者帕尼先生的见识：“判断人物成功与否的标准，一是生活标准，二是艺术标准。从生活方面看，那就是要让人看了后能够认可其是社会生活中的典型，是来源于特定的时代和社会，而不是来源于某种概念和需要。”

特定时代的合理性，是要服从于现代人的审美。按现代人的目光，现存于民间的《仰阿莎》，不论在人物、情节、细节上都存在着不合理、自相矛盾之处。著名人类学家安德留·兰认为，神话传世之后，被后人不断修改润饰，因此同时存在不合理的与合理的两种因素，凡是现代人觉得不合理的，便是原始人的“遗形”。原诗里的太阳是个反面形象，这与太阳的职业是矛盾的，这也许就是安德留·兰所说的“遗形”吧。太阳是理老，苗族社会里的理老是社会秩序的维护者和执法者，具有公正不阿的秉性和形象，不然他何以到东方去说理解纠纷？于是在歌舞剧《仰阿莎》里我赋予了太阳全新的面孔，他成了正面人物。婚姻的悲剧非太阳或仰阿莎变心，全来自乌云制造的一场误会。太阳因失去仰阿莎而气血攻心，引发天地大旱，仰阿莎则为了解救天地，救醒太阳，扑向火心，化为雨露，完成了自身形象的升华；在原诗中乌云只扮演将仰阿莎哄骗上天的角色，那么她的动机是什么呢？没有。在剧中我赋予了她动机，让她贯穿全剧始终，而她的一切危害行为也有了自以为正当的理由：哺养十二个冤魂。冤魂是新增加的角色，可在苗族的古歌和典籍中找出这种作祟的有名有姓的冤魂。剧中那些突破原叙事诗的物事人事里，甚至歌词说道，都可在苗族古歌、典籍、习俗中找到典出。通过对作品的开拓，对线条、人物形象、个性的创造性修改，以形成作品的完整性、和谐性和民族性。

既然是对古人的东西进行改编，就得保留古人的基本面貌，而既是改编，就得具有强烈的时代精神。天人合一、万物同源的和谐思想是苗族一贯的宇宙观，与当今提倡的时代精神不谋而合，于是亦成为歌舞剧《仰阿莎》矢志不渝的追求。

时代精神并非今天的时髦和附庸风雅，早在两千年前，伟大诗人屈原就将神话从巫术艺术引入审美艺术中，以大量的神话人物、故事融入《离骚》，以抒发他的政治抱负，首开融古铸今之先例。记得有位伟人这样赞颂屈原："当年屈子赋《离骚》，手中恨无杀人刀"，那是何等强烈的时代精神！《离骚》的不朽除了艺术外，还有思想与精神的不朽，而精神即那个特定时代的时代精神。

四

今天的苗族民众，已不再像六十年以前那样只从先辈们的口传中接受知识或获得审美，也不再像二十年以前那样单从书面语言阅读中获得审美。谁错了？谁也没有错。历经千百代创造的那些美丽也没有错。

经济大潮给民族艺术的打击突如闪电，但是民族意识的觉醒烈焰亦随之击燃。我们用民族的自觉和民族的自爱来纠正我们的悲观。谁也没有权利对自己的民族艺术妄自菲薄。

从文本阅读到歌舞剧，是一次艰难而深刻的转型，是具有现代意义的转型，而要将舞台剧本付诸舞台，形成实际意义的表述形式的转换，也非易事。从 2003 年开始政府部门就提出黔东南要有一台苗族的大剧，从 2005 年起州歌舞团就一直在申报投排《仰阿莎》，一次次地被"泡汤"了。决定将歌舞剧《仰阿莎》搬上舞台，这自然是期待以久却又始料不及的：原定参加会演的备选剧目中没有《仰阿莎》，而决定用《仰阿莎》时，距既定会演（比赛）的时间只有四十来天。不论怎样，终于盼到了，事后我给一位决策者发去一条短信，称之为"惊天一拍"！我以为这是苗族文化，亦是黔东南文化的划时代事件，是文化的革命。不管你是经意或不经意，有意识或无意识。

对于一个从未经历过大型歌舞剧的编排和演出的团队来说，我们面临的挑战和困难实在太大；而对于长期接受苗族舞蹈、音乐以及苗族文化熏陶的团队来说，我们又有了足够的精神和专业的储备。

排练的过程是一次沐风浴雨的过程，亦是探索思考的过程。我有一个奇异的感觉：新的形式是不是原初形式的再生？是不是我们失去的那个“歌唱时代”又回来了？抑或是后“歌唱时代”？歌舞剧通过舞台视觉形象和音响、舞美的综合表现，是对苗族那个“歌唱时代”的最佳“复原”。当然，歌舞剧是“表现”而不是“再现”。

苗族口传的诗歌是苗族先民们种下的一粒高贵的种子，历经数千年的悉心哺育，一路风发，枝叶繁茂，它曾经与日常生活有着广泛的联系，以至在苗族社会百科中无所不用，甚至是苗族全社会教化的基本内容和手段。它既是文学艺术的，又是人际交流的，它造就了一个生活艺术化的苗族社会形态。它高贵的品质必然被一个崇尚真善美的国度的人们所发现，但首先是我们自己。而它一旦以新的姿态现形现世，就一定会以惊世骇俗的美震撼世界。

《仰阿莎》就像一只迁徙的候鸟，而不同的时空就是季节，每个季节里的《仰阿莎》都会随着季节变幻羽毛色彩。这就是生态法则。也是艺术法则。

2010 年 5 月 18 日　凯里

哭　嫁

九岁那年，秋风如约地刮来了，从很神秘的那端，挟着习俗的诺言推开了表姐的窗。

表姐拥着我，坐在她床沿上，看被风吹开的窗，窗扇反弹着企图关上，却拗不过风。我去关，表姐又不许："由它去吧！"于是眼睁睁地让秋风撞开了我表姐闺房的窗户，轻狂的风满屋里乱窜，我俩的心就被撩拨得惶惶然，惶惶地看外面，太阳正脆弱地支靠在西山梁上吐晚霞，那神态专注而深情。我好惋惜："阿仰，太阳要走客了！"

"它想去死了！"表姐这样答我，音颤颤的，眼眶也渐渐地汪起来。太阳落山叫"走客"是表姐早些年教我的，九岁的我当然已经知道，太阳其实是到另一半球去照耀，明天太阳又轮回。表姐是姑妈的儿女中最小的一个，又是唯一的女儿，她的笑脸使这个家生辉，活力使这个家散发芳香，殷勤使这个家舒适，我一进家门就可扑向她的怀抱。这一切还可以回来吗？

姑妈在菜园里向我笑了笑，笑得很勉强。我忽然觉得姑妈比昨天苍老了许多。远处的田野里没有了碧草与金谷的鲜明，稻谷进了人户的仓，稻草上了寨边的树，田赤裸裸地陈述着被吮干了的惨淡，人却因了它的惨淡得到收获，于是接亲、嫁女、立新房之类的喜事便匆匆地在这时节里开始了。

要出嫁的表姐面对什么都觉得害羞，又看见什么都出神，我想真切地看她的神色，她却躲着我的目光，将头歪到一边去，扯床上的一条花带来嚼。花带堆了花团锦簇的一堆，她品，我也品，有一丝极淡的辛涩，将人的思绪牵到棉花地、织机旁，那儿充满了棉花的芬芳，这芬芳从表姐七岁起就素裹着她——表姐七岁就学织花带，十岁就开始绣自己的嫁妆。姑娘们都这样，一线一针地织绣，有时甚至整天整月地织绣，从里织到外，从脚绣到肩，从小置到出嫁，陪嫁的装束要足够她穿一辈子。姑妈在织机旁抚着我的头指点表姐时，就喜欢反复地感叹那句老话：“人哪，来到世上，就得来办三件事的：成双成对，生养崽女，回老祖宗那边去！”为了这沉重的叹息，织梭匆匆地奔波着。表姐呢，也就愈加地倾心，一年三百六十天，日子是够长的了，却不敢有半分的耽搁，一放下锅灶边的事，一撂下柴草担子，就扑到织机上去。深山沟里是没有现钱，没有运气，也没有取巧和虚假的，一分钱，一根线，都要付出长长的时间和滴滴的汗水。这样，不论是时间或精神或物质，都那样地需要珍惜。

表姐的眼眶汪起泪来，我真怕那泪水会立时涌出来，再也不敢与她对视。其实这双汪汪的泪眼是早就蓄起了的。那是我从家来时，那一对作为定亲的信物，已在表姐家孵了一窝毛茸茸鹅崽的大白鹅，长颈做蛇样贴着地面朝我袭来，表姐赶来一手一只地将颈提起，久久地让它俩在空中做窒息的舞蹈，宽而长的白翅呼呼地助长着秋风的疾劲。那对鹅应该是她的吉祥物，一天天地引颈长歌，将她的婚期唤来……姑妈低沉却用了心劲地制止她：“仰——”

以往的表姐遇着这样的场景是要向姑妈扮鬼脸的，那一刻是没有了，默着声拉着我绕过姑妈。

我来送表姐出嫁。

我虽然才九岁，但我是送表姐出嫁的舅爷客中资格最大的“老舅爷”。妈叫我去讨回八个银元来。妈告诉我，按古理，姑妈嫁给姑爹，姑爹家就欠了我们舅家的情，是要将一个女儿回嫁到我们家来的，这叫“还娘头”。后来就不时兴，人不能还了但情是要还的，就用了这样的方式。九岁的我是多么希望“还娘头”继续下去，那么表姐就应该嫁给我，谁也别想夺走了！记得我六岁那年的吃新节，我们都在姑妈家做客，姑妈突然当着满桌的客人问我，长大要不要娶老婆，娶个什么样的老婆。我就指着表姐说要娶她做老婆。表姐的脸立时在满堂屋的目瞪口呆中红得透亮起来。那色彩至今仍刻印在我脑海里，我那时唯一能告诉他们的理由是表姐时常买糖给我吃。其实那时甚至今日，我所想娶表姐的好处远非这些。但这答复确使他们满意了，满堂屋里哗然大笑起来，笑得那样开心。姑妈会将表姐嫁给我吗？后来的现实使我渐渐地、愈来愈深地失望了，但我仍然紧紧地攥握着这念头，直到我八岁的那一天。那是一个种瓜种豆的季节，我们躲在茂密的青杠叶丛中看斑鸠和锦鸡刨地里才种下的瓜豆种子吃。回到姑妈家后，这美丽的心情一下子被破坏了——那个在寨门间边与表姐对歌的后生哥勇敢地跨进了家门。表姐抿着嘴羞涩地躲进闺房里去……那一天我突然感到世上什么东西都不好玩，那一天我第一次不接表姐为我盛的饭，自己搬了条凳子爬上去盛饭。那天姑妈说我的嘴噘起来能挂十二个油壶。表姐却在一边偷笑，我懒得睬她。

从小表姐就喜欢我，据说我有许多时光是在表姐背上度过的，表姐家靠近一所很大的学校，于是在我五岁时就让表姐接到她家去上学。我那时是不知道上学的意义的，有时表姐背我到学校，我一不高兴就又让她背回来，课也不上了。好在我是附读生，老师并不追究我的行为。我还爱夜尿，夜尿其实并没有什么不好，要命的是我并不知道自己夜尿。这样，每一个夜晚都得让表姐把我抱起来尿，且我多半是在梦中。表姐就是夜里出去唱情歌，也要算准了时刻回来。不过表姐也有回不来或者失算的时候，一次表姐将我叫醒时天已大亮，床上自然湿了一大片，她将我的裤子扒光了，就到针线篮里去翻。我提醒她说裤子应该在大柜子里，她说不找裤子找剪刀。我问她做什么。她说要将我的小麻雀铰了，省得麻烦洗床单。我大惊，光着屁股跑去喊姑妈。表姐扬着剪刀撵上来，恨恨地骂我："戈乔，你这棵矮马桑树，一辈子就这样高？！"

"你才是马桑树！"马桑树长也长不高，烧也烧不燃，谁当马桑树！姑妈用她的一张围裙围了我，说："哼！你看不起马桑树，古时候叫太阳树，人就从它身上爬到太阳那儿的。"我惊异地问姑妈："这矮墩墩的马桑树？""那时候它就高到太阳上，后来总有人从马桑树上爬到天上去闹事，雷公怕了，才一脚将它踏矮了。"世上竟有这样的奇事！尽管它曾经高耸入云，我仍不想做它，我想快快地长大。

姑妈在夜恢复了宁静的时候提个大木盆进来。盆是杉木枝做成的，布满了圆圆的心纹，上了桐油，在煤油灯下闪烁着。姑妈又吃力地提了一桶雾腾腾的水进来："戈乔，跟姑妈出去，让表姐洗澡。"姑妈牵着我的手。表姐也飞快地抓了我另一只手："我不洗……我不洗……我是姑娘……"表姐显出一种突如其来的惊惶失措。

姑妈和表姐都用我做依托僵持着，门外有人喊，姑妈只好撒手出去了。

表姐是个爱洁净的人，每遇到很劳累的活，回来她都要擦洗的。夏日的月夜里，她常带我到寨脚的溪河里洗澡。她洗，我站在河岸的大石头上守卫。有人来我就喊，还威武地叉腰：

“哪个敢来，这里是女人的地盘！”

“你是女人吗？”人家反问。

“我表姐是，怎样！”我当然理直气壮地答。表姐却怪我暴露了她。表姐洗完后才替我洗。表姐洗澡从不避我，月光下表姐的肌肤闪耀着一种炫目的光泽，水珠就晶莹地附在那样光泽、那样丰满的肌肤上眨眼。

姑妈又进来了，用她特有的口吻叫了表姐：“仰——”

这声似乎包含了许多的道理，许多的说教，表姐就默默地松了手。

我无神地靠在堂屋的大竹椅上，看表哥、姑爹打点礼挑。糯米饭篓、酸牛皮桶、酒坛、鸡篓交替着在我眼前晃悠，却没能牵制我的一丝兴致，心还是牢牢地拴在表姐的房里。表姐为什么不以往常的欢悦与急切去对待洗浴？倘若现在肌肤上敷着的不是污垢，而是一层珍贵不会再生的光环，那么表姐你千万不要洗去！我在心里这样祈祷着时，水声分明响起来，一滴滴一溜溜地响起来，毁坏了她刚才和我现在期盼着永存的信念。表姐蓦然飘出了我熟悉的视野，飘进一个陌生的境界，而“出嫁歌”正从寨门间边悠悠地飘起来。

《出嫁歌》总是选择最佳的时刻响起来——当夜深人静，寨子和寨子里的一切都系于新嫁娘房里梳妆打扮所产生的一切，一呼一吸，总觉得这境界这氛围太神秘又太含蓄，急需一种牵引时，《出嫁歌》便响起来了。

围观梳妆的妇女们挤满了闺房，却只闻银饰叮当和气息声，所需的一切只能用手势来传递，都默契地配合着，让人去静心地听《出嫁歌》，假眠中的一切都使目光黯然，睁开智慧的眼去寻觅，在歌声中笃诚地清理情感，楼下的老牛也在反刍。

在姑爹宽大的竹椅上合了眼，歌意渐渐地渗入了我的灵魂，恍恍然，我步入一个洪荒地带——

在那儿，有人在与猛兽争斗；有人在上下寻找粮种、棉花种；有人在那儿等栽种季节；有人在那儿轰轰烈烈地把男人嫁出去，后来才嫁女人……婚俗的来源，陪嫁的变迁……

我和我的族人们从小就学唱歌、学听歌，还学品歌。这一千五百多行的《出嫁歌》也不知听了多少遍，每听一遍，就经历一次震撼心灵的体验，然而，这首歌并不是寨寨都有人唱，人人都可以学——

有一帮青年要学《出嫁歌》，就抱着一只大公鸡去找歌师。歌师把鸡杀了，剁成大块煮好，再给学歌者蒙上眼睛，让每人夹一块，谁夹着了鸡头就将歌传给谁。或许谁都夹不着鸡头，那么这一帮青年就都没有了学歌的缘分。然而族人们总是有缘的，一次次的嫁女，总有《出嫁歌》来送行呢！而这首歌就是通过这样的方式一代代地传下来的。

《出嫁歌》终把表姐眼泪和哭声捅了出来，哭声如一片丢在溪河里的菜叶，在遥远的上游时隐时现，临近了才看到它让水恣意地揉搓，恣意地揉搓着人的衷肠。但不论我们怎样地伤怀，《出嫁歌》是要渐渐地唱下去，为表姐打扮也正一环环地进行着。

《出嫁歌》唱到了绾头。没有出嫁的姑娘绾花蕾似的“花苞头”，出嫁那天将“花苞”打开，叫“开花头”：

……

花苞打开了

绾个马鞍形的发髻

让它留下梳绾的指纹

搽一把玉溜溜的发油

鬓发照映着母亲的泪痕

……

“花苞头”缩成“开花头”，已不仅仅是形的改变。表姐踏着黎明的时光，悲恸地出现在我面前时，我看到了《出嫁歌》创造的奇迹——头顶银雀，颈套银项圈，腕戴银手镯，耳坠银环，指镶银戒指，身着锦绣衣裙，足登船形绣花鞋，腿缠“龙裹脚”……表姐是那样豪华而雍容。

这是我的表姐吗？这确是我的表姐——她止住了脚步，抬起泪涟涟的目光告别堂屋。堂屋并没因表姐的喜事换一些新容，反添了几分零乱。火膛里却还有一炉暖洋洋让人难舍的炭火，铁三脚忠实地架在火上，等待表姐从楼下端一锅热腾腾的酸汤放上去。甑子呢？甑子如旧地放在木桌上。三个表哥早已成家分灶了，这甑子许多年来一直由表姐上下搬动，表姐永远都靠甑子那一面为我们和客人添饭。表姐今天一出这个家，就要“忌锅灶”，这里的锅灶和甑子再也不许表姐触摸了。她要回来，得由我们为她添饭，她将永远地失去操纵这一切的权利了。表姐久久地拥抱着她将失去的甑子。

紧紧牵系着表姐心尖的还有那个栏杆和栏杆旁的织机。那个像梳齿般齐刷刷地排列，被外族人称作“美人靠”的栏杆，入夏时候，我就光着上身躺在它宽阔的垫板上，看表姐织花带。她抿着嘴，脸上泛着一层不可言喻的喜悦，抑或浮上一片焦虑的愁云，抑或停下来沉思。表姐在织花带？在织梦吧！有月亮的夜晚，表姐和她的那些姊妹们就倚靠在栏杆上听门闾边传来的歌声，细碎地策划着她们幸福的秘密——往后，即使有更美好的现实也不会有这“美人靠”里的梦幻了。表姐更加哽咽地一级级向楼梯下走去。

表姐的名字叫“仰”。仰就是船。九岁的我没有看见过真船，我们居住的崇山峻岭里没有可以供船摆渡的大河，为表姐起这个名字的姑妈一辈子也没有见过船，姑妈说这名字是祖宗们早就传下来的。我问：“有多久？”姑妈答：“像石头和月亮那么久。”后来我在古歌里找到了它：

从前我们往东方
挨近海边边
天水紧相连
波浪滚滚翻

……那该是个怎样的水域！那有好多好多的大船的记忆在这里是遥远而美丽的，但远没有后来的发展使祖先们对船的记忆深刻——后来先人们在一个叫涿鹿的地方打了败仗。这一败竟造成了举族人五千多年的接连不断的败退，从东方退到西方。先人们传下话来说：你刚定居下来，造好了房子，养肥了牛羊，积满了粮仓，人家就来打你了，你又得迁徙。不知走了多少代人，有了多少个这样的反复。有三条大河至今仍作为标志绣在妇女的衣裙上，一条是“黄泱泱”的“浑水河”，一条是“白生生”的“白水河”，另一条是“飘着稻花香”的“稻花香河”。这是与祖先们生死存亡相关的河——后有追兵，面前是汹涌的大河，有谁来拯救我们哟？只有船。那时候或许只是简单的木排，但毕竟是“仰”这生命的载体拯救了族人的命运。所以“仰”才深深地刻在族人的心里，以致在山地里生活了数百年也不能消失，且胎记在象征延嗣与承传的女性身上——表姐的脚失去了往日的修长，小腿被裹脚布包裹得异样地臃肿。裹脚布以白色为主色，绣着红、绿色的波浪线，层层叠起，脚上是一双绣花的船形鞋，花绣在尖上，周沿绣的是红、绿色的波浪。

《出嫁歌》已在表姐跨出家门的时候结束了，但《出嫁歌》将所有无穷的回味都渗入了表姐的哭声，这哭声悲恸而恋意醇醇，丝丝密密地漫向寨子清晨的空间。所有古老和新生的房屋、房屋里的神龛、保寨的枫香树下讲述的那些古老的传说故事们都默默地承接了。

长长的送亲队伍在门间边停住了，表姐的右脚在槛上就像凝固了似的久久地悬浮着，怎么也跨不过去。

那确是一只船了，是漂泊在古歌里的船，船上叠起一层层古老的情愫，我年轻美貌的表姐，还有许许多多一辈辈的女人们都在船上接受、经历着风雨的洗礼。

……后来，表姐出嫁了，表姐丰润了。表姐幸福地频频地对我笑，我一点印象都没有，我只记得我九岁时的那个表姐。

后来，我终于长大了，但我只想做长不大的马桑树。

我九岁的秋风哟！

守望一棵树

一

祖母在世时，最喜欢搜集我那些零零碎碎充满童趣的言行，无论是聪明或者愚蠢，甚至有伤大雅的，她都据之为宝，穿为一串串，如数珍珠般在不同场合向别人炫耀。

我长大后祖母常唠叨的是一件很迷信的事。祖母说我小时最爱生病，在四岁时得了一场大病，那时父母都在外工作，祖父请了鬼师来做巫事，将所有请到的鬼神全用完了都于事无补，我已奄奄一息了。鬼师不敢再用鬼了，所有的人都不敢再抱我了，祖父便孤注一掷，背着我，拿上香、纸到房后的大枫树下焚烧祈求。回到家后我竟奇迹地睁开了眼，喊口渴……祖母说我能活下来，全靠大枫树神的保佑。

那棵巨大的枫树就在全寨的上方，我家就在它的荫蔽之下。有大风的夜里，巨枫在大风中发出阵阵低沉的呼叫，特别是风过后，被风压倾了的枝丫回挺过来时发出“嘎嘎嘎”的响声，曾经让不少在我家过夜的客人恐惧。而那声音仿佛是我的摇篮曲，我在那声音中悠然入眠。

至今我还没发现有哪种树比枫树更具有文化，从记事起就听祖母唱她的歌、说她的故事。传说天上的白枫树，身上结满了人间需要的种子。在我的族群社会里，所有事物的传说，追根寻源都会归结到枫树那儿——这些文化都在我还没有来得及学习汉语言时就先期种植进脑海，充满心田。以后再学习汉文化时，彼生所学，再也没能将之挤走或改变。

二

曾令我百思不得其解的是，现实中枫树的实用性与她的人文有着极大的差距——枫树纹理扭曲，水分重，干后易裂，又易受潮，既不能做木板也不能当柱子。这是作为干栏式建筑的发明和使用者的祖先们十分清楚的。即使这样，枫树在历史与现实生活应用中依然神圣，过去祖先们曾规定必须用枫树做中柱，代表祖宗神灵的木鼓原先也选用枫木，后来因易裂才改用了楠木。楠木在苗语意里为"鼓木"。

苗族在人类整个文明史的进程中都处于迁徙状态，从遥远的黄河中下游来到这云贵高原。唐宋以后云贵处处居满了人，而迁徙仍因各种大大小小的战乱而频繁地进行着。迁徙的空间越来越狭窄，由最初的千里跋涉到只能在方圆百来里甚至几十里内转圈。迁徙中的每一次择地定居，都以枫树的存活与否而定。每到一处，先栽棵枫树，枫树活了，便定居下来，否则离去。枫树活则人能生活，枫树不活则人不能生活。在我的族群社会的潜意识里，枫树就是人，人即是枫树，这仿佛是人类最原初的图腾观念。

我家房背后那棵巨枫像一柄巨伞笼罩着整个寨子，对门坡还有一大方巨枫阵，每棵足有三四人合抱那么粗。这些都不是我们这个苗族支系的祖先们所栽，传说它的栽种者是另一支叫“嘎斗卡尤”的苗族支系，他们早在我们的祖先到达之前因战乱离去。我们这支是宋元时期迁徙到此地，祖先们看到有巨大的枫树，就放心地定居下来了。

我的祖先们为什么与枫树有着这样的血脉相连？人类，甚至所有的动物，从来就没有无缘无故的爱，也从来没有无缘无故的恨，所谓天生的爱和恨，都存在着前缘，只不过其中有一段脉络潜藏起来了……我在无数个不眠之夜里搜索枯肠、困心衡虑，终于在一个无星无月、无阴无晴的夜晚，心灵世界无边空旷，隐隐地看见了一群人，他们缥缈不定，而我神摇意动，追寻到他们的栖息地——那是一派苍莽、殷红如血的枫林——历史之中充满了种种偶然性，比如这一群处于文明童年期的人们在某个特定的时空里来到枫林里，又因某种特定的原因促使他们据此为家。越百年、千年，甚至万年后，他们在那里度过了蒙昧的童年。承蒙枫树的浩浩恩惠，他们所有的经验都因枫树而获，所有的文化智慧都深深打下枫树的烙印——很自然，枫树和他们就血肉难分了。

三

如今说起丝绸，那是中华民族的创造，是中华民族对人类的特殊贡献。丝绸之路何其伟大！丝绸文化多么灿烂辉煌啊！可是丝绸的起源并非来自实用，它是图腾的创造。现在丝绸研究已经有了一个新理论：原始先民崇拜桑蚕这一文化背景，才是我国丝绸起源的主要原因。上古的先民们对蚕从卵到蛹再化蛾飞翔的变态过程充满了好奇，死后用丝绸把自己裹起来，希望能像蚕一样飞升上天，于是，蚕成了通天的引路神，人们作茧自缚以求升天。人们希望自己也是卵生的，于是，卵生神话产生了，丝绸业也产生了。苗族的这一感悟是在枫树下获得的，因此神话中说，枫树蒙冤被伐倒后，从枫树心粉化出蛾蝶，蛾蝶生出十二个蛋，请鸟孵化出了雷、龙、虎和人等十二种动物。这则有关卵生图腾的生命神话印证了上述理论。

从枫林里的野蚕到家养蚕，至今已越千万年，我的族群里卵生的图腾意愿从没中断过。那些归天的人们，都须用蚕丝帛包裹身躯，让他在这图腾文化里得到羽化升华，得到永生。我童年时，祖母每年总是在养蚕。当祖母不知从哪儿将细得像针一样无法分辨的蚕幼虫弄来时，很庄重地告诉我，是从天上榜留妈妈（蝴蝶妈妈）那儿抱来的。蚕的幼虫放在个小竹篾盛器上用炭火烤，火盆里盖上一层薄灰以保衡温。祖母说，天上的蛋请脊宇鸟孵抱，地上的蛋要请火炕来孵抱。待幼虫渐渐长大了，再移到一个大簸箕里。最后，祖母变戏法似的不知从哪个角落里弄出许多旧门板、宽木板，将蚕们移上去吐丝。蚕们在板上织完一张蚕丝单，就用最后的丝将自己包裹起来，完成那句“作茧自缚”的成语。我以为那该是蚕的棺材，祖母告诉我，那不是棺材，是她们的变身房。祖母把蚕蛹拢集到桑树下，果然，蛹们化作无数飞蛾。那些美丽的天使是千万碰不得的，用手去触摸，手指就会腐烂。这是祖母的警告。我们所有的同伴都得到了来自于老辈人的同样警告。还有很多的禁忌，比如，得称她们为姑娘，去外面要蚕回家，得说“娶”，送出去又得说“嫁”，一切针对蚕的言行都得拟人化。

祖母养蚕织就的丝织品，我们习惯称作蚕丝床单，一部分做服饰刺绣用，而一部分是备着丧葬所用。凡有人去世，主客必送一床蚕丝单，没有是不行的，被视为不懂礼节，而死者获得蚕丝单越多越好。苗族每个人都必备一件丝质寿衣。并且，在许多重大的仪式活动中必须要着丝绸服装。比如在苗族重大的鼓藏节期间，鼓社头必须穿丝织鼓社服；大祭典活动时，祭师也必须穿丝质服装等等。

而因这图腾一念，人类获得了绫罗绸缎美化其身！

四

枫林里生活的人们终究走出了枫林。他们是枫树的化身，他们的活动注定要在中华大地上、在典籍上留下斑斑红枫印迹。一个血色的陷阱正等待着他们——涿鹿大战。

那时，从枫林里走出来的人们称“九黎”，他们的酋长叫蚩尤。史学家王桐龄在《中国民族史》里说：“当时苗族文化相当发达，第一发明刑法；第二发明兵器；第三发明宗教。后来汉族所用之五刑、兵器及甲胄，而信奉之鬼神，大抵皆苗族所创，而汉族因袭者。”

而战争的结局是九黎战败，蚩尤被杀：“遂杀蚩尤”“身首异处”“蚩尤血”“流血百里”……于是，枫树的神性闪烁在汉典籍里：“黄帝杀蚩尤于黎山之丘，掷械于大荒之中，宋山之上，后化为枫木之林”（《云笈七签·轩辕本纪》）；“枫木，蚩尤所弃之桎梏，是为枫木”（《山海经·大荒南经》）。

涿鹿为何而战呢？从古代的涿鹿大战到今天的伊拉克之战，无不是为了争夺资源。今天我们在抱怨黄河两岸水土流失的时候，可能很少有人想到，正是这片黄土，在早期人类缺少工具的情况下是最有利开发的。于是当时中华大地上最先进发达的三大部落汇集这里，必然地发生了争夺资源之战。我们现在抱怨说黄土高原没有很茂密的植被，恰恰是它成就了人类早期的开垦。如果黄河流域都是黏土，都是茂密的森林，恐怕中国早期的农业就不在这里发展了。当然也得益于自然环境的变化，根据竺可桢等科学家的研究，在三四千年以前的黄河流域平均气温比今天高，所以降水量比较丰富；而在长江流域当时过于湿润，人都活不长；黄河流域的北部又过于寒冷。

近年又有学者提出：涿鹿大战是为盐而战。不知为什么，我被这种理论深深地打动着，这或许是一个导火索吧。中国天然盐资源的分布异常残酷，绝大部分的盐泉分布在西部的雪域高原和大漠戈壁之中，而在辽阔的中东部，只有山西运城这一天然盐池。所以有专家推断涿鹿大战是为争夺运城盐池的控制权。直接的证据是：蚩尤被擒在战争的中心地河北的涿鹿县，却要长途押解到今天山西运城盐池去。一路长达两千华里，横跨河北省的一部分、山西省的大部分。在史前，这样的长途押解是难以置信的，也是绝无仅有的，以至蚩尤的手足被桎梏磨烂了，桎梏上渗透了鲜血，弃于宋山上化为红枫。

这样的长途押解除了残酷的惩罚、沿途示众之外，还有更重要的目的，那就是要杀在盐池边，以警示那些想争夺盐的控制权的部落首领们。

蚩尤倒下的盐池里湖水变红，被称为“蚩尤血”，因为处决蚩尤的方式“身首解割”而得名“解（音 xie）州”。至今，我这支苗族支系，盐的苗语读为“解（xie)”，血的读音也是“解（xie)”，基本上是“盐”“血”不分。不知是否与之有关?

五

祖母先于祖父离开我们，就安葬在房后的巨枫之下。那年我刚探亲回部队不到数月，是不能再回去送她老人家了，脑海里留下她老人家的最后一影：她拖着病身，坐在寨子北口的田埂上，倾身抵住拐杖。记得那是一柄罗汉竹拐杖。她两眼空空地目送她用心血哺育、令她骄傲的孙子……之后祖父也走了，和祖母一同安葬在巨枫之下。

我有空回老家的时候，就常去陪两个老人坐坐，做一番心灵对话。

在社会的舞台上我曾扮演过学生、军人、教师、干部、文化人等不同的角色，履历也在乡村、学校、军营、县城、州府、京城等不同的地域里平分过岁月。世界之宽广，世象之万千，处处精彩，更有一些生活时段也可谓深刻而长久，比如八年从军，十载从教。然而当我提起笔写作时，笔头就落在那棵枫树下，写给我思想播下种子的祖母，写被枫树精神塑造的我的父老乡亲……

这是此生的注定。说话间书翻岁月，以笔做舟已然划过二十载苦水，那笔头总离不开那棵枫树。那里不仅有个深邃的陷阱，还包藏着一股巨大的魅力磁场，我被它吸引得不能自拔。身体被吸引的感觉是身不由己，而灵魂被摄魄则是另一番景象：那是一种心甘情愿的行为，是一种充满愉悦的苦旅，那里面有个充满诱惑的精灵，我就像顽童一样满怀情趣地追捕过去，也不顾一路有多少沟壑坎坷，跌跌撞撞，更不顾耗费时光生命。而那个自由的精灵至今并没让我捕捉到，只引导着我的思想更加自由。

是谁这样说过：“天空没有翅膀的痕迹，而我已经飞过”？

喔，是泰戈尔。

神游且兰国

一

且兰国是一个与夜郎国同时出现在三千多年前的西南古国。

且兰国就在我们脚下的黄平县的旧州镇，如今，它的国都被历史的尘埃深埋在旧州镇美军旧军用飞机场下面了。

旧州在公元 1687 年（清康熙二十六年）之前还不称旧，还是“在线”的政权。就在这一年，清朝当政者将黄平州治移到“兴隆卫”，也就是现在的县城，并将兴隆改为“新州”，将原州治所改称旧州。政治中心搬迁的原因大约是随着清王朝的统治逐渐向苗疆深处的扩张，政权向东南移；再一个原因是陆路交通开始取代水路交通，中国历史上曾两次被马背上的民族统治过，发展陆路交通是马背民族的思维方式。即使政治中心已飘移，旧州仍在很长一段历史时期内不甘退出县级机构的政治舞台，还以“分县”的身份顽固地存在着。这一切皆因它身后有一个深厚的历史背景，它的地底下潜藏着一脉巨大的根系。

如今在贵州，在黔东南的许多志书上都出现“牂柯”这个地名。《史记》《汉书》《华阳国志》以及清代的《黄平州志》、王传玺先生的《中国古代史纲》都记载着这么一件史实：战国时期的公元前298年左右，楚顷襄王时遣庄硚伐夜郎，军至且兰，停船于岸而步战。既灭夜郎，以且兰有停船牂柯处，乃改其名为牂柯。《水经注》曰："沅水出牂柯且兰，为傍沟水。"清王孚镛《牂柯江辩》载："今黄平旧州都凹山之水，实为沅水所从出，素通舟楫，则循沅水而椓船，舍此别无他属矣……沅水之名，以沅州为定，则且兰、牂柯当以黄平旧州为定。"《黄平州志》说："且兰、湄、瓮、黄、施之交，今水源出于旧州都凹山，故且兰即黄平旧州，牂柯江即舞水。"

那么，庄硚取的"牂柯"这个名字是什么意思呢？《汉书·地理志》牂柯郡条下颜师古注："牂柯，系船杙也。"《贵阳府志》也解释说："盖牂柯本系船之两种橛，牂似羊头，柯如斧柄。故《异物志》云：'牂柯，系船杙也'。"原来，这个在古史上赫赫有名并成为一方国威代名词的"牂柯"，却是一段左右伸出两个枝角，很像羊角的系船木桩子。如今旧州城边老里坝石码头上有一座破旧不堪的石拱桥，那里就是古人登岸的地方，桥也是那个时代建造的。

二

且兰国址就静静地躺在旧州镇美军飞机场覆盖着的地底下。不用谁去考证，这一带的苗族居民们谁都知道这里掩埋着一个且兰国，这是他们的祖先创造的国家。你到旧州周边的寨子里去问一个苗族老人，"到旧州去"的苗语怎么讲，他就会告诉你："木王且背兰"，意为"去王城平坝"。在苗语里，"且"是城的意思，"且"音应读为"ju"（据）音。这个汉字的创字本意为男性生殖器，可见庄硚选用这个字来代音是具有恶意的污辱性的。细想之，这正是数千年来中原王朝对边地各少数民族的一贯做法，实在找不出可以丑化的字来代音，还可在那个代音字上加“犭”旁。“兰”是王。现在称“嘎兰”一般泛称官员，但“兰”的古意是王者。

在距且兰国遗址不远的台地上的天官寨，还有“苗国古都”之称，苗族人都亲切地称为“王且”，意为“苗王城”。在这里可以俯视旧州万亩大坝，实在是建王城的好处所。“王城”上还有人居住着，数千年来房屋的不断改建清除，使古迹变得越来越少了。所幸的是，我们还是在一处房前找到了四块打磨于上古的条状长方形石块，每块上方都凿有碗口粗的圆孔，据说是拴城门用的，有一块还埋在一条小道中未动，其余三块已被挖出来倒放着，大概是它妨碍了哪位子孙建家园了。

我用手轻轻地叩问那块还伫立着的老人，他默然不语，那只千古之眼是那样的深不可测，他已洞察了这块土地上的沧桑之变，现在又洞察着我的内心世界。

三

苗族先民们在这块土地上创建的且兰国该是个什么样子的呢?《史记》说:“耕田，有邑聚。”在秦代，把小村落归为聚，小城市归为邑，大城市归为都，那么庄硚把且兰称为国，想来也就有城了。不过这种城，大概也就像栽竹篱笆一般的简易，经不住庄硚大军的一击。因此在史书上对付且兰国连个战字都不值一提。

苗族先民主要把精力投放在开创这块土地上。《华阳国志·南中志》说:“汉且兰国邑，在今贵州黄平县西之老黄平，系贵州东部最大之一湖迹平原，农业发展在黔东地区为最早，故秦汉时已建成且兰国。”早在尧舜时期，苗族先民们就在洞庭湖创造了农耕文明。苗族的先民们以自己传统的农耕文明的智慧和勤劳的汗水将这块贵州东部最大的湖迹平原改造成鱼米之乡。

既有国家，必然就会产生政治组织，且兰国的国家政治是什么呢，这是没有典籍可查的。但从黄平一带苗族民间的遗留来看，苗族社会在中原统治没有来到之前，曾经有过一种比较昌盛的制度——议榔。黔东南的苗族社会在古代存在着两种制度，鼓社制度和议榔制度。鼓社制度是规范有血缘关系的宗族内部的行为的，每个宗支有一个鼓社；而议榔制度是规范一个地区（联盟内部）各个村寨、宗族的共同行为的，称为“一方自治的规约”或者“农村公社组织”。这种制度看似简单，却十分切合苗族社会的实际，切合苗族忠厚诚实、信神的心理特征，因此畅行了上千年。从庄硚大军到来的那一天起，这种制度就开始被迫向更偏僻的山野里败退。随着中原统治制度的不断扩张与加强，这种制度就躲进了或美丽或悲壮的诗化传说里。在黄平的苗寨里，遗留有《议榔词》《理词》，有一首被誉为苗族最美丽的歌《仰阿莎》：美丽的仰阿莎嫁给太阳，后又和月亮私奔，于是太阳和月亮打官司，请天下的理老去评判。这个“理老”，就是从“议榔”制度产生的主持司法的职务。

四

苗族的巫文化与楚文化有着太深的渊源。在先楚时期，苗族被称为“三苗”。三苗被打败之后，新崛起的后裔又被称为荆蛮或楚蛮。《楚文化志》指出：“所谓楚蛮，荆楚地的蛮族，其主体是三苗的遗裔。”早在商朝末年，髳人曾参加了周武王伐纣。之后周成王封髦人的后代熊绎于楚蛮地建立了楚国。在《史记·楚世家》里，楚国君也公然宣言："我蛮夷也，不与中国之号谥。"《左传》也承认："楚虽大，非吾族也。"在秦代以前，西南的各少数民族还没有分划得像今天这样清楚，因而"荆楚"不仅仅指苗族，但苗族曾是它的主体民族，苗族文化曾是它的主体文化。

苗族语言属于汉藏语系苗瑶语支，这说明苗汉两族的语言在远古时本是同根生。今天的汉文化在古代也经过了从八百诸侯到"七雄""五霸"，直至秦统一，秦始皇"焚书坑儒"统一度量衡的文化兼并统一过程。楚国建立后，楚地的苗夷民族先进的部分断续与华夏文化交流融会，并创造了灿烂的楚文化。而秦汉以后，聚居在武陵山区、雪峰山以及九疑、五岭南北、黔东、川东南、鄂西偏僻地区的苗族先民和其他部落却进一步向各自单一的民族发展。

史学家曾经把扬雄著的《方言》和杭世骏著的《续方言》两书所列的江汉楚语与湘西苗语比较，发现它们有百分之四十左右相同。在中华古文化中光焰夺目的《楚辞》，便是一部典型的"事鬼神，富于想象力"的巫文化经典。现存的苗族古歌于之几乎是再版。

那么，公元前 298 年楚国派庄硚对且兰的统治从文化意义上讲应是本族的统一，甚至那时候语言是相通的，因此且兰国民在心理上抵抗的情绪是十分薄弱的。在这层薄弱的隔膜里缀附着重重的认同水露。因而三千年前的统一之战并没有给且兰国的国民们带来大的灾难，且兰国归属汉（楚）文化的统治，呈现出苗族历史上少有的软着陆现象。实事上史书上记载，楚曾统一了荆楚大地上的许多国家，大都属于这种现象，那是经过苗文化的先进分子们整合重组过的新型文化，虽然具有一副新鲜的面孔，但却似曾相识，体内流着相同的血。文化的认同是最根本的因素。这之后，政权更替，且兰国民成为继楚国之后最早一批归属中原集权统治的古三苗后裔，也因此成为最早一批中原统治者所谓的“熟苗”。且兰国被庄硚改为牂柯之后，这块土地上的人民在清代以前基本上没有与中原政权发生过大的冲突。

五

且兰国是苗族先祖开创的国家。这之后他们的子孙并没有离开过这块土地。由于沅水的交通便利，庄硚在这里登陆步战，使旧州成为贵州历史上中原政权建政最早的地方。从秦汉开始，就有汉族迁驻黄平，随后各个历史时期都有汉族迁入，汉族形成了苗族之后的又一大黄平县主体民族。以《黄平县志》截止到1987年的统计，原旧州区辖下的区所在地旧州镇（不含外围的石牛、红梅、石板河、团坡、上塘、一碗井等六乡）汉族为九千九百五十五人，而苗族也有六千零九十七人。这种历史的大宽容、文化的和谐共存得益于苗文化与楚文化的亲情交接，而后是与汉文化（政权）的再衔接递进。

在旧州城镇上，有古香古色、雕梁画栋的古建筑庭院楼台，寺庙宫馆，西洋教堂，可谓秦砖汉瓦，隋唐结构，明清风格，中国几千年的建筑发展艺术几乎占全了。身着苗装的妇女们自如地在大街上忙碌着，满耳传来苗语的大声交谈。我们很随意地进入旧州镇老里坝街上一户苗族家庭。这个家庭的母亲，一个慈祥的苗族老人接待了我们，还用苗语和我交谈。这个家庭是旧州镇街上普普通通的老住户，祖祖辈辈都说着地道的苗语，唱着苗族的古歌。但是这一代，这位苗族老人养育了三位非凡的女儿，她们用美妙无比的歌喉唱着苗族的飞歌，唱出了苗岭深山、荆楚故地，响彻洞庭湖畔的三苗古国，飘过中原大地的涿鹿蚩尤古冢。她们就是在中央电视台频频亮相的苗族三姊妹阿桑、阿多、阿依。她们分别被黔东南，黔南、黔西南三个少数民族治自州的歌舞团立为台柱。

在中国这块大地上，统一是历史的必然，是历史的进步。文化的认同与和谐是统一手段中最文明最先进的方法。1889 年，法国传教士穆甫将天主教带到旧州，这是一种与汉文化格格不入的文化，更谈不上与楚苗文化接轨了。这种文化不可能被更多的旧州人接受，到今天只剩下一座破败的天主教堂在风雨中沮丧。唯一让世人记住的是 1934 年红军长征时，肖克将军在天主教堂里发现了一张法文贵州地图，请了一位名叫勃沙特的传教士翻译为汉文。据说这张法文军用地图在红军转战贵州时发挥了很大的作用。黔东南话剧团曾用此题材创作了《红星与十字架》的大型话剧。这是灰色板块中的一个红色感叹号，也算是文化的高光点了。但在这一方天地的三千年时空里，是日晴亦苗色、雨来带楚声的。

六

我站在古且兰国的废墟上闭目驰神。古且兰国、牂柯郡何时搬出这里的呢？搬出的原因又是什么呢？从古籍上只得知元代的元帅府设在天官寨。从秦到元，中国历史又经历了汉晋隋唐宋的巨变，从公元前 246 年到公元后 1368 年，历时一千六百一十四年……

且兰国是被深埋在美军的飞机场下了，元代的元帅府也荡然无存。当年强盛的楚都呢？

秦统一中国后，当世人鉴于华夏与楚夷（或叫“楚苗”）两种文化的恩怨纠葛，就断言：“楚虽三户，亡秦必楚”！果不出所料：当不可一世的秦始皇游会稽、度阴山的时候，项羽和叔父项梁在一旁观看，项羽就指着秦始皇说：“这个人我可以取而代之。”他二十四岁就和叔父项梁起兵反秦。后项梁死，他独当大任，率领八千楚兵破釜沉舟迎战秦军于巨鹿，九战章邯，直捣咸阳秦都，灭了秦国。也许是天意叫他报复始皇焚书坑儒吧，这位苗气十足的后生一把火烧了阿房宫。这座“覆压三百余里，隔离天日”的形制巨伟的阿房宫就是秦始皇朝宫的前殿。在杜牧的《阿房宫赋》里，它可谓精美绝伦：“五步一楼，十步一阁，廊腰缦回，檐牙高啄。各抱地势，钩心斗角”……它是艺术，是文化！它在项羽的大火中焚烧了整整三个月。

那位派庄硚远征且兰、夜郎、滇国的楚顷襄王，就是楚怀王的大儿子熊横。他父亲不听屈原联合齐国抗击秦国的主张，贪图小利，加上受令尹子椒、上官大夫靳尚以及宠妃南后的包围蛊惑，上了秦国使臣张仪的圈套，排斥了屈原，结果做了秦国的俘虏，被囚死在秦国。熊横不但忘记了国仇和父仇，而且做了秦国的女婿，把屈原远远地流放到汉水以北。当秦国大将白起攻陷楚国都时，屈原正走到湖南通往黄平旧州古且兰国的沅水、湘水之间，听到这个悲痛的消息，就投到汨罗江里自杀了，时间是夏历五月五日。以后每逢这一天，楚人都包粽子赛龙舟纪念他，将粽子投到河里，叫蛟龙别吃诗人的尸体；划船竞赛是想将诗人打捞出来。至今，舞阳河、清水江的苗家人还在隆重地举办着这个“龙舟节”。

诗人死了，然而当诗人溯沅水，入枉陼，到辰阳、溆浦这一带史称为“武陵蛮”的住地时，精通当地语言的他，就一路采风，经过提炼加工，创作出了与世永存的《九歌》。屈原的《九歌》，据专家考证，有许多地方用汉文献知识无法解释，但若用苗族的礼俗现象及古词汇来对照，就可以澄清，且历历在目，栩栩如生。

若是你走到黄平县的苗族村寨里，你会看到在屈原的《楚辞》

中描绘的那些风俗祭俗，那些笙曲鼓舞依旧风行着。黄平县有苗族古歌、苗族大歌（长诗）《议榔词》《理词》《巫词》……这些都是古且兰国先人们创造的文化遗存，这些文化已被世人所公认。

我为地底下的且兰国感到欣慰，你们创造了独立于世的完善的文化体系，你们因此永世长存。你们要城邦做什么？城邦仅仅是营造五光十色的梦，满足人的灵与肉的需要而已！再坚固的城邦也将被荒废，再优秀的人也逃避不了自然的限制，君不闻李白曾唱——“屈平辞赋悬日月，楚王台榭空山丘”？！

2002 年 12 月于凯里

猎狗浮萍千古谣

一

我习惯在凌晨五点准时伏在书案上，这仿佛是十多年来的旧习了，这时候，宁静塞满了每一处微小的空间。宁静是酿造思想的温床，是一望无阻的时空，任意念自由穿越，可谓精神的良辰美景。今夜读老朋友李文明的一部新著——《千年短裙》。

读到“短裙苗家哪里来”，又被那则传说“卡”住了——主人放狗去打猎，猎狗跑出去很久以后回来，身上披着满身的白浮萍。于是大家跟随着猎狗寻那个满是白浮萍的地方，终于找到了，就是现在的空申苗寨居所——李文明如是说。

上世纪 80 年代，作为一个民间文学搜集者，我游历于几个苗族县的乡间采风，曾采访到许多类似的传说版本，尽管各自有不同的色彩，却大同小异。以后又在许多文本上看到，比较著名的是千户苗寨西江。可以说这个故事在贵州黔东南的苗族各个宗支或家族中流传甚广。

我又分心走神了——为什么在不同的地域、不同的环境中会产生同样的传说？

苗族是个迁徙的民族，这个迁徙的源头始于史前的炎黄与蚩尤的“涿鹿之战”。现在的蚩尤子孙们毫不忌讳地坦言，他们战败了，于是他们的祖先开始迁徙。这一迁就整整用去五千年，在中华文明最突飞猛进的发展时段里，他们都在疲惫地奔命，不断地迁徙。当然，也有一些阶段性的喘息时机，但是蚩尤的子孙总是抓住这极短的时机，迅速发展，弄出些使政敌耿耿于怀的景象来，比如尧、舜、禹时期的“三苗”，仍被华夏集团视为劲敌。尧与三苗战于丹水一带，并将其部分人放逐于三危。舜终因南征三苗，死于苍梧，连尸骨也未运还。禹继尧舜之志，再次征伐三苗，世人都知道大禹治水，却不知禹建立了第一支真正意义上的职业军队。乘天灾人祸同时降临三苗之机，禹以这支职业军队大败三苗的农民之师，三苗从此不见于史籍。大禹建立了真正意义上的国家——夏朝。四百七十一年后，被殷商的联军所灭，在灭夏的队伍里，就有蚩尤后人建立的楚军。

“楚”本是一种灌木的名称，也叫作“荆”，是南方江汉流域的山林中极为常见的柴薪。大约自商代起，中原人就以荆楚来称呼江汉流域的蚩尤等南方各部族，《诗经·商颂》中说“维女荆楚，居国南方”。但是，构成楚民族主体的是原九黎、三苗的后裔，他们与祝融部落的一支相互融合，发展成为一支强盛的荆楚大族。他们不仅创造了越来越强大的楚国，还创造了以楚辞为代表的楚文化——这是楚地特有的民间习俗：民间巫风盛行，土俗尚祠祀歌舞，楚地民歌汪洋恣肆，但是楚一向被中原王朝视为蛮夷，因而在《诗经》这样一部广泛采录周初到春秋中叶五百多年四方各国民歌的总集中，几乎没有收录楚地民歌。当然，今天的楚文化被喻为中国浪漫主义文学的源头，“书楚语、作楚声、纪楚地、名楚物”的楚辞，是中华文明的一座高山。

应该在楚国崛起的同时，苗族迁徙的先头进入贵州的黔东南，现在的榕江县当时成为最大的集散地，由于后面迁徙的族群源源不断地涌来，这块大坝再也容纳不下，大家只好向更深的前方探寻。弟兄再分手，栽岩为盟誓，相约数年后的某个日子，再到栽岩处相会。至今在榕江留下栽岩分手处“五公岩”的实物。历史展现给我们的镜像永远是高度浓缩的。苗族在榕江的相聚与分手至少也有数百年的时间，此后各支系便分开在黔东南遮天蔽日的林莽中寻找居所。那时的交通条件和通信条件之差，是我们所想象不出的，大多数人也许一辈子走不出十几里远。试想，在不可能提供交流的情况下，怎么会产生如此相同的传说？难道是感应？集体有意识的感应？与其说是感应，不如说是记忆，是产生在还没有分开以前或者更早的历史记忆。苗族的古歌和许多传说故事都是产生于神话时代，比如枫香树的图腾传说，蝴蝶妈妈的传说，十二个蛋和姜央的传说等等，这些都是各个支系没有分开前形成的集体历史记忆。因此在黔东南任何一支处于多么偏僻闭塞的苗族支系里都可以听到这些相同的传说。那么我是否可以假定依据狗寻找到白浮萍而定居的传说并非在黔东南产生的，而属于历史记忆的延伸？这个故事里包涵的历史信息属于久远的历史经验。

二

狗和白浮萍是这个故事里的核心。

狗是人类最早驯化的动物，被称为“人类最忠实的朋友”。有考古实物证实狗的驯养时间在四万年前至一万五千年前。在中国，从新石器时代的遗址中就不断有关于狗的发现，年代最早的数吉林榆树县周家油坊，那里发现了约在公元前二万六千至公元前一万年的家狗的头骨"半化石"，那应该属旧石器时代的更新世晚期。在我们苗族先民们曾经创造的农耕文化遗址——距今七千至六千五百年前的浙江余姚河姆渡遗址，也发现有狗的骨架。

现在已经是工业时代了，但苗乡至今还遗存许多根深蒂固的猎俗，比如苗族历法里有禁忌狩猎的日子；"见者有份"是流行在乡间的口头禅，仿佛也是村寨里约定俗成的分配原则。其实它就是狩猎专用语。上世纪 70 年代还有猎可狩的，我亲身体验和见证了这个分配原则。那时候，猎到一只山羊、白面獐或者野山猫，除把头留给击中的枪手或者起最大作用的猎狗外，其余部分平分，哪怕是正在分肉时新闯进来一个不认识的人，也必须分给他一份。

当然，猎俗总是依附在猎狗身上才令人神往，比如说你看见一只宠物哈巴狗，你绝不会产生打猎的念头。在民国时期，黔东南一种优秀的地方猎犬被国民党在贵州省麻江县下司镇的一个军犬基地发现，这种猎犬因此命名为"下司犬"。从"下司犬"被命名的时候起，至少在往后的四十年没有多少外人关注这件事和这个物种。然而，时间却让我们对自己的朋友以充分的认识——"下司犬"在上世纪 80 年代后声名鹊起，风靡海外，在世界名犬排名榜中位列第三，与德国牧羊犬齐名。十多年前我惊异于这闻名于世的名犬就在距之几十里远的地方，自己枉自活了几十岁都不知道。但当我在下司看到这闻名遐迩的下司犬时，不禁瞠目结舌：这不就是过去我们乡下随处可见的狗么！怎么是它呢？又怎么不能是它呢！这可是经过与世界各地成百上千的犬种相比较得出的结论。

其实这个"明星犬"就是黔东南这块土地上的苗、侗、水、瑶、土家等民族共同喜爱、土生土长的猎狗，它的籍贯和它主人的籍贯一样在历史的风云里起伏跌宕。早在数千年前，它们就忠实地跟随着我们的祖先从遥远的东方一路迁徙而来。这个原生态的物种被黔东南这个天然的原生态文化博物馆深情地储藏着。试想，苗族迁徙到黔东南以后，不可能再将原始的狼驯化成狗，同时也不可能在荒无人烟中去向其他外族住民买狗。

我们有理由相信，来到黔东南这方土地之后，为主人寻找住所，“披来一身白浮萍”的就是这种猎犬。这样的故事有可能无数次地在苗族各个宗族中发生，但是在不同的地方所产生出相同的故事，必然依据于更早以前的一个经验。故事所折射出的应是对过去经验的希望，希望放出去的猎狗能披来一身白浮萍，希望得到的即是过去经验的重现。

经验中的“下司犬”披来的是哪里的“白浮萍”呢?

三

说起浮萍，不禁想起一个极其厚重的词语：湿地。

湿地，这个美国人发明于20世纪50年代的词语并非单纯给一片沼泽地或者止水命名，而是涵盖一种特殊的生态系统——在陆地生态系统与水生生态系统之间存在着的，介于两者之间的过渡生态系统，即海洋和内陆间常年有浅层积水或土壤过湿的过渡地段。这个地段同时兼具丰富的陆生和水生动植物资源，形成了其他任何单一生态系统都无法比拟的天然基因库和独特的生物环境。湿地是我们这块星球上最重要的物种资源库。

当代科学已经证实，人类最早的农耕文明出现在北纬二十度到四十度之间的北半球湿地地带。这个纬度所包容的是人类生存的最佳条件：广阔的平原或山地，亚欧大陆连成一体，使得海洋上的湿空气纵情深入，为内陆带来丰沛的降雨；尤其是温带气候与亚热带温暖的气候，四季分明，冷热均衡，而过热或过冷的气候都不适合人类生存；更有很多大河发源于此，河流中下游往往会有肥沃平坦的土地，这里的土壤基本是河水的沉积淤泥，其肥沃度可以与中国东北黑土相媲美，适合人类发展种植业。我们苗族的祖先就在这黄河中下游和长江中上游肥沃的湿地里度过渔猎采集时代、原始的农耕时代。

渔猎采集是人类进入农耕文明之前的一个重要阶段。根据考古学家的考证，我们苗族先民参与创造的距今七千至五千年之间的河姆渡文化，有了大量的人工栽培稻，同时还采集野生植物的果实，这表明两种劳动形式同时存在。

原始采集渔猎经济时代，属原始社会的前期。这时期男人们的职责主要是危险性较大和力量型的打鱼狩猎。妇女们则领着孩子到野外采集野果和野菜。我曾记得儿时大人嘱咐过我们，在山上找野果时，凡鸟吃过的我们就可以放心吃，鸟不吃的野果，我们得小心，要么是壳太硬，要么就是有毒。看来这是条经验。那时的妇女们看到鸟雀飞来啄食那些成熟了的野生稻谷，受到了启发，认识到那是一种可吃的植物，于是就大批采集回来，用石头或木棒捣碎去壳，煮熟充饥。

但是，这种无比清香、口感极佳的谷物注定了要主宰我们这个农耕民族的食欲，于是他们矢志不渝地追随鸟儿去寻找稻谷，对鸟儿产生了崇拜心理，随着欲望愈浓，以至神圣化、图腾化。舞蹈起源于图腾仪式。史家已经论证，古代南方各民族的“鸟舞”或“羽舞”，约产生于渔猎采集的石器时代，到了青铜时代即被当作图腾仪式刻录下来：诸如云南晋宁石寨山战国至汉铜鼓、锥形铜锣及文山、广南西汉铜鼓和广西西林普驮西汉铜鼓刻有大量羽人舞蹈纹饰，它们都起源于渔猎采集时期的图腾仪式舞蹈。而贵州省丹寨县的苗族锦鸡舞，是一种活化石般的活态传承。它们都像人类至今还嗜好着的渔猎采集遗风一样顽强地穿越上万年时空，一直延续到今天——比如说许多人想去野外钓鱼；又比如有许多人想去野外采蘑菇，亲手摘下树上的果子……

也就在这个寻找野生稻的长长过程中，他们发现了与野生水稻形影不离的神奇植物——浮萍——有浮萍的地方就有野生稻。浮萍是湿地里的典型物种，它们在奔涌的大江河或者湍急的小溪流里是站不住脚的，只有在微波荡漾的池塘和湖泊里才能安生立命——我们的先民就是在这漂浮着浮萍的地方找到了野生水稻，农耕文明就在这铺满浮萍的水面上诞生，浮萍与水稻相生相伴，不离不弃——他们驯养的狗同样欢天喜地呼叫着冲在前面。当猎狗披着一身浮萍返回等待主人时，他们便预先得到了前方有野生稻的信息。这个经验被牢牢地刻在先民们的脑海里，一代代相传，以致到了栽培水稻的时代，在迁徙的路上，他们必须选择那个有浮萍的地方，寻找到它才能定居。这并非要找到野生稻，而是找到适宜栽种水稻的条件。这就形成了在贵州黔东南苗族各个族群里普遍流传的故事传说——一个来自远古的经验。

猎狗披来的浮萍，多是自然形成的山塘里的浮萍。山塘是比田还要宝贵的财产，过去祖先们是宁愿卖完田土也不会卖山塘的，这是农耕民族的经验——塘是田之母。一个山塘就是一座小水库，决定水稻丰收与否的命脉。我想起两个案例：一是以塘命名，我所熟知的丹寨县的苗族地名有十几处，这些地方都是田园密集而肥沃之地。二是丹寨县的长青乡的“番瓮”村。苗语“瓮”者，即是“塘”。那里有个很大的水塘，滋养着几百亩的水稻。番瓮大寨即因塘得名。大约是2007年，黔南州歌舞团团长阿依邀请我去黔南参与他们采风，我们来到三都水族自治县的羊福乡。三都县水族人口占百分之六十五左右，苗族人口不多，这里却居住着相当数量的苗族，他们发现了一种特别音调的苗族民歌。我到那里一听，却是与丹寨县长青乡一带的苗族民歌音调相同，服饰语言也相同。我遇到了“乡音”。一打听，说是很早以前从丹寨县番瓮一带迁来的，番瓮那口大塘，至今还有他们家族的份额。他们生恐我不信，还特别举证说，前几年，那口大塘要开塘，还特别派人来请他们回去共同开塘，享受份额。我当时心灵就被重重一击：那口大塘所滋养的稻田，在沧桑中不知多少次易了主，大塘也许已经变成了集体财产，但祖宗们的那个规约还根深蒂固地存在着，名义上他们还没把山塘卖出去。

无论山塘还是稻田里的浮萍，对于苗族这个远古的农耕文明缔造者都是吉祥物。这种植物的苗语音读为“泊”，但这个读音在苗语里既做动词又做名词，“泊”既是植物的浮萍，同时形容水往上涌动的形态：“欧”为水，称泉水为“欧泊”；苗语与上古汉语有些相似，是倒装句。这个“泊”进而被苗族人引申为发财发富发家之意，这个读音也因植物而变得吉祥起来，在某些喜庆或保寨、保家之类的巫事活动中，必须摆上浮萍或地衣等物。

四

我一直这样认为：是伟大的女性最先创造了农耕文明。在长长的、不知几千载的追踪鸟类和猎狗去寻找野生稻的日子里，她们必然经历了对长在沼泽地上的野生稻谷有意识地进行观察和保护，等到种子成熟了再采集的过程。

然后历史上必然要出现这么一天，有一个或者一群女人，她们细心地观察到从野外采集回来的野生稻谷颗粒，偶尔散落在住地附近低洼而湿润的土地上。然后她们会刻意观察：在阳光雨露滋润下，这些稻谷颗粒发生了形状的变化：发芽、长大、抽穗，直至成熟为金灿灿的稻谷穗。就这样，人类的智慧再次被自然现象所开发，妇女们有可能反复地试验，认识不断深入，有意识地在某些比较低洼湿润的地方，播下野生稻谷的成熟种子，也能长出稻谷来。就这样，妇女们逐渐掌握了水稻生长的规律，还认识到人工种植水稻比随鸟儿到野外漫无边际地采集野稻方便得多。于是，逐步地扩大播种面积，把住地附近的沼泽地上的芦苇和杂草放火烧掉，开辟成水稻田，种植稻谷。

这并不是完全凭空想象，这与考古专家通过大量的考古实物和现场勘察，对人类由采集野生稻发展到栽培人工稻过程的复原基本相符。因此考古专家们指出，妇女是原始稻作农业的发明者，她们把野生稻谷改造成为人工栽培稻，为人类做出了很大的贡献。

我祖母在世时，给我说了一则传说故事：过去我们不插秧，只知道把谷种撒在犁耙好的田里。一年，一户人家的谷种少了，撒谷种时余下一块稻田，这家女主人突发奇想，从长出来密集的稻秧里拔出部分秧来，均匀地插在那块空稻田里，没想到那块后插上秧的稻子长得苗壮长穗，颗粒饱满，收成比那些撒种密匝匝的稻田还要多。这之后，我们才改成插秧。

在稻秧打苞的时节，月光荡漾的夜晚，我家乡的年轻姑娘们会到田坝中央去做一种神秘的活动——稻花神。姑娘们摇动着装在竹篾腰篓里的马铃铛，吟唱一种专为“稻花神”活动设置的歌调，其调委婉深情，缠绵悱恻。她们呼唤着“娜悠”的名字。谷子的苗语读音为“na（娜）”，“娜”的物象意象都属于女性的，女孩子的名字都喜欢取名“娜”。歌词大意是把田坝里所有姑娘们的魂魄都留住，留在田坝里唱歌跳舞，不要分心，不要走神。所指的“姑娘”即是稻秧。苗家人认为，田里的稻秧就是真正的苗家姑娘，她们正值青春情怀，她们会出走。一旦稻秧的元魂出走，这一年的谷子就会大大减产。

到今天，我们苗族栽种稻谷的技术一直由女性传承掌握：从秋后选种到开春泡种、撒种、开秧门……都由女性主持。稻作文化实际上是女性文化。

五

倾听窗外的夜空，汽车声渐渐密集，这宁静正被剿灭时，我的思绪退缩到一个单词上——穿越。近几年来，“穿越”这个词被影视作品弄得一塌糊涂，既十分时髦，也十分荒诞不经。但“穿越”的思想确是早已有之，而且依附在十分严谨的历史学界身上。我们许多考古得到的结论，没有思想的穿越达不到那么丰满的结果。

一个民族的历史，无论怎样精彩，总会被时间打成散乱无章的历史的碎片。但历史的碎片不仅仅限于文字记载，尤其是没有文字的民族，文字诞生之前的史前史，或民间传说，或习俗习惯，或衣着衣饰，甚至某个口头禅。历史学家们正是依靠这些而穿越千万年的时空，将散乱无章的历史碎片理顺，为我们复制了一个个精彩的历史时刻。

我一直在思考，我们以苗族为首的蚩尤集团部落的子孙们，为何不断地在历史的瞬间迅速发展呢？皆因他们掌握了农耕文明的一切技术并以之为习俗。相对于那些游牧与采摘部落，那可算是时代的“高科技”利器。他们走到哪儿，都开田种稻。在两湖两广的平缓泽国地带，几十年至上百年后，即可囤满粮仓，丰衣足食。以当时的生活水平，即可称富足强盛了。即使迁徙到云贵高原，只要有苗瑶等民族的地方，窄窄的梯田总是开垦到半山腰以上。当然，在这艰苦的环境里，在这窄窄的梯田里，再怎么壮观，花再大的代价也只能求得充饥果腹，再也强大不起来。

天大亮了，窗外是一片因为陡峭而幸存的松树林，翠色养眼，却有两三片不明的白色垃圾在绿色之中飘摇着，任你心有多烦也挥之不去，一定有根看不清的化学线在拴着了。蓦然想到，那些被隐没在黑洞里的神经牵系着的物事，在我们肉眼看得见的光天化日下孤单单地飘零着，也许你以为毫无来由。

狩猎时代已经远去，养狗的习惯还在，养狗的目的不再是狩猎，但还是按猎狗的标准来选狗。青壮年人都进城打工了，寨里家里只有老人、儿童和狗。山里的狗们没有受到现代文明的洗脑，它们的原始记忆比人类更便捷，时不时地钻进密林里放纵一把。当然，那时候遍地是豺狼虎豹的气息，而今却只是鼠类的气息而已。有时，它们也会披来一身白浮萍，而主人们视若无睹；但有时，猎狗们也会窜到某个地方，披来的是一身白色塑料碎屑，它的主人们却神情为之一振……

2012年7月11日晨

这一方热土叫“丹寨”

一

丹寨是个县名，更是一方既具有方位距离地理形态特征，又具有人文历史特征的时代性、地域性和民族性的土地。从区划看，它地处贵州省东南部，黔东南州西部；从地形地貌看，它处在黔东低山丘陵南部与黔南山地地带，中部地势较高，是清水江与都柳江的分水岭。其形状如一面锥形的绿色锦缎由东北向西南铺展。全县海拔在六百至一千二百米之间，最低三百七十米，最高一千七百零一米。县境内冬无严寒，夏无酷暑，被誉为“中国西部避暑城”，“云上丹寨”。

丹寨的山形地貌形成一个巨大的地理单元，同时也是一方自成一格的文化单元。县境内多民族聚居，有苗、汉、水、布依等十八个少数民族，其中苗族占总人口的百分之八十五点五七，是主体民族，因此苗族文化是丹寨文化的主体，在其熏陶下，这方土地上的人们都自豪地对外宣称自己为“丹寨人”。

“丹寨县”是这方土地今天的区划地名身份标识，之前它还经历过诸多的名称变化，而每一次名称演变都伴随着或腥风血雨或社会鼎新或朝代更迭的一次次时代变革。在汉典籍记述中，隋朝时属牂柯郡，唐朝时属黔中道应州地，宋朝时为夔州路绍庆府所领五十六羁縻州南部东段地带。直到距今六百五十七年的1353年（元至正十三年），一个名叫夭阿路的朝廷官员因“征南有功”，从广西庆远府调来这块地方任“夭坝长官司”，这片土地才有了建制和文字记载。

现在的夭坝司村就是他的司所在地，据说原来想把司所建在一处叫“干母”的地方，当地苗族人认为那里风水好，不应该让他建司所，于是让人把猪毛和泥和起来塞进竹筒里，制造出老虎粪便的模样，夜里挤出来放在正在施工的工地上，如此接连数夜。夭家觉得很不吉利，因而改建到现在的处所。那块地因此得名“坝干”，“坝”是古苗语很凶猛的雄性动物的意思；“干”的苗语意思是粪便，组合起来便是“老虎拉屎的地方”。

其实这个徒有虚名的“夭坝长官司”并不能真正管理这方土地。他是元朝为开辟从湖广经贵州通往云南的“东路”驿道中布错了的一枚棋子。这条被誉为“古苗疆走廊”的通道在苗疆腹地黔东南最后的线路走向是：从湖南晃州（新晃）进入贵州平溪（玉屏），在镇远改行陆路，然后是——偏桥（施秉）——兴隆（黄平）——清平（凯里），而后进入黔南的平越（福泉）。“夭坝长官司”因与“通道”偏差而不能得到重兵护卫，只能龟缩在那所在苗族特色吊脚木楼包围中的地楼建筑里空抱印信委任状。明朝推翻元朝，清朝取代明朝，夭家就到朝廷去上缴地图印信以表效顺，每次都能换来个“仍令袭旧职”。但来回都是朝廷派兵护送，平时更不敢轻易出司所。

中央集权真正对这方土地实施统治的是清雍正七年十二月（1730年1月），历史上又一个马背民族建立的清朝刀兵血祭处，建立了八寨厅，厅治在今扬武乡的老八寨。这个称谓因厅治的周围有密告、扬排、五一等八个较大的苗寨而命名。乾隆六年（1741）纂成的《贵州通志》载其时厅辖境为：“东至黎平府古州杨条寨界一百一十里，西至都匀县太平汛界三十里，南至独山州三角（脚）屯界六十里，北至丹江通判黄土寨界一百二十里，东南至都江通判底览寨界八十里，西南至都匀县普安司界五十五里，东北至丹江党浪寨界一百一十里，西北至麻哈州隆里界一百里。”人是自然的产物。一个民族的文化，也常是地理与环境的文化。这正如高昂激越、起伏跌宕的苗族飞歌一样，它只能生发于崇山峻岭的苗岭深处。“八寨人”是这方人至今还在民间出现着的自称。“八寨厅”建立以后，这方土地越来越多的社会人文被载入典籍，也越来越多地被外人所认识。至今，有关这方地域的许多历史人文还依赖这个“软件”才能打响。

1941 年 4 月，也就是民国三十年，国民政府撤销丹江县（雷山），将其县的西南部并入八寨县，使得这个县名不得不经历又一次变更，取丹江与八寨的各一字来组合成新县名。这“丹”字堪称一字值千金，连着那一大片土地入组新名的诞生——丹寨县。原“八寨”割舍的“八”字实质上并没有丢失，原八寨厅治周围的八个大苗寨依然包含。

二

上述的丹寨，只是历史上官方角度的、汉文化的、标志性的丹寨，在历史的经纬里，丹寨总是把最神秘而精彩的笺页匿藏在历史的最深处，潜藏在深深的民间。清八寨厅的建立，使得厅治周围八个大苗寨的苗族服饰类型的族群，在官方文字的一次次传播里，有意无意地被命名为“八寨苗”了。

其实不然。丹寨县域内的苗族，恰好涵盖了苗族黔东方言区中一支亚支系——“嘎闹”支系。“嘎闹”是苗语音直译，其意是“鸟的部族”，即是远古鸟图腾部落的后裔。苗族先民们把枫木、蝴蝶、脊宇鸟组成一曲完美的人类生命乐章——枫木被砍倒了，然而被砍倒的枫木并没有死——树根变成泥鳅，树桩变铜鼓，树疙瘩变成猫头鹰，树叶变成燕子，树梢变成脊宇鸟，树心生出蝴蝶；随后蝴蝶就与水泡恋爱，生出十二个蛋，再请脊宇鸟孵化出人类和数种动物。鸟是孵化出人类的再生母亲，即是图腾。

这是属于远古时期的神话，因苗族没有本民族的文字，在历史上所发生的重要事件，全靠代代严谨的口传心授。一部源自丹寨的国家级非物质文化遗产，被誉为苗族百科全书的苗族经典《苗族贾理》，记述了从远古至清代后期在他们身上所发生的故事。苗族的先民在远古时期与炎黄族社会文化的纠葛渊源，使得苗族远古的神话在汉典籍上往往都有相互印证，并被多数史家和民族学者以及考古发现证实了：苗族的先祖蚩尤率领的九黎集团曾是东夷集团中的一部分，鸟图腾是农耕民族的原始图腾。少昊的东夷集团里有二十多个以鸟为图腾的部落组成的“羽族”，“羽民”部族，“为鸟师而鸟名”。

在排调镇，有个“嘎闹”支系中的着超短裙的分支，麻鸟苗寨和杨先苗寨是这个分支的精神文化中心。他们的服饰造型扮相和舞蹈形态，都以美丽的锦鸡为审美参照：好高绾的发髻形如粽子，光滑圆润、高昂秀丽，发髻上插锦鸡飞舞造型的银饰；上装保持着黑色的素净，裙长十五公分左右，前围帕短，绣有艳丽花色，后围帕素而长，压着十数条亮丽的宽花带，垂到脚后跟。犹如一只美丽的锦鸡，靓丽迷人。他们跳的芦笙舞叫“锦鸡舞”，表演时舞者双脚按节奏变换出优美姿势；左右手垂直于短裙边放松，手指微跷，随着舞姿自然舞动，脚步尾尾律动，回环复沓，优雅流畅，含情脉脉，细腻委婉，酷似鸡在行乐觅食。德国的恩斯特·格罗塞在他的《艺术的起源》里说："摹拟的冲动是人类的一种普遍特性。"摹拟式的舞蹈因与其摹拟的对象有一种十分重要的对应关系，锦鸡舞者们不仅仅是简单的模仿锦鸡的羽衣美与形态美，而且是来自心灵深处的顶礼膜拜。这种舞蹈是鸟图腾崇拜的活化石。

被誉为苗族蜡染圣地的丹寨县排莫苗寨，所有女式盛装后肩背上都有一幅呈半圆形的几何纹蜡染图案，是祖宗规定固定在每一件女式盛装的这个部位上的，不能改变。史料证实螺旋形纹饰是由鸟纹变化而来的，出土文物证实马家窑期鸟纹已开始旋涡化，到半山期旋涡纹和马厂期形成大圆圈纹，这幅苗族崇拜的蜡染图案中的十二个旋涡是由鸟演变而来，那是十二只来自图腾时代的鸟。它与出土的新石器时期的陶纹惊人的一致。而今天，排莫苗族蜡染绘主要以鸟鱼为题材，其风格自由浪漫，生动活泼，细腻灵巧。对自然界的生物，它采取再简化、夸张、变形的手法，略其形而重其神，既准确地掌握了物象的特征，又达到了相当高的艺术概括，尤其是它奇特的造型、原始的意味，满图天真稚气，充满了人类早期的童年气质。观其笔意，完全与新石器时期的陶器纹饰一脉相承。

三

蚩尤部族在北方被炎黄联盟打败以后，不断向西南迁徙，他的子孙有一支直迁徙到丹寨境内。最早的一支是叫"嘎蔸阚"的支系，他们至少在春秋时期楚国的建立同时到了这里。而"嘎闹"支系在秦汉以后逐步地、分批地迁徙来，唐宋时大量地迁徙来。如今"嘎蔸阚"支系已隐居于传说与歌谣里、地名里，它或许被后来者同化，或者已迁走他乡。

服饰、语言是苗族区分每个不同宗族以及支系的特征和标志，是血肉关系中最亲密的部分。现在丹寨域内苗族“嘎闹”支系旗下有八种服饰，也即八个亚分支。所谓的“八寨苗”是集中在城关龙泉镇周围的较大的一个分支。这个分支的真名苗语称“尤”，至今其他部族的人还这样称呼他们。龙泉镇一带称“方尤”，意思是“尤部族人居住的地方”。丹寨带“尤”的地名有三十多处。他们即是那位在五千多年前被黄帝与炎帝联盟战败并被肢解的大名鼎鼎的蚩尤的子孙后代。尤分支的苗族有个古老的传统节日——祭尤节。苗语叫“农尤”（nongx yul），所祭的是他们那位曾率领九个部落首领一起与黄、炎交战的祖先“告尤”（尤公）。苗族祭祖一般都是祭祀所有过世的祖先，唯“祭尤节”是专祭祀个人的节日，以公祭为主。在扬颂苗族，自古就设有蚩尤祭坛，每年农历10月的第二个丑日（肖牛日）为祭日。所敬供的祭品不是鸡、鸭、猪肉等近现代的美味佳肴：一把祖传砍刀；九土碗酒，九个糯米糍粑，九条鲤鱼，鲤鱼的盛器是构树叶和青菜叶，先垫树叶，后铺菜叶，再将鲤鱼放上面。如此特殊古朴的食品，很令人想起那个新石器晚期、金属时代刚刚启蒙的遥远的岁月。

一个祖先的英雄气概，往往会成为今人解读这一方民族文化品格和精神气质的向导。所有为纪念这个悲壮的英雄祖先而诞生的艺术是隆重而悲壮的艺术——芒筒芦笙是尤分支苗族特有的芦笙种类。现在一般的芦笙都是在芦笙的发声管上套共鸣筒，以起到扩大音量的效果，而芒筒芦笙不仅有共鸣筒，还配制了专门的芒筒，最大的芒筒用两人方能扛得动，这是个庞大的交响乐队。芒筒芦笙声音震天动地，气壮山河，舞姿或跪拜或迁徙或盘旋或跳跃……芒筒芦笙专用于大型的祭祖庆典活动，其曲曰《芒筒芦笙祭祀乐舞》，是国家级非物质文化遗产。

在贵州丹寨县城北四十公里一个叫石桥的苗寨里，至今仍保留着一种古老的造纸术，由于世代传承，村中无论老幼，几乎人人会操作。经博物馆专家研究发现，石桥古法造纸工艺流程与明代宋应星著《天工开物》记载的图解基本一致，认定是汉代到唐代这一时期的造纸工艺，距今已有一千四五百年的历史。以树皮为精，构树叶为华，山泉为媒，手工而成。一张张看似粗糙的“古纸”，漂洋过海，销到了世界四十多个国家和地区，也成为国家图书馆修补文献和茅台酒商标包装的主要用纸。

这就是丹寨。它是被独特的人文历史之光照耀着的丹寨，是被苗族文化湿地滋养着的丹寨，是已风化成典、却又被茂密的民族文化植被覆盖着的丹寨，是一方热土的丹寨。

蚩尤是雄鹰的部落

一

11 月 15 日，是农历十月的第二个丑日，是每年丹寨县扬颂苗寨祭祀尤公的日子。这个日子千年不变。从遥远的东方迁徙到方尤（丹寨）定居以后，他们依然延续祭祀祖先尤公的习俗。扬颂寨的祖先排行老二，因此轮到第二个丑日祭祀。今年的农历十月有三个丑日，初四是己丑；十六是辛丑；二十八是癸丑。

丑者，牛也！今年的祭牛是一头中型的牛，算不得“膘肥体壮”，我将之拍照传到微信群，邻县一位朋友立时反馈说这祭牛未免太瘦小了。但切记，这不是斗牛，不是菜牛，而是祭祖的牛。祭牛先讲究旋线，讲究牛角的“里翁”。牛角正面的凹陷处，苗语称“里翁”，视为水田的象征，寓意子孙富裕，不能有缺口，并且有数量要求。这一套“牛经”讲究的形成，是要经历几千年，再深究到基因密码，那岁月就更得悠长了。而牛的健壮与否，无非是两三年间的饲养之力罢了。

我到扬颂的次数已数不清了，有来过节的，有来调研的，还有来喝酒的。但每来一次，总有新的体验。这次吸引我的是祭尤坛的景色。祭尤坛在寨子正前方，与寨子隔着一块四亩大的田，它是一整块巨大的风化石，石面上大约有一亩宽。由于是风化石的原因，所风化出的泥土是浅薄的，为在它表皮上生存的植物提供的养分自然很有限，尽管祭坛四周植物茂盛，树木挺拔，但只要你细细打量，就感受到它们比其他地方同等大小的树要苍老得多，树皮格外嶙峋、骨感。它们的实际年龄要比它们的体积大得多。看祭坛四面的树，我更惊奇于祭台下树的品种，它们大多数是岩青枫树。苗语称岩青枫为“豆果尤”，即尤公之树。“豆”是树，“果”特指板栗类果实，“尤”就是蚩尤、尤公。这就是为什么有那么多的岩青枫挺拔在祭尤坛的周围，簇拥着祭尤坛的缘故。

岩青枫是栎树的一种，青枫亚属。在苗族古歌里，它是祖先从东方带来的树种。它是神树，且属于最高级别的神。《苗族史诗》中叙述了人类始祖姜央要祭祖，在寻找木鼓过程中，寻到竹子山，栽竹子编竹炕笼炕祭谷；走到青枫树林，用青枫树做粑槽打祭粑；走到枫树林，用枫木拴牛角祭祖；走到麻栗树（苗语称“豆尤”）林，用麻栗修圈关祭牛；走到茶园，煮茶敬给祖先。苗族祭鼓的时候，要砍十二对不同的树木，一样长，一样粗细，白木要的是岩（白）青枫，红木要的是枫树。

苗族每年农历二月初二的祭桥活动。祭桥分为架桥和敬桥二种。架桥又分为两种情况：一种是无子的人家，架桥目的是祈求祖先给他送孩子来，多选用杉木，意寓繁衍，多子多孙；另一种是有孩子的人家，架桥目的是祈求祖先保佑他的孩子除病消灾，健康成长。祭桥必用“豆果尤”（岩青枫木）或者“豆尤”麻栗树。

二

在对苗族文化的实际研究比对中，我发现除了关于蚩尤、三苗、枫木、迁徙等事项，汉典籍与苗族史诗、神话传说都有众多相互印证处以外，苗语与古汉语，音、义相同的字越来越多，苗、汉这两种文化都呈现出千丝万缕的牵连。我想，这绝非偶然。人类的进化，必然先有语言，才发展到以文字符号记录语言。文字的形成，十分久远并十分复杂，但文字终究是一种符号，文字的产生与演进，有一定的规律可循。最早出现的应当是以图像记录和传递信息的图画文字，后来图画文字和某些图案的表意成分转变为约定符号，并用于记词字符，这时准文字就出现了。自然，最早的文字或许先记音，再表意。

对于这个“尤”字，苗族的语音义与汉字的音义都相同。我最先接触的是苗歌里两个溢美之词“方筝尤”和“滃尤漪”，前者是指尤部族居住的地方，是宽广、平缓的象征；后者是丹寨县扬武镇内，靠近扬颂寨的一个大堰塘，是尤部族宽阔水域的象征。后来就知道同是苗族“嘎闹”支系的其他亚支系服饰的人称我们这支服饰支系为“尤”。其实这个尤的读音有多种音调，有读“尤（you）”的，也有的读“唷（yo）”，还有的读“鹞（yao）”，又有读“绕（rao）”的。苗族“尤”的支系也产生了多个分支。扬颂这支是“西尤”，这是从他们祭祀习惯称谓“农西尤”上判定的。有一支已经离开了“方尤”的尤的亚支，就是“阚尤”。这支“阚尤”从丹寨的小簸箕寨开始，一直铺向麻江、都匀的坝苟一带，苗语称“嘎斗阚尤”。

何为“阚”？苗语称喜鹊为“阚岚”，是指这种黑色的、体型硕大的鸟。“阚尤（唷）”指一种与乌鸦一样黑色、嘴大的大型鸟——

鱼鹰，当地俗称“水老娲”。其实这个“尤”音的出现，中华文字还在记音和绘图的初创之中，并没有形成真正的文字。因此我们在解读这个“尤”字时，更多的要从音上去考虑。“尤”音极有可能是苗语（丹寨、凯里、麻江、都匀方言区）称谓的鹰类飞鸟：yo（唷）。这与汉典籍记载的太古时期事物是比较符合的。因为苗语“阚尤”就是指称鱼鹰。汉姓中也有阚姓，《皇览·冢墓记》记载，蚩尤冢高七丈，在东平郡寿张县阚乡城中，因而说蚩尤姓阚，其后代亦姓阚，并于每年十月祭祀蚩尤。《续夷坚志》记载：华州有蚩尤城。相传蚩尤阚姓，所以叫作阚蚩尤城，周围阚姓比较多。蚩尤冢，在东平郡寿张县（今山东阳谷县境内）阚乡城中，高七丈，民常十月祀之，有赤气出亘天，如匹绛帛，民名为“蚩尤旗”。肩髀冢，在山阳巨野县（今济宁市）重聚，大小与阚冢等。这一记载与《史记》是一致的，同时，与苗族的“阚尤”称谓相对应。汉典籍没法解释“阚”之意，只能说明是来自于记音时代，而选用这个“阚”字，与我选择来代音是一样的。而苗语可解释“阚尤”音是指一种大型水鸟，属鹰族。

按此推断：蚩尤的“尤”字，要按音来解释，就是苗语里的鹰。是苗语里称“阚尤”的鱼鹰氏族。“尤”部族即是图腾鹰的氏族，后来成为东夷部落集团主管战争的氏族。现在苗族的丹寨、雷山、麻江、都匀、凯里一带方言读音有“阚唷（kan yo）”，“阚尤（kan you）”和“阚鹞（kan yao）”等。

三

苗族至今仍然是子父连名制，是将本名、父名、祖父名连起来称呼，这应该是远古姓氏的称谓遗传。“蚩”应该是本名或氏名，“尤”则是族名或姓。在远古时代，姓与氏是两个不尽相同的概念。“姓”者，“女”“生”，是母系血统的族称，姓最初是代表有共同血缘、血统、血族关系的种族称号，简称族号。族号是整个氏族部落的称号。据文献记载，祖先们最初使用姓的目的是为了“别婚姻”“明世系”“别种族”。它产生的时间大约在原始社会的氏族公社时期。姓的由来与祖先的图腾崇拜有关系。在原始蒙昧时代，各部落、氏族都有各自的图腾崇拜物，比如少昊氏以鸟为图腾，黄帝以云纪事，炎帝以火纪事，共工用水名做官称而称为水师，太昊以龙纪事，用龙名做官称而称为龙师。这种图腾崇拜物成了本部落的标志，后来便成了这个部落全体成员的代号，即“姓”。

氏是从姓分出来的分支。由于子孙繁衍，散居各地，为了便于区别，每支再起另外的称号，这就是氏，并不因氏而废姓。每个人既有姓又有氏，故称姓氏。

远古的时候，姓氏属于整个部落或者氏族，个体是没有姓名的。随着社会的发展，文明的逐渐普及，姓名开始赋予个体，便是族群的头人、酋长、巫师以及特别有贡献的勇士。后世往往忽略了这个文明之初的特性，某个字音是代表某个氏族或氏族的酋长，而百年乃至几百年、上千年以后又出现这个字音的酋长，于是误认为他活了八百岁、上千岁……这样的传说在民间俯拾即是。

自夏、商、周三代以后，姓氏合一，氏已变为姓，故而氏指的是姓，姓与氏不再并存。越到后来，姓就越多，氏的意义就彻底消亡了。但蚩尤在前，夏、商、周在后。因而蚩尤是有姓有氏的。尽管蚩尤是子姓，但是仍然与他的图腾崇拜有关，与他的族属或者生活痕迹有关。我们可以这样理解，“尤”即是“鹰”族的大姓，“蚩”是这个大姓的一个子姓（氏）或者是这个族群酋长专用的名。苗族五千年以来就不乏这个“尤”姓的记载：比如说《苗族古歌》里的

“榜香尤”；湖南湘西方言称“剖尤”或“绞黎够尤”；川、黔、滇苗族西部方言直接称“蚩尤”；汉典籍里的“相繇（尤）”；《苗族贾理·村落篇》里，有十二群先民迁徙定居于今天属于丹寨、三都、麻江、凯里、雷山等县市境内，其中就有“尤”人；现在还存在的“西尤”“阚尤”“绕（尤）家”以及瑶族等。

“蚩”必然也是记音字。这个“蚩”字不论读音与姓氏、注解都在蚩尤身上：按现在的注解，字形声从虫，是传说黄帝砍下蚩尤头颅，未来得及被雪冰封的黑血化成一种叫作蚩的甲虫。这种解释显然是存疑的：它说明这个名是蚩尤战死以后才得的。那么生前呢？生前的蚩尤统领九黎集团纵横中原大地，先败炎帝集团，再与黄帝集团大战，黄帝集团曾九战皆败，最后联合炎帝组成黄炎联军，加上九天玄女授兵书，方在涿鹿一战战胜蚩尤九黎集团。而蚩尤死后，天下复乱，黄帝乃画蚩尤像四处诏告，蚩尤还在，于是天下乃服——生前如此赫赫威名去哪里了呢？

我注意到有一种叫“鸱尾”（蚩尾）的海兽。相传汉武帝建柏梁殿时，有人上书说大海中有一种鱼，虬尾似鸱鸟（鹞鹰），是水精，喷浪降雨，可以防火，建议置于房顶上以避火灾。在房脊上安两个相对的鸱吻，能避火灾。于是便塑其形象在殿角、殿脊、屋顶之上。此后，后人便在建筑屋脊上加了一种装饰构件，它位于建筑屋脊的正脊两端。

这里出现了两个字和词，“蚩”和“鸱”，“鸱尾”和“蚩吻”。“蚩”和“鸱”本是同音，从上述记载中看，原意是说这种叫“鸱”的猛禽或鹰类，在水中喷水，那必然是水鸟类。为何又把“尾”异化为“吻”，将“鸱尾”异化成“蚩吻”？“蚩吻”的叫法是和吻兽张口吞脊的形象有关。这种张口吞脊的形象无疑来源于“饕餮”的传说。

四

传说轩辕黄帝大战蚩尤，蚩尤被斩，其首落地化为饕餮。《山海经·北山经》有云：“钩吾之山，其上多玉，其下多铜。有兽焉，其状如羊身人面，其目在腋下，虎齿人爪，其音如婴儿，名曰狍鸮，是食人。”根据晋代郭璞对《山海经》的注解，这里说的狍鸮即是饕餮。《吕氏春秋·先识览》有云：“周鼎着饕餮，有首无身，食人未咽害及其身，以言报更也。”殷周时代鼎彝上常刻的就是饕餮，其脑袋狰狞，双目炯炯，赫然有神，鼻梁凸出；首部有一双弯曲的兽角或足，其弯曲的方向似无定制，或内勾似羊角，或外曲似牛角；巨嘴大张，利齿如锯，嘴略弯曲内勾，或嘴巴紧锁。做正面盘踞状，身躯拱起，头着地或水云气，两边有一对利爪，像狗爪或虎爪。两侧有一对肉翅，形如耳朵。

对夏、商、周鼎上饕餮纹如何解读，宋代罗泌在《路史·蚩尤传》做了这样的解读：“蚩尤天符之神，状类不常，三代彝器（鼎）多著蚩尤之像。”这是说夏、商、周鼎上的饕餮纹是蚩尤像，也即是蚩尤神徽。

而《左传》则把饕餮用来形容贪财贪食之不仁不义者。这样的解释，近世有很多学者已指出纯是牵强附会，有悖于商周的社会文化状况。宝鼎是华夏民族在青铜时代的立国之重器。在周朝，“一言九鼎”的“鼎”，是象征至高无上王权的神器和礼器，也是祭天祭祖的祭器。鼎在华夏先民心目中处于民族“图腾柱”的地位，因此，只有属于民族的图腾才有资格登上如此崇高的地位而被镌刻铸造在宝鼎重器之上。

所幸的是，《左传》《路史》的作者虽然比我们早生了上千年，但他们是依据异化了的传说来推断，而当代的考古发现却让千年后的我们更接近实物原初的真相——1936 年，良渚遗址被发现，于是，我们得知，饕餮纹这种纹饰最早出现在距今五千年前长江下游地区的良渚文化玉器上。

著名考古学家苏秉琦在《中国文明起源新探》中认为，从良渚文化的祭坛和祭天的玉琮，说明良渚文化最早进入了方国时代。怎样解读良渚玉琮上的饕餮纹？浙江社科院的史学家陈剩勇，在《中国第一王朝的崛起》中认为，研究良渚文化，必须解读良渚玉器上饕餮纹的来龙去脉。他说："良渚文化墓中出土的玉琮、玉璧、玉钺等玉器，……器表饰有八组雕刻精致的兽面纹（饕餮纹），引起了考古学家注意，其中反山遗址十二号墓出土的一件被考古学家誉为'琮王'的玉琮，其器表所饰的'神人兽面神徽'（饕餮纹），恰恰就是三代（夏、商、周）青铜鼎上饕餮纹的最完整的原型。"他还说，"瑶山遗址十一号墓出土的另一件桥形玉璜，……下弧缘的窄面用浅浮雕法琢出四个龙首形装饰，犹如传世的蚩尤环。"

浙江省文物考古研究所研究员刘斌先生著文《走进神巫的世界——良渚文化祭坛、大墓与玉器的发现》，回顾了 1986 年他参加发掘良渚遗址的细节："刻在玉琮等器物上的神徽图案，在反山发掘之前，一直被认为是一种类似于饕餮的兽面纹。反山十二号墓出土的玉琮王的竖槽中和玉钺王上所刻的完整神徽图案，使我们第一次了解到，原来被认为是兽面的纹饰，其实是一个半人半兽的神灵的形象。他头戴羽冠，双手扶住两只大大的兽眼，扁宽的嘴巴里，有长长的獠牙伸出嘴外，下肢是两个弯曲的兽爪。""现在对这一完整图案的解释，大部分学者都认为是一个人骑在兽身上的形象。我认为从雕刻层次上看，神人的羽冠与兽面都为浮雕，而身体部分却用阴刻；从尺寸上看，羽冠与兽面，比例相配，在设计上成一整体，因此很难有神人和兽面的区分。从其发展演变看，晚期均为简化形象，更无人兽之分。因此，该图案所表现的应该是一个整体的神的形象，而不应该有人兽之分，其完整图案的浮雕部分，只是将神的面部特化的一种表现方式。总之，无论怎样解释，该图案作为良渚人的崇拜神，已成为大家的共识。”

考古专家通过对文物的研究，揭开良渚兽面纹原来是良渚人崇拜的神像的面纱，为我们解读了冠状饰玉器造型的真实含义。冠状饰显然是取像于对神徽羽冠的模仿，其意涵无疑是羽冠的象征。

对于现在苗族头饰里的银角，大多数人解释为“牛角”，是对牛的图腾。我的一位朋友，著名诗人李顺骅先生则力排众议，持否定意见。从苗族的古歌、苗族贾理、故事传说上来看，牛是力量和富裕的象征，牛是祭品，是牺牲，但不是图腾物。如果从上述研究来看，更加说明它就是简化的羽冠神徽，是鸟图腾，是与夏、商、周三代鼎彝饕餮纹的同源异流。

五

从“鸱尾”到“鸱吻”，又从“鸱吻”到“蚩吻”，再上溯到“饕餮纹”，拉杂了一些，但并没有跑题。“鸱”和“蚩”音相同，两字之间的相互借代、转换，其间虽然已越数千年，但轨迹应该是清晰的：“蚩”是由“鸱”演变来的，鸱属于图腾鸟的氏族。而“蚩”限定于蚩尤被杀后，其血化为黑甲虫之说。那么，“蚩尤”应该叫“鸱尤”，也就是我们苗语叫的“阚尤”。

苗语的“阚尤”是鱼鹰。这种鱼鹰在汉语中还有一个很古老的称谓——鸬鹚。“鸱”与“鹚”也是近音字。区别只在卷舌音与平舌音。“鹚”的单字是没有具体的对应物，但几种大型鸟类的名字都有它：鸬鹚、鸠鹚、鹭鹚都是水鸟，也都属鱼鹰。

春秋战国时期，靠楚国东边有个鸠鹚国，商贾云集，经济繁荣，有“亭台千座，楼榭万幢，车流如水，美女如云”之誉。因地处要冲，自古以来即为兵家必争之地。据《左传》记载：“(公元前570年)楚子重伐吴，克鸠鹚。”也就是说，当年楚国的子重伐吴，得胜后，顺手牵羊地将鸠鹚国给灭了。近代方志学家王葆心先生考证出：湖北省罗田县九资河镇就是春秋战国时期的鸠鹚国，“九资”就是“鸠鹚”的变音和异写。

《诗经》一开篇，就是《关雎》：“关关雎鸠，在河之洲。窈窕淑女，君子好逑。”诗中的雎鸠就是鸠鹚鸟。芜湖的古称就叫鸠鹚，鸠鹚这个名字有文字记载的历史有二千五百年。汉武帝元封二年，即公元前109年，因多湖泊、芜藻而更名芜湖。

东部平原地区是中国湖泊分布密度最大的地区之一，湖泊集中分布于长江及淮河中下游、黄河及海河下游和大运河沿岸，中国著名的五大淡水湖：鄱阳湖、洞庭湖、太湖、洪泽湖和巢湖即位于这个区域。湖泊区气候适宜，水热条件优越，拥有种类多样的生物资源，水情变化显著，生物生产力较高。中华的稻作文明就发源于此。

在稻作文明之初，渔猎已经发展到了一定的高度。在湖泊生活的族群，学会了驯化鱼鹰（鸬鹚或鸠鹚）捕鱼的高超技能。他们用绳索套住鱼鹰的脖颈，将鱼鹰放入湖水里去捕鱼。鱼鹰捕到鱼却被绳索兜住脖颈，不能将鱼吞进去。鱼鹰跳上船舷后，打鱼人再将含在鱼鹰嘴里的鱼挤出来。复将鱼鹰放进水里去——这无疑是人类的一大发明，它在那个生产力十分低下的年代里显然是伟大的，同时也是无限神秘的。

将这个族群称为“鸱尤”，或者他们自称为“鸱尤”，这或许是历史深处的一个事实：由图腾崇拜演化成族徽，由族徽图画符号演变成象形文字，又经进一步抽象概括及讹变成古汉字。

然而后来“鴟”异化为“蚩”，是黄帝部落战胜“鴟尤”部落后，后世人因政治需要杜撰的“黄帝杀蚩尤，血化为黑甲虫”的故事讹变，于是“字形声从虫”。应该说是换了一个字。它的原义和本字应是鸟图腾中的尤姓之“鴟”氏。

后世发生的部落战争，部落之间不断相互融合，散散聚聚，也使图腾文化元素不断兼容，因而不断异化。不论怎样异化，有些痕迹是抹不掉的。比如商代后期的铜盛酒器“虎食人卣”是蚩尤“饕餮纹”的异化，含在嘴里的人应该是鱼鹰含鱼的作业特征。异化后的凶猛的虎一类的动物，甚至如“狍鸮”这样不存在的动物，一般都有翅膀，这是抹不掉的鸟图腾以及飞禽类的特征。

虫也罢，鸟也罢，其实祖先们最初创造的每一个记音字都是干干净净的，客观而质朴，没有褒贬，每一个字都是自然的结晶体，纯洁无瑕，像钻石一样令我们后人无比珍贵。而后来的人应用这些文字，就没有那么纯洁了，他们使文字主观化，情绪化。“鴟”出现在《山海经》时是很客观的：“有鸟焉，一首而三身，其状如‘乐鸟’，其名曰鴟。”到了《尚书·周书·吕刑》时就变味了：“王曰：‘若古有训，蚩尤惟始作乱，延及于平民，罔不寇贼，鴟义奸宄，夺攘矫虔。’”“鴟张”是比喻嚣张、凶暴，像鴟张开翅膀一样；“鴟视”是指昂首而视，如鴟欲有所攫取；“鴟目虎吻”形容相貌凶恶：“鴟峙”指凶恶的人，据地相残；“鴟枭”喻指邪恶之人；而“鴟枭”是古人对猫头鹰一类的鸟的称谓，又名鸮角鴟、怪鴟、鵂鴟。猫头鹰生活在古今人类的周遭，谁不知它是益鸟？但在中国一直就是丧门星的代称，我国的文章里说到它都是贬义。就连《荀子·赋》都讨伐它：“天下幽险，恐失世英。螭龙为蝘蜓，鴟枭为凤凰。”

对“鸱”字充满贬斥和仇恨的，我看到最早的是《诗经·国风·豳风》里有一首诗《鸱鸮》：“鸱枭鸱枭，既取我子，无毁我室。”用今天的话来说，就是：“猫头鹰啊猫头鹰，你已夺走我孩子，别再毁坏我家室。”

这首禽言诗是西周初年周公旦所作，以一只失去幼鸟的母鸟口吻诉说自己过去遭受的迫害，经营巢窠的辛劳跟目前处境的艰难。传说周公平定管蔡武庚之乱后将其送给成王，鸱枭指武庚，母鸟为周公自己。

猫头鹰有那么可恶，那么可怕吗？显而易见，这是历史的反证——蚩尤是“鸱尤”，是鹰图腾的部落。

六

中华大地在五千年前最先演绎了东夷部落集团和西羌部落集团的大碰撞、大融合、大分野的历史大戏。西集团以黄帝轩辕氏为首，东集团以蚩尤九黎氏为首。东集团在北进的历史上，自身经历了蚩尤九黎与少昊部落的融合。当两大部落集团交锋时，蚩尤是东夷集团的首领，其中自然包括了少昊部落。少昊部落是以鸟为图腾的。前面谈到的良渚文化，就是鸟图腾部落的文化，那个羽冠神人的族徽就是蚩尤部落的族徽，也就是夏、商、周三代青铜器上饕餮纹的前生。

大碰撞的结果是东夷集团战败，战败后即进入大融合和大分野的程序：不服的迁徙远走他乡，服气的留下当顺民、遗民。这是无可非议的史实。到周朝，少昊鸟图腾部落的遗民在少昊故地，山东郯城一带建立郯国。东夷文化显著区别于其他集群文化的重大特征是鸟图腾崇拜。这方面最完整、最系统的传说史料是有关少昊集团“鸟官”机构的记录。

《左传·昭公十七年》记载：公元前525年，郯国的君主郯子到鲁国访问，鲁国贵族叔孙昭子问他：“听说少昊氏都用鸟名做官称，这是什么缘故呢？”郯子回答的原文是这样的：“我高祖少皞（昊）挚之立也，凤鸟适至，故纪于鸟，为鸟师而鸟名。凤鸟氏，历正也；玄鸟氏，司分者也；伯赵氏，司至者也；青鸟氏，司启者也；丹鸟氏，司闭者也。祝鸠氏，司徒也；鴡鸠氏，司马也；鳲鸠氏，司空也；爽鸠氏，司寇也；鹘鸠氏，司事也；五鸠，司民者也。五雉为五工正，利器用、正度量、夷民者也。九扈，为九农正，扈民无谣者也。”

翻译成今天的话：我们的老祖宗少昊挚即位的时候，恰好有凤鸟飞来，所以就以鸟纪事，用鸟名做官称而称为鸟师。凤鸟氏任历法官，职责是掌管历法的历正。玄鸟氏（燕子族）为司分，掌管春分和秋分；伯赵氏（杜鹃族）为司至，掌管夏至和冬至；青鸟氏（黑枕黄鹌或鹌鹑族）为司启，掌管立春和立夏；丹鸟氏（锦鸡族）为司闭，掌管立秋和立冬；祝鸠氏（鹌鸠族）为司徒，掌管土地与政教；鴡鸠氏（鱼鹰族）为司马，掌管军事；鳲鸠氏（鹌鹰族）为司空，掌管手工业；爽鸠氏（鸳鹰族）为司寇，掌管司法；鹘鸠氏（鹊雕族）为司事，掌管部落日常事务。掌管手工业的官是“五雉”（野鸡），鷷雄氏任木工正、鶅雉氏任陶工正、翟雉氏任金工正、鵗雉氏任皮工正、翚雉氏任染工正；农官由“九扈”掌管，有九种候鸟，分别负责督促民众耕种、耘苗、收获、储藏、为果树驱鸟、为农作物驱鸟、为庄稼驱兽、为蚕驱雀及适时收割。以上括号里的对照是专家根据考古发现证实的禽类古今名。

少昊氏以鸟纪事并不奇怪，黄帝氏也以云纪事，用云名做官称；

炎帝以火纪事，用火名做官称而称为火师；共工以水纪事，用水名做官称而称为水师；太昊以龙纪事，用龙名做官称而称为龙师。

由此可推断：蚩尤部落最初是发源于鹰氏族图腾的，在大部落集团内部是负责军事（司马）的“雎鸠氏”（鱼鹰氏族），尔后不断强大，最终被推上东夷部落集团首领的位置。虽然当上东夷盟主，军事才华仍然是他与生俱来的威望。他是冶金的创造者，兵器的发明者，被军事赋予人格化，使他成为后世的战神、兵主。过去我一直困惑：按道理，东夷集团是稻作民族，是发明和种水稻的民族，蚩尤是集团盟主，为什么胜利者黄帝及其炎黄文化的后人坚持称蚩尤为战神呢？按此推断，他们对蚩尤的战神定位是客观的。

语言和文字都是一种符号系统，都是经历了漫长时期，约定俗成而发展起来的。所谓约定俗成，就是形成共识。就语言系统形成共识的过程而言，我不敢想象是以百年计还是以千年计。语言形成共识的过程也就是共同创造中华文明的过程。蚩尤集团战败以后，苗族数千年都在忙于迁徙奔命，再也没有机会发展文字，但是语言之成熟度，足可以表述社会生活的全部领域。且有许多物质遗产和非物质文化遗产保存了上古的中华文明。有的遗产在汉文化里已经荡然无存。因此，用古苗语和古汉语音互为参照比对，探索历史的真相，我以为是值得一试的。

“尤”是鹰的氏族，是鸟图腾的部落集团中“司马”的氏族。“尤”的水稻苗语称“娜尤”；“尤”的树苗语称“豆尤”；“尤”后裔的居住地苗语称“方尤”；男子汉的气概苗语称“岜尤”；漂泊游荡的状态苗语称“尤弋”……那么“鸱尤（蚩尤）”就应当是鸟图腾部落中的鹰氏族。

由此，我认为：蚩尤应该叫鸱尤，鸱尤本是一只雄鹰。鸱尤是起源于鹰图腾的部落。

七

岁月沧桑，历史沉浮，蚩尤之名如一颗闪亮的北斗，一直伴随中华文明的步伐穿行。贬斥也罢，泼污也罢，雾锁也罢，他永远据守在恒天。唯有他的子孙与之年年有约——尤公每年此时必回来一次，回来看生活越来越幸福的子孙！回来牵走子孙敬献给他的祭牛，牵到东方去。所有苗人死后的魂，都要聚拢到东方去。

2017 年 3 月 2 日于凯里

“九黎”初考

一

蚩尤是中华文明的三大人文始祖之一，是“少昊之末，九黎之君”。石朝江先生在《世界苗族迁徙史》里总结道：“雄踞祖国东方的‘九黎’部族耕植水稻，饲养家禽，修建房屋，建造舟船，冶炼金属，观察天象，信奉鬼神……创造了灿烂辉煌的古代长江与东方文化。”拥有以上高度文明的九黎族群，属于中国古史最辉煌的时期，属于我国最发达、文明程度最高的良渚文化。

九黎的疆域，以徐旭生为代表的古史学家认为：南起杭嘉湖平原，北至冀豫平原，从东海、黄海至渤海这条海岸之西，至太行山、大别山这片土地。可以说，当时中国所有湿地，所有适宜种稻的地方，都是九黎的势力范围。这样高度的文化，如此广大的疆域，九黎集团靠什么来组织他们、团结他们？我认为，就是一个字：“黎”。人们一直在念念不忘“九黎”，却不问何为“黎”。

我们必须认识到，今天被视为如何伟大或者渺小的名称，在那个时代都要出于某一事物。那是一个有语言，还没有文字的时代，那是一个记音的时代。所以我认为，“九黎”是九个部落，而这九个部落都称为“黎”。为什么每一个部落都称“黎”?如果为了选择名称符号，那一定选择一个与别的部落有区别的。但是，他们都用“黎”来称谓，这只能说明，“黎”不是这九个部落的实际名称，根据同时代的名称推测，当时部落的名称是图腾物的名称。比如说黄帝族以云纪事，炎帝以火纪事，太昊以龙纪事，少昊（蚩尤）以鸟纪事，鸟师鸟名。所以，这个“九黎”的“黎”，只能是一种约束部落成员的制度的名称，是“九黎”后裔苗族贾理的“理”。

二

苗族社会的法制制度名称，源于一种植物名称——杨梅树。杨梅树，苗语读音“道黎”,“道”是树，“黎”就是杨梅树的真实读音。苗族的“贾理”，是后来的学者根据功用选用的汉字，它与“黎”同音。这是个记音时代留下的符号。

至今，杨梅树依然是苗族贾理的法器。苗族贾理，贾是法理，理是实质内容。“九黎”的“黎”，就是《苗族贾理》中的“理”。一“理”就是一个部落，以“理”为管理手段，就是最初的“法制单位”。“黎”为“理”。理老就是执行法理的人。由若干个理事结成一“黎”的管理制度单位。

苗族的诵贾理，为什么必须用杨梅树做法器呢?

杨梅树和金竹是苗族传授或演唱《苗族贾理》的两件法宝。

我们这颗星球上的每一种物质都具有一些对自身或外物有作用的特性，这些仿佛都不是重要的，重要的是被认识和被深刻地认识，这就是古人说的“格物”。苗族认识杨梅树不仅仅是它的杨梅果。苗族先民认为杨梅树是讲道理的象征，他还是救死扶伤的大神。杨梅树是讲理的树，在苗语读音中是“道理树”之意。苗族古训中是不准砍杨梅树的。

那个时代已经令我们无法穷尽，但《苗族古歌》中有一个十分遥远的“木本时代”，应该介于新旧石器时代之间。至今，苗族各种巫事活动中，需用各种草本、木本植物做法器或者驱邪物的有七十多种。比如枫香树图腾，为什么苗族要图腾枫香树？给蚩尤上的刑具脚镣手铐，扔在荒野立马化成一片血红的枫林。这是一个汉、苗典籍相互印证的史实。又比如《苗族史诗》里说，远古的时候，天地混沌成一团，神人制造坩锅以制成天地，由于用桦槁树、五倍子木和蒿枝杆来支撑，难以承受天地之重，一天要垮三次。后来用金银锻铸成支天地的柱子，天才牢靠起来。桦槁树、五倍子木和蒿枝杆当时到底为古人发挥了什么不可替代的作用，才被神化得可以支天？还有，苗族视李子树为生命树，读音为“Nres”，这个拼音是苗文字母，汉语没有这读音，音近“讷”，即是“命”的意思。因为传说人是在李子树下诞生的。在苗族习俗中，人死后需要一个与生者分离的仪式，叫“解钩”，须用生和干的两个李子树做钩，生钩子用麻线拴住，握在生者这边，干钩用米草系在死者那边，待巫师念完“解钩”辞，即将两钩解开，表示“相克”之患解除，生死相悖。

苗族的贾师在传授或演唱《苗族贾理》时，必须用一根杨梅树棒和十二条金竹条做道具。否则道理就讲不通，案件就断不了。杨梅树与金竹的关系非同一般：传说远古的时候，树在野外干了以后，就自动到人们煮饭的灶膛里来燃烧。一次，金竹和别的树争着挤进灶膛里燃烧的时候，不小心挂着了灶上的鼎罐，鼎罐一晃荡，溢出的米汤正淋在金竹身上，烫得金竹遍体是伤。是杨梅树赶来为他治疗骨伤，伤虽好了，却落下一节节的疤痕。刮骨疗伤，其痛无比，但金竹硬是一声不吭。杨梅树看到金竹骨子里的刚强，有如钢刀，所以邀他一同为“贾理”护法。

“理”就是“议榔”制度的“法理”，一个“议榔”也就是一个联盟体，也很有可能是一个婚姻集团，后来也有可能变为一个民族，或者一个国家（方国）。

一个“黎”就是一个以“黎”结盟的部落单位，这种“黎”就是法制森严的部落。“九黎”就是九个部落，但是这种部落与炎黄的部落不同，它有着严密的治理制度：“黎”。千百年来，苗族依靠其内部产生并世代相传的古理古法，调节人与人之间的关系，人与自然的关系。自古议榔立法，理老司法，鼓社执法，其古理古法、典章制度自成一体。

《吕刑》说：“苗民弗用灵，制以刑，唯作五虐之刑，曰法，杀戮无辜。”这是尧舜征讨三苗的“罪状”。“弗用灵”之“灵”，旧释解作“令”，或“善”。徐旭生引《说文》释作“巫”。因为在氏族制度时代，规范人们社会行为的只有习惯。以后，随着私有制的发展，开始出现各种违背传统习俗的事。而对待这些新的问题，开始还是用宗教手段处理，以后才出现了“法”。所以“苗民弗用灵”，“作五虐之刑，曰法”，是说苗人不用传统的原始宗教的手段维护社会秩序，而是用一种严酷的刑罚。虽然比宗教手段更为残酷，但被笼罩在神的光环中，在原始社会仍有很大的权威性。这种刑罚是苗蛮集团中首先出现的进步因素。早在尧舜禹时期，苗族就建立“三苗国”，并创制“五刑”之法以强制力保证国家权力运行，为中国早期法律的萌生与形成做出过很大的贡献。

苗族逐渐迁徙西南后，在贵州的分布最多。在黔东南地区，依然传承了蚩尤创制的立法——鼓社制加议榔联盟制，依然实行“议榔”立法、“理老”司法、“鼓社”执法的独特法律机制，为苗族内部的团结、社会稳定和保持本民族法文化特点起到了保障作用。苗族的法制文化，积年而成、沿袭已久，逐渐形成了本民族特色，形成了丰富的规范社会生活、维持社会秩序的习惯法。在中央集权千百年封闭的自给自足的自然经济状态下，苗族习惯法大体保持独特的传统样态。从表现形式上看，明清以来有用汉字记载的法规、碑刻、族规、案例；更多的是“埋岩”（无字碑）、“立柱”议榔规约等等。

九黎者，按今天苗族的说法：九个以“贾理”议榔结盟的部落。“黎”即是今天的“理”。

三

后来在汉典籍以及字典、词典上所解释的，都已经与这个符号读音相去甚远了。有关系的大约有这么几条：

（1）古诸侯国名［Li state］，在今山西黎城。据《元和姓纂》等所载，商时有诸侯国——黎国，一个在今山西长治县西南，商末被周文王所灭；另一个在今山东郓城县西。这两个黎国的子孙，后以国为氏，姓黎。又据《风俗通义》所载，这两个黎国均为古部落“九黎之后”。

（2）少数民族名，黎族，住在海南岛［Li nationality］。如：黎弓（黎族人所使用的弓箭）；黎单（黎族人所织青红相间的木棉布）。

（3）姓。新百家姓排名：第八十四姓氏黎姓的源流有四，其一是：出自九黎的后裔。据《风俗通义》等所载，九黎，古时为我国南方土生土长的庞大种族之一，相传为少昊（传说中古代东夷首领）金天氏之时的诸侯。黎曾被封为北正（一说火正）官，掌管民事，其后裔有以字为氏，称黎氏。

“黎”的音后世有了不少的演变，比如屈原的《离骚》。

何为“离”，何为“骚”呢？《离骚》出世两千多年了，至今没有人拿出令人信服的题解。

有人说，它的名称有双重涵义：从音乐方面来说，《离骚》可能是楚国普遍流行的一种歌曲的名称。游国恩曰：“《楚辞·大招》有‘伏羲驾辩，楚劳商只’之文，王逸注云：‘驾辩、劳商，皆曲名也。’‘劳商’与‘离骚’为双声字，或即同实而异名。西汉末年，赋家扬雄曾仿屈原的《九章》，自《惜诵》以下至《怀沙》一卷，名曰《畔牢愁》。‘牢’‘愁’为叠韵字，韦昭解为‘牢骚’，后人常说发泄不平之气为‘发牢骚’，大概是从这里来的。”司马迁《史记·屈原列传》引刘安的话，说：“《离骚》者，犹‘离忧’也。”《离骚》就是“离忧”，也就是前面所说的“劳商”“牢愁”和“牢骚”，都是一声之转的同义词，同样是表示一种抑郁不平的情感。《史记》本传认为屈原“忧愁幽思而作《离骚》”，足见标题是决定于作品的内容，而标题的音乐意义和作品的内容是统一的。“离忧”“离骚”以及“劳商”“牢愁”“牢骚”，都是双声或叠韵字所组成的连绵词，只是一个完整的意义。班固《赞骚序》说：“离，遭也；骚，忧也。明己遭忧作辞也。”王逸《楚辞章句》说：“离，别也；骚，愁也。”显然，他们都是在替司马迁“‘离骚’者，犹‘离忧’也”这句话做注脚。项安世在《项氏家说》里说：“‘楚语’：‘德义不行，则迩者骚离。’韦昭曰：‘骚，愁也；离，畔也。’盖楚人之语，自古如此。屈原《离骚》必是以离畔为愁而赋之。”也是把“离”和“骚”分成两个字来讲。把两个字义凑成一个词义，以致理解不同，分歧百出，都是由于不明词性的缘故。

这些汉家大儒们争论不休，因为在汉语序列里，根本没有“离骚”这样的词语。他们的混搭式注解不能得到统一意见。

我试用苗语来解释一下。

《离骚》乃至屈原的《楚辞》里，句尾都有一个“兮”字！那是现在黔东南苗族地区苗语巫师们每段词的开头和结尾必用词。为什么呢？据巫师们解释，“兮”和“尼”是两个神，他们专门捉鬼，世间的鬼祟祸害人间，请巫师禳解，巫师必呼唤这两个神人前来捉拿。于是每段的开头必呼：“哈尼——”“哈兮——”。

《苗族贾理》是苗族的百科全书。“贾”相当于汉族的“道”，“理”便是“理辞”，“贾理”相当于汉人的“道与理”，苗语音读为“绍贾”“绍理”，这里的“绍”即是“诵”的意思。古苗语是倒装读法，“理绍”和“贾绍”。这与“离骚”是一致的。苗族的“绍”是“诵”的意思，并且是十分文雅的叫法。比如“绍霞”（唱山歌），“绍贾绍理”（诵贾理），“绍牍”（读书。苗族称文字为‘牍’，可能限于‘木牍’时代）等。黄伯思在《翼骚序》里说，屈原的创作是从楚国的民间文学汲取丰富的泉源，既然他的作品内容，“书楚语，作楚声，纪楚地，名楚物”，那么作品的名称袭用民间歌曲的旧题，更是完全可以理解的。当然，这一句词并非有声无义。《离骚》便是苗语“理绍”或者“绍理”。“离骚”用现代语注释，就是“理诵”。

《楚辞》《离骚》的句式与《苗族贾理》基本一致，长短句不等。尤其苗族的《招魂曲》与《楚辞·大招》句式、语气十分契合。《苗族贾理》的诵读方式是且念且唱，亦诵亦歌。这是自古以来蚩尤九黎议榔立法，执法的理师诵读理辞的艺术形式。因为苗族是楚国的主体国民，民间自然有不少的议榔联盟体存在，这种艺术形式在楚国的民间应该很盛行。屈原正是采用这个名称和这种艺术形式来创作《离骚》。屈原认为这种体裁与句式符合他的理想、遭遇、痛苦和热情的整个情绪，因而秉承了这种长短句的叙事文脉，仿佛是乘风而起的鹞鹰，上下翻飞，左右盘旋，前后伏击；长吁短叹，恣意纵横，上穷碧落，下捣阎罗。屈原的《楚辞》《离骚》打破了《诗经》四言格式，无论语言还是格式，都形成了一种新诗体。

四

蚩尤九黎创造的法，后来被夏商周以后历代统治者所利用，并发展壮大。首先，用“理”作为官名，掌刑狱，应该出自九黎的蚩尤刑法的发明。《礼记·月令》孟秋之月“命理瞻伤，察创视听，审断决狱，讼必端平”。郑玄注：“理，治狱官也。”春秋时晋国设有此官。《左传·昭公十五年》：“士景伯如楚，叔鱼摄理。韩宣子命断旧狱，罪在雍子。”杜预注：“士景伯，晋理官。”战国时楚国设有廷理，掌刑罚，见《韩非子·外储说右上》。秦在九卿中设廷尉，掌刑狱。汉景帝中元六年（前 144 年）更名大理。武帝建元四年（前 137 年）复为廷尉。哀帝元寿二年（前 1 年）又为大理。

当“黎”化为“理”后，“理”义更为玄奥，于是产生了哲学意义。

“理”作为哲学概念出现于战国时期。《管子·四时篇》以阴阳为“天地之大理”。孟子以人心所具有的道德为理。韩非提出理是事物的具体规律。《吕氏春秋》把理视作判断是非的根据。魏晋兴“辨名析理”之风。王弼认为理是事物的规律；郭象则认为理是必然性，即自然之理。唐代佛教华严宗提出理、事范畴，认为理是本体世界。北宋以后，理成为程朱理学的最高哲学范畴。张载强调理的客观性，认为“万物皆有理”，把理看成气化运动的规律，主张穷理。程颢、程颐首次把理作为最高本体，建立理本论哲学。他们认为理是“形而上者”，是事物之“所以然者”，是永恒不变的宇宙本体，万事万物都是从理派生出来的。朱熹认为理是天地万物的主宰，是万事万物的运动变化的推动者，而太极则是众理的总名，是真理和道德的标准。陆九渊提出“心即理”的命题，王守仁也强调“心外无理”。明罗钦顺认为理是气所固有的客观规律。王廷相也认为理是气之理。明清之际的王夫之提出“气者理之依”的学说，认为理是“物之固然，事之所以然也”。他所说的理，一指自然规律；二指道德准则。

至清雍正六年，苗族社会的结盟是靠“议榔”制度管理，“议榔”则靠《苗族贾理》为依据实施管理。它是具有功能性的。《苗族贾理》作为苗族经典，具有宪法般的地位和权威，是教育结盟的成员、规范群众的行为与理念的法宝，成为用来管理苗族社区的重要工具。丹寨地区在清雍正改土归流，建立八寨厅，以新的制度取代苗族议榔制度，从此《苗族贾理》逐渐失去功能，到今天化为“民间文学”类国家级非物质文化遗产。那棵远古的“黎”树依然握在贾师们手中，高高扬起，仿佛在期待什么。期待什么？期待我们的识别。他曾经创造了惊天动地的“九黎”文化！

2017 年 12 月 7 日于丹寨

图书在版编目（CIP）数据

最后的鸟图腾部落 / 韦文扬著. -- 北京：作家出版社，2018. 4（2023.2重印）
（中国少数民族文学发展工程 · 出版扶持专项丛书）
ISBN 978-7-5212-0007-2

Ⅰ. ①最… Ⅱ. ①韦… Ⅲ. ①苗族 - 民族文化 - 丹寨县 - 文集 Ⅳ. ① K281.6-53

中国版本图书馆CIP数据核字（2018）第067444号

最后的鸟图腾部落

作　　者： 韦文扬
责任编辑： 史佳丽　李亚梓
装帧设计： 孙惟静
出版发行： 作家出版社
社　　址： 北京农展馆南里10号　　**邮　　编：** 100125
电话传真： 86-10-65930756（出版发行部）
86-10-65004079（总编室）
86-10-65015116（邮购部）
E-mail:zuojia@zuojia.net.cn
http://www.haozuojia.com（作家在线）
印　　刷： 固安兰星球彩色印刷有限公司
成品尺寸： 170 × 240
字　　数： 160千
印　　张： 13.5
版　　次： 2018年9月第1版
印　　次： 2023年2月第2次印刷
ISBN 978-7-5212-0007-2
定　　价： 38.00元